반야심경 정해

반야심경 정해

관정 지음

알아차림

산스크리트어본과 8종의 한역본으로 번역한 〈반야심경〉

〈반야바라밀다심경〉
〈지혜 완성의 핵심을 말해주는 경〉
〈지혜를 완성하는 수행방법의 핵심을 말해주는 경〉

관찰에 통달한 관자재보살이 존재의 다섯 요소[오온]를 관찰해가며, 깊은 지혜를 완성하는 수행에 전념하고 있을 때, 그것들은 다 실체가 없는 것들[空공]임을 꿰뚫어보고, 모든 괴로움에서 벗어나게 되었다.

[이 때 사리불 존자가 부처님의 불가사의한 힘에 의해 합장 공경하고, 관자재보살에게 물었다. "만약 선남자가 깊은 지혜를 완성하는 수행을 하려고 하면, 어떤 방법으로 수행해야 합니까?" 이렇게 묻자, 관자재보살이 말했다. "사리불 존자여, 만약 선남자 선여인이 깊은 지혜를 완성하는 수행을 하려고 하면, 존재의 다섯 요소를 관찰하여, 그것들은 다 실체가 없는 것들임을 꿰뚫어봐야 합니다."][1]

---

1 [ ] 안의 내용은 〈반야심경〉이 전래되는 과정에서 누군가 빼버린 것을 필자가 복원해 넣은 것이다. 복원은 지혜륜이 한역한 〈반야심경〉의 다음과 같은 내용을 번역해 넣었다. "卽時具壽舍利子。承佛威神。合掌恭敬。白觀世音自在菩薩摩訶薩言。聖者。若有欲學甚深般若波羅蜜多行。**云何修行**。如是問已。爾時觀世音自在菩薩摩訶薩。告具壽舍利子言。舍利子。若有善男子。善女人。行甚深般若波羅蜜多行時。應照見五蘊自性皆空。離諸苦厄." 이 내용은 총 8종의 〈반야심경〉 한역본들 중에서 구마라집 한역본과 현장의 한역본, 의정의 한역본에만 빠져 있다. 나머지 5개의 한역본에는 이런 내용이 다 들어 있다. 누가 이 내용을 뺐는지 모르지만 인도에서 뺐을 가능성이 높다. 왜냐하면 유일하게 남아 있는 소본〈반야심경〉인 법륭사의 산스크리트어 사본에 이 내용이 빠져 있고, 법륭사의 산스크리트어 사본은 8세기에 인도에서 필사된 것으로 판명됐기 때문이다. 그러나 필자는 중국에서 이 부분을 뺐을 가능성을 완전히 배제할 수는 없다고 본다. 왜냐하면 중국에서 〈법구경〉과 〈반야심경〉을 한문으로 번역하면서 그 뜻

사리불 존자여! 몸의 물질현상[色색]은 실체가 없는 것[空공]과 다르지 않고, 실체가 없는 것[空공]은 몸의 물질현상[色색]과 다르지 않습니다. 몸의 물질현상[色색]은 실체가 없는 것[空공]이고, 실체가 없는 것[空공]이 몸의 물질현상[色색]입니다. 몸의 물질현상[色색]과 마찬가지로 느낌[受수], 인식[想상], 업 지음[行행], 식별작용[識식]도 또한 실체가 없는 것들입니다.

사리불 존자여! 이 모든 존재가 다 소멸된 적멸상태엔 일어나는 것도 없고, 사라지는 것도 없습니다. 또 더러움도 없고, 더러움에서 벗어난 것도 없으며, 부족함도 없고, 완전함도 없습니다.

그러므로 적멸상태엔 몸의 물질현상도 없고, 느낌, 인식, 업 지음, 식별작용도 없습니다. 또 눈, 귀, 코, 혀, 피부, 의식 등의 감각기관도 없고, 형상, 소리, 냄새, 맛, 촉감, 마음에서 일어났다가 사라지는 것들[法법]도 없습니다. 또 '눈'이라는 요소에서부터 '의식의 식별작용'이라는 요소에 이르기까지 그 어떤 인식작용의 구성요소도 없습니다. 또 무명(無明)도 없고, 무명이 다 소멸된 것도 없으며, 내지 늙고 죽는 것도 없고, 늙고 죽는 것이 다 소멸된 것도 없습니다. 괴로움도 없고, 괴로움의 원인도 없으며, 열반도 없고, 열반에 이르는 길도 없습니다. 또 지각작용[智지]도 없고, 의식의 대상을 취하는 것[得득]도 없습니다. 의식의 대상을 취하는 것이 없음으로써 깨달음을 추구하는 중생은 지혜를 완성하는 수행법에 의해 삼매에 들어 있기 때문에 마음에 걸림이 없습니다. 마음에 걸림이 없기 때문에 두려움이 없으며, "나"라는 잘못된 인식에서 영원히 벗어

이 제대로 전달되지 못 하도록 만들기 위해 의미를 조작해 놓은 부분이 여러 군데에서 발견되기 때문이다. 필자는 〈법구경〉을 한역(漢譯)하면서 지혜 "慧(혜)" 자로 번역해야 할 것을 복 "福(복)" 자로 번역해 놓은 것을 여러 군데에서 발견할 수 있었다. 중국에서는 지혜를 완성하는 불교보다는 복덕을 닦는 불교를 지향하기 위해 의미를 왜곡해 놓았다고 볼 수 있다.

나서 열반을 성취합니다.
관자재보살뿐만 아니라 과거, 현재, 미래세의 모든 부처님들도 다 이 지혜를 완성하는 수행법에 의해 최상의 완전한 깨달음을 성취합니다. 그러므로 지혜를 완성하는 수행법은 대단히 신묘(神妙)하고도 밝은 방법이고, 그 어떤 것과도 비교할 수 없는 최고의 방법이며, 실제로 모든 괴로움을 다 없앨 수 있기에 거짓말이 아님을 알아야 합니다.
지혜완성의 진실한 말씀[眞言,呪주]을 말하면 다음과 같습니다.「가신 분이시여! 가신 분이시여! 열반으로 가신 분이시여! 적멸과 하나 되어 열반으로 가신 분이시여! 깨달음을 믿습니다.」

머리말

이 책의 저술목적은 그동안 잘못 해석돼온 〈반야심경〉 뜻을 바로잡는 데 있고, 한국불교에서 통용되고 있는 불교의 잘못된 상식을 바로잡는 데 있다. 〈반야심경〉은 "팔만대장경의 핵심경전"이라고 말한다. 왜냐하면 〈반야심경〉은 대승불교의 경전이지만, 260자의 짧은 경문 안에 부처님 가르침의 핵심을 다 담고 있는 경이기 때문이다.

〈반야심경〉은 옛날부터 중국, 한국, 일본, 티벳 등지에서 가장 많이 독송돼온 경이지만 그 뜻을 알려고 하면 매우 어렵다. 왜냐하면 번역이 제대로 되어 있지 않았기 때문이다. 산스크리트어 〈반야심경〉 자체가 "제법(諸法)", "공(空)" 등의 단어를 써서 매우 함축적으로 표현되어 있어서 해독이 어렵다. 게다가 산스크리트어 〈반야심경〉을 한문으로 번역하면서 그 뜻이 제대로 전달되지 못 하도록 번역해 놓았고, 또 그런 한문 〈반야심경〉을 우리말로 번역하면서 무슨 말인지 알 수가 없는 말로 번역해 놓았다. 〈반야심경〉은 번역만 제대로 해 놓으면 결코 난해한 경이 아니고, 크게 해설을 필요로 하는 경도 아니다. 〈반야심경〉은 지금까지 해설서가 수백 종이 나와 있지만, 어느 것도 〈반야심경〉 뜻을 제대로 전하고 있는 책은 없다고 본다.

필자가 누구나 쉽게 이해할 수 있는 말로 〈반야심경〉을 번역해야겠다고 작심한 뒤 작업에 들어갔다. 작업 중 다음과 같은 놀라운 사실을 발견했다. 현재 우리가 독송하고 있는 한문 〈반야심경〉은 중국에서 번역하는 과정에서 번역자가 소속한 종파의 종지(宗旨)에 맞지 않는 내용은 그 뜻을 알 수 없도록 번역해 놓았거나 다른 뜻으로 번역해 놓았거나 아니면 아예 그 내용을 빼버린 부분이 10여 군데나 되었다. 그래서 지금까지 우리가 독송해온 한문 또는 우리말 〈반야심경〉으로는 경의 메시지를 전해 받을 수 없었다.

〈반야심경〉은 깊은 지혜를 완성하는 수행방법을 말해주는 경이고, 반야의 존재와 반야를 통해 도달될 수 있는 적멸의 존재, 적멸을 성취했을 때의 상태 등을 말해주는 경이다. 하지만 현재 우리가 독송하고 있는 〈반야심경〉에는 지혜를 완성하는 수행방법에 대한 안내가 없다.

이 책은 〈반야심경〉의 산스크리트어본과 8종의 한역본을 연구하여, 한문 〈반야심경〉에서 잘못 번역된 부분들을 바로잡은 뒤에 그것을 이해하기 쉬운 말로 번역한 것이다. 필자는 가능한 한 자의적인 해석을 지양하고, 〈반야심경〉의 산스크리트어본과 8종의 한역본과 〈아함경〉, 〈유마경〉, 〈중론〉, 〈구사론〉, 〈유식론〉 등 다양한 불교의 경론(經論)을 참고하여, 〈반야심경〉의 정확한 뜻을 찾아내려고 노력했다. 또 필자는 이 책을 통해 석가부처님 불교가 어떤 것인지 알 수 있도록 해 놓았고, 한국불교에 만연되어 있는 유식불교와 중국 선불교(禪佛敎)가 어떤 성격의 불교인지를 알 수 있도록 해 놓았다.

이 책은 부처님 정법을 드러내 놓은 것이기 때문에 이 책을 열 번 읽으면, 다음 생에 좋은 곳에 태어나서 불법(佛法)을 떠받들며 살아가게 되고, 백 번 읽으면, 상품상생(上品上生)하거나 다음 10생 안에 최상의 완전한 깨달음을 이루어, 모든 괴로움에서 벗어나게 될 것이다. 이 책을 다른 사람에게 보시하면, 그 공덕으로 인해 총명한 자손을 얻게 되고, 자손이 창성할 것이다.

아무쪼록 이 책이 〈반야심경〉과 석가부처님 불교를 이해하는 데 도움이 되었으면 한다. 글재주가 없고, 학문과 수행이 부족한 소승이 부처님 말씀에 대한 신심 하나만으로 과분한 주제를 다루었다는 느낌을 떨칠 수가 없다. 이 책을 읽다가 혹시 필자가 잘못 본 것이 있으면 바로잡아주시기 바랍니다. 끝으로 이 책이 나오기까지 수차에 걸쳐 두꺼운 원고를 교정해준 김양재, 이성균 거사님과 이 책의 편집디자인을 맡아주신 정병규 선생님께 고마움을 표합니다. 그리고 이 책의 출판불사에 동참하신 여러 불제자님들께 불은(佛恩)이 가득하길 빕니다.

나무석가모니불
2021년 가을
통도사 금수암에서 관정(觀頂) 합장

추천하는 말 제1. 보신 스님

관정 스님이 〈대승기신론 속의 사마타와 위빠사나〉, 〈걷기명상〉 등에 이어서 이번에 또 중요한 작업을 하나 해냈다. 〈반야심경〉의 새로운 번역이 그것이다. 관정 스님은 이 책을 통해 그동안 이해하기 어려웠던 〈반야심경〉의 뜻을 명쾌하게 다 드러내어, 무슨 말인지 알 수 있도록 번역해 놓았다. 처음에는 기존 해석과 너무 달라서 저항감이 생기기도 했지만, 경전 속의 부처님 말씀을 근거해서 모든 주장을 펼치고 있기 때문에 수긍하지 않을 수 없다. 관정 스님은 기존 해석과 다르게 해석할 경우, 반드시 경론에서 그 근거를 찾아서 제시하면서 해설하고 있다.

이 책에서 여태껏 번역자에 따라 다른 뜻으로 번역돼오거나 무슨 말인지 알 수가 없는 말로 번역돼오던 '반야바라밀다', '오온', '색(色)', '수(受)', '상(想)', '행(行)', '식(識)', '공(空)', '제법(諸法)' 등의 불교전문용어를 깔끔하게 다 번역해 놓았고, '시제법공상(是諸法空相)', '불생불멸(不生不滅)', '무고집멸도(無苦集滅道)', '시대신주(是大神呪)' 등의 뜻을 명료하게 다 밝혀낸 점은 "대단한 성과"라고 하지 않을 수 없다.

관정 스님의 〈반야심경〉 번역문에는 이해가 되지 않는 말이 하나도 없고, 각 문장의 의미가 잘 연결되어서 물 흐르듯이 잘 흘러간다. 이것은 관정스님이 〈반야심경〉을 제대로 번역했다는 것을 말해준다. 스님은 연구에 연구를 거듭하여, 모든 내용을 알기 쉬운 말로 번역해 놓았다. 관정 스님이 번역한 〈반야심경〉을 접하면 우리가 알고 있던 〈반야심경〉과 완전히 다른 내용이 되어버린다. 여태껏 그 어떤 〈반야심경〉의 번역도 이런 뜻으로 해석한 것이 없었고, 이렇게 분명한 언어로 번역한 것도 없었다. 〈반야심경〉이 408년에 처음 한문으로 번역된 이후 최초로 그 뜻이 온전하게 드러나는 순간이 아닌가 한다.

2021년 봄
나무 불법승
방어산 은둔사문 普信(보신) 합장

추천하는 말 제2. 법상 스님

약 한 달 전에 저녁 늦게 부산 대원정사에 도착하니 메모가 남겨져 있었다. 내가 모르는 관정 스님이라는 분이 찾아뵙고자 한다는 것이었다. 다음 날 아침에 내가 전화를 했다. 스님의 용건은 반야심경에 대한 책을 출판할 것인데, 원고를 한 번 봐달라는 것이었다. 10일 후에 만나기로 했다. 만나기 일주일 전에 원고가 도착했다. 그것을 읽어보니 반야심경을 완전히 새롭게 해석하여 번역한 것이었다. 관정 스님이 번역한 반야심경을 읽으니, 그 뜻이 쉽게 와 닿았다. 해석의 논리가 탄탄했다. 소승(小僧)도 이 책을 통해 반야심경에 대한 새로운 사실을 많이 알게 되었다.
반야심경은 모르는 사람이 없을 정도로 불교를 대표하는 경이지만, 일반인들이 보기에는 뜻이 어려워서 접근하기가 쉽지 않았다. 하지만 관정 스님이 번역한 반야심경이 나오게 됨으로써 반야심경에 대한 거의 모든 의문이 깔끔하게 해결된 것이 아닌가 한다. 관정 스님은 단순히 반야심경을 정확하고도 쉬운 말로 번역했을 뿐만 아니라, 산스크리트어본 반야심경과 8종의 한역본을 연구하여, 반야심경이 한문으로 번역될 때 잘못 번역된 것들을 모두 바로잡았고, 많은 대소승의 경론을 연구하여 반야심경의 정확한 뜻을 찾아내려고 노력하여, 끝내 다 찾아낸 것을 보면, 스님의 전문성과 성실성이 돋보인다. 그러면서도 이 책은 공론(空論)을 전개하는 철학서가 아니라 반야지혜를 완성할 수 있는 수행방법을 말해주는 실용서다. 이런 깊은 통찰과 한문 반야심경의 이역본(異譯本) 연구와 산스크리트어본의 연구 등을 통한 원전비평을 담은 책이 보다 일찍 세상에 나왔더라면, 소승(小僧)이 집필했던 반야심경의 해설서도 좀 수월하지 않았을까 하는 생각이 든다.

"**경전의 정확한 번역**"이라는 화두를 오래 들어서 잉태되어 나온 이 책처럼 앞으로 대소승의 다양한 경론에 대해서도 이와 같은 연구와 결실이 계속될 수 있기를 기대해 본다. 오랜 세월 연구해 오신 관정스님의 노고에 깊은 감사와 찬탄을 보내며, 한국불교의 발전을 위해 계속 정진해주시길 부탁드려 본다.

2021년 10월
대원정사 주지 법상[2] 합장

2 한국의 역대 〈반야심경〉 해설서 중 다년간 꾸준히 가장 많이 판매된 책은 법상 스님의 〈반야심경과 마음공부〉일 것이다. 위의 추천하는 말을 쓴 법상 스님은 2005년 "올해의 불서"로 선정된 〈반야심경과 마음공부〉의 저자이다. 스님은 유튜브 목탁소리 지도법사로 계시면서 한국의 수많은 불자들에게 괴로움에서 벗어날 수 있는 길을 안내해주고 있다. 법상 스님은 위의 책 외에도 〈선어록과 마음공부〉, 〈반야심경과 선공부〉, 〈금강경과 마음공부〉, 〈불교경전과 마음공부〉, 〈육조단경과 마음공부〉, 〈마음공부 이야기〉, 〈붓다수업〉, 〈눈부신 오늘〉 등 20 몇 권의 저서가 있다.

추천하는 말 제3. 전재성 박사

관정 스님께서 대승권에서 일상적 예경지송이지만 실로 난해하기 짝이 없는 반야심경을 산스크리트어본과 8종의 한역본을 연구하고, 초기경전을 비롯한 다양한 경론의 토대 위에 반야심경을 완전히 새롭게 해석하여, 정확한 말로 번역하고, 해설한 것은 반야심경 연구에 한 획을 긋는 역사적인 사건이다.

퇴현 전재성[3] 합장

3 전재성 박사(1953년생)는 서울대학교를 졸업했고, 한국대학생불교연합회 회장을 역임했다. 동국대학교 인도철학과에서 석사학위를 취득한 뒤 독일의 본대학교 대학원에서 다년간 인도학과 티베트학을 연구했다. 동국대학교 인도철학과에서 박사학위를 받았고, 중앙승가대학 교수로 재직했다. 1999년에 한국 최초로 〈상윳따 니까야〉를 번역, 출판한 것으로 시작해서 빨리어 삼장을 전부 다 번역했을 뿐만 아니라 산스크리트어 한글사전, 산스크리트어 문법, 빠알리 한글사전, 티베트어 한글사전 등 수많은 불전을 번역하거나 저술하여, 당나라 현장법사 이후 세계에서 가장 많은 불경을 번역한 사람 중 한 명이다. 1996년부터 지금까지 한국 빠알리 성전협회 회장을 맡고 있다.

추천하는 말 제4. 최재목 교수

한창 〈반야심경〉 강의에 열중하고 있던 때 평소 존경하는 북디자이너 정병규 선생님을 만나 식사와 함께 담소를 나누었다. 선생님께서 관정 스님의 〈반야심경〉 책 편집디자인 작업을 하고 있는데, 그 원고를 한 번 살펴보면 어떻겠느냐고 말했다. 그 후 관정 스님과 연락이 되어, 원고를 좀 보고 싶다고 하니 스님은 기꺼이 방대한 원고를 출력해서 보내주었다. 원고를 받았을 때는 이미 강의가 다 끝나가는 시점이라 매우 아쉬웠다.[4] 관정 스님은 원고를 읽으면서 혹시 잘못 본 것이나 문제가 될 수 있는 내용이 없는지 한 번 봐달라고 부탁하였다. 금년 2월중에 미뤄두었던 원고를 재미있게 읽고 이런저런 조언도 메모해가며, 〈반야심경〉에서 많은 시사와 새로운 이해의 기회를 얻을 수 있어 감사하게 생각하였다.

뒤에 알게 되었지만, 그동안 관정 스님은 〈걷기명상〉 등 좋은 저술을 출간해 온 터였다. 이번 작업은 자그마치 16여 년간의 폭넓고 깊이 있는 연구로, 현재 한국 등에서 통용되고 있는 〈반야심경〉의 오류를 모두 바로잡았을 뿐만 아니라 반야심경 내용을 상세하고도 알기 쉽게 역해한 것이다.

대승불교의 가르침을 260자의 핵심내용으로 축약한 한역(漢譯) 〈반야심경〉은 내용이 간단명료한 듯이 보이지만 사실은 매우 복잡, 심오하여, 난해하다. 그 까닭은 애당초 삼장법사 현장이 《대반야바라밀다경》 600권의 대본을 단 1권 260자의 소본으로, 즉 대승불교의 핵심을 1/600로 축약해낸 것 자체가, 이미 많은 것을 감추어버린 신비한 작업이었기 때문이다.

4 참고로 이 강의는 대구 〈현대백화점〉 문화강좌에서 일반인을 상대로 하는 고전강의의 하나로, 2021년 12월에 시작하여 2022년 2월에 마친 5차례의 특강이었다.

관정 스님은〈반야심경〉의 산스크리트어본과 8종의 한역본(漢譯本)을 대조해가며, 그 오류를 바로잡았고, 한역하면서 빼버린 부분을 복원해 냄으로써 〈반야심경〉의 원래 뜻을 온전히 살려내어서 알기 쉬운 말로 번역하고 해석해내는 놀라운 성과를 거두었다. 이것은 단순한 '텍스트 비판'을 넘어서 〈반야심경〉을 이해해온 중국사상사의 맥락(전후사정)이나 현재를 살아가는 우리 삶 차원의 맥락까지 상세히 조망하는 이른바 '콘텍스트적인 작업'도 겸하고 있다.

아마도 이 책은 우리나라 〈반야심경〉 역해사(譯解史)에서 기념비적인 의의를 가질 것이며, 적지 않은 반향을 불러일으킬 것으로 보인다. 이를 계기로 국내외의 〈반야심경〉 번역 수준이 한 층 더 정교해질 것이라 확신한다.

영남대학교 철학과 교수 돌돌(乭乭) 최재목(崔在穆)[5] 합장

5 최재목 교수(1961년생)는 영남대학교 철학과를 졸업했다. 동대학원에 진학 후 일본 츠쿠바(筑波)대 대학원 철학사상연구과에 유학하여, 문학석사 · 문학박사 학위를 받았다. 현재 영남대학교 철학과 교수로 재직 중이다. 동양철학(양명학)이 전공이지만 동아시아사상문화비교 및 노장, 불교연구도 겸하고 있다.
그동안 미국 하버드대 Visiting Scholar/동경대 객원연구원/북경대 방문학자/라이덴대 객원연구원/절강이공대 객원교수를 역임했다. 현재 영남퇴계학연구원의 원장을 맡고 있고, 한국양명학회 회장 및 한국일본사상사학회의 회장을 역임했다. 저서로는『동아시아의 양명학』,『내 마음이 등불이다: 왕양명의 삶과 사상』,『양명심학과 퇴계학』,『동아시아 양명학의 전개』,『노자』,『상상의 불교학』,『동양철학자 유럽을 거닐다』등 다수의 저역서가 있다. 그 중『동아시아 양명학의 전개』는 일본어판이 최초로 출판된 뒤에 대만에서 그것을 중국어로 번역 출판하고, 이어서 한국어로 번역 출판했는데, 최근 한국어판을 근거로 보완하여 중국 대륙에서 번역 출판하였다.

추천하는 말 제5. 이종환 교수

유사 이래 인류가 남긴 최고의 내용인『반야심경』!
팔만대장경의 핵심 경전인『반야심경』!
260자 문자는 종교의 차원을 넘어서 전인적인 사유의 세계를 밝혀 주고 있다.
관정 스님의 이 책은 심혈을 기울인 대작이다.
선행 출판된『반야심경』관련 서적에서 볼 수 없는 방대한 자료를 인용하고 있다.연구자로서 관정 스님의 진지한 면모를 유감없이 보여주고 있다.『현장 법사 번역본』.『구마라집의 한역본』등 8종의 반야심경 한역본을 모두 다 번역해 놓았고, 난해한 반야심경을 쉬운 말로 번역했다. 오랜 기간의 선(禪)수행과 불전의 이역본 연구를 통해 다져진 관정 스님의 과학적인 해석력이 돋보인다.
『반야심경』관련 책은 일본에서도 많이 출판된다. 관정 스님의 반야심경의 번역은 일본의 그 어떤 책보다 정확하고도 명료하게 번역된 것으로 보인다.

경북대학교 일어일문학과 명예교수 이종환[6] 합장

6 한국외국어대학교 일본어과 졸업, 부산대학교 교수직을 사표내고, 일본 중앙中央대학교에서 일본문학 박사학위를 받았다. 경북대학교 일어일문학과 교수 정년퇴직 후 현재 경북대학교 명예교수로 있으면서 대구사회문화대학 부학장을 맡고 있다.

일러두기

1. 이 책은 〈반야심경〉의 뜻을 알고자 하는 분을 위한 책이다.
2. 이 책은 〈반야심경〉의 산스크리트어본과 8종의 한역(漢譯)본을 연구하여, 〈반야심경〉을 누구나 알아들을 수 있는 말로 번역하면서 각 부분에 대한 번역 이야기를 다루고 있다.
3. 이 책은 〈반야심경〉을 정확하게 번역하는 데 주안점을 두면서 그동안 〈반야심경〉이 왜 제대로 번역되지 못 했는지 그 원인을 밝혀 놓았다.
4. 이 책이 두꺼운 이유는 〈반야심경〉에 나오는 모든 불교용어를 이 책 안에 상세하게 다 해설했기 때문이고, 필자의 번역이 기존 번역과 다른 뜻으로 번역되어 있는데, 필자의 해석이 옳다는 것을 입증하기 위해 많은 경과 논을 인용해 넣었기 때문이다.
5. 이 책에 인용된 경론의 번역은 필자가 한 것이다. 필자는 많은 경론을 읽고, 그 중에서 〈반야심경〉을 이해하는 데 도움이 되는 부분을 뽑아서 번역했다.
6. 이 책은 매우 두꺼운데, 일반 불자들이 이 책을 읽고, 내용을 쉽게 파악할 수 있도록 하기 위해 고딕체, 보통 괄호(括弧), 작은 괄호(括弧), 꺾쇠괄호[括弧괄호] 등을 사용했다. 고딕체는 핵심어나 차이나는 부분을 강조하는 경우에 사용했고, 보통 괄호는 꼭 한자를 병기해주어야 하는 경우에 사용했고, 작은 괄호는 굳이 한자를 병기해주지 않아도 되지만 다른 의미로 혼동되지 않도록 하면서 가능한 한 한자가 눈에 많이 띄지 않도록 하기 위해 한자를 작은 사이즈로 표기한 것이다. 꺾쇠괄호는 필자가 기존 번역들과 다르게 번역한 경우, 번역되기 이전의 원어를 넣고, 그 음을 달아준 것이다. 예를 들면, 몸의 물질현상[色색]을 들 수 있다.

요약 차례

상세 차례

제1장
산스크리트어본 〈반야심경〉과 여러 번역본 소개

옛날 인도의 〈반야심경〉은 다 나뭇잎에 손으로 베껴 쓴 것들이다. 이것을 산스크리트어본 〈반야심경〉 또는 〈반야심경〉의 산스크리트어 사본이라고 한다. 엄밀하게 말하면 산스크리트어 사본은 후대 학자가 종이에 베껴 쓴 것과 교정하여 출판한 것 등을 다 포함하는 용어다. 〈반야심경〉의 산스크리트어 사본은 일본 법륭사(法隆寺) 사본 이외에 뮐러 난지오(Müller-Nanjio) 사본(1884), 나까무라 하지메(中村元) 사본(1967), 콘쯔(Conze) 사본(1967) 등 10여종의 사본이 있다. 또 산스크리트어 〈반야심경〉을 한문으로 번역한 **8종의 한역본**[7]이 있다. 〈반야심경〉은 머리 부분과 몸통 부분, 꼬리 부분을 다 갖춘 대본(大本)과 머리 부분과 꼬리 부분이 없고, 몸통부분의 일부 내용이 빠져 있는 소본(小本)이 있다.

7 〈반야심경〉의 한역본들은 〈신수대장경〉 제8권에 수록되어 있다. 총8종의 한역본 중 구마라집의 한역본과 의정(義淨)의 한역본은 〈신수대장경〉에 수록되어 있지 않다. 그러나 해인사 〈고려대장경〉에는 구마라집의 한역본이 수록되어 있다.

처음 번역된 3개의 한역본은 소본이고, 713년 이후에 번역된 5개의 한역본은 대본이다. 현재 우리가 독송하고 있는 한문 〈반야심경〉은 소본이고, 이것은 현장(玄奘)이 번역한 것이다.

1. 산스크리트어본 소개

1) 법륭사 산스크리트어 사본 : 〈반야심경〉의 산스크리트어 사본의 하나는 일본 법륭사에 있다. 이것은 종려나무 잎에 손으로 베껴 쓴 것으로, 소본이다. 서기 609년 오노노이 모꼬(小野妹子)라는 사람이 중국에서 전래받은 것으로 전해지지만 이것은 연구결과 8세기에 인도에서 베껴 쓴 것으로 판명됐다.[8] 일본에는 이 산스크리트어 사본을 베껴서 여러 개의 사본이 만들어져서 현재 약 9종의 산스크리트어 사본이 있다.

2) 산스크리트어본의 한자 음사(音寫)본 : 이것은 산스크리트어본의 음을 한자로 표기한 〈범본반야바라빌다경(梵本般若波羅蜜多經)〉이다. 돈황에서 발견되어, 현재 대영박물관에 보관돼 있다. 이 역시 소본을 음사한 것인데, 현장이 한자음을 다는 것을 가르쳐주었다고 전해온다. 〈신수대장경〉 제8권 안에 수록되어 있다.

3) 장곡사 산스크리트어 사본 : 이것은 대본이다. 일본의 홍법(弘法)대사의 제자 혜운(慧運)이 847년에 중국에서 일본으로 가져온 것을 고야

8 독일의 문헌학자 막스 뮐러(Max Müller)는 법륭사의 산스크리트어 〈반야심경〉의 사본은 8C초에 필사(筆寫)된 것으로 이해했다. 그러나 일본의 문헌학자 하카다류우쇼(于潟龍祥)의 연구에 의하면, 이것은 8C후반에 필사된 것이라고 한다. 〈반야심경〉 이기영 역해. 목탁신서5. 1979년. 14쪽 참고. 독일의 인도 고문헌학의 대가인 뷜러(G Bbuhler)가 이 산스크리트어사본을 연구하여, 이 필체는 8세기 초의 인도의 문체임을 확인했다.

산(高野山)의 정지원(正智院)에 보관해오다가 그 사본을 만든 것이다. 이 사본은 일본 장곡사(長谷寺)에 전해지고 있다. 이것과 동일한 것이 중국에도 전해오고 있다.

4) 막스 뮐러 산스크리트어 사본 : 이것은 독일 출신의 영국 옥스퍼드대학교 동양문헌학자인 막스 뮐러(Max Müller, 1823-1900) 교수와 일본의 난조분유(南條文雄, 1849~1927) 박사가 1884년에 일본 장곡사의 대본과 법륭사의 소본을 교정하여 출판한 사본이다. 이것은 대본이고, 그 책에서 영어로 번역했고, 19세기 불교학계의 큰 업적으로 평가되고 있다. 이 〈반야심경〉의 산스크리트어 사본의 교정본이 나온 이후 5~7종의 교정본이 더 나왔다.

산스크리트어본에서 번역된 것은 한역본, 티베트어본, 영역본, 일본어본 등이 있다.

2. 8종의 한역본 소개

〈반야심경〉은 수많은 불교경전 가운데 가장 많은 한역본을 갖고 있는 경이다. 〈반야심경〉은 408년에 최초로 한역된 이후 980년대까지 약 600여 년간 8명의 역경가(譯經家)가 자신의 한역을 내놓았다. 이렇게 여러 역경가가 한역을 내놓은 까닭은 기존 한역들이 자신의 마음에 들지 않는 부분이 있었기 때문이라고 본다. 8종의 한역본은 다음과 같다.

1) 구마라집(鳩摩羅什, 344~413) 한역본 : 『마하반야바라밀대명주경(摩訶般若波羅蜜大明呪經)』 408년에 번역. 소본

2) 당 현장(玄奘, 602~664) 한역본 : 『반야바라밀다심경(般若波羅蜜多心經)』 649년에 번역. 소본. 중국, 한국, 일본 등지에서 독송되어 오고 있는 한역본이다.

3) 당 의정(義淨, 635-713) 한역본 : 『불설반야바라밀다심경(佛說般若波羅蜜多心經)』 706-713년 사이에 번역. 소본. 현장이 한역한 것과 똑같은 번역문인데, 단지 경의 끝 부분에 "이 경을 밤낮 지성으로 백 번 천 번을 외우면 이루지 못 할 소원이 없으리라"[9]는 내용이 덧붙어 있는 점만 다르다. 의정은 어린 나이에 출가한 승려로서 37세에 인도로 유학 가서 25년간 머물다가 돌아온 역경승(譯經僧)이다.

4) 중인도 마가다국의 승려 법월(法月) 한역본 : 『보편지장반야바라밀다심경(普遍智藏般若波羅蜜多心經)』 738년에 장안에서 번역. 대본

5) 반야(般若)와 이언(利言) 등의 한역본 : 『반야바라밀다심경』 790년에 번역. 대본

6) 티베트 승려 법성(法成)[10] 한역본 : 『반야바라밀다심경(般若波羅蜜多心經)』 842년에 번역. '돈황석실본(敦煌石室本)'이라고도 한다. 대본

7) 당 지혜륜(智慧輪) 한역본 : 『반야바라밀다심경』 847~859년 사이에 번역. 대본

8) 송(宋) 시호(施護)[11] 한역본 : 『불설성불모반야바라밀다경(佛說聖佛母般若波羅密多經)』 시호가 북인도에서 중국으로 건너온 980년 이후에 번역한 것이다. 대본. 필자는 8종의 한역본들 중에서 맨 마지막에 나온 시호의 한역이 뜻을 가장 명료하게 잘 번역했다고 본다. 하지만 시호의 한역에도 의미가 왜곡되어 있는 부분이 두 군데 보인다.

9 "誦此經(송차경)破十惡五逆九十五種邪道(파십악오역구십오종사도). 若欲供養十方諸佛(약욕공양시방제불) 報十方諸佛恩(보시방제불은). 當誦觀世音般若(당송관세음반야)百遍千遍無間晝夜常誦(백편천편무간주야상송)此經無願不果(차송무원불과)"

10 법성은 돈황에서 태어나서 자랐다는 설도 있다.

11 시호(施護)는 북인도 사람이다. 그는 980년에 캐슈미르국의 승려 천식재(天息災)와 함께 중국으로 들어가서 송(宋) 태종의 명을 받아서 역경원에서 230여 권의 경전을 번역하여, 송 역경승의 으뜸이 되었다.

이 책의 (부록3)에 위의 8종의 〈반야심경〉 한역본의 원문을 실었다. 거기에 필자가 각 한역본에 대해 원전비평을 해 놓았고, 8종의 한역본을 우리말로 번역해 놓았다.

티베트어 번역본

티베트어 〈반야심경〉은 700년 이후에 산스크리트어본에서 번역한 것이다. 티베트어 〈반야심경〉은 대본이고, 단일 번역본밖에 없다. 이것은 현장 한역본보다 60년 이상 늦은 시기에 번역된 것으로, 군데군데 내용을 이해하는 데 어려움이 있는 번역본이라고 할 수 있다. 이 티베트어 〈반야심경〉은 몽골어와 만주어로 번역되었다. 몽골어 〈반야심경〉은 1310년에 티베트어본에서 번역한 것이고, 만주어 〈반야심경〉은 1772년경에 티베트어본에서 번역한 것이다.

영역본

앞에서 말했듯이 막스 뮐러 교수와 일본의 난조분유 박사가 1884년에 산스크리트어 〈반야심경〉을 연구하여, 영어로 번역한 것이 최초의 〈반야심경〉 영역본이다. 그 이후 에드워드 콘쯔(Edward Conze, 1904–1979)도 1958년에 산스크리트어 〈반야심경〉을 영역해서 출판했고, 미국 미시간대학교 도날드 로페즈(Donald S. Lopez, 1952생) 교수는 1988년에 티베트어 〈반야심경〉을 영역해서 출판했다. 현재 〈반야심경〉의 영역본은 수십 종에 달하지만 그 번역의 질은 그렇게 좋은 편이 아니라고 말할 수 있다. 왜냐하면 이 번역들은 오온(五蘊), 색(色), 수(受), 상(相), 행(行), 식(識), 공(空) 등의 〈반야심경〉에 나오는 불교전문용어를 제대로 해석하지 못 하여, 다른 뜻으로 번역해 놓았을 뿐만 아니라 무슨 말을 하고 있는지 알 수가 없는 말로 번역되어 있어서 이들 번역문만으로는 〈반야심경〉의 메시지를 전해 받을 수 없기 때문이다.

3. 현장이 한역한 〈반야심경〉

〈반야바라밀다심경〉
〈般若波羅蜜多心經〉

당삼장법사현장역
唐三藏法師玄奘譯

관자재보살 행심반야바라밀다시 조견오온개공 도일체고액
觀自在菩薩 行深般若波羅蜜多時 照見五蘊皆空 度一切苦厄

사리자 색불이공 공불이색 색즉시공 공즉시색 수상행식 역부여시
舍利子 色不異空 空不異色 色卽是空 空卽是色 受想行識 亦復如是

사리자 시제법공상 불생불멸 불구부정 부증불감
舍利子 是諸法空相 不生不滅 不垢不淨 不增不減

시고 공중무색 무수상행식
是故 空中無色 無受想行識

무안이비설신의 무색성향미촉법 무안계내지무의식계
無眼耳鼻舌身意 無色聲香味觸法 無眼界乃至無意識界

무무명 역무무명진 내지무노사 역무노사진
無無明 亦無無明盡 乃至無老死 亦無老死盡

무고집멸도 무지역무득
無苦集滅道 無智亦無得

이무소득고 보리살타 의반야바라밀다고 심무괘애
以無所得故 菩提薩埵 依般若波羅蜜多故 心無罣碍

무괘애고 무유공포 원리전도몽상 구경열반
無罣碍故 無有恐怖 遠離顚倒夢想 究竟涅槃

삼세제불 의반야바라밀다고 득아뇩다라삼먁삼보리
三世諸佛 依般若波羅蜜多故 得阿耨多羅三藐三菩提

고지반야바라밀다 시대신주 시대명주 시무상주 시무등등주
故知般若波羅蜜多 是大神呪 是大明呪 是無上呪 是無等等呪

능제일체고 진실불허
能除一切苦 眞實不虛

고설반야바라밀다주 즉설주왈
故說般若波羅蜜多呪 卽說呪曰

「아제아제 바라아제 바라승아제 모지사바하」(세번)
揭諦揭諦 婆羅揭諦 婆羅僧揭諦 菩提娑婆訶

4. 산스크리트어본과 현장 한역본의 대조

이 대조는 산스크리트어 〈반야심경〉의 원문을 실으면서 그 내용을 찾기 쉽도록 한역본을 나란히 실은 것이다. 이 산스크리트어 사본은 필자가 여러 사본을 검토해서 교정한 것이다. 교정한 내용은 각주에 달아두었다. 일반 불자들은 〈반야심경〉은 이러한 산스크리트어 사본에서 한문으로 번역되었고, 또 그것이 우리말로 번역되었다는 사실만 알고 넘어가면 된다.

〈prajñā-pāramitā-hṛdaya-sūtra〉
〈般若波羅蜜多心經〉

ārya-āvalokiteśvaro bodhisattvo gambhīrām prajñā-pāramitā-caryām caramāṇo vyavalokayati sma pañca-skandhāḥ tāṃś ca svabhāva-śūnyān paśyati sma.
觀自在菩薩行深般若波羅蜜多時 照見五蘊皆空 度一切苦厄

iha śariputra rūpam śūnyatā śūnyatā eva rūpam, rūpāt na pṛthak śūnyatā śūnyatāyā na pṛthak rūpam, yat rūpam sā śūnyatā yā śūnyatā tat rūpam; evam eva vedanā- saṃjñā-saṃskāra-vijñānam.
舍利子 色不異空 空不異色 色卽是空 空卽是色 受想行識 亦復如是

iha śariputra sarva-dharmāḥ śūnyatā-lakṣaṇāḥ anutpannāḥ aniruddhāḥ amalāḥ avimalāḥ anūnāḥ aparipūrṇāḥ.[12]

12 "아누나 아빠리뿌르나(anūnāḥ aparipūrṇāḥ)"는 콘즈(Conze) 사본에는 이렇

舍利子 是諸法空相 不生不滅 不垢不淨 不增不減

tasmāt śāriputra śūnyatāyām na rūpam na vedanā na saṃjñā na saṃskārāḥ na vijñānam.
是故 空中無色 無受想行識

na caksus-śrotra-ghrāṇa-jihvā-kāya-manāṃsi na rūpa-śabda-gandha-rasa-spraṣṭavya-dharmāḥ na cakṣus-dhātuḥ yāvan na manovijñāna-dhatūḥ.
無眼耳鼻舌身意 無色聲香味觸法 無眼界乃至無意識界

na-vidyā na-avidyā na vidyākṣayaḥ na avidyākṣayaḥ[13] yavāt na jarā-maraṇam na jarā-maraṇa-kṣayaḥ.

게 되어 있으나 나까무라하지메(中村元) 사본에는 "노나 나 빠리뿌르나(nonā na paripūrṇāḥ)"로 되어 있고, 벤베니스테(Benveniste) 사본에는 "노나 나 삼뿌르나(nonā na saṃpūrṇāḥ)"로 되어 있다. 현장이 〈반야심경〉의 산스크리트어의 음을 한자로 표기해 놓은 〈당범번대자음반야바라밀다심경(唐梵翻對字音般若波羅蜜多心經)〉에는 이 부분이 "阿(不)怒曩(增)阿(不)播哩補[打 - 丁+羅]拏(減)(二合)"로 되어 있어서 이것은 "아누나 아빠리뿌르나(anūnā aparipūrṇāḥ)"로 되어 있음을 알 수 있다. 사실은 "아누나 아빠리뿌르나(anūnā aparipūrṇāḥ)"와 "노나 나 빠리뿌르나(nonā na paripūrṇāḥ)"는 똑 같은 뜻이다. 왜냐하면 "아누나 아빠리뿌르나(anūnā aparipūrṇāḥ)"는 안an[不] 우나ūna[增] 아a[不]-빠리뿌르나paripūrṇāḥ[減]의 구조이고, "노나 나 빠리뿌르나(nonā na paripūrṇāḥ)"는 나na[不] 우나ūna[增] 나na[不] 빠리뿌르나paripūrṇāḥ[減]의 구조이기 때문이다.

13 현장이 한역한 〈반야심경〉의 "無無明(무무명) 亦無無明盡(역무무명진)"에 해당하는 이 부분은 원래의 산스크리트어 문장이 '나 아비디아 나 아비디아크싸요(na-avidyā na avidyākṣayo)'였던 것을 일본 법륭사 사본과 같이 만들기 위해 필자가 위와 같이 고쳤다.

無無明 亦無無明盡 乃至 無老死 亦無老死盡

na duḥkha-samudaya-nirodha-mārgāḥ. na jñānam, na prāptiḥ na aprāptiḥ.
無苦集滅道 無智亦無得

tasmāt śāriputra aprāptitvāt bodhisattvasya prajñāpāramitām āśritya viharati acittāvaraṇaḥ. cittāvaraṇa-na-astitvāt atrastaḥ viparyāsa-atikrāntaḥ niṣṭhā-nirvāṇa-prāptaḥ.
以無所得故 菩提薩埵依般若波羅蜜多故 心無罣碍 無罣碍故 無有恐怖 遠離顚倒夢想 究竟涅槃

tri-adhva-vyavasthitāḥ sarva-buddhāḥ prajñāpāramitām-āśritya-anuttarāṃ samyak-sam- bodhim abhisambuddhāḥ.
三世諸佛依般若波羅蜜多故 得阿耨多羅三藐三菩提

tasmāt jñātavyam: prajñāpāramitā mahā-mantraḥ mahā-vidyā-mantraḥ an-uttara-mantraḥ a-sama-sama-mantraḥ.
故知般若波羅蜜多 是大神呪 是大明呪 是無上呪 是無等等呪

sarvā-duḥkha-praśmanaḥ, satyam amithyātvāt. prajñāpāramitāyām uktaḥ mantraḥ. tad yathā:
能除一切苦 眞實不虛 故說般若波羅蜜多呪 卽說呪曰

gate gate pāragate pārasaṃgate bodhi svāhā.
揭諦 揭諦 波羅揭諦 波羅僧揭諦 菩提 娑婆訶

iti prajñāpāramitā-hṛdayaṃ samāptam

5. 조계종 표준 〈한글 반야심경〉

다음은 조계종 표준 〈한글 반야심경〉[14]이다. 이것을 읽으면서 무슨 말인지 뜻을 분명하게 알 수 없는 부분에 밑줄을 쳐보자.

〈마하반야바라밀다심경〉

관자재보살이 깊은 반야바라밀다를 행할 때, 오온이 공한 것을 비추어 보고 온갖 고통에서 건너느니라.

사리자여! 색이 공과 다르지 않고, 공이 색과 다르지 않으며, 색이 곧 공이요 공이 곧 색이니, 수 상 행 식도 그러하니라.

사리자여! 모든 법은 공하여 나지도 멸하지도 않으며, 더럽지도 깨끗하지도 않으며, 늘지도 줄지도 않느니라.

그러므로 공 가운데는 색이 없고 수 상 행 식도 없으며, 안 이 비 설 신 의도 없고, 색 성 향 미 촉 법도 없으며, 눈의 경계도 의식의 경계까지도 없고, 무명도 무명이 다함까지도 없고, 늙고 죽음도 늙고 죽음이 다함까지도 없고, 고 집 멸 도도 없으며, 지혜도 얻음도 없느니라.

얻을 것이 없는 까닭에 보살은 반야바라밀다를 의지하므로 마음에 걸림이 없고 걸림이 없으므로 두려움이 없어서, 뒤바뀐 헛된 생각을 멀리 떠나 완전한 열반에 들어가며, 삼세의 모든 부처님도 반야바라

14 이 조계종 표준 〈한글 반야심경〉은 2011년 9월 20일 대한불교조계종 제187회 중앙종회에서 종단표준의례 〈한글 반야심경〉 동의안을 가결했고, 동년 10월 5일에 공포했다.

밀다를 의지하므로 최상의 깨달음을 얻느니라.

반야바라밀다는 가장 신비하고 밝은 주문이며 위없는 주문이며 무엇과도 견줄 수 없는 주문이니, 온갖 괴로움을 없애고 진실하여 허망하지 않음을 알지니라. 이제 반야바라밀다주를 말하리라. 아제아제 바라아제 바라승아제 모지 사바하(3번)

우리는 매일 이 〈한글 반야심경〉을 외우지만, 그 뜻은 알 듯 말 듯 하면서도 구체적으로 와 닿지 않는다. 왜냐하면 이 〈한글 반야심경〉은 제대로 된 번역이 아니기 때문이다. 번역은 독자가 알아들을 수 있는 말로 해야 한다. 무슨 말인지 알 수가 없는 말로 번역해 놓고, "〈반야심경〉은 고도로 함축된 경전이라서 아무리 번역을 잘 해도 무슨 말인지 알 수가 없을 수밖에 없다"고 말하는 사람도 있다. 하지만 이것은 잘못된 말이다.

모든 경에는 그 경을 통해 말해주고자 하는 메시지가 있게 마련이다. 그럼 이 조계종 〈한글 반야심경〉은 우리에게 무슨 말을 해주고 있는가? 공(空)?, 오온개공(五蘊皆空)?, 색즉시공(色卽是空)?, 마음?, 반야?, 없음 · 무(無)?, 주문? .... 아무리 독해력이 좋은 사람이라도 이 〈한글 반야심경〉을 읽고, 〈반야심경〉의 메시지를 읽어낼 수 있는 사람은 없을 것이다. 왜냐하면 이 〈한글 반야심경〉으로는 〈반야심경〉을 통해 말해주고자 하는 메시지를 찾는 것이 불가능하기 때문이다. 왜 불가능한가? 그 이유는 첫째, 이 한글 번역문에 "반야바라밀다"가 6번 나오는데, 그것이 들어 있는 문장의 의미가 선명하게 전달되지 않기 때문이고[15], 둘째, "오온", "색", "수", "상", "행", "식", "공(空)" 등의 불교전문용어를 번역하지 못 하고 그대로 사용함으로써 독자가 그 의미를 해독하는 것이 불가능할 정도로 어렵게 번역되어 있기 때문이며, 셋째, 이 번역문으로는 〈반

15 "반야바라밀다"는 '지혜의 완성'이나 '지혜를 완성하는 수행방법'이라는 뜻이다.

야심경〉의 스토리나 논지를 파악할 수 없기 때문이고, 넷째, 결정적인 것은 이 〈한글 반야심경〉에는 〈반야심경〉을 통해 말해주고자 하는 경의 핵심내용이 빠져 있기 때문이다. 원래 〈반야심경〉이 우리에게 말해주고자 하는 핵심내용은 공(空)도 아니고, 오온개공(五蘊皆空)도 아니며, 마음, 없음 · 무(無)도 아니고, 주문도 아니다.[16] 〈반야심경〉은 우리에게 **"깊은 지혜를 완성하는 수행을 하려고 하면, 존재의 다섯 요소[오온], 즉 자신의 몸과 마음에서 일어나고 있는 현상을 관찰해 들어가서 그것들은 다 실체가 없는 것들임을 꿰뚫어봐야 한다"**고 말해주고 있다. 그런데 이 〈한글 반야심경〉에는 이런 내용이 없다. 왜냐하면 현장이 한역한 〈반야심경〉에 이런 내용이 빠져 있는 것을 그 한문 〈반야심경〉을 교정을 하지 않고 그대로 번역했기 때문이다. 이 조계종 〈한글 반야심경〉을 번역한 사람만이 교정을 하지 않았던 것은 아니다. 지금까지 현장이 한역한 〈반야심경〉을 교정한 사람은 아무도 없었다고 보면 맞을 것이다.

〈반야심경〉을 제대로 번역하기 위해서는 해독이 잘 안 되는 부분이 있으면, 그것이 한문으로 번역될 때 제대로 번역된 것인지를 먼저 확인해야 한다. 필자가 산스크리트어본과 다른 한역본을 통해 확인해 보니, 현장이 한역한 〈반야심경〉은 중대한 결함이 있는 한역본으로 판명되었다. 왜냐하면 현장이 한역한 〈반야심경〉에는 〈반야심경〉을 통해 말해주고자 하는 경의 핵심내용이 빠져있을 뿐만 아니라 다른 부분에서도 없어서는 안 되는 중요한 단어를 3개나 빼버리고 번역해 놓았기 때문이다. 그래서 이 조계종 〈한글 반야심경〉뿐만 아니라 현장이 한역한 〈반야심경〉을 번역한 한중일의 거의 모든 번역은 앞 뒤 문장의 내용이 연결이 잘 안 되고, 무슨 말을 하고 있는지 알 수가 없는 말로 번역되어 있거나

16 중국, 한국, 일본, 티베트 등의 불교에서 거의 모든 해설자들이 "〈반야심경〉은 공(空)을 말해 놓은 것"이라고 말하고 있다.

완전히 엉뚱한 뜻으로 번역되어 있다.
필자가 현장이 한역한 〈반야심경〉에 빠진 것들을 찾아내어서 그것들을 집어넣어서 다음과 같은 교정본을 내놓는다.

6. 현장이 한역한 〈반야심경〉의 교정본

중국, 한국, 일본 등지에서 유통되어온 한문 〈반야심경〉은 현장이 한역한 것이다. 이 현장 한역본에는 〈반야심경〉 내용이 전달되기 위해서는 없어서는 안 되는 중요한 단어 3개와 4개의 문장이 빠져 있다. 빠진 것들을 집어넣지 않으면 〈반야심경〉을 제대로 번역할 수가 없다. 그래서 필자가 빠진 글자와 문장을 찾아내어서 그것들을 집어넣어서 이렇게 교정본을 내놓는다. 이 교정본에서 괄호 속의 고딕체로 되어 있는 **行(행), 自性(자성), 卽時舍利弗(즉시사리불) 운운, 住(주)** 등은 필자가 산스크리트어본과 8종의 한역본을 연구하여, 교정해 넣은 것들이다.[17] 이 부분에서 한문을 잘 모르는 독자는 지금까지 우리가 암송해온 한문 〈반야심경〉에는 빠진 내용이 있어서 그것들을 집어넣어서 번역해야 〈반야심경〉의 뜻이 온전하게 전해질 수 있다는 사실만 알고 넘어가면 된다.

17 이 교정본에서 **無所生無所滅(무소생무소멸) 無垢無離垢(무구무이구) 無不足無滿足(무부족무만족)**은 빠진 것들을 집어넣은 것이 아니라 다른 뜻으로 한역해 놓은 것을 필자가 산스크리트어 원문과 같은 뜻으로 한역해서 넣은 것이다.

〈般若波羅蜜多心經〉

〈반야바라밀다심경〉

唐三藏法師玄奘譯

당삼장법사현장역

觀自在菩薩行深般若波羅蜜多(**行**)時 照見五蘊(**自性**)皆空 度一切苦厄

관자재보살행심반야바라밀다(**행**)시 조견오온(**자성**)개공 도일체고액

[**卽時具壽舍利子。承佛威神。合掌恭敬。白觀世音自在菩薩摩訶薩言。**

즉시구수사리자。승불위신。합장공경。백관세음자재보살마하살언。

聖者。若有欲學甚深般若波羅蜜多行。云何修行。如是問已。爾時觀世音

성자。약유욕학심심반야바라밀다행。운하수행。여시문이。이시관세음

自在菩薩摩訶薩。告具壽舍利子言。舍利子。若有善男子。善女人。

자재보살마하살。고구수사리자언。사리자。약유선남자。선여인。

行甚深般若波羅蜜多行時。應照見五蘊自性皆空。離諸苦厄。

행심심반야바라밀다행시。응조견오온자성개공。이제고액][18]

舍利子 色不異空 空不異色 色卽是空 空卽是色 受想行識 亦復如是

사리자 색불이공 공불이색 색즉시공 공즉시색 수상행식 역부여시

舍利子 是諸法空相 **無所生無所滅**(不生不滅) **無垢無離垢**(不垢不淨)

사리자 시제법공상 **무소생무소멸**(불생불멸) **무구무이구**(불구부정)

無不足無滿足(不增不減) 是故 空中無色

무부족무만족(부증불감) 시고 공중무색

無受想行識 無眼耳鼻舌身意 無色聲香味觸法 無眼界乃至

무수상행식 무안이비설신의 무색성향미촉법 무안계내지

18 [ ] 안의 내용은 〈반야심경〉이 인도에서 전래되는 과정이나 중국에서 한역되는 과정에서 누군가 빼버린 것을 필자가 복원해 넣은 것이다. 복원은 지혜륜이 한역한 〈반야심경〉의 문장을 사용했다.

無意識界 無無明 亦無無明盡 乃至 無老死 亦無老死盡 無苦集滅道
무의식계 무무명 역무무명진 내지 무노사 역무노사진 무고집멸도
無智亦無得 以無所得故 菩提薩陀依般若波羅蜜多(**住**)故 心無罣碍
무지역무득 이무소득고 보리살타의반야바라밀다(**주**)고 심무괘애
無罣碍故 無有恐怖 遠離顚倒夢想 究竟涅槃 三世諸佛依般若波羅
무괘애고 무유공포 원리전도몽상 구경열반 삼세제불의반야바라
蜜多故 得阿耨多羅三藐三菩提 故知般若波羅蜜多 是大神呪 是大明呪
밀다고 득아뇩다라삼먁삼보리 고지반야바라밀다 시대신주 시대명주
是無上呪 是無等等呪 能除一切苦 眞實不虛 故說 般若波羅蜜多呪
시무상주 시무등등주 능제일체고 진실불허 고설 반야바라밀다주
卽說呪曰
즉설주왈
揭諦揭諦 波羅揭諦 波羅僧揭諦 菩提娑婆訶
아제아제 바라아제 바라승아제 모지사바하

위의 교정본에서 고딕체로 되어 있는 내용이 들어가야 하는 이유를 알고자 하는 독자는 이 책의 해당 부분의 내용을 읽기 바란다.

7. 제대로 번역한 〈우리말 반야심경〉[19]

필자가 교정한 위의 한문 〈반야심경〉을 우리말로 번역하면 다음과 같다.

19 필자가 오랜 세월동안 각고의 노력으로 번역해 놓은 이 번역의 전부 또는 일부를 필자의 허락 없이 인터넷이나 책에 옮기는 것을 금한다.

〈지혜를 완성하는 수행방법의 핵심을 말해주는 경〉

관찰에 통달한 관자재보살이 존재의 다섯 요소[오온]를 관찰해가며, 깊은 지혜를 완성하는 수행에 전념하고 있을 때 그것들은 다 실체가 없는 것들[空공]임을 꿰뚫어보고, 모든 괴로움에서 벗어나게 되었다.

[이 때 사리불 존자가 부처님의 불가사의한 힘에 의해 합장 공경하고, 관자재보살에게 물었다. "**만약 선남자가 깊은 지혜를 완성하는 수행을 하려고 하면, 어떤 방법으로 수행해야 합니까?**" 이렇게 묻자, 관자재보살이 말했다. "사리불 존자여, 만약 선남자 선여인이 깊은 지혜를 완성하는 수행을 하려고 하면, **존재의 다섯 요소[오온]를 관찰하여, 그것들은 다 실체가 없는 것들임을 꿰뚫어봐야 합니다.**"][20]

사리불 존자여! 몸의 물질현상[色색]은 실체가 없는 것[空공]과 다르지 않고, 실체가 없는 것[空공]은 몸의 물질현상[色색]과 다르지 않습니다. 몸의 물질현상[色색]은 실체가 없는 것[空공]이고, 실체가 없는 것[空공]이 몸의 물질현상[色색]입니다. 몸의 물질현상[色색]과 마찬가지로 느낌[受수], 인식[想상], 업 지음[行행], 식별작용[識식]도 또한 실체가 없는 것들입니다.

사리불 존자여! 이 모든 존재가 다 소멸된 적멸상태엔 일어나는 것도 없고, 사라지는 것도 없습니다. 또 더러움도 없고, 더러움에서 벗어난 것도 없으며, 부족함도 없고, 완전함도 없습니다.[21]

20 각주 1)에서 말했듯이 [ ]속의 내용은 필자가 산스크리트어본과 8종의 한역본을 연구하여, 복원해 넣은것이다.

21 이 부분은 현장이 "불생불멸(不生不滅) 불구부정(不垢不淨) 부증불감(不增不減)"으로 번역해 놓은 것을 원문비평에 의해 "**무소생(無所生)무소멸(無所滅) 무구(無垢)무리구(無離垢) 무부족(無不足)무만족(無滿足)**"으로 교정해서 번역한것이다.

> 그러므로 적멸상태엔 몸의 물질현상도 없고, 느낌, 인식, 업 지음, 식별작용도 없습니다. 또 눈, 귀, 코, 혀, 피부, 의식 등의 감각기관도 없고, 형상, 소리, 냄새, 맛, 촉감, 마음에서 일어났다가 사라지는 것들[法법]도 없습니다. 또 '눈'이라는 요소에서부터 '의식의 식별작용'이라는 요소에 이르기까지 그 어떤 인식작용의 구성요소도 없습니다. 또 무명(無明)도 없고, 무명이 다 소멸된 것도 없으며, 내지 늙고 죽는 것도 없고, 늙고 죽는 것이 다 소멸된 것도 없습니다. 괴로움도 없고, 괴로움의 원인도 없으며, 열반도 없고, 열반에 이르는 길도 없습니다. 또 지각작용[智지]도 없고, 의식의 대상을 취하는 것[得득]도 없습니다. 의식의 대상을 취하는 것이 없음으로써 깨달음을 추구하는 중생은 지혜를 완성하는 수행법에 의해 삼매에 들어 있기 때문에 마음에 걸림이 없습니다. 마음에 걸림이 없기 때문에 두려움이 없으며, "나"라는 잘못된 인식에서 영원히 벗어나서 열반을 성취합니다.
>
> 관자재보살뿐만 아니라 과거, 현재, 미래세의 모든 부처님들도 다 이 지혜를 완성하는 수행법에 의해 최상의 완전한 깨달음을 성취합니다. 그러므로 지혜를 완성하는 수행법은 대단히 신묘(神妙)하고도 밝은 방법이고, 그 어떤 것과도 비교할 수 없는 최고의 방법이며, 실제로 모든 괴로움을 다 없앨 수 있기에 거짓말이 아님을 알아야 합니다.
>
> 지혜완성의 진실한 말씀[眞言,呪주]을 말하면 다음과 같습니다.「가신 분이시여! 가신 분이시여! 열반으로 가신 분이시여! 적멸과 하나 되어 열반으로 가신 분이시여! 깨달음을 믿습니다.」

이것이 필자가 산스크리트어본과 8종의 한역본을 연구하여, 〈반야심경〉을 제대로 번역한 것이다. 이 번역문에는 이해가 되지 않는 말이 하나도 없고, 추상적인 표현도 없다. 지금까지 우리는 〈반야심경〉을 이와 같은 뜻으로 번역하지 못 했다. 필자는 이 번역의 정확도는 98% 이상이라고 본다. 앞으로 이 책은 한문 〈반야심경〉의 각 구절을 어떻게 해서 이와 같은 뜻으로 번역했는지 상세하게 설명해줄 것이다.

지금까지 〈반야심경〉은 무슨 말인지 알아들을 수 있는 말로 번역된 것이 없었다. 왜냐하면 〈반야심경〉을 분명한 언어로 번역하는 것이 매우 어렵기 때문이다. 필자가 〈반야심경〉을 이와 같은 뜻으로 번역하는 데에는 십 년이 훨씬 더 걸렸다. 동서고금의 〈반야심경〉 해설서들을 보면, 무슨 말인지 알 수가 없는 말로 번역해 놓고, 그것을 해설하느라 허언(虛言)을 많이 해 놓았다. 문제의 심각성은 그런 허언에 익숙해져 있고, 부처님께서 말해 놓은 경전을 많이 읽지 않은 독자는 그런 말이 허언인지를 식별할 수 있는 눈이 없다는 데 있다. 〈반야심경〉을 "**공(空)**", "진공묘유(眞空妙有)" 등의 난해한 말로 해설해 놓아야 깊이가 있다고 여기는 사람들도 많다. 그러나 필자는 〈반야심경〉을 해설하면서 난해한 말을 많이 해 놓은 것은 해설자가 아직 〈반야심경〉을 제대로 이해하지 못 했다는 것을 말해주는 것이라고 본다.

여태껏 〈반야심경〉은 우주의 심오한 원리를 말해 놓은 경으로 인식되어 왔다. 사람들은 〈반야심경〉에 매우 심오한 철학이나 현대물리학 이론이 들어 있기를 기대한다. 하지만 〈반야심경〉의 뜻은 이 이상도, 이 이하도 아니다. 만약 어떤 사람이 〈반야심경〉에서 이 이상의 심오한 진리를 찾는다면, 그것은 토끼의 뿔을 구하는 격일 것이다. 사실 이 〈반야심경〉의 내용보다 더 중요한 내용은 있을 수가 없다. 반야지혜를 완성하는 수행방법 만큼 중요한 정보는 없기 때문이다. 〈반야심경〉이 이런 뜻이라면 〈반야심경〉을 통해 우리에게 말해주고자 하는 메시지는 무엇인가? 〈지혜를 완성하는 수행방법의 핵심을 말해주는 경〉이라는 경(經)의 제목이 말해주고 있듯이 〈반야심경〉은 우리에게 깊은 지혜를 완성하는 수행방법을 말해주고 있다.

부처님의 수행방법을 아는 것은 매우 중요하다. 왜냐하면 제대로 된 방법으로 수행하지 않으면, "오온(자성)개공"[22]의 진리를 깨달을 수가 없기 때문이다. 지혜를 완성하는 수행방법을 모르고 열심히 수행해봐야 반야 지혜는 밝아지지 않는다. 불법(佛法)의 눈을 갖춘 사람의 눈으로 보면 많은 불교수행자가 참나를 깨달아야 한다고 말하는 힌두교의 명상이나 단전호흡을 하는 도교의 명상, 또 드물게는 사이비종교의 명상을 하고 있는 것이 현실이다. 그 결과, 그들은 이 곳 저 곳을 헤매고 다니면서 많은 시간을 허비하게 된다. 그들은 대부분 자신이 본 것을 최고라고 여겨서 고집불통이 되거나 사이비종교의 명상에 빠져서 인생이 엉망이 되어 버리기도 한다. 그들은 부처님 깨달음의 내용과 그것을 깨달을 수 있는 수행방법을 모르기 때문에 다른 종교의 명상에 빠지고, 다른 종교의 꼬드김에 넘어간다. 지혜의 완성 없이는 최고의 완전한 깨달음을 성취할 수가 없다. 이런 점을 고려해볼 때 지혜를 완성할 수 있는 수행방법을 말해주고 있는 〈반야심경〉은 팔만대장경 중에서 가장 중요한 경이다.

그럼 〈반야심경〉에서 가장 중요한 단어를 하나 들라고 하면 뭐라고 해야 할까? 우리는 **"관찰"** 또는 **"지혜"**를 들 수 있다. 이 둘 중 어느 하나를 들면 된다. 관찰과 지혜는 같은 것이다. 왜냐하면 관찰을 통해 지혜가 계발되고, 지혜로 관찰하기 때문이다. 관찰은 반야지혜를 계발할 수 있는 유일한 길이고, 불교의 선(禪)수행에 있어서 최우선으로 꼽아야 하는 기술이다.

이와 같이 〈반야심경〉은 불교의 가장 중요한 정보를 담고 있는 경으로서 깊은 지혜를 완성하는 수행방법을 말해주고 있다. 그런데 우리는 〈반야심경〉에서 말하는 지혜가 어떤 것인지 잘 모른다. 이 책은 불교에서 말하는 지혜가 어떤 것인지 알 수 있도록 해줄 것이고, 그런 지혜를 완성할 수 있는 수행방법을 안내해줄 것이다.

22 "오온(자성)개공五蘊(自性)皆空"은 '존재의 다섯 요소[오온]는 다 실체가 없는 것들'이라는 말이다.

8. 한문 〈반야심경〉과 우리말 두 번역의 대조

이번에는 한문원문과 앞에 나온 우리말 두 번역을 대조하면서 한번 보자.

〈반야바라밀다심경〉
〈般若波羅蜜多心經〉
〈지혜 완성의 핵심을 말해주는 경〉
〈지혜를 완성하는 수행방법의 핵심을 말해주는 경〉

관자재보살 행심반야바라밀다(행)시 조견오온(자성)개공 도일체고액
觀自在菩薩行深般若波羅蜜多(行)時照見五蘊(自性)皆空度一切苦厄
A(조계종 번역) : (관자재보살이 깊은 반야바라밀다를 행할 때, 오온이 공한 것을 비추어 보고 온갖 고통에서 건너느니라.)
B(필자의 번역) : (관찰에 통달한 관자재보살이 존재의 다섯 요소[오온]를 관찰해가며, 깊은 지혜를 완성하는 수행에 전념하고 있을 때 그것들은 다 실체가 없는 것들[空공]임을 꿰뚫어보고, 모든 괴로움에서 벗어나게 되었다.
[이 때 사리불 존자가 부처님의 불가사의한 힘에 의해 합장 공경하고, 관자재보살에게 물었다. "만약 선남자가 깊은 지혜를 완성하는 수행을 하려고 하면, 어떤 방법으로 수행해야 합니까?" 이렇게 묻자, 관자재보살이 말했다. "사리불 존자여! 만약 선남자 선여인이 깊은 지혜를 완성하는 수행을 하려고 하면, 존재의 다섯 요소[오온]를 관찰하여, 그것들은 다 실체[自性자성]가 없는 것들[空공]임을 꿰뚫어봐야 합니다."][23]

23 각주 1)에서 말했듯이 [ ] 안의 내용은 〈반야심경〉이 유통되거나 번역되는 과정에서 누군가 빼버린 것을 필자가 복원해 넣은 것이다. 지혜륜이 이 부분을 한역한 것

사리자 색불이공 공불이색 색즉시공 공즉시색 수상행식 역부여시

舍利子 色不異空空不異色 色卽是空空卽是色 受想行識 亦復如是

A(사리자여! 색이 공과 다르지 않고, 공이 색과 다르지 않으며, 색이 곧 공이요 공이 곧 색이니, 수 상 행 식도 그러하니라.)

B(사리불 존자여! 몸의 물질현상[色색]은 실체가 없는 것[空공]과 다르지 않고, 실체가 없는 것[空공]은 몸의 물질현상[色색]과 다르지 않습니다. 몸의 물질현상[色색]은 실체가 없는 것[空공]이고, 실체가 없는 것[空공]이 몸의 물질현상[色색]입니다. 몸의 물질현상[色색]과 마찬가지로 느낌[受수], 인식[想상], 업 지음[行행], 식별작용[識식]도 또한 실체가 없는 것들입니다.)

사리자 시제법공상 무소생무소멸(불생불멸) **무구무이구**(불구부정) **무부족무만족**(부증불감)

舍利子 是諸法空相 無所生無所滅(不生不滅) 無垢無離垢(不垢不淨) 無不足無滿足(不增不減)

A(사리자여! 모든 법은 공하여 나지도 멸하지도 않으며, 더럽지도 깨끗하지도 않으며, 늘지도 줄지도 않느니라.)

B(사리불 존자여! 이 모든 존재[是諸法시제법]가 다 소멸된 적멸상태엔 일어나는 것도 없고, 사라지는 것도 없습니다. 또 더러움도 없고, 더러

을 보면, 다음과 같다. "卽時(즉시)具壽舍利子(구수사리자)。承佛威神(승불위신)。合掌恭敬(합장공경)。白觀世音自在菩薩摩訶薩言(백관세음자재보살마하살언)。聖者(성자)。若有欲學甚深般若波羅蜜多行(약유욕학심심반야바라밀다행)。云何修行(운하수행)。如是問已(여시문이)。爾時(이시)觀世音自在菩薩摩訶薩(관세음자재보살마하살)。告具壽舍利子言(고구수사리자언)。舍利子(사리자)。若有善男子(약유선남자)。善女人(선여인)。行甚深般若波羅蜜多行時(행심심반야바라밀다행시)。應照見五蘊自性皆空(응조견오온자성개공)。離諸苦厄(리제고액)"

움에서 벗어난 것도 없으며, 부족함도 없고, 완전함도 없습니다.)

시고 공중무색 무수상행식

是故 空中無色 無受想行識

A(그러므로 공 가운데는 색이 없고 수 상 행 식도 없으며,)

B(그러므로 적멸상태엔 몸의 물질현상[色색]도 없고, 느낌[受수], 인식[想상], 업 지음[行행], 식별작용[識식]도 없습니다.)

무안이비설신의 무색성향미촉법 무안계내지무의식계

無眼耳鼻舌身意 無色聲香味觸法 無眼界乃至無意識界

A(안 이 비 설 신 의도 없고, 색 성 향 미 촉 법도 없으며, 눈의 경계도 의식의 경계까지도 없고,)

B(또 눈, 귀, 코, 혀, 피부, 의식 등의 감각기관도 없고, 형상, 소리, 냄새, 맛, 촉감, 마음에서 일어났다가 사라지는 것들[法법]도 없습니다. 또 '눈'이라는 요소에서부터 '의식의 식별작용'이라는 요소에 이르기까지 그 어떤 인식작용의 구성요소도 없습니다.)

무무명 역무무명진 내지무노사 역무노사진

無無明 亦無無明盡 乃至無老死 亦無老死盡

A(무명도 무명이 다함까지도 없고, 늙고 죽음도 늙고 죽음이 다함까지도 없고,)

B(또 무명도 없고, 무명이 다 소멸된 것도 없으며, 내지 늙고 죽는 것도 없고, 늙고 죽는 것이 다 소멸된 것도 없습니다.)

무고집멸도 무지역무득

無苦集滅道 無智亦無得

A(고 집 멸 도도 없으며, 지혜도 얻음도 없느니라.)
B(괴로움도 없고, 괴로움의 원인도 없으며, 열반도 없고, 열반에 이르는 길도 없습니다. 또 지각작용[智지]도 없고, 의식의 대상을 취하는 것[得득]도 없습니다.)

이무소득고 보리살타 의반야바라밀다(주)고 심무괘애
以無所得故 菩提薩埵 依般若波羅蜜多(住)故 心無罣碍
A(얻을 것이 없는 까닭에 보살은 반야바라밀다를 의지하므로 마음에 걸림이 없고)
B(의식의 대상을 취하는 것이 없음으로써 깨달음을 추구하는 중생은 지혜를 완성하는 수행법에 의해 삼매에 들어 있기 때문에 마음에 걸림이 없습니다.)

무괘애고 무유공포 원리전도몽상 구경열반
無罣碍故 無有恐怖 遠離顚倒夢想 究竟涅槃
A(걸림이 없으므로 두려움이 없어서, 뒤바뀐 헛된 생각을 멀리 떠나 완전한 열반에 들어가며,)
B(마음에 걸림이 없기 때문에 두려움이 없으며, "나"라는 잘못된 인식에서 영원히 벗어나서 열반을 성취합니다.)

삼세제불 의반야바라밀다고 득아뇩다라삼먁삼보리
三世諸佛 依般若波羅蜜多故 得阿耨多羅三藐三菩提
A(삼세의 모든 부처님도 반야바라밀다를 의지하므로 최상의 깨달음을 얻느니라.)
B(관자재보살뿐만 아니라 과거, 현재, 미래세의 모든 부처님들도 다 이 지혜를 완성하는 수행법에 의해 최상의 완전한 깨달음을 성취합니다.)

고지반야바라밀다 시대신주 시대명주 시무상주 시무등등주 능제일체고 진실불허

故知般若波羅蜜多 是大神呪 是大明呪 是無上呪 是無等等呪 能除一切苦 眞實不虛

A(반야바라밀다는 가장 신비하고 밝은 주문이며 위없는 주문이며 무엇과도 견줄 수 없는 주문이니, 온갖 괴로움을 없애고 진실하여 허망하지 않음을 알지니라.)

B(그러므로 지혜를 완성하는 수행법은 대단히 신묘(神妙)하고도 밝은 방법이고, 그 어떤 것과도 비교할 수 없는 최고의 방법이며, 실제로 모든 괴로움을 다 없앨 수 있기에 거짓말이 아님을 알아야 합니다.)

고설반야바라밀다주 즉설주왈

故說般若波羅蜜多呪 卽說呪曰

「아제아제 바라아제 바라승아제 모지사바하」(세번)

揭諦揭諦 婆羅揭諦 婆羅僧揭諦 菩提娑婆訶

Gate Gate Pāragate Pārasaṃgate Bodhi Svāhā

A(이제 반야바라밀다주를 말하리라. 아제아제 바라아제 바라승아제 모지 사바하)(3번)

B(지혜완성의 진실한 말씀[眞言,呪주]을 말하면 다음과 같습니다.「가신 분이시여! 가신 분이시여! 열반으로 가신 분이시여! 적멸과 하나되어 열반으로 가신 분이시여! 깨달음을 믿습니다.」)

우리는 현장이 한역한 〈반야심경〉의 교정본과 위의 두 우리말 번역을 비교해봄으로써 이 두 번역이 얼마나 다른지 알 수 있다.

제2장
대본 〈반야심경〉을 통한 경의 전체 구조의 이해

현재 우리가 외우고 있는 소본 〈반야심경〉에는 관자재보살과 사리자, 이 두 명의 인물만이 나온다. 하지만 대본 〈반야심경〉에는 부처님도 나온다. 그럼 관자재보살과 사리자는 어떤 관계이고, 〈반야심경〉은 누가 누구에게 말해준 내용인가? 현재 우리가 외우고 있는 소본 〈반야심경〉은 경의 머리 부분과 꼬리 부분, 그리고 몸통 부분의 일부 내용을 잘라내 버렸기 때문에 형식이 다른 경들과 다르게 되어 있고, 경의 스토리가 죽어버렸다. 그래서 소본 〈반야심경〉으로는 〈반야심경〉 내용의 구조와 스토리를 이해하는 것이 불가능하다. 〈반야심경〉 내용의 구조와 스토리를 이해하기 위해 "이와 같이 내가 들었다"로 시작되는 대본 〈반야심경〉을 하나 보자.

〈반야바라밀다심경〉

〈지혜를 완성하는 수행방법의 핵심을 말해주는 경〉

당 삼장사문 지혜륜(智慧輪) 한역[24]

사문 관정(觀頂) 한국말 번역

이와 같이 내[25]가 들었다. 한 때 바가범[26]께서는 큰 비구의 무리와 대보살의 무리와 함께 왕사성 취봉산에 머물고 계셨다. 그 때 세존께서는 '매우 깊고도 밝게 비추어봄'이라는 삼매에 들어 있었다. 그 때 대중 가운데 관찰에 통달한 '관자재'라는 대보살이 한 명 있었다.

관자재보살이 존재의 다섯 요소[오온]를 관찰해가며, 깊은 지혜를 완성하는 수행에 전념하고 있을 때, 존재의 다섯 요소[오온]는 다 실체가 없는 것들[空공]임을 꿰뚫어봤다.[27]

24 당 삼장사문 지혜륜역(唐三藏沙門智慧輪譯). 지혜륜은 847~859년 사이에 이 〈반야심경〉을 번역했다.

25 이 때 "나"는 경전을 결집할 때 부처님 법문내용을 구술한 아난존자이다.

26 바가범(薄我梵)은 산스크리트어 bhagavat(바가바트)의 음을 한자로 표기한 것이다. bhagavat(바가바트)는 '세존(世尊)'으로 번역되어 있다. 바가범은 고타마 붓다를 비롯한 부처의 지위를 증득한 분을 부르는 호칭 가운데 하나다.

27 850a12 "時衆中有一菩薩摩訶薩。名觀世音自在。行甚深般若波羅蜜多行時。照見五蘊自性皆空." 이 부분의 산스크리트어 원문은 "거룩한 관자재보살이 존재의 다섯 요소를 밝게 관찰해가며, 깊은 지혜를 완성하는 수행에 전념하고 있을 때, 그것들은 다 실체가 없는 것들임을 꿰뚫어봤다"는 뜻으로 되어 있다. "ārya(聖성,거룩한) Avalokiteśvaro(觀自在관자재) bodhisattvo(菩薩보살) gambhīrāṃ(深심,깊은) prajñā(般若반야,지혜) pāramitā(波羅蜜多바라밀다,완성) caryāṃ(行행,수행) caramāṇo(行時행시,해갈 때) vyavalokayati(明觀명관,밝게 관찰해가며) sma(已이), pañca(五오,다섯)

이 때 사리불 존자가 부처님의 불가사의한 힘에 의해 합장, 공경하고 대보살인 관자재보살에게 물었다. "거룩한 분이시여, 만약 선남자 선여인이 깊은 지혜를 완성하는 수행을 하려고 하면, 어떤 방법으로 수행해야 합니까?" 이렇게 묻자, 대보살인 관자재보살이 사리불 존자[28]에게 말했다. "사리불 존자여! 만약 선남자 선여인이 깊은 지혜를 완성하는 수행을 하려고 하면, 존재의 다섯 요소[오온]를 관찰하여, 그것들은 다 실체가 없는 것들임을 꿰뚫어봐야 합니다. 그러면 모든 괴로움에서 벗어나게 됩니다."[29]

사리불 존자여! 몸의 물질현상[色색]은 실체가 없는 것[空공]과 다르지 않고, 실체가 없는 것[空공]은 몸의 물질현상[色색]과 다르지 않습니다. 몸의 물질현상[色색]은 실체가 없는 것[空공]이고, 실체가 없는 것[空공]이 몸의 물질현상[色색]입니다. 몸의 물질현상[色색]과 마찬가지로 느낌[受수], 인식[想상], 업 지음[行행], 식별작용[識식]도 또한 실체가 없는 것들입니다.[30]

skandhās(蘊온,존재의 구성요소), tāṃś(彼피,those,그것들) ca svabhāva(自性자성, 실체)-śūnyān(空공,없음) paśyati(照見조견,꿰뚫어보았다) sma(已이).....)"

28 여기서 "존자(尊者)"는 한역문 "具壽(구수)"를 번역한 것이고, "具壽(구수)"는 산스크리트어 āyuṣmat(아이우스마트)를 번역한 것이다. āyuṣmat(아이우스마트)는 āyus(아이우스, 壽, long life) + smat(스마트, 갖춘, 具足)의 구조로서 具壽(구수), 長老(장로), 慧命(혜명), 大德(대덕), 尊者(존자) 등으로 번역되는 호칭의 경어(敬語)다. 이것은 노사(老師), 존경할만한 분이라는 뜻이다.

29 850a14 "卽時具壽舍利子。承佛威神。合掌恭敬。白觀世音自在菩薩摩訶薩言。聖者。若有欲學甚深般若波羅蜜多行。云何修行。如是問已。爾時觀世音自在菩薩摩訶薩。告具壽舍利子言。舍利子。若有善男子。善女人。行甚深般若波羅蜜多行時。應照見五蘊自性皆空。離諸苦厄"

30 850a20 "舍利子。色空。空性見色。色不異空。空不異色。是色卽空。是空卽色。受想行識。亦復如是"

사리불 존자여! 이 모든 존재가 다 소멸된 적멸상태에는 일어나는 것도 없고, 사라지는 것도 없습니다. 또 더러움도 없고, 더러움에서 벗어난 것도 없으며, 부족함도 없고, 완전함도 없습니다.[31]

그러므로 적멸상태에는 몸의 물질현상도 없고, 느낌, 인식, 업 지음, 식별작용도 없습니다. 또 눈, 귀, 코, 혀, 피부, 의식 등의 감각기관도 없고, 형상, 소리, 냄새, 맛, 촉감, 마음에서 일어났다가 사라지는 것들[法법]도 없습니다. 또 '눈'이라는 요소에서부터 '의식의 식별작용'이라는 요소에 이르기까지 그 어떤 인식작용의 구성요소도 없습니다. 또 무명도 없고, 무명이 다 소멸된 것도 없으며, 내지 늙고 죽는 것도 없고, 늙고 죽는 것이 다 소멸된 것도 없습니다. 괴로움도 없고, 괴로움의 원인도 없으며, 열반도 없고, 열반에 이르는 길도 없습니다. 또 지각작용[智지]도 없고, 의식의 대상을 취하는 것[得득]도 없습니다.[32]

의식의 대상을 취하는 것이 없음으로써 깨달음을 추구하는 중생은 지혜를 완성하는 수행법에 의해 삼매에 들어 있기 때문에 마음에 걸림이 없습니다. 마음에 걸림이 없기 때문에 두려움이 없으며, "나"라는 잘못된 인식에서 영원히 벗어나서 열반을 성취합니다.[33]

31 850a22 "舍利子(사리자)。是諸法性相空(시제법성상공)。不生不滅(불생불멸)。不垢不淨(불구부정)。不減不增(불감부증)." 여기서 한역문의 "不垢不淨(불구부정)。不減不增(불감부증)"은 '더러움도 없고, 깨끗함도 없고, 줄어드는 것도 없고, 늘어나는 것도 없다'는 뜻이다. 하지만 이것은 산스크리트어 〈반야심경〉을 한역하면서 다른 뜻으로 번역해 놓은 것이다. 그래서 필자는 이 부분의 한역을 무시하고 이 부분의 산스크리트어본을 번역했다. 이 부분의 산스크리트어본의 뜻이 어떻게 해서 이와 같은 뜻이 되었는지를 알고자하는 독자는 이 책의 제13장에 있는 해당 부분의 내용을 보기 바란다.

32 850a24 "是故空中。無色。無受想行識。無眼耳鼻舌身意。無色聲香味觸法。無眼界。乃至無意識界。無無明。亦無無明盡。乃至無老死盡。無苦集滅道。無智證無得(무지증무득)"

33 850a27 "以無所得故。菩提薩埵。依般若波羅蜜多住。心無障礙。心無障礙故。無有恐怖。遠離顚倒夢想。究竟寂然.(구경적연)"

관자재보살뿐만 아니라 과거, 현재, 미래세의 모든 부처님들도 다 이 지혜를 완성하는 수행법에 의해 최상의 완전한 깨달음을 성취합니다.[34] 그러므로 지혜를 완성하는 수행법은 대단히 신묘(神妙)하고도 밝은 방법이고, 그 어떤 것과도 비교할 수 없는 최고의 방법이며, 실제로 모든 괴로움을 다 없앨 수 있기에 거짓말이 아님을 알아야 합니다.[35] 지혜완성의 진실한 말씀[眞言,呪주]을 말하면 다음과 같습니다. 「가신 분이시여! 가신 분이시여! 열반으로 가신 분이시여! 적멸과 하나 되어 열반으로 가신 분이시여! 깨달음을 믿습니다.」[36]

"이와 같이 사리불 존자여, 모든 대보살이 깊은 지혜를 완성하는 수행을 할 때는 이와 같은 방법으로 해야 합니다."[37]
이 때 세존께서는 삼매에서 깨어나서 관자재보살을 칭찬해 말씀하셨다. "정말 훌륭하고, 훌륭하도다.[38] 선남자여! 이와 같고, 이와 같도다. 방금 그대가 말한 것처럼 깊은 지혜를 완성하는 수행을 할 때는 이와 같은 방법으로 해야 한다. 이와 같은 방법으로 수행할 때 모든 여래가 다 따라서 기뻐할 것이다."[39]

34 850b01 "三世諸佛。依般若波羅蜜多故。得阿耨多羅三藐三菩提。現成正覺"
35 850b02 "故知般若波羅蜜多。是大眞言。是大明眞言。是無上眞言。是無等等眞言。能除一切苦。眞實不虛"
36 850b04 "故說般若波羅蜜多眞言。卽說眞言唵(引)[言*我]帝[言*我]帝。播(引)囉[言*我]帝。播(引)囉散[言*我]帝 冒(引)地娑縛(二合)賀(引)"
37 850b08 "如是舍利子。諸菩薩摩訶薩。於甚深般若波羅蜜多行。應如是學"
38 "정말 훌륭하고, 훌륭하도다"는 한역문 "善哉善哉(선재선재)"를 번역한 것이고, 이것은 산스크리트어 "sādhu(사두) sādhu(사두)"를 번역한 것이다. 사두(sādhu)는 진실한, 정확한, 친절한, 우수한, 최고로 좋은, 고귀한, 아멘 등의 뜻이다.
39 850b09 "爾時世尊。從三摩地安祥而起。讚觀世音自在菩薩摩訶薩言。善哉善哉。善男子。如是如是。如汝所說。甚深般若波羅蜜多行。應如是行。如是行時。一切如來。悉皆隨喜"

이 때 세존께서 이와 같이 말씀하시자 사리불 존자와 관자재보살과 그 법회자리에 있던 세간의 모든 신들[梵天범천]과 사람들, 아수라, 건달바 등이 다 부처님 말씀을 듣고, 매우 기뻐하며, 받아들여서 받들어 수행했다.[40]

이와 같이 〈반야심경〉의 머리 부분과 꼬리 부분을 제외한 나머지 몸통 부분은 관자재보살이 사리불 존자에게 말해준 내용이다. 우리는 위의 대본 〈반야심경〉을 통해 〈반야심경〉 내용의 전체 구조를 이해할 수 있고, 〈반야심경〉을 통해 우리에게 무슨 말을 해주려고 했는지를 더욱 분명하게 알 수 있다.

〈반야심경〉의 몸통 부분의 첫 부분에서 사리불 존자가 관자재보살에게 "만약 선남자 선여인이 깊은 지혜를 완성하는 수행을 하려고 하면, 어떤 방법으로 수행해야 합니까?"라는 질문을 했고, 그 질문에 답을 해주는 것이 〈반야심경〉 몸통 부분의 내용이다. 그리고 이 대본 〈반야심경〉의 꼬리 부분에서 관자재보살이 사리불 존자에게 "모든 대보살이 깊은 지혜를 완성하는 수행을 할 때는 이와 같은 방법으로 해야 한다"고 말했고, 그 말에 덧붙여서 부처님께서 "방금 그대가 말한 것처럼 깊은 지혜를 완성하는 수행을 할 때는 이와 같은 방법으로 해야 한다. 이와 같은 방법으로 수행할 때 모든 여래가 다 따라서 기뻐할 것"이라고 말한 것으로 보아서 〈반야심경〉은 **깊은 지혜를 완성하는 수행방법**을 말해주기 위한 경이라는 사실을 알 수 있다.

지혜륜이 한역한 대본 〈반야심경〉의 본문의 한자수는 630자 이다. 현장

40 850b13 "爾時世尊如是說已。具壽舍利子。觀世音自在菩薩及彼衆會一切世間天人阿蘇囉巘[馬*犬][口*縛]等。聞佛所說。皆大歡喜。信受奉行"

이 한역한 〈반야심경〉의 본문의 한자수는 260자 이다. 현장은 〈반야심경〉의 본문에서 약 60%의 내용을 빼버리고 번역했다. 동국대학교 불교대학 교수였던 이기영(1922-1996) 박사는 "소본과 대본은 내용면에서 별로 큰 차이가 없다"[41]고 말했지만, 그렇지 않다. 현재 우리가 외우고 있는 소본 〈반야심경〉이 탄생하게 된 이유는 대본 〈반야심경〉에서 지혜를 완성하는 수행방법을 말해주고 있는 내용을 빼버리기 위해서였다고 볼 수 있다. 왜냐하면 위의 대본 〈반야심경〉에서 선(禪)수행 또는 수행방법을 말해주고 있는 내용을 빼버린 것이 소본 〈반야심경〉이기 때문이다. 이 소본 〈반야심경〉이 만들어진 결과, 현재 중국, 한국, 일본 등지에서 〈반야심경〉은 지혜를 완성하는 수행방법을 말해주는 경으로 인식되고 있지 않다. 이러한 사실을 보면, 중국에서 〈반야심경〉을 한역하면서 왜, 어떤 조작을 했는지 알 수 있다. 소본 〈반야심경〉을 한역한 구마라집과 현장과 의정은 〈반야심경〉이 말해주고 있는 수행방법에 대한 내용을 없애기 위해 〈반야심경〉을 한역하면서 선(禪)수행 또는 수행방법에 대한 내용을 다 빼버리고, 〈반야심경〉을 주문의 경으로 둔갑시켜 놓았다. 소본 〈반야심경〉을 한역한 역경가들은 관찰수행을 통해 지혜를 완성하는 것에는 관심이 없었다고 보는 것이 맞을 것이다. 그들은 〈반야심경〉이라는 주문을 외우면, 온갖 액난을 다 제거할 수 있다는 취지의 말을 해 놓았다. 그 결과, 〈반야심경〉은 원래 전하고자 했던 메시지를 잃어버리고, 별의별 허언(虛言)을 양산해내는 **공리공론(空理空論)의 주산지**가 되어버렸다.

41 〈반야심경〉 이기영 역해. 한국불교연구원. 1979. 제13쪽

제3장
〈반야심경〉 본문 내용의 단락 구분

〈반야심경〉의 몸통부분 내용은 다음과 같이 크게 7단락으로 나눌 수 있다. 여기서 각 단락의 표제어를 잘 보기 바란다. 이 표제어가 〈반야심경〉 내용을 파악하는 데 결정적인 역할을 하기 때문이다.

1. 관자재보살이 사리불 존자에게 깊은 지혜를 완성하는 수행을 하려고 하면, 존재의 다섯 요소를 관찰하여, 그것들은 다 실체가 없는 것들임을 꿰뚫어 봐야 한다고 말해줌

관자재보살 행심반야바라밀다(행)시 조견오온(자성)개공 도일체고액
觀自在菩薩行深般若波羅蜜多(行)時照見五蘊(自性)皆空度一切苦厄
(관찰에 통달한 관자재보살이 존재의 다섯 요소[오온]를 관찰해가며, 깊은 지혜를 완성하는 수행에 전념하고 있을 때 그것들은 다 실체가 없는 것들[空공]임을 꿰뚫어보고, 모든 괴로움에서 벗어나게 되었다.)
[이 때 사리불 존자가 부처님의 불가사의한 힘에 의해 합장 공경하고,

관자재보살에게 물었다. "만약 선남자가 깊은 지혜를 완성하는 수행을 하려고 하면, 어떤 방법으로 수행해야 합니까?" 이렇게 묻자, 관자재보살이 말했다. "사리불 존자여! 만약 선남자 선여인이 깊은 지혜를 완성하는 수행을 하려고 하면, 존재의 다섯 요소[오온]를 관찰하여, 그것들은 다 실체가 없는 것들임을 꿰뚫어봐야 합니다."]

2. "존재의 다섯 요소는 다 실체가 없는 것들"이란 말이 무슨 말인지 구체적으로 말해줌

사리자 색불이공 공불이색 색즉시공 공즉시색 수상행식 역부여시
舍利子 色不異空 空不異色 色卽是空 空卽是色 受想行識 亦復如是
(사리불 존자여! 몸의 물질현상[色색]은 실체가 없는 것[空공]과 다르지 않고, 실체가 없는 것[空공]은 몸의 물질현상[色색]과 다르지 않습니다. 몸의 물질현상[色색]은 실체가 없는 것[空공]이고, 실체가 없는 것[空공]이 몸의 물질현상[色색]입니다. 몸의 물질현상[色색]과 마찬가지로 느낌[受수], 인식[想상], 업 지음[行행], 식별작용[識식]도 또한 실체가 없는 것들입니다.)

3. 이 모든 존재가 다 소멸된 적멸상태의 특징을 간단히 말해줌

사리자 시제법공상 불생불멸 불구부정 부증불감
舍利子! 是諸法空相 不生不滅 不垢不淨 不增不減
(사리불 존자여! 이 모든 존재가 다 소멸된 적멸상태엔 일어나는 것도 없고, 사라지는 것도 없습니다. 또 더러움도 없고, 더러움에서 벗어난 것도 없으며, 부족함도 없고, 완전함도 없습니다.)

4. 이 모든 존재가 다 소멸된 적멸상태의 특징을 구체적으로 말해줌

1) 적멸상태엔 오온이 존재하지 않는다.

시고 공중무색 무수상행식

是故 空中無色 無受想行識

(그러므로 적멸상태엔 몸의 물질현상[色색]도 없고, 느낌[受수], 인식[想상], 업 지음[行행], 식별작용[識식]도 없습니다.)

2) 적멸상태엔 십이처, 십팔계도 존재하지 않는다.

무안이비설신의 무색성향미촉법 무안계내지무의식계

無眼耳鼻舌身意 無色聲香味觸法 無眼界乃至無意識界

(또 눈, 귀, 코, 혀, 피부, 의식 등의 감각기관도 없고, 형상, 소리, 냄새, 맛, 촉감, 마음에서 일어났다 사라지는 것들[法법]도 없습니다. 또 '눈'이라는 요소에서부터 '의식의 식별작용'이라는 요소에 이르기까지 그 어떤 인식작용의 구성요소도 없습니다.)

3) 적멸상태엔 십이연기가 일어나지 않는다.

무무명 역무무명진 내지무노사 역무노사진

無無明 亦無無明盡 乃至無老死 亦無老死盡

(또 무명도 없고, 무명이 다 소멸된 것도 없으며, 내지 늙고 죽는 것도 없고, 늙고 죽는 것이 다 소멸된 것도 없습니다.)

4) 적멸상태엔 사성제의 진리도 없고, 지각작용도 없고, 의식의 대상을 취하는 것도 없다.

무고집멸도 무지역무득

無苦集滅道 無智亦無得

(괴로움[苦고]도 없고, 괴로움의 원인[集집]도 없으며, 열반[滅멸]도 없고, 열반에 이르는 길[道도]도 없습니다. 또 지각작용[智지]도 없고, 의식의 대상을 취하는 것[得득]도 없습니다.)

5. 적멸상태에 들고난 뒤에 어떻게 되는지 말해줌

이무소득고 보리살타 의반야바라밀다(주)고 심무괘애
以無所得故 菩提薩埵 依般若波羅蜜多(住)故 心無罣碍
(의식의 대상을 취하는 것이 없음으로써 깨달음을 추구하는 중생은 지혜를 완성하는 수행법에 의해 삼매에 들어 있기 때문에 마음에 걸림이 없습니다.)

무괘애고 무유공포 원리전도몽상 구경열반
無罣碍故 無有恐怖 遠離顚倒夢想 究竟涅槃
(마음에 걸림이 없기 때문에 두려움이 없으며, "나"라는 잘못된 인식에서 영원히 벗어나서 열반을 성취합니다.)

6. 지혜를 완성하는 수행법은 실제로 모든 괴로움을 다 없앨 수 있기에 최고의 방법이라는 사실을 말해줌

삼세제불 의반야바라밀다고 득아뇩다라삼먁삼보리
三世諸佛 依般若波羅蜜多故 得阿耨多羅三藐三菩提
(관자재보살뿐만 아니라 과거, 현재, 미래세의 모든 부처님들도 다 이 지혜를 완성하는 수행법에 의해 최상의 완전한 깨달음을 성취합니다.)

고지반야바라밀다 시대신주 시대명주 시무상주 시무등등주 능제일

체고 진실불허

故知般若波羅蜜多 是大神呪 是大明呪 是無上呪 是無等等呪 能除一切苦 眞實不虛

(그러므로 지혜를 완성하는 수행법은 대단히 신묘(神妙)하고도 밝은 방법이고, 그 어떤 것과도 비교할 수 없는 최고의 방법이며, 실제로 모든 괴로움을 다 없앨 수 있기에 거짓말이 아님을 알아야 합니다.)

7. 지혜의 완성을 시(詩)로 찬탄함

고설반야바라밀다주 즉설주왈

故說般若波羅蜜多呪 卽說呪曰

「아제아제 바라아제 바라승아제 모지사바하」(세번)

揭諦揭諦 婆羅揭諦 婆羅僧揭諦 菩提娑婆訶

Gate Gate Pāragate Pārasaṃgate BodhiSvāhā

(지혜완성의 진실한 말씀[眞言,呪주]을 말하면 다음과 같습니다. 「가신 분이시여! 가신 분이시여! 열반으로 가신 분이시여! 적멸과 하나되어 열반으로 가신 분이시여! 깨달음을 믿습니다.」)

우리는 위의 내용을 보면 난해하거나 현학적인 설명이 없어도 〈반야심경〉 내용을 다 이해할 수 있다. 이와 같이 〈반야심경〉은 번역만 제대로 해 놓으면, 그 내용을 이해하는 것은 어렵지 않다.

위의 각 단락의 표제어가 〈반야심경〉 내용을 친절하게 잘 해설해주고 있기 때문에 〈반야심경〉에 대한 해설은 이 이상의 것을 필요로 하지 않을지도 모른다. 이 뒷부분은 어떻게 해서 이런 번역과 해석이 나왔고, 왜 지금까지 이렇게 번역하지 못 했는지에 대해 말해 놓았다. 위의 표제어는 기존 해설자들이 해 놓은 해석과 판이하게 다를 것이다. 하지만 이 표제어가 맞는다고 보면 된다. 이 표제어의 정확성을 확인하고 싶은 독자는 이 책의 뒤 쪽에 있는 해당 내용 부분을 보기 바란다. 그 곳에 이와 같이 해석하는 것이 옳다는 것을 입증해줄 수 있는 많은 경론의 내용을 제시해 놓았다.

제4장
제대로 번역한 〈반야심경〉의 제목

〈반야심경〉의 본문에 들어가기 전에 〈마하반야바라밀다심경(摩訶般若波羅蜜多心經)〉이라는 경의 제목의 뜻부터 알아보자. 기존 해설서를 보면 그 제목을 〈큰 지혜의 힘으로 저 언덕에 이르는 마음의 경〉[42], 〈위대한 지혜로 저 언덕에 이르는 길〉[43] 등으로 번역해 놓았다. 그러나 이렇게 해석해서는 안 된다. 왜냐하면 〈반야심경〉의 제목은 **〈지혜를 완성하는 수행방법의 핵심을 말해주는 경〉**이라는 뜻이기 때문이다. 그럼 왜 이런 뜻으로 번역해야 하는지 그 이유를 산스크리트어 원문을 통해 알아보자. 산스크리트어 원문에는 경의 제목이 〈쁘라야-빠라미따-히르다야-수뜨라〉로 되어 있다. 이것을 번역하면 다음과 같은 뜻이다.

42 〈반야심경 강의〉 오고산 지음. 보련각. 1979년 초판, 1999년 7판 발행. 제10쪽
43 〈예불문과 반야심경〉 무비 스님 풀이. 불일출판사. 1993년. 제161쪽

〈쁘라야-빠라미따-히르다야-수뜨라〉

〈prajñā-pāramitā-hṛdaya-sūtra〉

〈 반야 -바라밀다 - 심 - 경 〉

〈 지혜 - 완성 - 핵심 - 경 〉

〈지혜 완성의 핵심을 말해주는 경〉

〈지혜를 완성하는 수행방법의 핵심을 말해주는 경〉

1) "**마하**(摩訶)"는 '거대하다', '방대하다'는 뜻으로 '大(대)'로 번역된다. 이 "마하"는 산스크리트어 원문에는 없는 것인데, 구마라집이 〈반야심경〉을 한역하면서 집어넣은 것이다.

2) "**반야**(般若)"는 산스크리트어 "쁘라야(prajñā)"의 음을 한자로 표기한 것으로, '지혜'라는 뜻이다.

3) "**바라밀다**(波羅蜜多)"는 산스크리트어 "빠라미따(pāramitā)"의 음을 한자로 표기한 것으로, '**완성**'[44]이라는 뜻이다. 그러나 산스크리트어 〈반야심경〉의 단어 뜻을 그 밑에 한자로 표기해 놓은 〈범한(梵漢)대조반야심경〉을 보면, "바라밀다"는 "**빠라미따**pāramitā **到彼岸(도피안)**"[45]으로 표기되어 있다. 도피안(到彼岸)은 '저 언덕[彼岸피안]에 도달했다[到도]'는 뜻인데, 이런 뜻으로 번역해 놓은 것은 문제가 있다고 말할 수 있다. 왜냐하면 "바라밀다"를 '저 언덕에 도달했다'는 뜻으로 번역하면,

44 〈梵和大辭典(범화대사전)〉의 779쪽을 보면, 빠라미따(pāramitā)는 '彼岸(피안)', '到彼岸(도피안)' 뿐만 아니라 '완전한 성취', '~의 완성'이라는 뜻도 있다. 또 영국 Oxford 출판사의 〈Oxford Sanskrit-English Dictionary〉의 619쪽을 보면, 빠라미따(pāramitā)는 '도피안' 등의 뜻도 있지만 'complete attainment(완전한 성취)', 'perfection in ~(~의 완성)'이라는 뜻도 있다.

45 도달할 도[到], 저 피[彼], 언덕 안[岸]. "도피안(到彼岸)"은 '저 언덕[彼岸]에 도달했다[到]'는 뜻이고, 이것은 '열반을 성취했다'는 뜻이다.

그 뜻이 완전히 달라질 뿐만 아니라 〈반야심경〉을 통해 전하고자 하는 메시지와 정반대 방향으로 달려가기 때문이다. 〈반야심경〉에서는 지혜가 완성되서 열반을 성취하면, 모든 것이 다 소멸된 공(空)의 상태가 되어서 어떤 것도 존재하지 않는다고 말한다. 그런데 어떻게 "저 언덕[彼岸 피안]"이 있을 수 있겠는가? "바라밀다(pāramitā)"는 '도피안'으로 번역해선 안 되고, '완성'으로 번역해야 한다. 산스크리트어 문헌학자 에드워드 콘쯔도 〈반야심경〉을 영역[46]하면서 "반야바라밀다(prajñāpāramitā)"를 "지혜의 완성"[47]이라는 뜻으로 번역하여, "바라밀다"를 '**완성**'으로 번역해 놓았다.[48] 또 현재 서구에서 〈반야심경〉 연구의 최고 권위자로 인정받고 있는 도널드 로페즈[49] 교수와 그 외의 여러 〈반야심경〉 번역가들도 "반야바라밀다"를 "지혜의 완성"으로 번역해 놓았다.

4) "**심경(心經)**"은 '**핵심**(核**心**)을 말해주는 **경**(**經**)'이라는 뜻이다. "심경(心經)"의 의미에 대해 틈만 나면 "마음자리" 타령을 일삼는 중국 선(禪)불교에서는 팔만대장경을 260자로 줄인 것이 〈반야심경〉이고, 이 〈반야심경〉을 한 자로 줄이면 마음 "심(心)"자라고 하면서 〈반야심경〉을 "**마음의 경**"으로 해석하는 것을 볼 수 있다. 그러나 이렇게 해석해서는 안 된다. 왜냐하면 〈반야심경〉 제목에서의 "心(심)"은 산스크리트어 '**히르다야**(hṛdaya)[50]'를 번역한 것이고, 이것은 '마음'이 아니라 '**핵심**'

46 에드워드 콘쯔(Edward Conze)의 영역은 〈범본 영역주(梵本 英譯註) 금강경 · 心經(심경) **Buddhist Wisdom Books**〉 속에 들어 있다.

47 그는 산스크리트어 "반야바라밀다(prajñāpāramitā)"를 "the **perfection** of wisdom"으로 번역해 놓았다.

48 필자는 이것을 'the completion of wisdom(지혜의 완성)'으로 영역했다.

49 도날드 로페츠(Donald S. Lopez Jr.)는 1952생이다. 그는 반야심경에 대한 책을 두 권을 저술해냄으로써 현재 서양에서 반야심경에 대한 최고의 권위자로 인정받고 있다. 그는 티베트어 반야심경을 영어로 번역하였고, 티베트어 반야심경의 주석서들을 연구하여, 책을 썼다. 그는 미국 미시간대학교 아시아 언어문화학과 교수이다.

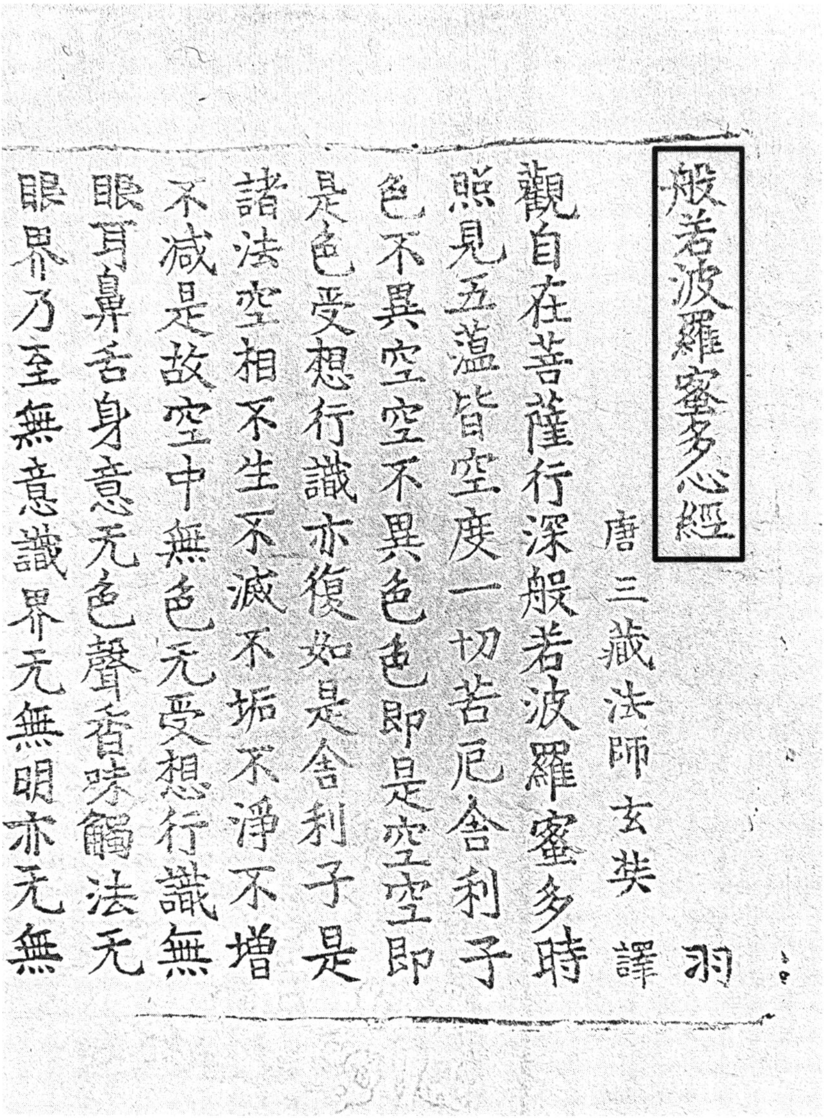

般若波羅蜜多心經 羽
唐三藏法師玄奘譯
觀自在菩薩行深般若波羅蜜多時
照見五蘊皆空度一切苦厄舍利子
色不異空空不異色色即是空空即
是色受想行識亦復如是舍利子是
諸法空相不生不滅不垢不淨不增
不減是故空中無色无受想行識無
眼耳鼻舌身意无色聲香味觸法无
眼界乃至無意識界无無明亦无無

이 사진은 해인사 고려대장경 속에 들어 있는 현장이 한역한 반야심경이다. 여기에는 경의 제목에 "마하"가 없이 "반야바라밀다심경般若波羅蜜多心經"으로 되어 있다.

이라는 뜻이기 때문이다. 히르다야에는 '마음'이라는 뜻은 없다.[51] 그래서 〈반야심경〉을 '마음의 경'으로 해석해서는 안 된다.

또 거의 모든 해설자들이 〈**마하**반야바라밀다심경〉은 '육백부나 되는 방대한 〈**대**반야바라밀다경〉의 핵심을 말해 놓은 경'이라는 뜻으로 해석해 놓은 것을 볼 수 있다. 이것도 옳은 해석이라고 보기는 어렵다. 왜냐하면 〈반야심경〉의 산스크리트어 제목인 〈**쁘라야**prajñā **빠라미따**pāramitā **히르다야**hṛdaya **수트라**sūtra〉에는 "마하"가 없고, 〈대반야바라밀다경〉의 전체 내용을 보면, 〈반야심경〉을 〈대반야바라밀다경〉의 핵심을 말해 놓은 경으로 보기에는 상당한 무리가 있기 때문이다.[52] 〈반야심경〉을 '석가부처님 가르침의 핵심을 말해 놓은 경'으로 해석하면, 그것은 딱 맞는 말이다.

〈반야바라밀다심경〉의 산스크리트어 제목은 〈**쁘라야**prajñā **빠라미따**pāramitā **히르다야**hṛdaya **수트라**sūtra〉이다. 이것은 〈쁘라야prajñā반야, **지혜** 빠라미따pāramitā, **완성** 히르다야hṛdaya심, **핵심** 수트라sūtra**경**〉의 구조로 되어 있다. 이것을 직역하면 **〈지혜 완성의 핵심을 말해주는 경〉**이라는 뜻이고, 이것을 의역하면 **〈지혜를 완성하는 수행방법의 핵심을 말해주는 경〉**이라는 뜻이다.

50 산스크리트어 hṛdaya(히르다야)는 심장(心臟), 중심(中心), 핵심(核心) 등의 뜻으로, '心(심)', '胸(흉)' 등으로 한역되어 있고, heart, center, core, essence 등으로 영역되어 있다.

51 마음에 해당하는 산스크리트어는 찟따(citta)다.

52 방대한 〈대반야바라밀다경〉 안에는 다양한 주제를 말하고 있는 600개의 경이 들어 있다. 그러나 〈반야심경〉은 그 안에 들어 있지 않고, 〈금강경〉은 577번째 경으로 들어 있다.

제5장
지혜를 완성하는 수행방법을 말해줌

1. 〈반야심경〉의 메시지는 무엇인가?

〈반야심경〉의 몸통 부분 첫 머리에 다음과 같은 내용이 나온다.

관자재보살 행심반야바라밀다(행)시 조견오온개공 도일체고액
觀自在菩薩 行深般若波羅蜜多(行)時 照見五蘊皆空 度一切苦厄

(관찰에 통달한 관자재보살이 존재의 다섯 요소[오온]를 관찰해가며, 깊은 지혜를 완성하는 수행에 전념하고 있을 때, 그것들은 다 실체가 없는 것들[空공]임을 꿰뚫어보고, 모든 괴로움에서 벗어나게 되었다.)
[이 때 사리불 존자가 부처님의 불가사의한 힘에 의해 합장 공경하고 관자재보살에게 물었다. "만약 선남자가 깊은 지혜를 완성하는 수행을 하려고 하면, 어떤 방법으로 수행해야 합니까?" 이렇게 묻자, 관자

재보살이 말했다. "사리불 존자여! 만약 선남자 선여인이 깊은 지혜를 완성하는 수행을 하려고 하면, 존재의 다섯 요소를 관찰하여, 그것들은 다 실체가 없는 것들임을 꿰뚫어봐야 합니다."][53]

놀랍게도 이것이 〈반야심경〉을 통해 우리에게 말해주고자 하는 핵심내용이다. 그런데 지금까지 아무도 〈반야심경〉의 메시지를 이렇게 해석하지 못 했다. 왜냐하면 현장이 한역한 〈반야심경〉에는 이러한 경의 핵심내용이 빠져 있기 때문이다. 위의 우리말 번역은 이 부분의 대본 〈반야심경〉을 번역한 것이다. 현장은 이 부분을 다음과 같이 번역해 놓았다.

"觀自在菩薩(관자재보살) 行深般若波羅蜜多時(행심반야바라밀다시) 照見五蘊皆空(조견오온개공) 度一切苦厄(도일체고액)"

이것을 우리말로 번역하면 다음과 같다.

관찰에 통달한 관자재보살이 **깊은 지혜를 완성하는 수행에 전념하고 있을 때** 존재의 다섯 요소[오온]는 다 실체가 없는 것들[空공]임을 꿰뚫어 보고, 모든 괴로움에서 벗어나게 되었다.

이러한 뜻을 조계종 〈한글 반야심경〉에서는 다음과 같이 번역해 놓았다.

"관자재보살이 깊은 반야바라밀다를 행할 때, 오온이 공한 것을 비추

53 [ ] 부분은 앞의 각주 1)에서 말했듯이 〈반야심경〉이 전래되는 과정에서 누군가 빼버린 것을 필자가 복원해 넣은 것이다. 5종의 대본 〈반야심경〉의 한역본 중에서 법월의 한역본을 제외한 나머지 4종에는 이 내용이 들어 있다. 복원에 대한 상세한 내용을 알고자 하면, 이 책의 각주 1)을 보기 바란다.

어 보고, 온갖 고통에서 건너느니라."

이것은 제대로 된 번역이라고 할 수 없다. 왜냐하면 이 번역은 한역문의 뜻을 제대로 전달하지 못 하고 있기 때문이다. 이 〈한글 반야심경〉에서 말하는 "깊은 반야바라밀다를 행한다"는 말이 도대체 무슨 말인가? 또 '오온이 공하다'는 말은 무슨 말인가? "온갖 고통에서 건너느니라"는 표현이 어법에 맞는 말인가? 이러한 번역을 보면, 우리는 〈반야심경〉을 번역하는 것이 얼마나 어려운 것인지 알 수 있다. 이 조계종 〈한글 반야심경〉뿐만 아니라 다른 사람이 해 놓은 번역들도 이와 크게 다르지 않다.[54] 1991년에 출간되어서 지금까지 일본 아마존 스테디셀러인 야마나 테츠시(山名哲史)의 〈반야심경〉 번역에는 이 부분을 다음과 같이 번역해 놓았다.

"관자재보살(관세음보살)이 반야바라밀다를 깊이 수행할 때 인간은 다섯 가지 요소로 이루어져 있는데, 그 다섯 요소는 모두 실체가 없음을 확실히 알고, 일체의 괴로움을 극복했다."[55]

54 동국대학교 불교대학 정성본 교수는 "행심반야바라밀다시"에서 "행"을 "실천한다"는 뜻으로 번역해 놓았다. 정성본 교수는 〈반야심경〉의 첫 문장을 "관자재보살이 깊고도 미묘한 반야의 완전한 지혜를 실천할 때에 물질(色)과 정신의 다섯 가지 기관인 오온(五蘊; 色, 受, 想, 行, 識)이 모두 텅 비어 공(空)한 사실을 관찰(照見)하고, 일체의 괴로움에서 벗어나 열반의 경지를 이루었다"고 번역해 놓았다. 물론 이 번역도 제대로 된 번역이라고 할 수 없다. 〈반야심경〉 정성본. 한국선문화연구원 발행. 2010년 개정판4쇄 발행. 제10쪽. 또 전남대학교 이중표 교수는 이것을 "거룩한 관자재보살님은 깊은 반야바라밀다행을 실천하시면서 오온(五蘊)을 관찰하여, 그것의 자기존재성[自性, svabhāva]이 공(空, śūnya)임을 보았다오"라고 번역해 놓았다. 〈니까야로 읽는 반야심경〉 이중표 역해. 2017년. 불광출판사. 제6쪽.

55 〈반야심경〉 불광출판사. 야마나 테츠시(山名哲史) 지음. 최성현 옮김. 2020. 33쪽

이 번역은 조계종 〈한글 반야심경〉보다는 훨씬 낫다. 하지만 이것도 관자재보살과 관세음보살을 동일인물로 보았다는 점과 "반야바라밀다"를 번역하지 못 하고 그대로 사용하여, "반야바라밀다를 깊이 수행할 때"라고 번역한 것은 부족하다고 볼 수 있다. 필자는 이 부분을 "관찰에 통달한 관자재보살이 **깊은 지혜를 완성하는 수행에 전념하고 있을 때**"라고 번역했다.

그럼 위의 "관자재보살 행심반야바라밀다시 조견오온개공 도일체고액"을 한 구절씩 풀어보자. 지금부터는 필자의 번역이 정확한 것임을 확인시키기 위해 세밀하게 따져나가는 글이 전개될 것이다. 왜곡된 불교를 바로잡기 위해서는 반드시 알아야 하는 내용이기 때문에 다음 "관자재보살" 부분은 집중력을 발휘해서 읽어주기 바란다.

2. 관자재보살(觀自在菩薩)

= 아바로끼떼쓰바라 보디사뜨바(Avalokiteśvara Bodhisattva)
관자재보살은 관찰을 자유자재로 할 수 있어서 관찰에 통달한 보살이다

〈반야심경〉의 주인공은 관자재보살이다. 〈반야심경〉은 사리불 존자가 관자재보살에게 법을 설할 수 있는 자리를 깔아주고, 관자재보살이 사리불 존자에게 법을 설해주는 형식으로 되어 있다. 〈반야심경〉 본문의 첫 번째 "사리자"부터 "모지사바하"까지 내용은 관자재보살이 사리불 존자에게 말해주는 것이다.

1) 관자재보살은 어떤 분인가?

옛날부터 중국에서 "관자재보살은 관세음보살의 다른 이름"이라고 말하고 있지만 이것은 잘못된 말이다. 구마라집이 〈반야심경〉을 최초로 한역하면서 '관자재보살'로 번역해야 할 것을 '관세음보살'로 번역함으로써 이런 잘못된 해석이 나온 것이다.

그럼 왜 '관자재보살'이라고 하는가? '**관**자재보살(**觀**自在菩薩)'에서의 '**관**(**觀**)'은 산스크리트어 '아바로키따(Avalokita)'를 번역한 것이고, 이것은 '**관찰한다**'[56]는 뜻이다. 그리고 '**자재(自在)**'는 산스크리트어 '이쓰바라(īśvara)'를 번역한 것으로, '**~에 자유자재한 자**', '~을 마음대로 할 수 있는 자'라는 뜻이다.[57] 즉 관자재보살은 관찰을 자유자재로 할 수 있어서 **관찰에 통달한 보살**이다. 이 때 관찰 대상은 존재의 다섯 요소[오온], 즉 자신의 몸과 마음에서 일어나고 있는 현상들[58]이다.

56 아바로끼따(avalokita)는 '관찰한다'는 뜻의 동사 아바록(avalok)의 과거수동분사형이다. 법성(法成)이 한역한 돈황본 〈반야심경〉에는 "**관찰**조견오온체성실개시공(**觀察**照見五蘊體性悉皆是空)"이라는 구절이 있다. 여기서 "**관찰**"이라는 단어를 쓰고 있는 것을 볼 수 있다. 이와 같이 "관자재보살"에서의 "관"은 '관찰'이라는 뜻이다.

57 관자재는 〈관(觀,Avalokita)'+'자재(自在,īśvara)〉의 구조로 본다. 산스크리트어 음운규칙에 의해 a+ī→e가 되어서 Avalokiteśvara(아바로끼떼쓰바라)가 되었다고 본다. 이러한 산스크리트어 원어분석은 〈한역대조범화대사전(漢譯對照梵和大辭典)〉과 일본의 세계적인 불교학자 나까무라 하지메(中村元,1912~1999)의 견해를 따른 것이다. 이 분석에 의하면, '自在(자재)'는 산스크리트어 'īśvara(이쓰바라)'를 한역한 것으로, '마음대로 할 수 있는 자', '자유자재한 자'라는 뜻이다. īśvara(이쓰바라)는 원래 인도의 브라만교 세계를 창조한 신(神)인 브라만(Brahman)신이나 씨바(śiva)신을 일컫던 말이다. īśvara(이쓰바라)는 '자재(自在)' 외에도 '自在者(자재자)', '자재천(自在天)', '왕(王)', '주(主)', '최고신', '주재(主宰)' 등으로 한역되어 있다.

58 몸과 마음에서 일어나고 있는 현상들을 '존재의 다섯 요소[오온]'라고 한다.

2) 관자재보살은 관세음보살이 아니다

관자재보살과 관세음보살은 성격이 다른 보살이다. 관세음보살은 불보살(佛菩薩)에 대한 신앙을 중시하는 〈법화경〉에 나오는 보살로서 고난에 처해 있는 중생들을 구제해주는 보살이다. 반면에 관자재보살은 반야부 경전에 나오는 보살로서 관찰수행을 통하여 지혜를 완성하여, 열반성취를 추구하는 보살이다. 〈법화경〉은 기독교와 마찬가지로 신앙심만 강조하지 〈반야심경〉의 관심사인 수행방법이나 지혜의 완성에 대해서는 아무런 관심이 없다. 도리어 〈법화경〉에 나오는 가공(架空)의 부처는 지혜 완성을 가로막기 위해 다음과 같이 말한다.

> "일체 성문(聲聞)과 벽지불[59]은 이 〈법화경〉 안까지 [지혜분별의] 힘이 미치지 못 한다. 이 경에는 [지혜 제일인] 사리불 너조차 믿음으로 들어왔는데, 하물며 다른 성문들은 어떠하겠는가? 다른 성문들은 다 부처님 말씀을 아무런 의심 없이 믿는 까닭에 이 경을 따르는 것이지 자신의 지혜분별력으로 따르는 것이 아니다."[60]

이와 같이 말하면서 〈법화경〉 속의 가공의 부처는 지혜분별력을 계발하지 못 하게 꼬드기고 있다. 〈법화경〉은 석가부처님 불교에 대해 "방편설"[61]이라는 말을 만들어내어, 불교의 본질인 지혜의 계발을 가로막고,

59 성문(聲聞)은 부처님의 육성법문을 듣고, 그 가르침을 떠받들어서 수행하여, 깨달음을 얻는 사람이다. 벽지불(辟支佛)은 부처님의 가르침을 만나지 못하고 홀로 노력하여, 스스로의 힘으로 깨달음을 얻는 사람이다. 이것을 '독각(獨覺)'이라고도 한다. 성문과 벽지불의 공통점은 지혜의 계발을 통해 깨달음을 추구한다는 것이다.

60 〈법화경〉 제3. 비유품 15b16 "一切聲聞及辟支佛 於此經中 力所不及 汝舍利弗 尙於此經 以信得入 況餘聲聞 其餘聲聞 信佛語故 隨順此經 非己智分"

오직 불보살에 대한 신앙심만 강조하는 경이다. 이와 같이 관자재보살과 관세음보살은 성격이 완전히 다른 보살임에도 불구하고 구마라집은 〈반야심경〉을 한역하면서 "관자재보살"로 번역해야 할 것을 "관세음보살"로 번역해 놓았다. 지혜륜(智慧輪)이 한역한 〈반야심경〉에는 '관세음'과 '관자재'를 합성한 "관세음자재보살"로 번역되어 있고, 그 외의 6종의 한역 〈반야심경〉에는 모두 "관자재보살"로 번역되어 있다.

3) 어떻게 '관자재보살'이 '관세음보살'로 둔갑하게 됐는가?

그럼 왜 관찰에 자유자재한 '관자재보살'이 '관세음보살'로 둔갑하게 됐는가? 그것은 석가불교의 지혜를 계발하는 방법을 없애려고 하는 불순한 의도를 가진 불순대승불교주의자들의 교묘한 조작에 의한 것으로 보인다. 〈법화경〉은 석가부처님 정법(正法)을 밀어내고, 그 자리에 자신들 입맛에 맞는 새로운 불교를 하나 만들어내어, 집어넣으려는 의도로 저술된 경이라고 할 수 있다. 〈법화경〉 방편품의 내용을 보면, 석가부처님께서 〈법화경〉을 설하기 전에 설해 놓은 경들은 다 이 법화(法華)의 법을 설하기 위해 방편(거짓)으로 설해 놓은 경일 뿐, 참된 법이 아니라고 말하고 있다. 이 〈법화경〉을 한문으로 번역했고, 법화의 법을 최고의 법으로 삼았던 구마라집은 최초로 〈반야심경〉을 한역하면서 '관자재보살'을 '관세음보살'로 바꾸어 놓았다. 이에 대해 많은 불경을 번역했고, 산스크리트어에 정통했던 당(唐)나라 현응 스님은 〈현응음의(玄應音

61 〈법화경〉 방편품의 내용은 '석가부처님의 육성법문이라고 할 수 있는 〈아함경〉에 대해 사탕으로 어린애를 꾀어서 법화의 진리 안으로 데려오기 위해 방편으로 설해 놓은 거짓말'이라는 거짓말을 해 놓은 것이다. 필자는 멈춤과 관찰수행을 통해 지혜를 계발하는 석가부처님의 불교를 없애고, 그 자리에 불보살의 가피력에 의지하는 신앙불교를 집어넣기 위해 한 종교문학가가 저술한 책이 〈법화경〉이라고 본다.

義)〉[62] 제5권에서 다음과 같이 말해 놓았다.

"〈반야심경〉의 구마라집 번역[舊譯구역]에 '세음(世音)' 또는 '관세음(觀世音)'으로 번역되어 있는 것은 잘못 전해진 것이다. 산스크리트어 본에는 모두 '**사**바라(**sa**vara,**舍**婆羅)'로 표기되어 있는데, 이것은 '자재(自在)'라는 뜻이다. 그러나 설산(雪山) 이래의 모든 경본(經本)에는 이것이 '**스**바라(svara,**娑**婆羅)'로 표기되어 있는데, **스**바라는 '音(음)'이라는 뜻이다. 여기서 **사**(sa,舍)와 **스**(s,娑)는 그 음이 비슷함으로 인해 잘못 전해진 것이다."

아바로끼따**사**바라(Avalokita**sa**vara, **관자재**)
→아바로끼따**스**바라(Avalokita**s**vara, **관음**)

위의 현응 스님 말에 의하면 "관자재(觀自在)"에서 "자재"의 산스크리트어 원어가 원래는 '**이쓰**바라(**īś**vara)'가 아니라 '**사**바라(**sa**vara)'였다. 이것이 설산 이래의 모든 경본에는 음이 비슷한 '**스**바라(**s**vara)'로 바뀌어서 잘못 전해지고 있다는 말이다.
위의 글에서 현응 스님은 **사**바라(**sa**vara)와 **스**바라(**s**vara)는 그 음이 비슷함으로 인해 실수로 잘못 전해진 것이라는 취지로 말해 놓았다. 하지만 필자는 그렇게 보지 않는다. 필자는 누군가 고의적으로 바꾸어 놓았다고 본다. 필자는 한 대승불교주의자가 원래 '관찰한다'는 뜻의 아바로끼따(avalokita)에 '자재(自在)'라는 뜻의 **사**바라(**sa**vara)가 붙어서 아바로끼따**사**바라(avalokita**sa**vara, **관자재**)의 형태로 되어 있던 것을 **사**바라

62 칙명에 의해 627~649년 사이에 저술한 책이다. 이 책의 정식 명칭은 〈일체경음의(一切經音義)〉이다. 이 분야 최고의 권위서로 인정받고 있다.

(**sa**vara)를 '음(音)'의 뜻인 '**스**바라(**s**vara)'로 바꾸어서 아바로끼따**스**바라(Avalokita**s**vara, **관음**)로 바꿈으로써 '관자재(觀自在)'를 '관음(觀音)'으로 만들고, 관음은 관세음이기 때문에 "관세음(觀世音)보살"로 번역했다고 본다. 이와 같은 과정을 통해 "관자재보살"로 번역해야 할 것을 "관세음보살"로 번역했고, 관자재보살은 '관세음보살'이라고 잘못 전해지고 있는 것이다. 위의 글에서 구마라집보다 약 200년 후대의 인물인 현응스님도 '관자재보살'이 아니라 '관세음보살'로 번역되어 있는 것은 잘못된 것이라고 말하고 있듯이 관자재보살과 관세음보살은 다른 보살임에 틀림없다. 한 불순대승불교주의자가 산스크리트어 단어의 철자를 조작하여, "관자재보살"을 "관세음보살"로 둔갑시켜 놓은 것이다.

산스크리트어 단어의 철자를 바꿈질 하는 과정

아바로끼따**사**바라(Avalokita**sa**vara, **관자재**)
→ 아바로끼따**스**바라(Avalokita**s**vara, **관음**)
→ 아바로끼떼**쓰**바라(Avalokite**ś**vara, 관자재보살 = 관세음보살)

그럼 왜 '관자재보살'의 산스크리트어 원어가 달라졌을까? 그것은 지혜의 완성에 초점 맞추어진 부처님 법을 파괴하기 위해 누군가 고의적으로 바꾸어 놓았기 때문이다. 바꿈질 하는 과정을 정리해보면 다음과 같다. '관자재'의 산스크리트어 원어는 원래 '아바로끼**따사**바라(Avalokit**asa**vara)'였다. 이것을 '관음(觀音)보살'로 둔갑시키기 위해 누군가 사바라(**sa**vara)의 첫 a자를 빼서 '아바로끼**따스**바라(Avalokit**as**vara)'로 바꿈질 한 뒤에 그것을 다시 '관자재'와 '관음'의 현재의 산스크리트어 원어의 형태인 '아바로끼**떼쓰**바라(Avalokit**eś**vara)'로 바꾸어 놓음으로써 지혜의 완성을 추구하는 '관자재보살'이 졸지에 고통 속의 중생들을 구제해주는 '관세음보살'로 둔갑하게 된 것이다. 그래서 우리는 지금도 관자재보살은 관세음보살의 다른 이름이라고 잘못 알고 있는 것이다. 여기서 알아둬야 할 것은 한 불순대승주의자가 산스크리트어 단어의 철자를 조작함으로써 관찰에 통달한 보살인 '관자재보살'을 '관세음보살'로 둔갑시켰다는 사실이다. 만약 구마라집이 산스크리트어 단어의 철자를 조작했다면, 그는 번역뿐만 아니라 산스크리트어 원어까지 조작해 놓음으로써 완벽한 조작을 도모했다고 볼 수 있다. 일부 독자는 필자가 이렇게 말하는 것에 대해 선뜻 동의할 수 없는 분도 많을 것이다. 하지만 이 책을 계속 읽어가다가 보면, 이 책의 곳곳에서 이렇게 볼 수밖에 없는 많은 조작사례를 만날 것이다.

구마라집은 최초로 〈반야심경〉을 한문으로 번역하면서 '관자재보살'로 번역해야 할 것을 '관세음보살'로 번역하여, 마치 〈법화경〉의 관세음보살이 〈반야심경〉의 주인공인 것처럼 만들어 놓았다. 그리하여 구마라집은 법화(法華)사상을 주창하고, 〈반야심경〉을 독송하면서 〈반야심경〉의 취지와 전혀 어울리지 않는 주문까지 외우게 만드는 결과를 초래했다고 볼 수 있다.[63] 구마라집은 〈반야심경〉의 제목을 〈마하반야바라밀**대명주**경(摩訶般若波羅蜜**大明呪**經)〉으로 번역했다. 그는 경의 제목에 산스크리트어 원본에는 없는 "대명**주**(大明**呪**)"라는 말을 집어넣어서 지혜를 완성하는 수행방법에 대해 말해주고 있는 〈반야심경〉을 '대단히 밝은 **주문의 경**'으로 만들어 버렸다. 주문은 신통이나 소원성취는 가져올지 모르지만 반야지혜와는 아무런 상관이 없다. 반야지혜는 자신의 몸과 마음에서 일어나고 있는 현상들을 관찰해감으로써 계발, 완성되는 것이기 때문이다.

63 구마라집은 408년에 〈반야심경〉을 최초로 한역하면서 "시대신주(是大神呪)" 등 주문 "주(呪)"자를 사용하여, 번역했고, 〈반야심경〉의 끝 부분을 번역하지 않고 주문으로 만들어버렸다.

4) 〈반야심경〉에서 경의 핵심어인 관찰이 없어졌다

관찰은 지혜를 완성하는 데 있어서 없어서는 안 되는 중요한 개념이다. 하지만 현재 우리가 외우고 있는 〈반야심경〉에는 관찰이 드러나 있지 않다. 그것은 관찰이 드러나지 않게 만들기 위하여 1. 〈반야심경〉을 한역하면서 "깊은 지혜를 완성하기 위해서는 자신의 몸과 마음에서 일어나고 있는 현상들[오온]을 관찰해가라"고 말하는 내용을 빼버렸고, 2. 한역문의 "조견오온개공(照見五蘊皆空)"에서 "관찰"이라는 단어를 사용하지 않았으며,[64] 3. "관찰에 자유자재한 보살"이라는 뜻의 관자재보살을 관세음보살과 같은 존재로 둔갑시켜 놓았기 때문이다. 관찰은 지혜를 완성하기 위한 유일한 수단이다. 왜냐하면 삼매에 들어서 자신의 몸과 마음에서 일어나고 있는 현상들[오온]을 관찰해감으로써 지혜가 완성되기 때문이다. 〈반야심경〉에 "관찰"이 드러나 있지 않고, 중국불교에 자신의 몸과 마음에서 일어나고 있는 현상들[오온]을 관찰해가는 수행법이 없어진 결과, '**반야**'는 단어만 존재할 뿐, 우리는 반야가 어떤 것인지 잘 모른다. 관찰과 반야에 대해서는 이 뒤의 '반야', '관찰' 편에서 상세하게 논하기로 한다.

일부 대승불교주의자들은 석가부처님 법을 파괴하기 위해 온갖 술수를 다 썼는데, 이것은 너무나 큰 과오를 저지른 것이다

우리는 '관자재보살'이 '관세음보살'로 둔갑하는 이 부분에서도 불교에서 지혜가 어떤 과정을 통해 없어지게 되었는지 그 일면을 엿볼 수 있

64 〈반야심경〉의 다른 한역본에는 "관찰"이라는 단어를 사용하고 있다. 법성(法成)이 한역한 돈황본 〈반야심경〉을 보면, 거기에는 현장이 "조견오온개공"으로 한역한 것을 "**관찰**조견오온체성실개시공(**觀察**照見五蘊體性悉皆是空)"으로 한역하여, "관찰"이라는 단어를 사용하고 있다.

다. 일부 대승불교주의자들은 어떻게 해서든지 지혜를 완성하는 석가부처님 법을 짓밟고, 없애려 했다.
관세음보살이 등장하는 〈법화경〉은 불보살의 불가사의한 힘을 믿고, 불보살의 이름을 부르기만 하면, 온갖 어려움을 다 벗어날 수 있는데, 굳이 지혜를 닦을 필요가 없다고 가르치는 경이라고 할 수 있다. 어차피 모든 중생들이 다 지혜를 계발할 수 있는 형편이 아니라면, 대승불교의 신앙이나 기도에 의지하는 방법도 필요하다. 이렇게 볼 때 대승불교 그 자체는 나무랄 수가 없다. 하지만 일부 대승주의자들이 온갖 거짓말과 술수로 석가부처님의 정법(正法)을 비난하거나 왜곡하고, 없애려 한 것은 너무나 큰 과오를 저지른 것이라고 할 수 있다.

보살은 보리살타(菩提薩陀)의 준말이다

보살은 산스크리트어 "보디사뜨바(bodhisattva)"의 준말이다. 보디(bodhi)는 '깨달음'이라는 뜻이고, 사뜨바(sattva)는 '중생'이란 뜻이다. 즉 보디사뜨바는 '**깨달음을 추구하는 중생**'이란 뜻이다. "보디사뜨바", 즉 **보**리**살**타(**菩**提**薩**陀)를 두 자로 줄여서 '**보살(菩薩)**'이라고 한다. 보살은 원래 부처님의 전생 이야기인 〈본생담本生譚〉에서는 전생에 있어서의 석가모니와 정각(正覺)을 이루기 전의 석가모니를 일컫던 말로 사용되었다. 하지만 오늘날 대승불교의 보살은 부처님께서 성취한 최상의 완전한 깨달음을 성취하겠다는 마음을 일으켜서 위로는 계정혜(戒定慧)를 닦아서 깨달음을 구하고, 아래로는 중생들을 교화, 제도하는 이상적인 인간형을 일컫는 말로 사용되고 있다.
관자재보살은 관세음보살이 아니라 관찰을 자유자재로 할 수 있어서 **관찰에 통달한 보살**이다.

3. 행심반야바라밀다행시(行深般若波羅蜜多行時)

깊은 지혜를 완성하는 수행에 전념하고 있을 때

반야바라밀다 : "반야"는 '지혜'라는 뜻이고, "바라밀다"는 '완성'이라는 뜻이다. 따라서 "반야바라밀다"는 '**지혜**의 **완성**'이라는 뜻이다.

1) "행심반야바라밀다행시"에서의 '행(行)'은 '닦고 있는 중'이라는 뜻이다

"**행**심반야바라밀다행시(**行**深般若波羅蜜多行時)"는 '깊은 지혜를 완성하는 수행에 **전념하고 있을 때**'라는 뜻이다. 그럼 필자는 어떻게 해서 이와 같은 뜻으로 번역했는지 한 번 알아보자.

行(닦을 행) 조계종 표준 〈한글 반야심경〉을 보면 거기에는 "관자재보살이 깊은 반야바라밀다를 행할 때"라고 번역하여, "**행**심반야바라밀다행시"에서의 "**행**(行)"을 '행한다'는 뜻으로 번역해 놓았다. 그러나 이렇게 번역해서는 안 된다. 왜냐하면 이렇게 번역하면 '깊은 반야바라밀다를 행한다'는 말이 무슨 말인지 알 수가 없기 때문이다. 이 때 "행(行)"은 산스크리트어 "짜라마나(caramāṇa)"를 번역한 것으로, '(수행을) **하고 있는 중이다**'는 뜻이다.[65] 필자는 이 부분을 '깊은 지혜를 완성하는 수행에 전념하고 있을 때'라고 번역했다. 그러나 기존의 모든 번역가들은 이 '행(行)'을 '행한다' 또는 '실천한다'는 뜻으로 번역하여, "**행**심반야바라밀다시"를 '깊은 반야바라밀다를 **행할 때**', '깊은 반야바라밀다행

65 짜라마나(caramāṇa)는 산스크리트어 동사 car(짜)의 진행형이다. car(짜)는 '수행과정을 밟아가다', '닦다', '수행하다' 등의 뜻으로, 住(주), 修(수), 行(행), 修行(수행), 勤修(근수), 奉行(봉행) 등으로 한역돼 있다. 따라서 짜라마나(caramāṇa)는 '[깊은지혜를 완성하는 수행을] 해가고 있는 중'이라는 뜻이다.

을 실천하면서'[66] 등으로 번역해 놓았다. 깊은 반야(**지혜**)바라밀다(**완성**)는 수행도 없이 그냥 행할 수 있는 것도 아니고, 불교는 실천만 하면 되는 그런 종교도 아니다. 반야바라밀다, 즉 지혜를 완성하려면 관찰수행을 많이 해야 한다.

深(깊을 심) 이 "深(심)"의 산스크리트어 원어는 감비라(gambhīra)이다. 감비라는 '대단히 깊다'는 뜻으로, '甚深(심심)', '極甚深(극심심)' 등으로 한역되어 있다. 여기서 深(심)은 대단히 깊은 관찰삼매에 들었음을 의미하고, 가장 깊은 지혜인 반야가 거의 다 완성돼가고 있음을 의미한다. 법월(法月)이 한역한 〈반야심경〉[67]을 보면, 거기에는 이 부분이 "부처님께서 보호해주는 가운데 '지혜광명'이라는 삼매[慧光三昧혜광삼매]에 들었다. 그 삼매에 다 들고난 뒤에 그 삼매의 힘으로 깊은 지혜를 완성하는 수행을 해가고 있을 때, 존재의 다섯 요소[오온]는 다 그 실체가 없는 것들임을 꿰뚫어봤다"[68]고 번역되어 있다. 또 지혜륜(智慧輪)이 한역한 〈반야심경〉에는 "그 때 세존께서는 '매우 깊게 비추어봄[廣大甚深照見광대심심조견]'이라는 삼매에 들어 있었다. 이 때 대중 가운데 '관세음자재'라는 대보살이 한 명 있었다. 그 보살이 깊은 지혜를 완성하는 수행을 해가고 있을 때, 존재의 다섯 요소[오온]는 다 실체가 없는 것[空공]들임을 꿰뚫어봤다"[69]고 번역되어 있다. 이 두 〈반야심경〉을 통해 우리는 관찰은

66 전남대학교 이중표 교수는 "**행**심반야바라밀다시"를 '깊은 반야바라밀다행을 실천하시면서'라고 번역해 놓았다.

67 법월이 한역한〈반야심경〉의 제목은〈보편지장(普遍智藏)반야바라밀다심경〉이다.

68 〈대정신수대장경〉 제8권, 849쪽. 법월이 한역한 〈보편지장(普遍智藏)반야바라밀다심경〉, "佛所護念(불소호념) 入於慧光三昧正受(입어혜광삼매정수) 入此定已(입차정이) 以三昧力(이삼매력) 行深般若波羅蜜多時(행심반야바라밀다시) **照見五蘊自性皆空(조견오온자성개공)**." 여기서 "正受(정수)"는 삼매를 한역한 것이고, 삼매정수(三昧正受)는 산스크리트어와 그 뜻을 나란히 함께 쓴 것이다.

69 〈대정신수대장경〉 제8권, 지혜륜 한역 〈반야심경〉 850a11, "爾時世尊(이시세

삼매상태에서 하는 것이고, 그 삼매는 '매우 깊게 꿰뚫어봄의 삼매'이고, 이것은 존재의 다섯 요소[오온]의 실체 없음을 꿰뚫어볼 수 있는 관찰삼매임을 알 수 있다. 이것을 보면, "깊은 지혜를 완성하는 수행을 해가고 있을 때"라는 말은 '관찰삼매에 들어서 존재의 다섯 요소[오온]를 관찰해가며, 깊은 지혜를 완성하는 수행을 해가고 있을 때'라는 뜻임을 알 수 있다.

여기서 '깊다'는 의미의 "深(심)"에 주목해야 한다. 왜냐하면 지혜도 깊은 지혜가 있고, 얕은 지혜가 있기 때문이다. 얕은 지혜는 단순히 몸의 움직임이나 표피적인 감각, 들숨날숨 등을 알아차릴 수 있을 정도의 지혜이다. 깊은 지혜는 얕은 지혜를 많이 닦은 결과, 생기는 지혜로서 오온(五蘊), 칠각지(七覺支) 등의 미세한 현상들까지 다 알아차릴 수 있는 밝은 지혜이다. 극도로 밝은 지혜[極智극지]가 반야[慧혜]다. 〈염처경(念處經)〉과 〈대념처경(大念處經)〉에서 사념처(四念處)[70]를 관찰해가는 부처님 수행법을 설명하는 데 있어서 법념처(法念處)에 대한 설명이 맨 뒤에 나오는데, 오개(五蓋), 오온(五蘊), 칠각지(七覺支) 등의 법념처를 관찰할 수 있는 지혜가 깊은 지혜이다.

들숨, 날숨, 몸의 동작, 몸의 감각, 몸의 상태[**身신**], 좋음, 싫음, 괴로움, 즐거움 등 마음의 느낌들[**受수**], 집중, 산만, 들뜸, 안정, 멍함, 졸림, 깨어있음 등의 마음의 상태[**心심**], 느낌[受수], 인식[想상], 업 지음[行행],

존)。入三摩地(입삼마지)。名廣大甚深照見(명광대심심조견)。時衆中有一菩薩摩訶薩(시중중유일보살마하살)。名觀世音自在(명관세음자재)。行甚深般若波羅蜜多行時(행심심반야바라밀다행시)。照見五蘊自性皆空(조견오온자성개공)"

70 사념처(四念處)는 '머물러서 관찰해야 하는 네 가지 대상'이라는 뜻으로, 신수심법(身受心法)을 말한다. 身(신)은 몸의 동작, 몸의 감각, 몸의 물질현상 등이고, 受(수)는 느낌이다. 心(심)은 마음의 상태이고, 法(법)은 마음에서 일어났다가 사라지는 현상들이다.

식별작용[識식] 등 마음에서 일어났다가 사라지는 현상들[**法법**]을 알아차림 해가며, 관찰해가는 사념처수행은 얕은 데에서 시작해서 수행해 감에 따라 점점 더 깊이 관찰할 수 있는 지혜의 눈을 얻게 된다. 대한불교 조계종 강원의 필수교과목 중 하나인 〈능엄경〉에 "사마타를 닦는 가운데 모든 부처님의 위빠사나를 써서 청정하게 닦고, 증득해 들어가서 점점 더 깊이 들어간다"[71]는 내용이 나온다. 이것은 부처님 수행법인 위빠사나 관찰수행을 많이 하면, 점점 더 밝은 지혜의 눈을 얻게 된다는 사실을 말해주고 있다. 반야와 리언 등이 공동 한역한 〈반야심경〉을 보면, 그 첫 머리에 다음과 같은 내용이 나온다.

> "이와 같이 내가 들었다. 한 때 부처님께서 많은 대비구와 대보살들과 함께 왕사성 칠엽굴 산속에 계실 때에 불세존께서는 '매우 깊음[廣大甚深광대심심]'이라는 삼매에 들어 있었다. 이 때 대중 가운데 '관자재'라는 대보살이 한 명 있었다. 그가 깊은 지혜를 완성하는 수행을 해가고 있을 때, 존재의 다섯 요소[오온]는 다 실체가 없는 것들[空공]임을 꿰뚫어보고, 모든 괴로움에서 벗어나게 되었다. 이 때 사리불존자가 부처님의 불가사의한 힘에 의해 관자재보살에게 합장하여, 공경의 예를 표한 뒤에 물었다. "만약 어떤 선남자가 **매우 깊은 지혜를 완성하는 수행을 하려고 하면, 어떤 방법으로 수행해야 합니까?**" 그렇게 묻자, 관자재보살이 답했다. "사리불존자여, 만약 선남자 선여인이 **매우 깊은 지혜를 완성하는 수행을 하려고 하면, 존재의 다섯 요소[오온]는 다 실체가 없는 것들[空공]임을 관찰해야 합니다.**"[72]

71 〈능엄경〉 제8권 "奢摩他中(사마타중) 用諸如來毘婆舍那(용제여래비파사나) 清淨修證(청정수증) 漸次深入(점차심입)." 위빠사나는 빨리어이고, 산스크리트어는 '비파사나(毘婆舍那)'로 발음한다.

72 반야와 리언 등이 공동 한역한 〈반야심경〉 "舍利子(사리자)。若善男子善女人(약

위의 〈반야심경〉 원문에서 "매우 깊은 지혜를 완성하는 수행을 하려고 하면, 존재의 다섯 요소[오온]는 다 실체가 없는 것들[空공]임을 관찰해야 한다"고 말하고 있다. 존재의 다섯 요소[오온]를 관찰해가는 것이 위빠사나다. 이 〈반야심경〉 문장의 뒷부분에서 부처님께서 다음과 같이 말했다. "그대가 [방금] 이렇게 저렇게 말한 것처럼 매우 깊은 지혜를 완성하는 수행을 할 때는 이와 같은 방법으로 해야 한다. 이와 같은 방법으로 수행할 때 모든 여래가 다 따라서 기뻐할 것이다."[73] 그런데 한국불교에서는 이와 같이 존재의 다섯 요소를 관찰해가며, 깊은 지혜를 닦고 있는가? 유감스럽게도 한국 전통불교에서는 존재의 다섯 요소를 관찰하지 않는다고 말할 수 있다.

2) "행심반야바라밀다시"는 "행심반야바라밀다행시(行深般若波羅蜜多行時)"로 교정해서 번역해야 한다

〈반야심경〉의 "행심반야바라밀다시(行深般若波羅蜜多時)"는 정확하게 한역된 것이 아니다. 이것은 '행심반야바라밀다**행**시(行深般若波羅蜜多**行**時)'로 한역돼야 한다. 왜냐하면 이것은 산스크리트어 원문의 "감비람gambhīrām(深심,깊은) 쁘라야prajñā(般若반야,지혜) - 빠라미따pāra-mitā(波羅蜜多바라밀다,완성) - 짜리얌caryām(**行행**,수행) 짜라마나cara-

선남자선여인)行甚深般若波羅蜜多行時(행심심반야바라밀다행시)。應觀五蘊性空(응관오온성공)." 이 원문의 끝 부분의 '五蘊性空(오온성공)'에서 性(성)은 산스크리트어 원문 '스바바바(svabhāva)'를 번역한 것이고, 이것은 '실체'라는 뜻이다. 스바바바는 實體(실체), 自性(자성), 本性(본성), 體性(체성) 등으로 한역되어 있다.

73 〈반야바라밀다심경〉 반야공리언등역(般若共利言等譯) 849c25, "如汝所說(여여소설)。甚深般若波羅蜜多**行**(심심반야바라밀다**행**)。應如是行(응여시행)。如是行時(여시행시)一切如來皆悉隨喜(일체여래개실수희)."

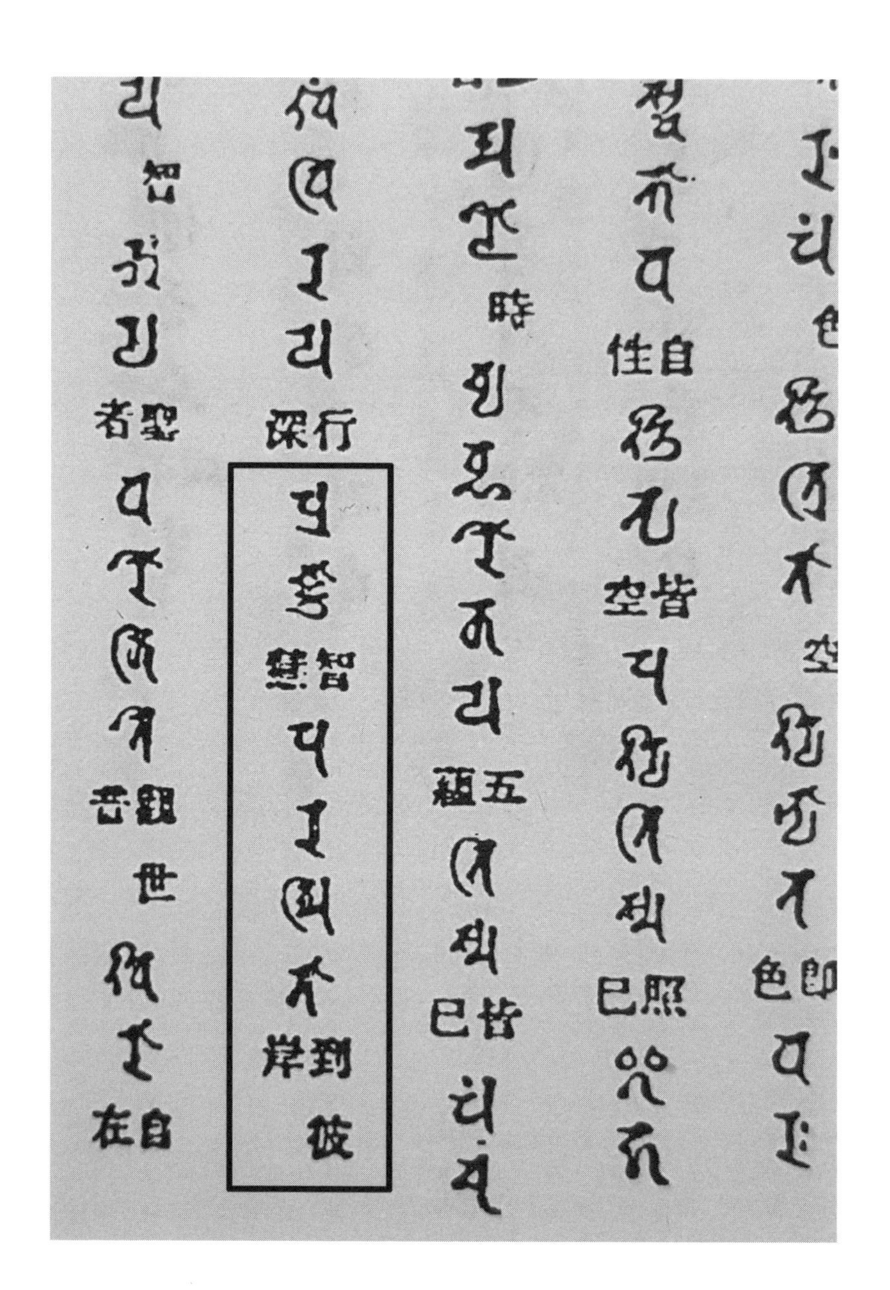

이것은 현장법사의 〈범한(梵漢)대조반야심경〉 이외의 한 〈범한대조반야심경〉이다. 여기서는 “바라밀다(pāramitā)”를 ‘도피안(到彼岸)’으로 번역해 놓았다.

māṇa(行행,닦고 있는 중)"를 번역한 것이기 때문이다. 총8개의 〈반야심경〉 한역본들 중 지혜륜의 한역과 반야·이언의 한역만이 이 부분을 "행심심반야바라밀다**행**시(行甚深般若波羅蜜多**行**時)"로 한역하여, 옳게 한역해 놓았다.[74] 나머지 6개의 한역본은 번역하면서 '수행'의 의미인 "**行(행)**"자를 빼버리고 번역해 놓았다. 그럼 왜 이와 같이 '수행'의 의미인 "行(행)"자를 빼버렸을까? 그것은 번역자가 깊은 지혜를 완성하는 **수행**을 싫어해서 수행의 경전인 〈반야심경〉을 주문(呪文)의 경으로 둔갑시키기 위하여 "行(행)"자를 빼버렸다고 볼 수 있다. "행심반야바라밀다**행**시"는 '깊은 지혜를 완성하는 **수행**에 전념하고 있을 때'라는 뜻이다.

3) "바라밀다"는 '건너갔다'는 뜻이 아니다

"바라밀다"는 '건너갔다'는 뜻이 아니고 '**완성**'이라는 뜻이다. "**바라밀다**"[75], 즉 "빠라미따(pāramitā)"의 뜻을 의미단위로 나누어 분석해보면, '최고'라는 뜻의 '빠라미(pārami)'에 과거분사형어미 '따(tā)'가 붙어서 '최고 상태를 이룬', '**완성**' 등의 뜻이 된다. 그러나 "바라밀다"는 '저

74 지혜륜의 한역 〈반야심경〉 850a13, "觀世音自在(관세음자재)。行甚深般若波羅蜜多**行**時(행심심반야바라밀다**행**시)。照見五蘊自性皆空(조견오온자성개공)." 반야와 이언 등이 공동 한역한 〈반야심경〉 849c05, "舍利子(사리자)。若善男子善女人(약선남자선여인)行甚深般若波羅蜜多**行**時(행심심반야바라밀다**행**시)。應觀五蘊性空(응관오온성공)." 반야와 이언 등이 공동 한역한 〈반야심경〉에는 이 표현이 두 번 나온다. 첫 번째 표현에서는 "行(행)"자를 빼버리고 다음과 같이 번역해 놓았다. "爾時(이시)衆中有菩薩摩訶薩(중중유보살마하살)。名觀自在(명관자재)。<u>行深般若波羅蜜多時(행심반야바라밀다시)</u>。照見五蘊皆空(조견오온개공)。離諸苦厄(이제고액)." 그러나 두 번째 표현에서는 위의 849c05에서와 같이 "行(행)"자를 넣어서 번역해 놓았다.

75 바라밀(波羅蜜)은 산스크리트어 pārami(빠라미)의 음(音)을 한자로 표기한 것이다. 여기서 한자 '蜜(밀)'은 〈반야심경〉을 한역할 당시에는 '미'로 발음되었던 것으로 보인다. 아무리 찾아도 '빠라밀'로 발음되는 산스크리트어 단어는 찾아볼 수가 없다.

언덕에 도달했다'는 뜻의 "도피안(到彼岸)", '건너갔다'는 뜻의 "度(도)" 등으로 한역되어 있다. 이러한 여러 한역 중 '완성'이라는 뜻은 없다. 중국에서 불경을 한역하면서 "빠라미따(pāramitā)"를 '완성'으로 번역한 경우는 찾아볼 수가 없다. 그래서 우리는 여태껏 "반야바라밀다"를 '지혜로 저 언덕 너머로 건너가는 것'이나 '건너간 것'으로 해석해 왔다. 현장이 산스크리트어 〈반야심경〉의 각 단어의 뜻을 그 밑에 한자로 표기해 놓은 〈범한(梵漢)대조반야심경〉[76]을 보면, 현장은 "반야바라밀다"의 산스크리트어 "쁘라야-빠라미따(prajñā-pāramitā)"를 "pra般**반**jñā若**야**-pā波**바**ra羅**라**mi蜜**밀**tā多**다**"[77]로 표기해 놓았다. 즉 현장은 "반야바라밀다"를 중국말로 번역하지 않고, 산스크리트어의 음을 한자로 표기하여, 그대로 사용하고 있는 것을 볼 수 있다. 그러나 현장의 실력으로 "반야바라밀다"를 '**지혜**의 **완성**'으로 번역하는 것은 전혀 어렵지 않았을 것이다. 그런데 왜 "반야바라밀다"를 번역하지 않고 이렇게 처리해 놓았을까? 그것은 '**지혜를 완성하는 수행**'이라는 뜻이 밖으로 모습을 드러내고 나오는 것을 원하지 않았기 때문이라고 본다. 지혜를 완성하는 수행보다는 신앙을 더 중시하고, 석가부처님 법을 '소승법'이라고 말하며, 폄훼해온 대승불교의 번역자들은 이 부분에서 "지혜를 완성하는 **수행방법**"이 모습을 드러내고 밖으로 나올까봐 염려했다고 볼 수 있다. 그래서 총8명의 〈반야심경〉 한역가들 중 무려 6명이 "행심반야바라밀다**행**시(行深般若波羅蜜多**行**時)"로 번역해야 할 것을 '**수행**'의 의미인 "**행(行)**" 자를 빼버리고 "행심반야바라밀다시"로 번역해 놓았고, 8종의 〈반야심경〉 한역본들 중 "반야바라밀다"를 중국말로 번역해 놓은 것은

76 이 〈범한(梵漢)대조 반야심경〉의 정확한 이름은 〈당범번대자음(唐梵翻對字音)반야바라밀다심경(般若波羅蜜多心經)〉이다.

77 이것은 원래 "鉢囉(二合)(般)[言*我]攘(二合)(若)播(波)囉(羅)弭(蜜)哆(多)"로 표기되어 있다.

하나도 없다. 석가부처님 불교를 "소승법"이라는 말로 내리쳐버렸고[78], 지혜를 완성해가는 개념이 없이 단박에 다 깨닫고, 단박에 다 닦아버려야 한다는 돈오돈수법(頓悟頓修法)을 주창하는 중국 선(禪)불교에는 지혜를 완성해가는 개념이 없다. 중국 역경가들은 지혜를 완성하는 수행방법을 말해주고 있는 〈반야심경〉을 주문의 경으로 만들어버렸다. 그 결과, 우리는 매일 〈반야심경〉을 외우지만 반야가 어떤 것인지 잘 모르고, "지혜를 완성하는 수행방법"에 대해 아는 바가 없다. "지혜를 완성하는 수행방법"을 알지 못 하면, "오온개공(五蘊皆空)"의 진리를 깨달을 수가 없고, 열반을 성취할 수 없다.

현장의 〈범한(梵漢)대조반야심경〉을 보면, 현장은 "prajñā(**쁘라야**) · 지혜 pāramitā(**빠라미따**) · 완성"를 '**지혜의 완성**'으로 번역하지 않고, 산스크리트어의 음을 한자로 표기하여, "반야바라밀다(般若波羅蜜多)"로 표기해 놓은 것을 볼 수 있다. 또 다른 〈범한대조반야심경〉을 보면, 거기에는 "prajñā(쁘라야) · 智慧(지혜) pāramitā(빠라미따) · **到彼岸(도피안)**"으로 표기해 놓았다.[79] 그러나 "바라밀다"는 '도피안'이 아니라 '**완성**'으로 번역해야 한다.

"바라밀다(pāramitā)"를 '피안(彼岸)', '도피안(到彼岸)', '度(도)' 등으로

78 중국인들이 석가부처님 법을 얼마나 경시하고, 멀리했는지는 〈아함경〉의 경우를 보면 알 수 있다. '부처님의 육성법문'이라고 할 수 있는 〈아함경〉은 AD. 340년대에 이미 한문으로 번역이 완료되어 있었지만, 〈아함경〉은 중국불교 역사상 출간되어서 유통된 적이 한 번도 없었다. 그 결과 중국불교는 지혜를 완성하여, "오온개공"의 진리를 깨닫는 석가부처님 법과 거리가 먼 불교가 되었다.

79 또 다른 한 〈범한(梵漢)대조반야심경〉을 보면, 거기에는 "prajñā(쁘라야)智(지), pārami(빠라미)彼岸(피안), itā(이따)到(도)"로 표기되어 있다. 여기서 pārami(빠라미)는 명사로서 '極(극)', '究竟(구경)' 등으로 한역되기도 한다. itā(이따)는 to arrive at, reach, obtain 등의 뜻을 가진 동사 i의 과거분사형이다. 그러나 이와 같은 구조로 본 것은 잘못 본 것이다.

한역해 놓은 것은 문제가 많다고 할 수 있다. 왜냐하면 "반야바라밀다"는 '지혜의 완성'이라는 뜻인데, '지혜로 피안에 도달하는 것'이라는 뜻으로 해석하여, 마치 반야용선(般若龍船)을 타고 피안의 세계로 건너가는 것처럼 번역해 놓았기 때문이다. 지혜의 완성은 관찰수행을 통하여 지혜가 극도로 밝아져서 존재의 다섯 요소[오온]는 다 실체가 없는 것들임을 꿰뚫어보게 됨으로써 성취되는 것이다.

그럼 중국의 불경 번역가들은 왜 "바라밀다"를 '완성'으로 번역하지 않고, "도피안(到彼岸)" 등으로 번역했을까? 그것은 앞에서 말했듯이 '지혜를 완성하는 수행방법'이라는 뜻이 모습을 드러내고 밖으로 나오는 것을 원하지 않았기 때문이라고 볼 수 있다. 만약 이 추측이 빗나간 것이라면, 중국의 중하근기(中下根機) 중생들을 실망시키지 않기 위해 그랬을 수도 있다. 중하근기 중생들은 더 많은 복을 받기를 원하고, 영생(永生)을 얻기를 원하지, 지혜가 완성되어서 자신이 소멸되기를 원하지 않는다. 그래서 〈반야심경〉의 한역가들이 깊은 지혜로 피안의 세계로 건너가서 거기서 영생을 누릴 수 있는 것처럼 번역해 놓았다고 볼 수 있다. 힌두교에서는 깨달아서 해탈하고 나면, 피안의 세계에서 영생을 누리는 개념이 있지만, 석가부처님 법에는 그런 개념이 없다. 하지만 〈반야심경〉을 한문으로 번역한 사람들은 마치 깊은 반야바라밀다를 닦아가다가 '오온이 다 공(空)한 것들'임을 꿰뚫어보고 나면, 피안의 세계가 펼쳐지는 것처럼 번역해 놓았다. 지혜가 완성되면 도달할 피안도 없고, "나"를 포함한 그 모든 것이 다 소멸되어서 공(空)이 돼버린다. 공(空), 즉 적멸열반은 의식을 포함한 모든 존재[80]가 다 해체되어서 다시는 다음 존재를 받지 않는 것이고, 더 이상 아무 것도 존재하지 않게 되는 것이다. 그러나 힌두교의 경전인 〈우파니샤드〉에는 다음과 같이 말해 놓았다.

80 여기서 모든 존재는 오온, 12처, 18계 등을 의미한다.

> "우리는 이 육신을 입은 채 아트만의 존재를 알아야 한다. 만약 그를 알지 못 하면 큰 파멸이 있을 것이다. 그를 아는 자는 불멸(不滅)의 세계로 가고, 그렇지 못 한 자는 고통만 겪으리다."[81] "만약 '내가 곧 아트만'이라는 진리를 깨닫는다면 사람이 무엇을 욕망하고, 무엇 때문에 육신의 고통을 겪겠는가?"[82] "아트만은 스스로[83] 생겨났고, 유일한 힘의 존재이니, 그를 아는 자는 영생불멸(永生不滅)을 얻으리다."[84]

〈반야심경〉을 한역할 당시에는 인도불교는 힌두교의 아트만 개념을 수용하여, 유식불교 이론이 팽배해 있었고, 석가부처님 법을 "소승법"이라는 말로 내리쳐 버린 중국불교는 거의 힌두교가 되어 있었다. 거의 힌두교가 되어버린 불교가 후기 대승불교[85]라고 할 수 있다. 대승불교에서는 열반을 성취한 부처님은 피안의 세계로 건너가서 거기서 영생을 누리면서 불가사의한 힘과 대단히 밝은 지혜광명으로 중생들을 돌봐주는 존재로 바뀐다. 한국의 예불문에 "지심귀명례 시방삼세 제망찰해 **상주(常住)**일체 불타야중"[86]이라는 구절이 있다. 이것은 '시방과 삼세와 제망과 찰해에 **항상 머물러 계시는** 모든 부처님들께 지극한 마음으로 예배드린다'는 뜻이다. 대승불교에는 시방삼세에는 석가부처님뿐만[87] 아

81 〈우파니샤드〉 이재숙 번역. 한길사. 2012년. 666쪽. 〈브리하다란아까 우파니샤드〉 제4장 4편 14절
82 위의 책 666쪽, 〈브리하다란아까 우파니샤드〉 제4장 4편 12절
83 '스스로'를 다른번역에서는 '홀로'로 번역해 놓았다.
84 〈우파니샤드〉 이재숙 번역. 한길사. 2012년. 441쪽, 〈슈베따슈바따라 우파니샤드〉 제3장 1절
85 필자는 여래장이나 불성, 자성, 진여 등의 개념을 가지고 있는 불교를 '후기 대승불교'라고 한다.
86 "至心歸命禮(지심귀명례) 十方三世(시방삼세) 帝網刹海(제망찰해) 常住一切(상주일체) 佛陀耶衆(불타야중)"

니라 법신 비로자나부처님, 아미타부처님 등 수많은 부처님이 있고, 그 부처님들은 열반을 성취한 뒤에 소멸되지 않고, 영원한 수명을 누리면서 중생들을 돌봐주고, 제도해주는 개념이 있다. 죽지 않고 영원한 수명을 누리면서 중생들을 제도해주는 부처님이 무량수불(無量壽佛) 아미타부처님이다. 여기서 무량수불은 '무한[無量무량]한 수명[壽수]의 부처님'이라는 뜻이다.

"바라밀다"를 '완성'으로 번역하지 않고, "도피안(到彼岸)" 등으로 번역해 놓은 것은 석가부처님 가르침보다는 힌두교에 더 가까웠던 대승불교의 역경가들이 불교경전을 한문으로 번역하면서 자신들의 입맛에 맞게 번역해 놓았다고 볼 수 있다.

필자는 "행심반야바라밀다**행**시(行深般若波羅蜜多**行**時)"를 '깊은 지혜를 완성하는 수행에 전념하고 있을 때'라고 번역했다. 어떻게 해서 이런 번역이 나왔는지 산스크리트어 원문을 통해 알아보자.

4) 산스크리트어본을 통해 본 "행심반야바라밀다행시"의 뜻 확인

'깊은 지혜를 완성하는 수행에 전념하고 있을 때'는 산스크리트어 원문 "**감비람**gambhīrām[深심,깊은] **쁘라야**prajñā[般若반야,지혜]-**빠라미따**pāramitā[波羅蜜多바라밀다,완성]-**짜리얌**caryām[行행,수행] **짜라마나**caramāṇaḥ[行행,닦아갈 때]"를 번역한 것이다. 여기서 "**감비람**gambhī-

87 초기불교에는 부처님과 보살은 오직 석가모니 한 분밖에 없다. 그러나 대승불교에는 수많은 부처님과 보살들이 등장한다. 초기불교의 부처님은 역사적인 부처님이다. 그러나 대승불교의 불보살들은 역사적인 분이 아니라 신화적인 분들이라고 볼 수 있다. 신앙불교, 종교불교로서의 불보살은 대승불교의 것이 더 낫다고도 볼 수 있다. 그러나 수행불교로서의 부처님, 나의 스승으로서의 부처님은 초기불교의 것이 맞는다고 본다.

rām[深심,깊은] **쁘라야**prajñā[般若반야,지혜]-**빠라미따**pāramitā[波羅蜜多바라밀다,완성]-**짜리얌**caryām[行행,수행]"은 '깊은 지혜를 완성하는 수행'이라는 뜻이다. 짜라마나caramāṇaḥ는 '닦는다'는 뜻의 동사 짜 car[88]의 진행형으로서 '~을 닦고 있는 중에', '~에 전념하고 있는 중'이라는 뜻이다. 따라서 "감비람gambhīrām[深심,**깊은**] 쁘라야prajñā[般若반야,**지혜**]-빠라미따pāramitā[波羅蜜多바라밀다,**완성**]-짜리얌 caryām[行행,**수행**] 짜라마나caramāṇaḥ[行행,**닦아갈 때**]"는 '깊은 지혜를 완성하는 수행에 전념하고 있을 때'라는 뜻이다.

"**행**심반야바라밀다**행**시(**行**深般若波羅蜜多**行**時)"는 '행(行)'자가 두 번이나 나와서 그 뜻을 새기는 것이 어렵게 느껴질 수도 있다. 그래서 다음과 같이 이 부분을 의미단위로 묶어보면, 이 부분의 문장구조를 쉽게 이해할 수 있다.

행〈(심반야바라밀다)행〉시

行〈(深般若波羅蜜多)行〉時

行행**doing하다《(深**심**깊은般若**반야**지혜波羅蜜多**바라밀다**완성)行**행**수행〉時**시**때**

〈깊은 지혜를 완성하는 **수행〉**을 해가고 있을 때

〈깊은 지혜를 완성하는 **수행〉**에 전념하고 있을 때

深般若波羅蜜多(심깊은반야지혜바라밀다완성) : 깊은 지혜의 완성

〈深般若波羅蜜多〉**行**(〈심깊은반야지혜바라밀다완성〉**행**수행) : 〈깊은 지혜를 완성하는〉 **수행**

88 산스크리트어 car(짜)는 '수행한다'는 뜻으로, 修(수), 行(행), 住(주), 修行(수행), 勤修(근수), 奉行(봉행), 遊行(유행) 등으로 한역되어 있다.

行〈深般若波羅蜜多行〉時(행닦고 있다〈심깊은반야지혜바라밀다완성행수행〉시때) : 〈깊은 지혜를 완성하는 수행〉을 해가고 있을 때 = 〈깊은 지혜를 완성하는 수행〉에 **전념하고 있을** 때

照見五蘊**自性**皆空(조견오온**자성**개공) : 존재의 다섯 요소[오온]는 다 **실체**가 없는 것들[空공]임을 꿰뚫어보고,

度一切苦厄(도일체고액) : 모든 괴로움에서 벗어나게 되었다.

4. 조견오온개공(照見五蘊皆空) 도일체고액(度一切苦厄)

조견오온개공(照見五蘊皆空) : 존재의 다섯 요소[오온]는 다 실체가 없는 것들[空공]임을 꿰뚫어보고,

도일체고액(度一切苦厄) : 모든 괴로움에서 벗어나게 되었다.

1) 조견오온개공(照見五蘊皆空)

꿰뚫어봄이나 비추어 봄은 반야지혜로 밝게 보는 것

"조견오온개공(照見五蘊皆空)" 부분이 다른 한역본에는 어떻게 번역되어 있는지 살펴보면 다음과 같다.

구마라집 - **照見**五陰空(**조견**오음공)

현장 - **照見**五蘊皆空(**조견**오온개공)

법월 - **照見**五蘊自性皆空 彼**了知**五蘊自性皆空
(**조견**오온자성개공 피**료지**오온자성개공)

반야 · 리언 - **照見**五蘊皆空(**조견**오온개공)

법성 - **觀察照見**五蘊體性悉皆是空(**관찰조견**오온체성실개시공)

지혜륜- **照見**五蘊自性皆空(**조견**오온자성개공)
시호- **觀見**五蘊自性皆空(**관견**오온자성개공)

照見(조견)
照(조) 비출 조. 見(견) 볼 견. 照見(조견) 밝은 지혜로 비추어 봄, 밝게 봄, 꿰뚫어봄, 깨달음

위의 7종의 〈반야심경〉 한역본을 보면 "照見(조견)"을 쓴 것이 5개, "觀見(관견)", "觀察照見(관찰조견)"을 쓴 것이 하나씩 있다. "照見(조견)"은 '밝게 보았다', '비추어 보았다', '꿰뚫어봤다'는 뜻이다. "照見(조견)"의 산스크리트어 원어 "비-아바-로까야띠(vy-ava-lokayati)"는 '관찰한다'는 뜻의 비-아바-록(vy-ava-lok)의 사역형으로서 '세밀하게 관찰했다', '꿰뚫어봤다'는 뜻이다. '비-아바-록(vy-ava-lok)'에서 '비-아바(vy-ava)'는 분별(分別), 미세(微細), 상세(詳細) 등의 뜻이고, '록(lok)'은 영어의 look에 해당하는 것으로, '관찰한다'는 뜻이다. 비-아바-록(vy-ava-lok)은 觀(관), 觀察(관찰), 觀達(관달), 觀見(관견), 觀察照見(관찰조견), 照見(조견) 등으로 한역되어 있다. 여기서 "**觀達(관달)**"은" '**관찰해서 통달했다**'는 뜻이고, "觀見(관견)"은 '**관찰해서 보았다**'는 뜻이다. 또 "觀察照見(관찰조견)"은 '**관찰해서 꿰뚫어봤다**'는 뜻이다. 이 경우를 통해 알 수 있듯이 불교경전에서의 관찰은 주로 '관찰한다'는 뜻이지만 때로는 '관찰해서 꿰뚫어봤다'는 뜻이다. 앞에서 말했듯이 지혜는 "밝음"이다. 밝음을 관찰대상에 갖다 대어서 그 대상을 있는 그대로 보는 것이 '비추어 봄'이다. 자신의 몸과 마음에 의식을 집중해서 관찰해감으로써 지혜를 완성해가다가 매우 깊은 지혜에 접어들면, 어느 한 순간 지혜가 극도로 밝아져서 존재의 다섯 요소[오온]의 실체없음이 보여 오는 때가 있다. 그 보여 옴이 바로 '비추어 봄'이고, '꿰뚫

어봄'이며, '밝게 알게 되는 것'이고, '불교의 바른 깨달음'이다.

불교의 바른 깨달음은 존재의 다섯 요소[오온]의 실체 없음을 꿰뚫어보는 것

깨달음도 여러 종류, 여러 수준이 있다. 중국 선불교에서는 "견성(見性)"이라고 하며, 자기 마음자리를 보는 것을 '깨달음'이라고 말한다. 그러나 존재의 다섯 요소[오온]는 다 실체가 없는 것들임을 꿰뚫어보는 깨달음이 아니면, 그것은 '불교의 바른 깨달음'이라고 할 수 없다. 불교의 바른 깨달음은 〈반야심경〉에서 말하고 있듯이 자신의 몸과 마음을 관찰하여, 존재의 다섯 요소[오온]는 다 실체가 없는 것들임을 꿰뚫어보는 것이다. 석가부처님 법에는 중국 선불교에서 말하는 그런 개념의 "견성"이나 "참나" 따위는 없다. 오히려 부처님은 그와 반대로 "오온자성개공(五蘊自性皆空)[89]", "무자성(無自性)", 즉 "자성이 없다"고 말하고, "무아(無我)", 즉 "나 없음"을 말한다. "나"가 없는데, 어떻게 "참나"가 있을 수 있겠는가?

'꿰뚫어봄'이나 '깨달음'의 전제조건은 관찰이다

앞에서 말했듯이 꿰뚫어봄의 전제조건은 **관찰**이다. 한 대상을 지속적으로 관찰하여, 그 대상의 성질을 깊이 이해해들어가야 그것의 궁극적인 실체를 볼 수 있기 때문이다. 또 제대로 관찰하기 위해서는 관찰대상에 마음을 고정시켜서 머물 수 있어야 한다. 범부중생들의 마음처럼 마음이 한 대상에 머물지 못 하고, 생각을 타고 계속 다른 대상으로 옮겨 간다면, 관찰대상을 제대로 관찰할 수 없기 때문이다. 〈반야심경〉에서 말하

89 "오온자성개공(五蘊自性皆空)"은 "존재의 다섯 요소[오온]는 다 실체가 없는 것들"이라는 뜻이고, 이것은 "무자성(無自性)", 즉 "자성이 없다"는 말이고, "무아(無我)"와 같은 뜻이다.

는 관찰대상은 오온이다.

오온개공(五蘊皆空)

사람들이 "〈반야심경〉의 핵심어는 오온개공(五蘊皆空)"이라고 말할 만큼 오온개공은 중요하다. 하지만 "오온개공"이 무슨 뜻인지 알기는 매우 어렵다. 바로 이 앞에서 여러 한역들을 살펴봤지만 "오온개공"에 해당하는 부분만 따로 떼 내어 보면 다음과 같다.

구마라집 - 五陰空(오음공)
현장 - 五蘊皆空(오온개공)
법월 - 五蘊**自性**皆空(오온**자성**개공)
반야 · 이언 - 五蘊皆空(오온개공)
법성 - 五蘊**體性**悉皆是空(오온**체성**실개시공)
지혜륜 - 五蘊**自性**皆空(오온**자성**개공)
시호 - 五蘊**自性**皆空(오온**자성**개공)

위의 7개의 한역 중 구마라집은 "오온개공(五蘊皆空)" 대신 "五陰空(오음공)"으로 번역하여, '皆(개)[90]'가 빠져 있는 것을 볼 수 있다. "오음공(五陰空)", "오온개공", "오온자성개공(五蘊自性皆空)" 등은 '오온은 다 실체가 없는 것들'이라는 말이다. 이 말은 '오온이 있긴 있는데, 실체가 없이 있다'는 뜻이다.

90 이 皆(개)는 산스크리트어 tāṃś(탐쓰)를 번역한 것이다. tāṃś(탐쓰)는 영어의 those(그것들)와 같은 뜻이다. tāṃś(탐쓰)는 영어의 that, it, the에 해당하는 산스크리트어 tad(타드)의 복수호격형인 tān(탄)이 그 뒤에 나오는 ca(짜)의 영향을 받아서 변형된 형태다.

깨달음의 내용은 오온개공

〈반야심경〉에서 말하는 깨달음의 내용은 "오온개공(五蘊皆空)"이다. 그럼 오온개공은 무슨 뜻인가? 조계종 〈한글 반야심경〉에서는 "조견오온개공(照見五蘊皆空)"을 "오온이 공한 것을 비추어 보고"라고 번역해 놓았다. 그런데 "오온이 공한 것"이라는 말은 그 뜻을 알기가 매우 어렵다.

"오온개공"을 쉬운 말로 번역하면, '존재의 다섯 요소[오온]는 다 실체가 없는 것들'이라고 번역할 수 있다. 오온, 즉 몸의 물질현상[色색], 느낌[受수], 인식[想상], 업 지음[行행], 식별작용[識식] 등은 다[皆개] 실체가 없는 것들[空공]'이라는 말이다.

"조견오온개공(照見五蘊皆空) 도일체고액(度一切苦厄)"은 '존재의 다섯 요소[오온]는 다[皆개] 실체가 없는 것들[空공]임을 꿰뚫어보고, 모든 괴로움에서 벗어나게 되었다'는 말이다.

〈아함경〉, 〈유마경〉 등 여러 경전을 통해 볼 때 "오온개공"은 '오온은 다 실체가 없는 것들'이라는 뜻으로도 해석할 수 있고, '오온이 더 이상 작동되지 않는 상태가 되었다'는 뜻으로도 해석할 수 있다. 하지만 "오온개공"을 '오온은 다 없는 것들'이라고 해석해서는 안 된다.

그럼 여기서 "오온개공(五蘊皆空)", 즉 '오온은 다 공(空)한 것들'이라는 말은 무슨 말인가? 이것만 알면 〈반야심경〉을 다 아는 것이고, 불교를 다 아는 것이다. '오온은 다 공(空)한 것들'이라는 말은 '오온 따위는 필요 없다'는 말인가? 아니면 '오온은 다 없는 것들'이라는 말인가? 아니면 '온 우주가 다 공하다'는 말인가? 셋 다 아니다. '오온은 다 공(空)한 것들'이라는 말은 '깊은 관찰삼매에 들어서 오온인 내 몸의 물질현상과 정신현상을 관찰해 보면, 그것들은 다 실체가 없는 것들이라서 그것들에 집착하거나 속아서는 안 된다'는 말이다.

이 부분의 지혜륜의 번역과 법월의 번역, 시호의 번역을 보면, 이 세 번역에는 현장이 "조견오온개공(照見五蘊皆空)"으로 번역해 놓은 것을 "조견오온**자성**개공(照見五蘊**自性**皆空)"으로 번역해 놓았다. 이것은 '오온은 다 **실체**[自性자성]가 없는 것들[空공]이라는 사실을 꿰뚫어봤다'는[91] 뜻이다. 왜냐하면 한역문 "오온**자성**개공(五蘊**自性**皆空)"에서 "자성(自性)"은 산스크리트어 "스바바바(svabhāva)"를 번역한 것이고, 이것은 '실체'라는 뜻이고,[92] "공(空)"은 '없는 것[無무]'이라는 뜻이기 때문이다. 또 법성이 번역한 〈반야심경〉을 보면, 거기에는 현장이 "조견오온개공(照見五蘊皆空)"으로 번역한 것을 "**관찰조견**오온**체성**실개시공(**觀察照見**五蘊**體性**悉皆是空)"으로 번역해 놓았다. 우리는 여기서 "**관찰**"이라는 단어에 주목해야 한다. "관찰조견(觀察照見)"은 '관찰을 해서 꿰뚫어봤다'는 뜻이다. 여기서 원문의 "체성(體性)"도 앞의 "자성(自性)"과 마찬가지로 '실체'라는 뜻이다. 따라서 "관찰조견오온체성실개시공(觀察照見五蘊體性悉皆是空)"은 '오온을 관찰해서 그것들은 다 실체가 없는 것들임을 꿰뚫어봤다'는 뜻이다.

산스크리트어 원문을 통해 본 "오온개공"의 해석

이와 같이 현장이 "오온개공"으로 한역한 부분은 다른 한역가들도 "오온개공(五蘊皆空)"과 "오온자성개공(五蘊自性皆空)" 등 크게 2가지 의미로 번역해 놓았다. 이들 한역문만으로는 그 뜻을 분명하게 알기가 어렵다. 그럼

91 照見(조견)에서 照(조)는 '비출 조'이다. 이것은 '반야지혜의 밝음으로 환히 비춘다'는 뜻이고, 見(견)은 본다는 뜻이다. 따라서 照見(조견)은 '반야지혜의 밝음으로 환히 비추어서 밝게 봤다'는 뜻이다.

92 산스크리트어 스바바바(svabhāva)는 性(성), 體(체), 自性(자성), 本性(본성), 體性(체성), 實體(실체), 自然本性(자연본성), 眞如本性(진여본성) 등으로 한역되어 있다. 이 중 '自性(자성)', '體性(체성)'뿐만 아니라 '實體(실체)'로도 번역되어 있는 것을 볼 수 있다.

산스크리트어 원문에는 이 부분이 어떻게 되어 있는지 한번 보자.

pañca	- skandhās	tāṃś[93]	ca **svabhāva**	- śūnyān	paśyati[94]	sma[95]
판짜	- 스칸다스	탐쓰	짜 **스바바바**	- 쑤니얀	빠씨아띠	스마
五(오)	蘊(온)	皆(개)	**自性(자성)**	- 空無(공무)	觀見(관견)	

위의 산스크리트어 원문과 그 밑에 대조해 놓은 단어의 한문번역을 보면 알 수 있듯이 산스크리트어 원문에는 "五蘊皆(오온개)"와 "空(공)" 사이에 '**자성**', '**실체**'라는 뜻의 "**스바바바(svabhāva)**"가 들어 있는 것을 볼 수 있다. 이것을 보니, 법월, 지혜륜, 시호가 왜 "오온**자성**개공(五蘊**自性**皆空)"으로 번역했는지 알 수 있다.[96] 이 부분은 "조견오온**자성**개공(照見五蘊**自性**皆空)"으로 번역하는 것이 맞다. 그런데 구마라집은 이것을 "조견오음공(照見五陰空)"으로 번역했고, 현장은 "조견오온개공(照見五蘊皆空)"으로 번역하여, '실체'라는 뜻의 "자성"을 빼버리고 번역했다. 그 결과, '오온은 다 없는 것들임을 꿰뚫어봤다'는 뜻으로 해석되기 쉽도록 만들어버렸다. 오온, 즉 존재의 다섯 요소는 분명히 존재하는 것이

93 tāṃś(탐쓰)는 '그것들은, those'이라는 뜻이다. 이것은 영어의 that, it, the에 해당하는 산스크리트어 tad(타드)의 복수호격형 tān(탄)이 그 뒤에 있는 ca(짜)의 영향을 받아서 변형된 형태다. '그리고'라는 뜻의 접속사 ca(짜)는 별 의미 없이 쓰이는 경우가 많은데, 이것이 그런 경우다.

94 paśyati(빠씨아띠)는 '본다[見견]'는 뜻의 동사 paś(빠쓰)의 사역형이다. 그러나 여기서는 사역의 의미가 없다. paś(빠쓰), paśyati(빠씨아띠)는 '見(견)', '照見(조견)', '觀(관)', '觀見(관견)', '觀察(관찰) 등으로 한역돼 있다. "빠씨아띠(paśyati)"는 앞에서 "조견(照見)"으로 번역된 "비아바-로까야띠(vyava-lokayati)"와 동의어다. "觀見(관견)"으로 번역되어 있는 빠씨아띠(paśyati)는 '관찰해서[觀관] 봤다[見견]', 즉 '꿰뚫어봤다'는 뜻이다.

95 sma(스마)는 동사 뒤에 붙어서 과거형을 이루는 접미어다.

96 또 법성이 왜 "오온**체성**실개시공(五蘊**體性**悉皆是空)"으로 번역했는지 알 수 있다.

다. 그러나 그것들은 실체가 없이 존재하는 것이다. 그런데 이러한 뜻을 '오온은 다 없는 것들'이라는 뜻으로 해석되기 쉽도록 번역해 놓은 것은 문제가 좀 있다고 볼 수 있다. 오온은 엄연히 존재하여, 내 삶에 작동되고 있는데, '오온은 다 없는 것들'이라고 해석하면, 그것은 이상한 말이 돼버린다. 여태껏 "오온개공"은 실제로 이상한 말로 해석돼왔다. 무비 스님의 〈반야심경〉 해설서를 보면, 거기에는 "조견오온개공(照見五蘊皆空)"을 "오온이 모두 공함을 비춰 보고"라고 번역해 놓고, 그것에 대해 "(관자재보살은) 지혜를 통해 우리 몸을 위시해서 모든 현상계와 온갖 감정의 세계를 텅 빈 것으로 깨달아 안다"고 해설한 뒤에 "우리 몸과 마음을 텅 빈 것으로 바라보는 지혜가 있어야 한다"는 취지로 말해 놓았다.[97] 그러고 나서 무비 스님은 "존재의 본래 모습은 텅 빈 것이며, 그것은 색도 없고, 수상행식도 없는 것"[98]이라고 말해 놓았다. 또 한국불교의 현대화를 주도하신 광덕(1927-1999) 스님은 〈반야심경 강의〉에서 "인간과 그 환경 및 **우주 전체**를 말할 때 오온으로 표현했고, 이들 세계 현상을 반야바라밀다에서 보니, 공(空)했다고 한 것"[99]이라고 말했다. 광덕 스님은 그러고 난 뒤 그 뒤에서 "공(空)은 앞에서도 말한 바와 같이 śūnyatā(쑤니아타), 즉 '없다'는 뜻"이라고 했다. 이 두 말을 조합하면 "오온개공(五蘊皆空)"은 '우주 전체가 없다'는 말이 된다.[100] 이런 이상한 해석이 나오게 된 것은 구마라집과 현장이 〈반야심경〉을 한역하면서 "오온**자성**개공(五蘊**自性**皆空)"으로 번역해야 할 것을 "오음공(五陰空)"과 "오온개공"으로 번역해 놓은 데 그 원인이 있다고 할 수 있다. "오온**자성**개

97 〈예불문과 반야심경〉 무비 스님 풀이. 불일출판사. 1997년. 178쪽의 6행
98 위의 책 204쪽의 4행
99 〈반야심경 강의〉 광덕 지음. 불광출판부. 1998년. 56쪽
100 이 외의 〈반야심경〉 해설자들도 거의 다 "오온개공"을 '우주 삼라만상이 다 텅 빈 것'이라는 뜻으로 해석해 놓았다.

공(五蘊**自性**皆空)"으로 정확하게 번역하지 않고 "오음공(五陰空)"과 "오온개공"으로 번역한 구마라집과 현장은 〈반야심경〉의 의미가 제대로 전달되는 것을 원하지 않았기 때문에 한역하면서 '실체'라는 뜻의 "**自性(자성)**"을 빼버렸다고 볼 수 있다.[101] 경전 번역가가 경전을 번역하면서 그 뜻이 제대로 전달되는 것을 원하지 않았다는 말은 이해하기 어려운 말일 것이다. 하지만 이것은 사실이다. 〈반야심경〉의 첫 문장에 나오는 "[관자재보살]행심반야바라밀다**행**시(行深般若波羅蜜多**行**時)"[102]에서 고딕체의 "**행(行)**"자를 빼버리고, "행심반야바라밀다시"[103]로 번역해 놓은 것과 "반야바라밀다"를 중국말로 번역하지 않고, 산스크리트어의 음을 그대로 사용한 것도 같은 이유에서다. "반야바라밀다"는 '**지혜**의 **완성**'으로 번역하여 뜻이 통하도록 해야 한다. 또 구마라집과 현장은 〈반야심경〉 본문의 "도일체고액(度一切苦厄)" 바로 뒤에 있던 〈반야심경〉의 핵심 메시지인 지혜를 완성하는 수행방법을 묻는 질문과 그에 대한 답변을 다시 넣을 수 있었는데도 불구하고 통째로 다 빼버린 것[104]도 같은 이유에서다. 이와 같이 이해하기 어려운 일이 〈반야심경〉을

101 또 "오온자성개공(五蘊自性皆空)"으로 번역하면, '오온은 다 자성이 없는 것들'이라는 뜻이 되어서 중국 선불교에서 가장 중요시하는 "자성"을 부정하는 말이 될 수 있기 때문에 "자성"을 빼버렸다고도 볼 수 있다.

102 이것은 "관자재보살이 존재의 다섯 요소[오온]를 관찰해가며, 깊은 지혜를 완성하는 수행에 전념하고 있을 때"라는 뜻이다.

103 "[관자재보살]행심반야바라밀다시(行深般若波羅蜜多時)"를 조계종 표준 한글 〈반야심경〉에서는 "[관자재보살이] **깊은 반야바라밀다를 행할 때**"라고 번역해 놓았다.

104 빼버린 내용은 다음과 같다. [이 때 사리불 존자가 부처님의 불가사의한 힘에 의해 합장 공경하고, 관자재보살에게 물었다. "만약 선남자가 깊은 지혜를 완성하는 수행을 하려고 하면, 어떤 방법으로 수행해야 합니까?" 이렇게 묻자, 관자재보살이 말했다. "사리불 존자이시여, 만약 선남자 선여인이 깊은 지혜를 완성하는 수행을 하려고 하면, 존재의 다섯 요소를 관찰하여, 그것들은 다 실체가 없는 것들임을 꿰뚫어 봐야 합니다."]

한역하는 과정에서 일어났다. 이와 같은 여러 가지 사실로 미루어 볼 때 구마라집과 현장은 〈반야심경〉을 번역하면서 그 뜻이 제대로 전달되는 것을 원하지 않았다고 보는 것이 맞을 것이다. 그래서 그들은 "지혜를 완성하는 수행방법을 말해주는 경"인 〈반야심경〉을 "주문의 경"으로 만들어버렸다.

"오온자성개공"은 '오온은 다 그 자체의 실체가 없는 것들'이라는 뜻이다

그럼 "오온자성개공(五蘊自性皆空)"은 무슨 뜻인가? 이것은 '오온은 다 그 자체의 실체가 없는 것들'이라는 뜻이다. "자성(自性)" 또는 "체성(體性)"으로 번역되어 있는 "스바바바(svabhāva)"[105]는 '그 자체의 실체'라는 뜻이다. 왜냐하면 '그 자체의(of it's own)'라는 뜻의 "스바(sva)"와 '실체'라는 뜻의 "바바(bhāva)"[106]가 결합되어 '그 자체의 실체'라는 뜻을 형성하기 때문이다. 또 '그 자체의 실체'라는 뜻의 스바바바에 '없는 것'이라는 뜻의 쑤니안[空공][107]이 붙은 "스바바바-쑤니안(svabhāva

105 산스크리트어 svabhāva(스바바바)에서 sva(스바)는 '그것 자체의(of it's own)'라는 뜻이고, bhāva(바바)는 '천성(天性)', '본성(本性)', '타고난 성질', '누가 어떻게 하지 않아도 저절로[自] 그렇게 되는 본래의 성질[性]', '고유의 성질', 'inherent or innate nature'라는 뜻이다. 따라서 svabhāva(스바바바)는 '그것 자체의 실체'라는 뜻으로, '性(성)', '體(체)', '自性(자성)', '本性(본성)', '自然本性(자연본성)', '體性(체성)', '眞如體性(진여체성)', '自體(자체)', '實體(실체)' 등으로 한역되어 있다.

106 bhāva(바바)는 '존재', '존속(存續)', '영속(永續)', '實在(실재)', '실체(實體)', '자체(自體)' 등의 뜻으로, '有(유)', '法(법)', '性(성)', '體(체)', '有法(유법)', '有性(유성)', '有體(유체)', '自體(자체)', '自性(자성)', '實在(실재)' 등으로 한역되어 있다. '오온은 다 그 실체가 없다'고 말할 때, 이 말은 '오온은 인연에 의해 찰라 순간 존재할 뿐, 실재(實在)로서 존속(存續)·영속(永續)하지는 않는다'는 뜻이다.

107 śūnyān(쑤니안)은 형용사 śūnya(쑤니아)가 격(格)변화한 것이다. śūnya(쑤니아)는 '없는', '존재하지 않는' 등의 뜻으로, '零(영, 제로)', '無(무)', '空(공)', '空無(공무)', '不在(부재)', '空虛(공허)', '空寂(공적)' 등으로 한역되어 있다.

自性-śūnyān空)"은 '그 자체의[sva스바] 실체[bhāva바바]가 없는 것들[śūnyān쑤니안空공]'이라는 뜻을 형성한다. 이 말의 주어는 오온이기 때문에 '오온은 다 그 자체의 실체가 없는 것들'이란 뜻이다. 이로써 "오온개공" 또는 "오온자성개공(五蘊自性皆空)"의 의미가 분명하게 드러났다. "오온개공" 또는 "오온자성개공"은 '**오온은 다 그 자체의 실체가 없는 것들[空공]**'이라는 뜻이다. 따라서 "**조견오온자성개공(照見五蘊自性皆空)**"은 '**오온은 다 그 자체의 실체가 없는 것들[空공]이라는 사실을 꿰뚫어봤다**'는 뜻이다.

"조견오온개공"에 해당하는 산스크리트어 구절을 에드워드 콘쯔(Edward Conze, 1904 – 1979)는 다음과 같이 영역해 놓았다.

> "He beheld but five heaps, and He saw that in their own-being they were empty."[108]
> (그는 의식을 집중해서 오로지 오온만 관찰해가다가 오온은 다 그 자체의 존재[being]에 있어서 실체가 없는 것들임[empty]을 꿰뚫어봤다.)

위의 번역에서 콘쯔는 공(空)을 '실체(알맹이)가 없는 것'이라는 뜻의 'empty엠프티'로 번역해 놓았다. 그럼 '오온은 다 그 자체의 실체가 없는 것들'이라는 말은 무슨 말인가? 여기서 '그 자체의 실체', '자성(自性)' 등은 산스크리트어 "스바바바(svabhāva)"를 번역한 것이다. '오온은 다 그 자체의 실체가 없는 것들'이란 말의 뜻을 알기 위하여 우선 '그 자체의 실체'로 표현되어 있는 자성이 어떤 것인지 알아보자. AD. 2~3세기에 초기대승불교를 확립한 용수 보살은 〈근본중송(根本中頌)〉에서 자성

108 〈범본 영역주(英譯註) 금강경 · 심경 Buddhist Wisdom Books〉 GEORGE ALLEN & UNWIN LTD. 1958. 77쪽

을 다음과 같이 정의해 놓았다.

"자성(自性)은 [인(因)과 연(緣)에 의해] 만들어진 것이 아니고, 다른 존재에 의존해서 생겨난 것이 아닌 것이다."[109]

위의 정의에 의하면, 자성은 인연에 의해 생겨난 것이 아니고, 다른 존재에 의존해서 생겨난 것도 아니며, 본래부터 스스로 존재하는 것이라는 말이다. '자성' 또는 '그 자체의 실체' 등이 이런 뜻이라면, '오온은 다 그 자체의 실체가 없는 것들'이란 말은 무슨 말인가? 그것은 '오온은 다 인연화합에 의해 생겨난 것들이기 때문에 고정불변의 실체가 없는 것들이고, 인(因)과 연(緣)에 의해 찰나순간 일어났다가 사라지는 것들'이라는 말이다. 이 말은 '오온은 다 연기(緣起)에 의해 찰나순간 존재하는 것일 뿐, 실재(實在)로서 존속(存續)하는 것은 아니다'는 말이다. 오온은 독립적으로 존재하지 못 하고 서로 의지해서 일어난다. 만약 업 지음[行행]이 없으면, 몸의 물질현상은 일어날 수가 없다. 만약 몸의 물질현상이 없으면, 느낌, 인식, 업 지음[行행], 식별작용[識식]도 일어날 수가 없다. 또 식별작용이 없으면, 느낌, 인식이 일어날 수가 없다. 이와 같이 오온의 각 요소는 그것이 존재하기 위하여 어떤 조건을 필요로 한다. 그 어떤 조건도 필요로 하지 않고 스스로 존재할 수가 없기 때문에 오온은 그 자체의 실체가 없는 것들이다. 이것이 "오온개공" 또는 "오온자성개공(五蘊

109 〈근본중송〉 제15장-2게송 "性名爲無作(성명위무작) 不待異法成(부대이법성)." 待(대) 기다릴 대. 이 待(대)는 '依(의)'로 번역해야 할 것을 잘못 번역한 것이거나 옮겨 적을 때 잘못 옮겨 적은 것으로 볼 수 있다. 왜냐하면 티벳트어본 〈중론〉을 보면, 거기에는 '자성은 만들어지는 것이 아니고, 다른 존재에 의지해서 생성되는 것이 아니다'는 취지로 번역되어 있기 때문이다. 〈중론〉 신상환 옮김. 도서출판b. 2018. 151쪽 참조

自性皆空)"의 의미이다. 이 "오온개공" 또는 "오온자성개공"은 무아법(無我法)을 말해 놓은 것이다. 용수 보살은 〈중론〉에서 "空(공)은 연기(緣起)를 의미한다"고 말했다. 오온과 같이 연기에 의해 생겨난 것들은 다 고정불변의 실체가 없는 것들이다. 오온, "나", 몸과 마음, 몸의 물질현상과 정신현상은 다 고정불변의 실체가 없는 것들이다. 그것들은 연기법(緣起法)에 의해 찰나순간 존재하고 있을 뿐이다. 만약 오온이 일어나게끔 만드는 인연이 다 소멸되면, 오온도 다 소멸된다는 말이다. 오온이 다 소멸된 것이 열반이다. 하지만 중생들은 이러한 오온의 실체 없음의 속성을 깨닫지 못 하고, 오온에 집착하고, 오온에 속는다. 그들은 고정불변의 "나[我아]"가 있다고 착각하고, 힌두교에서 말하듯이 생겨난 적도 없고, 없어진 적도 없는[110] 깨끗한 나의 순수의식인 아트만 또는 자성이 있다고 생각한다. 그 결과, 그들은 괴로움에서 벗어나지 못 하고, 괴로움의 윤회를 반복한다.

〈잡아함경〉에서 아난 존자가 사리불 존자에게 다음과 같이 말했다.

> "사리불 존자여, 오온은 본래 업 지음[行행]이 만들어내는 것들이고, 업 지음이 원하는 것들입니다. 오온은 무상(無常)한 것들이고, 소멸되는 존재들입니다."[111]

110 생겨난 적도 없고, 없어진 적도 없는 것을 흔히 '부증생(不曾生)부증멸(不曾滅)'이나 '불생불멸(不生不滅)'로 표현한다. '일찍이 생겨난 적도 없고, 없어진 적도 없다'는 뜻이다. 이것은 선가(禪家)에서 자성의 특성을 노래할 때 사용되는 상투어다. 서산대사의 〈선가귀감〉의 첫 머리에 "有一物於此(유일물어차) 從本以來(종본이래) 昭昭靈靈(소소영영) <u>不曾生(부증생) 不曾滅(부증멸)</u> 名不得(명부득) 相不得(상부득), 一物者何物(일물자하물)"이라는 선구(禪句)가 있다. 그 뜻은 다음과 같다. "여기 한 물건이 있다. 이것은 본래부터 밝고, 신령스러워서 일찍이 생겨난 적도 없고, 없어진 적도 없으며, 이름을 붙일 수도 없고, 모습을 볼 수도 없다. 이 한 물건이 무엇인가?"

111 〈잡아함경〉 제260경 065c18 "阿難言(아난언)。舍利弗(사리불)。五受陰(오수

오온은 고정불변의 실체, 즉 자성이 없는 존재들이고, 무상한 것들이고, 소멸되는 존재들이라는 말이다. 석가부처님 불교에서는 오온을 다 소멸하여, 다시는 오온이 일어나지 못 하게 만들기 위하여 수행한다.

'오온은 다 공한 것들'이라는 말을 '오온은 다 없는 것들'이라는 뜻으로 해석해 놓은 것은 잘못된 것이다

"오온개공", 즉 '오온은 다 공한 것들'이라는 말의 또 다른 하나의 해석은 '오온은 다 없는 것들'이라는 뜻으로 해석하는 것이다. 〈반야심경〉을 한역한 8명의 한역가들 중 이러한 뜻으로 해석한 것으로 보이는 사람은 "오온**자성**개공(五蘊**自性**皆空)"에서 "**자성(自性)**"을 빼고 "오음공(五陰空)"과 "오온개공(五蘊皆空)"으로 번역한 구마라집, 현장, 반야와 이언 등이다. 구마라집은 "자성"을 뺐을 뿐만 아니라 다음과 같은 밑줄 친 부분의 내용을 임의로 집어넣어 놓았다.

> "사리불 존자이시여, 몸의 물질현상[色색]이 없는 까닭에 무너지는 괴로운 현상[相상]이 없습니다. 또 느낌[受수]이 없는 까닭에 느끼는 현상이 없고, 인식[想상]이 없는 까닭에 인지(認知)작용이 없습니다. 또 업 지음[行행]이 없는 까닭에 하는 행위가 없고, 의식[識식]이 없는 까닭에 지각(知覺)작용이 없습니다.
> 왜냐하면 사리불 존자여! 몸의 물질현상[色색]은 실체가 없는 것[空공]과 다르지 않고, 실체가 없는 것[空공]은 몸의 물질현상[色색]과 다르지 않습니다. 몸의 물질현상[色색]은 실체가 없는 것[空공]이고, 실체가 없는 것[空공]이 몸의 물질현상[色색]입니다. 몸의 물질현상과 마찬가지로 느낌[受수], 인식[想상], 업 지음[行행], 의식[識식]도 또한 실

음)是本行所作(시본행소작) 本所思願(본소사원)。是無常·滅法(시무상·멸법)"

체가 없는 것들입니다."[112]

구마라집 한역본에는 다른 한역본에서는 찾아볼 수가 없는 위의 밑줄 부분이 더 들어 있다. 이 부분은 구마라집이 한역하면서 임의로 집어넣은 것으로 보인다. 이 부분을 보면, 구마라집은 "오온개공"을 '오온이 작동되지 않는다'는 뜻으로 해석해 놓았다. 이 말은 관찰수행을 통해 무아(無我)의 진리를 깨달음으로써 "나"에 대한 집착이 다 소멸되었고, 그럼으로써 원래 있던 오온의 작동이 다 멈추어서 '더 이상 작동되지 않는다'는 뜻으로 해석할 수 있다. 이러한 뜻을 제대로 해석하지 못하고, "오온개공(五蘊皆空)"을 '오온은 다 없는 것들'이라고 해석하면, 그것은 완전히 엉뚱한 데로 빠지게 된다.[113]

유마거사는 **"모든 존재, 즉 존재의 다섯 요소[오온]가 마침내 존재하지 않는데, 이것이 공(空)의 의미"**[114]라고 말했다. 이 말은 공(空)의 의미와 "오온개공"의 의미를 분명하게 확인해주고 있다. 유정(惟淨)이 한역한 〈불설개각자성반야바라밀다경〉에는 **"만약 보살이 온갖 식별작용 중에서 인식없음[無相무상]의 진리를 깨달으면, 괴로움이 저절로 다 멈추고, 온갖 인식작**

112 이 부분의 구마라집의 한역문은 다음과 같다. "舍利弗(사리불) 色空故無惱壞相(색공고무뇌괴상) 受空故無受相(수공고무수상) 想空故無知相(상공고무지상) 行空故無作相(행공고무작상) 識空故無覺相(식공고무각상). 何以故(하이고) 舍利弗(사리불) 非色異空(비색이공) 非空異色(비공이색) 色卽是空(색즉시공), 空卽是色(공즉시색). 受,想,行,識(수상행식) 亦復如是(역부여시)"

113 현대 양자물리학 이론을 들먹이며, "색즉시공(色卽是空)"을 '물질은 없는 것'이라는 뜻으로 해석해도 완전히 엉뚱한 데로 빠지게 된다.

114 〈유마경〉 제3. 제자품 541a19, "諸法究竟無所有是空義(제법구경무소유시공의)." 여기서 "諸法(제법)"은 '모든 존재', 즉 '오온'이라는 뜻이다. 또 "究竟(구경)"은 畢竟(필경)과 같은 뜻으로, '마침내', '끝에 이르러'라는 뜻이다. 또 "無所有(무소유)"는 '아무것도 없다', '존재하지 않는다'는 뜻이다.

용이 다 고요해진다"[115]는 내용이 나온다. 이것을 봐도 "오온개공"이 무슨 뜻인지 알 수 있다. "오온개공"은 '오온은 다 없는 것들'이란 말이 아니고, '오온의 작동이 다 멈추었다'는 말이다. 현재 여기에 엄연히 존재하여, 작동되고 있는 오온을 '없는 것'이라고 말하면, 그것은 잘못된 것이다.
그리고 '오온은 다 실체가 없는 것들'이라는 뜻으로 해석한 번역가는 그 번역문에 '자성(自性)' 또는 '체성(體性)' 등이 들어 있는 법월, 지혜륜, 시호, 법성 등이다. 이와 같이 "오온개공"의 부분은 해석에 따라 크게 두 가지 견해로 나뉜다고 볼 수 있다. 앞에서 산스크리트어 원문을 통해 확인했듯이 이 두 해석 중 '오온은 다 실체가 없는 것들'이라는 해석이 산스크리트어 원문에 충실한 해석이다. 하지만 구마라집과 현장, 반야와 이언 등은 '오온은 다 없는 것들'이라는 뜻으로 번역하여, 그 의미가 제대로 전달되지 못 하게 만들었다. 여기서도 '대승불교주의 역경가(譯經家)들이 석가부처님 법을 난해하고도 신비하게 만들려고 하는 불순한 의도로 이와 같이 번역한 것이 아닌가'라고 의심해볼 수 있다. 〈반야심경〉을 최초로 한역한 구마라집이 "오음공(五陰空)"으로 번역하여, 그 뜻이 제대로 전달되지 못 하게 만든 것이 발단이 되어서 '오온**자성**개공(五蘊**自性**皆空)'으로 번역해야 할 것을 "오온개공(五蘊皆空)"으로 번역하여, 그 뜻이 제대로 전달되지 못 하게 만든 것으로 보인다. 필자의 이러한 견해는 충분히 설득력이 있는 시각이라고 볼 수 있다. 왜냐하면 8종의 〈반야심경〉 한역본들 중에서 최초의 한역본인 구마라집 한역본과 현장의 한역본에만 〈반야심경〉의 메시지인 지혜를 완성하는 수행방법에 대한 안내가 빠져 있는 것을 앞에서 본 적이 있는데, 이러한 것으로 미루어 볼

115 필자는 유정이 번역한 〈불설개각자성반야바라밀다경佛說開覺自性般若波羅蜜多經〉을 〈반야심경〉의 8종의 한역본에 넣지 않았다. 왜냐하면 그 내용이 다르기 때문이다. 854c18, "若菩薩摩訶薩(약보살마하살)於諸識中解無相法(어제식중해무상법)。苦自止息諸相寂靜(고자지식제상적정)"

때, 석가부처님의 정법(正法)의 핵심을 담고 있는 "오온개공" 부분도 고의적으로 그 뜻이 제대로 전달되지 못 하게 만들기 위하여 이와 같이 번역한 것으로 볼 수 있기 때문이다. 대승불교의 법을 치켜세우고, '소승법'으로 일컬어지는 석가부처님 법을 폄훼해온 구마라집은 지혜를 완성하기 위하여 오온을 관찰해가는 석가부처님의 수행법을 싫어했다고 볼 수 있다. 구마라집은 반야지혜를 완성하기 위한 수행보다는 신앙과 기도, 공덕(功德), 복덕(福德), 불보살의 가피, 소원성취 등을 중요시하는 법화사상을 주창했던 인물이다. 그는 즉비설(卽非說)[116]로써 모든 존재를 다 부정해버리는 〈금강경〉을 최초로 한역한 인물로서 여기서 오온도 부정해버리고 싶었을 것이다. 그래서 그는 이 부분을 "오온자성개공(五蘊自性皆空)"이 아닌 "오음공(五陰空)[117]"으로 번역하여, '오온은 없는 것들'이라는 뜻으로 만들어 놓았다.

그럼 이번에는 석가부처님은 "오온개공"을 어떻게 설명해 놓았는지 한번 보자.

부처님께서 "오온개공"의 의미를 이해시키기 위해 드신 비유, 〈잡아함경〉 제265. 〈물거품의 경〉[118]

이와 같이 내가 들었다. 한 때 부처님께서 아비타국의 항하강변에 계셨다. 그 때 세존께서 여러 비구들에게 말했다.

"[**내 몸의 모든 물질현상[色색]**에 아무 것도 없음을] 비유를 들어서 말하면, 그것은 갠지스강의 큰물이 갑자기 일어남으로써 흐름을 따라 모여

116 즉비설(卽非說)은 'A卽非(즉비)A 是名(시명)A', 'A는A가 아니라 그 이름이 A이다'는 말이다. 이 즉비(卽非)의 표현은 〈금강경〉에 23번이나 나온다.

117 五陰(오음) = 五蘊(오온). 五陰(오음)은 五蘊(오온)의 구역(舊譯)이다.

118 이 경과 비슷한 내용으로 〈신수대장경〉 제2권 501쪽에 독립경으로 수록돼 있는 〈불설수말소표경佛說水沫所漂經〉이 있다.

든 물거품 덩어리를 눈 밝은 사람이 자세히 관찰하여 분별해보는 것과 같다. 물거품 덩어리를 자세히 관찰하여 분별해보면, 거기에는 아무것도 없다. 굳음도 없고, 알맹이도 없고, 견고(堅固)함도 없다. 왜냐하면 물거품 덩어리에는 고정된 실체[堅實견실]가 없기 때문이다.

물거품 덩어리에 아무 것도 없듯이 온갖 내 몸의 물질현상[色색]에도 아무 것도 없다. 그 물질현상[色색]이 과거의 것이든, 미래의 것이든, 현재의 것이든, 안에 있는 것이든, 밖에 있는 것이든, 거친 것이든, 미세한 것이든, 아름다운 것이든, 추한 것이든, 멀리 있는 것이든, 가까이 있는 것이든, 비구들이여, 그것들을 자세히 관찰하여 사유하고 분별해 보라. 그러면 거기에는 아무 것도 없다. 굳음도 없고, 알맹이도 없고, 견고함도 없다. 그것들은 병(病)과 같고, 종기와 같고, 가시와 같고, 상처와 같다. [이와 같이 내 몸의 물질현상도] 계속 변하여, 고정된 것이 없는 것들이고[無常무상], 괴로운 것들이며[苦고], 실체가 없는 것들이고[空공], "나[我]"가 아니다[非我비아]. 왜냐하면 내 몸의 물질현상[色색]에는 고정불변의 실체[堅實견실]가 없기 때문이다.

비구들이여, **느낌[受수]**에 아무 것도 없음을 비유를 들어서 말하면, 그것은 큰 비가 내려서 물거품 하나가 일어났다가 사라지는 것을 눈 밝은 사람이 자세히 관찰하여 사유하고 분별해 보는 것과 같다. 물거품을 자세히 관찰하여 사유하고 분별해 보면, 거기에는 아무 것도 없다. 굳음도 없고, 알맹이도 없고, 견고함도 없다. 왜냐하면 물거품에는 고정불변의 실체가 없기 때문이다.

하나의 물거품에 아무 것도 없듯이 온갖 느낌에도 아무 것도 없다. 그 느낌이 과거의 것이든, 미래의 것이든, 현재의 것이든, 안에 있는 것이든, 밖에 있는 것이든, 거친 것이든, 미세한 것이든, 아름다운 것이든, 추한 것이든, 멀리 있는 것이든, 가까이 있는 것이든. 비구들이여, 그 느낌을 자세히 관찰하여 사유하고 분별해 보라. 그러면 거기에는 아무 것도 없다. 굳음도 없고, 알맹이도 없고, 견고함도 없다. 그것은 병(病)과 같고, 종기와 같고, 가시와 같고, 상처와 같다. [이와 같이 나에게 일어나고 있는 온갖 느낌은] 계속 변하여, 고정된 것이 없는 것들이고[無常무상], 괴로운 것들이며[苦고], 실체가 없는 것들이고[空공], "나[我]"가 아니다[非我비아]. 왜냐하면 느낌에는 고정불변의 실체가 없기 때문이다.

비구들이여, **인식[想상]**에 아무 것도 없음을 비유를 들어서 말하면, 그것은 늦봄이나 초여름의 구름 한 점 없는 한낮에 아지랑이가 아른거리며, 움직이는 것을 눈 밝은 사람이 자세히 관찰하여 사유하고 분별해 보는 것과 같다. 자세히 관찰하여 사유하고 분별해 보면, 거기에는 아무 것도 없다. 굳음도 없고, 알맹이도 없고, 견고함도 없다. 왜냐하면 아지랑이에는 고정불변의 실체가 없기 때문이다.

아지랑이에 아무 것도 없듯이 온갖 인식[想상]에도 아무 것도 없다. 그것이 과거의 것이든, 미래의 것이든, 현재의 것이든, 안에 있는 것이든, 밖에 있는 것이든, 거친 것이든, 미세한 것이든, 아름다운 것이든, 추한 것이든, 멀리 있는 것이든, 가까이 있는 것이든, 비구들이여, 그것을 자세히 관찰하여 사유하고 분별해 보라. 그러면 거기에는 아무 것도 없다. 굳음도 없고, 알맹이도 없고, 견고함도 없다. 그것은 병과 같고, 종기와 같고, 가시와 같고, 상처와 같다. [이와 같이 나에게 일어나고 있는 온갖 인식은] 계속 변하여, 고정된 것이 없는 것들이고[無常무상], 괴로운 것들이며[苦고], 실체가 없는 것들이고[空공], "나[我]"가 아니다[非我비아]. 왜냐하면 인식에는 고정불변의 실체가 없기 때문이다.[119]

비구들이여, **업 지음[行행]**에 아무 것도 없음을 비유를 들어서 말하면,

119 "無常(무상)·苦(고)·空(공)·非我(비아)。所以者何(소이자하)。以想無堅實故(이상무견실고)"

눈 밝은 사내가 단단한 재목(材木)을 구하기 위해 날이 잘 선 도끼를 들고 숲속으로 들어간다. 파초나무가 통통하고, 곧고, 길고, 큰 것을 보고, 그 밑둥치를 베고, 꼭대기를 자르고, 잎사귀를 차례로 벗겨 보아도 도무지 단단한 알맹이라고는 없다. ....비구들이여, 그것을 자세히 관찰하여 사유하고 분별해 보라. 그러면 거기에는 아무 것도 없다. 굳음도 없고, 알맹이도 없고, 견고함도 없다. 무슨 까닭인가? 파초에는 단단한 알맹이가 없기 때문이다. 이와 같이 온갖 업 지음은 그것이 과거의 것이든, 미래의 것이든, 현재의 것이든, 안에 있는 것이든, 밖에 있는 것이든, 거친 것이든, 미세한 것이든, 아름다운 것이든, 추한 것이든, 멀리 있는 것이든, 가까이 있는 것이든, 비구들이여, 그것을 자세히 관찰하여 사유하고 분별해 보라. 그러면 거기에는 아무 것도 없다. 굳음도 없고, 알맹이도 없고, 견고함도 없다. 그것은 병과 같고, 종기와 같고, 가시와 같고, 상처와 같다. [이와 같이 내가 일으키고 있는 이 온갖 업 지음도] 계속 변하여, 고정된 것이 없는 것들이고[無常무상], 괴로운 것들이며[苦고], 실체가 없는 것들이고[空공], "나[我]"가 아니다[非我비아]. 왜냐하면 업 지음[行]에는 고정불변의 실체가 없기 때문이다.

비구들이여, **식별작용 · 의식[識식]**에도 아무 것도 없음을 비유를 들어서 말하면, 마술사와 그 제자가 사거리에서 상병(象兵), 마병(馬兵), 차병(車兵), 보병(步兵)을 마술로 만들어 보이는 것을 지혜롭고 눈 밝은 사람이 자세히 관찰하여 사유하고 분별해 보는 것과 같다. 그것을 자세히 관찰하여 분별해 보면, 거기에는 아무 것도 없다. 굳음도 없고, 알맹이도 없고, 견고함도 없다. 무슨 까닭인가? 마술로 만들어낸 것들은 다 실체가 없는 것들이기 때문이다. 이와 같이 온갖 식별작용 · 의식[識식]은 그것이 과거의 것이든, 미래의 것이든, 현재의 것이든, 안에 있는 것이든, 밖에 있는 것이든, 거친 것이든, 미세한 것이든, 아름다운 것이든, 추한 것이든, 멀리 있는 것이든, 가까이 있는 것이든,

비구들이여, 그것을 자세히 관찰하여 사유하고 분별해 보라. 그러면 거기에는 아무 것도 없다. 굳음도 없고, 알맹이도 없고, 견고함도 없다. 그것은 병과 같고, 종기와 같고, 가시와 같고, 상처와 같다. [이와 같이 내가 일으키고 있는 이 온갖 식별작용 · 의식도] 계속 변하여, 고정된 것이 없는 것들이고[無常무상], 괴로운 것들이며[苦고], 실체가 없는 것들이고[空공], "나[我]"가 아니다[非我비아]. 왜냐하면 식별작용 · 의식에는 고정불변의 실체가 없기 때문이다.
이 때 세존께서 그 뜻을 거듭 펴기 위해 게송으로 말했다.

몸의 물질현상[色색]은 물 위의 거품덩어리와 같고,
느낌[受수]은 처마 끝 낙숫물의 물거품과 같으며,
인식[想상]은 봄날의 아지랑이와 같고,
온갖 업 지음[行행]은 파초둥치와 같으며,
의식[識식]이 만들어내는 모든 존재는 허깨비와 같음을 관찰하라고
석가족의 존자는 말한다네.

면밀하게 잘 사유하고
바른 알아차림으로 관찰해 보면
실체도 없고, 견고하지도 않아서
"나[我아]"라고 할 만한 것이 없고,
'내 것'도 없다네.
고통 덩어리인 이 몸에 대해
큰 지혜로 분별해서 설하나니
세 가지가 떠나고 나면
이 몸은 버려질 물건이라네.

목숨과 따뜻한 기운과 의식이 떠나고 나면,
남겨진 몸뚱이는 영영 무덤가에 버려지게 되는데,
그것은 마치 나무토막과 같아서 의식이 없다네.
자신[此身차신][120]은 언제나 이와 같지만
어리석은 사람들은 허깨비에 속는구나.
자신은 상처와 같고, 독가시와 같아서
고정된 실체가 없는 것이라네.

비구들이여, 부지런히 닦아 익혀서
존재의 다섯 요소[오온]로 구성되어 있는
자신을 관찰해가라.
밤낮으로 언제나 오롯한 마음이 되어서
바른 지혜로 마음을 묶어서 머물면
온갖 망상이 영원히 쉬어져서
청량한 곳에 영원히 머물리라.

위의 경에서 부처님께서 "오온개공"의 의미를 누구나 알아들을 수 있도록 설명해주고 있다. 부처님께서 말하는 "오온개공"의 의미는 오온의 5요소 중 어느 것을 관찰해 봐도, 그것들은 다 찰나 순간 일어났다가 사라지는 무상한 것들이고, 알맹이가 없는 것들이라서 그 어디에도 "나"라고 할 만한 것이 없다는 말이고, 오온은 다 실체가 없는 것들이라서 그것들에 속아서는 안 된다는 말이다.

120 여기서의 '자신[此身차신]'은 "나" 또는 '이 몸뚱이'를 의미하는 말이다.

2) 도일체고액(度一切苦厄)

도일체고액 : 모든 괴로움에서 벗어나게 되었다.

度(도) 건널 도. 一切(일체) 모든. 苦(고) 괴로울 고. 괴로움. 厄(액) 재앙 액. "도일체고액(度一切苦厄)"은 '열반을 성취하여, 모든 괴로움에서 벗어나게 되었다'는 말이다. 조계종 표준 〈한글 반야심경〉에는 이것을 "(오온이 공한 것을 비추어 보고) 온갖 고통에서 건너느니라"고 번역해 놓았다. 이것은 잘 된 번역이라고 말할 수 없다. 왜냐하면 "온갖 고통에서 건너느니라"는 말은 어법에 맞지 않아서 어색할 뿐만 아니라 "건너느니라"는 표현이 '건널 것이라'는 말인지, '건넌다'는 말인지, '건넜다'는 말인지 분명하지 않기 때문이다.

度(도)는 '벗어나게 되었다'는 뜻이다. 반야와 이언 등이 공동 한역한 〈반야심경〉에는 "度(도)" 대신 '벗어나게 되었다'는 뜻의 "離(리)[121]" 자를 써서 "조견오온개공(照見五蘊皆空) **이**제고액(**離**諸苦厄)"으로 번역해 놓았다. "度(도)"보다는 "離(리)"가 더 쉽고도 정확하게 번역해 놓은 것이라고 할 수 있다.

苦厄(고액)은 산스크리트어 **두카**(duḥkha)를 번역한 것으로, '苦(고)'와 같은 의미다. '苦(고)'의 산스크리트어 원어도 두카이기 때문이다. 두카(duḥkha)는 '불유쾌한', '불만족스러운', '고생하기에 충분한', '애처로운' 등의 뜻이 있고, 이것은 '苦(고)', '難(난)' 등으로 한역돼 있다. 두카는 또 고통, 어려움, 근심 · 걱정, 수고(受苦) 등의 뜻이 있고, 이것은 '苦(고)', '惱(뇌)', '苦惱(고뇌)', '苦厄(고액)', '憂苦(우고)' 등으로 한역돼 있다. 이와 같음을 볼 때 "도일체고액(度一切苦厄)"은 '모든 괴로움에서 벗어나게 되었다'는 말이다. 여기서 '모든 괴로움에서 벗어나게 되었

121 離(리)는 떠날 리, 떨어질 리, 결별할 리, 벗어날 리 등의 뜻이다.

다'는 말의 의미를 알아야 한다. 이것은 적멸열반을 성취하여, 더 이상 사고(四苦), 팔고(八苦) 등의 괴로움을 되풀이하지 않는다는 말이다. 열반은 다시는 그 어떤 번뇌도 일어나지 않아서 괴로움이 없는 상태이고, 다음 몸을 받지 않을 것이라서 윤회를 완전히 끝낸 상태다. 석가부처님 불교의 궁극적인 목표는 열반을 성취하여 윤회를 벗어나는 것이다. 중생들로 하여금 이런 열반의 존재를 믿게 하고, 열반을 추구하게끔 만들기 위한 경이 〈반야심경〉이다. 그렇기 때문에 〈반야심경〉에서 말하고 있는 열반의 존재를 믿지 않고, 열반성취에 대해 아무런 관심도 없으면서 오직 복(福)을 받고, 액난을 쫓겠다는 마음으로 〈반야심경〉을 외운다면, 진정한 의미에 있어서 그들을 '불제자(佛弟子)'[122]라고 말하기는 어렵다. 왜냐하면 진정한 의미에 있어서 불교의 믿음은 불보살의 가피력이나 기도의 영험을 믿는 것이 아니라[123] "존재의 다섯 요소[오온]를 관찰해가면, 지혜가 완성된다"는 사실을 믿는 것이고, "그 지혜로 존재의 다섯 요소의 실체 없음을 꿰뚫어보면, 모든 괴로움에서 벗어날 수 있다"는 부처님 말씀을 믿는 것이기 때문이다.

"도일체고액(度一切苦厄)"은 산스크리트어 원문에는 없는 내용이다

한역 〈반야심경〉의 "도일체고액" 부분은 산스크리트어 원문에는 없는 내용이다. 구마라집이 최초로 〈반야심경〉을 한역하면서 "도일체고액"을 집어넣은 것으로 보인다. 놀라운 것은 총 8종의 〈반야심경〉 한역본 중 법월(法月)의 한역과 법성(法成)의 한역을 제외한 나머지 6개의 한역본에 "도일체고액"의 내용이 다 들어 있다는 점이다. 혹시 7종의 산스크리트

122 불제자는 '부처님의 제자'라는 말이다.
123 이 말은 불보살의 가피력이나 기도의 영험을 믿지 말라는 말이 아니다. 참고로 말하면 필자는 관음신앙을 믿고, 관세음보살 탱화를 모시고 있다.

어 사본 중에 "도일체고액"의 내용이 들어 있는 것이 있는지 확인해 봤다. 이런 내용이 들어 있는 산스크리트어 사본은 찾아볼 수가 없었다. 한역 〈반야심경〉의 "관자재보살 행심반야바라밀다시 조견오온개공 도일체고액"[124]에 해당하는 산스크리트어 원문을 번역하면 다음과 같다.

거룩한 관자재보살께서 깊은 지혜를 완성하는 수행에 전념하고 있을 때 존재의 다섯 요소를 밝게 관찰해갔다. 그러다가 그것들은 다 실체가 없는 것들임을 꿰뚫어봤다.

위의 번역에 대한 산스크리트어 원문은 다음과 같다.

"ārya(聖성,거룩한) Avalokiteśvaro(觀自在관자재) bodhisattvo(菩薩보살) gambhīrāyāṃ(深심,깊은) prajñā(般若반야,지혜) pāramitāyāṃ(波羅蜜多바라밀다,완성) caryāṃ(行행,수행) caramāṇo(行時행시,해가고 있을 때) vyavalokayati(明觀명관,밝게 관찰했다) sma(已이) pañca(五오,다섯) skandhās(蘊온,존재의 구성요소), tāṃś(彼피,그것들) ca svabhāva(自性자성,실체)-śūnyān(空공,없음) paśyati(照見조견,꿰뚫어봤다) sma(已이)."

이 산스크리트어 원문의 각 단어의 오른쪽 괄호 속의 내용은 독자의 이해를 돕기 위해 필자가 임의로 넣은 것이다. 위의 산스크리트어 원문의 내용을 보면, 거기에는 〈반야심경〉 한역문의 "도일체고액"의 내용이 없다. 그럼 〈반야심경〉에서 "도일체고액"을 빼야 하는가? 필자는 뺄 필요가 없다고 본다. 왜냐하면 〈반야심경〉의 전체 구조를 볼 때, 이것이 들

124 "觀自在菩薩 行深般若波羅密多時 照見五蘊皆空 度一切苦厄"

어간 것이 의미전달이 훨씬 잘 되기 때문이다.

5. 현재 〈반야심경〉에는 주제문이 빠져 있다

현재 우리가 독송하고 있는 한문 〈반야심경〉은 현장이 한역한 것이다. 이 현장 한역본에는 "도일체고액"과 "사리자 색불이공" 사이에 있는 다음과 같은 내용이 빠져 있다.

> 이 때 사리불 존자가 부처님의 불가사의한 힘에 의해 합장 공경하고, 관자재보살에게 물었다. "만약 선남자가 깊은 지혜를 완성하는 수행을 하려고 하면, 어떤 방법으로 수행해야 합니까?" 이렇게 묻자, 관자재보살이 말했다. "사리불 존자여, 만약 선남자 선여인이 깊은 지혜를 완성하는 수행을 하려고 하면, 존재의 다섯 요소[오온]를 관찰하여, 그것들은 다 실체가 없는 것들임을 꿰뚫어봐야 합니다."

〈반야바라밀다심경〉은 〈지혜를 완성하는 수행방법의 핵심을 말해주는 경〉이라는 뜻이다. 이러한 경(經)의 제목이 말해주고 있듯이 "깊은 지혜를 완성하는 수행을 하려고 하면, 존재의 다섯 요소[오온]를 관찰하여, 그것들은 다 실체가 없는 것들임을 꿰뚫어봐야 한다"는 말이 〈반야심경〉을 통해 말해주고자 하는 경의 핵심 메시지이다. 그러나 현재 우리가 독송하고 있는 한문 〈반야심경〉에는 이러한 내용이 없다. 왜 없는가? 인도의 후기 대승불교도 혹은 중국의 불경 번역가가 이 내용을 빼버렸기 때문이다. 왜 뺐을까? 유식불교가 등장하는 AD. 4세기 이후의 대승불교도들, 특히 중국인들은 관찰법이 필요 없었기 때문이다. 그럼 그들은 왜 관찰법이 필요 없었는가? AD. 4세기 이후의 대승불교에서는 선(禪)

을 닦을 때 존재의 다섯 요소[오온]를 관찰하지 않고, 염불, 다라니, 선정(禪定), 화두 등의 방법, 즉 멈춤법[止지][125]에 의해 닦기 때문이다. 그럼 대승불교에서는 왜 멈춤법에 의해 닦는가? AD. 4세기 이후의 중국의 대승불교는 무아(無我)가 아니라 진아(眞我), 참나, 자성자리 등을 찾는 불교이고, 관찰법은 깊은 지혜를 완성하여, "무아", 즉 '나라고 할 만한 것이 없다'는 사실을 깨닫기 위한 수행법이기 때문이다.[126] 중국의 대승불교도들은 영원히 변하지 않고, 항상 깨끗한 상태 그대로 있는 "참나"[127]를 깨닫기 위해 멈춤[128]을 닦는다. 이러한 참나를 믿는 대승불교도들에게는 무아(無我)의 진리를 깨닫기 위한 관찰법이 필요 없었다. 그래서 그들은 〈반야심경〉에서 "깊은 지혜를 완성하기 위해서는 존재의 다섯 요소를 관찰하여, 그것들은 다 실체가 없는 것들임을 꿰뚫어봐야 한다"는 내용을 빼버렸다. 그리고 〈지혜를 완성하는 수행방법의 핵심을 말해주는 경〉인 〈반야심경〉을 "주문(呪文)의 경"으로 만들어 버렸다.

125 멈춤법[止지]은 '사마타'를 번역한 말이다. 이것은 한 대상에 의식을 집중해서 번뇌망상이 일어나지 못하게 하는 방법이다.

126 앞에서 관찰을 설명하면서 〈대승기신론〉의 내용을 인용하여, "관찰은 [자신의 몸과 마음에서] 인연에 의해 일어났다가 사라지는 현상들을 밝게 보는[分別,明見] 것으로서 **위빠사나 관찰수행**을 의미한다"고 말한 바 있다. 〈대승기신론〉 수행신심분(修行信心分), 진제 번역: "所言觀者(소언관자) 謂分別因緣生滅相(위분별인연생멸상) 隨順(수순)**毘缽舍那觀(비빠사나관)**義故(의고)" 실차난타 번역 : "明見因果生滅之相(명견인과생멸지상)是觀義(시관의)"

127 영원히 변하지 않고, 괴로움이 아니라 즐거움이며, 항상 깨끗한 상태 그대로 있는 참나를 흔히 '상락아정(常樂我淨)'으로 표현한다.

128 멈춤[止지]은 '사마타' 또는 '선정(禪定)'이라 하기도 한다. 멈춤을 많이 닦으면, 번뇌가 일어나지 않게 되고, 마음이 안정되고, 신통이 터진다. 관찰을 많이 닦으면, 무아(無我)의 진리를 깨달을 수 있는 반야지혜가 완성된다. "무아"라는 단어를 싫어했고, 진아(眞我), 참나, 자성자리 등을 찾는 후기 대승불교주의자들에게는 관찰법이 필요없었다.

6. 〈반야심경〉의 첫 문장, 어떻게 번역되어 있나?

현장이 한역한 〈반야심경〉의 첫 문장은 다음과 같은 뜻이다.

관자재보살행심반야바라밀다(행)시 조견오온개공 도일체고액
觀自在菩薩行深般若波羅蜜多(行)時 照見五蘊皆空 度一切苦厄
(관찰에 통달한 관자재보살이 깊은 지혜를 완성하는 수행에 전념하고 있을 때, 존재의 다섯 요소를 관찰하여, 그것들은 다 실체가 없는 것들[空공]임을 꿰뚫어보고, 모든 괴로움에서 벗어나게 되었다.)

이런 뜻을 한국불교에서는 어떻게 번역해 놓았는지 한 번 보자.

조계종 표준 : "관자재보살이 깊은 반야바라밀다를 행할 때, 오온이 공한 것을 비추어 보고 온갖 고통에서 건지느니라."
청담 스님 : "관자재보살이 마지막 반야에 들어섰을 때 물질과 생각이 없음을 살펴보고 모든 고난에서 벗어났느니라."[129]
광덕 스님 : "관자재보살이 깊은 반야바라밀다를 행하여 오온 모두가 다 공하였음을 비춰 보고 일체 고액을 건넜느니라."[130]
오고산 스님 : "관자재보살이 깊은 반야바라밀다 행할 때 오온 공함 비춰 봐 일체고액 건네니라."[131]
무비 스님 : "관자재보살이 깊은 반야바라밀다를 행할 때 오온이 모

129 〈해설 반야심경〉 이청담 설법. 보성문화사 1994년 재판 발행. 169쪽 인용
130 〈반야심경 강의〉 광덕 지음. 불광출판부 1987년 초판 발행, 1998년 재판 발행. 47쪽 인용
131 〈반야심경 강의〉 오고산. 보련각. 1979년 초판 발행, 1999년 7판 발행. 8쪽 인용

두 공함을 비춰 보고 일체 고액을 건넜다."[132]

이중표 교수 : "거룩한 관자재보살님은 깊은 반야바라밀다행을 실천하시면서 오온(五蘊)을 관찰하여, 그것의 자기존재성[自性, svabhāva]이 공(空, śūnya)임을 보았다오. (그리하여 일체의 괴로움과 재앙을 벗어났다오.)"[133]

도올 김용옥 : "관자재보살께서 심원한 반야의 완성을 실천하실 때에 오온이 다 공이라는 것을 비추어 깨달으시고, 일체의 고액을 뛰어넘으셨다."[134]

위의 여러 번역을 보면, "행심반야바라밀다(행)시"를 대체로 "깊은 반야바라밀다를 **행할 때**"라고 번역해 놓았다. 이러한 의미의 번역에서는 "반야바라밀다"를 뜻이 원만하게 전달되도록 번역하지 못 했고, '반야바라밀다를 행한다'는 말이 어떻게 하는 것인지 알 수가 없기 때문에 제대로 된 번역이라고 할 수 없다. "**행**심반야바라밀다(행)시**行**深般若波羅蜜多(行)時"는 앞에서 설명했듯이 '깊은 지혜를 완성하는 수행에 전념하고 있을 때'라는 뜻이다. 청담 스님은 이것을 "마지막 반야에 들어섰을 때"라고 번역했고, 김용옥 선생은 "심원한 반야의 완성을 실천하실 때에"라고 번역했다. 김용옥 선생은 "반야바라밀다"를 '반야의 완성'으로 번역한 것까지는 좋았다. 하지만 **행**(行)을 '실천한다'는 뜻으로 번역해 놓은 것은 제대로 된 번역이라고 말할 수 없다. 왜냐하면 "**행**심반야바라밀다시(**行**深般若波羅蜜多時)"에서의 **행**(**行**)은 "**수행**(修行)한다"는 뜻이기 때문이다. 따라서 이 **행**(**行**)을 '행한다'거나 '실천한다'는 뜻으로 번역해선 안 된다. 하지만 위의 7개의 번역 중 6개가 이 **행**(**行**)을 '행한

132 〈예불문과 반야심경〉 무비 스님 풀이. 불일출판사. 1993년 초판 발행, 1997년 5쇄 발행. 168쪽 인용

133 〈니까야로 읽는 반야심경〉 이중표 역해. 불광출판사. 2017년 초판발행

134 〈스무살반야심경에미치다〉도올김용옥지음. 통나무. 2019년 초판발행. 201쪽인용

다'거나 '실천한다'는 뜻으로 번역해 놓았다.

조계종 표준 〈한글 반야심경〉에서는 "조견오온개공(照見五蘊皆空)"을 "오온이 공한 것을 비추어 보고"라고 번역해 놓았다. 위의 6개 번역 중 청담 스님 번역만이 '空(공)'을 번역해 놓았고, 나머지 번역들은 다 空(공)을 번역하지 못해서 그 뜻을 제대로 전달하지 못 하고 있다. 청담 스님의 〈반야심경〉이 처음 출판된 것이 1978년이다. 그 당시에 공(空)을 '없다'는 뜻으로 번역한 것은 놀라운 일이다. 왜냐하면 40년이 지난 지금도 공(空)을 이와 같은 뜻으로 해석하는 사람을 찾아보기가 어렵기 때문이다. 하지만 이 부분의 청담 스님 번역도 다 잘 된 것은 아니다. 청담 스님은 오온을 "물질과 생각"으로 번역해 놓았는데, 그것보다는 '몸의 물질현상과 정신현상'으로 번역했더라면 좋았을 것이다. 오온의 色(색)은 '물질'이 아니라 '몸의 물질현상'이라는 뜻이고, 受(수), 想(상), 行(행), 識(식)은 '생각'이 아니라 '정신현상'으로 번역할 수 있기 때문이다. 청담 스님은 "조견오온개공(照見五蘊皆空)"을 "물질과 생각이 없음을 살펴봤다"는 뜻으로 번역해 놓았다. 그러나 "조견오온(자성)개공"은 '몸의 물질현상[색]과 정신현상[수상행식]은 다 실체가 없는 것들임을 꿰뚫어봤다'는 뜻이다. 청담 스님 번역을 제외한 나머지 5종의 번역들은 다 조계종 표준 〈한글 반야심경〉과 비슷한 번역으로서 무슨 말을 하고 있는지 알 수가 없는 말로 번역되어 있다.

광덕 스님은 "오온개공"에 대해 다음과 같은 취지로 해설해 놓았다.[135]

"현상인 오온(五蘊)이 다 공하다〈없다〉고 했지만 현상이 아닌 것은 공

135 이 뒤의 인용은 광덕 스님 책에 있는 그대로 인용하지 않은 곳이 2~3곳 있다. 독자가 읽기 쉽도록 어색한 표현이나 장황한 표현은 뜻을 해치지 않는 선에서 조금 고쳐서 인용했다.

이라고 할 수 없다. .... 대개, 현상이라는 것은 인식과 사유내재(思惟內在)이다. 그것은 근본적으로 인식주체의 관념색(觀念色)으로 착색된 것이고, 순수본성(純粹本性)은 이미 오염된 뒤의 것이다. 그러므로 오염이전의 원성자(原性者)는 우리의 말과 생각으로는 이를 수 없는 절대지(絶對地)이다. 또 이곳은 실상(實相)이요, 법성이요, 본연지(本然地)이다. ...... 이곳에는 법칙도, 원리도, 논리도, 사리도, 경험법칙도, 시간의식도, 공간의식도 통용되지 않는다. 왜냐하면 범부의 인식이나 그에 따른 가치평가나 의미하는 것은 다 망정소산(妄情所産)이고, 실은 없는 것이기 때문이다."[136]

"오온현상(五蘊現象)은 공했으나 오온 이전의 근원자(根源者)인 우리의 본원생명(本源生命)은 여여부동(如如不動)이다. 오히려 오온현상이 없음으로써 우리는 일체 부자유에서 해탈하고, 대자재(大自在) 원만성(圓滿性)이 명량하게 드러나는 것이다. 경에 "관자재보살이 오온이 공하였음을 비춰 보고, 일체 고(苦)와 액난에서 벗어났다"함은 바로 이것을 가리키는 말이다."[137]

사유내재, 관념색, 원성자, 절대지, 법성, 본연지, 근원자, 본원생명 등 난해한 말로 가득한 이 해설은 매우 어렵다. 불교를 설명하면서 난해한 말을 많이 하면, 그것은 잘못된 것이라고 보면 틀림없다. 이 해설은 "오온개공"을 해설하면서 "오온개공"의 의미와 정반대로 말해 놓은 것이라고 할 수 있다. 석가부처님 말씀과 〈반야심경〉에는 오온은 "나"를 구

136 〈반야심경 강의〉 광덕 지음. 불광출판사. 1987 초판 발행, 1998년 재판 발행 58~59쪽의 내용 인용

137 위의 책 61쪽 내용 인용

성하고 있는 존재의 전부이다. 부처님 말씀에 의하면 "나"를 구성하고 있는 요소는 오온 이외에 다른 것이 없다. 그러나 광덕 스님은 "현상인 오온이 다 공하다고 했지만, 현상이 아닌 것은 공이라고 할 수 없다"고 말하면서 현상이 아닌 그 어떤 것을 따로 두어서 "오온개공"의 내용을 부정하는 듯한 말을 해놓았다. 광덕 스님은 오온 이전의 근원자(根源者)를 따로 두고 있다. 하지만 "무아법(無我法)"인 부처님 법에는 그런 것이 없다고 말할 수 있다. 왜냐하면 '아트만 또는 근원자(根源者), 자성자리와 같은 그런 것은 존재하지 않는다'고 말하는 것이 부처님의 무아법이기 때문이다. 〈반야심경〉은 선정삼매에 들어서 오온을 관찰하여, "무아"의 진리, 즉 "나", 근원자나 자성자리와 같은 그런 것은 존재하지 않는다는 사실을 깨달으면, 모든 괴로움에서 벗어날 수 있다고 말해주고 있다. 광덕 스님의 이런 잘못된 해설은 〈대승기신론〉의 "진여심"의 개념과 중국 선불교의 "자성자리"의 개념에서 나왔다고 볼 수 있다. 부처님은 "오온**자성**개공(五蘊自性皆空)"이라는 표현을 통해 '진여심이나 **자성**자리와 같은 그런 것은 존재하지 않는다'고 말했다.

관자재보살행심반야바라밀다(행)시 조견오온(자성)개공 도일체고액

觀自在菩薩行深般若波羅蜜多(行)時 照見五蘊(自性)皆空 度一切苦厄

(관찰에 통달한 관자재보살이 깊은 지혜를 완성하는 수행에 전념하고 있을 때, 존재의 다섯 요소[오온]를 관찰하여, 그것들은 다 실체가 없는 것들[空공]임을 꿰뚫어보고, 모든 괴로움에서 벗어나게 되었다.

[이 때 사리불 존자가 부처님의 불가사의한 힘에 의해 합장 공경하고, 관자재보살에게 물었다. "만약 선남자가 깊은 지혜를 완성하는 수행을 하려고 하면, 어떤 방법으로 수행해야 합니까?" 이렇게 묻자, 관자재보살이 사리불 존자에게 말했다. "사리불 존자여! 만약 선남자 선여인이 깊은 지혜를 완성하는 수행을 하려고 하면, 존재의 다섯 요소를 관찰하

여, 그것들은 다 실체가 없는 것들임을 꿰뚫어봐야 합니다.”]

사리자 색불이공 공불이색 색즉시공 공즉시색 수상행식 역부여시

舍利子 色不異空 空不異色 色卽是空 空卽是色 受想行識 亦復如是

(사리불 존자여! 몸의 물질현상[色색]은 실체가 없는 것[空공]과 다르지 않고, 실체가 없는 것[空공]은 몸의 물질현상[色색]과 다르지 않습니다. 몸의 물질현상[色색]은 실체가 없는 것[空공]이고, 실체가 없는 것[空공]이 몸의 물질현상[色색]입니다. 몸의 물질현상[色색]과 마찬가지로 느낌[受수], 인식[想상], 업 지음[行행], 식별작용[識식]도 또한 실체가 없는 것들입니다.)

제6장
반야지혜란 어떤 것이고, 어떻게 닦는가?

반야는 산스크리트어 '쁘라야(prajñā)'[138]의 음을 한자로 표기한 것으로, '지혜'라는 뜻이다

그럼 '**반야**'란 어떤 것인가? 반야는 산스크리트어 '**쁘라야(prajñā)**'[139]의 음(音)을 한자로 표기한 것으로, '**지혜**'[140]라는 뜻이다. 이것을 '지혜'로 번

138 반야(般若), 즉 쁘라야(Prajñā)는 '쁘라즈냐(Prajñā)'로 발음되기도 한다.

139 산스크리트어 Prajñā(쁘라즈냐, 쁘라야)는 '般若(쁘라쟈, 쁘라야, 반야)', '班若(쁘라쟈, 쁘라야, 반야)', '鉢若(빨야)', '波若(빠야)', '般羅若(쁘라야)', '鉢刺若(빨자야)', '八羅娘(빠라야)', '缽囉攘(빠라야)', '鉢羅枳孃(쁘라지야)' 등으로 음역(音譯)되어 있다. 현장의 〈당범번대자음반야바라밀다심경(唐梵翻對字音般若波羅蜜多心經)〉에는 Prajñā(쁘라야, 쁘라즈냐)가 "缽囉(二合)(般)[言*我]攘(若)"로 음역되어 있다. 빨리어는 '빤냐(Paññā)'이다.

140 반야, 쁘라야(Prajñā)는 '智慧(지혜)' 외에도 '智(지)', '慧(혜)', '明(명)', '了解(요해)', '妙慧(묘혜)', '勝慧(승혜)', '覺慧(각혜)' 등으로 한역되어 있다. 이것은 '밝음', '대단히 밝음', '완전한 이해', '빼어난 이해', '깨달은 지혜' 등의 뜻이다. 여기서 了(료)는 깨달을 료. 명확히 앎, 이해함. 妙(묘)와 勝(승)은 둘 다 '빼어나다'는 뜻이다.

역하지 않고 산스크리트어의 음을 그대로 사용한 까닭은 이 단어가 갖고 있는 특별한 의미가 번역됨으로 인해 손실된다고 보았기 때문이다.

1. 불교에서 말하는 지혜는 어떤 것인가?

지혜는 불교의 수많은 개념 중 가장 중요한 개념이다. 불교에서는 "지혜로 해탈한다"고 하며, 지혜를 가장 중요시한다. 지혜가 없으면 깨달을 수가 없기 때문이다. 그럼 불교에서 말하는 지혜는 어떤 것인가? 평생 불교를 많이 공부했다고 하는 분들께 "부처님이 말하는 지혜는 어떤 것입니까?"라고 물어 보았다. 그리고 또 '님은 평생 수행한 결과, 실제로 지혜가 얼마나 밝아졌고, 불교수행을 하지 않은 사람과 어떤 차이가 있는지' 물어 보았다. 아무도 알아들을 수 있는 말로 설득력 있게 답을 해주지 못 했다. 지혜는 "**불교의 생명**"과 같은 것이다. 만약 불교에 "지혜"라는 것이 없거나 지혜를 계발하지 않는다면, 그것은 다른 종교와 크게 다르지 않아서 불교 특유의 존재가치를 상실하게 된다. 불교에서는 지혜를 밝혀서 괴로움에서 벗어나기 위해 수행한다. 그런데 종래 대승불교 내지 한국불교에는 지혜의 개념이 모호할 뿐더러, 지혜가 밝아진 사람이 없는 것 같다. 대승불교 내지 한국불교를 사랑하는 사람이라면, 이 말에 저항감이 생길 것이다. 하지만 조금만 참고 읽어 보면 30분 뒤 이 주제에 대한 글을 다 읽고 난 뒤에는 이 말에 수긍이 갈 것이다.

2. 한국불교에 반야지혜의 개념이 있는가?

지관겸수(止觀兼修), 정혜쌍수(定慧雙修)

멈춤〔止지〕과 관찰〔觀관〕을 함께 닦고, 선정〔定정〕과 지혜〔慧혜〕를 함께 닦아라

우리는 학창시절 국사시간에 "정혜쌍수(定慧雙修)"라는 말을 많이 들었다. 이것은 부처님의 선(禪)수행 방법을 일컫는 말이다. 정혜쌍수는 "지관겸수(止觀兼修)"와 같은 뜻이다. 지관겸수(止觀兼修)는 '멈춤과 관찰을 함께 닦는다'는 뜻이다.

1) 부처님께서는 〈잡아함경〉에서 "비구가 선(禪)을 닦으려고 하면, 두 가지 방법으로 닦아야 한다. 그것은 멈춤[止지]과 관찰[觀관]이다"[141]고 말했다. 또 바로 그 뒤에서 "고귀한 제자는 멈춤과 관찰을 함께 닦아서 온갖 해탈 경계를 얻는다"[142]고 했다.

2) 부처님께서는 〈잡아함경〉에서 "닦아 익히되, 많이 닦아 익혀야 하는 두 가지 방법이 있다. 그것은 멈춤[止지]과 관찰[觀관][143]이다. 이 두 가지 방법을 닦아 익히되 많이 닦아 익히면, 온갖 경계(界)와 도과(果)[144]를 알게 되고, 경계에 분명하게 깨어 있어서 허공경계, 의식경계, 무소유경계, 비상비비상처경계(非想非非想入處) 등 온갖 경계를 다 알게 되고, 온갖 경계를 다 깨닫게 된다"[145]고 했다.

141 〈신수대장경〉 제2권 118쪽 중단 〈잡아함경〉 464경에 "思惟者(사유자)當以二法專精思惟(당이법전정사유) 所謂止 · 觀(소위지관)"

142 〈신수대장경〉 제2권 118쪽 중단 〈잡아함경〉 464경에 "聖弟子(성제자)止 · 觀俱修(지관구수)。得諸解脫界(득제해탈경계)"

143 멈춤[止지]과 관찰[觀관]은 사마타와 위빠사나다. 이것은 '선정과 지혜'로 옮겨지기도 한다.

144 여기서 도과(道果)는 수다원과, 사다함과, 아나함과, 아라한과 등을 일컫는 말이다.

145 〈잡아함경〉 제964. 〈출가경〉 "佛告婆蹉(불고바차)。有二法(유이법)。修習多修習(수습다수습)。所謂止 · 觀(소위지관)。此二法修習多修習(차이법수습다수습)。

3) 〈장아함경〉에서는 "여래는 멈춤과 관찰을 함께 갖추어서 최고로 바른 깨달음을 성취했다"[146]고 했다.

4) 또 〈법구경〉에서는 "선정(禪定)이 없는 자에게는 지혜가 없고, 지혜가 없는 자에게는 선정이 없다. 도는 '선정과 지혜'라는 이 두 길을 따라가서 열반에 이르게 한다"[147]고 했다.

5) 시호(施護)가 한역한 〈요의반야바라밀다경〉에는 "만약 모든 대보살이 지혜를 완성하는 삼매에 편안히 머물고자 한다면, 마음이 네 가지 알아차려야 할 대상에 머물러서 거기서 일어나고 있는 현상을 잘 알아차릴 수 있어야 하고[사념처], ... 부정관(不淨觀) 수행을 잘 할 수 있어야 하며, ... **사마타**와 **위빠사나** 수행을 잘 할 수 있어야 한다"[148]는 내용이 나온다. 이것을 보면 지혜를 완성하는 수행방법을 말해주고 있는 〈반야심

得知界·果(득지계과)。覺了於界(각료어계)。知種種界(지종종계)。覺種種界(각종종계)。..... 是故(시고)。比丘(비구)。當修二法(당수이법)。修習多修習(수습다수습)。修二法故(수이법고)。知種種界(지종종계)。乃至漏盡(내지누진)"

146 〈신수대장경〉제1권〈장아함경〉010a27 "如來(여래) ..... 止觀具足(지관구족) 成最正覺(성최정각)"

147 〈법구경〉제372송, 한역경에는 "無禪不智(무선부지) 無智不禪(무지불선) 道從禪智(도종선지) 得至泥洹(득지니원)"으로 번역되어 있다. 泥洹(니원, 니훤)은 '니르바나', 즉 '열반'이라는 뜻이다. 빨리어본〈법구경〉에는 이것이 "지혜가 없는 자에게는 선정이 없고, 선정이 없는 자에게는 지혜가 없다. 선정과 지혜, 이 둘을 함께 갖춘 자에게는 열반이 가까이 있다"는 뜻으로 되어 있다.

148 〈대정신수대장경〉제8권. 경전 No. 247. 〈불설요의반야바라밀다경佛說了義般若波羅蜜多經〉845a29 "若諸菩薩摩訶薩(약제보살마하살)。樂欲安住般若波羅蜜多**相應**者(약욕안주반야바라밀다상응자)。應當圓滿**四念處**(응당원만**사념처**)...... 845b15 不淨想(부정상)。清淨想(청정상)。**奢摩他(사마타) 毘缽舍那想(비발사나상)**" 이 한역문에서 **相應**(상응)은 '삼매'라는 뜻이다. 圓滿(원만)은 잘 성취한다는 뜻이고, 사념처(四念處)는 사념주(四念住)와 같은 뜻으로, 마음이 머물러서 관찰해야 할 네 가지 대상, 즉 몸, 느낌, 마음의 상태, 마음에서 일어나는 현상들에 머물러서 거기서 일어나는 것들을 알아차림 하는 것이다. 위의 한역문에서 "毘缽舍那(비파사나)"는 위빠사나의 산스크리트어 발음이다.

경〉은 사마타와 위빠사나 수행과 깊은 관계가 있는 것임을 알 수 있다. 이와 같이 석가부처님의 선(禪)수행 방법은 **선정**[定정]과 **지혜**[慧혜], **멈춤**[止지]과 **관찰**[觀관], **사마타**와 **위빠사나**[149]를 함께 닦는 것이다. 여기서 멈춤[止지]은 마음을 한 대상에 고정[定정]시켜서 다른 데로 달아나지 못 하게 하는 사마타 선(禪)법이고, 관찰[觀관]은 지혜를 계발, 완성하는 방법으로서 위빠사나수행을 의미한다. 위빠사나는 인연에 의해 일어났다가 사라지는 내 안의 물질현상과 정신현상을 관찰하여, 그 성질을 제대로 이해하려고 노력하는 것이다. 그런데 기존 한국불교에서는 부처님의 선수행법인 관찰법을 없애려고 하는 일부 대승불교와 중국 선불교의 영향으로 관찰수행법이 빠진 반쪽짜리 선(禪)을 닦고 있기 때문에 "정혜쌍수"라는 용어를 사용하면서도 그 개념을 제대로 잡지 못 하고 있는 것이다. 한국불교에는 멈춤(선정)과 관찰(지혜) 중에서 멈춤(선정)만 있고, 관찰(지혜)이 없는 까닭에 반야지혜의 개념이 없다고 말할 수 있다.

기존 한국불교에서의 정혜(定慧)의 개념

해인사 고려대장경의 완역본인 〈한글대장경〉을 출판한 동국역경원의 초대 원장이자 한국 최고의 강백으로서 최초의 우리말 불교사전[150]을 펴낸 운허 스님(1892~1980)은 그의 사전에서 定(정)과 慧(혜)를 다음과 같이 설명해 놓았다.

> "定(정)은 마음을 한 곳에 머물게 하는 것이고, 慧(혜)는 현상(現象)인 事(사)와 본체(本體)인 理(리)를 관조(觀照)하는 것이다."

149 선정과 지혜, 멈춤과 관찰, 사마타와 위빠사나, 이 셋은 같은 개념을 다르게 표현한 것이다.

150 1961년에 동국역경원을 발행처로 하여, 1987년판을 보면 16판 발행으로 되어 있다. 현재도 판을 거듭하며, 계속 발행되고 있다.

위의 설명에서 "定(정)"에 대한 설명은 이해할 수 있지만, "慧(혜)"는 이해할 수 없는 말로 설명되어 있는 것을 볼 수 있다. 강백 중 최고의 강백인 운허 스님께서 무식해서 이런 식으로 慧(혜)를 설명해 놓은 것이 아니다. 慧(혜)가 이렇게 어렵게 설명되어 있는 까닭은 중국 선(禪)불교에는 定(정)의 개념만 있을 뿐, 慧(혜)는 그 개념이 없기 때문이다. 중국 선불교에 慧(혜)의 개념이 왜곡되어 있거나 없어진 것은 다음과 같은 혜능(AD. 638~713)의 법문에 의해서라고 볼 수 있다.

육조혜능 – 선정과 지혜는 같은 것이다[定慧一體정혜일체]

"선지식들이여, 나의 이 법문은 선정[定정]과 지혜[慧혜]로 근본으로 삼는다. 그러니 대중들은 어리석게도 선정과 지혜가 다른 것이라고 말하지 말라. 선정과 지혜는 하나이지 둘이 아니다. 선정은 지혜의 본체이고, 지혜는 선정의 작용이다. 지혜로울 때는 선정이 지혜에 있고, 선정에 들었을 때는 지혜가 선정에 있느니라. 만약 이런 뜻을 알면, 그것이 곧 선정과 지혜를 함께 공부하는[151] 것이니라. 도를 배우는 사람은 '먼저 선정을 닦은 뒤에 지혜를 계발한다'는 말과 '먼저 지혜를 얻은 뒤에 선정을 계발한다'는 이 두 말이 다른 것이라고 말하지 말라. 그런 잘못된 소견을 내는 자는 법에 두 가지 모양[相상]을 지니게 되는 것이니라. 입으로는 옳은 말을 하지만, 마음속은 옳지 못 하기 때문에 공연히 선정과 지혜의 개념을 다르게 가져서 그 둘이 같지 않는 것

151 여기서 '공부한다'는 것은 원문의 '배울學(학)' 자를 우리말로 옮긴 것이다. 이것은 '닦는다'는 뜻이다. 원문에서 '닦을 修(수)' 자를 쓰지 않은 데에서 지혜는 말할 필요도 없고, 선정조차 닦는 것을 강조하지 않으려는 의도가 숨어 있는 것을 엿볼 수 있다. 중국 선불교에서는 혜능이 그러했던 것처럼 닦을 필요조차 없다고 주장한다. 견성한 이의 한 마디를 듣고, 그 자리에서 바로 자성자리를 깨달으면, 그만이라는 가르침이다. 대단히 잘못되고, 위험한 가르침이라고 할 수 있다.

이니라. 만약 마음과 입이 함께 옳아서 안팎이 하나면, 선정과 지혜는 같은 것이니라. 스스로 깨달아서 수행하는 것은 논쟁하는 데 있지 않으니, 만약 [선정과 지혜의] 선후(先後)를 따지는 사람이 있다면, 그는 어리석은 자이니라. 그래서 그는 이기고자 하는 승부심을 끊지 못하고, 오히려 "나"라는 존재만 더욱 키워나가기 때문에 끝내 사상(四相)[152]에서 벗어나지 못 하리다."[153]

'중국 선불교의 실질적인 원조'라고 할 수 있는 혜능대사는 이 법문을 통해 '선정[定정]과 지혜[慧혜]는 같은 것'이라고 가르치고 있다. 이에 따라 중국 선불교는 지혜는 닦지 않고, 선정만 닦는다. 중국 선불교에는 오온을 관찰하는 관찰수행은 없고, '화두'라고 하는 한 대상에 마음을 고정시켜서 사마타수행만 하고 있거나 사마타수행조차 하지 않는 것이다.[154] 또 혜능대사가 다음과 같이 말해 놓은 것을 볼 수 있다.

"보리 반야지혜는 세상 사람들이 본래 다 그것을 갖고 있지만, 단지 마음이 어두움으로 인해 그것을 깨닫지 못 할 따름이다. 그러므로 반드시 대선지식의 지도를 받아서 자기 자성자리를 볼지니라."...... "반

152 육조 혜능이 담장 너머로 들려오는 독송 소리를 듣고, 깨달았다고 하는 〈금강경〉에 나오는 아상(我相), 인상(人相), 중생상(衆生相), 수자상(壽者相)이 그것이다.
153 이 번역의 원문은 다음과 같은 탄허 스님 현토본(懸吐本)을 썼다. "定慧一體. 師示衆云 善知識 我此法門 以定慧爲本 大衆勿迷言定慧別. 定慧一體不是二. 定是慧體 慧是定用 卽慧之時 定在慧. 若識此義卽是定慧等學. 諸學道人莫言先定發慧 先慧發定各別. 作此見者法有二相 口說善語 心中不善 空有定慧 定慧不等 若心口俱善 內外一種 定慧卽等. 自悟修行不在於諍 若諍先後卽同迷人 不斷勝負 却增我法不離四相." 이 원문은 탄허 선사 역해 〈육조단경〉. 도서출판 교림. 1986. 제86쪽의 것을 옮겼다. 원문의 문장이 판본마다 조금씩 다른데, 탄허 스님이 사용한 판본의 문장이 가장 분명하게 잘 표현되어 있다.
154 조사선을 하는 사람들은 화두를 들거나 좌선을 하지 않는다.

야는 중국말로 '지혜'다. 이것은 모든 곳, 모든 때에 늘 어리석지 않아서 언제나 지혜를 행하면, 그것이 곧 반야행이다. 한 순간 어리석으면 반야가 끊어지고, 한 순간 지혜로우면 반야가 생겨나는데, 세상 사람들은 어리석어서 반야를 보지 못 하도다. 입으로는 반야를 말하지만, 마음속은 언제나 어리석어서 말로만 자신이 반야를 닦는다고 하면서 늘 공(空)을 말하고 있지만, 진짜 공은 알지 못 하도다."[155]

혜능은 위의 글을 통해 "보리 반야지혜는 세상 사람들이 다 본래 그것을 갖고 있지만, 단지 마음이 어두움으로 인해 그것을 깨닫지 못 할 따름"이라고 하면서 반야지혜의 성격을 왜곡하고 있는 것을 볼 수 있다. 세상 사람들이 다 본래 반야지혜를 갖고 있다는 말이 과연 맞는 말일까? 세상 사람들이 다 반야지혜를 갖고 있는데, 세상 사람들은 왜 이렇게 어리석게 살아가고 있을까? 이 질문에 알아들을 수 있는 말로 설득력 있게 답을 할 수 없다면, 세상 사람들이 본래 반야지혜를 다 갖고 있을 리 만무하다고 볼 수 있다. 혜능은 '자성자리를 보는 것이 지혜'라는 취지로 말하고 있지만, 반야지혜는 그런 것이 아니다. 석가부처님께서 말하는 반야지혜는 현재 자신의 몸과 마음에서 일어나고 있는 현상들을 관찰하여, 존재의 다섯 요소[오온]는 다 실체가 없는 것들임을 꿰뚫어보는 것이다. 이와 같이 〈육조단경〉에서 혜능은 불교수행자가 반드시 닦아야 하는 계(戒), 정(定), 혜(慧) 중에서 혜(慧), 즉 지혜의 개념을 왜곡해서 없애 버렸을 뿐만 아니라, 좌선을 통한 사마타조차 닦지 않고, 오로지 **견성(見性)** 만 강조했다.

155 한길로 번역 〈육조단경〉 홍법원 1976년, 원문 15쪽 "般若者 唐言 智慧也. 一切處所 一切時中 念念不愚 常行智慧 卽是般若行 一念愚卽般若絶 一念智卽般若生. 世人愚迷 不見般若 口說般若 心中常愚 常自言我修般若 念念說空 不識眞空."

운허 스님은 중국 선불교에는 이와 같이 慧(혜)의 개념이 없는데, 그것을 억지로 설명하려고 하니, 이런 식으로 설명할 수밖에 없었다. 운허 스님 〈불교사전〉에는'지혜'라는 단어는 수록조차 되어 있지 않다. 운허 스님과 더불어 한국 최고의 강백으로 추앙받았던 관응(觀應) 스님이 감수한 〈불교학대사전〉에는 지혜가 다음과 같이 정의되어 있다.

> "지혜 : 범어 jñāna. 육바라밀의 하나. 일체제법(一切諸法)을 통달하여, 得失(득실)과 사정(邪正)을 분별하는 마음의 작용."[156]

이 사전에는 지혜의 개념이 매우 추상적으로 설명되어 있는 것을 볼 수 있다. 한국의 모든 사전을 다 뒤져봐도 불교에서 말하는 지혜를 알아들을 수 있는 말로 설명해 놓은 사전은 찾아볼 수가 없다. 인터넷사전에는'지혜'가 어떻게 정의되어 있는지 한 번 보자. 다음(daum)에는 지혜가 "미혹(迷惑)을 끊고 부처의 진정한 깨달음을 얻는 힘"으로 정의되어 있다. 또 네이버(naver)에는"제법(諸法)에 환하여, 잃고 얻음과 옳고 그름을 가려내는 마음작용으로서 미혹을 소멸하고 보리(菩提)를 성취함"으로 설명되어 있다. 이런 것들을 봐도 지금까지 한국불교에서 지혜가 얼마나 추상적으로 이해되어 왔는지 알 수 있다. 이런 것을 보면 한국불교는 불교에서 가장 중요한 개념인"지혜"가 뭔지 잘 모르고 있다고 말할 수 있다.

중국불교도 지혜에 대해 잘 모름

한국불교 뿐만 아니라 중국불교도 지혜에 대해 잘 모르는 것은 마찬가지다. 중국의 석학 남회근(1918-2012)[157] 선생이 지혜에 대해 다음과 같이

156 〈불교학대사전〉 홍법원. 1990. 1494쪽
157 남회근(南懷瑾) 선생의 국적은 대만이다. 그는 1918년 중국 절강성 온주(溫州)

설명해 놓은 것을 볼 수 있다.

> "'지혜'라는 단어는 불법의 심오한 뜻을 담고 있는 것이라서 말로 표현할 수 없다. 그래서 '지혜'로 번역하지 않고 '반야'라는 원음을 그대로 사용한다."[158]

과연 이 말이 맞는 말일까? 맞는 말이라고 할 수 없다. 왜냐하면 지혜가 뭔지 아는 사람은 지혜를 말로 표현할 수 있기 때문이다. 지혜를 계발하는 부처님 수행법에 대해 '소승법'이라는 이름을 갖다 붙여, 폄훼해 온 중국불교가 지혜를 설명하지 못 하고 있을 따름이다. 즉 중국불교에는 지혜를 닦는 관찰법이 없는 까닭에 지혜의 개념을 모르고 있을 뿐이다. 그래서 남회근 선생도 부처님이 말하는 지혜가 어떤 것인지 잘 몰랐고, 이런 식으로 설명할 수밖에 없었다. 한국불교와 중국불교에는 번뇌가 일어나지 못 하게 하는 사마타의 멈춤수행만 있고, 지혜를 계발하는 위빠사나 관찰수행법이 없는 까닭에 지혜는 말로만 있을 뿐, 실제로는 없다. 사마타수행은 염불, 다라니, 주문, 화두 등의 방법으로 번뇌가 일어나지 못 하게 하는 방법이다. 대승불교는 이 사마타법에 의해 닦는다.

에서 태어나, 어릴 때부터 서당식 교육을 받아서 유불선(儒佛仙)을 통달하고, 40여권의 저서를 남겼다.

158 〈원각경강의〉 남회근 지음. 송찬문 번역. 마하연. 2012년. 361쪽

3. 관찰법은 부처님의 선(禪)수행방법이다

위빠사나 관찰법은 석가부처님의 지혜를 계발하는 선(禪)수행방법으로서 한국 전통불교에서 보고 있는 경론에 나와 있는 방법이다.

1) 예컨대, 대한불교조계종 승가대학의 필수 교과목 중 하나인 〈능엄경〉에 "사마타를 닦는 가운데 모든 부처님의 선(禪)수행방법인 위빠사나 방법을 써서 청정하게 닦고, 증득해 들어가서 점차 그 깊이를 더해간다"[159]는 내용이 나온다.

2) 〈법구경〉에도 "비구가 자비와 연민을 가지고 부처님 가르침을 떠받들어서 신비한 효과가 있는 멈춤[止지]과 관찰[觀관][160]을 깊이 닦아 들어가서 번뇌를 다 없애 가면, 열반에 이르리라"[161]는 내용이 나온다.

3) 또 〈대승기신론〉에도 다음과 같은 내용이 나온다.

"멈춤[止지]은 온갖 대상에 대한 생각[相상][162]을 멈추는 것으로서 사마타수행을 의미하고, 관찰[觀관]은 [자신의 몸과 마음에서] 인연에 의해 일어났다가 사라지는 현상들[163]을 밝게 보는[明見명견] 것으로서 **위빠**

159 〈능엄경〉 제8권 "奢摩他中(사마타중) 用諸如來毘婆舍那(용제여래비파사나) 淸淨修證(청정수증) 漸次深入(점차심입)" 위빠사나는 빨리어이고, 산스크리트어에선 '비파사나'로 발음한다.

160 여기서 멈춤[止지]은 사마타이고, 관찰[觀관]은 위빠사나다.

161 〈법구경〉 심재열 번역. 선문출판사. 1991년. 233쪽. 327송 "比丘爲慈愍(비구위자민) 愛敬於佛教(애경어불교) 深入妙止觀(심입묘지관) 滅穢行乃安(멸예행내안)" 乃어조사 내

162 진제는 一切境界相(일체경계상), 즉 온갖 대상에 대해 일어나는 생각을 멈추는 것을 '멈춤'이라고 했고, 실차난타는 일체 희론경계, 즉 온갖 번뇌망상을 다 쉬어 없애는 것을 '멈춤'이라고 했다. 즉 멈춤은 일체 번뇌망상을 다 멈추는 것이다.

163 "일어났다가 사라지는 현상들[生滅相생멸상]"은 '생멸(生滅)현상'을 두고 하는 말이다. 우리 몸과 마음에는 매순간 수많은 생멸현상이 일어나고 있다. 그 생멸현상

사나 관찰수행을 의미한다."[164]

4) 또 불교의 진리를 깨닫고자 하는 사람이 닦아야 하는 삼학(三學)이 있다. 계율을 지켜서 몸과 입과 마음을 깨끗이 지켜가는 계학(戒學)과 마음을 한 대상에 고정시켜서 고요함을 닦아가는 정학(定學), 그리고 올라오는 번뇌를 지켜보아서 뿌리 채 다 잘라버리고, 더 깊은 지혜를 계발하여, '무상(無常), 고(苦), 무아(無我)'의 진리를 꿰뚫어보는 혜학(慧學)이 그것이다. 정학(定學)은 멈춤수행을 통해 닦고, 혜학(慧學)은 관찰수행을 통해 닦는다.

이런 여러 경론의 내용과 계정혜(戒定慧)의 교리를 볼 때, **부처님의 선(禪)수행방법은 멈춤과 관찰을 함께 닦는 것이다. 그런데 오늘날 중국불교와 한국불교에는 지혜를 계발하는 관찰법이 없기 때문에 지혜의 개념이 없는 것이다.**

한국불교에서는 신통(神通)이 터진 것을 보고 '혜(慧)가 열렸다'고 하는데, 신통과 지혜는 다른 것이다

사마타의 멈춤을 많이 닦으면 신통이 터지고, 위빠사나 관찰수행을 많이 하면, 지혜가 완성된다. 신통과 지혜는 부처님의 양대(兩大) 능력으로서 둘 다 중요하다. 한국불교에서는 신통이 터진 것을 보고 '도가 터졌다'고 하거나 '혜(慧)가 열렸다'고 하며, 신통을 지혜로 오인(誤認)해왔다. 하지만 신통과 지혜는 다른 것이다. 마음을 염불, 다라니, 독경, 기도,

에 마음의 초점을 맞추고, 그것을 집중적으로 관찰해가는 것이 위빠사나 수행이다.

164 진제 번역본: "所言止者(소언지자)。謂止一切境界相(위지일체경계상)。隨順奢摩他觀義故(수순사마타관의고)。所言觀者(소언관자)。謂分別因緣生滅相 (위분별인연생멸상)。隨順毘鉢舍那觀義故(수순비빠사나관의고)."

실차난타 번역본: "云何修止觀門(운하수지관문)。謂息滅一切戲論境界是止義(위식멸일체희론경계시지의)。明見因果生滅之相是觀義(명견인과생멸지상시관의)"

화두 등에 집중해서 번뇌가 일어나지 않는 상태에 들어가서 거기서 오래 머물면 신통이 터진다. 그러면 마치 점쟁이처럼 과거 일을 알고, 미래 일을 알며, 다른 사람 마음을 꿰뚫어보기도 한다. 하지만 이런 능력은 신통일 뿐, 지혜는 아니다. 만약 이런 능력을 '지혜'라고 한다면 신점(神占)을 치는 무당도 지혜가 있다고 말해야 할 것이다.

불교의 지혜는 자신을 들어다볼 수 있는 눈이다

여기서 우리는 불교에서 말하는 지혜가 어떤 것인지 알아야 한다. 부처님께서 말하는 지혜는 '현명함'을 의미하는 것도 아니고, 일머리가 잘 돌아가거나 전쟁에서 이길 수 있는 책략을 짤 수 있는 그런 일반적 의미의 지혜가 아니기 때문이다. 그럼 불교에서 말하는 지혜는 어떤 것인가? 불교에서 말하는 지혜는 선정에 들어서 자신의 몸과 마음에서 일어나고 있는 현상들[오온]을 많이 관찰한 결과, 나오는 지혜이다. 불교에서 말하는 지혜는 위빠사나 관찰수행을 통해 지금 이 순간 자신의 몸과 마음에서 일어나고 있는 현상을 밝게 보아서 알고 있는 것이다. 즉 불교의 지혜는 자신을 들어다볼 수 있는 내관(內觀)의 눈이다. 지혜의 반대말은 무명(無明), 무지(無知)[165], 어리석음[痴치], 자신에 대해 어두움[暗암], 치암(痴暗), 혼침(昏沈) 등이다.

4. 지혜를 智(지)와 慧(혜)로 나누어 설명함

지혜에 대해 좀 더 상세하게 말하여, 중국에서 선불교가 등장하기 이전의 논소(論疎)에는 지혜를 다음과 같이 智(지)와 慧(혜)로 나누어 설명

165 이것은 자신에 대한 무지(無知)이다.

해 놓았다.

(1) 智(지)는 산스크리트어 야나(jñā, 若那)를 번역한 것이다. 야나(jñā)는 '밝음', '밝게 알아차리다', '밝게 보다', '지각(知覺)하다' 등의 뜻으로, 明(명), 明知(명지), 明見(명견), 分別(분별) 등으로 한역되어 있다.

(2) 慧(혜)는 산스크리트어 쁘라야(prajñā,반야)[166]를 번역한 것으로, '완전히 아는 것'을 의미한다. 쁘라야는 〈쁘라(pra, 완전히)+야나(jñā, 알다)〉의 구조로서 통달(洞達), 통찰(洞察)[167], 大明(대명)[168], 極智(극지) 등으로 한역되어 있다. 慧(혜), 즉 반야는 '최고로 밝은 智(지)'이다.

중국 동진(東晉)의 승려 혜원(慧遠, AD.334~416)이 지은 불교용어사전인 〈대승의장(大乘義章)〉에는 "관찰해서 통달한 것을 '慧(혜)'라고 한다"[169]고 정의해 놓았고, 같은 책 제9장에는 "照見(조견), 즉 밝게 관찰하는 것을 '智(지)'라고 하고, 解了(해료), 즉 관찰한 결과, 대상의 성질을 완전

166 산스크리트어 '쁘라야(prajñā,반야)'에 해당하는 빨리어는 '빤냐(paññā)'이다.
167 통찰(洞察)에서의 통(洞)은 깊은 구멍, 굴 등의 뜻이다. 깊을 통, 꿰뚫을 통. 관통함, 통달함
168 〈대정신수대장경〉 제8권 478b18 No. 225경을 보면, 지겸(支謙, 3세기 중엽)은 〈반야바라밀다경〉을 번역하면서 경의 이름을 〈대명도경(大明度經)〉으로 번역했다. 지겸은 "반야"를 '대단히 밝다'는 뜻인 '대명(大明)'으로 번역했고, "바라밀다"를 '건너다'는 뜻의 '度(도)'로 번역했다. 여기서 度(도)는 '완성'으로 번역해야 하는데, 잘못 번역한 것이다.
169 원문은 "觀達稱慧(관달칭혜)"이다. 觀達(관달)과 照見(조견)은 둘 다 산스크리트어 '비-아바-로까야띠(vy-ava-lokayati)'를 번역한 것이다. 이것은 觀(관), 觀察(관찰), 觀達(관달), 觀見(관견), 照見(조견) 등으로 한역돼 있다.

히 이해한 것을 '慧(혜)'라고 하는데, 통하면 뜻이 같다"고 했다. 길장(吉藏, AD549~623)의 〈법화의소(法華義疏)〉 제12권[170]에 "경론 가운데 慧門(혜문)으로는 空(공)을 비추고, 智門(지문)으로는 有(유)를 비춘다 함이 많다"고 했다. 이 말은 慧(혜)는 空(공)·무아(無我)까지도 볼 수 있는 최고로 밝은 눈[慧眼혜안]이고, 智(지)는 자신의 몸과 마음에서 일어나고 있는 현상을 볼 수 있는 꽤 밝은 눈[心眼심안]이다. 통일신라의 고승 둔륜(遁倫)이 지은 〈유가론기(瑜伽論記)〉 제9권에는 "쁘라야(**prajñā** 반야)는 '혜(慧)'로 번역되는데, 이것은 제6바라밀[171]인 반야[慧혜]바라밀임을 알아야 하고, 야나(**jñā**)는 '智(지)'로 번역되는데, 이것은 제10바라밀[172]인 智(지)바라밀임을 알아야 한다"고 했다.

산스크리트어 원어의 분석을 통해 본 智(지)와 慧(혜)의 개념 : 智(지)가 극도로 밝아지면 慧(혜)가 열린다

산스크리트어 원어의 분석과 그 한역을 통해 智(지)와 慧(혜)에 대해 좀 더 알아보자.

智(지)의 산스크리트어 원어 **야나**(**jñā**)는 '조사하다[檢검]', '~을 관찰

170 중국 삼론교학의 대성자인 길장(吉藏)이 지은 책 〈法華義疎(법화의소)〉 제12권 462c16, "經論之中多說(경론지중다설) 慧門鑒空(혜문감공, 혜문으로는 空(공)을 비추어본다)" *鑒 거울 감. 거울 같은 데 비춰 봄. 462c26, "智門具照空有(지문구조공유)" 이 한역문에서 具(구)와 空(공)은 없는 것이 더 좋을 것 같다. 그래서 번역하면서 빼버렸다.

171 제6바라밀은 보시(布施), 지계(持戒), 인욕(忍辱), 정진(精進), 선정(禪定), 반야(般若) 등 육바라밀 중 여섯 번째인 반야바라밀을 의미하는 말이다.

172 대승불교의 보살행은 처음에는 보시(布施), 지계(持戒), 인욕(忍辱), 정진(精進), 선정(禪定), 지혜(智慧) 등의 육바라밀로 되어 있지만, 그 이후 방편(方便), 원(願), 역(力), 지(智) 등의 네 가지 바라밀을 더 보태서 십바라밀을 만들었다. 여기서 제10바라밀은 열 번째 바라밀인 智(지)바라밀을 의미하는 말이다.

해서 알다[察知찰지]', '지각하다[覺각]', '깨닫다[悟오, 證증]' 등의 뜻으로, '알아차린다'는 뜻의 '知(지)', '智(지)', '이해한다'는 뜻의 '解(해)', '깨닫는다'는 뜻의 '證(증)', '식별할 수 있다'는 뜻의 '能識(능식)', '밝게 안다'는 뜻의 '明知(명지)' 등으로 한역되어 있다.

慧(혜), 즉 '반야'의 산스크리트어 원어 **빠라야(prajñā)**는 '알다', '깨닫는다'는 뜻의 야나(jñā)에 '완전히'라는 뜻의 빠라(pra)[173]가 붙어서 '**완전히 안다**'는 뜻으로, '**極智(극지)**', '慧(혜)', '智慧(지혜)', '了解(요해)'[174], '妙慧(묘혜)', '勝慧(승혜)'[175], '覺慧(각혜)', '善達(선달)'[176], '**洞達(통달)**' 등으로 한역되어 있다. 이것은 '최고의 智(지)', '극도로 밝은 앎', '완전히 깨달은 지혜[覺慧각혜]', '잘 통달함[善達선달]', '완전히 이해함[洞達통달]' 등의 뜻이다. 여기서 智(지)와 慧(혜)는 명사가 아니라 동사다. 智(지)는 우리가 관찰수행을 할 때 몸의 움직임이나 감각 등 어렵지 않게 알아차려지는 대상을 알아차려가서 나중에는 智(지)가 점점 밝아져서 미세한 현상들까지 다 알아차리는 것이다. 慧(혜), 즉 반야는 그렇게 알아차림을 지속해가서 알아차리는 눈이 극도로 밝아지고, 밝아진 눈으로 알아차리는 대상의 성질을 더욱 깊이 관찰해서 그 특성을 완전히 이해하는 것이다. 慧(혜), 즉 반야는 대단히 빠르고, 밝은 혜성(彗星)과 같은 알아차림으로서 관찰대상의 성질을 완전히 통달하는 것이다. 끊어지지 않고 알아차림을 지속해가면, 智(지)가 계발되고, 智(지)가 극도로 밝아지면, 慧(혜)가 열린다. 그래서 반야[慧혜]에 해당하

173 산스크리트어 pra(빠라)는 '극도로 잘', '매우 잘'이라는 뜻으로 '勝(승)', '妙(묘)', '善(선)' 등으로 한역돼 있다.

174 了(료)는 '깨달을 료'다. 了解(요해)는 '깨달아서 완전히 안다'는 뜻이다.

175 妙(묘)와 勝(승)은 둘 다 '빼어나다(excellent)', '매우 좋다', '매우 잘(very well)'이라는 뜻이다.

176 善達(선달)은 '잘 통달했다', '잘 꿰뚫어봤다'는 뜻이다.

는 산스크리트어 쁘라야(prajñā)를 "極智(극지)"로 한역해 놓은 것을 볼 수 있다. 극지(極智)는 '극도로 밝은 智(지)'라는 뜻이다. 최고로 밝은 지혜인 부처님의 지혜가 반야다. 반야, 즉 慧(혜)가 열려야 부처가 될 수 있기 때문에 반야를 '부처님의 어머니'라고 말한다. 이러한 의미로 시호는 〈반야심경〉을 한역하면서 그 제목을 '〈**성불모**반야바라밀다경(**聖佛母**般若波羅密多經)〉'으로 번역하여, 〈**거룩한 부처님의 어머니**인 지혜 완성의 경〉이라는 표현을 쓰고 있는 것을 볼 수 있다.

5. 경전에 나오는 반야의 특성 : 대단히 밝고, 빠름

반야에 대해 좀 더 알기 위하여 반야의 특성을 알아보자. 〈해심밀경〉 제1권 서품에 다음과 같은 내용이 나온다.

> 그들은 모두 다 부처님 제자로서 마음이 잘 해탈했고, 지혜가 잘 해탈했으며, 계행이 매우 청정했고, 법의 즐거움을 나아가 구하였으며, 많이 듣고, 들은 것을 잘 기억해서 들은 것이 쌓이고, 모였으며, 사유해야 할 것을 잘 사유하고, 말해야 할 것을 잘 말하고, 해야 할 것을 잘 하는 이들이었다. 그들은 민첩한 지혜[捷慧첩혜], 매우 빠른 지혜[速慧속혜], 예리한 지혜[利慧리혜], 벗어나는 지혜[出慧출혜], 매우 잘 선택하는 지혜[勝決擇慧승결택혜], 큰 지혜[大慧대혜], 넓은 지혜[廣慧광혜], 최고의 지혜[無等慧무등혜] 등 지혜의 보배를 모두 다 성취하였으며, 숙명통(宿命通), 천안통(天眼通), 누진통(漏盡通) 등 세 가지 신통[三明삼명][177]을

177 한역문의 삼명(三明)은 숙명통(宿命通,), 천안통(天眼通), 누진통(漏盡通) 등 세 가지 신통(神通)을 말한다. 숙명통은 자신과 다른 사람의 과거 생을 아는 신통이

갖추었고, 최고의 현법락주(現法樂住)[178]를 얻었으며, 크고 청정한 복전(福田)이었다. 위의(威儀)[179]와 고요함이 원만했고, 큰 인욕과 부드러운 화목을 성취하여, [다른 사람 마음을] 상하게 하는 일이 없었으며, 이미 여래의 성스러운 가르침을 잘 떠받들어서 수행하는 대보살들이었다.[180]

위의 밑줄 부분에 반야의 특성이 드러나 있는 것을 볼 수 있다. 위에서 반야는 "慧(혜)"로 표현되어 있다. 慧(혜), 즉 반야는 대단히 빠르고, 예리해서 찰라 순간 내 안에서 일어나고 있는 미세한 현상들까지 다 알아차려서 취할 것은 취하고, 버릴 것은 버려서 괴로움에서 벗어날 수 있는 특성을 가지고 있다.

다. 천안통은 장애를 받지 않고 세간의 멀고 가까운 온갖 고락(苦樂)의 모양과 온갖 형체와 색을 속속들이 다 볼 수 있는 신통이다. 누진통은 불교의 진리를 깨달아서 마음대로 번뇌를 다 끊을 수 있고, 생사윤회를 벗어날 수 있는 지혜를 말한다.

178 현법락주(現法樂住)는 현재의 법을 맛보는 데서 오는 행복감을 느끼며, 삼매에 들어서 편안히 머물러 있는 것이다.

179 〈장아함경〉 제2권. 〈유행경(遊行經)〉에 '위의(威儀)를 갖추는 것'에 대해 다음과 같이 설명해 놓았다. "그럼 '비구가 모든 위의를 다 갖추었다'는 말은 어떤 것을 두고 하는 말인가? 비구들이여, 걸을 때는 걷는 것을 알아차리고, 멈출 때는 멈추는 것을 알아차리며, 좌우를 돌아보거나 몸을 굽히고, 펴고, 고개를 숙이고 들 때, 또는 옷을 입거나 발우를 챙길 때, 먹고, 마시고, 약을 달일 때, 언제나 놓치지 않고 [알아차림]을 지속해가는 방법으로 번뇌를 제거하여, 걷고, 서고, 앉고, 누울 때, 또 깨어 있거나 잠에서 깰 때, 말을 하거나 침묵할 때, 언제나 마음을 [자신 안으로] 거두어들여서 어지럽지 않는 것을 두고 '비구가 모든 위의를 다 갖추었다'고 말한다."

180 〈신수대장경〉 제16권. 〈해심밀경〉 제1권. 서품 688b28, "一切調順皆是佛子 心善解脫慧善解脫 戒善清淨趣求法樂 多聞聞持其聞積集 善思所思善說所說 善作所作捷慧速慧 利慧出慧勝決擇慧 大慧廣慧及無等慧 慧寶成就具足三明 逮得第一現法樂住大淨福田 威儀寂靜無不圓滿 大忍柔和成就無減 已善奉行如來聖教復有無量菩薩摩訶薩"

'智慧(지혜)'라는 한자 속에 지혜의 특성이 드러나 있다

이번에는 지혜의 의미를 한자의 구조를 통해 풀이해 보자. 지혜 '지(智)' 자는 '알 지(知)'자 밑에 태양과 같은 밝음을 상징하는 '날 일(日, sun)'이 받치고 있어서 '밝게 안다'는 뜻을 담고 있다. 또 지혜 '혜(慧)'자는 '마음 심(心)' 위에 '혜성 혜(彗)'자가 놓여 있어서 '마음에 혜성[181]과 같은 대단히 밝고, 빠른 빛이 떴다'는 뜻을 담고 있다. 이와 같이 한자 '智(지)'와 '慧(혜)'는 둘 다 그 안에 '밝음'을 담고 있다. 앞에서 말했듯이 **'대단히 밝고, 빠름'**이 **반야지혜의 특성**이다. '智(지)'와 '慧(혜)', 이 두 한자를 누가 만들었는지 모르지만, 대단히 잘 만들었다는 생각에 감탄하지 않을 수 없다.

빨리어 빤냐(paññā)와 산스크리트어 쁘라야(prajñā)의 의미단위 분석을 통해 본 반야의 뜻

앞에서 반야는 산스크리트어 **쁘라야**(prajñā)와 빨리어 **빤냐**(paññā)의 음을 한자로 표기한 것이라고 했다. 빤냐(paññā)를 최소의 의미단위로 분석해보면, 'pa(빠)'는 '완전히'라는 뜻이고, 'ñā(냐)'[182]는 '안다'는 뜻이다. 즉 빤냐(paññā)는 관찰을 통해 '완전히 아는 것'이다. 이것은 '반야'에 해당하는 산스크리트어 쁘라야를 분석해도 마찬가지다. 쁘라야(prajñā)는 '완전히'라는 뜻의 '쁘라(pra)'와 '안다'는 뜻의 '야나(jñā)'가 결합된 것으로, '완전히 아는 것'이다. 이러한 빨리어와 산스크리트어의 원어분석이 말해주고 있듯이 자신의 몸과 마음에서 일어나고 있는 현상을 관찰하여, 그것들의 속성을 **"완전히 아는 것"**이 **반야**다. 과연 이런 해석이 맞는지 불교의 여러 경론을 통해 확인해 보자.

181 혜성(彗星)은 대빗자루 모양의 대단히 밝은 빛을 길게 뿜으면서 이 쪽 하늘 끝에서 저 쪽 하늘 끝으로 번개처럼 날아가는 별로서 밝고 빠름에 대한 비유다.
182 산스크리트어 jñā(즈냐)와 ñā(냐)는 같은 것이다.

6. 경론에는 지혜가 어떻게 설명되어 있나?

경론에 나오는 지혜 : 지혜는 '밝게 아는 것'이다

1) 지혜는 '밝음'이고, '밝게 아는 것'이다. 이러한 의미로 〈나선비구경〉[183] 에서 나선비구는 **"밝음과 지혜는 같은 것"**[184]이라고 말하고 있다.

2) 초기불교 논서인 〈청정도론〉에는 지혜에 대해 다음과 같이 말하고 있다.

> "반야지혜의 특징은 **존재의 고유 성질을 꿰뚫어보는 것**이고, 반야지혜의 역할은 어둠을 밝히는 것이다. 반야지혜는 미혹(迷惑)하지 않음으로써 나타난다. 반야지혜의 가까운 원인은 삼매다. 삼매를 잘 닦은 사람은 있는 것을 있는 그대로 본다."[185]

위의 논에는 '반야지혜는 자기 존재의 본질을 꿰뚫어보는 것이고, 그러기 위해서는 삼매를 닦아야 한다'고 말하고 있다. 여기서 말하는 '삼매'는 집중된 상태에서 자기 몸과 마음에서 일어나고 있는 현상을 관찰해가는 관찰삼매다. 또 '반야지혜는 미혹하지 않음으로써 나타난다'고 했다. 여기서 미혹(迷惑)은 의식이 자기 몸과 마음에 머물지 못 하고, 유혹(誘惑)에 빠

183 〈나선비구경〉은 〈밀란다왕문경〉의 한역본이다. 그러나 〈나선비구경〉은 현재의 빨리어본의 〈밀란다왕문경〉과 완전히 일치하지는 않는다. 약 70%정도 일치한다. 〈밀란다왕문경〉이 유통되는 과정에서 발전적으로 변화된 것으로 보인다. 한역본에는 2종이 있다. 이 2종의 한역본을 대조해보니, 그 두 개의 한역본도 내용상 차이가 많음을 확인할 수 있었다.

184 〈신수대장경〉 제32권. 〈나선비구경〉 698c07行, "**明與智等耳**(명여지등이)", "밝음[明명]과[與여] 지혜[智지]는 같은것[等등]"이라는 뜻이다. 耳(이)는어조사이

185 〈청정도론〉 초기불전연구원. 대림스님 번역. 제2권의 405쪽

져서 바깥 대상으로 달려 나가서 길을 잃고 헤매고 있는 것이다.

3) 〈밀란다왕문경〉에 나오는 지혜 : **밝게 비추어 보는 것**이다

〈밀란다왕문경〉에 다음과 같은 내용이 나온다.

> 밀린다왕이 나가세나존자에게 물었다. "존자이시여! 선정(禪定)의 특징은 무엇이고, 지혜[慧혜]의 특징은 무엇입니까?" "선정의 특징은 움켜잡는 것이고, 지혜의 특징은 끊어버리는 것입니다." "수행자는 선정에 의해 자신의 마음을 움켜잡고, 지혜에 의해 자신의 번뇌를 끊습니다."[186] ....(중간 생략)....... "또 지혜의 특징은 밝게 비추어 보는 것입니다." "어찌하여 지혜의 특징이 밝게 비추어 보는 것입니까?" "대왕이시여, 지혜가 생겨날 때 지혜는 무명(無明)의 어둠을 깨고, 밝게 아는[明知명지] 광채를 발하여 앎의 등불을 밝히고, 성스러운 진리를 드러냅니다." "그리하여 수행자는 무상(無常), 고(苦), 무아(無我)의 바른 지혜로 모든 존재[187]를 밝게 비추어 보는 데 온 힘을 쏟습니다." 왕이 말했다. "존자이시여, 비유를 들어서 말씀해주시겠습니까?" "대왕이시여, 어떤 사람이 어두운 방에 등불을 들고 들어가면, 어둠을 깨고, 광채를 발하여 밝은 빛을 비추어서 방안에 있는 모든 사물을 다 밝게 볼 수 있습니다. 이와 마찬가지로 수행자는 밝은 지혜로 모든 존재를 다 바로 비추어 봅니다."[188]

위의 경에서 지혜[慧혜]의 특징은 밝게 비추어 보는 것이라고 했다. 지혜

186 〈한글대장경〉 남전부 1권. 322쪽의 내용을 필자가 읽기 쉽도록 재번역해서 옮겼다.
187 여기서 모든 존재는 오온, 즉 존재의 다섯 요소를 의미한다.
188 〈한글대장경〉 남전부 1권. 327쪽의 내용을 재번역해서 옮겼다.

광명으로 모든 존재를 밝게 비추어 보는 것이다. 여기서 모든 존재는 오온, 십이처, 십팔계 등을 의미하는 말이다.[189] 즉 모든 존재를 밝게 비추어 본다는 것은 자기 몸과 마음에서 일어나고 있는 현상을 다 알아차리고 있다는 뜻이다. 지혜가 계발되기 전에는 보려고 해도 보이지 않던 것들이 관찰수행을 통해 智(지)가 계발되면, 많은 것들을 보여 오고, 반야지혜[慧혜]가 열리면, 자기 몸과 마음에서 일어나고 있는 현상을 빠짐없이 다 볼 수 있다. **자기 몸과 마음에서 일어나고 있는 현상을 다 '밝게 보는 것', '환히 다 알고 있는 것'이 반야지혜다.** 또 〈잡아함경〉 251경을 봐도 지혜 또는 밝음이 이런 것임을 알 수 있다.

4) 〈잡아함경〉 제251경에서 말하는 밝음 : 자신의 여섯 감각기관에 깨어 있는 것

〈잡아함경 251. 구치라경 ③〉

……

마하 구치라 존자가 다시 사리불 존자에게 물었다. "'밝다'고 하는데, 어떤 것을 '밝다'고 합니까?" 사리불 존자가 말했다. "눈, 귀, 코, 혀, 몸, 의식 등 여섯 감각기관을 있는 그대로 알고, 보고, 밝고, 깨닫고, 깨어 있고, 환하고, 끊어지지 않고 알아차림이 지속되는 것을 '밝다'고 합니다."[190]

위의 경에 의하면 '밝다'는 것은 자신의 감각기관에서 일어나고 있는 현

189 이것은 〈잡아함경〉 제319. 〈일체경(一切經)〉과 〈잡아함경〉 제321. 〈일체법경(一切法經)〉을 보면 알 수 있다.

190 〈잡아함경〉 제251경. 060c10, "尊者摩訶拘絺羅(존자마하구치라)。於此六觸入處(어차육촉입처)如實知(여실지)·見(견)·明(명)·覺(각)·悟(오)·慧(혜)·無間等(무간등)是名爲明(시명위명)"

상을 밝게 알고 있는 것이다. 즉 '밝다'는 것은 자기 몸과 마음에서 일어나고 있는 현상을 알아차림을 통해 밝게 알고 있는 것이다.

5) 〈법구경〉에서 말하는 지혜 : **자신 안에서 일어나고 있는 현상을 밝게 알고 있는 것**

〈법구경〉에는 "마음이 멈추어 쉬지 못 하고, 법을 몰라서 자신 안에서 일어나고 있는 일에 어두우면 바른 지혜가 없는 것"[191]이라고 말하고 있다. 이것을 바꾸어 말하면, "마음이 고요하게 멈추어 쉬고, 법을 알아서 자신 안에서 일어나고 있는 현상을 밝게 알면, 바른 지혜가 있는 것"이라고 말할 수 있다. 이것은 불교에서 말하는 지혜가 어떤 것인지 말해주는 구절이라고 할 수 있다.

6) 〈성실론〉에서 말하는 최고의 지혜 : **오온을 바로 아는 것**

〈성실론(成實論)〉[192]에는 "부처님은 〈모든 존재를 다 바로 알고 있는 까닭

191 〈법구경〉 서경수 번역. 홍법원. 제38송, "心無住息(심무주식) 亦不知法(역부지법) 迷於世事(미어세사) 無有正智(무유정지)." 여기서 법(法)은 생멸법(生滅法)으로서 '마음에서 일어났다가 사라지는 현상들'을 의미한다. 世事(세사)는 18계, 즉 자신 안에서 일어나고 있는 일들을 의미하는 것으로 봐야 한다. 왜냐하면 이 世(세)는 산스크리트어 'loka(로카)'를 번역한 것이고, 이것은 12처 또는 18계라고 경전에서 분명하게 말해주고 있기 때문이다. 원문의 '世事(세사)'를 '세상일'이라고 번역해서는 안 된다. 그 다음의 제39게송, "마음은 한 곳에 고요히 머물지 못 하고, 끊임없이 밖으로만 치달아가네. 지혜가 있으면 악(惡)을 막을 수 있다. 악한 마음이 올라오는 것을 알아차리는 이가 현자라네(念無適止념부적지 不絶無邊부절무변 福能遏惡복능알악 覺者爲賢각자위현)." 福能遏惡(복능알악)에서의 福(복)은 원래 '慧(혜)'로 번역해야 할 것을 "福(복)"으로 번역해 놓은 것이다. 遏(알)은 막는다는 뜻이다(막을 알). 또 覺者爲賢(각자위현)에서의 賢(현)도 '慧(혜)'로 번역해야 할 것을 "賢(현)"으로 번역해 놓은 것이다. 우리는 여기에서도 중국불교에서 "반야지혜[慧]"의 개념을 잘 모르도록 만들기 위하여 의미조작을 해 놓은 것을 볼 수 있다.

에 이것을 '최고의 지혜'라고 한다〉고 말하고 있다."[193] 이와 같이 지혜는 자기 몸에서 일어나고 있는 물질현상[色색]뿐만 아니라 마음에서 일어나고 있는 느낌[受수], 인식[想상], 업 지음[行행], 식별작용[識식] 등 미세한 현상들까지 다 알아차리는 마음작용이다. 자신의 몸과 마음에서 일어나고 있는 미세한 현상들을 알아차려가서 결국 자기 내부에서 무상(無常), 고(苦), 무아(無我)의 진리를 보아서 밝게 아는 것이 최고의 지혜다.

7) 〈유교경〉에서 말하는 지혜 : 어둠을 밝혀주는 등불

부처님의 유언 법문인 〈유교경(遺教經)〉에서 부처님은 지혜에 대해 다음과 같이 말했다.

> **智慧(지혜), 늘 자신을 관찰하여, 알아차림을 놓치지 않도록 하라**
>
> "비구들이여, 만약 지혜가 있으면 탐하는 마음과 집착이 있을 수 없다. 늘 자신을 살피고 관찰하여, [알아차림을] 놓치지 않도록 하라. 이것이 나의 법 안에서 해탈을 구하는 길이다. 만약 그러지 못 하면 이미 출가자도 아니고, 재가자도 아니라서 '뭐'라고 이름을 붙일 수가 없다.[194]
>
> 실로 지혜라는 것은 늙음, 병듦, 죽음의 고해(苦海)를 건너게 해주는 튼튼한 배이고, '무명(無明)'이라는 칠흑과 같은 어둠을 밝혀주는 밝

192 인도의 불교학자 하리발마(AD.250~350)의 저술. 16권. 구마라집이 411~412년에 번역했다. 산스크리트 원전은 전해지지 않고, 한역본만 전해진다. 〈성실론〉은 그 내용면에서 대승과 소승을 겸하고 있는 논으로서 경량부에 가까운 논이다.

193 〈성실론〉 제6권. 〈신수대장경〉 논집부. 〈성실론〉 281b08, "佛說(불설)〈正知一切法故(정지일체법고) 名無上智慧(명무상지혜)〉." 여기서 '일체법'은 오온, 십이처, 십팔계 등을 의미하는 말이다.

194 중국의 진수정원(晉水淨源, 1011~1088) 스님은 〈불유교경론소절요(佛遺教經論疎節要)〉에서 이 부분에 대해 다음과 같이 말했다. "마음이 지혜롭지 못 하기 때문에 도인도 아니고, 머리를 삭발하고, 먹물 옷을 입은 모습을 취하고 있기 때문에 속인

은 등불이며, 온갖 질병을 치료해주는 양약(良藥)이고, '번뇌'라고 하는 나무를 잘라내 버리는 날이 잘 선 도끼이니라.

그러므로 여러분은 부처님 법문을 들어서 아는 지혜[聞慧문혜], 사유해서 아는 지혜[思慧사혜], 닦아서 아는 지혜[修慧수혜]로써 자신을 더욱 밝혀가야 한다.[195] 만약 어떤 사람이 지혜로 밝게 비추어보는 자라면, 그는 비록 천안통(天眼通)과 같은 신통은 없을지라도 밝게 보는 자니라. 이러한 것이 지혜다."[196]

이상 불교의 여러 경론을 통해 불교에서 말하는 지혜가 어떤 것인지 알아봤다. 불교의 지혜는 일반적 의미의 지혜가 아니라 반야지혜다. 반야지혜는 지금 이 순간 자신의 몸과 마음에서 일어나고 있는 현상을 알아차리고 있는 것이고, 그 현상은 무상(無常)한 것이고, 괴로운 것[苦고]이며, 실체가 없는 것[空공]이고, "나"라고 할 만한 것이 없는 것[無我무아]

도 아니다. 양쪽 어디에도 속하지 못 하기 때문에 이름을 붙일 수가 없다. 굳이 이름을 붙인다면 '박쥐중'이라고 해야겠다."

195 부처님 법문을 들어서 아는 지혜[聞慧문혜], 사유해서 아는 지혜[思慧사혜], 닦아서 아는 지혜[修慧수혜], 깨달아서 아는 지혜[證慧증혜]는 순차적으로 이루어진다. 우선 법문을 많이 듣거나 경전을 많이 읽어서 부처님 가르침이 무엇인지 알아야 한다[聞慧문혜]. 경전 내용을 곰곰이 사유해서 동의해야 한다[思慧사혜]. 수행해가면서 자신의 눈으로 자신 내면에서 부처님께서 말해 놓은 것들을 보게 되면, 경전 내용을 좀 더 구체적으로 알게 된다[修慧수혜]. 자신의 눈으로 "무아(無我)"의 진리를 보아서 깨닫고 나면, 무아의 진리를 완전히 알게 된다[證慧증혜]. 그러면 "나"라는 인식[我想아상]이 더 이상 일어나지 않는다[解脫해탈].

196 〈유교경〉"汝等比丘。若有智慧則無貪著。常自省察不令有失。是則於我法中能得解脫。若不爾者既非道人。又非白衣。無所名也。實智慧者則是度老病死海堅牢 牢 1) 우리 뢰. 짐승을 가두어 기르는 곳. 2) 옥 뢰. 감옥 3) 굳을 뢰. 견고함. 堅牢(견뢰) 단단함, 견고함 船也。亦是無明黑闇大明燈也。一切病苦之良藥也。伐煩惱樹者之利斧也。是故汝等。當以聞思修慧而自增益。若人有智慧之照。雖無天眼而是明見人也。是爲智慧"

이라는 사실을 꿰뚫어보는 것이다.

이번에는 달라이라마가 그의 〈반야심경〉 해설[197]에서 반야지혜를 어떻게 설명해 놓았는지 한 번 보자.

달라이라마의 반야에 대한 설명

"반야는 지혜를 의미합니다. 이것은 통찰지(洞察智)입니다. 무엇이 반야이고, 무엇을 통찰해야 그것이 통찰지일까요? 어떤 것이 지혜인지 우선 명확히 알아야 합니다. 지혜란 제법(諸法), 즉 삼라만상의 모든 것들의 존재방식을 제대로 아는 것을 의미합니다. 지혜의 반대말은 무명(無明)입니다. 무명은 삼라만상의 존재방식을 잘못 알고 있는 상태를 의미합니다. 반야, 즉 지혜 · 통찰지란 모든 것의 존재방식을 제대로 알고 있는 상태입니다. 그럼 삼라만상 모든 것들의 존재방식은 어떤 것일까요? 그것이 바로 부처님께서 말씀하신 연기법입니다. 연기법(緣起法)이란 인(因)과 연(緣)이 상호 의존해서 모든 법을 만들어 낸다는 것을 의미합니다. 연기법을 가장 쉽게 표현하면 상호의존성입니다. 상호의존성이란 독립적인 실체가 없다는 말입니다. 왜 삼라만상에 독립적인 실체가 없을까요? 바로 상호의존성 때문입니다. 이 의미를 정확하게 알고 있어야 합니다. 무명은 바로 이것을 모르는 것을 의미하기 때문입니다. '무명(無明)'은 존재하는 모든 것에는 독립적인 실체가 있다고 여기는 것을 말합니다.

왜 중생들은 무명에 빠져서 고통당할까요? 왜냐하면 보이는 것이 진

197 여기에 인용한 달라이라마의 〈반야심경〉 책이 사라졌다. 아무리 찾아도 찾을 수가 없다. 이 책은 유명한 출판사가 출판한 책이 아니고, 달라이라마의 신도단체에서 우리말로 번역하여, 자기들끼리 나누어 보던 책으로 보였다. 하지만 표지 안쪽에 출판사의 이름과 발행일이 나와 있었다. 번역도 좀 서툰 것을 독자의 편의를 위해 필자가 그 내용을 해치지 않는 선에서 교정해서 이 책에 실었다.

짜처럼 보이기 때문입니다. 그냥 우리 눈으로 모든 것을 보게 되면, 언제나 진짜처럼 보입니다. 그래서 속는 것입니다. 속기 때문에 모든 것에 실체가 있는 줄 알고 집착하게 됩니다. 집착하게 됨으로써 온갖 고통이 생깁니다. 집착하는 것을 못 이루거나 이루었어도 결국 잃어버리게 되므로 온갖 고통이 발생합니다. 이런 것이 무명입니다. 이와 같이 중생의 무명은 삼라만상의 존재방식을 제대로 모르고 있는 것을 의미합니다.

반야는 이와 반대로 모든 것의 존재방식을 제대로, 똑바로, 사실 그대로 알고 있는 것입니다. 위에서 말했듯이 '모든 것의 존재방식'이란 바로 상호의존성, 즉 연기(緣起)입니다. 인(因)과 연(緣)이 서로 의존해서 모든 것이 발생하기 때문에 거기에는 독립적인 실체가 있을 수 없습니다. 그래서 존재이든 사물이든 모두 다 순간순간 변해갈 수밖에 없습니다. 모든 것이 무상하게 변해갈 수밖에 없는 이유가 바로 이 상호의존성 때문입니다. 변해가는 것은 당연합니다. 반야는 지혜, 통찰지이고, 지혜, 통찰지는 존재 및 사물의 존재방식을 제대로 알고 있는 것을 의미합니다."

대승불교를 주창하고 있는 달라이라마의 지혜에 대한 설명이다. 과연 부처님께서 말씀하신 지혜가 달라이라마가 설명한 것과 같은 것일까? 필자는 같은 것이 아니라고 본다. 왜냐하면 지혜는 삼라만상의 존재방식을 제대로 아는 것이 아니라 자신의 몸과 마음에서 일어나고 있는 현상을 밝게 알고 있는 것이기 때문이다. 달라이라마는 전 세계의 불교인들이 추앙하고 있는 분이지만 그가 반야를 이해하는 수준은 그렇게 높다고 말할 수 없다. 반야는 불교의 생명과 같은 것이다. 그럼 달라이라마는 왜 이러한 반야를 제대로 이해하지 못 하는가? 그 까닭은 현재 대승불교 지역에는 석가부처님 특유의 수행법인 관찰법이 없기 때문이다. 티베트불교는 독특한 형태의 불교[198]로서 그들의 선(禪)수행에는 관찰법이 없다.

반야지혜는 선정에 들어서 자신의 몸과 마음에서 일어나고 있는 현상들을 많이 관찰했을 때 계발된다

반야지혜는 경전을 많이 읽거나 법문을 많이 듣는다고 해서 생기는 것이 아니다. 또 지능지수가 높다고 해서 반야지혜가 있는 것이 아니다. 반야지혜는 선정(禪定)에 들어서 자신의 몸과 마음에서 일어나고 있는 현상을 많이 관찰했을 때 계발된다. 자신의 몸과 마음에 집중해서 거기서 일어나고 있는 생멸현상을 끊어지지 않고 계속 관찰해 들어가서 그 성질을 알아갈 때 반야지혜가 계발되어 나온다.

7. 경전에 지혜가 완성되는 과정이 나와 있다

경전에 지혜가 완성되는 과정이 나와 있다. 〈장아함경〉 제1권에 다음과 같은 내용이 나온다.

"얼마 되지 않아서 보살[199]은 소원이 이루어져서 한적한 곳에서 오로

198 티베트불교는 티베트에서 7세기부터 시작된 독특한 형태의 불교다. 이것을 '라마교'라고도 부르지만 이것은 정확한 명칭이 아니다. 티베트불교는 주로 중관학파와 유가행파 철학의 철저한 지적 훈련에 기반을 두고 있으면서 탄트라(주문)불교인 금강승(金剛乘)불교의 상징적 의례 행위를 받아들이고 있다. 티베트불교는 또한 초기 상좌부불교의 계율과 티베트 민속종교인 본교의 무속(巫俗)적 특색을 다 포용하고 있다. 본교는 불교가 티베트에 들어오기 전에 티베트인들이 믿었던 종교이다. 본교는 주술과 제사, 지하의 신들을 숭배하는 것을 중요시한다.

199 여기서 보살은 깨달음을 이루기 전의 석가모니를 일컫는 말이다.

지 수도에만 전념할 수 있게 되었다. 그는 또 이와 같이 생각했다.
'중생들은 참으로 가련하다. 늘 암울함 속에 있으면서 몸은 언제나 위태롭고, 취약하여, 태어남이 있고, 늙음이 있고, 병듦이 있고, 죽음이 있어서 온갖 괴로움이 모여드는 것이다. 여기서 죽어서 저기에 태어나고, 저기서 죽어서 여기에 태어난다. 이러한 괴로움의 덩어리로 인해 바퀴처럼 돌고 돌아, 떠돌아다니는 것이 끝이 없도다. 나는 언제쯤 이 괴로움의 원인을 밝게 깨달아서 태어남, 늙음, 죽음을 없앨 수 있을까?'
보살은 또 이와 같이 생각했다. '태어남과 죽음은 무엇으로부터 비롯되었고, 무엇을 원인으로 해서 존재하는 것일까?' 그는 곧 밝은 지혜로 그것들의 존재 원인을 관찰해갔다. '태어남[生생]이 있기 때문에 늙음과 죽음[老死노사]이 있다. 그러므로 태어남이 늙음과 죽음의 원인이다. 또 태어남은 존재[有유]로 인하여 일어난다. 그러므로 존재가 태어남의 원인이다. 또 존재는 취함[取취]으로써 일어난다. ......(중간 생략)....... 보살이 괴로움의 발생과정을 깊이 사유해갔을 때 지(**智**)가 생기고, 눈[**眼**안]이 생기고, 깨어 있음[**覺**각]이 생기고, 밝음[**明**명]이 생기고, 통달함[**通**통]이 생기고, 혜(**慧**)가 생기고, 깨달음[**證**증]이 생겼다.
이 때 보살은 또 다시 깊이 사유해갔다. '무엇이 없어야 늙음과 죽음이 없고, 무엇이 없어져야 늙음과 죽음이 없어질까?' 보살은 곧 밝은 지혜로 그것들이 없어지는 과정을 관찰해갔다. ....(중간 생략)....... 보살이 이와 같이 괴로움의 덩어리[苦陰고음]가 없어지는 과정을 깊이 사유해갔을 때 지(**智**)가 생기고, 눈[**眼**안]이 생기고, 깨어 있음[**覺**각]이 생기고, 밝음[**明**명]이 생기고, 통달함[**通**통]이 생기고, 혜(**慧**)가 생기고, 깨달음[**證**증]이 생겼다. 이 때 보살이 이와 같이 역방향과 순방향으로 12연기를 관찰하고는 그것을 있는 그대로 다 알고, 있는 그대로 다 보고나서 그 자리에서 바로 최상의 완전한 깨달음을 성취했다."[200]

위의 밑줄 부분을 보면, 智(지) · 알아차림 → 눈[眼안] · 심안心眼 → 깨어있음[覺각] → 밝음[明명] → 통달함[通통] → 혜(慧,반야) → 최상의 완전한 깨달음을 성취함[證증] 등 그것들이 계발되어 나오는 과정이 나와 있는 것을 볼 수 있다. 선정에 들어서 한 대상에 대해 깊이 사유 · 관찰해 갈 때 그 답을 보게 되고, 알게 된다. 이 때 관찰은 육안이 아니라 마음의 눈[心眼심안]으로 한다. 지혜가 없으면 관찰이 잘 안 되고, 관찰을 많이 하면 더 밝은 지혜가 계발된다.

반야지혜가 계발되면 아무리 빠르고 미세한 현상도 다 볼 수 있다

지혜도 깊은 지혜가 있고, 얕은 지혜가 있다. 얕은 지혜로는 몸의 움직임이나 표피적인 굵직한 현상들만 볼 수 있지만 깊은 지혜에 들면 마치 슬로우 비디오를 보듯이 찰라 순간 일어나고 있는 몸과 마음의 미세한 현상들을 다 볼 수 있다. 마음이 어떤 대상을 봐야겠다는 의도를 일으키면, 그 의도의 일으킴을 볼 수 있고, 마음이 눈으로 가면, 눈으로 신경물질이 흐르는 것을 볼 수 있다. 또 마음이 눈을 통해 형상으로 가면, 그 가는 과정을 볼 수 있다. 또 눈이 형상에 가 닿으면, 닿는 순간을 볼 수 있고, 닿아서 마음에 눈의 식별작용이 생기면, 그것이 생기는 것을 볼 수 있다. 이와 같이 지혜가 밝아지면 찰나 순간 일어나는 미세한 현상들까지 다 볼 수 있다. 반야지혜는 말할 수 없이 밝고 빠르기 때문이다. 범부들의 마음이 촛불 정도의 밝기라면 반야지혜는 태양과 같은 밝기이다.

200 〈장아함경〉 제1권. 〈유행경遊行經〉 후반부 007b02 "是爲苦集 菩薩思惟苦集陰時生智 · 生眼 · 生覺 · 生明 · 生通 · 生慧 · 生證...........菩薩思惟苦陰滅時 生智 · 生眼 · 生覺 · 生明 · 生通 · 生慧 · 生證 爾時 菩薩逆順觀十二因緣 如實知 如實見已 卽於座上成阿耨多羅三藐三菩提"

선정(禪定)에 들어서 관찰해 들어가서 자신의 몸과 마음에서 일어나고 있는 현상의 성질을 밝게 아는 것이 지혜이기 때문에 지혜를 '관찰'이라고도 한다. 관찰, 알아차림, 지혜는 같은 개념이다. 지혜는 분별력을 의미하는 말이기도 하다. 옥석(玉石)을 가리지 못 하고, 성인(聖人)과 사기꾼을 구분하지 못 하는 것은 분별력이 없는 것이다. 한국불교에서는 "분별하지 말라"고 하는데, 그렇게 말해서는 안 된다. 왜냐하면 분별을 잘 하는 것이 지혜이기 때문이다. 범부들이 "나"라고 여기는 것을 부처님은 몸의 물질현상[色색], 느낌[受수], 인식[想상], 업 지음[行행], 식별작용[識식]으로 분별해 볼 수 있었던 것은 밝은 지혜가 있었기 때문이다. 잘 분별해 볼 수 있는 능력이 지혜다. 자신 안에서 일어나고 있는 현상을 놓치지 않고 분별해가는 것이 부처님의 선수행방법이다. 지혜가 어떤 것인지도 모르면서 "반야", "지혜"를 외쳐봐야 무슨 소용이 있겠는가? 지금까지 지혜가 어떤 것인지 알아봤다. 그럼 이번에는 지혜의 반대 개념인 어리석음이 어떤 것인지 알아보자.

탐진치의 "치(痴,어리석음)"는 어떤 것인가?

한국불교에서는 불교의 중요한 개념 중에 하나인 탐진치(貪瞋痴)를 말하면서 어떤 것이 탐(貪)이고, 어떤 것이 어리석음[痴치]인지 잘 모르고 막연히 '욕심', '어리석음'이라고만 말하고 넘어간다. 한국불교에서는 탐(貪)에 대해 법문하면서 '욕심 내지 말라'고 말한다. 그러나 석가부처님이 말하는 탐은 그런 것이 아니다. 우리는 탐진치에서 벗어나서 열반을 성취하기 위해 수행한다. 벗어나야 할 대상에 대해 잘 모르면, 벗어날 수 없기 때문에 탐(貪)과 치(痴)에 대해 알아보자.

貪(탐)은 마음이 자신 안에 고요히 머물지 못 하고, 밖으로 달려 나가서 형상, 소리, 냄새, 맛, 촉감, 생각·번뇌 등을 끊임없이 쫓아가면서 취하는 것이다.

痴(치), 즉 어리석음은 형상[色색], 소리[聲성], 냄새[香향], 맛[味미], 촉감[觸촉], 몸과 마음에서 일어났다가 사라지는 현상[法법] 등을 취하는 행위와 그 행위의 결과에 대해 어두운 것이다. 어리석음을 뜻하는 치(痴)의 산스크리트어 원어는 moha(모하)이고, 이것은 '痴(치)', '무명(無明)', '무지(無知)' 등으로 한역되어 있다. 〈구사론〉 제4권에 "치(痴)는 우치(愚癡)함을 뜻하고, 이것은 무명(無明), 무지(無智)이다"[201] 고 말하고 있다. 그럼 무명은 어떤 것인가? 이 주제에 대해 말하고 있는〈잡아함경〉251경을 한 번 보자.

〈잡아함경〉 제251. 무명경(無明經)

마하구치라 존자가 사리불 존자에게 물었다. "'무명(無明)'이라고 하는데, 어떤 것이 무명입니까?" 사리불 존자가 답했다. "무명은 무지(無知)한 것을 일컫는 말이니, 무지한 것이 무명입니다." 어떤 것을 '무지하다'고 하는가? 눈[眼안]은 무상(無常)한 것인데 사실대로 알지 못 하는 것을 '무지하다'고 합니다. 눈은 일어났다가 사라지는 현상[法법]일 뿐인데, 그렇게 알지 못 하는 것을 '무지하다'고 합니다. 또 귀, 코, 혀, 피부, 의식 등도 무상한 것들인데, 사실대로 알지 못 하는 것을 '무지하다'고 합니다. 마하구치라 존자여, 이와 같이 여섯 감각기관[202]을 사실대로 알지 못 하고, 보지 못 하며, 밝지 못 하고, 깨닫지 못 하고, 깨어 있지 못 하며, 끊어지지 않고 알아차림이 지속되지 못 하는 것, 어리석음, 어두움, 밝지 못 함, 깜깜함 등을 '무명'이라고 합니다.[203]

201 〈신수대장경〉 제29권 〈아비달마구사론〉 제4권 019c04 "癡者(치자) 所謂愚癡(소위우치) 卽是無明無智(즉시무명무지)", '치(癡)라고 하는 것은 우치하다는 말이고, 이것은 밝음이 없고, 지혜가 없다'는 말이다.

202 여섯 감각기관은 여섯 곳의 접촉해 들어오는 곳[六觸入處육촉입처]을 옮긴 말이다. 이것은 눈, 귀, 코, 혀, 몸, 의식 등을 일컫는 말이다.

203 〈잡아함경〉 제251경 "尊者摩訶拘絺羅問尊者舍利弗言。謂無明者。云何爲無明。尊

무명은 무지한 것이다. 이것은 자신의 감각기관에서 일어나고 있는 현상을 모르고 있는 것이다. 무명(無明)은 '밝지 못한 것'이고, 지금 자신 내부에서 어떤 일이 일어나고 있는지 모르고 있는 것이다. 즉 어리석음은 자신 내부에서 일어나고 있는 현상들에 대해 어두운 것, 모르고 있는 것, 깨어 있지 못 한 상태 등이다.

어리석음을 뜻하는 **痴(치)**의 산스크리트어 원어 moha(모하)는 '알아차림의 상실', '망상 · 미혹에 빠져서 헤맴' 등의 뜻으로, 痴(치), 妄(망), 愚(우), 愚癡(우치), **痴暗(치암)**, **無明(무명)** 등으로 한역되어 있다. 痴(치), moha(모하)에 대한 이러한 한역들을 보면, 불교에서 말하는 어리석음이 어떤 것인지 알 수 있다. 불교에서 말하는 어리석음은 마음이 형상[色색], 소리[聲성], 냄새[香향], 맛[味미], 촉감[觸촉], 몸과 마음에서 일어났다가 사라지는 현상[法법] 등에 빠져서 현재 자신의 몸과 마음에서 일어나고 있는 현상을 모르고 있는 것이다.[204] 〈유식론〉 제6권에 "온갖 번뇌가 일어나는 것은 어둡기 때문"이라고 했다. 어두운 것은 망상 또는 혼침(昏沈)에 빠져서 알아차림을 하고 있지 못 하고 있는 것이다. 알아차리고 있는 동안에는 망상, 혼침, 어리석음이 있을 수 없다.

者舍利弗言。所謂無知。無知者是爲無明。云何無知。謂眼無常不如實知。是名無知。眼生滅法不如實知。是名無知。耳 · 鼻 · 舌 · 身 · 意亦復如是。如是。尊者摩訶拘絺羅。於此六觸入處如實不知 · 不見 · 不無間等 · 愚闇 · 無明 · 大冥。是名無明"

204 여기에 사족(蛇足)을 붙이면, 더 큰 어리석음은 자신이 현재 어떤 행위를 하고 있는지 모르고 있는 것이다. 더 심한 어리석음은 그 행위의 잘못됨을 옆에서 말해주어도 비합리적인 고집을 부리며, 받아들이지 않는 것이다. 자존심과 비합리적인 고집은 어리석음의 대명사다.

관찰을 통해 자신에게 일어나고 있는 현상의 성질을 밝게 알면, 모든 괴로움에서 벗어날 수 있다

반면에 불교에서 말하는 지혜는 관찰을 통해 지금 이 순간 자신 안에서 일어나고 있는 현상을 밝게 알아차리고 있는 것이고, 그 현상의 성질을 잘 이해하는 것이다. 자기 안에서 일어나고 있는 현상의 성질을 밝게 알면, 모든 괴로움에서 벗어날 수 있다. 이러한 지혜의 계발에 대해서는 말해주지 않고, 이해도 되지 않는 것을 억지로 "믿어라"고 하면, 그것은 어리석음 위에 어리석음을 더해주는 꼴이 된다. 이 세상에는 외부 사람들이 보았을 때 도저히 이해할 수 없는 종교적 믿음이 많다. 종교적 믿음이 강하면 강할수록 그만큼 더 어리석고, 자신에 대해 어둡다는 말이다. 우둔한 믿음이나 도그마(dogma)에서 벗어나서 관찰수행을 통해 있는 그대로의 사실을 알아가야 한다. 자신을 관찰해가서 자신을 밝게 알 수 있도록 하는 것이 석가부처님의 불교다.

부처님의 선(禪)수행과정을 말하면 다음과 같다.

자신에 대해 어두움 · 무명(無明) → 번뇌 · 망상, 괴로움[苦고] → 밖으로 돌아다니는 마음을 안으로 거두어들임[攝心섭심] → 멈춤[止지] → 자신 안에서 일어나고 있는 현상에 의식을 집중함[禪定선정] → 관찰[觀관] → 알아차림 · 지(知지) → 깨어 있음 · 각(覺) → 밝음 · 지(智) → 환히 밝음 · 혜(慧) · 반야 → 존재의 다섯 요소(오온)의 실체 없음과 무아(無我)의 진리를 꿰뚫어봄[깨달음,證증] → 모든 괴로움에서 벗어남[해탈解脫] → 열반성취[空공] → 다음 존재를 받지 않음[不受後有불수후유]

〈반야심경〉은 모든 괴로움에서 벗어날 수 있는 반야지혜가 존재한다는 사실과 반야지혜를 완성하는 수행방법을 말해주는 경이다. 알아차림을 통하여 쉬지 않고 자신 안에서 일어나고 있는 현상을 관찰해가면, 어느 날 밝은 智(지)가 나온다. 그러면 관찰이 더 깊어지고, 존재의 다섯 요소(오온)를 더 잘 분별해 볼 수 있게 된다. 그렇게 끊어지지 않고 존재의 다섯 요소를 계속 관찰해가다가 보면, 어느 날 최고로 밝은 智(지)인 혜(慧)가 완성되어서 존재의 다섯 요소는 다 실체가 없는 것들이고, 존재의 다섯 요소가 있을 뿐, 거기에 "나"라고 할 만한 것이 없다는 사실을 꿰뚫어보게 된다. 이것이 불교에서 말하는 완전한 깨달음이다. 무아(無我)의 진리를 깨달으면, 모든 괴로움에서 벗어난다. **〈반야심경〉은 "모든 것이 다 공(空)"이라는 말을 하고 있는 것이 아니라 "깊은 지혜를 완성하여, 공(空), 즉 무아의 진리를 깨달아서 모든 괴로움에서 벗어나기 위해서는 존재의 다섯 요소(오온)를 관찰해가야 한다"고 말해주고 있다.**

8. 관찰은 어떻게 하는 것인가?

그럼 관찰은 어떻게 하는 것인가? 선정상태에서 끊어지지 않고 지속적으로 관찰해가야 한다. 부처님의 선수행방법을 간단히 말하면, 지관겸수(止觀兼修)이고, 정혜쌍수(定慧雙修)이다.

지관겸수는 무슨 뜻인가?

그럼 지관겸수(止觀兼修)는 무슨 뜻인가? 이것은 '멈춤[止지]과 관찰[觀관], 즉 사마타와 위빠사나를 함께 닦는다'는 뜻이다. 지관(止觀)에서의 지(止)는 '**멈춤**'이라는 뜻으로, 산스크리트어 사마타(śamatha)[205]를 번역한 것이고, 관(觀)은 '**관찰**'이라는 뜻으로, 산스크리트어 비파사나

205 사마타(śamatha)는 止(지), 寂止(적지), 寂滅(적멸), 消滅(소멸), 等靜(등정), 定心(정심), 禪定(선정), 攝寂靜(섭적정) 등으로 한역되어 있다.

(vipaśanā, 위빠사나)를 번역한 것이다. 그리고 겸수(兼修)는 '함께 닦는다'는 뜻이다.

멈춤과 관찰의 의미

그럼 멈춤[止지]과 관찰[觀관]이 어떤 것인지 구체적으로 알아보자.

멈춤[止지]은 산스크리트어 사마타를 번역한 것으로, 마음을 한 대상에 묶어 놓는 것이고, 마음이 줄곧 한 대상에 머물러 있는 것이다. 멈춤은 의식이 또렷이 깨어있는 상태에서 생각의 중지, 선정(禪定), 부동심(不動心), 수일불이(守一不移)[206], 심일경성(心一境性)[207] 등으로 표현되기도 한다. 선정(**禪定**)은 줄곧 한 대상을 지켜보아서 그 대상에 마음이 고정(固**定**)되어 있는 것이다. 마음이 한 대상에 머물러서 움직이지 않는다고 해서 이것을 '부동심(不動心)'이라 하기도 하고, 마음이 한 대상을 지켜보아서 다른 데로 옮겨가지 않는다고 해서 이것을 '수일불이(守一不移)'라고도 한다. 멈춤을 많이 닦으면 번뇌 · 망상이 쉬어져서 청정심(淸淨心), 번뇌에 물들지 않음, 맑음, 고요함, 평온함, 정서안정, 치유, 신통 등을 얻을 수 있다.

관찰[觀관]에 대해서는 앞의 관자재보살 부분에서 상세하게 설명했기 때문에 여기서는 간단히 설명한다. 관찰은 삼매상태에서 자신의 몸과 마음에서 인연에 의해 일어났다가 사라지는 현상들을 관찰하여, 그 특

206 守一不移(수일불이)는 지킬 수(守), 한 일(一), 아니 불(不), 옮길 이(移)로 구성된다. 守一(수일)은 '한 대상을 지켜본다'는 뜻이고, 不移(불이)는 '옮겨가지 않는다'는 뜻이다. 守一不移(수일불이)는 중국 선종의 제4대 조사 도신(道信, 580~651)의 주된 법문이다. 도신은 "깨달음[證得]은 단지 지적인 이해만으로는 안 된다. 그래서 守一不移(수일불이)의 부동행(不動行), 즉 선정의 실제 닦음과 성취가 이루어지지 않으면 안 된다"고 강조했다. 〈능가사자기〉 박건주 역주. 운주사. 2011년. 40쪽 참고.

207 심일경성(心一境性)은 '마음[心심]이 한[一일] 대상[境경]에 머물러 있는 상태[性성]'라는 뜻이다.

성을 알아가는 공부다. 내 몸과 마음에서 일어나고 있는 현상을 많이 관찰하면 할수록 내 안에서 일어나고 있는 몸의 물질현상[色색], 느낌[受수], 인식[想상], 업 지음[行행], 식별작용[識식]의 일어남과 사라짐을 더 잘 볼 수 있는 밝은 智(지)가 계발된다. 그 智(지)로써 내 안에서 일어나고 있는 현상의 성질을 점점 더 잘 알아가다가 결국 최고로 밝은 智(지)인 혜(慧, 반야)가 완성되어서 '무아'의 진리를 꿰뚫어보게 된다. 그럼으로써 열반을 성취하고, 모든 괴로움에서 벗어나게 된다.

정혜쌍수는 무슨 뜻인가?

그럼 정혜쌍수(定慧雙修)는 무슨 뜻인가? 이것은 '선정과 지혜를 함께 닦는다'는 뜻이다. 여기서 선정과 지혜의 개념을 알아야 하고, '그 둘을 함께 닦는다'는 말이 무슨 말인지 알아야 한다.

정혜(**定**慧)에서의 **定**(정)은 '**선정**(禪定)'의 준말이다. 선정은 줄곧 한 대상을 지켜봄으로써 그 대상에 마음이 고정되어 있는 것이다. 선정은 '禪(선)'과 '定(정)'이 결합된 단어다. 여기서 한자 '**禪**(선)'은 볼 시(**示** watch)와 홑 단(**單** one)이 결합된 글자로서 '**줄곧 한 대상을 지켜본다**'는 뜻이다. 또 **定**(정)은 '**고정**(固定)'의 의미로서 '마음이 다른 데로 달아나지 않고 줄곧 한 대상에 고정되어 있음'을 의미한다.

정혜(定**慧**)에서의 **慧**(혜)는 '**지혜**(智慧)'라는 뜻이다. 그럼 여기서 말하는 지혜는 어떤 것인가? 지혜는 위빠사나 관찰수행을 통해 지금 이 순간 자신의 몸과 마음에서 일어나고 있는 현상을 밝게 알고 있는 것이다.

정혜쌍수, 즉 '선정과 지혜를 함께 닦는다'는 말은 브라만교에서는 선정만 닦고, 지혜는 닦지 않는데, 위빠사나 관찰수행을 통해 지혜도 함께 닦아야 한다는 뜻이다. 또 마음이 줄곧 한 대상에 머물러서 더 깊이 관찰하기 위해서는 선정도 함께 닦아야 한다는 뜻이다. 정혜쌍수는 끊임없이 올라오는 번뇌를 때려잡고, 업력(業力)을 제어하기 위해서는 선정을 닦아야 하고, 무아의 진리를 꿰뚫어보아서 번뇌를 뿌리 채 다 뽑아버리기 위해서는 관찰수행을 통해 지혜를 완성해야 한다는 뜻이다.

정혜쌍수(定慧雙修)와 지관겸수(止觀兼修)는 같은 말이다

정혜쌍수와 지관겸수는 같은 말이다. 정혜쌍수는 '선정[定정]과 지혜[慧혜]를 함께 닦는다'는 뜻이고, 지관겸수는 '멈춤[止지]과 관찰[觀관]을 함께 닦는다'는 뜻이다.

"정혜쌍수(定慧雙修)"에서의 **定(정)**은 산만하게 돌아다니는 마음을 한 대상에 **고정**시켜서 **선정**(禪**定**)에 든다는 뜻이고, **慧(혜)**는 **지혜**의 준말로서 그렇게 선정에 든 상태에서 몸과 마음에서 일어나고 있는 현상[208]을 **관찰**하여, 그것들의 성질을 밝게 알아가야 한다는 뜻이다. 그래서 지혜와 관찰은 같은 말이다. 관찰을 통해 지혜가 밝아지고, 지혜로 관찰하기 때문이다. 그래서 '관찰'의 산스크리트어 원어 비파싸나(vipaśyanā)는 '觀(관)'뿐만 아니라 '慧(혜)'로도 번역되어 있다.[209]

"지관겸수(止觀兼修)"에서의 止(지,stop)[210]는 '마음대로 돌아다니는 마음을 "나"라고 하는 한 대상에 멈춘다'는 뜻이고, 觀(관)은 그렇게 멈춘 상태에서 '몸과 마음에서 일어나고 있는 현상을 관찰한다'는 뜻이다. 그렇기 때문에 **멈춤**[止지]은 **선정**을 의미하고, **관찰**[觀관]은 **지혜**를 의미한다. 온갖 대상을 쫓아다니는 마음을 한 대상에 멈추어야만 선정에 들 수 있고, 선정에 들어서 자신의 몸과 마음에서 일어나고 있는 현상을 관찰해 들어가서 그것들의 성질을 밝게 알아가야만 지혜가 계발되어 나오

208 몸과 마음에서 일어나고 있는 현상(들)을 구체적으로 말하면, '신수심법(身受心法)' 또는 '오온(五蘊)'이라고 할 수 있다.

209 산스크리트어 비파싸나(vipaśyanā, 위빠싸나)는 觀(관), 慧(혜), 妙觀(묘관), 正見(정관) 등으로 한역되어 있다.

210 여기서 止(지)는 '머무를stop 지'이다.

기 때문이다.

용어가 없어진 지관겸수와 의미가 왜곡되어 있는 정혜쌍수

한국불교에는 석가부처님의 선(禪)수행 방법을 말해주는 "지관겸수"라는 용어가 없고, 정혜쌍수는 원래 의미와 다르게 사용되고 있다. 인터넷사전에서 "지관겸수"를 한 번 찾아보자. 〈다음(daum) 백과사전〉에는 지관겸수(止觀兼修)가 수록되어 있지 않다. 〈네이버(naver) 백과사전〉에도 마찬가지다. 지관겸수는 부처님의 선수행방법을 말해주는 중요한 용어인데도 불구하고, 한국불교에는 이것이 없다.

"지관(止觀)"이라는 말이 있어도 그것이 무엇을 의미하는지 아무도 몰랐다

그럼 이번에는 사전에서 "지관(止觀)"을 한 번 찾아보자. 〈한국민족문화대백과사전〉에는 "지관(止觀)"이 나온다. 여기에는 "지(止)는 정신을 집중하여, 마음이 적정해진 상태이고, 관(觀)은 있는 그대로의 진리인 실상(實相)을 관찰하는 것"이라고 정의해 놓았다. 여기서 "있는 그대로의 진리인 실상"이 도대체 무슨 말인가? '있는 그대로가 다 진리'라는 말인가? "있는 그대로의 진리인 실상"이라는 이 말은 매우 어렵고, 추상적인 말이다. 이것은 의미가 성립되지 않는 알맹이 없는 허언이라고 할 수 있다. 이런 모호한 언어를 사용하기 때문에 불교가 어렵고, 헛도는 것이다. 있는 그대로의 진리인 실상을 관찰한다는 것이 어떻게 하는 것인가? 이 물음은 답하기가 매우 어렵다. 왜 어려운가? 그것은 자신의 몸과 마음에서 일어나고 있는 현상을 관찰하여, 지혜를 계발하는 위빠사나 수행은 하지 않고, 오직 불보살의 영험에 대한 신앙심만 강조하거나 자성자리를 깨닫는 수행을 강조하는 AD. 4세기 이후에 나타난 대승불교의 유식불교로 넘어오면, 관찰법이 없어지거나 관찰의 성격이 모호해지기 때문이다. 그 결과, 관찰은 '觀(관)'이라는 말로만 존재할 뿐, 그 내용이 모호해지거나 없어진다.

한국불교에 '지관(止觀)'이라는 말이 있어도 '지(止)'와 '관(觀)'이 무엇을 의미하는지 아무도 몰랐다.[211] 〈대승기신론〉 제4장 수행신심분에 **지관(止觀)**품이 있다. 거기에 '지(**止**)'와 '관(**觀**)'의 의미를 명료하게 잘 정의해 놓았다. 그런데 한국에서 번역자들이 한결같이 '止(지)'와 '觀(관)'을 우리말로 번역하지 못 하고, 번역문에 '지(止)'와 '관(觀)'을 그대로 쓰고 있는 것을 볼 수 있다.[212] 뿐만 아니라 '止(지)'와 '觀(관)'의 의미를 몰랐기 때문에 그 모든 번역자가 해독 불가능한 번역을 해 놓았다.[213] 이와 같이 한국불교에는 '지관(止觀)'이라는 말이 있어도 그것이 무엇을 의미하는지 아무도 몰랐다고 볼 수 있다.

211 한국의 천태종 사찰 건물에 '止觀殿(지관전)'이라는 현판이 걸려 있다. 하지만, 아무도 止觀(지관)이 무엇을 의미하는지 몰랐다. 필자가 2010년에 "止觀(지관)"수행의 개념과 방법을 설명해주는 〈대승기신론 속의 사마타와 위빠사나〉를 저술함으로써 비로소 사람들이 止觀(지관)이 무엇을 의미하는지 알게 되었다.

212 각성 스님, 송찬우, 은정희, 김무득 등이 각각 번역한 〈대승기신론〉에 그렇게 번역해 놓았다.

213 송찬우 : 말하고 있는 지(止)는 [萬法唯識道理를 깨달은 지혜로써 외부 六塵相]인 일체 경계의 모습을 그침을 말한다. 왜냐하면 사마타의 [空觀: 止]을 수순하여 [만법유식의 도리를] 관찰하는 의미 때문이다. 말하고 있는 관(觀)은 인연으로 생멸하는 모습을 분별함을 말한다. 왜냐하면 비발사나의 [假觀]을 수순하여 [생멸하는 제법의 인연은 幻有임을] 관찰하는 의미 때문이다.
은정희 : 지(止)라 하는 것은 모든 경계상을 그치게 함을 말하는 것이니 사마타관(奢摩他觀)을 수순하는 뜻이기 때문이요, 관(觀)이라 하는 것은 인연생멸상(因緣生滅相)을 분별함을 말하는 것이니 비발사나관(毘鉢舍那觀)을 수순하는 뜻이기 때문이다.
뜻을 알 수 없도록 번역해 놓은 것은 다른 번역자들도 마찬가지다. 이 부분을 필자가 제대로 번역하면 다음과 같다. **멈춤**[止]**은 일체 대상에 대한 생각**[相]**을 멈추는 것으로서 사마타수행을 의미하고, 관찰**[觀]**은 [자신의 몸과 마음에서] 인연에 의해 일어났다가 사라지는 현상들**[相]**을 밝게 보는**[分別,明見] **것으로서 위빠사나 관찰수행을 의미한다.**

한국불교에서 의미가 왜곡되어 있는 정혜쌍수(定慧雙修)

그럼 이번에는 사전에서 '선정(禪定)과 지혜를 함께 닦아야 한다'는 뜻인 "정혜쌍수"를 한 번 찾아보자. 〈다음(daum) 백과사전〉에는 정혜쌍수를 다음과 같이 설명해 놓았다.

> "초기불교는 선정, 교학, 계율이 중요한 수행법이었다. 중국불교에서는 선정과 교학이 대립하게 되었다. 한국도 중국불교를 수입한 이래 고려 중기까지는 마찬가지였다. 선종의 승려인 지눌은 선정과 교학이 결코 대립적인 관계에 있지 않으며, 선(禪)의 입장에서 교(敎)를 포용하는 정혜쌍수(定慧雙修)의 입장을 내세웠다. 이러한 주장의 근거는 화엄교학에서 발견할 수 있다. '화엄종의 종교적 수행을 뒷받침하는 이론과 선불교도들의 수행이론은 근본적으로 같다'는 사실에서 그 근거를 찾은 것이다. 지눌은 화엄교학의 성기설(性起說)은 '마음이 곧 부처'라고 하는 선종(禪宗)의 근본 가르침과 같다는 것을 증명하였고, 화엄교학의 중생과 부처는 같고, 어리석음과 깨달음은 상(相)과 용(用)에 불과하다는 것을 밝혀, 선(禪)에 대한 통찰력을 강화·심화시킬 수 있었다."[214]

위의 설명의 첫 문장에서 "초기불교는 선정, 교학, 계율이 중요한 수행법이었다"고 하면서 계(戒), 정(定), 혜(慧)를 '계율', '선정(禪定)', '교학'으로 해석해 놓은 것을 볼 수 있다. 그러나 혜(慧)는 '교학'이 아니다. 부처님이 말하는 혜는 관찰을 통해 자신에 대해 밝게 알아가서 무아(無我), 즉 "나"라고 할 만한 것이 없다는 사실을 깨닫는 것이다. 그런데 여기서 중국불교

214 이 내용은 〈다음백과사전〉의 내용을 독자가 이해하기 쉽도록 어색한 부분을 몇 자 고쳐서 옮긴 것이다.

를 이어받은 보조지눌(普照知訥,1158~1210) 스님은 "혜(慧)"를 '교학' 으로 해석해 놓은 것을 볼 수 있다. 그럼 이번에는 다른 사전을 한 번 보자. 〈한국민족문화대백과사전〉에는 정혜쌍수를 다음과 같이 설명해 놓았다.

> "선정과 지혜는 따로 닦을 것이 아니라 병행해서 닦아야 함을 강조하고 있다. 정혜(定慧)는 원래 계정혜(戒定慧)의 3학(三學)으로서 선정과 지혜는 떼놓을 수 없는 것인데, 후세에 선(禪)을 닦는 자는 선정에만 치우치고, 교(敎)를 공부하는 자는 혜학(慧學)에만 치우치는 폐단을 낳았다. 원래 교(敎)는 지식문과 이론문이고, 선(禪)은 실천문이다. 지식과 이론을 마음을 닦는 방법에 대한 안내로 본다면, 선(禪)은 그것을 실천, 체험하는 방편이다......"

이 사전도 마찬가지다. 두 번째 문장에서 "후세에 선(禪)을 닦는 자는 선정에만 치우치고, 교(敎)를 공부하는 자는 혜학(慧學)에만 치우치는 폐단을 낳았다"고 하면서 "혜(慧)"를 '교학'으로 해석해 놓은 것을 볼 수 있다. 만약 보조지눌 스님이 "정혜쌍수"를 '선(禪)과 교학을 함께 닦아야 한다'는 뜻으로 사용했다면 지눌 스님은 정혜쌍수의 의미를 제대로 몰랐거나 그 의미를 왜곡해서 사용한 것이다. 아마 지눌 스님은 정혜쌍수의 의미를 몰랐다고 보는 것이 맞을 것이다. 왜냐하면 대승불교 내지 중국 선불교를 이어받은 한국불교에는 예나 지금이나 부처님께서 말하는 지혜의 개념을 제대로 아는 사람이 없기 때문이다. 중국과 한국 불교에는 위빠사나 관찰수행법이 없기 때문에 반야지혜가 무엇인지 알 수가 없었다. 왜냐하면 반야지혜는 몸과 마음에서 일어나고 있는 현상들을 관찰해감으로써 계발되어 나오는 것이기 때문이다. 원래 정혜쌍수는 '선정과 지혜를 함께 닦아야 한다'는 뜻이지 '선(禪)과 교학을 함께 닦아야 한다'는 뜻이 아니다. 이와 같이 한국불교에는 정혜쌍수는 그 개념을 왜곡해서 사용하고 있고,

지관겸수(止觀兼修)는 아예 그 용어 자체가 없다.

정혜쌍수는 왜 의미가 왜곡되었나?

정혜쌍수(定慧雙修)는 부처님의 선(禪)수행방법을 말해주는 아주 중요한 용어인데, 한국불교에는 왜 이 용어의 의미가 왜곡되어 있는가? 그것은 중국 선불교를 이어받은 한국불교에는 위빠사나 개념이 없기 때문이다. 그럼 왜 중국 선불교에는 위빠사나 개념이 없는가? 그것은 중국 선불교가 석가부처님 불교와 깨달아야 하는 내용을 달리 하고 있기 때문이다. 석가부처님 불교에서는 열반을 성취하기 위해 무상(無常), 고(苦), 무아(無我)를 깨달아야 하지만, 중국 선불교에서는 성불하기 위해 무상(無常), 고(苦), 무아(無我)의 반대 개념인 상락아정(常樂我淨)[215]의 참나[216]를 깨달아야 한다고 말한다. 중국 선불교에서는 나지도 않고, 죽지도 않으며, 영원히 변하지 않는 참나를 깨달아야 하기 때문에 매 순간 생멸(生滅)변화하는 오온은 관찰할 필요가 없다. 그래서 중국 선불교는 오온을 관찰하는 위빠사나 관찰법이 필요 없게 되었고, 관찰을 통해 얻을 수 있는 지혜의 개념을 없애버렸다. 그리고 정혜쌍수(定慧雙修)에서의 혜(慧)를 화엄교학으로 해석하여, 정혜쌍수를 '선과 교학을 함께 공부해야 한다'는 뜻으로 사용하고 있다. 이것은 지혜의 개념을 없애버린 중국 선불교가 "정혜(定慧)"의 의미를 왜곡한 것이고, 이런 왜곡된 의미가 통용되고 있는 것은 중국 선불교가 교학을 무시해왔기 때문이다. 이와 같이 한국불교에 "정혜쌍

215 상(常)은 '영원히 변하지 않는다'는 말이고, 락(樂)은 '괴로움이 아니라 즐거움'이라는 말이다. 아(我)는 '무아(無我)가 아니라 내가 있다'는 말이고, 정(淨)은 '더럽지 않고 깨끗하다'는 말이다.

216 참나 또는 진아(眞我)를 진여(眞如), 자성(자리), 불성, 본래면목 등으로 표현하기도 한다. 부처님의 무아법(無我法)에 의하면, 참나, 진여, 자성자리 따위는 존재하지 않는다.

수"의 의미가 왜곡되어 있는 것은 한국불교는 중국 선불교를 받아들인 까닭에 석가부처님 불교와 근본사상이 다르고, 그에 따라 수행방법도 다르기 때문이다. 관찰은 "나"라고 하는 것에 대해 알아들어가는 방법이고, 지혜는 무아(無我)의 진리를 꿰뚫어볼 수 있는 눈이다. 중국 선불교는 이러한 "관찰"과 "지혜"의 개념을 없애버렸다.

9. 경전에 나오는 지관겸수

지관겸수(止觀兼修)[217], 즉 멈춤과 관찰을 함께 닦는 것이 석가부처님의 선(禪)수행방법이다. 부처님께서는 여러 경전에서 다음과 같이 "멈춤과 관찰을 함께 닦아라"고 말했다.

1) 〈잡아함경〉 제964. 〈출가경〉에 다음과 같은 내용이 나온다.

> 부처님께서 말씀하셨다.
> "닦아 익히되, 많이 닦아 익혀야 하는 두 가지 방법이 있다. 그것은 **멈춤**[止지]과 **관찰**[觀관][218]이다. 이 두 가지 방법을 닦아 익히되, 많이 닦아 익히면, 갖가지 경계와 도과[果][219]를 다 알게 되고, 경계에 분명하게 깨어 있어서 허공경계, 의식경계, 무소유경계, 비상비비상처경계(非想非非想入處) 등 갖가지 경계를 다 알게 되고, 갖가지 경계를 다 깨닫게 된다."
> 이와 같은 비구는 욕구 · 욕망으로부터 벗어남을 구하고자 하고, 착하

217 "지관겸수"는 필자가 만들어낸 용어다. 〈잡아함경〉 464경 등에는 이것이 "지관구수(止觀俱修)", "지관구족(止觀具足)" 등으로 표현되어 있다.
218 여기서 멈춤[止지]과 관찰[觀관]은 사마타와 위빠사나다.
219 여기서 도과(道果)란 수다원과, 사다함과, 아나함과, 아라한과 등을 일컫는 말이다.

지 않은 법을 싫어하고, 내지 사선정(四禪定)을 구족하여, 잘 머물고, 자비희사(慈·悲·喜·捨)의 사무량심과 허공경계, 의식경계, 무소유경계, 비상비비상처경계(非想非非想入處) 등을 알아서 세 가지 결박[220]을 다 끊어서 스스로 수다원과를 얻고, 세 가지 결박이 다하고, 욕구·욕망, 성냄, 어리석음 등이 점점 엷어져서 사다함과를 얻으며, 욕계의 다섯 가지 결박[221]을 다 끊어서 아나함과를 얻고, 갖가지 신통경계를 다 얻어서 천안통(天眼通), 천이통(天耳通), 타심통(他心通), 숙명통(宿命通), 태어남과 죽음을 아는 지혜, 번뇌를 다한 지혜 등을 얻게 된다. 그러므로 비구들이여, 멈춤과 관찰, 이 두 가지 방법을 닦아 익혀야 한다. 이 두 가지 방법을 많이 닦아 익히면, 갖가지 경계를 다 알게 되고,

220 '세 가지 결박'은 '三結(삼결)'을 번역한 것이다. 이것은 見結(견결), 戒取結(계취결), 疑結(의결) 등 예류과(預流果)를 증득한 사람이 끊는 3가지 번뇌다. 견결(見結)은 견해에 대한 집착에 묶인 것인데, 신견(身見), 변견(邊見), 사견(邪見) 등 3가지 어리석음이 그것이다. 중생들은 견해에 결박되어서 살생, 도둑질, 음행, 거짓말 등의 악업을 짓고, 결국 괴로움에서 벗어나지 못하므로 '견결(見結)'이라고 한다. 신견(身見)은 오온의 가화합(假和合)에 불과한 이 몸속에 고정불변의 자아가 있다고 집착하는 것이다. 변견(邊見)은 변집견(邊執見)의 준말로서 '편벽된 극단에 집착하는 견해'라는 뜻이다. 나는 사후에 영구불변하는 존재로 상주(常住)한다고 보는 상견(常見)과 죽으면 모든 것이 끝난다[斷滅]고 보는 단견(斷見)이 그것이다. 사견(邪見)은 인과를 부정하는 그릇된 견해다. 계취결(戒取結)은 계금취(戒禁取), 계금취견(戒禁取見) 등으로 번역되기도 하는데, 이것은 옳지 못한 계율이나 어떤 행위를 금하는 것[禁制금제] 등을 열반에 이르는 바른 계행(戒行)이라고 고집하는 것이다. 의결(疑結)은 사성제나 인과의 진리를 의심하는 것이다. 의심함으로써 삼계에 결박되어서 벗어나지 못하게 되므로 '의결(疑結)'이라고 한다.

221 '욕계의 다섯 가지 결박'은 "오하분결(五下分結)"을 번역한 것이다. 하분(下分)은 욕계를 의미하고, 결(結)은 번뇌를 의미한다. 욕계의 다섯 가지 결박은 욕구·욕망[欲貪욕탐], 화·불만족·진에(瞋恚), 유신견(有身見), 계금취견(戒禁取見), 의결(疑結) 등 욕계 중생들을 얽매고 있는 5가지 번뇌를 일컫는 말이다. 이 5가지 번뇌가 있는 한 중생은 욕계에 살아야하고, 이것을 끊으면 아나함과[不還果불환과]를 얻는다.

나아가 번뇌를 완전히 다 없애게 된다."[222]

위의 경의 요지는 멈춤과 관찰을 많이 닦아 익히면, 경계에 깨어 있어서 갖가지 경계를 다 알게 되고, 갖가지 경계를 다 깨닫고, 번뇌를 완전히 다 없애게 된다는 말이다.

2) 〈장아함경〉 제1권 후반부에 다음과 같은 내용이 나온다.

이 때 여래께서는 대중 앞에서 허공에 올라가서 결가부좌하고 계경(戒經)을 연설했다. "인욕(忍辱)이 제일이고, 열반이 으뜸이다. 수염과 머리를 깎은 자로서 남을 해치지 않는 이가 사문[223]이니라."
수타회 범천(梵天)[224]은 부처님과 멀리 떨어지지 않은 곳에서 게송으로 찬탄했다.

여래의 큰 지혜는
미묘하고도 홀로 높아
멈춤[止지]과 **관찰**[觀관]을 함께 갖추어서

222 〈잡아함964 출가경〉"佛告婆蹉 有二法 修習多修習 所謂止 · 觀 此二法修習多修習 得知界 · 果 覺了於界 知種種界 覺種種界 ..... 是故 比丘 當修二法 修習多修習 修二法故 知種種界 乃至漏盡"
223 사문(沙門)은 산스크리트어 śramaṇa(슈라마나)를 음역(音譯)한 것으로, 출가 수행자를 총칭하는 말이었다. 사문은 원래 고대 인도에서 반(反)베다적이고 반(反)브라만적인 떠돌이 수행승들을 일컫던 말이었다. śramaṇa(슈라마나)는 修善(수선), 勤修(근수), 勤勞(근로), 勞力(노력), 功(공), 功勞(공로), 勤息(근식), 息心(식심), 靜志(정지) 등으로 한역돼 있다. 사문은 여러 선법(善法)을 부지런히 닦고, 악법(惡法)은 행하지 않으며, 심신을 제어하고 쉬어서 깨달음을 지향(志向)하고, '깨닫기 위하여 쉬지 않고 노력하는 사람'이라는 뜻이다.
224 범천(梵天)은 하늘의 신(神)이다.

최고로 바른 깨달음을 성취하셨네.[225]

중생들을 가엾게 여기는 까닭에
이 세상에 머물면서 도를 이루어서
사성제 법으로
성문들을 위해 연설하시네.

괴로움과 괴로움의 원인[苦因]과
괴로움을 완전히 다 소멸한 진리와
성현의 거룩한 팔정도를 가지고
안락한 곳으로 인도하시네.[226]

또 〈장아함경〉 제1권에 다음과 같은 내용이 나온다.

비바시[227]부처님께서 처음 도를 이루었을 때 두 가지 방법[觀]을 많이 닦았다. 그것은 쉬어짐을 닦는 방법[安隱觀안은관]과 벗어남을 닦는 방법[出離觀출리관][228]이었다.

225 〈신수대장경〉 제1권 안의 〈장아함경〉 010a27 "時(시)。首陀會天去佛不遠(수타회천거불불원)。以偈頌曰(이게송왈) 如來大智(여래대지) 微妙獨尊(미묘독존) 止觀具足(지관구족) 成最正覺(성최정각)"

226 〈장아함경〉 제1권. 010a29 "如來大智(여래대지) 微妙獨尊(미묘독존) 止觀具足(지관구족) 成最正覺(성최정각) 愍群生故 在世成道 以四眞諦 爲聲聞說 苦與苦因 滅苦之諦 賢聖八道 到安隱處"

227 불보살 이름의 하나인 비바시(毗婆尸)는 산스크리트어 Vipaśyin(비바시)를 음역(音譯)한 것이다. 비바시는 觀(관), 見(견), 勝觀(승관), 妙觀察(묘관찰), 種種見(종종견), 遍觀(변관), 遍眼(변안) 등으로 번역되어서 '하나도 빠짐없이 잘 관찰한다'는 뜻이고, '위빠사나한다'는 뜻이다.

부처님께서 게송으로 말했다.

너무 뛰어나서 비교 대상이 없는 여래께서는
'쉬어짐을 닦는 방법'과 '벗어남을 닦는 방법'이라는
이 두 가지 방법을 많이 닦아서
선인(仙人)께서 저 언덕 너머로 건너 가셨네.[229]

그 마음은 자유자재를 얻어서
모든 번뇌와 결박을 다 끊어 없애고,
산 위에 높이 올라가서 사방을 관찰하신다.
그러므로 '비바시(관찰)[230]'라고 부른다네.

큰 지혜광명이 어두움을 없애어서
자신을 거울에 비추어 보듯이
있는 그대로 보았다네.
세상을 위해 걱정과 번민을 다 없애주시고
태어남, 늙음, 죽음의 괴로움을 다 없애주시네.

228 쉬어짐을 닦는 방법[安隱觀안은관]은 번뇌를 일시적으로 멈추게 하여 몸과 마음을 쉬게 해주는 사마타 선법(禪法)이다. 벗어남을 닦는 방법[出離觀출리관]은 깊은 관찰을 통하여 번뇌의 원인을 깨달아서 번뇌를 뿌리 채 다 뽑아버리는 위빠사나 선법이다.

229 〈신수대장경〉 제1권 안의 〈장아함경〉 제1권. 008b07~008b10 "毗婆尸佛(비파시불)初成道時(초성도시) 多修二觀(다수이관)。一曰安隱觀(일왈안은관)。二曰出離觀(이왈출리관)。佛於是頌曰(불어시송왈) 如來無等等(여래무등등) 多修於二觀(다수어이관) 安隱及出離(안은급출리) 仙人度彼岸(선인도피안)"

230 비바시, 비빠시, 비파시 등은 비파사나(위빠사나), 관찰과 같은 뜻이다.

3) 〈잡아함경〉 제464경에 다음과 같은 내용이 나온다.

존자 아난이 '상좌(上座)'라고 불리는 이에게 물었다.
"만약 비구가 공터, 나무 밑 혹은 한적한 방에서 선(禪)을 닦으려고 하면,[231] 어떤 방법으로 오롯한 마음이 되어서 닦아야 합니까?"
상좌가 답했다.
"존자 아난이여, 공터, 나무 밑 혹은 한적한 방에서 선(禪)을 닦으려고 하면, 두 가지 방법으로 오롯한 마음이 되어서 닦아야 합니다. 그것은 **멈춤[止]**과 **관찰[觀]**[232]입니다." ......(중간 생략).....
"존자 아난이여, 멈춤을 닦아 익히되, 많이 닦아 익히면, 결국 관찰이 이루어집니다. 또 관찰을 닦아 익히되, 많이 닦아 익히면, 멈춤이 이루어집니다. 이른바 거룩한 제자는 멈춤과 관찰을 함께 닦아서 온갖 해탈경계를 다 얻습니다."[233]
아난이 또 다시 상좌에게 물었다.
"어떤 것이 온갖 해탈경계[234]입니까?"
상좌가 답했다.
"존자 아난이여, 끊어진 경계[斷界단계], 욕구 · 욕망이 없는 경계[無欲界무욕계], 모든 것이 다 소멸된 경계[滅界멸계], 이런 것들을 '온갖 해탈

231 한역문의 思惟(사유)는 '禪(선)을 닦는다'는 뜻이다. 이것은 禪修(선수), 禪思惟(선사유), 思惟(사유) 등의 형태로도 쓰인다.

232 여기서 멈춤은 사마타이고, 관찰은 위빠사나다.

233 〈잡아함경〉464. 동법경(同法經) 118b19 "上座答言。尊者阿難。於空處 · 樹下 · 閑房思惟者。當以二法專精思惟(당이이법전정사유)。所謂止 · 觀(소위지관)。尊者阿難復問上座。修習於止。多修習已。當何所成。修習於觀。多修習已。當何所成。上座答言。尊者阿難。修習於止。終成於觀。修習觀已。亦成於止。謂聖弟子**止 · 觀俱修**(위성제자**지관구수**)。得諸解脫界(득제해탈계)"

234 여기서 경계는 '상태'와 같은 의미로 해석할 수 있다.

경계'라고 합니다."
존자 아난이 또 상좌에게 물었다.
"어떤 것이 끊어진 경계이고, 내지 모든 것이 다 소멸된 경계입니까?"
상좌가 답했다.
"존자 아난이여, 온갖 업 지음[行행]이 다 끊어진 것이 끊어진 경계이고, 욕구·욕망이 완전히 다 소멸된 것이 욕구·욕망이 없는 경계입니다. 온갖 업 지음이 다 소멸된 것이 모든 것이 다 소멸된 경계입니다."[235]

4) 〈잡아함경〉 제186경. **멈춤과 관찰을** 닦아야 한다.

이와 같이 내가 들었다. 한 때 부처님께서 사위국 기수 급고독원에 계셨다. 그 때 세존께서 여러 비구들에게 말했다.
"만약 어떤 사람이 있어서 그의 머리와 옷에 불이 붙었다고 하면, 그 사람은 어떻게 해야 하겠는가?"
비구들이 부처님께 아뢰었다.
"세존이시여, 당연히 왕성한 의욕을 일으켜서 간절한 마음으로 노력하여, 서둘러 불을 꺼야 합니다."
부처님께서는 비구들에게 말씀했다.
"머리나 옷에 붙은 불은 잠깐 잊고 있을지언정, 치성하게 타오르고 있는 이 무상(無常)의 불을 서둘러 꺼야 한다. 무상의 불을 끄기 위해서는 **멈춤**[止지]을 닦아야 한다. 어떤 것들의 무상함을 끊기 위해 멈춤을 닦아야 하는가?

235 〈잡아함경〉 464. 118b25 "阿難復問上座。云何諸解脫界。上座答言。尊者阿難。若斷界·無欲界·滅界。是名諸解脫界。尊者阿難復問上座。云何斷界。乃至滅界。上座答言。尊者阿難。斷一切行。是名斷界。斷除愛欲。是無欲界。一切行滅。是名滅界"

이른바 몸의 물질현상[色색]의 무상함을 끊기 위해 멈춤을 닦아야 하고, 느낌[受수], 인식[想상], 업 지음[行행], 식별작용[識식]의 무상함을 끊기 위해 멈춤을 닦아야 한다. ……(이 사이의 상세한 내용은 앞에서 말한 것과 같다)."

부처님께서 이 경을 말씀하시자 여러 비구들은 부처님 말씀을 듣고, 기뻐하며, 받들어 수행했다.

……

이와 같이 비구들이여, 나아가 과거, 미래, 현재의 무상함을 끊고……(내지)…… 다 소멸하고 끝내기 위해서는 **멈춤**과 **관찰**[止觀지관]을 닦아야 한다.

5) 빨리어 경전인 〈앙굿따라니까야〉에 다음과 같은 내용이 나온다.

"비구들이여, 두 가지 법은 영지(靈知)의 일부이다. 무엇이 그 둘인가? 그것은 **사마타**와 **위빠사나**다. 비구들이여, 사마타를 닦으면 어떤 이익이 있는가? 마음이 계발된다. 마음이 계발되면 어떤 이익이 있는가? 욕구 · 욕망이 제거된다. 비구들이여, 위빠사나를 닦으면 어떤 이익이 있는가? 지혜가 계발된다. 지혜가 계발되면 어떤 이익이 있는가? 무명(無明)이 제거된다."[236]

우리는 이와 같이 여러 경전을 통해 석가부처님의 선(禪)수행방법은 멈춤과 관찰이라는 사실을 알았다.

236 〈앙굿따라니까야〉 각묵 스님 번역. 제1권 211쪽의 내용을 필자가 이해하기 쉽도록 재번역해서 옮겼다.

제7장
중국 선불교를 '부처님의 가르침'이라고 말할 수 있을까?

1. 〈육조단경〉의 내용, 믿을 수 있는가?

중국 선불교를 '부처님의 가르침'이라고 말할 수 있을까? 중국 선불교의 정체는?

"불교(佛敎)"는 '부처님[佛불]의 가르침[敎교]'이라는 뜻이다. 그런데 중국 선불교는 석가부처님의 가르침과 완전히 다른 별종이다. 이렇게 볼 때 중국 선불교를 '불교'라고 말할 수 있을지 의문이다. 이번 기회에 중국 선불교에 대해 제대로 알고 넘어가자. 중국 선어록(禪語錄)의 하나인 〈육조단경〉을 보면, 일자무식꾼이자 불교를 전혀 모르는 혜능(慧能)은 선정을 닦은 적이 없는데, 담 너머로 들려오는 〈금강경〉 독송소리를 듣고, 홀연히 지혜가 열려서 견성(見性)했다고 한다. 필자는 이러한 내용은 혜능을 종조(宗祖)로 삼는 종파가 자기 종조의 신비성을 높여서 자파의 이익을 꾀하기 위해 만들어낸 거짓말이라고 본다. 그럴 리가 없겠지만 만약 〈육조단경〉에서 말하는 그런 지혜가 실제로 있다면, 그 지혜는 반야지혜가 아님이 분명하다. 석가부처님 제자는 중국 선가(禪家)에서 일삼는 이런 유의 황당한 이야기에 속아 넘어가지 않도록 주의해야 한다.

〈육조단경〉을 비롯한 중국불교의 문헌을 깊이 연구한 외국학자도 중국 선불교에 대해 필자와 같은 견해다. 1907년에 하와이에서 중국계의 미국인으로 태어나서 하버드대학 등에서 강의하다가 프린스턴대학교 교수로 재직했던 케네스 첸(Kenneth K.S Chen) 박사는 〈중국불교〉에서 다음과 같이 말했다.

> 혜능이 육조(六祖)가 된 사유를 말해주는 이러한 설화는 아주 재미있지만 믿을 만한 것이 못 된다. 먼저 게송을 지은 이야기와 가사와 발우를 전했다는 이야기가 〈육조단경〉을 저술한 인물로 여겨지는 하택신회와 동시대의 인물인 현색(玄賾)이 편찬한 〈능가사자기(楞伽師資記)〉[237]에는 찾아볼 수가 없다는 사실이 그 진실성을 의심하게 한다. 또 표준 선종사(禪宗史)인 〈경덕전등록傳燈錄〉은 이 이야기의 시기보다 거의 400년 뒤에 편찬되었고, 그 사이에 많은 선종의 설화들이 날조되어, 끼어들었을 것이다.[238]

옛날부터 중국인들은 허풍이 심하고, 거짓말을 잘 하는 특징이 있다. 이것은 중국 무협지나 소림사 무술영화를 보면 잘 알 수 있다. 특히 중국 선

237 〈능가사자기〉는 초기 선종의 스승과 제자의 어록과 전기 및 그 계승 관계를 밝혀주는 책이다. 1907년 돈황석굴의 막고굴에서 처음 발견되었다. 초조 달마대사부터 5조 홍인까지의 기록이 담겨 있어서 초기 선종사의 실상을 밝혀주는 중요한 문헌이다.
238 〈중국불교〉 케네쓰 첸 지음. 박해당 옮김. 민족사. 2006년판의 390쪽의 내용을 독자들이 이해하기 쉽도록 글을 교정해서 실었다.

불교에서는 역사를 자기 입맛에 맞게 바꾸어버리고, 거짓말을 잘 꾸며냈다. 〈육조단경〉이라는 책 이름만 봐도 그렇다. 이 책은 분명히 8세기에 하택신회(荷澤神會 668~758)가 조작했거나 창작한 소설과 같은 저술인데, 중국인의 불교저술로는 유일하게 부처님 말씀에만 붙이는 "경(經)"자를 붙여서 그것이 마치 진리의 말씀인 양 만들어 놓았다.

혜능은 글자를 쓸 줄 모르는 무식한 행자가 아니었다

〈육조단경〉에는 "혜능이 오조 홍인(弘忍, 601~674)의 법을 한밤중에 아무도 모르게 전해 받았다"고 기록돼 있다. 하지만, 이것은 사실이 아닐 가능성이 매우 높다. 현색(玄賾)이 710년경에 편찬했고, 선종 초기의 문헌이라서 종파적이고 편파적인 문헌의 영향을 받지 않았다고 볼 수 있는〈능가입법지(楞伽入法志)〉를 보면, 거기에는 홍인에게 법을 이어받을 만한 제자가 열한 명이나 있었다. 그 중에 신수와 혜능도 포함되어 있었다는 사실이 기록되어 있다. 이것은 후대 선종문헌에서 말하는 것처럼 혜능이 땔감나무를 해서 팔아서 살아가는 무지렁이였고, 글도 쓸 줄 모르고, 방앗간에서 방아나 찧는 무식한 행자승이 아니었음을 말해주고 있다. 그리고 〈능가입법지〉에는 신수와 혜능이 오조 홍인의 법을 이어받기 위해 게송을 지었다는 일화나 홍인이 한밤중에 아무도 모르게 혜능에게 의발(衣鉢)을 전했다는 이야기는 찾아볼 수가 없다.[239]

239 〈중국불교〉 케네쓰 첸 지음. 박해당 옮김. 민족사. 2006년판 387쪽의 각주 참고

2. 중국 선종의 역사가 왜곡된 사연

육조는 혜능이 아니라 신수였다

2조(二祖) 혜가(慧可) 이후의 중국 선종의 법맥은 3조 승찬(僧粲, 606년 사망), 4조 도신(道信, 580~651), 5조 홍인(弘忍, 602~675)을 거쳐서 **6조 신수**(神秀, 606~706)[240]에게 전해졌다. 이것이 8세기 초까지 일반적으로 인정되던 선종의 법맥이었다. 그 당시 문헌에 의하면 신수는 강력하고 매력적인 선사(禪師)였다. 그는 명성이 매우 높았다. 700년에는 그의 나이가 95세인데도 낙양으로 초빙되었다. 신심이 좋은 신도들은 그의 설법을 듣기 위해 천리 길을 달려 왔다고 한다. 낙양 사람들은 그를 '국사(國師)'로 불렀다. **신수가 사망한 지 28년이 지난** 734년에 '신회(神會, 685~760)'라고 하는 한 남방의 승려(당시 50세)가 갑자기 나타나서 신수로 이어지는 선종의 법맥에 대해 갑자기 공격하기 시작했다. 그는 오조까지는 인정하지만, 육조는 신수가 아니라 홍인에게 가사를 물러 받은 혜능(638~713)이라고 주장했다. 그는 또 신수의 점수(漸修)법을 공격하여, 순수한 지혜는 나누어질 수도 없고, 차별지어질 수도 없으므로 한꺼번에 다 실현되거나 그렇지 않거나 할 뿐이라고 주장하면서 돈오돈수법(頓悟頓修法)을 주장했다. 신수를 공격하기 시작한 뒤 신회는 갑자기 유명해졌고, 그가 대변하는 남종선(南宗禪)의 세력이 더욱 강력해졌다. 신회는 745년에 낙양의 한 사원에 초빙되어 행한 설법을 통하여 더 많은 청중을 얻었다. 그 이후 신회는 더욱 맹렬하게 공격했다. 신수의 제자들은 신회의 공격에

240 6조 신수의 출생년도를 보면, 그는 5조 홍인보다 나이가 겨우 4살밖에 차이나지 않았다. 5조 홍인이 사망했을 때 신수는 69세였다. 과연 법을 이어받는 법맥이라는 것이 실제로 있었는지 자못 궁금하다. 실제로 이어줄 법이 있었다면, 그 내용을 문서로 기록하고, 분명하게 말해 놓았을 것이다. 그러나 전해 받은 법의 내용을 분명하게 말해 놓은 것은 찾아볼 수가 없고, 이심전심으로 법을 전했다는 말은 믿기가 어렵다.

대해 적극적으로 대응하기로 결정했다. 그들은 753년에 신회를 고소했다. 군중을 모아서 평화를 어지럽히고, 국가의 이익에 반하는 음모를 꾸몄다는 죄목이었다. 신회는 체포되어서 낙양에서 강서(江西)로 유배되었다. 이 때 그의 나이가 68세였다. 늙은 스님이 단지 종파적인 논쟁 때문에 이리저리 떠돌아다니는 광경을 보고, 대중들은 동정심을 느꼈다. 신회를 고압적으로 처리하여, 대중을 소외시킴으로써 북종선(北宗禪)은 싸움에서 질 운명에 처하고 말았다. 신회가 유배되어 있던 3년 사이에 새로운 사태가 발생했다. 755년에 안녹산의 난이 일어나서 756년에는 낙양과 장안을 함락시켰다. 이듬해 이 두 도시는 수복되었지만 정부는 군대를 유지할 만큼 재정이 좋지 못 했다. 정부가 취한 조치 중에 하나는 불교나 도교에 출가하고자 하는 사람에게 승려증을 파는 것이었다. 하나에 100냥씩 받아서 그 수익금을 정부에 바치도록 했다. 낙양의 수복과 함께 신회가 갑자기 그 곳에 나타났다. 대중은 신회를 재정수익을 올려줄 승려증 판매사업을 책임질 지도자로 선출했다. 그 동안 그의 적대자들은 낙양에서 벌어진 전쟁의 와중에 바람처럼 흩어지고 말았다. 그래서 신수를 육조의 지위에서 끌어내리고, 그 자리에 혜능을 올리려는 싸움은 신회의 승리로 끝나고 말았다.[241] 그러나 육조는 혜능이 아니라 신수였다. 신회가 자신이 선종의 제7조가 되기 위해 사실이 아닌 내용을 많이 넣어서 〈육조단경〉을 저술해냄으로써[242] 혜능을 6조의 자리

241 이상의 내용은 〈중국불교〉 케네쓰 첸 지음. 박해당 번역. 민족사. 2006년판의 386~388쪽의 내용을 읽기 쉽도록 교정해서 인용한 것이다.

242 〈육조단경〉에 다음과 같은 내용이 나온다. "곧 혜능대사가 이 세상에 오래 머물지 않을 것임을 알았다. 상좌인 법해가 앞으로 나와서 여쭈었다. "스님께서 돌아가신 뒤에 가사와 법을 누구에게 전하시겠습니까?" "법은 이미 전했으니, 너희들이 물어서는 안 된다. 내가 떠난 뒤 20여년 후에 그릇된 법이 요란하여, 나의 종지를 혼란하게 할 것이다. 그러나 어떤 사람이 나타나서 몸과 목숨을 아끼지 않고 불교의 옳고 그름을 밝혀서 종지를 견고하게 세울 것이다. 이것이 나의 바른 법이다." 이 내용은 성

에 올려놓았다. 이와 같이 중국 선불교에서는 자신의 기반을 다지기 위해 거짓말을 하거나 역사를 날조하는 경우가 많았다.[243]

3. 돈오돈수(頓惡頓修)법은 신뢰할 수 있는 법인가?

〈육조단경〉에서 혜능은 다음과 같이 말하고 있다.

"마음에 그릇됨이 없는 것이 자성의 계율[戒계]이고, 마음에 어지러움이 없는 것이 자성의 선정[定정]이며, 마음에 어리석음이 없는 것이 자성의 지혜이니라. 자성(自性)을 깨치면 계정혜조차 세우지 않느니라. 자성에는 그릇됨이 없고, 어지러움과 어리석음도 없느니라. 매순간 지혜로 관조하여, 항상 법의 모양을 벗어나 있는데, 또 달리 무엇을 세우겠는가? 자성을 단박 닦아라. 세우면 점차(漸次)가 있기 마련이기 때문에 세우지 않느니라."[244]

위의 법문에서 혜능은 "마음에 어리석음이 없는 것이 지혜"라고 하면서

철 스님이 번역한 〈육조단경〉의 269쪽에 나온다. 여기서 성철 스님은 다음과 같은 말을 덧붙여 놓았다. "내가 떠난 뒤 20여 년 운운은 신회에게 해당하는 말이다. 이 말은 신회의 계파에서 조작해 넣은 것이 아닌가 하고 의심하고 있다." 〈육조단경〉에는 혜능의 법은 신회에게 전한다는 내용도 나온다. 신회는 자신이 제7조가 되기 위해 이런 내용의 〈육조단경〉을 저술했다고 볼 수 있다.

243 중국 선불교에서 역사를 날조한 대표적인 책은 〈육조단경〉과 〈경덕전등록〉이라고 할 수 있다.

244 성철스님 편역 〈돈황본단경〉 222~223쪽의 원문을 필자가 읽기 쉽도록 재번역해서 실었다. "心地無非自性戒 心地無痴自性慧 心地無亂自性定. 勸上根人得悟自性亦不立戒定慧. 自性無非無亂無痴 念念般若觀照 常離法相 有何可立. 自性頓修. 立有漸此所以不立"

그 어리석음이 어떤 성격의 어리석음인지 밝히지 않음으로써 불교의 반야지혜를 일반적 의미의 지혜로 만들어 버렸다. 또 단지 마음에 어지러움만 없으면 그것이 선정(禪定)인 것처럼 말해 놓았다. 선정에 들지 않더라도 얼마든지 마음에 어지러움이 없을 수 있다. 그러면 그것이 다 선정이란 말인가? 이와 같이 혜능은 불교수행에서 반드시 닦아야 하는 3가지 단계인 계정혜(戒定慧)를 다 무너뜨려버렸다.

그럼 혜능은 왜 이와 같이 불교수행의 단계인 계정혜를 다 무너뜨리는가? 그것은 인도불교, 즉 석가부처님 불교를 없애고, 그 자리에 중국 선불교를 집어넣기 위해서라고 볼 수 있다. 불교수행에서 닦아야 하는 내용은 계율[戒계]과 선정[定정]과 지혜[慧혜]이다. 이것을 '삼학(三學)'이라고 한다. 이 세 가지를 닦아야 온전한 불교수행이 될 수 있다. 이 중에서 어느 하나라도 빠지면 그것은 '옳은 불교수행'이라고 할 수 없다. 그런데 혜능은 "점수(漸修)법인 계(戒), 정(定), 혜(慧)의 단계를 따로 두지 말고, 돈오돈수(頓悟頓修)법으로 자성을 단박 닦아라"고 하면서 계정혜를 다 없애버리려고 하고 있다. 계정혜를 파괴시켜버려야 석가부처님 불교를 없앨 수 있기 때문이라고 본다. 석가부처님 불교를 물리적인 힘으로 없애려고 하면, 문제가 생길 수도 있다. 그래서 혜능과 같은 인물을 한 명 내세워서 그의 입을 통해 새로운 불교, 즉 사이비불교의 교설을 폄으로써 석가부처님 불교를 죽이고 있는 것으로 볼 수 있다.

돈오돈수법은 중국 선불교[245]가 만들어낸 실현되기 어려운 이론이다. 계정혜, 즉 3학(三學)을 닦아야 반야지혜를 얻을 수 있고, "나 없음"의 진리를 깨달을 수 있고, 열반을 성취하여, 다음 존재를 받지 않을 수 있

245 필자는 돈오돈수(頓悟頓修)법은 중국 선종의 제7조(祖)가 되기를 꿈꾸며, 〈육조단경〉을 저술했거나 편찬한 하택신회(荷澤神會 685~760)가 기존의 가르침과 다른 새로운 법으로 대중의 관심을 끌기 위해 만들어냈다고 본다.

다. 계율을 지키지 않으면 욕구 · 욕망의 들뜨고 거친 마음 때문에 선정에 들 수가 없다. 그러면 집중을 이루어낼 수가 없고, 관찰대상을 제대로 관찰할 수 없다. 그러면, 관찰대상의 특성을 꿰뚫어볼 수가 없고, 깨달음을 성취할 수 없다. 반면에 계율을 잘 지키면 욕구 · 욕망의 거친 마음이 쉬게 된다. 그러면 마음이 안정되고, 맑아진다. 마음이 안정되고, 맑아진 상태에서 선정을 닦아야 깊은 집중을 이루어낼 수 있다. 깊은 집중상태에서 관찰해야 미세한 것들까지 다 볼 수 있다. 미세한 것들까지 다 볼 수 있어야 깊은 지혜가 계발되어 나온다. 깊은 지혜가 계발되어 나오면 더 잘 관찰할 수 있게 되어서 결국 최고로 밝은 지혜인 반야가 열려서 최상의 완전한 깨달음을 성취하게 된다. 지계(持戒)와 선정(禪定)이 바탕 되지 않으면 제대로 관찰할 수가 없다. 그러면 지혜가 계발되어 나오지 않는다. 지혜가 계발되어 나오지 않으면 깨달음을 성취할 수 없다. 이치가 이와 같은데, 어떻게 계, 정, 혜의 단계를 밟지 않고 문득 다 깨달을 수가 있고, 몰록 다 닦을 수가 있겠는가? 돈오돈수법은 석가부처님의 수행법인 삼학을 파괴하기 위해 만들어낸 이론이라고 볼 수 있다. 우리는 위의 〈육조단경〉의 인용문을 통해 불교수행에서 가장 중요한 개념인 계정혜(戒定慧)가 '중국 선불교의 창시자'라고 할 수 있는 혜능에 의해 파괴되는 것을 보았다.

4. 중국 선불교는 인도선(禪)에 대한 반동에서 나온 것

중국 선불교에 친숙해져 있고, 그것을 신봉하는 한국의 불자들은 필자의 이러한 논지에 마음이 불편해져서 지나친 억측이라고 항변할 수도 있다. 하지만 중국의 세계적인 석학인 오경웅(吳經熊, 1899~1986) 박사가 〈선(禪)의 황금시대〉[246]에서 "작고한 호적(胡適) 박사가 '중국 선(禪)은 인도의 요가나 디아나(dhyāna 禪那선나)[247]에서 나온 것이 아니라 오히려 그것에 대한 반동으로 나왔다'고 말한 적이 있다"[248]고 밝히고 있듯이 필자의 이러한 말이 터무니없는 억측인 것은 아닐 것이다.

5. 〈육조단경〉의 핵심내용과 그에 대한 비판

중국의 선불교를 본격적으로 열어보였다고 말할 수 있는 〈육조단경〉에는 인도불교의 "선정"과 "해탈"이 "**견성(見性)**"에게 그 자리를 빼앗기는 장면이 나온다. 혜능이 속인의 신분으로 오조 홍인대사로부터 의발(衣鉢)을 전수받아, 남방으로 도망쳐서 광주 법성사에 이르렀을 때 〈열반경〉을 강의하고 있던 인종(印宗) 법사가 그가 의발을 전해 받은 인물임을 확인하고는 그에게 절을 한 뒤에 물었다.

"황매에서 [홍인대사가 법을] 전할 때 어떤 내용을 지도해주었습니까?" 혜능이 답했다. "특별히 지도해준 것은 없었고, 단지 **견성(見性)**에 대해서만 논하고, 선정과 해탈은 논하지 않았습니다."[249] 인종이 다시 물었다. "어찌하여 선정과 해탈은 논하지 않았습니까?" 혜능이 답했다. "그것은 두 개의 법이라서 불법(佛法)이 아니기 때문입니다. 불법은 두 법이 아닙니다." 인종이 다시 물었다. "어떤 것이 불법의 둘

246 〈선(禪)의 황금시대〉는 1967년에 출판되었다.
247 디아나(dhyāna 禪那선나)는 선정(禪定)의 산스크리트어 원어다. 디아나(dhyāna)는 定(정), 思惟(사유), 靜慮(정려), 修定(수정) 등으로 한역돼 있고, 禪(선), 禪那(선나) 등으로 음사(音寫)돼 있다.
248 〈선(禪)의 황금시대〉 경서원. 류시화 옮김. 2012년 판 20쪽
249 탄허 스님 〈육조단경〉 33쪽 "指授卽無 唯論見性 不論禪定解脫"

아닌 법입니까?" 혜능이 답했다. "법사가 〈열반경〉[250]을 강의해서 불성을 밝게 보는 것이 불법의 둘 아닌 법입니다."....(중략).....“불성(佛性)은 변함없이 항상 그대로 있는 것도 아니고, 무상한 것도 아닙니다. 이러한 까닭에 끊어지지 않는 것을 '둘 아님'이라고 합니다." ......"불성은 착함도 아니고, 착하지 않음도 아니니, 이러한 것을 '불법의 둘 아닌 법'이라고 합니다." "범부는 오온과 십팔계를 둘로 보지만, 지혜로운 사람은 그 자성에 둘이 없음을 잘 압니다. 이 둘이 없는 자성이 곧 불성입니다."[251]

혜능은 "오조 홍인 대사가 그에게 법을 전해줄 때 견성에 대해서만 말하고, 선정과 해탈은 말하지 않았다"고 하면서 석가부처님의 선정과 해탈을 밀어내고, 그 자리에 중국 선불교에서 말하는 견성을 집어넣는 것을 볼 수 있다. 그러기 위해 위와 같은 난해한 법문을 하고 있는 것이다.
'석가부처님 법문의 원음(原音)'이라고 할 수 있는 〈아함경〉을 다 뒤져봐도 "견성(見性)"이라는 단어는 찾아볼 수가 없다. 중국 선불교에서는 석가부처님 불교에서의 선정이나 해탈, 열반 등은 중시하지 않고, 오로지 "견성"만 노래함으로써 석가부처님 불교와 멀어지게 되었다. 불교는 원래 계율과 선정과 지혜를 닦아서 생사윤회(生死輪廻)에서 해탈하는 것이 그 목적이다. '지혜는 선정과 관찰을 통해 나온다'는 말은 경전에

250 〈열반경〉은 여러 종류가 있다. 이 〈열반경〉은 중국에서 만들어낸 가짜 〈열반경〉인 〈대열반경〉이다. 〈대열반경〉은 "석가는 열반을 성취하였지만 그것은 제대로 된 공부가 아니다"라고 말한다. 〈대열반경〉은 "무아(無我)가 아닌 자성자리를 보아야 제대로 공부를 이룬 것"이라고 말한다. 이 경은 또 "석가는 자성자리의 존재를 몰랐기 때문에 열반밖에 이루지 못 했고, 자성자리를 보아서 대열반을 이루어야만 비로소 공부를 완성한 것"이라고 말한다.

251 한길로 번역 〈육조단경〉 홍법원. 1976년. 원문 12쪽

수없이 많이 나온다. 예컨대 〈법구경〉을 보면, 그곳에는 "지혜가 없는 자에게는 선정(禪定)이 있을 수 없고, 선정이 없는 자에게는 지혜가 있을 수 없다. 선정과 지혜를 [함께] 갖춘 자에게는 열반이 가까이 있다"[252]고 말하고 있다. 이것은 부처님의 선(禪)수행방법인 정혜쌍수를 말하고 있는 것이다. 정혜쌍수는 '선정과 지혜를 함께 닦아야 한다'는 뜻이다. 경전에 이와 같이 분명하게 나와 있는데도 〈육조단경〉에서는 선정과 지혜보다는 견성을 더 중요시한다. 〈육조단경〉에서 말한다.

> "선지식들이여, 보리 반야지혜는 세상 사람들이 본래 그것을 다 가지고 있지만, 단지 마음의 미혹함으로 인해 스스로 그것을 깨닫지 못 할 따름이다. 그러므로 반드시 대선지식의 지도를 받아서 자성을 볼지니라. 선지식들이여, 자성을 깨닫는 것이 지혜를 성취하는 것이니라."[253]

혜능은 "자성을 깨닫는 것이 지혜를 성취하는 것"이라고 말하고 있다. 여기서 말하는 "자성"은 석가부처님 불교에는 없는 개념이다. 오히려 자성은 부처님께서 무아설(無我說)로 부정했던 아트만과 같은 개념이다.[254] 또 〈육조단경〉에서 혜능은 다음과 같이 말한다.

> "반야는 중국말로 '지혜'이다. 모든 곳, 모든 때에 늘 어리석지 않아서 언제나 지혜를 행하면 그것이 반야행이다. 한 순간 어리석으면 반야

252 빨리어 〈법구경(法句經)〉 제372송(頌)을 우리말로 옮겼다. 한역본에는 "선정이 없으면 지혜도 없고, 지혜가 없으면 선정도 없다. 도는 선정과 지혜를 따라가서 열반에 이른다(無禪不智, 無智不禪, 道從禪智, 得至泥洹)"라고 번역되어 있다.
253 〈돈황본단경〉 성철스님 편역, 장경각, 118쪽 "善知識 菩提般若之智 世人本自有之 卽緣心迷 不能自悟 須求大善知識示導 見性 善知識 遇悟卽成智"
254 자성, 불성, 진여, 아트만, 마음자리 등은 다 같은 개념이다.

가 끊어지고, 한 순간 지혜로우면 반야가 생겨나는데, 세상 사람들은 어리석어서 반야를 보지 못 하도다. 입으로는 반야를 말하지만 마음 속은 언제나 어리석어서 말로만 '자신이 반야를 닦는다'고 하며, 늘 공(空)을 말하고 있지만 진짜 공은 알지 못 하도다."[255]

"마음이 '지혜'이고, 부처가 '선정'이다. 선정과 지혜가 함께 하면 마음이 깨끗해진다. ....법해가 이 말을 듣고 크게 깨달아서 그것을 게송으로 찬탄해서 가로되, '마음이 부처인 줄 모르고 스스로 굽혔도다. ......내 이제 선정과 지혜의 원인을 알아서 쌍으로 닦아서 모든 것에서 벗어났도다."[256]

위의 내용에 비추어 나오듯이 혜능을 종조(宗祖)로 삼는 남종선(南宗禪)에서는 돈오(頓悟)를 강조함으로써 꾸준히 성실하게 수행해가는 기풍을 해쳤고, 불보살에 대한 경배심(敬拜心)을 파괴하는 태도를 취하여, 기존 불교를 파괴했다. 〈육조단경〉은 다음과 같이 말하고 있는데, 이러한 말들은 다 부처님 말씀과 부합하지 않을 뿐더러 사실과도 부합하지 않는다고 보면 맞을 것이다.

"선지식들이여, 깨닫지 못 하면 부처가 중생이고, 한 순간 깨달으면 중생이 부처로다. 그러므로 온갖 것들이 다 자기 마음에 있는 줄 알아야 한다. 어찌 자기 마음을 좇아서 단박에 자신의 진여본성을 보지 못

255 한길로 번역 〈육조단경〉 홍법원. 1976년. 원문의 15쪽 "般若者 唐言 智慧也. 一切處所 一切時中 念念不愚 常行智慧 卽是般若行 一念愚卽般若絶 一念智卽般若生. 世人愚迷 不見般若 口說般若 心中常愚 常自言我修般若 念念說空 不識眞空."

256 〈육조단경〉 한길로 번역. 홍법원. 1976. 원문의 43쪽 제7 기연품(機緣品) "卽心名慧 卽佛乃定 定慧等等 意中淸淨.......卽心元是佛 不悟而自屈 我知定慧因 雙修離諸物"

하는가?"[257]

"자기 자성을 모르고 헤매면 그것이 중생이다. 자성을 모르고 헤매는 것에서 벗어나는 것이 깨달음이다. 깨달으면 그것이 부처이다."[258]

"사람의 자성이 본래 청정하여, 모든 것[259]이 다 자성에서 나왔도다. 모든 것이 다 자성 안에 있는 것이 마치 맑은 하늘에 해와 달이 늘 밝게 비추고 있지만 구름에 가리어서 구름 위는 밝지만 그 아래는 어두운 것과 같도다. 갑자기 바람이 불어와서 구름이 걷히면, 아래 위가 다 밝아져서 모든 것이 다 드러나느니라. 세상 사람들의 마음[性성]이 늘 떠다니는 것이 마치 구름 낀 하늘과 같도다. 지혜가 해와 달처럼 늘 밝게 비추고 있지만 바깥 경계에 집착한 나머지 '망상'이라는 구름에 가리어서 자성이 밝음을 얻지 못 하도다. 만약 선지식을 만나서 참된 법을 듣고, 스스로 어리석음을 제거하면, 안팎이 다 환히 밝아져서 자성 안에 모든 것이 다 드러나느니라."[260]

257 〈현토번역 육조단경〉 탄허스님. 불서보급사. 불기2996년. 55쪽 "善知識 不悟卽佛是衆生 一念悟時 衆生是佛 故知 萬法盡在自心 何不從自心中頓見眞如本性", 〈돈황본단경〉 성철 편역본173쪽 "不悟卽佛是衆生 一念若悟 卽衆生是佛 故知 一切萬法盡在自身心中 何不從於自心 頓現眞如本性"

258 〈육조단경〉 성철 번역본28쪽 "自性迷卽是衆生 離迷卽覺 覺卽是佛" 덕이본 등 다른3본에는 "自性迷卽是衆生 自性悟卽是佛"이라고 되어 있다. 원문의 迷(미)는 '헤맬 미'로서 '길을 잃고 헤맨다'는 뜻이다. 바른 길에 들어서지 못 하고 방황하거나 정신이 혼란한 것을 두고 하는 말이다.

259 여기서 '모든 것[萬法]'은 '마음에서 일어나는 모든 것'이라는 뜻이다. 탄허 스님본을 보면, 성철본에서의 "萬法皆從自性生(만법개종자성생)"이라는 표현 대신 "萬法從自性生(만법종자성생)"이라고 해 놓고, 그 뒤에 "思量一切惡事 卽行惡行 思量一切善事 卽行善行"이라는 말이 덧붙어 있기 때문이다. 원문을 비교해보니, 이 부분 외에는 다 똑 같다.

"사람의 성품은 본래 깨끗한 것인데, 망상 때문에 진여자성이 덮여 있을 따름이다. 단지 망상만 없으면, 진여자성이 저절로 깨끗해지리다."[261]

"자기 본성(本性)[262]이 부처이다. 본성 이외에 다른 부처가 없도다."[263]

"부처는 자신의 본성[自性자성]이므로 자기 밖에서 구하려고 하지 말라."[264]

"자기 마음이 중생임을 알고, 자기 마음이 불성(佛性)임을 보아라."[265]

"너희들은 이제 '부처의 지견(知見)'이라는 것은 다른 것이 아니라 여러분 자신의 마음일 뿐이고, 그 밖에 다른 부처가 없음을 믿어야 한다."[266]

"자기 마음자리를 지혜로 비추어 보아서 안팎이 환히 밝아지면 자신의 본래 마음을 알게 된다. 만약 자신의 본래 마음을 알면, 그것이 곧 해탈이다. 만약 해탈했으면, 그것이 반야삼매이고, 생각 없음이다."[267]

260 〈육조단경〉성철 번역본 30쪽 "世人性本清淨 萬法皆從自性生 諸法在自性中 如天常淸 如日月常明 爲浮雲蓋覆 上明下暗 忽遇風吹 衆雲散盡 上下俱明 萬象皆現 世人性常浮遊 如彼雲天亦復如是 智如日慧如月 智慧常明 於外著境 被妄念浮雲蓋覆 自性不得明朗 若遇善知識 聞眞法 自除迷妄 內外明徹 於自性中 萬法皆現"

261 〈육조단경〉성철 번역본 26쪽 "人性本淨 由妄念故 蓋覆眞如 但無妄想 性自淸淨" 이것이 돈황본에는 "人性本淨 爲妄念故 蓋覆眞如 離妄想 本性淨"이라고 돼 있다.(성철본 25쪽)

262 본성(本性)은 태어날 때 하늘로부터 부여받은 性(성)을 말하는 것이다. 性(성)은 유교에서 가장 중요시하는 개념이다. 유교의 성리학(性理學)은 이 性(성)에 대한 학문이다.

263 〈육조단경〉한길로 번역본 원문 14쪽 "本性是佛 離性無別佛"

264 돈황본〈육조단경〉〈신수대장경〉48, 341C "佛是自性 莫向身外求"

265 위의 책 "識自心衆生 見自心佛性"

266 돈황본〈육조단경〉〈신수대장경〉48, 355b "汝今當信 佛知見者 只汝自心 更無別佛"

"만약 번뇌가 없으면 지혜가 늘 드러나서 자성과 떨어지지 않을 것이다. 이 법을 깨달은 사람은 생각도 없고, 기억도 없고, 집착도 없어서 망상을 일으키지도 않고, 자신의 진여본성을 써서 지혜로 비추어 보아서 일체 대상을 취하지도 않고, 버리지도 않을 것이다. 이렇게 된 것이 견성한 것이고, 불도를 이룬 것이다."[268]

"만약 자신의 본래 마음을 알고, 자신의 본래 성품을 보면, 이런 사람을 '장부(丈夫)', '천상과 인간의 스승' 또는 '부처'라고 말한다."[269]

"자신의 본래 마음을 아는 것이 견성하는 것이다."[270]

이와 같이 〈육조단경〉은 '선정을 닦지 않아도 **견성(見性)**만 하면 된다'는 주의이다. 그리고 "자기 본성이 부처이기 때문에 본성 이외에 다른 부처가 없다"고 가르친다. "자성자리, 진여자성(眞如自性), 본성(本性), 본래 마음, 마음 등을 깨달아서 아는 것이 견성하는 것이고, 지혜를 성취하는 것이며, 해탈하는 것이고, 그렇게 한 사람이 부처"라고 말함으로써 깨달음의 내용도 바꾸고, 부처의 개념도 바꾸어버렸다. 원래 석가부처님께서 깨달은 내용은 마음자리가 아니라 자신의 몸과 마음에서 일어나고 있는 현

267 〈육조단경〉 탄허 번역본 58쪽 "智慧觀照 內外明徹 識自本心 若識本心 卽本解脫 若得解脫 卽是般若三昧 卽是無念" 성철 번역본 34쪽 "自性心地 以智慧觀照 內外明徹 識自本心 若識本心 卽是解脫 旣得解脫 卽是般若三昧 悟般若三昧 卽是無念"

268 〈육조단경〉 탄허 번역본의 48쪽 "若無塵勞 智慧常現 不離自性 悟此法者 卽是無念無憶無着 不起誑妄 用自眞如性 以智慧觀照 於一切法 不取不捨 卽是見性成佛道" 성철 번역본 165쪽 "若無塵勞 般若常在 不離自性 悟此法者 卽是無念無憶無着 莫起誑妄 卽自是眞如性 用智惠觀照 於一切法 不取不捨 卽見性成佛道"

269 〈육조단경〉 한길로 번역본 한문원문의 8쪽 "若識自本心見自本性卽名丈夫天人師佛"

270 〈육조단경〉 성철 번역본의 26쪽 "識自本心是見本性"

상들은 다 무상한 것들이고, 괴로운 것들이며, "나"라고 할 만한 것이 없다는 사실이다. 또 부처는 견성한 사람이 아니라 무아의 진리를 깨달아서 탐진치(貪瞋痴)가 완전히 다 소멸되어서 더 이상 "나"라는 인식[我想아상]과 탐진치가 올라오지 않는 열반상태에 도달한 분이다.

6. 견성이 무슨 의미가 있는가?

견성해도 여전히 탐진치에 사로잡혀 있다면, 견성이 무슨 의미가 있는가?
그럼 혹시 견성하면 방금 앞에서 말한 열반상태에 도달하는 것은 아닐까? 유감스럽게도 아니라고 말해야 할 것 같다. 필자는 그동안 견성했다고 말하는 사람을 6명 정도 만난 적이 있고, 우리가 다 알고 있는 견성했다고 말하는 한국 고승들의 행적과 일화들을 살펴봤다. 견성했다는 그분들도 여전히 명예욕, 재물욕, 권세욕 등의 욕망 속에서 살아가고 있고, 자기 마음에 맞지 않으면 화를 내고, 서운함을 느끼고, 배타적인 모습을 취하는 것을 볼 수 있었다. 이와 같이 견성을 해도 여전히 탐진치(貪瞋痴)에 사로잡혀 있다면, 견성이 무슨 의미가 있겠는가? 분명한 것은 견성한 것이 열반을 성취한 것은 아니라는 사실이다. 그럼 견성은 무엇인가? 견성성불(見性成佛)? 견성하면 부처가 된다고? '견성한 것이 부처'라고 말한다면, 이것은 부처를 너무 낮잡아본 것은 아닐까? 그럼 도대체 견성은 무엇인가?

석가부처님 불교에는 "견성(見性)"의 개념이 없다
중국 선불교에서는 "견성"이 전부이지만 견성은 석가부처님 불교에는 찾아볼 수가 없는 개념이다. 그럼 '견성'이나 '자성', '마음'을 강조하는 중국 선불교는 어디에서 나왔는가? **중국 선불교는 인도 브라만교의 아트**

만사상과 중국 유가(儒家)의 性(성), 心(심)의 사상에서 나왔다고 볼 수 있다. 견성의 개념은 석가부처님께서 부정했던 브라만교의 아트만사상에서 비롯되었고, 아트만사상이 유교의 性(성), 心(심)의 사상과 맞아떨어지면서 중국 선(禪)불교가 되어서 견성의 개념이 전개됐다고 볼 수 있다. 그 근거로 브라만교의 〈우파니샤드〉에 나오는 견성의 개념과 유교 경전에 나오는 견성의 개념을 한 번 보자.

1) 힌두교의 〈우파니샤드〉에 나오는 견성의 개념

우선 자성(自性)과 똑 같은 개념인 "아트만"이 힌두교 경전에는 어떻게 나와 있는지 한 번 보자. 힌두교 경전인 〈우파니샤드〉에 다음과 같은 내용이 나온다.

> 만약 '내가 곧 아뜨만'이라는 진리를 깨닫는다면, 사람이 무엇을 욕망하고, 무엇 때문에 육신의 고통을 겪겠는가?[271]
>
> 불완전하고, 의심이 많고, 지혜를 구하기 힘든 육신에 들어온 아트만이 깨달음을 얻게 되면, 그는 곧 세상을 만든 자이고, 모든 것을 다 만든 창조주이니, 세상이 곧 그의 것이고, 온 세상이 다 그가 되리다.[272]
>
> 아뜨만은 스스로[273] 생겨났고, 유일한 힘의 존재이니, 그를 아는 자는 영생불멸(永生不滅)을 얻으리다.[274]

271 위의 책의 666쪽 〈브리하다란아까 우파니샤드〉 제4장 4편 12절
272 위의 책 666쪽 〈브리하다란야까 우파니샤드〉 제4장 4편 13절
273 이 '스스로'를 다른 번역에서는 '홀로'로 번역하고 있다.
274 위의 책 441쪽 〈슈베따슈바따라 우파니샤드〉 제3장 1절

모든 생명체 안에 깊숙이 들어 있는 브라흐만은 세상을 덮고 있는 유일한 존재이니, 그를 아는 자는 영생불멸을 얻으리다.[275]

그 뿌루사는 손가락만한 내재아(內在我, antarātmā)이고, 사람의 심장 깊숙이 머물러 있도다. 그는 가슴과 마음으로 인지된 모든 지혜의 주인이니, 이것을 아는 자는 영생불멸을 얻으리다.[276]

브라흐만을 아는 자들이 가르치노니, 그는 태어남이 없고, 늘 존재하는 영원한 존재이다. 늙는 것이 없는 가장 오래된 존재이고, 모든 것의 아뜨만이고, 사방 어디에도 가지 않는 곳이 없는 그 광대한 존재를 내 이제 알았도다.[277]

현명한 자라면 그 존재를 깨닫기 위해 그에 대해 지혜를 집중해야 한다. 그러니 너무 많은 말을 익히지 말라. 그것은 목소리를 괴롭히는 것 이외에 어떤 것도 아니기 때문이다.[278]

그의 모습은 눈에는 보이지 않는다. 그러므로 어느 누구도 육안으로는 그를 보지 못 한다. 가슴과 마음으로 그를 본 사람은 진정 가슴 속 깊은 곳에 있는 그를 아나니, 그런 자는 영생불멸을 얻으리다.[279]

우리는 위의 〈우파니샤드〉에서 말하는 **아트만, 브라흐만, 뿌루사, 내재**

275 위의 책 444쪽 〈슈베따슈바따라 우파니샤드〉 제3장 7절
276 위의 책 446쪽 〈슈베따슈바따라 우파니샤드〉 제3장 13절
277 위의 책 449쪽 〈슈베따슈바따라 우파니샤드〉 제3장 21절
278 위의 책 668쪽 〈브리하다란아까 우파니샤드〉 제4장 4편 21절
279 위의 책 456쪽 〈슈베따슈바따라 우파니샤드〉 제4장 20절

아(內在我) **등을 아는 것이** 중국 선불교에서 말하는 **견성**(見性)**하는 것**임을 알 수 있다. 그럼 중국 선불교에서는 왜 석가불교에서는 찾아볼 수 없는 "견성"이라는 표현을 사용하고 있고, "마음을 깨닫는다"는 표현을 사용하고 있는가? 이것은 중국 전통사상인 유교의 경전을 보면, 그 이유를 알 수 있다.

2) 유교경전에 나오는 견성의 개념

중국 전통사상인 유교에는 마음[心심], 性(성)을 중시하는 사상이 불교가 중국에 들어오기 이전부터 있었다. 유교경전인 〈맹자(孟子)〉의 진심장(盡心章)에 다음과 같은 내용이 나온다.

> "그 마음을 다하는 자는 그 性(성)을 알게 되고, 그 性(성)을 알면 하늘을 안다. (= 자기 마음을 다하는 자는 자성(自性)을 알게 되고, 자성을 알면 하늘을 안다.⇒자성을 보면 부처가 된다. = 견성성불見性成佛)"[280]

> "그 마음을 지켜가서 그 性(성)을 기르는 것이 하늘을 섬기는 것이다. (= 자기 마음을 지켜가서 자성을 기르는 것이 하늘을 섬기는 것이다.)"[281]

> "온갖 것들이 다 내 안에 갖추어져 있으니, 관심을 자신에게로 돌려서 [자신에게] 거짓이 없으면, 그 즐거움은 이루 말할 수 없으리다."[282]

280 〈맹자〉 진심장 上-0101 "孟子曰(맹자왈) 盡其心者(진기심자) 知其性也(지기성야) 知其性則知天矣(지기성즉지천의)"
281 〈맹자〉진심장上-0102"存其心(존기심) 養其性(양기심) 所以事天也(소이사천야)"
282 〈맹자〉 진심장 上- 0401 "孟子曰(맹자왈) 萬物皆備於我矣(만물개비어아의) 0402 反身而誠 樂莫大焉(반신이성락막대언)" *여기서 誠(성)은 거짓이 없어서 순일하

"늘 그것을 행하고 있지만 드러나지 않고, 익숙해져 있지만 살펴보지 않아서 평생 그것을 사용하면서도 그 도(道)를 모르는 자들이 대중[衆중]이로다."[283]

"어짊[仁인]은 사람의 마음이고, 옳음[義의]은 사람이 가야할 길이다. 사람들은 그 길을 버리고, 따라가지 않고, 자기 마음을 잃어버렸는데도 찾을 줄을 모르니, 이 얼마나 한심한 일인가? 자기가 기르는 닭이나 개를 잃어버리면 그것을 찾을 줄을 아는데, 자기 마음을 잃어버렸는데도 찾을 줄을 모르도다. 학문의 길은 다른 것이 아니라 잃어버린 그 마음을 찾는 것일 뿐이로다."[284]

"찾으면 그것을 얻고, 놓으면 그것을 잃는다. 이러한 찾음은 얻는 데 도움이 된다. 왜냐하면 이것은 나한테서 찾는 것이기 때문이다."[285]

"그것을 찾는 데 길[道도]이 있지만, '그것을 얻고 못 얻는 것은 운명

게 되는것이다. 순일(純一)은 순수(純粹), 순진무구(純眞無垢)로 일관되는것이다.

283 〈맹자〉 진심장 上-0500 "孟子曰(맹자왈) 行之而不著焉(행지이불착언) 習矣而不察焉(습의이불찰언) 終身由之而不知其道者(종신유지이부지기도자) 衆也(중야)" 이것은 "평생 그것을 겪으면서도 그 도를 모르는 자들이 대중[衆]이로다", "평생 그것을 좇아가면서도 그 길을 모르는 자들이 대중이로다" 등으로도 해석할 수 있다. 원문의 著(저)는 드러날 저이다. 由(유)는 1) 말미암을 유. 겪어 지내옴. 2) 좇을 유. 따름, 본받음. 3) 쓸 유. 사용함 4) 행할 유. 실행함 등의 뜻이 있다.

284 〈맹자〉 진심장 上-11 "孟子曰(맹자왈) 仁人心也(인인심야) 義人路也(의인로야) 舍其路而不由(사기로이불유) 放其心而不知求(방기심이부지구) 哀哉(애재) 人有鷄犬放則知求之(인유계견방즉지구지) 有放心而不知求(유방심이부지구) 學問之道(학문지도) 無他(무타) 求其放心而已矣(구기방심이기의)"

285 〈맹자〉 진심장 上-0301 "孟子曰(맹자왈) 求則得之(구즉득지) 舍則失之(사즉실지) 是求有益於得也(시구유익어득야) 求在我者也(구재아자야)"

[命명]'이라고 [본다면], 이러한 찾음은 얻는 데 도움이 되지 않는다. 왜냐하면 그것은 내 밖에서 찾는 것이기 때문이다."[286]

"사람이 배우지 않고도 할 수 있는 능력이 있는데, 그것이 양능(良能)이다. 생각하지 않고도 아는 것이 있는데, 그것이 양지(良知)이다."[287] (양능, 양지 = 선불교의 자성)

"누구든지 요(堯)임금이나 순(舜)임금과 같은 대성인이 될 수 있다."[288]

위의 〈맹자〉 진심장의 첫 구절을 보면, 마음[心심], 자성[性성], 하늘 등은 사람이 알아야 할 대상이다. 그래서 "자성을 알면 하늘을 안다"고 했다. 여기서 '하늘' 자리에 '부처 불(佛)' 자를 집어넣은 것이 중국 선불교의 "견성성불(見性成佛)"이라고 할 수 있다. 견성성불은 '누구든지 "자성(自性)", 즉 자신[**自**자]의 **性(성)**을 보면, 부처가 된다'는 말이다. 중국 선불교는 마음을 찾고, 마음을 깨닫는 불교이다. 이것은 위의 〈맹자〉 진심장의 내용과 일치한다고 말할 수 있다.

〈맹자〉의 양지(良知)와 선불교의 자성은 똑 같은 개념이다. 그것은 중국 선불교의 자성이 유교의 양지의 개념을 빌어서 만들어졌기 때문이다

맹자는 "학문의 길은 다른 게 아니라 잃어버린 그 마음을 찾는 것일 뿐"이라고 했다. 맹자는 또 배우지 않고도 할 수 있는 능력이 내 안에 이미 다

286 〈맹자〉 진심장 上-0302 "求之有道(구지유도) 得之有命(득지유명) 是求無益於得也(시구무익어득야) 求在外者也(구재외자야)"
287 〈맹자〉 진심장 上-1501 "孟子曰(맹자왈) 人之所不學而能者(인지소불학이능자) 其良能也(기양능야) 所不慮而知者(소불려이지자) 其良知也(기양지야)"
288 〈맹자〉 "人皆可以爲堯舜(인개가이위요순)"

갖추어져 있고, 생각하지 않고도 알 수 있는 능력이 있다고 말했다. 그것이 유교에서 말하는 양능(良能)이고, 양지(良知)[289]이다. 왕양명(王陽明, 1472~1529)은 "양지는 하늘이 내려준 본성이고, 내 마음의 본체로서 저절로 또렷하고도 밝게 알아차리[覺각]는 그 무엇"[290]이라고 했다. 또 "양지는 본래부터 더 이상 완전할 수가 없는 그 무엇"[291]이라고 했다. 이 정의에 의하면 양지는 중국 선불교에서 말하는 마음자리나 자성자리와 똑 같은 개념이다. 그런데 양지는 유교경전인 〈맹자〉에 나오는 말이다. 혹시 〈맹자〉가 선(禪)불교의 "자성(自性)"의 개념을 도용한 것은 아닐까? 아니다. 맹자(BC. 372~289년경)는 불교가 중국에 전래되기 200~300년 전의 인물이다. 그래서 〈맹자〉의 전래과정에서 누군가 이 내용을 집어넣은 것이 아니라면 도용은 불가능하다. 그런데 양지(良知)가 선불교의 자성(自性)과 어떻게 이렇게 똑 같은 개념인지 놀라지 않을 수 없다.[292] 선불교의 자성과 〈맹

289 명(明)대의 유학자 왕양명(王陽明, 1472~1529)은 '양지(良知)는 천지를 생성시키고, 만물을 조화시키는 우주의 본체'로 보면서 다음과 같이 말했다. "양지는 마음의 본체로서 바로 앞에서 말한 항상 비추는 그것이다.(良知者양지자心之本體심지본체卽前所謂恒照者也즉전소위항조자야))" "양지는 아직 발현되지 않은 것이고, 확연히 공평한 것이며, 고요하여 움직임이 없는 본체"라고 말해, 양지를 대승불교의 진여(眞如)나 자성자리와 똑 같은 개념으로 만들어 놓았다.(良知卽是未發之中양지즉시미발지중卽是廓然大公즉시확연대공寂然不動之本體적연부동지본체)

290 〈왕양명전집〉 상해 고적출판사. 1992년. 26권 속편1. 〈大學問〉 "良知是乃天命之性(양지시내천명지성) 吾心之本體(오심지본체) 自然靈昭明覺者也(자연령소명각자야)"

291 〈傳習錄전습록〉 하권 65조 "良知原是完完全全(양지원시완완전전)"

292 필자는 〈맹자〉나 유교를 전공한 사람이 아니라서 잘 모르지만, 현재 우리가 보고 있는 유교경전의 내용이 전래되는 과정에서 새로운 내용이 첨가되었거나 빠진 것들이 있을 수 있다고 본다. 불전(佛典)의 경우를 보면, 문장이 달라졌거나 없던 내용이 들어와 있는 것들을 발견할 수 있었다. 이러한 것을 보면, 유교경전도 불교가 들어온 뒤에 불교의 영향으로 과거에는 없던 새로운 내용이 끼어들었을 가능성을 완전히 배제할 수는 없다고 본다. 즉 불교가 중국에 들어와서 중국사상의 영향으로 많이 변했지만, 유교경전도 불교의 영향으로 새로운 내용이 보태어졌을 수 있다고 본다. 이

자〉의 양지가 이렇게 그 개념이 똑같은 것은 〈맹자〉의 양지의 개념이 선불교의 영향으로 만들어진 것이 아니라, 중국 선불교의 자성이 유교의 양지의 개념을 빌어서 만들어졌기 때문이다.

중국 선불교의 자성(自性)은 유교경전의 "性(성)"에서 가져온 개념이다

유교에서는 "기쁨, 노함, 슬픔, 즐거움 등의 감정이 아직 일어나지 않은 본바탕 마음을 '性(성)'"[293]이라고 한다. 性(성)은 태어날 때 하늘로부터 부여받은 지극히 선(善)한 마음이다. 누구든지 性(성), 즉 자성(自性)만 되찾으면, 요임금이나 순임금과 같은 대성인이 될 수 있다고 보았다. 그래서 욕망, 감정으로 인해 본성을 해치는 일이 없이 언제나 자신의 본바탕 마음을 잘 지키고[存心존심], 기르면[養性양성], 대성인이 될 수 있다고 가르쳤다. 유교경전인 〈중용〉 제1장에 다음과 같은 내용이 나온다.

> "태어날 때 하늘이 내려준 것이 性(성)이고, 그 性(성)을 따르는 것이 도(道)이다."[294]
> "도(道)라고 하는 것은 우리의 삶과 잠시도 떨어질 수 없는 것이다. 만약 떨어지면 그것은 도가 아니다"[295]

"하늘이 부여한 깨끗한 마음이 性(성)이고, 잠시도 끊어지지 않고 그 性

부분은 연구를 요한다. '어떻게 유교경전에 이러한 내용이 있을 수 있을까?'라고 생각해보다가 문득 떠오른 생각을 적어봤다.

293 유교경전인 〈중용(中庸)〉 제1장에 나오는 말이다. "未發心體性(미발심체성)", "기쁨[喜], 노함[怒], 슬픔[哀], 즐거움[樂] 등의 감정이 아직 일어나지 않은 우리 마음의 본체가 性(성)"이라는 뜻이다.

294 〈중용〉 제1장 "天命之謂性(천명지위성) 率性之謂道(솔성지위도)" 天命(천명)에서 命(명)은 줄 명이다. 수여함. 率(솔)은 좇음. 따름.

295 "道也者不可須臾離也(도야자불가수유리야) 可離非道也(가리비도야)"

(성)을 지켜가는 것이 道(도)"라는 말이다. 이것은 서산대사의 〈선가귀감〉에 나오는 다음과 같은 말과 같다. "자신이 본래 갖고 있는 참마음자리를 지켜가는 것이 최고의 수행이다."[296] 거듭 말하지만 석가부처님 불교에는 性(성), 자성(自性), 참마음[眞心진심] 등의 개념이 없다. 이런 것들은 다 브라만교나 중국 선불교에 나오는 개념이다. 유교경전인 〈중용〉 제26장에 다음과 같은 내용이 나온다.

"그러므로 지극히 참됨[至誠지성]은 쉬는 경우가 없다. 쉬지 않으면, 오래 지속되고, 오래 지속되면, 징험(徵驗)이 나타난다. 징험이 나타나면, 유유(悠悠)함이 오래 간다. 유유함이 오래 가면, 마음이 넉넉하고, 후하다. 마음이 넉넉하고, 후하면, 높고, 밝으리다."[297]

현재 한국 유가(儒家)에서는 〈중용〉 제26장을 이런 뜻으로 해석하고 있는지 모르겠지만, 이 부분은 분명히 이런 뜻이다. 이것은 불교에서 관찰수행을 할 때 알아차림이 끊어지지 않고 지속적으로 이어질 때 지혜가 계발되어 나오는 것과 같다. 이런 내용을 보면, 유교경전도 도를 닦는 방법을 갖고 있다고 볼 수 있다.

296 "守本眞心(수본진심) 第一精進(제일정진)"
297 "故(고)로 至誠(지성)은 無息(무식)이니, 不息則久(불식즉구)하고, 久則徵(구즉징)하고, 徵則悠遠(징즉유원)하고, 悠遠則博厚(유원즉박후)하고 博厚則高明(박후즉고명)이니라"

7. 중국 선불교의 탄생

유교경전의 이런 내용을 보면, 우리는 앞에서 나온 견성(見性)을 내세우는 〈육조단경〉의 내용과 조금도 다르지 않다는 것을 알 수 있다. 이것은 부처님께서 부정했던 아트만, 브라흐만, 자성, 마음 등을 중요시하고, 그것을 찾는 브라만교(힌두교)의 교리가 불가(佛家)의 뒷문으로 들어와서 대승불교의 유식(唯識)불교가 되었고, 그것이 중국 전통사상인 유교[298]의 태중(胎中)으로 들어가서 잉태되어 나온 것이 중국 선불교이기 때문이다. 그래서 당대 최고의 강백(講伯)이자 강원도 오대산 상원사 조실이었던 탄허(呑虛, 1913~1983) 스님은 "유불선(儒佛仙)은 하나"라고 가르쳤다. 이것은 중국 선불교의 입장에서 보면 맞는 말이지만, 석가부처님 불교의 입장에서 보면 틀린 말이다. 왜냐하면 유교, 도교와 완전히 다른 석가부처님 불교에 대해 "소승"이라는 이름을 갖다 붙여서 짓밟고, 그 자리에 유교, 도교 등의 중국 전통사상을 집어넣은 것이 중국 선불교이기 때문이다.

20세기를 통 털어서 동서양을 완전히 이해한 중국의 석학 오경웅(吳經熊, 1899~1986) 박사는 〈선(禪)의 황금시대〉에서 일본 스즈키 다이세쯔(鈴木大拙, 1870-1966) 박사의 말을 인용하여, 다음과 같이 말했다.

> "이렇게 해서 현실에 바탕을 둔 중국인들의 상상력은 [자신들의] 선(禪)을 창조하기에 이르렀고, 이것을 다시 자신들의 종교적인 요구에 맞게 최대한 발전시켜나갔다."[299]

298 정확하게 말하면 유교뿐만 아니라 노장(老莊)도 여기에 들어가야 한다. 노장은 노자(老子)와 장자(莊子)로 이루어진 도가(道家)를 일컫는 말이다.

299 〈선의 황금시대〉 오경웅 저. 류시화 옮김. 2012년판 21쪽

필자는 중국 선불교는 중국이 최고의 문화를 가진 세계의 중심국이고, 중국이 천하를 이끌어간다고 하는 중화주의(中華主義)[300]에서 비롯되었다고 본다. 중국 선불교는 인도불교에서 벗어나서 중국의 독자적인 불교를 하나 내세워서 중국에도 혜능과 같은 대도인이 있었다는 스토리를 만들어냄으로써 자칫 인도로 기울기 쉬운 자국민을 포함한 주변국 사람들의 관심을 다시 중국으로 집중시키는 역할을 했다. 이는 중국이 중화주의로 천하질서를 계속 잡아가기 위한 정책의 일환이었다고도 볼 수 있는데, 이 정책은 아주 성공적이었다고 말할 수 있다. 왜냐하면 1300년이 지난 지금도 중국과 한국, 일본의 불자들은 석가부처님 불교는 잘 모르지만, 중국 선불교는 꽤 많이 알고 있기 때문이다. 선불교는 '불교의 도인'하면 중국을 떠올리게 만들었고, "마음이 곧 부처"[301]라고 하며, 마음만 강조했다. 그뿐만이 아니다. 중국 선불교는 "불립문자(不立文字) 교외별전(教外別傳) 직지인심(直指人心) 견성성불(見性成佛)"[302]이라는 이전에 들어보지 못 한 말을 만들어내어, 부처님 말씀인 경전은 보지 못 하게 만들었고, 중국 조사(祖師)들의 선어록(禪語錄)만 보게 만들었다. 그 결과, 중국과 한국의 불자들은 석가부처님 법을 잘 모르게 되었

300 '중화주의'는 중국에 나타난 자기문화 중심주의적인 사상이다. 이것은 중화(中華) 이외에는 다 '오랑케'라 하여, 천시하고 배척하는 관념이다. 중(中)은 '천하의 중심'이라는 뜻이고, 화(華)는 '문화'라는 뜻이다. 즉 중화는 중국이 천하의 중심이면서 가장 발달된 문화를 가지고 있다는 선민(選民)의식을 나타낸다. 〈두산대백과사전〉 '중화사상' 참조.

301 이것을 '心卽是佛(심즉시불)'이라고 한다.

302 문자를 세우지 않고[不立文字불립문자], 경전[敎교] 이외에 별도로 전해지는 법이 있다[教外別傳교외별전]. 그것은 [언어 · 문자를 통하지 않고] 바로 사람의 마음자리를 가리켜서[直指人心직지인심], 자성(自性)자리를 보도록 하여, 부처가 되게 하는 것이다[見性成佛견성성불]. 영남대학교 철학과 최재목 교수의 말에 의하면 "직지인심"과 "견성견불"은 당(唐)대에 만들어졌고, "불립문자"와 "교외별전"은 송(宋)대에 만들어졌다고 한다.

고, 불교가 부처님 가르침으로부터 멀어지게 되었다. 이와 같이 중국인들은 자신들의 입맛에 맞는 "**선불교**(禪佛教)"라는 새로운 불교를 하나 만들어냄으로써 다시 천하를 중국 중심으로 묶어낼 수 있었다.

불교는 중국에 들어와서 유학화(儒學化) 되었고, 유학화 된 불교가 중국 선불교이다

도올 김용옥 선생은 "당(唐)과 송(宋)의 가장 큰 차이점은 당이 외래에서 들어온 불교문명이었는데 반(反)해 송은 그 외래문명에 대한 반발로 철저히 반불교적인 유교문명이었다"고[303] 말한다. 도올 선생의 이런 말을 받아서 좀 더 상세하게 말하면, 중국인들이 인도불교를 처음 받아들일 때 중국 전통사상인 유가(儒家)나 도가(道家)의 시각으로 불교를 해석했다. 시간이 지남에 따라 불교의 영향으로 유교에도 점차 변화가 일어나서 심성론(心性論)과 본체론이 본격적으로 나오게 되었다. 송(宋)과 명(明)대에 이르러서는 굳이 외래사상인 불교가 필요 없을 정도로 유교의 심학(心學)과 이학(理學)이 발전했다. 그래서 송 · 명대에는 중국 전통사상인 유학을 치켜세우고, 외래사상인 불교를 철저히 배척하기에 이르렀다. 중국 남경대학교 뢰영해(賴永海, 1949년생) 교수는 그의 저서 〈불교와 유학〉의 서문에서 다음과 같이 말했다.

> "불교가 중국에 전래된 뒤에 중국사회의 역사적 조건과 사상, 문화적 배경에 영향을 받아서 불교는 점차 중국화의 길을 걷게 되었다. '불교의 중국화'는 '불교의 유학화(儒學化)'를 표명하는 것이라고 할 수 있다. 이와 함께 중국에 불교가 전래된 뒤에 중국 고대의 전통적인 학술과 사상도 점차 변화가 일어나게 되었다. 그 중에 유가(儒家)사상에 가

303 〈도올 선생 중용 강의〉 통나무. 1995년. 36쪽

장 크게 영향을 미친 것은 불교의 본체론적인 사유양식이라고 할 수 있다."[304]

중국인들은 불교의 영향으로 유학의 심성론(心性論)을 더욱 깊이 있게 발전시켰다. 마침내 그들은 불교를 배척했을 뿐만 아니라, 불교 내에서도 스스로 불교를 유학화(儒學化)함으로써 중국의 독자적인 불교인 중국 **선불교**를 내놓게 되었다. 당(唐, 618~907)이 시작된 지 약 120년쯤 지났을 무렵, 인도불교와 교학(教學)에 대한 반발로 나온 것이 중국의 선불교이다. 중국 선불교는 "유교와 노장(老莊)에 통달한"[305] 하택신회(荷澤神會, 685~760)가 자신이 중국 선불교의 제7조(祖)가 되기 위해 〈육조단경〉을 저술해냄으로써 본격적으로 시작되었다고 볼 수 있다.[306]

당·송의 일부 지성인들은 불교에 대해 반감을 갖고 있었고, 중국 선사들조차 석가를 싫어했다

중화사상에 젖어 있던 당·송대의 일부 지성인들은 외래사상인 불교에 대해 반감을 갖고 있었다. 이에 대해 중국 남경대학교 뢰영해 교수는 다

304 〈불교와 유학〉 뢰영해 저. 김진무 번역. 운주사. 2010년. 5쪽 참조

305 김승동 편저. 부산대학교 출판국. 〈불교인도사상사전〉에서 하택신회를 찾아보면, "신회는 14세에 출가하여, 유교와 노장(老莊)에도 통달하고, 육조혜능(638~713)을 수년간 모셨다"고 나와 있다.

306 혜능은 713년에 세상을 떠났고, 〈육조단경〉은 그로부터 **약77년 후**인 790년경에 성립되었다고 보는 것이 학계의 일반적 견해다. 동국대학교 선(禪)학과 교수인 성본 스님은 〈육조단경〉은 혜능 - 하택신회의 법을 계승한 신회 계통의 인물에 의해 '혜능의 구법(求法)과 설법집'으로 만들어진 문학작품으로 보고 있다. 일본 대정(大正)대학교 불교학부 세키구치 신다이(關口眞大) 교수는 신회가 〈육조단경〉을 통해 혜능을 제6조라고 주장한 이면에는 신회 자신을 제7조의 지위에 올려놓기 위한 저의가 있었다고 말한다. 〈중국불교의 사상〉 다마키코 시로 외 7인 지음. 정순일 옮김. 민족사. 2006년판의 80쪽 참조.

음과 같이 말했다.

> 불교가 중국에 전래된 뒤 유학이 중국의 전통, 학술, 문화의 주류였으므로 불교는 이국(異國) 타향에서 생존과 발전을 도모하기 위해 유학(儒學)에 영합하고, 의지하려는 태도를 취했다. 유학은 잘못 하면 불교에게 자신들의 지반(地盤)을 빼앗길까봐 두려워한 나머지 상당 기간 동안 불교에 대해 "비협조적인" 태도를 취하며, 불교를 단호히 저지하고, 배척하여, 불교를 '고향으로 추방하거나,' '천축으로 돌려보내기'를 도모했다. .... 상당히 긴 기간 동안 불교를 배척하였지만 불교는 사라지지 않고 후대에 유교, 도교와 더불어 중국 삼교(三教)로 정립되어서 중국의 중요한 사회사조(社會思潮)가 되었을 뿐만 아니라 중국불교는 역사 속에서 지속적으로 발전하여 세계불교의 중심이 되었다.[307]

위의 글에도 나타나듯이 불교는 중국 땅에서 살아남기 위해 유교에 영합하는 태도를 취했다. 그 결과 유교화 된 불교가 나오게 되는데, 이것이 중국 선불교이다. 필자는 중국 선불교는 불교를 유교화함으로써 석가부처님의 禪(선)을 파괴하고, 왜곡하는 불교이지 결코 선(禪)을 잘 닦도록 해주는 불교가 아니라고 본다.
중화사상에 젖어 있던 중국인들은 유학자뿐만 아니라 중국 선사들조차 석가부처님을 싫어했다. 중국 선사들이 석가부처님을 얼마나 싫어했고, 폄훼했는지는 다음과 같은 〈선문염송(禪門拈頌)〉 내용을 보면 알 수 있다.

307 〈불교와 유학〉 뢰영해 저. 김진무 번역. 운주사. 2010년. 55쪽의 내용을 읽기 쉽도록 글을 교정해서 인용했다.

8. 〈선문염송〉[308]에 나타난 중국 선사들의 석가부처님에 대한 폄훼

선문염송 고칙(古則) 1. 세존께서는 아직 도솔천을 떠나기도 전에 이미 왕궁에 내려왔고, 엄마 뱃속에서 나오기도 전에 이미 사람들 제도하기를 다 끝냈도다.[309]

장령수탁(長靈守卓,1065-1123) 선사가 법상에 올라가서 말했다.
"도솔천을 떠나기도 전에 이미 왕궁에 내려왔다고 하니, 석가노자(釋迦老子)가 여기서 귀를 막고 방울을 훔치려했구나. 엄마 뱃속에서 나오기도 전에 이미 사람들 제도하기를 다 끝냈다고 하네. 설령 그랬다손 치더라도 성질이 급해서 단박에 다 끊는 이가 되지 못 했는데,[310] 하물며 또 주변을 일곱 걸음이나 걷고는, 고개를 돌려서 사방을 돌아볼 겨를이나 있었겠는가? 도대체 어디로 가려고 하는가? 조상들은 그 당시에 이미 온 몸이 꺼꾸러져버렸는데, 그 자손들 또한 오늘날 어떠한가? (중국 선불교의) 후손들이 번창하고 융성하기를 바라거든 청규(清規)를 따로 세우고, **공(空)**에서 나와서 **유(有)**로 들어가는 쪽으로 향하게 해서 변화가 무한한 곳에서 마음의 틀을 확 바꿔줄 수 있는 한 마디[311]를 일러보라."[312]

308 〈선문염송〉은 고려 진각국사 혜심(眞覺國師 慧諶, 1178~1234)이 선가(禪家)의 화두 1,125칙을 모아서 편찬한 총30권의 책이다.
309 〈선문염송 염송설화 제1권〉 이진오 감수 정천구, 송인성, 김태완 역주. 육일문화사. 54쪽의 내용을 필자가 재번역하여, 뜻이 분명하게 드러나도록 했다. 이후 이 책에 대한 번역의 인용도 마찬가지다. 원문은 "世尊未離兜率(세존미리도솔) 已降王宮(이강왕궁) 未出母胎(미출모태) 度人已畢(도인이필)"이다.
310 원문은 "直饒伊麼也未是性燥剿絶底漢"이다. 여기서 勦(초)는 날랠 초, 끊을 초이다.
311 원문의 '一轉語(일전어)'를 '마음의 틀을 확 바꾸어줄 수 있는 한 마디'로 옮겼

송원숭악(松源崇岳,1132-1202) 선사가 법상에 올라가서 이 고칙을 들어서 말했다.
"황금색 얼굴의 노자[313]가 처음 한 조각의 판때기를 메고, 한 쪽만 바라봤던 까닭에 그 후손들이 온 힘을 다해서 일어서려고 했지만, 일어서지 못 했네."[314]

고칙1 뒤에 붙은 〈염송설화〉에서는 다음과 같이 말한다.

'도솔천을 떠나기도 전에 운운'한 것은 무엇인가? 팔상성도(八相成道)는 순서인데, 이것은 소승의 성문(聲聞)들이 잘못 본 것이다. 만약 대승인 화엄의 시각으로 본다면 팔상은 같은 시간이라서 앞뒤 순서가 없다. 그래서 청량대사 징관(澄觀,738~839)은 〈화엄경소〉에서 "불신(佛身)은 막힘이 없기 때문이고, 법은 저절로 그러하기 때문이다"고 했다. 무진거사(無盡居士,1043~1121)는 〈소화원기(昭化院記)〉에서 "대저 화엄이 본체가 되는 것이니, 처음부터 끝까지 일념(一念)일 뿐이고, 지금과 옛날은 같은 때이고, 시방(十方)은 한 국토이며, 삼계는 하나다"고 말했다. 그 본체가 앞에 나타나서 분별심을 거치지 않는다면, 이는 열 가지 무애 중에서 때와 장소의 무애다. '떠나기도 전에 운운'은 장소의 무애이고, '뱃속에서 나오기도 전에 운운'은 때의 무애다.[315]

다. 여기서 원문 一轉(일전)은 심기일전(心機一轉)의 준말이다. 이것은 어떤 동기로 인하여 여태까지 가졌던 마음가짐을 버리고, 완전히 달라진다는 뜻이다.
312 위의 〈선문염송 염송설화 제1권〉 58쪽
313 '황금색 얼굴의 노자'는 '황면노자(黃面老子)'를 번역한 것이다. 이것은 황금색 불상, 즉 석가부처님을 일컫는 말이다.
314 위의 〈선문염송 염송설화 제1권〉 58쪽
315 위의 〈선문염송 염송설화 제1권〉 60쪽

옛날에 덕망 높은 한 스님이 이르기를 "석가모니가 이 세상에 나오지 않았어도 49년 동안 설법을 했고, 달마가 서쪽으로 오지 않았어도 소림(少林)에는 현묘한 법이 있었다"[316]고 했다. 그런즉 사람마다 제 각기 천 길 벼랑 위에 서 있어서 수천만겁 전에 수행도 이미 다 끝냈고, 부처가 되는 것도 다 마쳤으니, 다시 연지 바르고, 분칠할 낯짝이 없도다.[317]

고칙(古則) **2.** 세존께서 처음 세상에 태어났을 때 두루 일곱 걸음을 걷고는 사방을 돌아보더니, 한 손으로는 하늘을 가리키고, 다른 손으로는 땅을 가리키며, 말했다. "하늘 위와 하늘 아래에서 오직 나 홀로 존귀하도다!"

이 고칙에 대해 운문(雲門,864~949) 선사가 한 마디 하기로, "만약 내가 그 때 그 꼴을 봤더라면 방망이로 한 방에 쳐 죽여서 개에게 던져줘서 배불리 먹게 하고, 천하를 태평하게 했을 텐데."[318]

장령수탁(長靈守卓,1065~1123) 선사는 이 고칙에 대해 다음과 같이 노래했다.

"두루 일곱 걸음을 걷고는 자기 홀로 존귀하다고 말했으니, 이 집안의 추태가 문밖으로 나가면 어떻게 감당하려고 그랬던가?[319] 엄마 뱃속

316 "釋迦不出世(석가불출세) 四十九年說(사십구년설) 達磨不西來(달마불서래) 少林有妙訣(소림유묘결)"
317 위의 〈선문염송 염송설화 제1권〉 61쪽
318 위의 〈선문염송 염송설화 제1권〉 70쪽
319 이 부분의 원문은 "家醜那堪放出門(가추나감방출문)"이다. 여기서 那(나)는 어찌 나이다.

에서 중생들 제도하기를 다 끝냈다고 하니, 몽둥이 한 방으로 멍 자국이나 남겨줄까 보다."

대혜종고(大慧宗杲,1089~1163) 선사는 이 고칙에 대해 다음과 같이 노래했다.

"늙은 놈이 겨우 태어나자마자 황급히 서두르며, 두루 일곱 걸음을 걸었으니, 이는 마치 미친 놈 같구나. 저 한없이 많은 어리석은 남녀들을 속이고서는 눈 부릅뜨고 성큼성큼 가마솥에 쇳물이 펄펄 끓는 화탕지옥에 들어가네."

죽암사규(竹庵士珪,1083~1146) 선사는 이 고칙에 대해 다음과 같이 노래했다.

"늙은 오랑캐가 엄마 뱃속에서 나오는 것을 면하지도 못 했으면서 남 앞에서 그런 짓은 할 줄 알았구나. 땅과 하늘을 가리키고는 '자기가 최고'라고 말했으니, 중생들은 49년 동안 재앙을 입었구나."

석창법공(石窓法恭,1102~1181) 선사는 이 고칙에 대해 다음과 같이 노래했다.

"인도의 쑥대 화살 한 발로 중국의 백만 병사를 어지러이 다 흔들었구나. 운문 선사의 바른 말 한 마디가 없었다면, 어찌 저울의 첫 눈금을 잘못 읽지 않았겠는가?"

송원숭악(松源崇岳,1132~1202) 선사는 이 고칙에 대해 다음과 같이 노래했다.

"입을 열기만 하면 잘못된 것이 분명하거늘, 하늘과 땅을 가리키며, 자기 혼자만 존귀하다고 말했구나. 무리를 지어서 그를 따라 다녔으니, 제 정신인 사람이 몇 명이나 있었던가?"[320]

보림본(寶林本) 선사가 법좌에 올라가서 말했다. "고금의 방편이 갠지스강의 모래알 수만큼이나 많지만, 그 중에서 가장 기이(奇異)하고도 괴이(怪異)한 것은 이 늙은 오랑캐가 태어나자마자 '하늘 위와 하늘 아래에서 오직 나만 존귀하다'고 말한 것이다. .... 이제 그대들과 함께 마지막 한 구절을 끊어버리고, 확 바꿀 수 있는 한 마디를 따로 던져서 천하의 많은 자손들로 하여금 모두 화풀이를 하게 한다면, 이 어찌 통쾌하지 않으리요?"[321]

이와 같이 중국 선사들은 석가부처님에 대해 "늙은 오랑캐[老胡노호]", "늙은 놈[老漢노한]", "몽둥이 한 방으로 멍 자국이나 남겨줄까 보다", "부처님을 방망이로 한 방에 쳐 죽여서 개에게 던져줘서 배불리 먹게 하고, 천하를 태평하게 했을 텐데" 등의 거친 말을 해가며, 석가부처님을 깎아내리고, 중국 선사들의 법을 높이려고 했다.
이런 내용이 수록되어 있는 〈선문염송〉은 1226년에 고려 진각국사 혜심(眞覺國師 慧諶, 1178~1234)이 선가(禪家)의 화두 1,125칙을 모아서 편찬한 책이다. 이 〈선문염송〉은 한국불교에서는 교학과 선(禪)을 다 공부하고 난 뒤에 보는 선불교의 최고봉에 해당하는 책이라고 할 수 있다. 〈선

320 〈선문염송 염송설화 제1권〉이진오 감수. 정천구, 송인성, 김태완 역주 74-75쪽
321 〈선문염송 염송설화 제1권〉이진오 감수. 정천구, 송인성, 김태완 역주 81쪽

문염송〉 제1권에는 석가부처님에 대한 30가지 화제를 수록하고 있는데, 그 내용을 보면 한 결 같이 석가부처님에 대한 부정적인 이미지를 심어주기 위해 날조된 황당하기 짝이 없는 것들이다. 중국 선(禪)불교는 아무런 근거도 없는 거짓 역사를 날조해냈고[322], 황당하고도 난해한 내용을 많이 만들어내어, 오히려 禪(선)이 무엇인지 모르도록 만들었다. 석가부처님의 禪(선)은 이치에 맞고, 명쾌한 언어로 설명되어 있으며, 황당한 내용이나 어려운 내용이 없어서 이해하기도 쉽고, 닦기도 쉽다.

중국불교의 석가불교로부터의 독립선언

그럼 중국 선사들은 왜 석가부처님 법을 왜곡, 폄훼하고, 석가부처님을 깎아내리려고 했는가? 그것은 중국인들이 자신들의 전통사상과 맞지 않는 석가부처님 가르침을 싫어했기 때문이기도 하고, 자신들의 독자적인 불교인 중국 선불교를 치켜세우기 위해 그랬던 것으로 보인다. 장령수탁 선사가 다음과 같이 말한 것을 보면, 중국인들은 자신들의 입맛에 맞는 새로운 불교를 하나 만들어내야 한다는 뜻을 엿볼 수 있다.

322 1006년에 송나라 사문 도원(道原)이 지은 〈경덕전등록〉에는 제1. 비파시불(비바시불), 제2. 시기불, 제3. 비사부불, 제4. 구류손불, 제5. 구나함모니불, 제6. 가섭불, 제7. 석가모니불 등 과거칠불(七佛) 한 분 한 분의 전법게송(傳法偈頌)이 들어 있다. 이 게송은 법을 전하기 위하여 전해 내려오던 것이 아니라 〈경덕전등록〉의 저자가 거짓 선종 법맥의 역사를 꾸며내기 위하여 만들어 넣었다고 보는 것이 맞을 것이다. 왜냐하면 이 내용은 중국 선불교에만 있는 것이고, 그 이전의 어떤 기록에도 이와 비슷한 내용조차 찾아볼 수가 없기 때문이다. 〈경덕전등록〉에는 석가모니부처님의 법맥은 과거 여섯 부처님이 전해준 것을 전해 받은 것이라고 말하고 있고, 석가모니는 오랜 옛날부터 전해 내려오던 조사선의 법맥을 이어 받은 것이라고 말하고 있다. 이러한 내용을 보면 옛날이나 지금이나 중국인들은 거짓된 역사를 만들어내는 데 능하다고 볼 수 있다. 1980년대 이전에 한국에는 중국 선종의 법맥에 관한 이야기에 대해 의문을 제기하는 사람이 아무도 없었다고 보면 맞을 것이다.

> "도대체 어디로 가려고 하는가? 조상들은 그 당시에 이미 온 몸이 꺼꾸러져버렸고, 그 자손들도 또한 오늘날 어떠한가? (중국 선불교의) 후손들이 번창하고 융성하기를 바라거든 청규(淸規)를 따로 세우고, **공(空)**에서 나와서 **유(有)**로 들어가는 쪽으로 향하게 해서 변화가 무한한 곳에서 마음의 틀을 확 바꿔줄 수 있는 한 마디[323]를 일러보라."[324]

장령수탁 선사는 1065~1123년간 생존했던 인물이다. 그는 이 글을 통해 1600년 전에 죽어 없어진 석가부처님과 그 후손들이 망해버린 인도불교[325]를 중국인들이 따라갈 필요가 없다고 역설하고 있다. 이것은 중국 선불교가 "**공(空)**"의 불교인 석가불교로부터 독립선언을 하고 있는 것이다. 중국 선불교는 자성(自性), 마음, 불성(佛性) 등을 찾는 "**유(有)**"의 불교이다. "유(有)"와 "공(空)"은 정반대 개념이다. 위의 〈선문염송〉 내용을 통해 알 수 있듯이 중국 선사들은 석가부처님과 그의 가르침을 싫어했고, 폄훼했다.

323 원문의 '一轉語(일전어)'를 '마음의 틀을 확 바꾸어줄 수 있는 한 마디'로 옮겼다. 여기서 원문 一轉(일전)은 심기일전(心機一轉)의 준말이다. 이것은 어떤 동기로 인해 여태까지 가졌던 마음가짐을 버리고, 완전히 달라진다는 뜻이다.

324 위의 〈선문염송 염송설화 제1권〉 58쪽

325 인도불교가 망하게 된 직접적인 원인은 1001년에 시작된 이슬람교의 침략이다. 하지만 7세기에 중관학파의 월칭(月稱)과 유식학파의 계현(戒賢)이 입멸하자 인도불교는 거센 힌두교의 물결에 휩쓸려서 서서히 가라앉기 시작했다. 굽타왕조시대(4~6세기)에 인도의 대승불교는 대중을 끌어들이기 위해 많은 힌두교의 신들을 받아들이기 시작했다. 생존을 위하여 어쩔 수 없이 그렇게 했지만, 결과는 그 반대였다. 인도인들은 불교를 힌두교의 한 분파로 간주하게 되었고, 석가부처님을 힌두교의 비쉬누신의 여러 화신 중에 하나로 인식했다. 이러한 불교의 힌두교화의 과정은 인도에서 불교가 서서히 비참한 최후를 맞이하고 있었음을 의미한다. 8~9세기에 이르러서는 이름만 달랐지 힌두교와 불교는 사실상 구별이 거의 없어졌다. 〈중국불교〉 K.S. 케네쓰 첸 저술. 박해당 옮김. 민족사. 2006년. 435쪽의 내용을 참고했다.

부처님 말씀에 의거해서 닦아야 한다

선(禪)은 닦지 않고 문자나 생각만으로 불교공부를 하는 것이 문제이듯이 선(禪)만 닦고 경전을 보지 않는 것도 문제다. 왜냐하면 선을 부처님의 방법으로 닦지 않고 자기 마음대로 닦으면, 불로장생(不老長生)을 추구하는 도교의 단전호흡이나 참나[326]나 신(神)과의 합일을 추구하는 힌두교의 명상이나 그 외의 다른 신비주의를 추구하는 이상한 외도선(外道禪)을 닦기 십상이기 때문이다.

경에 부처님 말씀인 '법에 의지해서 닦아라'고 했다. 그런데 어떤 사람은 '법도 하나의 방편에 불과한 것이기 때문에 법에도 집착해서는 안 된다'고 하며, 경전도 읽지 않고, 도니 깨달음이니 하며, 말도 되지 않는 소리만 계속 해대는 것을 볼 수 있다. 이것은 잘못된 것이다. 불제자는 부처님 법을 떠받들어서 수행해야 한다. 경전은 깨달음으로 인도해주는 안내자이고, 저 강을 건너기 위해서는 없어서는 안 되는 뗏목이기 때문에 저 강을 다 건너기 전에는 반드시 부처님 말씀인 법에 의지해서 그것을 타고 가야 한다.

중국 선불교는 중국인들의 입맛에 맞는 새로운 불교를 하나 만들어낸 것

한 시대에 유행했던 사상은 그 시대상황을 반영한 것이다. 시대를 벗어난 사상은 존재할 수가 없기 때문이다.[327] 중국 선불교도 그 시대가 요구하는 문제를 해결하기 위해 출현한 것이다. "마음이 곧 부처"라고 하며, 마음을 중시하는 중국 선불교는 석가부처님 불교가 아니다. 중국 선불교는 사상적 경향과 문화풍토가 다르고, 불교가 중국에 들어오기 이전부터 자신들의 사상체계를 갖추고 있던 중국인들이 불교를 접하고, 그

326 여기서 '참나'는 '眞我(진아)'를 번역한것으로, 힌두교의 '아트만'을두고하는말이다.
327 〈중국불교사상사〉 김진무 저. 운주사. 2015년. 5쪽의 내용 참고.

것을 그대로 받아들인 것이 아니라, 그것 위에 자신들의 전통사상인 도가(道家)나 유가(儒家)의 개념을 융합하여, 자신들 입맛에 맞는 새로운 불교를 하나 만들어낸 것이다.

9. 격의불교(格義佛教)

중국 선불교는 석가부처님의 불교가 아니라 노장(老莊)이나 유가의 개념으로 해석한 불교이다

인도와 문화풍토가 다른 중국이 불교를 처음 받아들일 때부터 중국 전통사상인 도가와 유가의 개념을 밑에 깔고 자의적(恣意的)으로 불교를 해석하여 받아들였다. 그렇게 해서 나온 것이 격의불교(格義佛教)이고, 중국 선불교이다. 불교의 중국전래 초기에 해당하는 위진(魏晋)시대(AD. 220-420) 이래 불교와 현학(玄學)[328]의 합류로 중국 학인(學人)들은 자신들의 견해에 입각해서 불교의 뜻을 억측했다.[329] 따라서 불교경전 내용에 〈노자〉, 〈장자〉, 〈주역〉 등 중국 전통사상의 개념을 적용하여, 이해하려고 하는 격의불교가 성행했다. 예컨대, 불교의 '공(空)'을 노장의 '무(無)'의 개념으로 해석하여, 설명하는 방식이다.[330] 이러한 격의불교는 불교가 중국에 처음 들어올 때 불교가 아무런 거부감 없이 받아들여지도록 했고, 불교가 중국에 쉽게 뿌리내리게 함으로써 순(順)기능도 했다. 하지만 불교를 제대로 이해하지 못 하게 만드는 장애요소로 작용함

328 현학(玄學)은 중국 위진(魏晋)시대에 성행했던 철학사조이다. 이것은 〈노자〉, 〈장자〉, 〈주역〉에 기초를 두고, 유가와 도가뿐만 아니라 불교와의 일치도 꾀했던 학풍이다.

329 탕융동(湯用彤)의 〈한위양진남북조불교사(漢魏兩晉南北朝佛教史)〉 학고방. 605쪽의 문장 인용

330 위키백과사전 내용을 참고했다.

으로써 역(逆)기능도 했다. 그래서 중국의 승려 도안(道安, 312~385)은 일찍부터 격의불교의 문제점을 알고, 그것을 바로 잡으려고 했다. 도안이 그의 도반 승광에게 다음과 같이 말했다.[331]

> "선인(先人)들의 격의불교에는 불법의 이치에 맞지 않는 것들이 많다." 그 말을 받아서 승광이 말했다. "그러면 각자 잘 분별해서 소요(逍遙)[332]해야지, 어떻게 선배들이 해 놓은 것에 대해 '옳고', '그름'을 평하는 것이 용납될 수 있겠는가?"[333]

격의불교는 노자, 장자, 유가(儒家)의 법으로 부처님 법을 이해하는 것이다. 〈축법아전(竺法雅傳)〉을 보면, 도안도 예전에는 격의를 이용했음을 알 수 있다. 하지만 나중에 도안은 깨달은 바가 있었기 때문에 불법을 널리 알리는 데 노장(老莊)이나 유가의 개념을 가지고 설명하는 것은 맞지 않다는 것을 깨닫고, 격의불교를 배격했다. 그러나 승광은 '선배들이 해 놓은 것을 나무랄 수가 없다'고 하면서 옛날부터 전해오던 법을 그대로 견지할 것을 고집했다. 같은 시기의 승려 축법심(竺法深)은 〈화엄경〉, 〈법화경〉 등 대승불교 경전을 설파하기도 했고, 때로는 〈노자〉, 〈장자〉를 해석하기도 했다. 불교의 승려 지도림(支道林, 314~366)은 불경보다는 오히려 〈장자〉를 더 찬양하고 중요시했다.[334] 아직도 중국 선불교를 숭

331 탕융동(湯用彤)의 〈한위양진남북조불교사(漢魏兩晉南北朝佛教史)〉 학고방. 449~450쪽의 내용 참고

332 여기서 소요(逍遙)는 세속을 벗어나서 산속을 천천히 거닐면서 시구(詩句)나 성현의 말씀을 읊조리거나 명상 · 사색한다는 뜻으로도 해석할 수 있고, 해석 · 소화한다는 뜻으로도 해석할 수 있다.

333 이 내용은 〈고승전〉에 나온다. 근대 중국의 세계적인 석학 탕융동(湯用彤,1893~1964)의 대표작 〈한위양진남북조불교사(漢魏兩晉南北朝佛教史)〉 학고방. 449쪽에 실린 내용을 읽기 쉽도록 재번역해서 옮겼다.

상하고 있는 한국불교에서는 불교의 개념을 노장이나 유교의 개념으로 해석하고 있는 것을 보면, 지금도 격의불교의 폐해는 계속되고 있다고 봐야 할 것 같다.

한국불교에서는 불가에 입문하는 승려들에게 중국 선불교의 시각을 주입해 왔다

한국불교는 일찍이 9세기부터 중국 선불교를 받아들여서 그것을 확고히 다지기 위해 불가에 입문하는 승려들을 교육하는 기관인 승가대학에서 인도의 경론(經論)을 가르치기 전에 〈서장書狀〉[335], 〈도서都序〉[336], 〈선요禪要〉[337] 등 중국 선사들의 저술을 먼저 가르침으로써 불법을 배우기 시작하는 승려들에게 석가부처님 불교와 전혀 다른 중국 선불교의 시각을 주입해 왔다. 그 결과, 한국불교는 중국 선불교의 성격을 강하게 띠게 되었고, 석가부처님 불교를 '소승불교'라고 말하며, 싫어하게 되었다.

334 탕융동(湯用彤)의 위의 저서 449~450쪽의 내용 참고

335 〈서장(書狀)〉은 화두를 참구하는 간화선법을 창시한 대혜(大慧, 1089~1163) 선사와 그의 문하생들 간에 나눈 선(禪)수행에 관한 편지글을 묶은 책이다. 〈서장〉은 고려말부터 우리나라에서 판각되기 시작했다.

336 〈도서(都序)〉는 규봉종밀 선사가 선교일치(禪教一致)를 주장하고, 불경의 방편과 진실, 여러 종류의 선(禪)에 대한 시비 등 그 당시에 뜨겁게 논란이 되던 문제들을 정리하기 위하여 쓴 책이다.

337 간화선법이 유행하던 때의 대선장(大禪丈)이었던 고봉(高峰 1238~1295년) 선사의 법어인 〈선요(禪要)〉는 대혜 선사의 〈서장〉과 더불어 간화선 수행의 지침서로 널리 활용되어 왔다.

10. 중국 선불교는 언어조작을 통해 지혜의 개념을 왜곡하고, 없애려 했다

중국의 규봉종밀(圭峰宗密, 780~841) 선사는 〈도서(都序)〉[338]에서 다음과 같이 말했다.

> 선(禪)은 인도말이다. 선(禪)을 완전히 다 갖추어 말하면 '선나(禪那, dhyana)'이다. 선나를 중국말로 번역하여, '思惟修(사유수)' 또는 '靜慮(정려)'라고 한다. 선(禪), 선나 등은 定(정)과 慧(혜)를 통 털어서 일컫는 말이다.
> "근원[源원]"은 일체 중생의 본래 깨달아 있는 참 마음자리[本覺眞性본각진성]를 일컫는 말이다. 이것을 '불성(佛性)'이라고 하기도 하고, '마음자리[心地심지]'라고 하기도 한다. 마음자리를 깨달은 것을 '慧(혜)'라고 하고, 마음자리를 닦는 것을 '定(정)'이라고 한다. 그리고 定(정)과 慧(혜)를 통 털어서 '禪(선)'이라고 한다.[339]

규봉종밀 선사의 이러한 말이 과연 맞는 말일까? 맞는 말이라고 할 수 없다. 왜냐하면 慧(혜)는 禪(선)과 다른 것이라서 定(정)과 慧(혜)를 통 털어서 '禪(선)'이라고 할 수 없기 때문이다. 禪(선)은 禪那(선나)의 준말이고, 이것은 산스크리트어 '디아나(dhyana)'의 음을 한자로 표기한 것으로, 선정(禪定)을 일컫는 말이다. 선정(禪定)을 줄여서 '禪(선)' 또는 '定(정)'이라고 한다. 慧(혜)는 지혜의 준말이다. 석가부처님이 말하는

338 〈도서(都序)〉는 한국 사찰의 승가대학에서 중등교과목으로 가르치는 규봉종밀의 저술이다.

339 〈도서〉의 첫 머리 부분 "禪是天竺之語 具云禪那 中華翻云思惟修 亦云靜慮 皆是定慧之通稱也. 源者是一切衆生本覺眞性 亦名佛性 亦名心地. 悟之名慧 修之名定. 定慧通名爲禪"

慧(혜)는 위에서 규봉종밀 선사가 말한 것처럼 마음자리를 깨달은 것을 말하는 것이 아니라 "무아(無我)"의 진리를 깨달은 것을 말하거나 현재 자신의 몸과 마음에서 일어나고 있는 현상들을 밝게 알아차리고 있는 것을 말한다. 그리고 禪(선)과 定(정)은 둘 다 선정의 줄임말이고, 慧(혜)는 지혜의 줄임말이기 때문에 선정과 지혜를 통 털어서 '禪(선)'이라고 할 수 없다. 왜냐하면 定(정)과 禪(선)은 같은 것이라서 定(정)은 禪(선)이지만, 慧(혜)는 禪(선)과 다른 것이라서 慧(혜)가 禪(선)이 될 수는 없기 때문이다. 여기서 선(禪)과 혜(慧)의 개념을 정확하게 알아보자. 禪(선), 禪那(선나), 禪定(선정), 定(정) 등은 모두 산스크리트어 "디아나(dhyana)"를 번역한 것으로, 똑 같은 개념이다. 禪(선), 禪定(선정)은 한 대상을 지켜보아서 마음이 그 대상에 고정되어 있는 것 이외에 어떤 것도 아니다.[340] 그래서 〈잡아함경〉 784경에서 부처님께서는 바른 선정을 다음과 같이 정의해 놓았다.

"어떤 것이 **바른 선정**[正定정정]인가? 바른 선정은 마음이 줄곧 한 대상에 머물러 있는 것이고[住心주심], 어지럽지 않은 것이며[不亂불란], 마음이 단단히 고정되어 있는 것이고[堅固견고], 마음을 안으로 거두어 들여서 지니고 있는 것이며[攝持섭지], 마음이 고요하게 멈춘 상태이고[寂止적지], 삼매에 들어 있는 것이며[三昧삼매], 일심을 이룬 것이다[一心일심]."[341]

340 하지만 중국 선불교에서 말하는 선(禪)은 그 의미가 변질된다. 중국 선불교에서는 선은 번뇌망상이 다 사라진 직관에 의해 자신의 자성자리를 보는 것을 의미한다고 말한다. 하지만 이러한 선불교의 선(禪)은 이상한 선이라고 볼 수 있다. 왜냐하면 번뇌망상이 다 사라진 직관은 있을 수가 없고, 직관(直觀), 즉 보는 것 자체가 번뇌이기 때문이다. 부처님의 무아법(無我法)에 의하면 자성자리도 있을 수가 없다. 필자는 '직관', '자성자리' 등은 단어로만 존재할 뿐, 실제로는 존재하지 않는 것들이 아닌가 한다.

선(禪), 선정은 위의 부처님의 설명과 같은 것이다. 위의 설명과 같은 것이 아니면 그것은 **바른** 선정이 아니다. 그리고 慧(혜)는 지혜의 줄임말로서 현재 자신의 몸과 마음에서 일어나고 있는 현상들을 밝게 알고 있는 것이다. 이와 같이 선정과 지혜는 다른 것이다. 그래서 불교수행자가 닦아야 하는 세 가지 공부인 삼학(三學)에 계율[戒계]과 선정[定정]과 지혜[慧혜]를 따로 두고 있고, 육바라밀[342]에도 선정과 지혜를 따로 두고 있다. 선정과 지혜는 다른 것이기 때문에 이 두 개는 따로 닦아 익혀야 한다. 선정을 많이 닦으면 신통이 나오고, 관찰을 많이 닦으면 지혜가 나온다. 선정을 많이 닦는다고 해서 지혜가 나오는 것은 아니다. 지혜는 자기 몸과 마음에서 일어나고 있는 현상들을 많이 관찰해서 그것에 대해 밝게 알아갈 때 나온다. 오온, 즉 자신의 몸과 마음에서 일어나고 있는 현상들을 관찰해 들어가서 그 특성을 밝게 아는 것이 지혜이기 때문이다.

그럼 규봉종밀 선사는 왜 "定(정)과 慧(혜)를 통 털어서 '禪(선)'이라고 한다"고 하면서 마치 선(禪) 속에 지혜가 있는 것처럼 말하고 있는가? 그것은 존재의 다섯 요소의 실체 없음을 꿰뚫어볼 수 있는 부처님의 지혜를 없애버리기 위해서라고 볼 수 있다. 중국 선불교에서는 부처님의 지혜를 없애기 위해 이와 같이 지혜의 개념을 왜곡하고, 그것도 모자라서 "定(정)과 慧(혜)를 통 털어서 '禪(선)'이라고 한다"고 하며, 마치 선(禪) 속에 지혜가 있는 것처럼 말함으로써 선정만 존재시키고, 지혜를 없애고 있는 것이다. 규봉종밀 선사의 이런 교묘한 속임수에 '禪(선)', '定(정)', '慧(혜)'의 개념을 정확하게 알고 있는 사람이 아니면, 다 속아 넘어갈 수밖

341 〈잡아함경〉 제784경 203a15 "何等爲正定(하등위정정)。謂(위)住心(주심)不亂(불란)·堅固(견고)·攝持(섭지)·寂止(적지)·三昧(삼매)·一心(일심)"

342 육바라밀은 보살이 열반을 성취하기 위하여 닦아야 하는 여섯 가지 수행으로서 보시(布施), 지계(持戒), 인욕(忍辱), 정진(精進), 선정(禪定), 지혜(智慧) 등이다.

에 없다.[343] 앞에서 말했듯이 중국 선불교에서 말하는 혜(慧)와 석가부처님 말씀이 들어 있는 경전에서 말하는 혜는 완전히 다르다. 이것은 중국 선불교에서 혜의 개념을 왜곡해 놓은 것이라고 할 수 있다.

지금쯤이면 독자 여러분은 중국 선불교와 한국불교에서 지혜가 어떻게 없어졌는지 알 수 있을 것이다. 깊은 지혜를 계발하는 수단인 존재의 다섯 요소[오온]를 관찰해 가는 수행법을 없애버리고, 마치 선정만 닦으면 저절로 지혜가 나오는 것처럼 말함으로써 지혜의 개념이 없어져버렸다. 여기서 중국 선불교의 선사(禪師)가 선(禪)의 개념을 모호하게 만들고, 지혜의 개념을 왜곡해 놓은 까닭은 지혜의 계발을 중시하는 석가부처님 불교를 죽이고, 자성자리를 보는 것을 중시하는 중국 선불교의 교의를 확립하기 위해서라고 볼 수 있다. 석가부처님 불교는 **무아**(無我)를 깨닫는 불교이고, 중국 선불교는 무아의 반대 개념인 "**진아**(眞我)[344]를 깨달아야 한다"고 외치는 불교이다. 석가부처님의 선(禪)은 존재의 다섯 요소를 관찰하여, 무아(無我)를 깨닫기 위한 것이고, 중국 선불교의 선(禪)은 진아(眞我)를 깨닫기 위한 것이다. 사람들이 부처님 말씀이 들어 있는 경전을 보면 중국 선사들의 말이 부처님 가르침과 정반대라는 사실이 드러날까 봐 "불립문자(不立文字)"라는 말을 만들어내어, 경전을 보지 못 하게 한 것이라고 볼 수 있다. 정말 교묘하고도 무서운 중국 선사들이다.

중국 선불교는 석가부처님의 선(禪)을 '소승선(小乘禪)'이라고 하며, 폄훼했고, 자신들의 선을 '최상승선'이라고 하며, 최고의 자리에 올려놓았다. 규봉종밀 선사는 〈도서(都序)〉에서 선(禪)을 다음과 같이 5종류로 설명했다.

343 여태껏 한국 전통불교에서는 禪(선), 定(정), 慧(혜)의 개념을 명확하게 알고 있는 사람이 없었기 때문에 모두 속아 넘어갈 수밖에 없었다. 필자는 교과서로 사용되고 있는 책 속에 나오는 중국 선사들의 말이 다 불변의 진리라고 보아서는 안 된다고 본다.
344 진아(眞我)는 '참나'로 번역할 수 있다.

진여자성자리[眞性진성]는 더럽지도 않고, 깨끗하지도 않아서 범부와 성인이 조금도 다르지 않지만, 선(禪)에는 얕음과 깊음이 있어서 그 등급에 차이가 있다.

1) 말하자면 잘못된 생각으로 색계(色界), 무색계(無色界) 등의 천상세계를 좋아하고, 그 밑의 세계인 욕계(欲界)를 싫어해서 닦는 선은 **외도선**(外道禪)이다. 2) 비록 인과(因果)는 믿지만 천상세계를 좋아하고, 그 밑의 세계를 싫어해서 닦는 선은 **범부선**(凡夫禪)이다. 3) '나 없음[我空아공]'[345]의 편협한 진리를 깨닫기 위해 닦는 선은 **소승선**(小乘禪)이다. 4) '나뿐만이 아니라 이 세상의 모든 것들이 다 없다[法空]'[346]는 진리를 깨닫기 위해 닦는 선은 **대승선**(大乘禪)이다. 5) 자신의 마음자리가 본래 청정해서 번뇌가 없는 완전한 지혜[無漏智무루지]의 자성을 내가 본래 갖추고 있음을 문득 깨달으면, 이 마음이 곧 부처이기 때문에 부처와 조금도 다르지 않다. 이런 이치를 알고, 이 이치에 의해 닦는 선이 **최상승선**(最上乘禪)이다. 최상승선을 '여래청정선(如來淸淨禪)' 또는 '일행(一行)삼매', '진여(眞如)삼매'라고 하기도 한다. 최상승선은 모든 삼매의 근본이라서 만약 매순간 최상승선을 닦아 익힐 수 있다면, 저절로 온갖 삼매를 하나하나 다 얻게 된다. 달마 문하에 면면히 전해내려 오는 선이 바로 이 최상승선이다.[347]

345 '나 없음'은 "我空(아공)"을 번역한 것이다. 여기서 공(空)은 무(無)의 뜻이다. 즉 '공(空)하다'는 것은 '없다'는 뜻이다. "아공(我空)"은 명료했던 석가부처님 법을 흐리게 만들기 위해 부처님의 '무아(無我)'법을 어렵게 표현해 놓은 것이라고 말할 수 있다.

346 '나뿐만이 아니라 이 세상의 모든 것들이 다 없다'는 말은 한문원문의 "法空(법공)"을 번역한 것이다.

347 〈도서 · 절요〉 현토역해 김탄허. 교림. 2008년. 19쪽의 한문원문을 필자가 번역했다. "又眞性卽不垢不淨 凡聖無差 禪則有淺有深階級殊等 謂帶異計 欣上厭下而修者是外道禪 正信因果亦以欣厭而修者是凡夫禪 悟我空偏眞之理而修者是小乘禪 悟我法二空所顯眞理而修者是大乘禪 ..... 若頓悟自心本來淸淨 元無煩惱 無漏智性本自具足此心卽佛畢竟

위의 글에서 규봉종밀 선사는 선(禪)에는 외도선, 범부선, 소승선, 대승선, 최상승선 등 5종류가 있다고 하면서 "무아(無我)"의 진리를 깨닫기 위해 닦는 석가부처님의 선을 소승선으로 격하시키고, 자기 종파가 닦는 선을 최고의 자리에 올려놓았다. 규봉종밀 선사는 석가부처님의 선을 범부선 바로 위에, 대승선 바로 밑에 위치시켜 놓았다. 여기서 유심히 보면, 종밀 선사가 말하는 최상승선은 공(空)이 아니라 유(有)인 자성(自性)자리를 노래하는 중국선(禪)이고, 그 외의 4개의 선은 다 인도선(禪)임을 알 수 있다.

계정혜를 다 무너뜨려버린 중국 선불교의 폐해

〈육조단경〉을 저술한 것으로 여겨지는 신회(神會, 685~760)와 동시대의 인물이고, 그 시대의 가장 뛰어난 문장가로 알려진 양숙(梁肅, 753~793)은 그 당시 새로운 불교였던 선불교의 경향에 대해 다음과 같이 말해 놓았다.

> 요즘 참된 믿음을 가진 사람을 찾아보기 어렵다. 선(禪)의 길을 따르는 사람들은 "부처도 없고, 불법(佛法)도 없으며, 선악(善惡)도 아무런 의미가 없다"고 가르치기에 이르렀다. 그들이 이런 교리를 보통 수준이나 그 이하의 사람들에게 가르치자 세속적인 욕망에 사로잡혀 있는 사람들은 모두 다 그 가르침을 따른다. 그래서 그런 잘못된 사상은 귀에 매우 즐겁게 들리는 위대한 진리로 받아들여진다. 나방이 등잔 불빛에 이끌려서 막 날아들듯이 사람들이 그것에 이끌려서 막 모여든다. .... 이런 주장은 마귀나 과거 외도들의 것처럼 위험한 것이다.[348]

無異 依此而修者是最上乘禪 亦名如來清淨禪 亦名一行三昧 亦名眞如三昧 此是一切三昧根本若能念念修習自然漸得百千三昧 達磨門下展轉相傳者是此禪也"

348 이 내용은 〈중국불교〉 케네쓰 첸 지음. 박해당 옮김. 민족사. 2006년. 390쪽에서 인용했다. 케네쓰 첸은 이 내용을 Hu Shih, 〈Ch'an Buddhism in China〉 Philosophy

중국에서 선불교가 시작된 지 얼마 되지 않은 시기에 바른 눈을 가지고 그 당시 선불교의 그릇됨에 대해 글을 남긴 사람이 있다니, 참으로 다행스럽다. 위의 양숙의 글을 보면 그 당시 선불교도들은 계율의식도 없었고, 부처님을 공경하는 마음이나 신심도 없었으며, "불사선(不思善) 불사악(不思惡)"[349]이라고 하며, 선과 악을 분별하지 않고, 자유롭게 행위를 했던 것으로 보인다. 그 당시 선불교도들은 "죽고 나면 윤회도 없고, 지옥과 극락도 없다"고 말하면서 "아무런 거리낌 없이 즐기다가 가면 된다"고 가르치는 일부 선불교의 무리가 오늘날 한국에 존재하는데,[350] 그들과 비슷했던 것 같다. 그들은 "내 마음이 부처이고, 팔만대장경은 방편으로 설해놓은 거짓말"이라고 하며, 예불도 모시지 않고, 경전도 읽지 않으며, 심지어 선(禪)을 주창하는 자들이 좌선도 하지 않는다. 그들은 경전을 강의해도 경전의 뜻을 전하기 위해서가 아니라, 경전 뜻과 동떨어진 자신의 목소리를 내어서 사람들의 관심을 끌기 위해 경전을 이용할 뿐이다. 그들은 "선도 없고, 악도 없다"고 하며, 부끄러움을 느끼는 도덕심을 해체시켜서 거리낌 없이 자유롭게 행위를 하게 한다. 자유란 탐진치(貪瞋痴)로부터의 자유가 돼야 하는데, 그들은 그 반대인 계정혜(戒定慧)로부터의 자유를 '해탈'이라고 생각하는 것 같다. 오늘날 한국의 일부 사이비 선불교들의 이러한 풍토는 부처도 죽여 버리고, 계정혜를 무너뜨려버린 중국 선불교의 폐해에서 비롯됐다고 볼 수 있다.

앞에서 말했듯이 중국 선불교의 역사는 믿을만한 것이 못 된다. 근래 학술연구에 의해 선종(禪宗)의 거짓된 역사의 껍질이 하나하나 벗겨지기에 이르렀다. 그것이 결정적으로 이루어지게 된 것은 돈황석굴에서 나

East and West, 3, 1 (1953), 13에서 인용했음을 밝혀 놓았다.

349 이 구절은 〈육조단경〉에 나온다.

350 이런 가르침을 펴는 무리들은 최근 일 이십 년 안에 생겨난 것들로서 한국 전통 사찰 불교와 아무런 상관이 없는 무리들이다.

온 당나라 때의 선(禪)에 대한 서적이 계속 발견된 것에 의해서다. 이런 것들에 의해 당나라 때의 선종의 실태가 밝혀지면서 선종의 법맥계승에 대해 말하고 있는 〈경덕전등록(景德傳燈錄)〉과 같은 선종의 역사서들이 얼마나 허구적이고, 거짓말로 가득 찬 것인지가 입증되었다. 그리하여 달마대사의 전기나 선종의 역사가 완전히 새로 정리되지 않으면 안 되게 되었다. 종래 〈전등록〉 유(類)의 선종의 거짓된 역사에서 벗어나, 선종의 진실한 역사를 생각해볼 수 있는 가장 강력한 지표가 되는 것은 13세기 초반에 일본의 조동종을 연 도겐(道元, 1200-1253) 선사의 〈정법안장(正法眼藏)〉의 다음과 같은 논평이다.

> 서천(西天)과 동지(東地)에서 옛날부터 지금에 이르기까지 "선종(禪宗)"이라고 부른 적이 없었는데 망령되이 "선종"이라고 자칭하는 무리들은 불법을 파괴하는 마구니들이다. 이들은 부처님과 조사들이 초대하지 않은 원수의 집단이로다. 어느 누가 "선종"이라고 부르는가? 제불조사(諸佛祖師)가 "선종"이라고 부른 적이 없음을 알아야 한다. "선종"이라는 이름은 마왕파순이 붙인 이름이다. 마왕파순이 붙인 이름을 사용하는 자들은 마구니의 무리들[魔黨마당]이지 부처와 조사의 자손이 아니로다. 초조 달마와 2조의 만남에서 "선종"이라는 명칭을 들어보지 못 했고, 5조와 6조의 만남에서도 "선종"이라는 명칭을 들어보지 못 했다. 또 청원과 남악의 만남에서도 "선종"이라는 명칭을 들어보지 못 했다. 누가 언제 처음 "선종"이라는 이름을 붙였는지 모르겠다. 학자 중에 그 쪽 학자가 없다고 해서 비밀리에 법을 파괴하고, 법을 훔치는[壞法盜法괴법도법] 자들이 자신들을 "선종"이라고 부르게 되었도다. 근래 송대(宋代)에 천하에 어리석은 자들이 "선종"이라는 거짓 명칭을 처음 사용하게 되었고, 세속의 무리들도 그들을 "선종"이라고 부른다.

도겐(道元) 선사는 중국으로 유학 가서 중국 선종인 임제종에서 2년, 조동종에서 2년, 총 4년(1224-1228년)을 중국에 머물면서 중국 선불교를 공부한 뒤에 일본으로 귀국해서 일본인들이 선(禪)을 잘 닦을 수 있도록〈정법안장〉을 저술한 일본 황실 출신의 스님이다. 그는 선불교가 스스로 "선종"이라는 이름을 갖다 붙여서 석가부처님과 거리를 두었을 뿐만 아니라 그 이전의 조사들과도 다른 가르침을 펴는 것에 대해 이와 같이 "그런 짓을 하는 자들은 마구니의 무리이지 부처와 조사의 자손이 아니다"고 강하게 비판하고 있다. "선종"이라는 명칭은 도겐 선사가 살았던 송대(宋代, 1127-1276)에 들어서 "법을 파괴하고, 법을 도둑질해가는 무리들에 의해 처음 사용됐다"고 말하고 있다. 도겐 선사의 이러한 말은 선종이 6세기 초엽인 양위(梁魏)시대의 달마대사에서 시작되었다고 알고 있는 우리들로서는 놀라지 않을 수 없다. "선종"이라는 명칭은 당말(唐末)이나 송대(宋代 960년-1279년))에 처음 사용된 것이다. 따라서 그 이전에는 "선종"이라는 이름도 없었고, 교(敎)를 무시하고 선(禪)만 널리 펴는 종지(宗旨)도 없었다. 송대에 들어서 인도불교를 고향으로 돌려보내고, 중국의 독자적인 불교를 확립하기 위해 만들어낸 것이 중국 선불교라고 할 수 있다. 그런데 중국 선불교에서는 과거칠불에서 시작해서 석가부처님을 거쳐서 달마, 혜가, 승찬, 도신, 홍인, 혜능 등으로 비밀스럽게 이어져 내려오고 있는 불립문자(不立文字) 교외별전(敎外別傳)의 법이 따로 있다고 말하고 있다. 그들은 이와 같이 중국 선종의 역사를 날조함으로써 중국 선불교의 정통성과 역사성을 확보했다.

여태까지 중국 선불교가 어떤 성격의 불교이고, 그것이 왜 생겨났는지 알아봤다. 다시 정리하면, 석가부처님께서 무아설(無我說)로 부정했던 아트만, 자성, 마음 등을 중시하고, 그것을 찾는 브라만교의 교리가 불가(佛家)의 뒷문으로 들어와서 대승불교의 유식(唯識)불교가 되었고, 그것이 유교와 노장(老莊)의 태중(胎中)으로 들어가서 잉태되어 나온 것이 중국 선불교이다. 그래서 오늘날 우리가 접하고 있는 중국 선불교는 엄격히 말하면, 석가부처님 불교가 아니라 브라만교의 불교이고, 유교 및 노장의 불교라고 할 수 있다. 우리는 여태껏 그것이 석가부처님 법인 줄 알고 속았다. 중국 선불교는 석가부처님 불교를 밀어내어서 부처님의 가르침과 수행법을 모르도록 만들었다. 석가부처님 법은 매우 논리적이고, 합리적이며, 과학적이라서 실제로 중생들로 하여금 괴로움에서 벗어날 수 있게 해준다.

이제 석가부처님 특유의 선법(禪法)인 위빠사나 관찰법에 대해 알아보자.

제8장
위빠사나 관찰법

1. 위빠사나 관찰법

여래는 자신이 창안해낸 위빠사나 관찰법을 통해 그 이전에 어느 누구도 얻지 못 했던 반야지혜를 얻었다

관찰법은 "위빠사나" 방법이고, 불교 특유의 방법이다. 부처님은 관찰법으로 깊은 지혜를 얻을 수 있었다. 이러한 사실은 다음과 같은 〈장아함경〉 내용을 보면 알 수 있다.

〈장아함경〉 제3권. 〈유행경(遊行經) 제2 ②〉
아난이 부처님께 아뢰었다. 세존이시여, 정말 신기합니다. 과거에 없던 법을 여래는 이와 같이 성취할 수 있었습니다. 부처님께서 말했다. "이와 같이 미묘하고, 희유(希有)한 법이다. 아난아, **이 법은 정말로 기이(奇異)하고도 특별하다. 과거에는 없던 것인데, 오직 여래만이 이 법을 성**

취할 수 있었다."

이 때 세존께서 또 아난에게 말했다. "여래는 느낌[受수]이 일어나고, 머물고, 없어지는 것과 인식[想상]이 일어나고, 머물고, 없어지는 것과 관(觀)[351]이 일어나고, 머물고, 없어지는 것을 다 알 수 있다. 이것은 여래의 매우 기이하고도 특별하고, 일찍이 없던 법이다. 너는 이 법을 받아 지녀야 한다."[352]

위의 내용을 보면 부처님께서는 느낌[受수], 인식[想상], 관(觀)이 일어나고, 머물고, 없어지는 것을 다 아신다고 한다. 그리고 이렇게 할 수 있는 것은 그 이전의 어느 누구도 갖지 못 했던 특별한 능력이었고, 그 당시에는 오직 여래만이 이렇게 할 수 있었다는 사실을 알 수 있다. 여래는 자신이 발견해낸 관찰법을 통해 이와 같은 특별한 능력을 얻었다. 여기서 '관찰'은 산스크리트어 '비빠사나(vipassanā)'를 번역한 것이다. 〈대승기신론〉에 관찰을 다음과 같이 정의해 놓은 것을 보면, 이러한 사실을 알 수 있다.

"**관찰**[觀관]은 [자신의 몸과 마음에서] 인연에 의해 일어났다가 사라지는 현상들[相상][353]을 밝게 보는[分別분별,明見명견][354] 것으로서 **위빠**

351 이 관(觀)은 오온의 식(識)을 이렇게 번역한 것이 아닌가 한다. 식(識)은 '식별작용'이라는 뜻이다.

352 〈대정신수대장경〉 아함부 제1권. 〈장아함경〉 제3권. 〈유행경〉 016b29, "佛言(불언)。如是微妙希有之法(여시미묘희유지법)。阿難(아난)。甚奇(심기)。甚特(심특)。未曾有也(미증유야)。唯有如來能成此法(유유여래능성차법)。又告阿難(우고아난)。如來能知受起 · 住 · 滅(여래능지수기주멸)。想起 · 住 · 滅(상기주멸)。觀起 · 住 · 滅(관기주멸)。此乃如來甚奇甚特未曾有法(차내여래심기심특미증유법)。汝當受持(여당수지)"

353 "일어났다 사라지는 현상[生滅相생멸상]"은 '생멸(生滅)현상'을 두고 하는 말이다. 우리 몸과 마음에는 매순간 수많은 생멸현상이 일어나고 있다. 그 생멸현상에

사나 관찰수행을 의미한다."[355]

그럼 남방불교에서는 위빠사나를 어떻게 정의하고 있는지 한 번 보자. '현대 위빠사나수행의 중흥조'라고 말할 수 있는 미얀마의 마하시 사야도(Mahasi Sayadaw 1904~1982) 스님은 위빠사나수행을 다음과 같이 정의해 놓았다.

"위빠사나수행은 '지혜명상'이라고도 한다. 이것은 수행자가 관찰을 통해 자신에게 일어나고 있는 물질현상과 정신현상의 성질을 제대로 이해하려고 노력하는 것이다."[356]

이제 우리는 관찰이 위빠사나라는 사실도 알았고, 위빠사나수행이 어떤 것인지도 알았다.

마음의 초점을 맞추고, 그것들을 집중적으로 관찰해가는 것이 위빠사나수행이다.

354 여기서 밝게 보는 것은 한역문 '分別(분별)'과 '明見(명견)'을 번역한 것이다. 진제는 '분별'로 번역했고, 실차난타는 '명견'으로 번역했다. '분별해 본다'는 것은 '밝게 본다[明見명견]', '분명하게 알아차린다[分別분별]'는 뜻이다.

355 〈대승기신론〉 수행신심분(修行信心分). 지관문(止觀門). 진제 번역: "所言觀者(소언관자)。謂**分別**因緣生滅相(위분별인연생멸상)。隨順**毘鉢舍那**觀義故(수순**비빠사나관**의고)" 실차난타 번역: "**明見**因果生滅之相是觀義(명견인과생멸지상시관의)"

356 이 정의는 다음 영문을 번역한 것이다. "The practice of Vipassana or Insight Meditation is the effort made by the meditator to understand correctly the nature of the psycho-physical phenomena taking place in his own body." 이 내용은 마하시 사야도께서 마하시센터에 수행하러 온 외국인들에게 해준 법문을 그의 제자가 영어로 통역한 것이다.

위빠사나 지혜를 계발하는 방법

위빠사나 지혜를 계발하기 위해서는 마음을 "나"라고 하는 한 대상에 고정시켜서[止지] "나"를 지속적으로 관찰해가야 한다[觀관]. 그럼 "나"를 관찰한다는 것은 어떻게 하는 것인가? 그것은 자신의 몸과 마음에서 인연에 의해 일어났다가 사라지는 현상들[357]을 관찰하는 것이다. 몸동작, 호흡, 몸의 감각들, 마음의 느낌들, 몸과 마음에서 일어났다가 사라지는 현상들을 관찰해간다. 하지만 초심자들은 관찰을 잘 할 수 없기 때문에 끊어지지 않고 그것들을 계속 알아차림 해가기만 하면 된다. 위빠사나는 '나를 잘 관찰해본다'는 뜻이고, '나를 객관적으로 관찰해본다'는 뜻이다. 왜냐하면 위빠사나(vipassanā)의 "위(vi)"는 '거리를 두고 떨어져서', '멀리서', '객관적으로' 등의 뜻이고[358], "빠사나(passanā)"는 '본다'는 뜻이기 때문이다.[359] 나를 잘 관찰하기 위해서는 내 몸과 생각과 감정에 몰입되지 않고 그것들 밖으로 나와서 그것들이 어떤 것인지 관찰을 통해 객관적으로 이해해 들어가야 한다. 그러기 위해서는 내 동작과 몸의 감각, 느낌, 인식 등을 계속 관찰해가야 하고, 마음이 관찰 대상인 자신의 몸과 마음에서 떨어지지 않도록 몸과 마음을 계속 지켜보고 있어야 한다. 그러기 위해서는 끊임없이 매순간 노력하여, 자신의 몸과 마음에서 일어나고 있는 현상을 알아차리고 있어야 한다.

관찰을 잘 하려면 우선 알아차림이 되어야 한다. 가령 내 몸을 움직이거

357 인연에 의해 일어났다가 사라지는 현상들을 '존재의 다섯 요소[오온]'라고 할 수 있다.

358 〈한역대조 범화대사전〉 제1198쪽 및 〈Oxford Sanskrit-English Dictionary〉 제949쪽 참조. 이 두 사전을 보면 vi는 離(리), 分離(분리), 隔(격), 遠(원), apart, away, away from, off 등의 뜻으로 설명되어 있다. 산스크리트어 vi의 반대말은 sam(삼)이다.

359 빠사나(passanā)의 동사원형은 빠쓰(pass)이고, 이것은 관찰하다, 응시(凝視)하다, 주의(注意)하다, 방관(傍觀)하다, 고찰하다, 마음의 눈으로 보다, 발견하다 등의 뜻으로, 見(견), 觀(관), 省(성), 觀察(관찰) 등으로 한역되어 있다. 〈한역대조 범화대사전〉 제768쪽 참조

나 어떤 동작을 취할 때는 그 동작 하나 하나를 다 알아차리고, 동작을 하지 않을 때도 어떤 현상이 일어나도 일어나기 마련인데, 내 몸과 마음에서 일어나고 있는 현상을 알아차리고 있어야 한다. 특별히 알아차릴 행위가 없다면, 호흡을 알아차리고 있으면 된다. 또 몸에 통증이나 가려움 등의 어떤 현상이 일어나면, 그 현상을 알아차리고, 그 대상에 머물면서 충분히 그 현상을 느껴보고, 사라질 때까지 그 변화과정을 지켜보면서 관찰해간다. 그렇게 관찰을 지속해가면 집중력이 향상되고, 향상된 집중력으로 더 깊이 관찰할 수 있게 된다. 이렇게 관찰해가다가 보면 보이지 않던 것들이 하나씩 보여 온다. 그러면 많은 경에서 '모든 존재'로 표현되어 있는 눈, 귀, 코, 혀, 몸, 의식 등의 감각기관과 그 대상인 형상, 소리, 냄새, 맛, 촉감, 마음에서 일어났다가 사라지는 현상들[法]을 만나고, 그 사이에서 일어나는 물질현상과 정신현상을 볼 수 있게 된다. 그 현상들로부터 모든 번뇌가 나오고, 모든 괴로움이 나오게 된다는 사실을 알게 된다. 거기서 들뜨거나 멈추지 않고 계속 관찰해가면, 마침내 최고로 밝은 지혜인 반야가 완성되어서 존재의 다섯 요소[오온]는 다 실체가 없는 것들임을 꿰뚫어볼 수 있게 된다. 그러면 더 이상 그 어떤 것에도 집착하지 않게 되고, 집착하여 취하지 않음으로써 선(善)한 업(業)도 악(惡)한 업도 짓지 않는다. 모든 감각기관이 작동되지 않고 완전히 닫힌다. 그러면 열반을 성취하여, 그 어떤 괴로움도, 즐거움도 없게 되고, 죽은 뒤에 다음 존재를 받지 않게 된다[不受後有 불수후유][360].

360 "不受後有(불수후유)"는 〈아함경〉의 작은 경들 끝에 많이 나오는 표현이다. 이것은 열반을 성취하면, 죽은 뒤에 다음 존재를 받지 않고 영원히 소멸된다는 뜻이다.

지혜의 밝기를 향상시켜가는 것이 수행이다. 집중의 정도와 관찰한 시간의 길이에 따라서 지혜의 밝기가 달라진다

이와 같이 반야지혜는 내 몸과 마음에서 일어나고 있는 생멸(生滅)현상을 밝게 아는 마음작용이다. 지혜의 밝기를 향상시켜가는 것이 위빠사나 수행이다. 존재의 다섯 요소[오온]는 다 실체가 없는 것들[空공]임을 꿰뚫어보려면, 삼매에 들어서 지속적으로 알아차림 해감으로써 지혜를 계발, 완성해가야 한다. 지혜의 밝기는 집중의 정도와 관찰한 시간의 길이에 따라 결정된다. 집중과 관찰을 깊이 오래 하면 할수록[361] 더 밝은 지혜가 계발되어 나온다. 하루 종일 집중과 관찰을 잘 하는 사람은 시작한지 한 두 달 만에 밝은 지혜를 체험하는 경우를 종종 본다. 이런 의미로 부처님은〈염처경(念處經)〉[362]의 끝 부분에서 다음과 같이 말한다.

> "만약 어떤 비구, 비구니가 7년 동안만 알아차림을 확립하여, 사념처에 머물러서 제대로 알아차림 해가면, 그는 반드시 다음 두 과위(果位) 중 하나를 성취한다. 현세에서 최상의 완전한 지혜를 얻어서 아라한과(阿羅漢果)를[363] 성취하거나 그렇지 않고 아직 닦을 것이 남아 있다면 아나함과(阿那含果)를[364] 성취한다.
>
> 7년은 그만두고 6년, 5, 4, 3, 2, 1년만 알아차림을 확립하여, 사념처에

361 여기서 '집중을 오래 깊이 한다'는 말은 '집중하여 오래 동안 깊이 관찰해간다'는 뜻이다.

362 〈염처경〉은〈중아함경〉속에 있는 경으로서〈대념처경〉과 더불어 위빠사나 수행법을 가장 잘 설명해주는 경이다.

363 아라한은 최상의 도를 깨달아서 열반을 성취한 분이다. 아라한이 되면, 탐진치(貪瞋痴)가 완전히 다 끊어져서 번뇌가 없는 삶을 살게 된다. 아라한은 번뇌가 없음으로써 다음 생(生)을 받지 않는다.

364 수다원, 사다함, 아나함, 아라한 4도(道) 중 위에서 두 번째 과위가 아나함이다. 아나함은 미세한 번뇌가 아직 남아 있어서 열반은 성취하지 못 했지만, 색계(色界)는

머물러서 제대로 알아차림 해가도 반드시 위의 두 과위 중 하나를 성취한다.

1년도 그만두고 7개월만 알아차림을 확립하여, 사념처에 머물러서 제대로 알아차림 해가도 반드시 위의 두 과위 중 하나를 성취한다.

7, 6, 5, 4, 3, 2, 1개월도 그만두고, 어떤 비구 비구니가 1주일 낮 밤만이라도 알아차림을 확립하여, 사념처에 머물러서 제대로 알아차림 해가도 그는 반드시 위의 두 과위 중 하나를 성취한다.

1주일 낮 밤도 그만두고 6, 5, 4, 3, 2일, 하루 낮 밤만이라도, 아니 하루 낮 밤도 그만두고, 잠깐만이라도 알아차림을 확립하여, 사념처에 머물러서 아침에 이와 같이 알아차림 하면 저녁에는 반드시 알아차림 한 만큼 진전을 얻게 되고, 저녁에 이와 같이 알아차림 하면 다음날 아침에는 반드시 알아차림 한 만큼 진전을 얻게 된다."

위의 경에서는 알아차림을 확립하여, 1주일 낮 밤만 끊어지지 않고 사념처에 머물러서 제대로 알아차림 해가면, 아나함이나 아라한과를 성취할 수 있다고 말한다. 이것은 허황된 말이 아니고, 직접 해보고 하시는 부처님 말씀이다.

2. 선정(禪定)이란 어떤 것인가?

禪定(선정)은 한자 '禪(선)'과 '定(정)'이 결합된 단어다. 여기서 禪(선)은 '볼 시(示 watch)'와 '홑 단(單 one)'이 결합된 글자로서 **'줄곧 한 대상**

이미 다 뛰어넘은 상태다. 그래서 다시는 이 세상에 태어나는 일은 없고, 얼마 안 있어서 미세하게 남아있는 번뇌마저 다 제거하여, 아라한이 될 분이다.

을 지켜본다'는 뜻이다. 그리고 定(정)은 '**고정**(固**定**)'의 의미로서 '마음이 다른 데로 달아나지 않고 줄곧 한 대상에 고정되어 있음'을 의미한다. 즉 선정은 **한 대상을 지켜보아서 그 대상에 마음이 고정되어 있는 것**이다. 이런 의미로 〈대반야바라밀다경〉에서는 "오롯한 마음으로 한 대상을 알아차림 해가서 다른 대상과 인연하지 않는 것이 선정바라밀"[365]이라고 말해 놓았다. 호흡 또는 자신이라고 하는 한 대상에 마음을 고정시켜서 삼매에 들어서 자신의 호흡을 관찰하고, 자신의 행위를 관찰해간다. 또 자신의 느낌을 관찰하고, 마음에서 일어났다가 사라지는 현상들, 즉 탐, 진, 치, 생각, 의도 등을 관찰해간다. 이와 같이 부처님의 선(禪)수행은 자신의 몸의 물질현상과 정신현상에 마음을 고정시키고, 그것을 깊이 관찰해가는 공부다. 관찰하여, 내 몸의 물질현상과 정신현상은 다 실체가 없는 것들[空공]임을 꿰뚫어보아서 모든 괴로움에서 벗어나게 되는 것이 석가부처님의 선(禪)수행이다.

부처님은 선정(禪定)을 어떻게 설명했나?

부처님은 〈유교경(遺敎經)〉에서 선정을 다음과 같이 설명해 놓았다.

> "여러 비구들이여, 마음을 안으로 거두어들이면[366] 선정(禪定)에 머물게 된다. 마음이 선정에 머물기 때문에 몸과 마음에서 일어났다가 사

365 〈대반야바라밀다경〉 제566권 제6분 통달품 0925a27 "專心一念(전심일념)不緣異境(불연이경)是爲靜慮波羅蜜多(시위정려바라밀다)." 또 다른 경에서는 "한 대상을 알아차림 해가는 것이 선정바라밀"이라고 정의해 놓았다. "禪波羅蜜念一境(선바라밀념일경)" 여기서 一境(일경)은 '한 대상'이라는 뜻이고, 念(념)은 '알아차린다'는 뜻이다.

366 마음을 거두어들이는 것에 대한 해설은 〈장아함경〉 제2권 〈유행경遊行經〉에 잘 나와 있다.

라지는[生滅생멸] 것들의 특성[相상]을 알 수 있다. 이런 까닭에 수행자는 늘 꾸준히 노력하여, 4가지 선정을 닦아 모아야 한다. 만약 선정을 얻게 되면, 마음이 어지럽지 않느니라. 이것은 마치 물을 소중히 여기는 집에서 못의 둑에 틈이 생겨서 물이 새 나가지 않도록 못 둑을 잘 관리하는 것과 같도다. 수행하는 것도 이와 같다. '지혜'라는 물을 모으기 위해 선정을 잘 닦아 익혀서 [마음이 밖으로] 새 나가지 않도록 하는 것을 '선정'이라고 한다."[367]

위의 글에서 부처님은 "마음을 안으로 거두어들여서 마음이 밖으로 새 나가지 않도록 잘 관리해가는 것이 선정"이라고 말하고 있다. 마음이 머물러야 하는 곳은 자신의 몸과 마음이다. 마음이 자신의 몸과 마음에 머물러서 거기서 일어나고 있는 물질현상과 정신현상을 알아차림 해가야 한다.

367 위의 글의 원문은 다음과 같다. "汝等比丘。若攝心者心則在定。心在定故能知世間生滅法相。是故汝等。常當精勤修集諸定。若得定者心則不亂。譬如惜水之家善治堤塘。行者亦爾。爲智慧水故善修禪定令不漏失。是名爲定" 불교의 선정은 마음이 자신 안[身心]에 머물러서 밖으로 새 나가지 않도록 하는 것이다. 지혜를 위한 선정을 닦으면, 선정이 지혜를 생기게 하지만, 선정을 위한 선정을 닦으면, '어리석은 선정[痴定]'이 될 수도 있다. 브라만교의 성전인 〈우파니샤드〉 제8장 슈베따슈바따라 우파니샤드 2-[8, 9]를 보면, "몸의 세 부분을 곧게 펴고, 감각과 마음을 가슴 속의 빈 공간에 모이게 한다. 이렇게 함으로써 현명한 자는 공포를 일으키는 거센 물결을 브라흐만(오움 소리)이라는 배로 건너리라. 숨을 절제하고, 모든 감각의 내달림을 통제하라. 숨을 더 이상 절제할 수 없을 때 아주 조금씩 코로 숨을 내쉬라. 현명한 자라면 거센 말이 이끄는 마차의 마부처럼 신중하게 마음을 몰고 가야 할 것"이라고 기록되어 있다. (한길사 이재숙 〈우파니샤드〉 437~438쪽을 옮김) 호흡을 자연스럽게 하지 않고 숨을 통제하는 것은 부처님의 방법과 다르지만, 마음을 통제하여, 자신 안에 머물게 하는 것은 같다. 〈우파니샤드〉는 아트만이 머무는 곳은 가슴 속의 빈 공간, 즉 심장(心臟)이라고 말한다. 힌두교에는 멈춤, 즉 사마타의 선정수행만 있고, 관찰, 즉 위빠사나수행은 없다. 위빠사나 관찰수행을 통하여 반야지혜가 계발된다.

반야지혜는 질이 좋은 마음의 렌즈, 질이 좋은 마음렌즈를 만들어가는 것이 수행

앞에서 부처님께서 말하는 선(禪)수행은 자신의 몸과 마음에 의식을 묶어두고서 몸의 물질현상과 정신현상을 관찰하여, 그것들은 다 실체가 없는 것들[空공]임을 꿰뚫어보아서 모든 괴로움에서 벗어나게 되는 것이라고 말했다. 이것은 마치 돋보기로 햇빛을 모아서 종이에 구멍을 뚫는 것과 같다. 두 가지 조건이 맞아야 구멍이 뚫린다. 1) 우선 초점거리를 정확하게 맞추어서 초점을 형성해야 하고, 2) 그 초점을 움직이지 않고 줄곧 한 대상에 고정시키고 있어야 한다. 만약 그러지 않고 초점을 계속 옮겨 다닌다든지 초점거리가 맞지 않으면, 햇빛을 한 점에 모을 수가 없기 때문이다. 또 이 때 돋보기의 질도 중요하다. 유리질이 깨끗하고, 두껍고, 정밀하게 잘 가공된 렌즈라야 갖다대자말자 바로 구멍이 뚫리기 때문이다. 이와 같이 반야지혜는 질이 좋은 렌즈에 비유될 수 있다. 보통 사람의 마음의 렌즈는 면이 고르지 못 하고, 두껍지 못 하며, 그 위에 묵은 때까지 끼여 있어서 초점이 잘 맺히지 않을뿐더러 초점이 한 대상에 머물지 못 하고 계속 옮겨 다녀서 마음의 빛을 한 대상에 모을 수 없다. 모으더라도 빛이 흐릿하여, 이런 상황에서는 대상의 실체를 꿰뚫어볼 수가 없다.

질이 좋은 마음의 렌즈를 만드는 방법

'반야'라고 하는 질이 좋은 마음의 렌즈를 만들어가는 것이 불교의 수행이라고 했다. 그럼 이 마음의 렌즈의 질은 어떤 방법으로 향상시키는가? 그것은 자신의 몸과 마음을 놓치지 않고 지켜보아서 거기서 일어나고 있는 현상들을 줄곧 알아차리고 있는 것이다. 그러기 위해서는 자신의 몸과 마음에서 눈[心眼심안]을 떼지 않고 계속 지켜볼 수 있는 선정의 힘, 즉 집중력을 길러야 하고, 매순간 알아차림 해감으로써 관찰력을 예리하게 만들어가야 한다. 이와 같이 집중력과 관찰력을 기르기 위해서는 자신의 몸과 마음을 지속적으로 관찰해가는 것이 핵심이다. 질이 좋은 렌즈로 보면, 보이지 않던 것들까지 다 볼 수 있는 것처럼 밝은 지혜의 눈으로 보면, 범부의 눈으로는 볼 수 없는 것들까지 다 볼 수 있다. 그래서 〈나선비구경〉에서 반야지혜에 대해 비유를 들어 말하기로 "등불을 들고 깜깜한 방에 들어가면, 어둠이 갑자기 다 없어지고, 저절로 환하게 밝아지는데, 사람의 지혜도 이와 같다"고[368] 했다. 이와 같이 반야지혜가 계발되면 존재의 다섯 요소[오온]는 다 실체가 없는 것들임을 꿰뚫어볼 수 있다. 그러니 존재의 다섯 요소의 실체 없음을 꿰뚫어보기 위해서는 마음의 렌즈를 부지런히 갈고 닦아야 한다. 선정수행을 통해 탐진치(貪瞋痴)를 멈춘 상태에 많이 머물면, 마음의 렌즈에 끼었던 때가 빠지고, 알아차림을 통해 관찰을 많이 닦으면, 마음의 렌즈가 두꺼워진다.

〈잡아함경〉 제367경에서 부처님께서 다음과 같이 말했다.

"비구들이여, 부지런히 방법[방편]을 써서 선(禪)을 닦아 익혀서 안으로 그 마음을 고요히 만들라. 그러면 늙음과 죽음이 있는 그대로 다 드러나고, 늙음과 죽음의 원인들의 모임[集집], 늙음과 죽음의 완전한 소멸[滅멸], 늙음과 죽음의 완전한 소멸로 가는 길의 자취[道도]가 있는 그대로 다 드러난다. 또 태어남[生생], 존재함[有유], 집착 · 취함[取취], 갈애[愛애], 느낌[受수], 접촉[觸촉], 여섯 감각기관[六入處육입처], 정신현상과 물질현상[名色명색], 마음 · 식별작용[識식][369], 업 지음[行행] 등

368 〈신수대장경〉 제32권. 〈나선비구경〉 698a15行 "王復問那先(왕부문나선)。何等爲智(하등위지)。那先言(나선언)。......譬如持燈火入冥中室(비여지등화입명중실)。便亡其冥自明(변망기명자명)。人智如是(인지여시)"

369 마음 · 식별작용[識]은 12연기의 한 요소인 識(식)을 번역한 것이다. 이 識(식)은 오온에서의 識(식)과 산스크리트어 원어가 같은 것이다. 識(식)은 '마음', '의식

이 있는 그대로 다 드러난다. 또 업 지음의 원인들의 모임, 업 지음의 원인들의 완전한 소멸, 업 지음의 완전한 소멸로 가는 길의 자취가 있는 그대로 다 드러난다. 뿐만 아니라 이 모든 존재[370]의 덧없음, 함이 있음[有爲유위], 번뇌 있음이 있는 그대로 다 드러난다."[371]

위의 내용은 선정에 들어서 안으로 그 마음을 고요히 만든 상태에서 관찰해가면, 지혜가 저절로 밝아져서 사성제, 12연기 등 자신 안에서 일어나고 있는 현상들을 있는 그대로 다 볼 수 있게 된다는 말이다.

3. 관찰 방법

관찰은 머리를 써가며 생각으로 하는 것이 아니다. 관찰을 할 때는 그 어떤 생각이나 판단, 심판도 없이 오직 관찰대상에서 일어나고 있는 현상을 알아차리고만 있어야 한다. 이와 같이 관찰은 '알아차림'을 통해 이루어진다.

(意識)', '식별(識別)작용' 등으로 옮길 수 있다. '마음[心]', '의식[意]', '식별작용[識]'은 동의어다. 의식이 마음이고, 마음은 대상을 식별하는 작용이기 때문이다. 식별한다는 것은 대상을 '지각(知覺)한다', '알아차린다', '안다'등의 뜻이다.

370 모든 존재는 오온, 십이처, 십팔계 등을 일컫는 말이다.

371 〈신수대장경〉 제2권 〈잡아함경〉 제367경 101b9 "比丘。當勤方便修習禪思。內寂其心。所以者何。比丘禪思。內寂其心。精勤方便者。如是如實顯現。云何如實顯現。老死如實顯現。老死集 · 老死滅 · 老死滅道跡如實顯現。生 · 有 · 取 · 愛 · 受 · 觸 · 六入處 · 名色 · 識 · 行如實顯現。行集 · 行滅 · 行滅道跡如實顯現。此諸法無常 · 有爲 · 有漏如實顯現"

1) 좌선할 때의 관찰법

좌선할 때는 주로 호흡을 관찰한다. 들여 쉬는 숨의 첫 머리에서 꼬리 끝부분까지의 전 과정을 놓치지 않고 알아차리고, 내 쉬는 숨의 전 과정을 놓치지 않고 알아차리겠다는 마음으로 관찰해간다. 하지만 초심자가 처음부터 이와 같이 호흡의 전 과정을 따라가면서 알아차리는 것은 쉽지 않다. 호흡이 잘 포착되지 않기 때문이다. 그래서 초심자에게는 호흡보다는 호흡할 때 부풀었다가 꺼지는 배의 움직임을 알아차리는 것이 훨씬 더 쉽다. 배가 부풀 때 '부풂'이라고 알아차리고, 꺼질 때 '꺼짐'이라고 알아차리는 식이다. 이와 같이 '부풂', '꺼짐'이라고 이름을 붙여가면서 알아차리는 것이 좋다. 이름을 붙여가면서 알아차리면, 알아차림이 명료해질 뿐만 아니라, 마음이 다른 데로 달아나지 않고 '호흡'이라는 대상을 계속 따라잡을 수 있기 때문이다. 이와 같이 배의 움직임을 계속 알아차림 해가면, 나중에는 호흡이 보여 온다. 그러면 호흡의 전 과정, 즉 들숨과 날숨의 처음과 중간과 끝 지점을 다 알아차림 해가면 된다. 호흡의 전 과정을 알아차릴 수 있기 전에는 날숨의 끝 지점을 알아차리면 된다.

2) 걷기명상 할 때의 관찰법

걷기명상을 할 때는 걷는 발의 움직임과 발의 감각[372]을 알아차리면 된다. 이와 같이 알아차림을 지속해가면 마음의 렌즈가 두꺼워지고, 맑아져서 어느 날 관찰대상을 꿰뚫어보는 순간이 온다.

372 이 때 발의 감각은 주로 걸을 때의 발바닥의 감각을 의미한다.

3) 얕은 지혜를 많이 닦아가다가 보면 저절로 깊은 지혜에 들게 된다

深般若(심반야), **깊은 지혜** : 앞에서 말했듯이 지혜에도 깊은 지혜가 있고, 얕은 지혜가 있다. 얕은 지혜로는 쉽게 감지되는 호흡을 비롯한 몸의 움직임과 몸의 감각만 알아차릴 수 있지만, 깊은 지혜에 들면 찰나 순간 일어나는 마음의 미세한 현상들까지 다 알아차릴 수 있다.

〈반야심경〉에서 관자재보살이 말한 것과 같이 깊은 지혜를 완성하는 수행은 오온, 즉 내 몸의 물질현상과 정신현상을 관찰해감으로써 닦는다. 반면에 얕은 지혜는 내 몸의 움직임과 몸의 감각을 관찰해감으로써 닦는다. 그런데 얕은 지혜를 닦는 과정을 밟지 않고 바로 깊은 지혜를 완성하는 수행으로 들어갈 수는 없다. 왜냐하면 공부는 얕은 데서 시작해서 점차 깊은 곳으로 들어가는 것이기 때문이다. 얕은 지혜를 닦는 과정을 집중적으로 닦아가다가 보면, 지혜가 점점 밝아져서 저절로 깊은 데로 들어가게 되어 있다. 그러므로 처음부터 깊은 지혜를 완성하는 수행을 하겠다고 욕심을 부릴 일은 아니다.

처음에는 자신의 몸의 움직임과 몸에서 일어나고 있는 현상들을 관찰하는 것부터 시작해야 한다. 계속 관찰하여, 집중이 깊어지고, 지혜가 밝아지면, 마음에서 일어나고 있는 현상들과 마음의 작용이 보여 온다. 그 마음의 작용을 세밀하게 관찰해가다 보면, 마음이 느낌[受수], 인식[想상], 업 지음[行행], 식별작용[識식] 등으로 구분되어 보이고, 그렇게 구분해서 계속 관찰해가다가 보면, 결국 존재의 다섯 요소[오온]는 다 실체가 없는 것들임을 꿰뚫어보게 된다. 그러니 처음에는 존재의 다섯 요소가 무엇인지 몰라도 좋다. 자신의 몸과 마음을 관찰해가다가 보면, 그러한 것들이 저절로 보여 오기 때문이다. 이런 의미로 〈청정도론〉[373]에

373 〈청정도론(清淨道論)〉은 AD. 5C에 스리랑카의 붓다고사 스님이 저술한 논서

서는 "위빠사나 수행자에게는 네 가지 정신작용, 즉 느낌[受수], 인식[想상], 업 지음[行행], 식별작용[識식]을 구분해 볼 수 있는 지혜가 있고, 몸의 물질현상[色색]을 구분해 볼 수 있는 지혜가 있다"[374]고 말했다. 또 〈나선비구경〉에는 다음과 같은 내용이[375] 나온다.

> 나가세나 존자가 말했다. "대왕이시여, 세존께서는 참으로 대단한 일을 해냈습니다." "존자이시여, 세존께서 어떤 대단한 일을 해냈습니까?" "대왕이시여, 세존께서는 하나의 감각의 대상에 대해 일어나는 정신작용을 여러 가지로 구분해 보였습니다. '이것은 감각의 접촉이고, 이것은 느낌[受수]이고, 이것은 인식[想상]이고, 이것은 업 지음[行행]이며, 이것은 식별작용, 즉 마음[心심]'이라고 말씀하셨습니다."

부처님 이전에는 위빠사나 방법이 없었기 때문에 단지 '정신현상[名명]과 물질현상[色색]'의 구분만[376] 있었을 뿐, 이와 같이 자신을 존재의 다섯 요소로 분리해 볼 수가 없었다. 부처님은 위빠사나 방법으로 자신의 마음을 관찰한 결과, 마음에는 느낌[受수], 인식[想상], 업 지음[行행], 식별작용[識식] 등이 있음을 발견해냈다. 이 발견은 위빠사나 관찰수행을

이다. 이것은 초기불교를 이해하는 데 중요한 책이다. "청정"은 '열반'을 의미하고, 청정도(清淨道)는 '열반으로 가는 길'이라는 뜻이다.

374 대림 스님 번역 〈청정도론〉 제2권 407쪽의 내용을 인용하면서 읽기 쉽게 문장을 조금 다듬어서 옮겼다.

375 〈한글대장경〉 남전부 제1권 378쪽 내용을 재번역해서 옮겼다.

376 정신현상과 물질현상을 의미하는 '명색(名色)'이라는 단어는 부처님 이전의 〈우파니사드〉에도 나온다. 그러나 '수(受,느낌)', '상(想,인식)', '행(行,업 지음)', '식(識,식별)'과 '오온(五蘊)'이라는 단어는 부처님 이전에는 없었다. 이들은 불교경전에 처음 등장하는 단어다. 위빠사나 수행이 아니면, 자신의 몸과 마음을 이렇게 깊이 들어다 볼 수 있는 방법이 없다.

통해 지혜가 밝아졌음을 입증해주는 증거다.

관찰하지 않으면 꿰뚫어볼 수가 없다. 관찰은 부처님의 선(禪)수행 방법인 위빠사나다

관찰을 하지 않으면 꿰뚫어볼 수가 없다. 관찰은 위빠사나 방법이고, 이것은 부처님 고유의 선법(禪法)이다. 하지만 여태껏 중국 선불교에서는 자신의 몸과 마음을 관찰하는 것은 없었고, 화두를 참구하는 것만 있었다. 그동안 화두에 가리어서 자신의 몸과 마음은 보지 못 했다. 화두선을 최상승선(最上乘禪)으로 여기는 사람들은 부처님의 선(禪)수행 방법인 위빠사나를 '소승선(小乘禪)'이라고 부르며, 아주 수준이 낮은 것으로 취급했다.[377] 그 결과, 그들은 매일 〈반야심경〉을 외우지만 '반야'나 '오온'은 그 개념조차 몰랐다. 석가부처님 법을 멸시하고, 중국의 선불교만 숭상해온 결과였다.

4. 중국 선불교는 석가부처님 불교와 완전히 다른 별종

"불교(佛敎)"는 '부처님[佛]의 가르침[敎]'이라는 뜻이다. 이렇게 볼 때 중국 선불교를 '불교'라고 말할 수 있을지 의문이다. 중국 선불교는 석가부처님 가르침을 무시하고, 부처님 법을 아주 수준이 낮은 것으로 폄훼하기까지 했고, 중국 선불교의 내용과 방법은 불교의 그 어떤 경전에서도 근거를 찾아볼 수 없는 별종이기 때문이다. 중국 선불교는 석가부

377 사실 화두는 아무런 잘못이 없다. 문제는 화두선만이 최상승선이고, 석가부처님의 위빠사나는 소승선(小乘禪)이라고 말하여, 아주 유치한 수준의 선으로 격하시켜 놓았다는 점이다. 이렇게 볼 때 중국 선불교는 석가부처님의 선법이 전파되지 못하게 하기 위하여 얼마나 교묘한 술수를 썼는지 알 수 있다.

처님 불교와 완전히 다른 것이다. 이것은 앞에서 말했듯이 인도의 힌두교와 중국의 노장(老莊)사상과 유교사상이 결합되어서 만들어진 것으로 볼 수 있다. 필자의 이러한 견해는 전혀 새로운 것이 아니다. 20세기를 통 털어서 동서양 사상을 완전히 이해한 사람들 중에 한 명으로 꼽히는 오경웅(吳經熊,1899~1986) 박사[378]는 〈禪(선)의 황금시대〉에서 중국 선불교에 대해 다음과 같이 말했다.

> 현재 중국인들이 사용하고 있는 "禪(선)"이라는 말은 원래 선정(禪定)의 산스크리트어 원어인 '디아나(dhyāna, 禪那선나)'의 음을 한자로 표기한 것에서 나온 것이다. 그러나 이것은 선정과 완전히 다른 것이다. 인도의 선정이 정신을 집중해서 명상을 하는 것인데[379] 반해 중국의 선(禪)은 존재의 본질에 대한 깨달음 내지 직관을 통한 자신의 본성에 대한 깨달음을 의미하는 말로 바뀌어 버렸다.[380] ....
> "작고한 호적(胡適) 박사는 '중국의 선(禪)은 인도의 요가나 선정에서

378 오경웅 박사는 1899년 중국에서 태어나서 미국, 프랑스, 독일 등지에서 법철학을 공부했다. 그 이후 미국에서 중국철학과 문학, 법학 등을 가르치면서 중화민국 주재 바티칸 교황청의 공사로 근무하기도 했다. 그는 법관, 법학자, 외교관, 철학교수로서 다채로운 활동을 전개하는 한편 〈정의의 원천〉, 〈동서의 피안〉 등 종교와 동양사상, 자연법에 대한 심오한 책을 많이 저술하였다. 특히 〈선의 황금시대, The Golden Age of Zen, 1967〉는 70년대 말에 한국어로 처음 번역된 이후 총 4종의 번역서가 나올 정도로 유명한 책이다.

379 앞에서 말했듯이 인도의 선(禪)은 선정(禪定)의 준말이고, 이것은 "오롯한 마음으로 한 대상을 알아차려가서 다른 대상과 인연하지 않는 것"이라고 정의되어 있다. 〈대반야바라밀다경〉 제566권 제6분 통달품 0925a27 "專心一念(전심일념) 不緣異境(불연이경)是爲靜慮波羅蜜多(시위정려바라밀다)"

380 〈禪(선)의 황금시대〉 오경웅(吳經熊). 경서원. 2012년. 20쪽의 내용을 필자가 좀 더 이해하기 쉽도록 고쳐서 옮겼다. 원래의 번역문에는 "산스크리트어 문헌들을 다 뒤져봐도 인도에 이와 같은 선종(禪宗)이 존재했다는 기록은 나타나지 않는다. 한

나온 것이 아니라 오히려 그것에 대한 반동에서 나왔다'고 말한 적이 있다."[381] ....

스즈키 다이세쯔 박사의 말을 빌리면 "오늘날 우리가 알고 있는 이러한 형태의 선(禪)은 인도에는 존재한 적이 없었다"고 말한다.[382]

토마스 머튼(Thomas Merton)이 예리한 통찰력으로 지적한 것처럼 진짜로 장자(莊子)의 사상을 계승한 사람은 당나라 때의 선사들이었다. '선사들의 근본 통찰이 노장(老莊)사상과 거의 일치한다'고 해도 과언이 아니다. 노자 〈도덕경〉 제1장과 제2장[383]은 중국선의 철학적 배경

자의 '禪(선)'이라는 말은 원래 산스크리트어 '디아나, dhyāna, 禪那'의 음역이기는 하지만, 그 뜻은 서로 크게 다르다. 인도의 '디아나(dhyāna)'가 일정한 형태를 갖춘 집중적인 명상을 뜻하는 것인데 반해, 중국에서 선의 스승들이 체험하고 가르친 '선(禪)'은 존재 전체의 본질에 대한 깨우침 내지는 직관을 통한 자신의 참 본성의 자각을 뜻한다"고 번역되어 있다.

381 오경웅(吳經熊)의 위의 책 20쪽

382 오경웅(吳經熊)의 위의 책 21쪽

383 노자 〈도덕경〉 제1장 : "도"라고 말할 수 있는 것은 진짜 도가 아니다. 도는 말로 표현할 수 없다. 이름을 붙일 수 있는 것은 진짜 이름이 아니다. 이름이 없는 것, 즉 이름을 붙일 수 없는 것이 천지(天地)의 근원[始시]이다. 천지(天地)의 근원에 굳이 이름을 붙인다면, 그것은 '우주만물을 낳는 어머니'라고 할 수 있다. 그러므로 언제나 욕구 · 욕망이 없음으로써 그 묘한 자리[其妙기묘]를 보게 되지만, 언제나 욕구 · 욕망에 사로잡혀 있음으로써 욕구 · 욕망의 대상[其徼기요]을 보게 된다. 이름이 없는 것과 이름이 있는 것, 이 둘은 한 근원에서 나왔지만, 그 이름이 다르다. 그 한 근원을 '현(玄)', 즉 '그윽한 것'이라고 부르기도 하고, '그윽하고도 또 그윽한 것'이라고 부르기도 한다. 그윽하고도 또 그윽한 것, 이것이 온갖 묘한 곳으로 들어가는 문이다. (道可道, 非常道. 名可名, 非常名. 無名, 天地之始, 有名, 萬物之母. 故常無欲, 以觀其妙. 常有欲, 以觀其徼. 此兩者, 同出而異名, 同謂之玄. 玄之又玄, 衆妙之門) * 徼 구할 요. 희구(希求)함. 막을 요. 앞을 막음. 여기서 이 徼(요)를 어떤 뜻으로 옮겨야 할까? 이 문제는 매우 어렵다. 욕구 · 욕망에 사로잡힌 사람들에게는 그 묘한 자리가 보이지 않는다. 그들에게 보이는 것은 오직 돈, 쾌락, 출세, 명예와 같은 욕구 · 욕망의 대상뿐이다. 그래서 필자는 이 徼(요)를 '욕구 · 욕망의 대상'이라는 뜻으로 옮겼다.

노자 〈도덕경〉 제2장 : 세상 사람들은 다 아름다운 것[美미]을 보고, 아름답다고 여기

을 이루고 있다...... 장자의 사상이 중국 선(禪)의 핵심이라는 말이다.[384]

이와 같이 세계적인 선학(禪學)의 거장들도 다 함께 입을 모아 말하고 있듯이 중국 선불교는 석가부처님 불교와 완전히 다른 종자다. 게다가 중국 선불교는 "불립문자(不立文字) 교외별전(敎外別傳)"[385]이란 말을 만들어내어 석가부처님 가르침인 경전을 보지 못 하게 만들었다. 그 결과, 부처님 가르침과 수행방법은 쇠퇴하고, 중국 선불교가 지난 천년의 세월을 지배해왔다.

지만, 그것은 추한 것[惡악]일 수도 있다. 세상 사람들은 다 선(善)한 것을 보고, 선하다고 여기지만, 그것은 선하지 않은 것일 수도 있다. 그러므로 있다는 생각과 없다는 생각, 가진 자라는 생각과 갖지 못한 자라는 생각은 다 상대적으로 생겨난 것들이다. 어렵다는 생각과 쉽다는 생각도 마찬가지다. 길다는 생각과 짧다는 생각도 다 비교에 의해 상대적으로 생겨난 것이다. ...... 또 높다는 생각과 낮다는 생각, 앞섰다는 생각과 뒤졌다는 생각도 마찬가지다. 이런 까닭에 성인은 아무 일도 하지 않으면서 일을 하고, 말이 없는 가르침을 행한다. 또 성인은 어떤 일이 주어져도 사양하지 않고, 생산은 해도 소유는 하지 않는다. 또 일을 하지만 그 결과는 기대하지 않는다. 공(功)을 세우고서도 공에 머물지 않는다. 공에 머물지 않음으로써 그 공이 그의 곁을 떠나지도 않는다. (天下皆知美之爲美, 斯惡已. 皆知善之爲善, 斯不善已. 故有無相生, 難易相成, 長短相形, 高下相呈, 音聲相和, 前後相隨. 是以聖人處無爲之事, 行不言之敎. 萬物作焉而不辭, 生而不有, 爲而不恃, 功成而弗居. 夫唯弗居, 是以不去)

384 오경웅(吳經熊)의 위의 책 21~22쪽

385 '불립문자 교외별전'은 중국 선불교를 소개할 때 반드시 언급되는 구절이다. 그 뜻은 '말이나 문자를 통하지 않고, 경전[敎교] 이외에 이심전심의 방법으로 전해지는 법이 있는데, 그것이 진짜 불법'이라는 말이다. 한 마디로 경전 속에는 진짜 불교가 없다는 말이다. 이러한 불립문자의 표방은 나중에 대단히 많은 문제를 불러 일으켰다. 그것은 부처님의 법을 끊어버렸고, 불교를 불교답지 못 하게 만드는 결과를 초래했다. 불립문자의 전통으로 인하여 허풍, 임기응변의 기지(機智)가 횡행하는 풍토가 조성되었다고 볼 수 있다.

한국선(禪)은 중국 임제선의 흉내

한국선(禪)은 이런 중국 선불교의 영향으로 불교의 근본인 석가부처님 불교를 중요시하지 않고, 중국불교를 떠받드는 불교로서 오직 중국 선불교의 임제종풍(臨濟宗風)만을 흉내 내려고 했다. 그 당시 시대 분위기가 그랬으니 어쩔 수 없었다. 그 당시엔 접할 수 있는 것이라고는 그것밖에 없었고, 난해하기 짝이 없는 중국 선불교를 이해하여, 받아들이는 것만도 만만하지 않았기 때문이다. 여기서 난해하다는 것은 깊이가 있다는 의미가 아니라 뜬 구름 잡는 소리로 가득하기 때문에 이해하기 어렵다는 말이다. 다시 말하지만 중국 선불교는 선(禪)을 잘 닦을 수 있도록 해주는 불교가 아니라 오히려 선(禪)이 무엇인지 모르도록 만들었다고 볼 수 있다.

경전에 의거해서 닦아야 한다

이제는 시대가 달라졌다. 학문이 발달하여, 더 이상 근본불교, 즉 석가부처님 불교를 '소승불교'라는 말로 깎아내릴 수도 없고, "석가모니는 화두를 참구해서 도를 깨달았고, 염화미소(拈華微笑)의 선(禪)법문을 했다"는 거짓말을 할 수도 없다.

〈아함경〉 또는 〈니까야〉의 불교야말로 석가부처님 가르침이라고 말할 수 있다. 대승불교 경전은 기원 전후에 활발하게 창작되기 시작하여, 기원후 4~5세기까지 수많은 경전이 창작되었다. 석가부처님의 그 어떤 경에서도 염화미소와 같은 그런 내용은 찾아볼 수가 없다. 그렇기 때문에 지금부터라도 왜곡, 날조된 불교에서 벗어나서 부처님 방법으로 **내 몸과 마음에서 일어나고 있는 현상을 관찰해가야 한다**. 그러지 않으면, 결코 존재의 다섯 요소[오온]는 다 실체가 없는 것들[空공]임을 꿰뚫어볼 수가 없고, 불교는 여전히 어렵고, 뜬 구름 잡는 소리로 남을수밖에 없다.

5. 깊은 지혜를 완성하는 수행방법

앞의 〈반야심경〉 원문에서 "깊은 지혜를 완성하는 수행에 전념하고 있을 때"[386]라고 했다. 그럼 깊은 지혜를 완성하는 수행은 어떤 방법으로 하는가? 이것은 아주 중요한 질문이다. 이 질문에 대한 답은 〈반야심경〉의 본문에 나와 있다. 법성(法成)이 한역한 〈반야심경〉을 보면, 다음과 같은 내용이 나온다.

> "사리불 존자가 부처님의 불가사의한 힘에 의해 합장 공경하고, 관자재보살에게 물었다. "만약 선남자가 깊은 지혜를 완성하는 수행을 하려고 하면, 어떤 방법으로 수행해야 합니까?" 관자재보살이 사리불 존자의 질문에 답변했다. "만약 선남자 선여인이 깊은 지혜를 완성하는 수행을 하려고 하면, 그는 이와 같이 존재의 다섯 요소[오온]는 다 실체[自性자성]가 없는 것들[空공]임을 **관찰**해야 합니다."[387]

이러한 내용의 질문과 답변은 법성이 한역한 〈반야심경〉에만 나오는 것이 아니다. 반야와 리언(利言) 등이 공동 한역한 〈반야심경〉에도 나오고,[388] 지혜륜이 한역한 〈반야심경〉[389]과 시호가 한역한 〈반야심경〉[390]

386 이것의 한역문은 "行深般若波羅蜜多時(행심반야바라밀다시)"이다.

387 법성이 번역한 〈반야심경〉, 〈신수대장경〉 제8권. 〈반야바라밀다심경〉 850b27 "時具壽舍利子。承佛威力。白聖者觀自在菩薩摩訶薩曰。若善男子。欲修行甚深般若波羅蜜多者。復當云何修學。作是語已。觀自在菩薩摩訶薩答具壽舍利子言。若善男子及善女人。欲修行甚深般若波羅蜜多者。彼應如是**觀察(관찰)**五蘊體性皆空"

388 반야, 이언 등이 공동 번역한 〈반야심경〉 〈신수대장경〉 제8권 〈반야바라밀다심경〉 849c01 "卽時舍利弗承佛威力。合掌恭敬白觀自在菩薩摩訶薩言。善男子。若有欲學甚深般若波羅蜜多行者。云何修行。如是問已爾時觀自在菩薩摩訶薩告具壽舍利弗言。舍利子。若善男子善女人行甚深般若波羅蜜多行時。應觀五蘊性空" 이 뒤의 '사리자 색불이공

에도 나온다. 이것은 **"깊은 지혜를 완성하는 수행을 하기 위해서는 '존재의 다섯 요소**[오온]**는 다 실체가 없는 것들임'을 관찰해야 한다"**고 가르치고 있다. 우리는 여기서 **"관찰"**이라는 단어에 주목해야 한다. 관찰은 내 몸과 마음에서 일어나고 있는 현상들을 관찰해 들어가서 그것들의 특성을 밝게 알아가는 공부다.

6. 현재의 〈반야심경〉에 수행방법을 말해주는 내용이 빠져 있는 이유

그런데 중국 불경번역의 2대 성인으로 추앙받고 있는 구마라집이 한역한 〈반야심경〉과 현장이 한역한 〈반야심경〉에는 지혜를 완성하는 수행방법을 말해주는 내용이 빠져 있다. 왜 그럴까? 혹시 누가 장난을 친 것은 아닐까? 이 내용이 산스크리트어 원문에 빠져 있을 수도 있고, 한문으로 번역되는 과정이나 번역된 뒤 유통되는 과정에서 빠졌을 수도 있다. 그것이 어떻게 된 영문인지 한 번 알아보자.
일본 법륭사 산스크리트어사본을 보니, 거기에 이미 이 내용이 빠져있는 것을 확인할 수 있다. 이 법륭사의 산스크리트어사본은 연구결과 8C말에 인도에서 베껴 쓴 것으로 판명됐다. 이 산스크리트어사본은 구마라집이 408년에 〈반

공불이색'부터 "모지사바하"까지는 현장이 번역한 반야심경과 글자 한 자 틀린 것 없이 똑 같다. 이것은 반야와 이언 등이 현장이 번역한 〈반야심경〉에 빠진 부분이 있다는것을 발견하고는 그것을 바로 잡기 위해 141년 뒤에 다시 번역했다고 볼수 있다.
389 지혜륜 번역 〈반야심경〉〈신수대장경〉 제8권 〈반야바라밀다심경〉 850a14 "…..聖者。若有欲學甚深般若波羅蜜多行。云何修行。…..舍利子。若有善男子。善女人。行甚深般若波羅蜜多行時。應照見五蘊自性皆空。離諸苦厄"
390 시호 번역 〈반야심경〉〈신수대장경〉 제8권, 852b18 "…..若善男子善女人。樂欲修學此甚深般若波羅蜜多法門者。當觀五蘊自性皆空"

야심경〉을 한역한 것보다 350년 이상 후대에 베껴 쓴 것이고, 현장이 649년에 〈반야심경〉을 한역한 것보다 100년 이상 후대에 베껴 쓴 것이다. 그래서 이 내용이 언제부터 빠졌는지는 알 수가 없다. 하지만 이 내용이 8C말에 인도에서 베껴 쓴 것으로 판명된 법륭사의 산스크리트어사본에 빠져 있다는 사실만 알 수 있다. 지혜를 완성하는 수행방법은 매우 중요한 내용이다. 그런데 왜 이 내용이 빠져 있을까? 혹시 이 방법을 싫어하는 누군가 빼버린 것은 아닐까? 의심해 볼 수 있는 것은 부처님의 관찰수행법을 싫어했던 대승불교주의자들이다. 대부분 브라만교 출신인 대승불교주의자들은 사실 부처님 고유의 선(禪)수행법인 관찰법을 좋게 보지는 않았다고 볼 수 있다. 왜냐하면 그들이 닦는 것은 사마타와 염불과 다라니, 예경(禮敬), 의례(儀禮), 제사, 기도였기 때문이다. 그들은 부처님 법에 대해 '소승법'이라는 말을 갖다 붙여서 아주 지능적으로 부처님 법을 폄훼하려고 했다. 그 한 예로 극단적 대승주의자인 구마라집은 "내가 예전에 소승을 공부한 것은 마치 금을 알아보지 못 하고 구리나 돌을 오묘하다고 여긴 것과 같다"[391]고 하거나 "대승은 심오하고 청정해서 모든 것이 다 공(空)이라는 것을 밝혔지만, 소승은 치우치고 국한되어서 대부분 이름과 모습[名相명상]에 빠져 있다"고[392] 말하는 등 석가부처님 법을 폄훼했다. 물론 구마라집의 이러한 말은 사실에 부합하는 것이라고 볼 수 없다.

근본(초기)불교와 대승불교와의 먹이싸움은 우리가 생각하고 있는 것보다 훨씬 치열했다. 예를 들어 대승불교 경전인 〈법화경〉의 경우, 경전에서 다음과 말하고 있다.

391 이것은 원래 〈고승전〉에 나오는 말인데, 중국의 석학 탕융동(1893-1964년)의 저서 〈한위양진남북조불교사〉 장순용 번역, 학고방 2014년, 592쪽의 내용을 옮겼다.
392 위의 책 595쪽

"시방세계의 부처님 국토에는 오직 법화(法華) 일승법(一乘法)만 있을 뿐, 2승(乘)과 3승[393]은 없도다. 법화 일승법 이외에 다른 법은 다 법화 일승법을 설하기 위해 거짓방편으로 설해 놓은 것들이다. 부처님께서 거짓방편으로 설해 놓은 법을 이제는 다 버려라. 2승과 3승은 거짓된 이름과 문자로 중생들을 1승법 쪽으로 인도해서 부처님의 지혜에 대해 설하기 위해 거짓방편으로 설해 놓은 것들일 뿐이로다."[394]

"단지 거짓 이름과 문자로 중생들을 법화 일승법 쪽으로 인도해서 부처님의 지혜를 설하기 위해서다. 모든 부처님께서 세상에 출현하실 때는 오직 이 〈법화경〉의 법만이 참다운 법을 설해 놓은 것이고, 성문들과 벽지불을 위한 법은 다 거짓방편으로 설해 놓은 것들이다. 끝에 가서는 소승법으로 중생들을 제도하지 않는다."[395]

"여러 부처님의 지혜는 매우 깊고도 한량이 없이 많도다. 그 지혜의 문은 이해하기도 어렵고, 들어가기도 어렵다. 그래서 모든 성문(聲聞)[396]과 벽지불[397]은 도저히 이것을 이해할 수가 없도다."[398]

393 성문(聲聞)과 연각(緣覺)·벽지불(辟支佛)을 '이승(二乘)'이라고 하고, 보살까지 합해서 '삼승(三乘)'이라고 한다.

394 〈묘법연화경〉 제2. 방편품 08a17 "十方佛土中 唯有一乘法 無二亦無三 除佛方便說 但以假名字 引導於衆生 說佛智慧故"

395 〈묘법연화경〉 제2. 방편품 08a19 "但以假名字 引導於衆生 說佛智慧故 諸佛出於世 唯此一事實 餘二則非眞 終不以小乘 濟度於衆生"

396 성문(聲聞, Srāvaka)은 '석가부처님의 음성을 들은 사람'이라는 뜻으로, 부처님의 교설(敎說)을 듣고, 해탈하기 위해 정진하는 출가수행자를 일컫는 말이다. 대승불교도들은 성문들을 '소승(小乘)'이라고 불렀다.

397 벽지불(辟支佛)은 부처님 가르침에 의하지 않고 혼자 수행하여, 깨달음을 얻은 성자를 일컫는 말이다. 독각(獨覺)으로 번역된다.

398 〈묘법연화경〉 제2. 방편품 05b25 "舍利弗。諸佛智慧甚深無量。其智慧門難解難

"사리불아, 여래는 오직 1불승(一佛乘)[399]만으로 중생들을 위해 설하는 것이지, 2승(乘)이나 3승으로 설하는 경우는 없도다. .... 사리불아, 과거의 여러 부처님들이 한량이 없고, 수없이 많은 방편과 갖가지 인연이나 비유 이야기로 중생들을 위해 온갖 법을 설해 놓았지만, 그것들은 다 법화 1불승법(一佛乘法)을 설하기 위해 거짓방편으로 설해 놓은 것들일 뿐이로다."[400]

"사리불아, 만약 나의 제자들이 스스로 생각하기로 '아라한이나 벽지불을 얻었다'고 여기면서 부처님, 여래들께서 대승법으로 보살들을 교화하는 것을 듣지 못 하고, 알지 못 한다면 이들은 부처님 제자도 아니고, 아라한도 아니며, 벽지불도 아니니라."[401]

"사리불아, 저 장자가 처음에는 세 가지 수레로 여러 자식을 집 밖으

入。一切聲聞辟支佛所不能知"

399 일불승(一佛乘) 또는 일승법(一乘法)은 화엄 · 법화의 법을 말하는 것이다. 〈법화경〉에 "제법실상(諸法實相)"이라는 말이 있다. 이것은 '이 세상 모든 존재가 다 참다운 진리'라는 말이다. 현실의 모든 차별적인 양변(兩邊)을 벗어나서 양변이 서로 융합하면, 이 세상에 부처가 아닌 것이 없고, 극락이 아닌 곳이 없다는 말이다. 중생이 곧 부처이고, 부처가 중생이며, 지옥이 극락이고, 극락이 지옥이라는 말이다. 현실 이대로가 절대세계이고, 지옥, 극락, 부처, 중생 등은 다 거짓 방편으로 설해 놓은 것이라는 말이다. 성철 스님은 "온 시방세계는 이대로가 항상 있는 세계[상주법계]이고, 걸림이 없는 세계[무애법계]이며, 하나의 참 진리의 세계[一眞法界]인데, 이것을 '일승법(一乘法)'이라고 한다"고 말했다. 필자는 〈법화경〉의 이러한 일승법론은 기존 석가불교를 뒤엎어버리기 위한 것이라고 본다.

400 〈묘법연화경〉 제2. 방편품 07b02 "舍利弗。如來但以一佛乘故爲衆生說法。無有餘乘若二若三。舍利弗。一切十方諸佛法亦如是。舍利弗。過去諸佛以無量無數方便種種因緣譬喩言辭。而爲衆生演說諸法。是法皆爲一佛乘故"

401 〈묘법연화경〉 제2. 방편품 07b27 "舍利弗。若我弟子。自謂阿羅漢辟支佛者。不聞不知諸佛如來但敎化菩薩事。此非佛弟子。非阿羅漢。非辟支佛"

로 유도한 뒤에 보배로 장식한 가장 편안한 큰 수레를 주었지만, 장자에게는 거짓말을 했다는 허물이 없도다. 이와 마찬가지로 여래도 방편으로 거짓말을 했지만 거짓말을 한 허물이 없도다. 여래는 처음에는 3승(乘)을 말하여 중생들을 1승 쪽으로 인도한 뒤에 대승의 일승법으로 그들을 제도하여, 해탈하게 하기 위할 따름이다. 왜냐하면 여래는 한량없는 지혜와 방편을 쓸 수 있는 능력과 두려움이 없는 법장이 있어서 모든 중생들에게 대승법을 설해주지만, 그들은 그것을 받아들이지 못 하기 때문에 모든 부처님들은 다 거짓방편을 쓸 줄 아는 능력이 있는 까닭에 1불승(一佛乘)을 3승(乘)으로 나누어서 설(說)한 것인 줄 알아야 한다."[402]

"이와 같은 까닭에 시방(十方)의 진리를 다 찾아 구해도 성문승(聲聞乘)이나 연각승(緣覺乘)과 같은 그런 승은 없도다. 성문승이나 연각승은 부처님께서 거짓방편으로 설해 놓은 것들이다. 사리불에게 말하노니, 너희 모든 사람들은 다 나의 아들이고, 나는 너희들의 아버지니라. 너희들은 오랜 겁을 두고 온갖 고통에 시달려왔거늘 내가 너희들을 다 제도하여, 삼계에서 벗어나게 하리다. 내가 앞에서 설해 놓은 경[403]에서 말하기로 '내가 너희들을 다 멸도(滅度)했다'고 말했지만, 그것은 다만 '생사를 끝나게 했다'는 뜻일 뿐, 참다운 멸도가 아니니라."[404]

402 〈묘법연화경〉 제3. 비유품 13c10 "舍利弗。如彼長者初以三車誘引諸子。然後但與大車寶物莊嚴安隱第一。然彼長者。無虛妄之咎。如來亦復如是。無有虛妄。初說三乘引導衆生。然後但以大乘而度脫之。何以故。如來有無量智慧力無所畏諸法之藏。能與一切衆生大乘之法。但不盡能受。舍利弗。以是因緣。當知諸佛方便力故。於一佛乘分別說三"
403 '앞에서 설해 놓은 경'은 〈법화경〉 이전에 설해 놓은 경을 말하는데, 〈아함경〉, 〈반야경〉 등을 일컫는 말이다.
404 〈묘법연화경〉 제3. 비유품 15a14 "以是因緣 十方諦求 更無餘乘 除佛方便 告舍利弗 汝諸人等 皆是吾子 我則是父汝等累劫 衆苦所燒 我皆濟拔 令出三界 我雖先說 汝等滅度

대승불교주의자들은 "대승불교"라는 것을 하나 만들어내어, 그럴듯한 거짓교설로 석가부처님 법을 잘 모르는 불교도들을 그들 쪽으로 이끌어가려고 했다. 〈법화경〉을 저술한 사람은 이러한 교묘한 거짓말로 부처님 정법을 거짓방편 설법으로 전락시켜 버렸다.

이러한 대승불교의 교설을 펴는 자들이 〈반야심경〉에서 수행방법에 대한 안내를 빼버렸다고 본다면, 이것은 너무 무리한 추론일까? 총8종의 〈반야심경〉 한역본들 중에서 5종에는 들어 있는 내용이 구마라집 한역본과 현장의 한역본에는 빠져 있다. 빠진 부분은 〈반야심경〉을 통해 우리에게 말해주고자 하는 바의 핵심내용이다. 그리고 이것은 부처님의 관찰수행법을 말해주는 부분이다. 필자가 보기에 이것은 누군가 빼버린 것이 틀림없다. 그럼 누가, 왜 뺐을까?

7. 경전내용의 변화

이와 같이 불교의 역사도 알고 보면 복잡 미묘한 일이 많았다. 불전(佛典)이 유통되는 과정에서 대승불교 경전이 창작되기도 했고, 전해내려 오던 경전에서 원래 있던 내용을 빼버린 경우도 있었다. 그 한 예를 진제(眞諦)가 한역한 〈대승기신론〉에서 찾아볼 수 있다. 진제는 〈대승기신론〉을 한역하면서 "무상(無常), 고(苦), 무아(無我)" 중 "무아"를 빼버렸다. 이러한 사실은 실차난타가 한역한 〈대승기신론〉에는 "무상, 고, 무아"로 번역되어 있지만 진제는 그 중에서 "무아"를 빼버리고 "무상(無常)과 고(苦)"만 쓰고 있는 것을 볼 수 있다.[405] 그럼 여기서 진제는 왜 "무아"를 빼버렸을

但盡生死而實不滅"

405 〈대승기신론〉 진제한역본 582C17행을 보면 "當觀一切世間有爲之法。無得久停

까? 그 이유는 간단하다. 진제는 아트만, 즉 진아(眞我)를 숭상하는 유아(有我)주의자였으므로[406] "아트만[407]과 같은 그런 것은 존재하지 않는다"고 말하는 부처님의 무아설(無我說)[408]을 싫어했기 때문이다. 그래서 AD 4세기 이후에 생산되어 나오는 후기 대승불교 경전에는 삼법인 중에서 무상(無常)과 고(苦)만 나오지 무아(無我)는 좀처럼 나오지 않는다. 물론 〈금강경〉과 같은 초기 대승불교경전에는 "무아"가 나온다.

8. 불법(佛法)의 오염 문제

인도에서도 그랬고, 중국에서도 그랬다. 자기 종파에 맞지 않는 경전의 내용은 빼버리거나 다른 내용으로 바꾸어버리는 경우를 몇몇 곳에서

須臾變壞 一切心行念念生滅。以是故苦"라고 한역되어 있지만, 이 부분의 실차난다 한역을 보면 "當觀世間一切諸法生滅不停。以無常故苦。**苦故無我**"라고 한역되어 있다. 진제는 한역하면서 맨 끝에 있던 "**苦故無我**(고고무아)"를 빼버렸다.

406 진제는 서북 인도의 **브라만 출신**이다. 그는 양무제의 초청을 받아서 548년에 양 왕조의 수도 건강(建康)에 도착했다. 그는 대승불교 가운데 **유식(唯識)불교를 중국에 전한 인물**로 유명하다. 그는 〈섭대승론(攝大乘論)〉을 한역함으로써 유식학의 2대 유파 중 하나인 섭론종(攝論宗)을 중국에 최초로 전한 인물이다. 유식불교는 무아(無我)불교가 아니라 **유아(有我)불교**라고 말할 수 있다. 그래서 진제는 '무아(無我)'라는 단어를 싫어했다고 볼 수 있다.

407 브라만교의 교설인 **아트만**(ātman)은 대승불교에 들어와서는 '**我(아)**', '我'者(아자)', '自(자)', '己(기)', '性(성)', '**自性(자성)**', '身(신)', '自身(자신)', '體(체)', '體性(체성)', '神(신)', '神識(신식)', '**眞我(진아)**', '**참나**' 등으로 번역된다. 아트만은 원래 호흡, 영혼, 생명, 자신, 본질, 본성, 지성(知性), 오성(悟性), 我(아), 最高我(최고아) 등의 뜻이었다.

408 무아(無我)는 산스크리트어로 anātman(안아트만) 또는 nirātman(니르아트만)으로 표기된다. 여기서 an(안)과 nir(니르)는 '없다[no, 無무]'는 뜻이고, ātman(**아트만**)은 **진아**(眞我), **참나**, 불멸의 영혼, 자신, **자성(自性)**, 자아(自我) 등의 뜻이다.

발견할 수 있었다.[409] 또 원래 없던 내용을 만들어 넣은 경우도 있었다. 여기서 불교역사의 왜곡과 불법의 오염문제가 발생한다. 사실 우리가 여태껏 접해오던 대승불교는 석가부처님 법이 아닌 것이 많다. 대승불교 경전에는 인도의 육사외도(六師外道)[410]의 법이 많이 들어와 있다. 이러한 까닭에 상호 모순적인 교리가 나오고, 법이 흐려지고, 불교가 난해해져 버린 것이다. 석가부처님 법은 결코 어렵지 않다. 제대로 깨달은 분은 모호한 말이나 궤변을 늘어놓는 경우가 없고, 누구나 알아들을 수 있는 쉬운 말로 법을 설해주기 때문이다.

〈반야심경〉은 지혜를 완성하는 수행방법을 가르쳐주고, 반야의 존재와 반야를 통해 도달될 수 있는 적멸의 존재와 적멸상태 등을 말해주는 경이다. 〈반야심경〉을 통해 전달하고자 하는 메시지는 지혜를 완성하는 수행방법이다. 그런데 〈반야심경〉의 최초의 한역본인 구마라집 한역본과 우리가 매일 외우고 있는 현장의 한역본에는 이 핵심내용이 빠져 있다. 그 이유가 뭘까? 그것은 부처님의 관찰법을 싫어하는 누군가 석가부처님 법을 훼손하기 위해 고의적으로 빼버렸다고 볼 수 있다. 그렇게 뺀 뒤에 "〈반야심경〉을 주문을 외우듯이 끊임없이 외우면, 온갖 액난을 물리칠 수 있다"는 내용을 덧붙여서 〈반야심경〉을 주술화시켜 버렸다. 이러한 사실은 의정(義淨)이 한역한 〈반야심경〉을 보면 쉽게 확인할 수 있다. 의정이 한역한 〈반야심경〉은 현장이 한역한 〈반야심경〉과 글자 한 자 틀린 것 없이 똑 같다. 다른 점은 맨 뒤의 '아제아제'로 시작되는 주문이 산스크리트

409 그 대표적인 예가 〈반야심경〉과 〈금강경〉, 그리고 〈육조단경〉, 〈천태소지관〉 등이다. 이것들은 다른 한역본 또는 판본이 있는데, 그것들을 면밀하게 비교해보면, 일부 중요한 내용이 달라져 있는 것을 볼 수 있었다.

410 석가부처님과 거의 동시대인 BC. 5~6세기경에 중인도에서 세력이 있었던 베다의 권위를 부정하는 자유사상가들 중 대표적인 6명의 인물이다. 자이나교의 교주와 마칼리 고살라 등이 여기에 해당한다.

어로 표기되어 있다는 점과 그 뒤에 "이 경을 외우면, 십악(十惡)과 오역(五逆), 95종의 삿된 도를 다 쳐부순다. 시방의 모든 부처님들께 공양 올리고, 그분들의 은혜에 보답하고자 하면, 이 〈관세음반야〉를 백 번, 천 번을 외워야 한다. 밤낮 이 경을 끊어지지 않고 계속 외우면, 이루지 못 할 소원이 없으리다"[411]는 내용이 덧붙어 있는 점이다. 이런 내용을 보면 〈반야심경〉은 일종의 다라니가 되어서 일심으로 이것을 외우면, 온갖 소원이 다 이루어진다는 말이다. 이런 식의 〈반야심경〉 암송은 일종의 사마타수행이 되어서 신통이 터지거나 실제로 소원이 이루어질 수 있을지도 모른다. 하지만 이런 식으로 〈반야심경〉을 평생 외운다고 해도 반야지혜가 완성되어서 열반을 성취하고, 윤회에서 벗어날 수 있는 것은 아니다. 반야지혜는 이 〈반야심경〉에서 말하고 있듯이 존재의 다섯 요소를 관찰해가는 수행을 통해서만 완성될 수 있기 때문이다.

〈반야심경〉에서 지혜를 완성하는 수행방법이 나와 있는 부분을 빼버린 것은 불교의 가장 큰 특징인 반야지혜를 없애고, 불교를 주술화 하려는 의도를 갖고 있는 대승불교주의자들의 조작에 의한 것으로 보인다. 이런 사례를 통해 우리는 반야지혜가 어떻게 없어졌고, 분명했던 법이 어떻게 흐려졌는지 알 수 있다.

지혜를 완성하는 수행을 하기 위해서는 존재의 다섯 요소는 다 실체가 없는 것들임을 관찰해야 한다

다시 본론으로 돌아가서 정리하면, 5종의 대본 한역본 〈반야심경〉들은 한 결 같이 "지혜를 완성하는 수행을 하기 위해서는 존재의 다섯 요소는

411 〈대정신수대장경〉에는 의정(義淨)이 한역한 〈반야심경〉은 찾아볼 수가 없다. 다른 책에 수록된 것을 보면, 위의 내용은 다음과 같은 원문으로 되어 있다. "誦此經破十惡五逆九十五種邪道. 若欲供養十方諸佛 報十方諸佛恩 當誦觀世音般若. 百遍千遍無間晝夜常誦此經 無願不果"

다 실체가 없는 것들임을 관찰해야 한다"[412]고 말하고 있다. 그러므로 우리는 이 가르침대로 지혜를 완성하는 수행을 하기 위해서는 현재 자신의 몸과 마음에서 일어나고 있는 현상들을 관찰해가야 한다. 그러지 않으면 지혜는 완성되지 않는다. 지혜는 세밀하게 관찰한 결과, 존재의 다섯 요소의 특성을 밝게 아는 것이기 때문이다. 존재의 다섯 요소를 관찰해가는 수행이 없고, 존재의 다섯 요소의 특성을 이해하지 못 하면, 깊은 지혜는 얻을 수 없다. 선정삼매에 들어서 존재의 다섯 요소를 관찰해가는 것이 〈반야심경〉에서 말하는 지혜를 완성하는 수행방법이다.

반야지혜를 밝혀서 모든 괴로움에서 벗어날 수 있는 길을 말해주는 〈반야심경〉은 짧은 경이지만, 불교의 핵심을 담고 있는 경이다. 이 경에 담겨 있는 의미를 제대로 알아서 이 경에서 말해주는 방법대로 수행해가면, 깊은 지혜를 완성할 수 있다.

오온, 자성, 공(空)의 의미를 제대로 알아야 한다

〈반야심경〉을 제대로 해석하려면 먼저 '오온(五蘊)', '자성(自性)', '공(空)'의 의미를 제대로 알아야 한다. 석가부처님의 바른 법은 접할 길이 없었고, 중국에서 대승불교와 선(禪)불교만 전해 받은 한국불교는 여태껏 오온은 그 개념을 잘 몰랐고, 자성과 공(空)은 그 뜻을 잘못 알고 있기 때문이다. 우선 오온부터 알아보자.

412 법성이 한역한 〈반야심경〉, 〈신수대장경〉 제8권 850b27 "若善男子及善女人(약선남자급선여인)。欲修行甚深般若波羅蜜多者(욕수행심심반야바라밀다자)。彼應如是**觀察**(피응여시**관찰**)。五蘊體性皆空(오온체성개공)"

제9장
오온이란 무엇인가?

오온은 한자어 색(色), 수(受), 상(想), 행(行), 식(識)을 일컫는 말이다. 오온은 산스크리트어 "판차스칸다(pañca-skandha)"를 번역한 것이고, 이것은 五蘊(오온), 五取蘊(오취온), 五聚(오취), 五衆(오중), 五陰(오음) 등으로 한역되어 있다. "판차((pañca)"는 '5'라는 뜻이고, "스칸다(skandha)"를 번역한 蘊(온)[413], 聚(취)[414], 衆(중)[415] 등은 '한 데 모인 것', '집합체'라는 뜻이다.[416] 그래서 필자는 오온을 **'존재의 다섯 요소'** 또는 '다섯 요소의 집합체'로 번역했다.[417]

413 蘊(온)은 쌓일 온. 한데 모임. 축적함.
414 聚(취)는 모일 취. 회합(會合)함. 모임. 무리.
415 衆(중)은 무리 중. 많을 중. 수가 많음.
416 〈옥스포드 산스크리트어-영어 대사전〉을 보면, 스칸다(skandha)는 aggregate(집합체), elements(요소, 성분, 구성분자), constituent(요소, 성분) 등으로 번역되어 있다.
417 그럼 오온을 영어로 어떻게 번역해 놓았을까? 막스 밀러(F. Max Muller)는 오온을 five aggregates(skandhas)로 번역했고, 콘츠는 five heaps, five skandhas 등으로 번역했다. 또 도널드 로페츠는 오온을 five aggregates로 번역했고, 현각 스님은 five

〈반야심경〉에서는 "오온은 다 그 실체가 없는 것들[空공]임을 꿰뚫어보고, 모든 괴로움에서 벗어나게 되었다"[418]고 한다. 괴로움에서 벗어나기 위해서는 먼저 "오온"이 무엇인지 알아야 하고, 오온을 관찰해가야 한다. 이런 의미로 부처님께서 〈잡아함경〉 제3경에서 다음과 같이 말했다.

"색(色)에 대해 알지 못 하고, 밝지 못 하며, 끊지 못 하고, [색에 대한] 욕구 · 욕망에서 벗어나지 못 하면, 괴로움을 다 끊을 수 없다. 이와 마찬가지로 수(受), 상(想), 행(行), 식(識)에 대해 알지 못 하고, 밝지 못 하며, 끊지 못 하고, [그것들에 대한] 욕구 · 욕망에서 벗어나지 못 하면, 괴로움을 다 끊을 수 없다.[419]
비구들이여, 만약 색(色)에 대해 알고, 밝고, 끊고, [색에 대한] 욕구 · 욕망에서 벗어나면, 괴로움을 다 끊을 수 있다. 이와 마찬가지로 수(受), 상(想), 행(行), 식(識)에 대해 알고, 밝고, 끊고, [그것들에 대한] 욕구 · 욕망에서 벗어나면, 괴로움을 다 끊을 수 있다."[420]

위의 경에서 부처님께서는 "오온, 즉 색, 수, 상, 행, 식에 대해 알고, 밝고, 끊고, 그것들에 대한 욕구 · 욕망에서 벗어나야 괴로움을 다 끊을 수 있다"고 말했다. 괴로움을 다 끊기 위해서는 오온에 대해 밝게 알 수 있도록 알아차림을 통해 오온을 관찰해가야 한다.

skandhas로 번역했다. 참고로 말하면 산스크리트어 skandh(스칸드)는 '모으다', '모이다', 'to collect' 등의 뜻이다.

418 "照見五蘊皆空度一切苦厄(조견오온개공 도일체고액)"

419 001a29 "世尊告諸比丘。於色不知 · 不明 · 不斷 · 不離欲。則不能斷苦。如是受 · 想 · 行 · 識。不知 · 不明 · 不斷 · 不離欲。則不能斷苦"

420 001b02 "諸比丘。於色若知 · 若明 · 若斷 · 若離欲。則能斷苦。如是受 · 想 · 行 · 識。若知 · 若明 · 若斷 · 若離欲。則能堪任斷苦"

오온의 5요소에 대한 모호한 설명들

오온, 즉 색(色), 수(受), 상(想), 행(行), 식(識), 이 다섯 요소를 알기 쉬운 말로 번역하면 '뭐'라고 해야 할까? 사전에서 오온을 찾아보자. 다음(daum)의 〈위키백과사전〉에는 오온을 "색온(色蘊: 육체, 물질), 수온(受蘊: 지각, 느낌), 상온(想蘊: 표상, 생각), 행온(行蘊: 욕구, 의지), 식온(識蘊: 마음, 의식)"으로 설명해 놓았다. 또 네이버의 〈두산대백과사전〉에는 오온을 다음과 같이 설명해 놓았다.

> "色(색)은 물질요소로서의 육체를 가리키고, 受(수)는 감정 · 감각과 같은 고통 · 쾌락의 감수(感受)작용을 의미하고, 想(상)은 심상(心像)을 취하는 취상작용으로서 표상 · 개념 등의 작용을 의미한다. 行(행)은 수(受), 상(想), 식(識) 이외의 모든 마음작용을 총칭하는 것으로서 그 중 특히 의지작용 · 잠재적 형성력을 의미한다. 識(식)은 인식판단의 작용, 또는 인식주관으로서의 주체적인 마음을 가리킨다."

위의 두 사전의 설명은 개념정의가 명료하지 못 해서 좀 부족하다고 할 수 있다. 필자는 동서고금의 어떤 사전, 어떤 책에서도 색, 수, 상, 행, 식의 개념을 정확하고도 명료하게 설명해 놓은 것을 찾아볼 수가 없었다. 석가부처님 불교에 있어서 색, 수, 상, 행, 식은 중요한 단어이기 때문에 경전에 많이 나온다. 그러나 〈아함경〉, 〈니까야〉, 〈반야심경〉 등의 경전에서 색, 수, 상, 행, 식을 정확하게 번역하지 못 해서 그 내용이 이해하기 어렵거나 다른 뜻으로 해석되고 있다. 그럼 이제부터 색, 수, 상, 행, 식이 무엇을 의미하는지 알아보자.

오온의 정확한 개념

오온(五蘊)에서의 '**오**(五)'는 색(色), 수(受), 상(想), 행(行), 식(識), 이 **다섯**을 일컫는 말이고, **온**(蘊)은 산스크리트어 skandha(스칸다)[421]를 번역한 것으로, '다수(多數)', '**모여 있음**', '덩어리', '**집합체**', '**유기체**(有機體)', '**구성요소**' 등의 뜻이다. 즉 오온은 "나"를 구성하고 있는 '다섯 요소의 집합체'라는 뜻이다. "나"는 물질요소인 색과 정신요소인 수, 상, 행, 식으로 이루어진 하나의 집합체이고, 유기체[422]이다. 그럼 색, 수, 상, 행, 식을 뭐라고 번역해야 할까? 번역에 앞서 우선 그 개념을 잡아야 하는데, 개념이 명확하지 않다. 해설자에 따라 오온의 5요소에 대한 해석이 다르고, 그 중 어느 것도 분명하게 설명해주지 못 하고 있는 것이 현실이다. 색, 수, 상, 행, 식은 중국, 한국, 일본, 티베트, 구미 등지에서도 딱 맞는 말로 번역하지 못하고 있다고 말할 수 있다. 그래서 색, 수, 상, 행, 식이 들어 있는 경전의 문장은 뜻이 쉽게 와 닿지 않는다. 그래서 오온의 5요소의 개념을 분명한 언어로 정리해 볼 필요가 있다고 생각하여, 오온에 대한 해석을 붙여봤다. 자의적인 해석을 지양하고, 여러 경전과 논서를 참고하여, 좀 더 정확하고도 명료하게 해석하는 것을 원칙으로 삼았다.

결론부터 말하면 필자는 "색(色)", "수(受)", "상(想)", "행(行)", "식(識)"을 각각 '몸의 물질현상[色색]', '느낌[受수]', '인식[想상]', '업 지음[行행]', '식별작용[識식]'으로 번역했다. 다른 사람들은 이것들을 어떻게 번역해 놓았는지 한 번 보고, 이와 같이 번역해야 하는 까닭을 말하겠다.

421 skandha(스칸다)는 대중, 다수, 집단, 집합체, 유기체 등의 뜻으로, 聚(취), 蘊(온), 衆(중) 등으로 한역되어 있고, multitude(다수, 무수함), aggregate(집합체, 집단) 등으로 영역되어 있다. 참고로 산스크리트어 skandh(스칸드)는 '모으다', '모이다', 'to collect' 등의 뜻이다.

422 유기체(有機體, organic body)는 살아있는 식물, 동물, 미생물의 총칭이다. 유기체는 생물에서 유기적으로 이루어진 생활기능을 가진 조직체를 일컫는 말이다.

1. 色(색, rūpa루빠) - **몸의 물질현상**, physical phenomena, material phenomena in the body

오온의 色(색)을 '뭐'라고 번역해야 할까? 이 문제는 간단하지 않다. 1965년에 처음 출판된 동국역경원 〈한글대장경〉에는 이 색을 '물질'로 번역했다. 하지만 1997년에 설립된 동국대학교 전자불전연구소의 〈한글대장경〉과 조계종 〈한글 반야심경〉에서는 이것을 번역하지 못 하고 그냥'색(色)'으로 쓰고 있다. 2009년경에 빨리어 대장경인 〈니까야〉를 번역한 각묵 스님과 전재성 박사는 이것을 '물질'로 번역했다. 전 세계의 모든 역경가(譯經家)들이 이 色(색)을 '물질', '몸', 'form(형상)' 등으로 번역해 놓았는데, 이것은 제대로 된 번역이라고 할 수 없다. 육경(六境)의 색(色), 즉 '눈'이라는 감각기관의 대상으로서의 색은 약간 억지스러움이 없지는 않지만 '물질'로 번역할 수 있다.[423] 하지만 오온에서의 색은 '**몸의 물질현상**'으로 번역해야 한다.

오온의 색은 산스크리트어 rūpa(루빠)를 번역한 것이다. rūpa(루빠)는 물질, 형상, 색상(色相,칼라), 현상(現象), 초상, 영상, 환상, 기호, 상징, 특징, 성질, 물질적인 형태, 지수화풍으로 이루어진 몸 등 다양한 뜻이 있지만[424] 오온에서의 색은'**몸의 물질현상**'이라는 뜻이다. 그 근거로 경전에 나와 있는 색의 정의를 한 번 보자.

423 '눈'이라는 감각기관의 대상으로서의 색(色)을 딱 맞는 말로 번역하면, '모습', '모양', '형상(形相, form)' 등으로 번역해야 한다.

424 色(색)의 산스크리트어 원어 rūpa(루빠)는 色(색), 色相(색상), 色像(색상), 形色(형색), 相(상), 形(형), 形相(형상), 像(상) 등으로 한역돼 있다.

1) 경론에 나오는 색(色)에 대한 정의

〈잡아함경〉 제46경에서 부처님은 색에 대해 다음과 같이 정의해 놓았다.

> "만약 부딪히거나 걸릴 수 있고, 쪼갤 수 있는 것이라면 이것을 '몸의 물질현상의 덩어리[色蘊색온]'라고 한다. 부딪히거나 걸리는 것으로서 〈손, 돌, 막대기, 칼, 차가움, 따뜻함, 목마름, 굶주림, 모기나 등에[425]와 같은 온갖 독충, 바람, 비〉 등에 부딪히는 것들을 '부딪히고 걸리는 것들'이라고 한다. 그러므로 이 부딪히고 걸리는 것들이 몸의 물질현상의 덩어리이다. 이 몸의 물질현상의 덩어리는 계속 변하여, 고정된 것이 없는 것들이고, 괴로운 것들이며, 변하기 쉬운 것들이다."[426]

색은 나를 구성하고 있는 다섯 요소 중 형태를 가지고 있고, 공간을 차지하고 있어서 '부딪히고 걸리는 것들'이라는 말이다. 또 〈증일아함경〉 제28경에서 부처님은 색(色)과 색온(色蘊)에 대해 다음과 같이 설명해 놓았다.

> "어떤 것이 '색온(色蘊)'인가? 그것은 이 사대(四大)[427]로 이루어진 **몸**이고, 사대가 만들어낸 색(色)이다. 이런 것들을 '색온(色蘊)'이라고 한다."[428]

425 등에는 동물의 피를 빨아먹는 쇠파리라고 보면 된다.
426 〈신수대장경〉 제2권 〈잡아함경〉 제46경 011b26 "若可閡可分。是名色受陰。指所閡。若手·若石·若杖·若刀·若冷·若暖·若渴·若飢·若蚊·虻·諸毒虫·風·雨觸。是名觸閡 是故閡是色受陰。復以此色受陰無常·苦·變易" *閡 닫을 애, 밖에서 닫음. 막을 애. 안에 넣고 막음. 거리낄 핵. 한 곳에 정체함.
427 사대(四大)는 우리 몸을 구성하고 있는 지(地), 수(水), 화(火), 풍(風)이다.
428 〈신수대장경〉 제2권, 〈증일아함경〉 28권 707b06 "云何爲色陰(운하위색음)。所謂(소위)此四大**身**(차사대**신**)。是四大所造色(시사대소조색)。是謂名爲色陰也(시위명위색음야)"

> "어떤 것을 '색(色)'이라고 하는가? '색'이란 [몸의] 추움[429]도 색이고, 더움도 색이며, 배고픔도 색이고, 목마름도 색이다."[430]

위의 설명에서 "색(色)" 자리에 '물질'을 대입하면, '추움도 물질'이고, '더움도 물질이며, 배고픔도 물질이고, 목마름도 물질'이라는 뜻이 된다. '목마름이 물질'이라니? 이것은 말이 되지 않는다. 그런데 색 자리에 '몸의 물질현상'을 집어넣으면 다음과 같은 뜻이 되어서 그 의미가 딱 맞아떨어진다.

> "어떤 것이 '몸의 물질현상의 덩어리[色蘊색온]'인가? 그것은 사대(四大)로 이루어진 **몸**이고, 사대(四大)가 만들어낸 몸의 물질현상[色]이다. 이런 것들을 '몸의 물질현상의 덩어리'라고 한다."

> "어떤 것을 '몸의 물질현상[色]'이라고 하는가? 추위를 느끼는 것도 몸의 물질현상이고, 더위를 느끼는 것도 몸의 물질현상이며, 배고픔도 몸의 물질현상이고, 목마름도 몸의 물질현상이다."

여기서는 **지수화풍**(地水火風)**으로 이루어져 있는 몸과 지수화풍이 어우러져서 만들어낸 온갖 몸의 현상**을 '몸의 물질현상'이라고 정의하고 있다. 한기(寒氣), 열기(熱氣), 배고픔, 목마름, 호르몬 작용, 몸의 달아오름, 가려움, 통증, 육체적 쾌감 등이 다 몸의 물질현상이다. 여기서 몸의 물질현상[色]은 내 몸에서 일어나고 있는 물리 · 화학적인 현상을 통 털어서

429 여기서 추움은 추위를 느끼는 현상이다.
430 〈신수대장경〉 제2권, 〈증일아함경〉 28권707b13 "彼云何名爲色(피운하명위색)。所謂色者(소위색자)。寒亦是色(한역시색)。熱亦是色(열역시색)。飢亦是色(기역시색)。渴亦是色(갈역시색)"

일컫는 말로 해석할 수 있다. "색(色)"은 '몸의 물질현상'이란 말이다. 부처님께서 몸의 물질현상[색]에 대해 다음과 같이 말했다.

"어떤 것이 **색**(色), 즉 **몸의 물질현상**에 대해 사실대로 아는 것인가? 존재하는 온갖 몸의 물질현상, 즉 4대 요소[四大사대][431]와 4대 요소가 만들어낸 온갖 몸의 물질현상을 '색(色)'이라고 한다.[432] 이와 같이 아는 것이 색(色), 즉 몸의 물질현상에 대해 사실대로 아는 것이다."

"어떤 것이 몸의 물질현상의 생성 원인에 대해 사실대로 아는 것인가? 갈애와 즐겨 탐함이 '몸의 물질현상의 생성 원인'이라고 아는 것

431 4대 요소는 지수화풍(地水火風)이다. 사람의 몸을 구성하고 있는 것 가운데 뼈, 근육 등 몸을 지탱하고 있는 단단한 성질의 것은 지대(地大)에 속하고, 혈액, 정액, 침, 콧물, 땀 등 축축하게 젖게 하고, 흐르는 성질의 것은 수대(水大)에 속한다. 따뜻함으로 먹은 음식을 소화시키게 하는 성질의 것은 화대(火大)에 속한다. 들숨과 날숨으로 이루어져서 생명력[氣기]을 더욱 왕성하게 만드는 성질의 것은 풍대(風大)에 속한다. 바람, 에너지의 요소[風大풍대]는 우리를 활동하게 하고, 성장시키며, 왕성하게 한다. 몸을 구성하고 있는 이 4요소를 '사대(四大)'라고 한다. 사대의 조화가 깨질 때 몸에 이상이 오고, 병이 생긴다. 죽음은 사대가 제각기 흩어지는 것이다. 〈구사론〉 제1권에 다음과 같은 내용이 나온다. 003b05 "이와 같이 점차적으로 생성되게[成성]하고, 유지시키며[持지], 영양분을 끌어당기고[攝섭], 소화시켜서[熟숙], 성장하게[長장] 하는 네 가지 업이 있다(如其여기次第차제能成持攝熟長능성지섭숙장四業사업). 땅의 요소는 형체를 유지시키고(地界能持지계능지), 물의 요소는 영양분을 흡수하게 하고(水界能攝수계능섭). 불의 요소는 먹은 음식을 소화시키고(火界能熟화계능숙), 바람의 요소는 에너지가 되어서 성장시킨다(風界能長풍계능장). 성장시킨다는 것은 몸이 점차 왕성하게 되는 것이다(長謂增盛장위증성)." .... 003b08 "땅의 요소는 단단한 성질의 것이고(地界堅性지계견성), 물의 요소는 젖는 성질의 것이고(水界濕性수계습성), 불의 요소는 따뜻한 성질의 것이며(火界煖性화계난성), 바람의 요소는 움직이는 성질의 것이다(風界動性풍계동성)."

432 "諸所有色(제소유색)一切四大(일체사대)及四大造色(급사대조색)。是名爲色(시명위색)"

433이 몸의 물질현상의 생성 원인에 대해 사실대로 아는 것이다.
어떤 것이 몸의 물질현상의 소멸에 대해 사실대로 아는 것인가? 갈애와 즐겨 탐함의 소멸이 '몸의 물질현상의 소멸'이라고 아는 것이 몸의 물질현상의 소멸에 대해 사실대로 아는 것이다."[434]

위의 경에서는 "4대 요소와 4대 요소가 만들어낸 온갖 몸의 물질현상을 '색(色)'이라 한다"고 정의해 놓았다. 또 〈쌍윳다니까야〉에서는 부처님께서 몸의 물질현상[色색]에 대해 다음과 같이 설명해 놓았다.

"비구들이여, 왜 '몸의 물질현상[色색]'이라고 하는가? 변형된다고 해서 '몸의 물질현상'이라고 한다. 무엇에 의해 변형되는가? 추위에 의해 변형되고, 더위에 의해 변형되며, 배고픔에 의해 변형되고, 목마름에 의해 변형된다. 또 파리, 모기, 바람, 햇빛, 파충류 등에 의해서도 변형된다. 비구들이여, 이와 같이 변형된다고 해서 이것을 '몸의 물질현상[色색]'이라고 한다."[435]

위의 경에서는 "변형되기 때문에 몸의 물질현상[色색]이라고 한다"고 말했다. 또 〈구사론〉 제1권에서는 색(色)에 대해 "변하고 무너지는 것들"이고, "변하고 걸리는 것들"이라고 말해 놓았다.[436] 변한다는 것은

433 이 때 '안다'는 것은 본인이 직접 관찰해서 지혜로 보아서 아는 것이다. 꾸준히 알아차림 수행을 해 가면 누구나 자신의 눈으로 이러한 사실을 보아서 알 수 있다.
434 〈잡아함경〉 제42경. 010a12 "云何色如實知(운하색여실지)。諸所有(제소유)色(색) · 一切四大及四大造色(일체사대급사대조색)。是名爲色(시명위색)。如是色如實知(여시색여실지)。云何色集如實知(운하색집여실지)。愛喜是名色集(애희시명색집)。如是色集如實知(여시색집여실지)。云何色滅如實知(운하색멸여실지)。愛喜滅是名色滅(애희멸시명색멸)。如是色滅如實知(여시색멸여실지)"
435 〈쌍윳다니까야〉22-79경. 삼켜버림의 경

물리 · 화학적인 변화를 한다는 말이다. 또 걸리는 것[碍애]이라는 말은 이것이 공간을 차지하고 있어서 그것으로 인해 걸리고, 막히는 것이 있다는 말이다.

이 정도의 설명이면 우리는 오온의 색(色)이 어떤 것이고, 이것을 왜 '**몸의 물질현상**'으로 번역해야 하는지 알 수 있다. 지금까지 색을 이런 의미로 번역한 사람은 없었다. 거의 모든 번역가가 색을 번역하지 못 하고 그냥 '색(色)'으로 쓰고 있거나 '물질'로 번역해 놓았다. 영어로 번역된 〈반야심경〉에는 거의 모든 번역가가 오온의 색을 'form(형상)'으로 번역해 놓았고, 어떤 사람은 'matter(물질)'로 번역해 놓았다. 색을 'matter(물질)'나 'form(형상)'으로 번역하면 〈반야심경〉의 해석은 완전히 엉뚱한 방향으로 달려가게 된다. 필자는 이 "색"을 'physical phenomena'나 'material phenomena in the body' 로 영역해 놓았다.

2) 색에 대한 잘못된 해석의 사례

도올 김용옥 선생은 색을 어떻게 해석해 놓았는지 한 번 보자. 김용옥 선생은 "심반야바라밀다를 행한 관자재보살은 **오온이 개공이라는 우주적 통찰을 얻었다**"[437]고 하면서 "조견오온개공(照見五蘊皆空)"이 마치 우주삼라만상의 원리를 깨달은 것처럼 말하고 있다. 그러나 부처님께서 깨달은 내용은 우주삼라만상의 원리가 아니라 몸의 물질현상과 정신현상은 다 실체가 없는 것들이라는 사실이다. 김용옥 선생은 "조견오온개공 (도일체고액)"을 "오온이 다 공이라는 것을 비추어 깨달으시고, (일체의 고액

436 〈대정신수대장경〉 제29권. 〈구사론〉 003b23 "由**變壞**故名色取蘊(유**변괴**고명색취온)" 003c01 "**變礙**故名爲色(**변애**고명위색)"

437 〈스무살반야심경에미치다〉도올김용옥지음. 통나무. 2019년 초판발행. 209쪽 인용

을 뛰어넘으셨다)"고 번역해 놓았다. 그리고 그는 "오온의 가합(假合)인 나는 결국 공이다"는 표제어를 달아 놓고, 다음과 같이 해설해 놓았다.

> "나我Ego는 색, 수, 상, 행, 식, 이 다섯 가지의 가합(假合)입니다. 그런데 가합의 요소인 색, 수, 상, 행, 식도 또한 하나하나가 다 공입니다. 리얼하지 않은 것이지요."

김용옥 선생은 "공(空)"을 '리얼하지 않은 것', 즉 '실제로 존재하지 않는 것'으로 해석하고 있다. 즉 도올 선생은 "오온개공"을 '오온은 없는 것'이라는 뜻으로 해석했다고 볼 수 있다. 그리고 그는 그 뒤에서 다음과 같이 해설해 놓았다.

> "내가 지금 이 글을 쓰고 있는 라미RAMI만년필도 실은 **존재하지 않는 것**입니다. 이것 자체가 영속할 수 없는 가합입니다. 튜브에 들어있는 잉크만 말라도 만년필은 제 기능을 하지 못합니다. 펜촉은 순간순간 닳아 없어지고 있어요. .... 나의 식識도 곧 고혼孤魂이 되어 태허太虛로 흩어져버릴 것입니다. 도대체 아我가 어디에 있습니까?"[438]

물론 이 해설은 "색"과 "공(空)", "오온개공"의 의미를 제대로 이해하지 못하고 한 해설이라고 볼 수 있다. 도올 선생은 색(色)의 한 예로 만년필을 든 것이 잘못됐다. 오온의 "색(色)"은 '물질'이 아니라 '몸의 물질현상'이란 뜻인데, 그는 색을 제대로 해석하지 못 한 나머지 "내가 지금 이 글을 쓰고 있는 만년필도 실은 존재하지 않는 것이다"는 이상한 말을 하고 있는 것이다. 기존 해설가들이 "색(色)"을 '물질'로 해석하여, 〈반야

438 위의 책 211쪽 인용

심경〉의 "색즉시공(色卽是空)"을 우주법칙을 말해 놓은 것으로 해석하고 있는데, 이것은 잘못된 것이다. "색즉시공(色卽是空)"은 '몸의 물질현상은 실체가 없는 것들'이란 말이다. 중국, 한국, 일본, 티베트 등의 불교에서는 가끔 비상식적인 말을 하는 경우가 있는데, 그것들은 다 잘못된 해석이라고 보면 맞다. 부처님은 우리 상식으로 이해할 수 없는 이상한 말, 즉 형이상학적이거나 역설적인 말을 한 적이 없다.

3) 오온의 色(색)은 몸의 물질현상일 뿐, 그 어떤 것도 아니다

색(色,rūpa)은 '물질', '형상(形相)', '색깔' 등 다양한 뜻이 있지만[439], 위의 여러 경전에서 봤듯이 오온에서의 '색(色)'은 '몸의 물질현상'을 일컫는 말일 뿐, 그 어떤 것도 아니다. 오온을 해설하면서 색(色)에 대해 '모습을 가진 모든 것들'로 해석하여, 거기에 돌, 산, 나무, 바다 등 다른 물질들까지 다 포함시키고 있는데, 이것은 잘못된 것이다.[440] 물론 기존 해설자들

439 색(rūpa)은 또한 초상, 영상, 기호, 상징, 현현(顯現), 특징, 특질, 성질, ~의 흔적, 희곡 등의 뜻이 있고, 色相(색상), 形相(형상), 形色(형색), 形(형), 色(색), 相(상), 像(상) 등으로 한역돼 있다.

440 육경(六境)의 색(色), 즉 색성향미촉법(色聲香味觸法)에서의 색(色)은 '눈[眼]의 대상으로서의 모습을 가진 모든 것들'이라는 의미로, 눈으로 볼 수 있는 다른 물질들까지 다 포함하는 것으로 봐야 한다. 하지만 오온에서의 색은 '몸의 물질현상' 이외의 다른 의미가 없다. '색즉시공'을 모든 물질에 적용해서 '이 세상에 질량과 형태를 갖고 존재하는 모든 물질은 다 공(空)이라서 실은 존재하지 않는 것'이라고 말하며, 양자물리학 이론을 적용하여 설명하는 것을 흔히 볼 수 있다. 양자물리학 이론에 의하면, 모든 물질은 우리가 바라볼 때만 물질의 형태로 존재할 뿐, 보지 않을 때에는 물질이 아닌 파동, 즉 에너지의 형태로 존재한다는 것이다. 우리 눈에 보이는 것들은 다 실은 존재하지 않는 것들이고, 그것들은 단지 우리 뇌가 만들어낸 이미지, 즉 허상에 불과하다는 것이다. 이 때 마음은 진여불성(眞如佛性)의 마음이 아니라 헛것을 보는 망념(妄念)의 마음이다. 석가부처님의 가르침에 의하면, 우리의 마음에는 망념만 존

이 흔히 하듯이 "색즉시공(色卽是空)"을 '일체 물질적인 존재는 다 없는 것이다'거나 '물질은 텅 빈 것이다' 등으로 해석하는 것도 잘못된 것이다. 수행자는 자신의 몸의 물질현상을 관찰하고, 자신의 호흡을 관찰해간다. 자신의 몸의 물질현상을 관찰하여, 거기서 지수화풍(地水火風), 즉 흙의 요소, 물의 요소, 불의 요소, 바람의 요소를 보고, 무상(無常), 고(苦), 공(空), 무아(無我)의 진리를 본다. 이와 같이 관찰해야 할 대상은 "자기 자신"이기 때문에 관찰대상으로서의 색(色)은 몸의 물질현상[色身색신]이다. 부처님은 자신의 몸과 마음에만 관심이 있었지 그 외의 다른 물질에는 관심이 없었다. 부처님은 물질을 탐구하는 과학자가 아니라, 자신에 대해 알기 위해 자신을 관찰해가는 수행자였기 때문이다. 부처님은 삼매에 들어서 몸에서 일어나는 생멸현상을 관찰해갔다. 부처님은 좌선할 때는 몸의 물질현상 중에서 주로 호흡을 관찰해갔다. 부처님은 〈잡아함경〉에서 "들숨과 날숨의 시작점의 일어남과 끝 지점의 사라짐을 관찰해가라"고 말했다. 의식을 호흡에 집중해서 호흡을 관찰해가다가 보면, 관찰하는 눈이 점점 밝아져서 나중에는 온 몸의 모공으로 숨이 들어오고, 나가는 것이 보여 온다. 그 뿐만이 아니다. 자기 몸속의 조직과 그 작용이 보여 오고, 나중에는 세포 안의 것들이 보여 온다. 호흡을 비롯한 자신의 몸을 관찰하면서 보여 온 것들을 상세하고도 엄청난 분량으로 묘사해 놓은 경이 있다. 〈정법념처경(正法念處經)〉[441]이 그것이다. 호흡을 관찰해가다가 보면, 정말 거짓말처럼 관찰하는 눈이 밝아진다. 부처

재할 뿐, 진여불성 따위는 없다. 하지만 브라만교에 의하면 진여에 해당하는 아트만이 있다. 그 아트만만이 진실이고, 그 외의 것들은 다 아트만이 만들어낸 허상에 불과하다는 것이 브라만교의 교의다. 이 교의가 대승불교에 들어와서 오늘날 한국불교에서는 그것이 마치 부처님의 가르침인 양 떠받들어지고 있다.

441 〈정법념처경〉은 1972년에 초판 발행된 동국역경원 〈한글대장경〉 제69권(경집부 8권)에, 〈신수대장경〉 제17권에 수록되어 있다.

님의 관찰법은 그 어떤 가설도 세우지 않고, 어떤 상상도 하지 않은 채 집중된 상태에서 오직 자신의 몸과 마음에서 일어나고 있는 **생멸**(生滅)현상을 있는 그대로 알아차림 하면서 지속적으로 관찰해가는 방식이다.

사실, 자신의 몸과 마음을 반야지혜로 비추어 보면 매순간 **생**성(**生**成)과 소**멸**(消**滅**)이 반복되고 있는 것이다. 범부의 눈에는 몸이 고정되어 있는 것으로 보이지만, 반야지혜의 눈으로 보면 그것은 잠시도 고정되어 있지 않고, 대단히 빠른 속도로 새로운 것들이 계속 생겨났다가 사라져서 매순간 **생**(**生**)과 **멸**(**滅**)이 반복되고 있는 것이다. 현대과학이 밝혀낸 것에 의하면 우리 몸은 약60조 개의 세포로 구성되어 있고, 1초에 약 50만 개의 세포가 죽고[滅멸], 새로운 세포가 생겨난다[生생]고 한다. 그리하여, 80일이 지나면 우리 몸의 절반 정도의 세포가 새로운 세포로 바뀐다고 한다. **'몸'이라는 물질의 생멸현상**을 관찰하여, 그것의 속성을 분명하게 알 때, 우리는 비로소 '몸'이라는 물질현상을 완전히 다 소멸할 수 있고, 몸의 물질현상[色색]에서 벗어날 수 있다.

부처님께서는 〈불설칠처삼관경〉에서 "몸의 물질현상을 관찰하여, 그것에 대해 잘 알아야 한다"고 하면서 알아야 할 내용을 다음과 같이 말해 놓았다.

〈불설칠처삼관경(佛說七處三觀經)〉[442]

이와 같이 들었다. ......

442 〈불설칠처삼관경(佛說七處三觀經)〉은 후한(後漢) 안식국(安息國)의 삼장(三藏)법사 안세고(安世高)가 한역한 것이다. 이 경은 〈신수대장경〉 제2권에 독립경으로 수록되어 있다. 이 경은 아직 번역개념이나 번역기술이 확립되어 있지 않았던 최초기의 번역이다. 그래서 번역문이 매우 어렵다. 하지만 아주 중요한 내용을 담고 있는 경이다. 이 우리말 번역은 필자가 한 것이다. 안세고는 AD148년경에 중국 낙양(落陽)으로 들어와서 170년까지 〈안반수의경〉 등 많은 불경을 번역하여, 번역기술

부처님께서 여러 비구들에게 말했다.

"7곳을 알고, 3곳을 관찰하라. 그러면 빨리 도법(道法)에 있게 되어서 번뇌의 결박[結결]에서 벗어나게 되고, 번뇌의 결박이 없기 때문에 마음이 해탈하고, 지혜로 법을 얻고, 법을 보아서 스스로 도를 증득한 뒤에 다음 생을 받음이 다 끝나고, 도의(道意)를 행하고, 할 일을 이미 다 마쳐, 다시는 돌아오는 일이 없으리다."

부처님께서 비구들에게 물었다.

"7곳을 안다는 것은 무 슨 말인가? 들어라 비구들이여. 그것은 1) 몸의 물질현상[色색]에 대해 있는 그대로 알고, 2) 몸의 물질현상[色색]의 생성 조건들이 모여서 몸의 물질현상이 생성되는 과정[習습]에 대해 있는 그대로 알며, 3) 몸의 물질현상의 완전한 소멸[盡진]에 대해 있는 그대로 알고, 4) 몸의 물질현상의 완전한 소멸에 이르는 길에 대해 있는 그대로 아는 것이다. 그리고 5) 몸의 물질현상[色]에 맛들임[味미]에 대해 있는 그대로 알고, 6) 몸의 물질현상[色]의 괴로움에 대해 있는 그대로 알고, 7) 몸의 물질현상[色]에서 벗어나는 것을 있는 그대로 아는 것이다. 이러한 것들을 아는 것을 '7곳을 있는 그대로 아는 것'이라고 한다.[443]

이와 같이 느낌[痛痒통양], 인식[思想사상], 업 지음[生死생사], 식별작용[識식][444] 등에 대해서도 [관찰하여] 그것들에 대해 있는 그대로 아는 것

과 중국불교의 기초를 닦았던 인물이다.

443 〈신수대장경〉 제2권 875b09의 내용을 번역한 것이다. 〈잡아함경〉 제12권 (42)에서 칠처(七處)는 오온과 그 원인들이 모여서 오온이 생성되는 과정[集]과 오온의 완전한 소멸[滅], 오온의 완전한 소멸에 이르는 길[滅道跡], 오온에 맛들임[味], '오온'이라는 화근[患], 오온에서 벗어남[離] 등으로 되어 있다.

444 痛痒(통양), 思想(사상), 生死(생사), 識(식)은 수(受), 상(想), 행(行), 식(識)에 대한 최초기의 번역용어이다.

이다. 식별작용[識식]의 생성 조건들이 모여서 식별작용이 생성되는 과정에 대해 있는 그대로 알고, 식별작용의 완전한 소멸에 대해 있는 그대로 알고, 식별작용의 완전한 소멸에 이르는 길에 대해 있는 그대로 알며, 식별작용에 맛들임에 대해 있는 그대로 알고, 식별작용의 괴로움에 대해 있는 그대로 알며, 식별작용에서 벗어남을 있는 그대로 아는 것이다. 이러한 것들을 아는 것을 '7곳을 있는 그대로 아는 것'이라고 한다.

그럼 어떻게 아는 것이 몸의 물질현상[色색]에 대해 있는 그대로 아는 것인가? 몸의 물질현상은 흙의 요소[地지], 물의 요소[水수], 불의 요소[火화], 바람의 요소[風풍] 등 사대(四大)요소이다. 우리는 '4대 요소'라는 4마리 독사가 똬리를 틀고 있는 곳에 있다.[445] 몸의 물질현상이 이와 같은 것인 줄 아는 것이 몸의 물질현상에 대해 있는 그대로 아는 것이다.[446]

어떻게 아는 것이 몸의 물질현상의 생성 과정에 대해 있는 그대로 아는 것인가? 애욕(愛欲)에 물들어가는 것이 몸의 물질현상의 생성과정이다. 이와 같이 아는 것이 몸의 물질현상의 생성과정에 대해 있는 그대로 아는 것이다.

어떻게 아는 것이 몸의 물질현상의 완전한 소멸에 대해 있는 그대로 아는 것인가? 애욕의 완전한 소멸이 몸의 물질현상의 완전한 소멸이다. 이와 같이 아는 것이 몸의 물질현상의 완전한 소멸에 대해 있는 그대로 아는 것이다.

어떻게 아는 것이 몸의 물질현상의 완전한 소멸에 이르는 길에 대해 있는 그대로 아는 것인가? 몸의 물질현상을 완전히 다 소멸하기 위한 여덟 가지 길이 있다. 바른 견해[정견正見]에서 바른 선정[정정正定]에

445 875b19 "色爲四大。亦爲在四大虺所"

446 875b18 "何等爲色如諦如所。色爲四大。亦爲在四大虺所。色本如是如本知"

이르기까지 팔정도가 그것이다. 팔정도를 아는 것이 몸의 물질현상의 완전한 소멸에 이르는 길을 있는 그대로 아는 것이다.

어떻게 아는 것이 몸의 물질현상에 맛들임에 대해 있는 그대로 아는 것인가? 몸의 물질현상에 대한 욕구·욕망이 생기고, 기쁨·들뜸이 생기고, 애욕이 생기는데, 이러한 것들이 생겨날 때 그것을 바로 알아차리는 것이 몸의 물질현상에 맛들임에 대해 있는 그대로 아는 것이다.[447]

어떻게 아는 것이 몸의 물질현상의 괴로움에 대해 있는 그대로 아는 것인가? 몸의 물질현상은 고정불변의 것이 아니고, 괴로운 것이며, 끊임없이 변하고 있는 것이다. 이와 같이 아는 것이 몸의 물질현상의 괴로움을 있는 그대로 아는 것이다.

어떻게 아는 것이 몸의 물질현상에서 벗어나는 것에 대해 있는 그대로 아는 것인가? 우리는 몸의 물질현상에 대한 욕구·욕망에서 벗어날 수가 있고, 그 욕구·욕망은 버릴 수가 있는 것이며, 초월할 수 있는 것이라고 아는 것이다. 이와 같이 아는 것이 몸의 물질현상에서 벗어나는 것에 대해 있는 그대로 아는 것이다. ....

위의 경에서 부처님께서는 '몸'이라는 물질현상[色색]을 관찰하여, 몸의 물질현상[色색]에 대해 알아야 하는 7가지를 말해 놓았다. 부처님께서 말했다. "몸의 물질현상은 흙의 요소, 물의 요소, 불의 요소, 바람의 요소 등 사대요소로 구성되어 있고, 우리는 이 '4대 요소'라는 4마리 독사가 똬리를 틀고 있는 곳에 있다. 몸의 물질현상이 이런 것인 줄 아는 것이 몸의 물질현상에 대해 있는 그대로 아는 것이다." 우리는 이러한 몸의 물질현상[色색]에서 벗어나기 위해 그것에 대해 제대로 알아야 한다. 위빠사나 관찰수행을 통해 내 몸의 흙의 요소, 물의 요소, 불의 요소, 바람의

447 875b25 "所色欲生喜生欲生。如是爲味如至誠知"

요소 등에 대해 알아 가면, 그것들은 다 무상한 것들이고, 괴로운 것들이며, 그것들에 "나"라고 할 만한 것이 없다는 사실을 알게 된다. 또 몸의 물질현상이 생성되는 과정을 알게 되고, 몸과 마음의 현상이 생성되고, 소멸되는 조건을 알게 되어서 몸의 물질현상에서 벗어날 수가 있다.

우리 '몸'이라는 물질현상은 흔히 전등의 빛에 비유된다. 전등 빛이 우리 눈에는 한 덩이의 빛으로 보이지만, 실은 1초에 60번이나 꺼지고 켜지기가 반복되고 있는 것이다. 너무 짧은 순간에 일어나는 현상이라서 우리가 인식하고 있지 못하고 있을 뿐이지 매 초당 60개의 빛 입자가 생겨났다가 사라지기를 반복하고 있는 것이다. 실제 1/60초짜리의 빛이 존재할 뿐인데, 우리는 한 덩이의 빛이 변함없이 그대로 있는 것으로 인식한다. 이와 마찬가지로 우리는 자신의 몸이 변함없이 그대로 있는 것으로 착각한다. 앞에서 말했듯이 우리 몸은 약60조 개의 세포로 구성되어 있고, 1초에 약50만 개의 세포가 없어지고, 새로운 세포가 만들어진다고 한다. 그 세포들은 제각기 다른 독립체의 공업중생(共業衆生)들이다. 그 60조 개체의 공업중생들이 인연화합에 의해 몸의 조직을 만들고, 여러 조직이 모여서 신체기관을 만들고, 그 신체기관이 작용을 만들고, 그 작용이 "나"라는 인식을 만들고, "나"라는 인식이 "나"와 '내 것'에 대한 집착을 만들고, 그 집착이 다시 태어남을 만들고, 육도윤회의 괴로움을 만든다.

반야지혜로 보면, "나"라고 할 만한 것이 없다. 하지만 우리는 어리석게도 관념적으로 "나"라는 존재를 하나 만들어내어, 그것에 속아서 집착하고 괴로워한다. 이와 같이 우리 몸은 끊임없이 변하고 있는 것이고, 괴로운 것이며, "나"라고 할 만한 것이 없다. 이러한 의미에서 "내 몸의 물질현상을 공(空)"이라고 했다. 이것이 "색즉시공(色卽是空)"의 진리이다. 우리 중생들은 어리석게도 물질현상의 덩어리[色蘊색온]를 '몸'으로 인식하고, 그 몸을 "나"라고 여긴다. 하지만 이 물질현상의 덩어리에는 오직 흙의 요소, 물의 요소, 불의 요소, 바람의 요소만 있을 뿐, 거기에 "나"라고 할 만한 것이 없다.
오온에서의 **색(色)**은 '몸'이나 '물질', 또는 '형상'이 아니라 '**몸의 물질 현상**'이라는 뜻이다.

2. 受(수, vedanā베다나) - 느낌, feeling

1) 불교 경론에서의 受(수)에 대한 정의

오온의 두 번째 요소인 受(수)는 '**느낌**'이라는 뜻이다. 〈증일아함경〉에서는 느낌을 다음과 같이 설명해 놓았다.

> "어떤 것이 '느낌의 덩어리[受蘊수온]'인가? 그것은 괴로운 느낌, 즐거운 느낌, 괴롭지도 즐겁지도 않은 느낌 등이다. 이러한 것들을 '느낌의 덩어리'라고 한다."[448]
> "어떤 것을 '느낌[受수]'이라고 하는가? 느낌이란 느끼는[覺각] 것을 일컫는 말이다. 어떤 것을 느끼는가? 괴롭다고 느끼고, 즐겁다고 느끼며, 괴롭지도 즐겁지도 않다고 느끼므로 '느낌'이라고 한다."[449]

448 〈신수대장경〉 제2권. 〈증일아함경〉 제28권. 707b08 "彼(피)云何名爲痛陰(운하명위통음)。所謂苦痛 · 樂痛 · 不苦不樂痛(소위고통락통불고불락통)。是謂名爲痛陰(시위명위통음)"
449 〈신수대장경〉 제2권. 〈증일아함경〉 제28권. 707b14 "云何名爲痛(운하명위통)。所謂痛者(소위통자)。痛者名覺(통자명각)。爲覺何物(위각하물)。覺苦 · 覺樂 · 覺不苦不樂(각고각락락불고불락)。故名爲覺也(고명위각야)"라는 부연설명이 붙어 있다. 이것을 번역하면, 이 바로 앞의 각주의 것(707b08)과 똑 같다.

또 〈잡아함경〉 제46경에서는 느낌[受수]에 대해 다음과 같이 설명해 놓았다.

"대상에 대해 온갖 것들을 느끼는 것이 느낌의 덩어리[受蘊수온]이다. 어떤 것을 느끼는가? [대상에 대해] 괴롭다고 느끼고, 즐겁다고 느끼며, 괴롭지도 즐겁지도 않다고 느낀다. 이러한 까닭에 대상에 대한 느낌을 '느낌의 덩어리'라고 한다. 이 느낌의 덩어리는 끊임없이 변하여, 고정된 것이 없는[無常무상] 것들이고, 괴로운 것들이며, 변하기 쉬운[變易변이] 것들이다."[450]

또 〈구사론〉에서는 "受(수)는 접촉을 통해 받아들이는 것"[451]이라고 정의해 놓았다. 즉 受(수)는 감각기관이 대상을 대할 때 일어나는 좋음이나 싫음의 '느낌'이다. 우리가 대상을 대할 때 끊임없이 '좋다', '싫다' 또는 '좋지도 않고 싫지도 않다'는 등 어떤 느낌을 받는다. 이 느낌은 자기 방어와 생존을 위한 본능적인 반응으로서 비논리적이고, 비합리적이며, 대부분의 경우 무의식적이다. 느낌이 둔하면 위험에 처하기 쉽다. 위험과 안전함, 친구와 적을 구별해내는 정신작용이 곧 느낌이라고 말할 수 있다.

450 〈신수대장경〉 제2권. 〈잡아함경〉 제46경. 011c01 "諸覺相是受受陰(제각상시수수음)。何所覺(하소각)。覺苦 · 覺樂 · 覺不苦不樂(각고각락각불고불락)。是故名覺相是受受陰(시고명각상시수수음) 復以此受受陰是無常 · 苦 · **變易**(부이차수수음시무상 · 고 · **변이**)"

451 세친은 〈신수장경〉 제29권. 〈구사론〉 003c28에서 '受(수)는 접촉에 따라 대상을 받아들이는 것[受領納隨觸]'이라고 정의한 뒤 "'즐거움', '괴로움', '즐겁지도 괴롭지도 않음'이 그것[卽樂及苦不苦不樂]"이라고 부연 설명하고 있다. (참고) '領(령)'과 '納(납)'은 둘 다 '받아들인다'는 뜻이고, '隨觸(수촉)'은 '접촉에 따른다', '접촉에 의한다'는 뜻이다.

2) 受(수)의 산스크리트어 원어 'vedanā(베다나)'에 대한 한역들

십이연기의 한 요소이기도 한 受(수)의 산스크리트어 원어는 베다나(vedanā)이다. 이것은 '受(수)' 이외에 '所受(소수)', '受性(수성)', '苦(고)', '痛(통)', '惱(뇌)', '苦痛(고통)', '苦惱(고뇌)', '苦樂(고락)' 등으로 한역되어 있다. 이러한 번역들을 보면 '수(受)'의 의미는 대체로 '받아들이는 것[所受소수]', '고통', '고뇌' 등이다. 이 8개의 한역 중 6개가 '고통'의 의미로 옮겨져 있고, 나머지 둘은 '받아들임'과 관계가 있다. 이것은 우리의 느낌은 그것이 즐거운 느낌이든, 괴로운 느낌이든, 느낌을 받는 것 자체가 고통이라는 사실을 말해주고 있다.

우리 중생들은 즐거운 느낌을 좋아하고, 괴로운 느낌을 싫어한다. 그러나 반야지혜의 눈으로 보면, 즐거움과 괴로움은 동전의 양면과 같다. 즐거움도 행복이 아니라는 말이다. 즐거움은 잠깐 동안의 들뜸일 뿐, 알고 보면 그것도 다 고통이다. 즐거운 느낌의 실체는 욕구·욕망의 충족이고, 쾌락이기 때문이다. 그러나 많은 경우에 있어서 중생들은 쾌락을 행복으로 여겨서 그것에 끊임없이 집착하고, 그것을 얻기 위해 온 생을 바친다. 하지만 행복은 얻어지지 않는다. 얻더라도 그것은 일시적인 즐거움일 뿐이다. 들뜸이 끝나면, 즐거움도 끝나기 때문이다. 즐거움이 끝난 뒤에 허무와 고통이 밀려온다. 아무리 대단한 고통이나 즐거움도 얼마 가지 않아서 물거품처럼 사라진다. 느낌은 끊임없이 변하여, 고정된 것이 없는[無常무상] 것들이고, 괴로운 것들[苦고]이며, 실체가 없는 것들[空공]이고, 느낌에는 "나"라고 할 만한 것이 없기[無我무아] 때문이다.

느낌은 물거품과 같은 것이다. 그렇기 때문에 느낌에 집착해선 안 된다. 중생들은 즐거운 느낌에 탐착(貪著)하고, 불편한 느낌을 배척한다. 즐거운 느낌을 취하려고 해서도 안 되고, 불편한 느낌을 배척하려고 해서도 안 된다. 싫으면 싫음을 알아차리고, 좋으면 좋음을 알아차릴 뿐, 좋아하고 싫어하는 감정에 휘둘려서는 안 된다. 이러한 의미로 중국 선종(禪宗)의 3대 조사(祖師) 승찬(僧璨, ?~AD606년) 대사는 〈신심명〉에서 "지극한 도는 어렵지 않다. 단지 차별함을 싫어하여, 좋아함과 싫어함만 없애면, 툭 터여서 환해지리라"[452]고 노래했다.

3) 느낌에 대한 여러 경전의 말씀들

열반은 갈애의 영원한 소멸을 의미하고, 느낌을 추구하지 않으면, 갈애는 저절로 다 소멸된다.

불교의 해탈·열반은 갈애(渴愛)의 영원한 소멸을 의미한다. 즐거운 느낌에 대한 갈증(渴症)이 모든 괴로움의 근본원인인 갈애다. 느낌은 감각기관과 그 대상과의 접촉에 의해 발생한다. 만약 감각기관의 활동이 멈추어서 외부 대상과의 접촉이 없으면, 느낌은 일어날 수가 없다. 모든 문제의 근원은 우리의 감각기관이다. 감각기관의 문을 닫고, 선정삼매에 머물러 있든지, 그렇지 않으면 접촉을 통해 일어나는 느낌에 깨어 있어서 그것에 속아 넘어가지 않도록 해야 한다. 그러기 위해서는 매순간 느낌을 알아차리고 있어야 한다. 하지만 중생들은 즐거운 느낌에 깊이 중독되고, 즐거운 느낌을 취하려고 하는 욕구·욕망에 눈이 먼 나머지 끝임 없이 느낌에 빠져든다. 느낌에 집착하는 마음을 알아차리기만 할 뿐, 느낌을 추구하지 않으면, 갈애는 저절로 다 소멸된다. 경전에서는 갈애를 소멸하는 방법을 갈애의 원인인 느낌에서 찾는다. 느낌에 대해 청정한 마음을 일으켜서 느낌에 물들지 않음으로써 갈애의 발생을 막는 것

452 〈신심명(信心銘)〉, "至道無難(지도무난) 唯嫌揀擇(유혐간택) 但莫憎愛(단막증애) 洞然明白(통연명백)" 嫌(혐)은 싫어할 혐. 揀(간)은 가릴 간. 구별함. 분간함. 擇(택)은 가릴 택. 선택함. 구별함. 차별함. 揀擇(간택): 가리어 선택함. 가림. 구별함.

이 석가부처님의 수행의 요체다. 이러한 까닭에 부처님께서는 선(禪)수행의 방법으로 사념처관(四念處觀)을 강조했다. 사념처(四念處)는 선(禪)수행을 할 때 의식을 집중해서 관찰해야 할 네 가지 대상인 몸의 물질현상[身**신**], 느낌[受**수**], 마음의 상태[心**심**], 마음에서 일어나는 생멸현상[法**법**] 등을 말한다. 부처님께서는 "이 네 가지 대상을 놓치지 않고 알아차림 하면서 관찰해가라"고 말했다.
부처님께서는 〈잡아함경〉 제225경에서 "감각기관과 느낌을 끊지 못 하면, 괴로움을 다 끝낼 수 없다"고 말했다.

〈잡아함경〉 제225경
이와 같이 내가 들었다. 한 때 부처님께서 사위국 기수 급고독원에 계셨다. 그 때 세존께서 여러 비구에게 말했다.
"나는 '한 존재를 알지 못 하고, 끊지 못 하고도 괴로움을 다 끝낼 수 있다'고 말하지 않는다. '한 존재를 알지 못 하고, 끊지 못 하고도 괴로움을 다 끝낼 수 있다고 말하지 않는다'는 말은 무슨 말인가? 그것은 '눈을 알지 못 하고, 눈을 끊지 못 하고도 괴로움을 다 끝낼 수 있다'고 말하지 않는다는 뜻이다. 또 이것은 '눈의 대상인 형상과 눈의 식별과 눈의 접촉과 눈의 접촉으로 인해 일어나는 괴로운 느낌, 즐거운 느낌, 괴롭지도 즐겁지도 않은 느낌 등 그 모든 느낌을 알지 못 하고, 끊지 못 하고도 괴로움을 다 끝낼 수 있다'고 말하지 않는다는 뜻이다. 귀, 코, 혀, 피부, 의식에 있어서도 또한 마찬가지다."
부처님께서 이 경을 말씀하시자 여러 비구는 부처님 말씀을 듣고, 기뻐하며, 받들어 수행했다.

우리는 위의 경에서 부처님께서 "감각기관과 느낌을 알지 못 하고, 끊지 못 하면, 괴로움을 다 끝낼 수 없다"고 말하는 것을 볼 수 있다. 〈잡아함경〉 제468. 〈세 가지 느낌의 경〉을 보면 부처님께서는 느낌을 어떤 시각으로 보았고, 느낌을 어떻게 처리했는지 알 수 있다.

〈잡아함경〉 제468. 〈세 가지 느낌의 경〉

....

"세존이시여, 내 몸과 마음, 그리고 바깥의 일체 모습에서 '내'라는 소견, '내 것'이라는 소견, '내'라는 교만, 얽매여서 집착함과 지배[使사]로부터 벗어나기 위해서는 어떻게 알고, 어떻게 봐야 합니까?"

"만약 비구로서 즐거운 느낌에 대한 욕구 · 욕망[貪탐]의 지배를 이미 다 끊었고, 이미 다 알며, 괴로운 느낌에 대한 싫어함[瞋진]의 지배를 이미 다 끊었고, 이미 다 알며, 괴롭지도 즐겁지도 않은 느낌에 대한 무지[痴치]의 지배를 이미 다 끊었고, 이미 다 알면, 이것을 '비구가 애욕의 결박을 다 끊고, 모든 번뇌와 교만을 다 버리고, 밝게 알아서 괴로움을 완전히 다 벗어난 것'이라고 말한다."

그 때 세존께서 게송으로 말씀하셨다.

즐거운 느낌이 있을 때
그 느낌을 알아차리지 못 하면,
욕구 · 욕망의 사자(使者)의 지배를 받게 되어서
그것을 벗어날 길이 없다네.
괴로운 느낌이 있을 때
그 느낌을 알아차리지 못 하면,
싫어함의 사자의 지배를 받게 되어서
그것을 벗어날 길이 없다네.
괴롭지도 즐겁지도 않은 느낌도 마찬가지다.
바르게 깨친 분이 말해 놓은 것을
잘 관찰하지 않으면,

끝내 저 언덕을 건너지 못 하리다.
비구들이여, 부지런히 정진하여
그 느낌을 바로 알아차려서 휘둘리지 말라.
이러한 온갖 느낌을
지혜로운 사람은 깨어 있어서 알 수 있다네.
그 온갖 느낌을 깨어 있어서 알면
현세에 모든 번뇌를 다 끝내고
밝고 지혜로운 사람은 목숨이 끝난 뒤에
중생의 분수에 떨어지지 않으리다.
중생의 분수를 완전히 다 끊어버리면
길이 '반열반'에 머물러 있으리다.[453]

위의 부처님 말씀은 매순간 생멸하는 느낌을 알아차려서 그것에 휘둘리지 말라는 말이다. 우리는 자신의 느낌에 깨어 있지 못 한 경우가 많다. 병적일 정도로 자신의 느낌에 어두운 자들도 많다. 생각에 마음이 가려 있거나 오랫동안 자신의 감정을 무시해 왔기 때문이다. 매순간 느낌이 있는데도 그것이 있는 줄 모르고 그것에 속아 넘어간다. 그리하여 그 느낌들이 요술쟁이가 되어서 더 많은 생각을 만들어내고, 온갖 논리와 주장으로 자신에게 조잘댄다. "네 생각이 맞고, 네가 절대로 옳다"라고. 우리는 이 악마의 응원에 힘입어서 계속 거친 행위를 하면서 업을 짓는다. 더 이상 업을 짓지 않기 위해서는 매순간 자신의 느낌을 알아차려가야 한다. 알아차리면 느낌은 더 이상 힘을 쓰지 못 하고 사라진다.
또 〈중아함경〉 75경에 다음과 같은 내용이 나온다.

453 "길이 반열반에 머물러 있으리라"는 한역문의 "永處般涅槃(영처반열반)"을 번역한것이다. 여기서 '길이[永영]'는 '영원히'라는 뜻이고, 處(처)는 '머문다'는 뜻이다.

"아난존자가 부처님께 물었다. 세존이시여, 만약 비구가 느끼는 것이 있으면 반열반을 얻지 못 합니까?" 세존께서 아난존자에게 말했다. "만약 비구가 느끼는 것이 있으면 그는 절대로 반열반을 얻을 수 없다. .... 만약 비구가 느끼는 것이 없으면, 그는 반드시 반열반을 얻는다."[454]

위의 경에서 부처님께서는 '느낌이 완전히 다 없어져야 반열반에 들 수 있다'고 말했다. 우리는 자신의 느낌에 깨어 있어야 하고, 느낌이 완전히 다 소멸되어서 더 이상 느낌이 일어나지 않을 때까지 느낌을 알아차려가야 한다. 그렇지 않고 느낌이 있는데도 자신의 느낌을 알아차리지 못 하면, 그는 느낌에 대해 어두운 자이고, 지혜가 밝지 못 한 자이다. 〈잡아함경〉 제988. 〈제석경(帝釋經)①〉에는 다음과 같은 내용이 나온다.

이와 같이 내가 들었다.............석제환인이 부처님께 아뢰었다.
"세존이시여, 세존께서는 일찍이 격계산 석굴 안에서 말씀하시기로, '만약 어떤 사문 바라문으로서 끝없는 욕구 · 욕망이 완전히 다 소멸하여, 해탈하면, 마음이 저 변제(邊際), 구경변제(究竟邊際), 이구변제(離垢邊際)로 거룩한 행을 완전히 다 성취한다'고 했습니다. 어떤 것이 비구가 변제, 구경변제, 이구변제로 거룩한 행을 완전히 다 성취한 것입니까?"
부처님께서 하늘의 신(神)인 제석에게 말했다.
"만약 비구로서 온갖 느낌[受覺수각], 즉 괴로운 느낌, 즐거운 느낌, 괴롭지도 즐겁지도 않은 느낌과 그 느낌들의 발생원인[集집], 그것들의

454 〈중아함경〉 75경. 543a20 "尊者阿難白曰。世尊。比丘若有所受。不得般涅槃耶。世尊告曰。阿難。若比丘有所受者。彼必不得般涅槃也"...........543b03 "尊者阿難白曰。世尊。比丘若無所受。必得般涅槃耶。世尊告曰。阿難。若比丘無所受。必得般涅槃"

사라짐[滅멸], 느낌에 맛들임[味미], '느낌'이라는 재앙[患환]과 느낌에서 분출되는 것들을 있는 그대로 다 알고, 있는 그대로 다 안 뒤에는 그것들은 끊임없이 변하여, 고정된 것이 없는[無常무상] 것들임을 관찰하고, 그것들은 일어났다가 사라지는 것들임을 관찰하며, 그것들에 대한 집착을 완전히 다 버려야 할 것들임을 관찰하고, 그것들은 사라져서 없어지는 것들임을 관찰하며, 그것들은 버려야 할 것들임을 관찰해야 한다.[455] 이와 같이 관찰하면, 그것이 곧 변제, 구경변제, 이구변제로서 거룩한 행을 완전히 다 성취한 것이니라. 구시가여, 이것이 이른바 비구가 바른 법과 계율에 대한 변제, 구경변제, 이구변제로서 거룩한 행을 완전히 다 성취한 것이니라."

그러자 하늘의 신인 제석은 부처님 말씀을 듣고, 기뻐하며, 예배하고, 떠나갔다.

위의 경은 느낌의 일어남과 사라짐, 그리고 느낌의 무상(無常)함을 관찰해가서 느낌에 대한 집착에서 완전히 벗어났을 때 거룩한 행을 성취한 것이라고 말한다. 그럼 느낌에서 완전히 벗어나기 위해서는 어떻게 해야 하는가? 이 주제에 대해 말하고 있는 〈잡아함경〉 제759. 〈느낌의 경〉을 한번 보자.

〈잡아함경〉 제759. 〈느낌의 경〉

이와 같이 내가 들었다.

한 때 부처님께서 사위국 기수 급고독원에 계셨다. 그 때 세존께서 여러 비구들에게 말했다.

"세 가지 느낌[受수]이 있다. 그것들은 끊임없이 변하여, 고정된 것이

455 여기서 "관찰해야한다"는말은 '관찰하여,그성질을꿰뚫어봐야한다'는뜻이다.

없는[無常무상] 것들이고, 유위(有爲)[456]의 마음을 쫓아가서 생기는 것들이다. 어떤 것이 그 셋인가? 그것들은 즐거운 느낌, 괴로운 느낌, 괴롭지도 즐겁지도 않은 느낌이다."

비구들이 부처님께 아뢰었다.

"세존이시여, 어떤 길과 어떤 방법을 닦아 익히고, 더 많이 닦아 익혀야 이 세 가지 느낌을 다 끊을 수 있습니까?"

부처님께서 비구들에게 말했다.

"닦아 익히고 더 많이 닦아 익히면, 이 세 가지 느낌을 완전히 다 끊을 수 있는 길과 방법이 있다. 어떤 길과 방법을 닦아 익히고, 더 많이 닦아 익혀야 이 세 가지 느낌을 완전히 다 끊을 수 있는가?"

부처님께서 비구들에게 말했다.

"그것은 **팔정도**이다. 소위 바른 견해, 바른 발심, 바른 말, 바른 행위, 바른 생계, 바른 노력, 바른 알아차림, 바른 선정만이 이 세 가지 느낌을 완전히 다 끊을 수 있다."

부처님께서 이 경을 말씀하시자, 여러 비구들은 부처님 말씀을 듣고, 기뻐하며, 받들어 수행했다.

느낌을 완전히 다 끊어야만 해탈할 수 있다. 부처님께서는 "팔정도를 많이 닦으면 느낌을 완전히 다 끊을 수 있다"고 말했다.

〈상윳따니까야〉의 느낌의 편

〈상윳따니까야〉에 다음과 같은 내용이 있다.

1. 삼매

가. 비구들이여, 느낌에는 세 가지가 있다. 어떤 것이 그 셋인가?

456 이 "유위(有爲)"는 '하고자함', '업 지음' 등의 뜻이다.

그것은 즐거운 느낌과 괴로운 느낌, 즐겁지도 괴롭지도 않은 느낌이다.
나. 삼매에 들어서 분명히 알고, 알아차림이 있는 부처님의 제자는 느낌을 알고, 느낌이 어떻게 비롯되는지 그 근원을 알며, 느낌이 어디서 멈추는지, 또 느낌의 완전한 소멸에 이르는 길을 안다. 느낌이 완전히 다 소멸됐을 때 비구는 갈애(渴愛)에서 벗어나 열반을 성취한다.

2. 행복
가. 비구들이여, 느낌에는 세 가지가 있다. 어떤 것이 그 셋인가?
그것들은 즐거운 느낌과 괴로운 느낌, 즐겁지도 괴롭지도 않은 느낌이다.
나. 부처님 제자는 즐거운 느낌이든, 괴로운 느낌이든, 즐겁지도 괴롭지도 않은 느낌이든, 또 내가 겪는 느낌이든, 다른 사람이 겪는 느낌이든, 그 모든 느낌은 다 괴로움이라는 사실을 잘 안다.
그 모든 느낌은 다 거짓되고 부서질 수밖에 없는 것들. 그것들이 부딪치고 또 부딪쳐 왔다가 사라져 가는 모습을 지켜봄으로써 그는 느낌으로부터의 초연함, 즉 갈애에서 벗어남을 얻는다.

3. 버림
가. 비구들이여, 느낌에는 세 가지가 있다. 어떤 것이 그 셋인가?
그것들은 즐거운 느낌과 괴로운 느낌, 즐겁지도 괴롭지도 않은 느낌이다.
나. 비구들이여, 즐거움을 느낄 때 그것을 탐하는 고질적인 습성을 버려야 한다. 괴로움을 느낄 때 그것을 싫어하는 고질적인 습성을 버려야 한다. 괴롭지도 즐겁지도 않은 느낌의 경우, 무지(無知)해지는 고질적인 습성을 버려야 한다.
다. 비구가 즐거운 느낌을 탐하는 고질적인 습성을 버렸고, 괴로운 느낌을 싫어하는 고질적인 습성을 버렸으며, 괴롭지도 즐겁지도 않은 느낌에 대해 무지해지는 고질적인 습성을 버렸다면, 그 때 비구는 고질적인 습성에서 벗어나서 바로 보는 사람이라고 말할 수 있다. 그는 갈애를 다 끊었고, (다음 생에 다시 몸을 받게끔 묶는) 족쇄를 다 풀어버렸으며, 아상(我想, 아만)을 철저히 꿰뚫어보아서 괴로움을 완전히 다 끝낸 것이다.

즐거움을 느끼면서
느낌의 본성[457]을 알지 못 하면
그는 욕구 · 욕망에 마음이 쏠려서
해탈을 얻지 못 한다.

괴로움을 느끼면서도
느낌의 본성을 알지 못 하면
그는 미움에 마음이 쏠려서
해탈을 얻지 못 한다.

그리고 저 괴롭지도 즐겁지도 않은 느낌,
대지혜자는 그것을 평화롭다고 말하지만
그것 또한 맛들이어서 매달린다면
그는 결코 괴로움[苦고]으로부터
해탈을 얻지 못 한다.

그러나 비구가 열심이어서
분명히 알아차리는 공부를 게을리 하지 않으면

457 느낌의 본성은 무상(無常), 고(苦), 무아(無我)이다. 모든 느낌은 일어났다가 사라지는 것들이고, 괴로운 것들이며, 실체가 없는 것들이다.

그는 모든 느낌의 본성을 다 꿰뚫어보게 될 것이다.
또 그렇게 됨으로써 그는 바로 이 생에서
번뇌가 다할 것이고,
지혜가 성숙하고, 법의 길에 확고하며,
(언젠가) 수명이 다해 몸이 무너질 때는
그 어떤 헤아림이나 개념으로도
그를 가늠할 길이 없으리다.

또 〈쌍윳따니까야〉[458]에 다음과 같은 내용이 나온다.

"즐거운 느낌을 느낄 때 얽매이지 않고 느끼고, 괴로운 느낌을 느낄 때 얽매이지 않고 느낀다. ....비구들이여, 이런 사람이 잘 배운 고귀한 제자다. 그는 태어남과 늙음, 죽음, 슬픔, 비탄, 괴로움, 불쾌, 번민에도 얽매이지 않는다."

느낌에 지배되면 본능의 노예로 살아가면서 육도윤회를 반복한다. 느낌에 지배되는 순간, 갈애와 욕구, 욕망, 탐욕, 집착, 분노의 사슬에 얽매이게 된다.
우리는 신수심법(身受心法)의 사념처(四念處)를 관찰해가야 한다. 위의 경은 느낌에 대한 관찰을 말해 놓은 것이다. 부지런히 관찰해서 느낌이라는 것이 어떤 것이고, 그것이 어떻게 일어나는지, 또 모든 느낌은 다 괴로움이라는 사실을 알고, 느낌에서 벗어나는 것을 추구해가야 한다.

458 SN(쌍윳따니까야).IV.209~210

3. 想(상, saṃjñā삼즈냐) - 인식(認識), 인지(認知), 생각, 믿음, 신념, 인상, 착각, 망상(妄想), 상상(想像), 환상(幻想), 미망(迷妄), 이름, 개념, 견해, perception, conception, notion, image, illusion, phantasm, hallucination

想(상)은 그동안 개념을 제대로 잡지 못 한 나머지 대단히 모호하고도 어렵게 설명돼 왔다. 예컨대 운허 스님의 〈불교사전〉에서 "상(想)"을 찾아보면, 다음과 같이 설명돼 있다.

> "대지법(大地法)의 하나, 5변행(遍行)의 하나, 심소(心所)의 이름. 상상(像想), 감상(感想), 사상(思想) 등의 말과 같은 뜻. 곧 객관적 부산한 만상(萬像)의 모양을 비처 들여, 남자, 여자, 풀, 나무라고 생각하는 정신작용"

우리는 이러한 설명으로는 상(想)의 개념을 잡기가 쉽지 않다는 것을 알 수 있다. 다른 사전의 설명도 이와 크게 다르지 않다. 한국에서 통용되는 상(想)의 개념은 하심(下心)의 반대 개념이다. 흔히 "상(想)을 내지 말고 하심하라"고 말한다. 이 때 상은 '자만심', '교만심'의 의미다. 물론 자만심이나 교만심도 상(想)이 아닌 것은 아니지만, 자만심이나 교만심만으로는 복잡 미묘한 상(想)의 의미를 다 담아낼 수 없다. 상(想)은 어려우면서도 매우 중요한 개념이므로 이번 기회에 제대로 알아둬야 한다.

1) 경론에 나오는 想(상)에 대한 설명

경전에는 오온의 개념이 설명되어 있는 것을 찾아보기가 어렵다. 〈잡아함경〉 제46경에 부처님께서 오온을 설명하면서 想(상)에 대해 '**인식(認識)**'이라는 뜻으로 다음과 같이 설명해 놓았다.

"온갖 인식하는 것들[想상]이 인식의 덩어리[想蘊상온]이다. 어떤 것이 인식하는 것인가? '적다'는 인식, '많다'는 인식, '한없이 많다'는 인식, 아무 것도 가진 것이 없을 때 '가진 게 없다'고 인식하는 것 등이다. 이러한 까닭에 '인식의 덩어리[想蘊상온]'라고 한다. 이 인식의 덩어리는 계속 변하여, 고정된 것이 없는 것들이고, 괴로운 것들이며, 변하기 쉬운 것들이다."[459]

또 〈증일아함경〉에서는 想(상)에 대해 다음과 같이 설명해 놓았다.

"어떤 것을 '想(상)'이라고 하는가? 想(상)은 아는 것이다. '파랗다'고 알고, '노랗다', '희다', '검다'고 알며, '괴롭다'고 알고, '즐겁다'고 아는 것이다. 그럼으로 '想(상)은 아는 것'이라고 한다."[460]

위의 부처님 설명에 의하면 想(상)은 '어떠하다', '~이다'고 아는 것이다. 이 경전의 설명만으로는 想(상)의 개념을 잡기에 약간 부족하다. 그럼 논서에는 想(상)이 어떻게 설명되어 있는지 한 번 보자.

옛 논서가 말하는 想(상)의 개념

초기불교의 논서로서 AD. 4세기 초에 세친이 저술한 〈구사론〉에는 "상(想)은 허상[像상]을 취하여, 실체[體체]라고 여기는 것, 즉 '푸르다', '노랗다', '길다', '짧다', '남자다', '여자다', '원수다', '친구다', '괴롭다', '즐겁다' 등의 인식[相상]에 집착하여, 그것을 취하는 것"[461]이라고 정의

459 〈신수대장경〉 제2권, 〈잡아함경〉 제46경 011c04 "何所想。少想 · 多想 · 無量想。都無所有。作無所有想是故名想受陰。復以此想受陰是無常 · 苦 · 變易法"
460 〈신수대장경〉 제2권, 〈증일아함경〉 제28권 707b16 "云何名爲想。所謂想者。想亦是知。知青 · 黃 · 白 · 黑 · 知苦樂。故名爲知"

해 놓았다. 또 4세기 초에 저술된 〈성실론成實論〉에는 "상(想)은 대상에 대해 진실하지 못 한[假가] 인식[相상]을 취하는 것"[462]이라고 정의한 뒤에 "무상한 것인데, 항상(恒常)한 것으로 여기고, 괴로운 것인데, 즐거운 것으로 여기며, "나"라고 할 만한 것이 없는데, "나"라고 여기고, 깨끗하지 못 한 것인데, 깨끗한 것으로 여기는 등 뒤집혀진 인식이 상(想)"[463]이라고 부연설명해 놓았다. 또 〈미란다팡하〉에서는 상(想)에 대해 다음과 같이 설명해 놓았다.

> "나가세나 존자여, 상(想)의 특징은 무엇입니까?" "대왕이시여, 인식함입니다. 파랑, 노랑, 빨강, 백색, 갈색 등으로 인식하는 것과 같습니다." "비유를 들어 말씀해주시기 바랍니다." "왕의 창고지기가 왕의 보물창고에 들어가서 푸른색, 노란색, 붉은색, 흰색, 갈색 등의 보물을 보고, '이것들은 다 왕의 보물이다'고 인식하는 것과 같습니다."[464]

옛 인도의 논서에는 상(想)이 어떻게 설명되어 있는지 살펴봤다. 그럼 이번에는 상(想)이 어떻게 한역되어 있는지 한 번 보자.

2) 한역을 통해 본 想(상)의 개념

想(상)은 산스크리트어 삼즈냐(saṃjñā)를 번역한 것이고, 이것은 '이해', '지식', '개념', '이름', '~라고 이름을 붙이다' 등의 뜻이 있다. 삼즈

461 〈신수대장경〉 제29권 〈구사론〉 004a04, "想蘊謂能取像爲體 卽能執取青黃長短男女怨親苦樂等相"

462 〈성실론〉 281a10 "想者取假法相"

463 〈성실론〉 281a11 "無常中常想顚倒。苦中樂想顚倒。無我中我想顚倒。不淨中淨想顚倒"

464 서경수 번역 〈한글대장경 201 남전부 1〉 348쪽 (1978, 동국역경원)

냐는 '想(상)' 외에도 '名(명)', '相(상)', '號(호)', '名號(명호)', '邪想(사상)'[465], '憶想(억상)'[466], '思(사)', '이해', '지식', '개념' 등으로 한역되어 있다.[467] 이름, 생각, 상상, 지식, 개념, 이해 등의 뜻인 이런 한역들을 보면, 想(상)은 '대상에 대해 이름을 붙이고, 이미 형성되어 있는 개념이나 기억, 정보 등을 통해 대상을 상상(想像)하고, 이해하고, 인식하는 것'임을 알 수 있다.

3) 산스크리트어 원어의 구조분석을 통해 본 想(상)의 개념

想(상)의 산스크리트어 원어 삼즈냐(saṃjñā)의 구조를 보면, 이것은 '함께', '합한다'는 뜻의 삼(saṃ)과 '안다'는 뜻의 즈냐(jñā)가 결합하여, '합하여[saṃ] 안다[jñā]'는 뜻을 형성한다. 여기서 '합한다'는 것은 대상을 과거의 경험 또는 기억, 이미 형성되어 있는 개념, 정보 등과 합한다는 말이다. 이것은 의식 또는 세포 속에 입력되어 있는 과거의 경험[業업] 위에 대상을 올려놓고, 그 대상에 대한 개념을 형성한 뒤 그 개념을 통해 대상을 인식한다는 뜻이다. 즉, '상(想)'은 이미 입력되어 있는 정보를 바탕으로 상상하고 추측하여, 이름이나 개념을 통해 대상을 인식하는 것이다. 그렇기 때문에 우리가 어떤 대상을 볼 때, 그것은 대상 그 자체를 보는 것이 아니라 자신이 만들어낸 그 대상에 대한 이미지나 개념을 보는 것이다.

465 邪想(사상)은 '그릇된 환상'이라는 뜻이다.

466 憶想(억상)은 기억(記**憶**)에 의해 가지는 인식[**想**]이다.

467 〈漢譯(한역)대조梵和大辭典(범화대사전)〉1389쪽. 1964년. 일본鈴木學術財團발행

4) 한자의 구조분석을 통해 본 想(상)의 개념

한자 "想(상)"의 구조를 봐도 그 개념을 알 수 있다. "想(상)"은 마음 심(心) 위에 모습 상(相)[468]이 놓여 있어서 '마음 위에 비추어진 대상의 모습', 즉 '이미지'라는 뜻이다. 앞에서 말했듯이 想(상)은 '생각', '이름', '상상', '개념', '견해', '인식'이라는 뜻으로, 대상에 대해 어떤 이름이나 개념, 의미, 자기 생각 등을 부여하는 마음작용이다. 우리가 어떤 대상을 대하면, 먼저 그 이름을 떠올리고, 그 뒤에 개념이나 의미를 부여하는데, 이러한 인식과정을 '想(상)'이라고 한다. 달리 말하면 想(상)은 대상에 대해 '~로 인식하는 것', '~로 여기는 것', '~라고 생각하는 것', '~라는 생각' 등 '대상에 대해 어떤 이름이나 개념, 생각, 견해 등을 갖는 것', 즉 '대상에 대한 이미지나 개념을 자기 마음 위에 그려 넣는 작업'이라고 할 수 있다. 예를 들어, 자신에 대해 '똑똑하다', '잘났다', '옳은 사람', '한국인', '보살', '스님', '못난 사람', '바보' 등 '무엇이다'거나 '어떠하다'고 인식하는 것이 상(想)이다. 그리고 상대에 대해 '뭔가 잘 모르는 사람', '답답한 사람', '어리석은 사람', '생각이 짧다', '이기적이다', '기독교인', '괜찮은 사람', '보수꼴통', '빨갱이' 등의 어떤 견해를 갖거나 '무엇'이라고 인식하는 것도 상(想)이다. 또 저것은 '개다', '닭이다', '밥이다', '똥이다', '황금이다'와 같이 어떤 객관적인[469] 사실을 인식하는 것도 想(상)이다. 다시 말해, 대상에 대해 '무엇이다'거나 '어떠하다'고 규정하거나 의미를 부여하는 것은 다 想(상)이다.

468 한자 相(상)은 '서로' 상과 함께 '모습', '상태', '특징' 등의 뜻이 있다.
469 '객관적'이라고 말하지만, 사실은 자기들끼리 객관적인 것이지, 절대 객관은 존재하지 않는다고 할 수 있다.

5) 想(상)을 뭐라고 번역해야 하나?

그럼 想(상)을 뭐라고 번역해야 할까? 想(상)을 **'인식'**으로 번역하면 맞아 떨어진다. 그런데 〈한글대장경〉에서는 이 想(상)을 '생각'으로 번역했고, 조계종 〈한글 반야심경〉과 김윤수의 〈잡아함경〉에서는 이것을 적절한 말로 번역하지 못 하고 그냥 한글로 '상'이라고 하고 있다. 〈니까야〉 번역을 보면 각묵 스님은 想(상)을 '인식(想)'으로 번역했고, 전재성 박사는 '지각(想)'[470]으로 번역했다. 영어번역에서는 想(상)을 '개념', '관념', '생각', '(~라는) 인식', '환상', '착각' 등의 뜻인 perception, conception, notion, image, illusion, phantasm 등으로 번역해 놓았다. 이 중에서 **notion**[471]이 가장 잘 맞는 번역이라고 할 수 있다.

산스크리트어 삼즈냐(saṃjñā)를 번역한 想(상)은 그릇된 인식(믿음), 착각, 망상, 상상, 환상, 미망(迷妄) 등의 뜻으로, 〈반야심경〉에 나오는 "전도몽상(顚倒夢想)"과 같은 뜻이다.

想(상) 중에서 우리에게 가장 많이 알려진 상은 아상(我想)이다. 아상은 **"나"라는 인식**이다. 구마라집은 〈금강경〉을 한역하면서 "我想(아상)"으로 번역해야 할 것을 "我相(아상)"으로 번역하여, 想(상)의 개념을 죽여 버렸다. 그 결과 우리는 여태껏 "我相(아상)"을 번역하지 못 하고, 그냥 '아상'이라고 하고 넘어가고 있다.

470 그러나 이 지각(知覺)은 오온의 마지막 요소인 識(식)과 맞아떨어지는 개념이라고 할 수 있다. 지각이 왜 識(식)과 맞아떨어지는 개념인지는 이 뒤의 오온의 맨 마지막에 나오는 識(식)에서 설명해 놓았다.

471 notion을 사전에서 찾아보면 (...의) 개념, 관념, 일반 개념, 생각(conception), 막연한 이해, (...이라는) 인식, 느낌, 의견, 견해, 신념, (...이라는) 생각, 의향, 의사, 엉뚱한 생각, 허황된 생각 등의 뜻이 있다.

6) 〈금강경〉의 사상(四想, 四相)에 대한 부족한 이해

한국 불자들에게 가장 많이 알려진 想(상)은 〈금강경〉의 사상(四想)[472]이다. 아상(我想), 인상(人想), 중생상(衆生想), 수자상(壽者想)이 그것이다. 〈금강경〉 제3분에 나오는 다음 문장을 어떻게 번역할지 문제가 된다.

> 何以故 須菩提 若菩薩有我相人相衆生相壽者相 即非菩薩。
> (하이고 수보리 약보살유아상인상중생상수자상 즉비보살)

한국의 강백(講伯) 중 한 분인 무비 스님은 이것을 다음과 같이 번역해 놓았다.

> "왜냐하면 수보리야, 만약 보살이 '나'라는 상, '남'이라는 상, '중생'이라는 상, '수명'에 대한 상이 있으면, 곧 보살이 아니기 때문이니라."

독자 여러분이 보아도 이 번역이 좀 부족하다는 느낌이 들것이다. 이 문장에서 가장 중요한 단어인 "相(상)"을 제대로 번역하지 못 했기 때문이다. 이것을 정확하게 번역하면 다음과 같다.

472 이것을 '사상(四相)'이라고 한다. 여기서 相(상)은 想(상)과 똑 같은 의미로 쓰인 것이다. 〈금강경〉을 한문으로 번역할 때 총8명의 번역가 중 구마라집과 보리유지만 '相(상)'으로 번역했고, 그 외의 6명의 번역가는 모두 다 '想(상)'으로 번역했다. 한국에서는 〈금강경〉의 相(상)을 한결같이 '모습', '모양', '형상' 등으로 번역하고 있는데, 그것보다는 '생각'이나 '인식'으로 번역하는 것이 맞다. 〈금강경〉이 어렵게 느껴지는 주된 까닭은 우리말로 번역이 제대로 되어 있지 않아서이다. 위의 것과 비교해 보면, 아상, 인상, 중생상, 수자상에 대한 기존 번역들이 얼마나 부실한지 알 수 있다. 불교가 어려운 이유는 전달자, 즉 법사스님이나 번역자가 정확하게 이해하지 못한 것을 전달하기 때문인 것이 95% 이상이라고 말할 수 있다.

"왜냐하면 수보리야, 만약 보살이 **'나'라는 인식**, '사람'이라는 인식, '살아있는 생명체'라는 인식, '영혼을 가진 존재'라는 인식을 갖고 있으면, 그는 보살이 아니기 때문이다."

위의 두 번역은 그 의미에 있어서 많은 차이가 있다. 무비 스님 번역은 "상(相)"을 번역하지 못 하고 그냥 '상'으로 쓰고 있을 뿐만 아니라, 아상(我相), 인상(人相), 중생상(衆生相), 수자상(壽者相)의 의미도 제대로 전달하지 못 하고 있다. 여기서 "아상(我相)"은 산스크리트어 "**아트만삼즈냐**ātman-samjñā)"를 번역한 것으로, 〈**아트만**[ātman, 我아, **나**] **+ 인식**[samjñā삼즈냐, 想상]〉의 구조이다. 아트만삼즈냐[我想아상]는 〈**"나"라는 인식**〉이란 뜻이다. 따라서 "我相(아상)"은 '我想(아상)'으로 한역해야 하는 것인데, 구마라집은 "我相(아상)"으로 번역해 놓았다. 게다가 중국 선불교의 영향으로 교학이 부실한 중국 및 한국의 불교에서는 想(상)의 개념을 제대로 잡지 못 하고 있는 까닭에 그 번역문이 매우 어렵다. 위의 무비 스님의 번역을 보면, 특히 중생상, 수자상은 그것이 무슨 말인지 알 수가 없을 정도로 모호한 말로 번역돼 있다. "나[我]"라는 인식, 즉 "나"라는 것이 있다고 생각하는 것을 '아상(我想)'이라고 한다. 그리고 '사람[人, pudgala푸드갈라]'이라는 인식, 즉 '사람'이라고 인식하는 것을 '인상(人想)'이라고 한다. '중생[sattva사뜨바]'이라는 인식, 즉 '생명체'라고 인식하는 것을 '중생상(衆生想)'이라고 한다. 그리고 '목숨[jiva지바]을 가진 존재'라는 인식을 '수자상(壽者想)'이라고 한다.
〈금강경〉의 사상(四想, 四相)의 개념을 잡는 데 도움이 되는 〈잡아함경〉 제570경의 내용을 한 번 보자.

"세속의 온갖 견해들은 〈**'내'가 있다有我유아**〉고 말하기도 하고, 〈중생이다〉고 말하기도 하며, 〈영혼[壽命수명]이다〉고 말하기도 하고, 〈

세속의 길흉이다〉고 말하기도 합니다.[473]

그런데 존자님들이여, 어떻습니까? 세속의 이 모든 견해들은 다 무엇을 바탕으로 하고 있고, 무엇이 원인이며, 어디서 생긴 것들이고, 무엇이 변한 것들입니까?"

그 질문에 대해 존자 이시닷타가 답했다. "〈'내'가 있다〉고 말하는 것, 〈중생이다〉고 말하는 것, 〈영혼[壽命수명]이다〉고 말하는 것, 〈세속의 길흉이다〉고 말하는 것 등 이 모든 세속의 견해들은 다 **〈'내'가 있다〉는 잘못된 견해**를 바탕으로 하고 있고, 〈'내'가 있다〉는 잘못된 견해를 원인으로 하고 있으며, 〈'내'가 있다〉는 잘못된 견해에서 비롯되었고, 〈'내'가 있다〉는 잘못된 견해가 변한 것들입니다."

"존자이시여, 그럼 어떤 것이 〈'내'가 있다〉는 잘못된 견해입니까?"

"장자여, 어리석고 들은 것이 없는 범부들은 〈몸의 물질현상[色색]이 '나'이다〉거나 〈몸의 물질현상[色색]은 '나'와 다르다〉, 〈몸의 물질현상[색] 안에 '내'가 있다〉, 〈'내' 안에 몸의 물질현상[색]이 있다〉고 보고, 또 〈느낌[受수], 인식[想상], 업 지음[行행], 식별작용[識식]이 '나'이다〉고 보거나 〈식별작용[識식]은 '나'와 다르다〉, 〈'내' 안에 식별작용이 있다〉, 〈식별작용 안에 '내'가 있다〉고 봅니다. 이런 것들을 다 "〈'내'가 있다〉는 잘못된 견해"라고 합니다."

"존자이시여, 그럼 어떤 것을 〈'내'가 있다〉는 잘못된 견해가 없는 것이라고 합니까?" "장자여, 이른바 많이 들어서 아는 거룩한 제자는 〈몸의 물질현상[색]이 '나'이다〉고도 보지 않고, 〈몸의 물질현상은 '나'와 다르다〉고도 보지 않으며, 〈'내' 안에 몸의 물질현상이 있다〉거나 〈몸의 물질현상 안에 '내'가 있다〉고도 보지 않습니다. 〈느낌, 인식, 업 지음, 식별작용이 '나'이다〉고도 보지 않고, 〈식별작용은 '나'

473 〈잡아함경〉 제570경 "諸世間所見。或說有我。或說衆生。或說壽命。或說世間吉凶"

와 다르다〉고도 보지 않으며, 〈'내' 안에 식별작용이 있다〉거나 〈식별작용 안에 '내'가 있다〉고도 보지 않습니다. 이런 것들을 〈'내'가 있다〉는 잘못된 견해가 없는 것이라고 합니다."

위의 밑줄 친 부분에서 말하는 내용은 아상, 인상, 중생상, 수자상은 다 〈'내'가 있다〉는 잘못된 견해를 조금 다르게 표현해 놓은 것들이라는 말이다. 그럼 왜 이와 같이 같거나 비슷한 뜻의 단어를 여러 개 반복해서 사용했을까? 그것은 뜻을 강조하기 위해서다. "나"라는 인식, '사람'이라는 인식, '생명체'라는 인식, '영혼을 가진 존재'라는 인식을 해서는 안 된다고 강조하고 있는 것이다. 또 이것은 부처님의 무아설(無我說)을 강조하고 있는 것이다. 여기서 무아설과 인도 전통사상과의 관계를 좀 알고 넘어가자.

아트만과 부처님의 무아설(無我說)

불교 이전의 인도 전통사상에는 "**아트만**(ātman)"이라는 것이 있다. 아트만은 본래 '호흡'이라는 뜻이었다. 그것이 점차 철학적인 개념으로 바뀌어, '생명', '나[我아]', '자아(自我)', '자신', '개인아(個人我)', 생명활동의 중심체인 '영혼', 나아가 '본질', '본성(本性)', '자성(自性)', '만물에 내재하는 영묘한 힘' 등을 의미하는 것이 되어버렸다. 불교경전에서 아트만이 한문으로 번역될 때 이것은 '**我(아)**', '我者(아자)', '自(자)', '身(신)', '**自身(자신)**', '**自性(자성)**', '**性(성)**', '體(체)', '體性(체성)', '自體(자체)', '神(신)', '神識(신식)' 등으로 번역되었다.
인도 철학자들은 아트만을 둘러싸고 많은 학설을 전개했다. 브라만교[474]의 근원인 〈우파니샤드〉나 베단타학파에서는 아트만을 '만물에 내

474 브라만교(바라문교)는 AD.4~5세기경에 인도 고유의 민속신앙과 결합하여,

재하는 실체'로 여겨서 우주 근본인 브라만[梵범]과 같은 존재로 보았다. 이것이 소위 범아일여(梵我一如) 사상이다. 범아일여 사상은 우파니샤드철학의 중심을 이룬다. 브라만교에서는 '나[我아]'라고 하는 개아(個我)가 선정(禪定)과 고행을 통해 브라만과 하나가 됨으로써 최고의 진리를 깨달아서 죽은 뒤에 윤회에서 벗어나, 영원히 죽지 않는 상주불멸(常住不滅)의 범계(梵界)에 머무는 것을 최고의 목표로 삼았다. 그러나 부처님께서는 고정불변의 존재로서의 "나[我아]", 즉 '아트만', '자성(自性)' 등의 존재를 부정했다. "나"라고 할 만한 게 없다는 것이 부처님의 무아설(無我說)이다. 인연화합에 의해 끊임없이 변하고 있는 이 몸과 마음, 그리고 그 작용인 업(業)이 있을 뿐, 거기에 "나"라고 할 만한 것이 없다는 것이 부처님께서 깨달은 내용이다. 즉 석가부처님 가르침에 의하면 영원불멸하는 자성(自性), 아트만 따위는 존재하지 않는다. 단지 무명업장(無明業障)과 그 무명업장으로 인한 집착, 집착의 결과물로서의 몸과 마음, 몸과 마음의 작용, 몸과 마음의 작용의 결과물로서의 업, 업의 결과물로서의 윤회와 고통이 있을 뿐, "나"라고 할 만한 존재는 그 어디에도 없다는 것이 부처님의 연기설(緣起說)이고, 무아설이다. 그러나 이러한 연기설은 AD. 4세기 이후 여래장(如來藏) 개념을 가진 유가행파 계통의 대승불교가 등장하면서 그 교도들에 의해 부정당하거나 그 의미가 달라진다. 〈승만경〉, 〈능가경〉, 〈보성론〉, 〈대승기신론〉 등의 대승불교 경전이나 논서에는 '무아'라는 단어는 사용되지 않고, 그 반대 개념인 불생불멸(不生不滅)의 자성(自性)자리나 진여심(眞如心)을 노래한다. 그 한 예로 서산대사 〈선가귀감(禪家龜鑑)〉의 첫 머리 게송을 한번 보자.

"여기 한 물건이 있다. 이것은 본래부터 더 없이 밝고, 신령스러워서

힌두교로 발전했다.

> 일찍이 생겨난 적도 없었고, 없어진 적도 없었다. 또 이것은 이름을 붙일 수도 없고, 그 모습을 볼 수도 없다." "이 한 물건이 무엇인가?" 옛사람은 이 한 물건에 대해 이렇게 읊었다. "옛 부처가 태어나기 전에 의연한 모습의 동그라미 하나가 있었다. 석가도 그것을 몰랐거늘, 가섭이 어찌 전할 수 있었겠는가?"[475]

위의 게송에는 '한 물건'으로 표현되어 있는 '아트만'이 있다. 이것은 석가의 법에는 없는 것이다. 석가의 법에 아트만이 없는 까닭에 대해 위의 〈선가귀감〉 게송은 '석가는 아트만을 깨닫지 못 했기 때문에 가섭이 그것을 전할 수 없었다'는 취지로 말해 놓았다. 이러한 말은 석가부처님의 깨달음의 완전성을 부정하는 것이고, 부처님의 무아설을 뒤엎어버리는 것이다. 이것은 진여자성(眞如自性)을 주창하는 후기 대승불교도들의 거짓말이다. 진여자성을 주창하는 후기 대승불교도들은 '절대 청정하여, 번뇌 속에 있으면서도 그 어떤 번뇌에도 물들지 않고, 영원히 변하지 않아서 생겨난 적도 없었고, 없어진 적도 없는 자성자리가 있다'고 말한다. 자성(自性), 불성(佛性), 진여(眞如) 등이 등장하는 이런 거짓말은 대승불교 중에서도 특히 중국 선불교에서 많이 했다.

무아

존재하는 것은 몸의 물질현상, 즉 수많은 세포로 이루어진 몸의 물질현상[色색]과 그 세포들 간의 상호작용에 의해 일어나는 '느낌[受수]', '인식[想상]', '업 지음[行행]', '식별작용[識식]'이라는 정신현상만 있을 뿐,

475 서산대사 〈선가귀감〉의 첫 머리 게송, "有一物於此(유일물어차) 從本以來(종본이래) 昭昭靈靈(소소영영) 不曾生(부증생)不曾滅(부증멸) 名不得(명부득)相不得(상부득)", "一物者(일물자) 何物(하물)?" 古人頌云(고인송운) "古佛未生前(고불미생전) 凝然一圓相(응연일원상) 釋迦猶未會(석가유미회) 迦葉豈能傳(가섭기능전)"

그것과 구분되는 별도의 마음자리는 존재하지 않는다. 느낌[受수], 인식[想상], 업 지음[行행], 식별작용[識식]이 곧 마음이고, 그것들은 순간적으로 일어났다가 사라지는 찰나적인 존재들일 뿐이다. 만약 마음이 영원불변하다거나 나지도 않고, 죽지도 않는 영원불변한 마음이 '참나'라고 고집한다면, 그것은 불교가 아니라 브라만교(힌두교)이다. 세포들 간의 상호작용인 물질현상과 그 물질현상으로 빚어지는 정신현상이 있을 뿐, '절대불변의 마음자리'나 '불멸(不滅)의 영혼' 따위는 존재하지 않는다. 그럼 윤회가 없는가? 윤회는 있다. 윤회하는 것이 있다면 그것은 나의 주인공으로서의 영원불멸(永遠不滅)한 마음이 아니라, 인연화합에 의해 형성된 "업의 덩어리"이다. 그 업의 덩어리는 자신을 존속(存續)시키기 위해 뇌의 교묘한 속임수로 관념상 "나"라는 존재를 하나 만들어낸다. 냉철하게 관찰해 보면, '몸의 물질현상[色색]'과 '느낌[受수]', '인식[想상]', '업 지음[行행]', '식별작용[識식]'이라는 정신현상만 있을 뿐, 영원히 변하지 않는 "나" 또는 "자아", "자성(自性)" 따위는 존재하지 않는다. 사실은 "나"라고 할 만한 것이 없는데, 망념으로 "나"라고 하는 추상적인 개념을 하나 만들어내어, 그것을 "나"로 삼고 있는 한 그것은 업의 덩어리로 계속 작용하여, 윤회가 계속된다. "나"라고 하는 개념은 업의 작용의 속임수에 의한 것이다. 업의 작용은 "나"라고 하는 허상을 하나 만들어 놓고, 그것을 지켜내기 위해 온 힘을 다한다. 어리석게도 어떤 사람은 몸을, 어떤 사람은 마음을 "나"로 삼는다. "나"로 삼고 있는 추상적인 개념인 이러한 허상을 철학용어로 '에고(ego)'라고 말한다. 에고는 인식과 행위의 주체로서의 불변의 자기 자신을 일컫는 말이다. '에고', '자아(自我)', "나" 이것은 매순간의 사고(思考), 감정, 의지 등 여러 정신현상 또는 물질현상의 변화에도 불구하고 지속성과 동일성을 갖고 있는 그 "무엇"인가가 있다고 착각하고 있는 것이다. 에고에 사로잡힌 사람들에게는 에고가 있고, 무아(無我)를 깨달은 자에게는 에고, 즉 "나"

라고 할 만한 것이 없다.

〈별역잡아함경〉 제202경[476]에 다음과 같이 유아(有我)와 무아(無我)에 대한 내용이 나온다.

> "그리하여 모든 외도들이 제각기 자신의 견해를 말하고, 수달다 장자에게 말했다. "이제는 당신이 말할 차례입니다." 수달다가 답했다. "내가 보는 바로는 모든 중생은 다 유위(有爲)이기 때문에 수많은 인연들이 어우러지고 합쳐져서 존재하는 것입니다. 여기서 '인연'이라고 말하는 것은 업(業)입니다.[477] 만약 인연들이 어우러지고 합쳐지는 것을 빌어서 존재하는 것이라면, 그것은 무상(無常)한 것입니다. 무상한 것은 괴로운 것이고, 괴로운 것은 "나"라고 할 만한 것이 없는 것[無我무아]입니다. 이러한 까닭에 나는 그 어떤 견해에 대해서도 마음에 집착을 두지 않습니다. 당신네 여러 외도들은 '일체 모든 존재는 변하지 않는 것이다. 오직 이것만이 진실이고, 그 외의 것들은 다 거짓말'이라고 말합니다. 이렇게 생각하는 것이 온갖 괴로움의 근본 원인입니다. 이런 온갖 잘못된 견해에 집착하면, 괴로움과 서로 어울려서 크나큰 괴로움을 겪으며, 나고 죽는 가운데 한없이 많은 괴로움을 받게 되는데, 이 모든 괴로움은 다 "나가 있다[有유]"고 보는 데서 비롯되는 것입니다.

476 〈별역잡아함경〉제11권4번째202경.〈한글대장경〉360쪽.〈신수대장경〉제2권448쪽

477 업(業)은 무량한 과거 생을 통해 경험하고 얻은 정보가 저장되어 있는 정보 파일이다. 이 파일에 입력되어 있는 정보들이 어우러지고 합쳐져서 우리 몸을 만들고, 마음작용을 만든다. 내 안에 저장되어 있는 거대한 양의 정보들이 어우러지고 합쳐지는 것을 '인연화합(因緣和合)'이라고 한다. 이런 의미로 수많은 인연들이 어우러지고 합쳐져서 중생들이 존재하는 것이라고 말한다. 집합, 조합의 개념이다. 업이 수많은 인연들을 조합한다.

'세계[478]는 변하지 않는 것'이고, 나아가 '죽은 뒤에 저기에 태어나는 것도 아니고, 태어나지 않는 것도 아니다'고 말하는 이런 온갖 견해도 사실은 유위(有爲)의 업이 인연을 모아서 어우러지도록 합쳐 놓은 것입니다. 이로 미루어보면, 반드시 무상한 것인 줄 알아야 하고, 무상한 것은 괴로운 것이고, 괴로운 것은 '나'라고 할 만한 것이 없는 것[無我무아]인 줄 알아야 합니다."

위의 경에서는 "모든 중생은 다 유위(有爲)이기 때문에 업(業)의 작용에 의해 수많은 인연들이 어우러지고, 합쳐져서 존재하는 것일 뿐, '나'라고 할 만한 것이 없다"고 말한다. 그리고 '내가 있다'고 보는 것이 온갖 괴로움의 근본 원인이라고 말한다.

불순한 의도를 가진 일부 대승불교도들은 그들이 만들어낸 경전 안에 석가부처님 교설을 부정하는 내용을 많이 넣어 놓았다. 다행히 초기 대승불교 경전이고, 짧지만 완벽한 경인 〈반야심경〉에는 부처님 교설을 부정하는 내용이 없다고 말할 수 있다. 하지만 〈법화경〉에는 석가부처님 교설을 부정하는 내용이 많이 들어 있다. 〈법화경〉은 브라만출신의 불교도들이 자신들의 입맛에 맞는 새로운 불경을 하나 만들어낸 것이다. 필자는 〈법화경〉에서 잘못된 교설인 방편품만 그 성격을 제대로 알고 읽으면, 〈법화경〉도 좋은 경전이라고 본다. 불교수행과 법이 엉망이 되어버린 것은 대승불교도들이 석가부처님 법을 파괴하려는 교묘한 술책 때문이었다고 볼 수 있다. 이제부터라도 부처님 정법을 접해야 하고, 그것을 근거로 해서 바른 수행법을 확립해야 한다. 그렇다고 해서 모든 대승불교가 다 잘못

478 여기서 "세계"는 '세간'의 다른 표현이다. 세간은 여섯 감각기관을 일컫는 말이다. 〈잡아함경〉 제233. 세간경(世間經)에 다음과 같은 내용이 있다. "어떤 것을 '세간'이라고 하는가? 세간은 여섯 감각기관을 일컫는 말이다. 그럼 어떤 것이 여섯 감각기관인가? 눈이라는 감각기관과 귀, 코, 혀, 몸, 의식이라는 감각기관이 그것이다."

된 것은 아니다. 〈금강경〉과 같은 비교적 덜 오염된 대승불교 경전[479]도 있기 때문이다. 하지만 불순한 대승주의자들은 〈금강경〉도 번역과정에서 원래 의미가 제대로 전달되지 못 하도록 만들기 위해 고의적으로 "我相(아상), 人相(인상), 衆生相(중생상), 壽者相(수자상)"으로 번역하여, 다른 의미로 전해지게 만들었다.

구마라집은 왜 '我想(아상)'이 아니라 "我相(아상)"으로 번역했는가?

그럼 구마라집은 왜 '我想(아상)'이 아니라 "我相(아상)"으로 번역했는가? 이 주제는 중요하게 다루어야 할 문제다. 구마라집은 〈금강경〉을 최초로 한역하면서 '我**想**(아상)'으로 번역해야 할 것을 "我**相**(아상)"으로 번역했다. 여기서 相(상)은 오온의 한 요소인 想(상)이고, "我相(아상)"을 '我想(아상)'으로 해석하는 것은 거의 불가능하다. 그렇기 때문에 육조 혜능 대사는 "어리석은 사람이 재산, 학문, 가문 등을 가지고 다른 사람을 깔보고, 무시하는 것을 '아상(我相)'이라고 한다"[480]고 해설했다. 또 혜능은 수행자의 아상에 대해서는 "마음에 '나[能능]', '너[所소]'라는 의식이 있어서 중생들을 업신여기고, 교만한 것"[481]이라고 해설했다. 이 해석에는 아상(我相)의 반대개념인 무아사상(無我思想)은 찾아볼 수가 없고, 아상을 단지 교만심의 의미로만 해석했다. 이와 같이 "我相(아상)"은 본래 의미와 다르게 해석되고 있는데, 이것은 구마라집이 '我想(아상)'으로 번역해야 할 것을 "我相(아상)"으로 번역해 놓은데 그 원인이 있다고 할 수 있다. 불과 40~50년 전까지만 해도 중국과 한

479 〈금강경〉과 같은 비교적 덜 오염된 대승불교의 경전이라는 말은 무아법(無我法)을 바탕으로 하고 있는 대승불교의 경전이라는 말이다.

480 〈금강경오가해〉"迷人(미인)恃有財寶學問族姓(시유재보학문족성)輕慢一切人(경만일체인) 名我相(명아상)" * 恃(시) 믿을 시

481 〈금강경오가해〉"心有能所(심유능소)輕慢衆生(경만중생)"

국에는 〈금강경〉의 사상(四相), 즉 "我相(아상), 人相(인상), 衆生相(중생상), 壽者相(수자상)"에서의 "相(상)"이 오온에서의 "想(상)"이라는 사실을 알았던 사람이 없었다고 보면 맞을 것이다. 그럼 구마라집은 왜 이와 같이 〈금강경〉의 사상(四相)의 의미가 제대로 전달되지 못 하도록 번역해 놓았는가? 그것은 〈금강경〉 구절의 의미를 왜곡시켜서 그 속에 들어 있는 부처님의 "무아(無我)"의 교설이 밖으로 모습을 드러내지 못 하도록 만들기 위해 그랬던 것으로 보인다. 구마라집은 "무아(無我)"의 진리를 강조하기 위해 말해 놓은 〈금강경〉의 사상(四相)이 본래 의미대로 전달되는 것을 원하지 않았다고 볼 수 있다. 구마라집은 〈성실론成實論〉을 번역한 인물이다. 〈성실론〉 제6권에 상론(想論)이 있다. 거기에 "無我中我想顚倒(무아중아상전도)"라는 구절이 있다. 이것은 "'나'라고 할 만한 것이 없는 가운데, **'나'라는 인식**은 전도몽상"이라는 뜻이다. 한 문장 안에 "無我(무아)"도 있고, "我想(아상)"도 있다. 구마라집은 여기서는 "我相(아상)"으로 번역하지 않고, "我想(아상)"으로 번역해 놓았다. 그는 AD. 402년에 번역한 〈금강경〉에서는 오온 중 산스크리트어 삼즈냐(samjñā, 想)를 "相(상)"으로 번역했지만, 408년에 번역한 〈반야심경〉에서는 이것을 "想(상)"으로 번역했다. 그는 我想(아상), 즉 '"나"라는 인식'은 무아(無我)의 반대개념이라는 사실을 누구보다 잘 알았을 것이다. 그럼에도 불구하고 〈금강경〉을 한역하면서 "我想(아상)"으로 번역해야 할 것을 "我相(아상)"으로 번역해 놓았다. 그럼 구마라집은 왜 "我想(아상)"이 아니라 "我相(아상)"으로 번역했을까? 그것은 〈금강경〉의 무아법(無我法)을 훼손시키거나 없애기 위해 그랬던 것으로 보인다. 무아설, 오온설(五蘊說), 위빠사나수행 등 석가부처님 교설을 싫어했던 구마라집은 무아설(無我說)에서의 "我(아)"와 오온[482]의 "想

482 "나"라고 할 만한 것은 없고, 단지 色(색), 受(수), 想(상), 行(행), 識(식)이 있을

(상)"이 결합된 "我想(아상)"의 개념이 명료하게 드러나는 것을 원하지 않았던 것으로 보인다. 그는 〈금강경〉에서 무아설(無我說)이나 오온설보다는 卽非說(즉비설)[483]로써 모든 존재를 다 부정해버리고 싶어 했고, 무아의 진리를 깨닫기 위한 수행보다는 공(空)에 대해 담론하는 불교[484] 쪽으로 이끌어가고 싶어 했던 것으로 보인다. 구마라집은 석가부처님의 핵심 교설인 무아설, 오온설 등을 싫어했고, 그 대신 석가부처님 가르침이 아닌 대승불교 경전을 받아들여서 지니고, 독송하고, 베껴 쓰고, 그 중에 한 구절이라도 다른 사람을 위해 해설해주면, 그것이 큰 공덕이 되어서 장차 무량한 복덕(福德)을 얻을 것이라는 〈금강경〉의 내용만 강조하고 싶었던 것으로 보인다.

불교가 중국에 전래될 때의 초기 중국불교를 알 수 있는 중요한 문헌인 혜교(慧皎, 497~554)의 〈고승전(高僧傳)〉에는 구마라집이 16세 무렵, 사륵국에서 대승불교의 명망 있는 승려 수리야소마(須利耶蘇摩)를 만나서 소승을 버리고, 대승불교로 전향했다는 다음과 같은 기록이 있다.

> "소마는 훗날 구마라집에게 〈아누달경(阿耨達經)〉을 가르쳤다. 구마라집은 오온, 18계, 여섯 감각기관 등이 다 공(空)이고, 무상(無相)이라는 말을 듣자, 이상하다는 생각이 들어서 물었다. "이 경전은 어떤 뜻이 있기에 모든 존재를 다 파괴합니까?" 소마가 답했다. "눈 등의 모든 존재[485]는 진실로 있는 것이 아니다." 구마라집은 눈이라는 감각

뿐이라는 것이 무아설(無我說)이고, 오온설(五蘊說)이다. 色(색), 受(수), 想(상), 行(행), 識(식)도 무상(無常)한 것이라서 실체가 없는 것들이다.

483 卽非說(즉비설)은 'A卽非(즉비)A 是名(시명)A', 'A는 A가 아니라 그 이름이 A이다'는 말이다. 이 즉비설은 〈금강경〉에 23번이나 나온다.

484 공(空)에 대해 담론하는 불교를 대승불교의 '공사상(空思想)'이라고 할 수 있다.

485 여기서 '눈 등의 모든 존재'는 오온, 12처, 18계 등을 의미하는 말이다.

기관에 집착하고 있었고, 소마는 모든 존재는 인연에 의해 이루어졌을 뿐, 실답지 않음에 근거하고 있었다. 두 사람은 대승과 소승을 연구하면서 문답을 오랫동안 주고, 받았다. 그리하여 구마라집은 이치의 귀결점을 알자, 마침내 오로지 대승불교 경전[方等방등]에만 힘쓰면서 이렇게 탄식했다. "내가 예전에 소승을 공부한 것은 마치 금을 알아보지 못 하고 구리나 돌을 오묘하다고 여긴 것과 같도다!"[486]
구마라집은 그의 소승불교의 스승 반타달다가 아직 대승을 깨닫지 못 했기 때문에 그에게 찾아가서 교화하려고 했다. 스승 반타달다가 구마라집에게 물었다. "너는 대승에 대해 어떤 특별한 것을 보았기에 대승을 숭상하려고 하는가?" 구마라집이 답했다. "대승은 심오하고 청정해서 모든 존재가 다 공(空)이라는 사실을 밝혔지만, 소승은 치우치고, 국한되어서 대부분 이름과 모습[名相명상]에 빠져있기 때문입니다." 스승이 말했다. "네가 말한 모든 존재가 다 공(空)이라는 말은 아주 염려스러운 것이로구나. 어찌 눈앞에 있는 존재를 다 부정하고, 공에만 집착하는가?"[487]

AD. 510년에 양(梁)나라 석보(釋寶)가 저술한 〈승전(僧傳)〉에는 "구마라집은 대승을 좋아하여, 그 가르침을 널리 펴는 데 뜻을 두었다"는 기록이 있다.
대승불교 경전인 〈금강경〉은 아상을 벗어나기 위한 수행에 대해서는 한 마디도 말하지 않고, 단지 "아상, 인상, 중생상, 수자상을 갖고 있으면, 그는 보살이 아니다"라는 선언적인 말만 하고 있다. 또 구마라집은

486 이 부분은 〈한위양진남북조불교사〉 탕융동 지음, 장순용 옮김, 학고방. 2014년 592쪽의 인용문을 읽기 쉽도록 재번역해서 실었다.
487 이 부분은〈한위양진남북조불교사〉594쪽의 내용을 읽기 쉽도록 재번역해서 옮겼다.

중국사람들이 아상, 인상, 중생상, 수자상이 무슨 뜻인지 모르도록 번역해 놓았다. 하지만 초기대승불교 경전인 〈금강경〉에는 석가부처님 교설의 흔적이 많이 남아 있다. 그 흔적을 없애기 위해 모호하게 번역해 놓은 것이 "我相(아상), 人相(인상), 衆生相(중생상), 壽者相(수자상)"이라고 볼 수 있다.

구마라집은 철저한 대승불교주의자였다. 그는 수행보다는 공(空)에 대한 담론을 즐기는 철학자였다고 볼 수 있다. 구마라집은 '오온과 십팔계는 환상[假名가명]일 뿐, 실체가 없는 것들'이라고 역설했다. 구마라집은 공사상을 담고 있는 반야부의 경론(經論)을 주로 많이 번역했다. 공사상은 모든 존재를 다 부정하는 교설로서 그 어떤 존재도 인정하지 않는다. 구마라집은 또 석가부처님 교설과 수행을 부정하고, 단지 믿음·신앙만 강조하는 〈법화경〉을 번역했다. 그는 또 유마거사가 석가부처님의 10대 제자들의 입을 틀어막고, 일방적으로 부처님의 10대 제자들을 공박하는 말을 하여, 그들의 이미지를 실추시킴으로써 '기존 석가불교는 어리석고, 답답한 불교'라는 인상을 심어주고, 불법을 왜곡시키기 위해 저술한 〈유마경〉도 번역했다. 그는 또 〈유마경〉과 〈금강경〉에 대한 주석서를 저술했다. 구마라집은 반야부의 경전과 삼론(三論)[488]불교를 가장 중시했고, 그가 널리 천양한 경전은 〈법화경〉이다.[489]

여태까지 한국불자들에게 가장 친숙한 想(상)인 〈금강경〉의 사상(四相)의 해석문제를 가지고 옆길로 빠져서 길게 논했다. 여기서 우리는 한국 및 중국불교에서는 想(상)의 개념, 특히 〈금강경〉의 사상(四相)의 개념을 제대로 잡지 못 하고 있음을 확인할 수 있었다. 이렇게 한국 및 중국불교에

488 삼론(三論)은 용수의 〈중론(中論)〉과 〈십이문론(十二門論)〉, 그리고 용수의 제자인 제바(提婆)가 지은 〈백론(百論)〉을 일컫는 말이다.

489 탕융동의 〈한위양진남북조불교사〉632쪽의 내용 인용

서 〈금강경〉의 사상(四相)의 개념을 제대로 잡지 못 하고 있는 까닭은 구마라집이 '我**想**(아상)'으로 번역해야 할 것을 "我**相**(아상)"으로 번역하여, 그 개념을 제대로 알 수 없도록 방해했기 때문이라고 볼 수 있다.
다시 본론으로 돌아가서 想(상)의 개념을 잡는 데 도움이 되는 몇 가지 예를 들어보자.

7) 상(想)의 개념을 잡는 데 도움이 되는 몇 가지 예들

예1) 한 꼬마에게 500원 짜리 동전을 하나 준다고 하자. 그에게는 그것이 과자를 사 먹을 수 있는 반가운 물건, 즉 '돈'으로 인식된다. 하지만 그것을 원숭이에게 주면 그것은 하나의 '납작한 돌'에 불과하다. 왜냐하면 원숭이에게는 '돈'이라는 개념이 없기 때문이다. '돈'이라는 이름과 '과자를 사 먹을 수 있는 반가운 물건'이라는 개념은 꼬마가 부여한 것이다. 이와 같이 보는 자가 대상에 대해 부여하는 이름이나 개념, 인식, 의미 등이 '想(상)'이다.
예2) 사람이 길 바닥에 있는 똥을 보면 더럽다는 생각에 피한다. 그러나 그것을 똥개가 보면 군침을 흘리며 달려든다. 원래 똥 그 자체는 더러운 것도 아니고, 맛있는 것도 아니다. 그것은 그저 그것일 뿐이다. 그러나 그것을 무엇으로 인식하느냐에 따라 그것에 대한 반응이 다르다. '더러운 것'이라는 인식도, '맛있는 것'이라는 인식도 다 想(상)이다. 즉, 대상에 대해 ~라고 이름을 붙이고, 그 성질이나 특징이 어떠하다고 인식하는 것이 想(상)이다. 이 때 인식은 무의식적이고 순간적으로 이루어진다. 想(상)은 우리가 그렇게 인식하는 것일 뿐, 대상 그 자체는 아니다.
예3) 비슷한 예를 하나 더 들어보자. 외국으로 유학 간 한국학생이 기숙사 방에서 된장찌개를 끓였다. 고약한 냄새 때문에 온 기숙사가 떠들썩할 정도로 소동이 났다. 한국 학생에게는 된장이 그리운 고국음식이지만, 그 맛에 개념이 형성되어 있지 않은 다른 나라 학생들에게는 그것은 견디기 힘든 고약한 냄새에 불과하다.

이와 같이 한 대상에 대해 가지는 인식이나 개념은 보는 자에 따라 다를 수 있다. 왜냐하면 대상에 대한 인식이나 개념은 대상 그 차체가 본래 갖고 있는 것이 아니라, 대상을 인식하는 자가 부여하는 것이기 때문이다. 인식이나 개념이 형성될 때 거기에는 욕망과 집착으로 이루어진 업, 과거의 경험, 기억, 선입견, 받아온 교육, 정보 등이 깊이 관여해서 역할을 한다.

우리가 사람을 대할 때도 대하는 순간, 그 사람 자체보다는 이미 형성되어 있는 그 사람에 대한 기억이나 인상 또는 신상정보 등을 통해 그 사람을 인식한다. 그 사람의 옷차림, 피부색, 얼굴 생김새, 국적, 종교, 직업, 재산, 출신학교 등을 통해 그 사람을 본다. 이것은 그 사람 자체를 보는 것이 아니라 그 사람의 이미지[像상], 즉 그 사람에 대해 내가 만들어낸 개념을 보는 것이다. 이와 같이 어떤 대상에 대해 갖고 있는 이미지나 개념, 인식이 곧 '想(상)'이다. 이 정도의 설명이면 '想(상)'이 어떤 것인지 알 수 있을 것이다.

우리는 대상을 있는 그대로 보지 못 하고 자신이 만들어낸 환상을 통해 본다. 그 환상에는 자신의 욕망과 과거의 업이 투사돼 있기 때문에 대상을 있는 그대로 보지 못 하고, 왜곡해서 본다. 그래서 용수(AD. 약150년-약250년)는 〈중론〉에서 "마음은 대상[相상]을 취하는 인연 때문에 생겨나고, 지난 세월 업의 과보(果報)로 존재하는 것이기 때문에 모든 존재를 있는 그대로 볼 수 없다"[490]고 말했다. 현재 내가 경험하는 것은 다 나의 업이 선택해서 만들어낸 세계다. 대상에 대한 그 어떤 느낌도 다 대상 그 자체에 속한 것이 아니라 자신의 업이 만들어낸 결과물일 뿐이다.

490 〈신수대장경〉 중관부 〈중론〉 제18. 관법품 24c27 "心以取相緣。生以先世業果報故有。不能實見諸法"

우리는 반복된 접촉을 통해 익숙하게 된 것들에 대해 아무런 의심 없이 조건반사적인 반응을 보이며, 살아간다. 우리는 대상을 경험하면서 그 대상에 대한 어떤 개념을 형성하고, 그 개념에 따라 조건반사적으로 반응한다. 우리는 익숙한 방식과 타성에 젖어서 습관대로 사고하며, 일상을 반복한다. 우리는 마치 프로그램화된 대로 입력된 데이터에 의해 자동적으로 움직이는 로봇과 같다. 그런데 만약 데이터에 해당하는 개념 자체가 잘못된 것이라면 어떻게 될까? 유감스럽게도 우리가 가지고 있는 개념들은 다 무명(無明)과 익숙함[習습]과 길들어짐을 바탕으로 만들어진 것들이기 때문에 잘못된 것들이다. 이런 까닭에 그 어떤 개념이든지 개념을 가지는 것 자체가 잘못된 것이다. 개념을 가지면 개념의 틀에 갇히고, 생각에 사로잡혀서 있는 것을 있는 그대로 보지 못 하기 때문이다. 특히 "나"라는 개념[我想아상]은 더 더욱 그렇다.

우리는 평소 개념, 즉 자기 생각의 틀 속에 갇혀 산다. 그러면서 개념을 붙잡고 그것이 '틀림없다'고 확신한다. 자기 생각은 옳고, 자기 생각과 다른 것은 틀렸다고 여기기까지 한다. 이런 잘못된 생각 때문에 괴로움이 발생한다. 이것은 어디까지나 상식선에서 하는 이야기이다. 상식으로 보면, 생각에는 옳고 그름이 존재한다. 그러나 상식을 넘어, 반야지혜의 눈으로 보면 상식이라는 것도 또 다른 하나의 잘못된 개념, 즉 무명(無明)에 불과하다. 그것이 대다수의 사람들에게 통용되고, 대부분의 사람들이 그렇게 본다고 해서 그것이 바로 보는 것을 의미하는 것은 아니다. 불교에서의 바로 보는 것, 즉 지혜란 우리에게 괴로움에서 벗어나게 해주는 것이어야 한다. 그런데 상식과 우리의 생각은 끝없이 우리를 고통 속에 머물게 한다. 우리는 상식을 가지고 살아가지만 괴로움은 그칠 줄을 모른다. 이런 시각으로 보면 우리의 상식은 신뢰할 만한 것이 못된다. 그렇다고 상식을 다 버리고 살아가자는 말은 아니다. 세상일을 하는 데에는 상식을 갖고 해야 하기 때문이다. 그러나 괴로움에서 벗어나는 열반이나 반야지혜를 구하고자 한다면 상식이나 개념, 생각을 다 내려놓고, 있는 것을 있는 그대로 보는 훈련인 알아차림 수행을 해야 한다. "나"라는 인식, "나"라는 개념은 잘못된 것이다. 우리는 "나"라는 인식, "나"라는 개념에 속아서 괴로운 것이다. "나"를 관찰하는 수행을 통해 "나"라고 할 만한 것이 없다는 사실을 깨달아야 한다.

우리는 우리의 이성(理性), 생각, 상식 등에 속아서 그것이 잘못된 것인지도 모르고, 그것들을 떠받들고 살아간다. 반야의 눈으로 보면, 우리의 생각이나 개념은 그 내용을 떠나서 그것이 있는 것 자체가 잘못이다. 그러나 우리는 끊임없이 대상을 어떤 이미지로 규정하고, 그것을 공고히 하려고 애쓴다. 자기 생각을 되뇌면서 그것에 강하게 집착한다. 그 결과 우리는 언제나 생각이나 개념의 틀 속에 갇혀 산다. 우리는 흔히 '제 눈에 안경'이라든지, '눈꺼풀에 콩깍지가 씌었다', '미운 털이 박혔다'는 말을 많이 한다. 그런데 어느 누구라고 말할 것도 없이 우리는 다 그런 눈을 가지고 살아가고 있다. 우리 범부들의 눈은 다 상(想)으로 가리어져 있기 때문이다. '상(想)'의 굴레에서 벗어나야 있는 그대로의 것이 보여 온다. '상(想)'의 굴레에서 벗어나는 길은 알아차림 수행[491]을 하는 것이다.

8) 믿음, 신앙, 이념, 견해도 다 想(상)이다

믿음, 신앙, 이념, 견해도 다 想(상)이다. 想(상)에서 벗어나야 반야지혜를 계발할 수 있다. 그럼 반야지혜의 계발을 추구하지 않는 중생들은 어쩌란 말인가? 일반 중생들은 괴로움 속에서 마음의 안정을 구하기 위해 신앙에 의지할 수도 있다. 하지만 서양에서 들어온 종교[492]와 같은 그런

491 알아차림 수행을 '위빠사나수행', 또는 '관찰수행'이라고도 한다.

492 서양에서 들어온 종교뿐만 아니라 서기 1800년 이후 한반도에서 나온 단군이

광적(狂的)인 신앙은 곤란하다. 광적인 신앙은 사실을 왜곡해서 세상을 바라보고, **환상**(幻**想**)을 쫓고, 환상을 사실이라고 믿는 것이다.

믿음을 지나치게 강조하는 것은 '사실이 아닌 것을 믿어라'는 말이다. 그래서 믿음을 강조하는 미개한 종교를 믿는 사람들은 어리석게도 사실을 보려고 하지 않고, 본인이 보고 싶은 것만 보고, 듣고 싶은 것만 들으려고 한다. 미개한 **종교**의 교리에 **세뇌**되고 **중독**된 광신도들은 눈앞에 펼쳐져 있는 사실에 눈을 감고, 환상 속으로 도망쳐서 거기서 안심을 구하려는 자들이다. 그들은 어리석게도 합리적인 사고보다는 영적인 체험을 더 중시하고, 과학적 사실보다는 자신이 믿는 종교의 교리나 목회자의 말을 더 믿는다. 그들에게는 경전 속의 말이나 목회자, 교주의 말이 곧 법이다. 냉정하게 말하면 무당에게 굿을 하거나 바위 앞에 제물(祭物)을 차려놓고 기도하는 것만이 아니라 신(神)적인 존재에게 매달리며, 기도하는 형태의 종교는 다 미신(迷信)[493]이라고 할 수 있다. 자신이 믿는 종교만이 진리이고, 그 외의 종교는 다 미신이라고 생각한다면, 그런 생각이 바로 아주 위험한 想(상)이다. 자신에게 일어나고 있는 현상을 있는 그대로 볼 수 있는 반야지혜는 계발하지 않고, 종교지도자, 목회자 또는 신(神)적인 존재에게 자신을 구원해달라고 매달리는 형태의 신앙은 다 어리석음이고, 想(상)이다. 어리석은 사람들은 꿈 또는 환상 속에서 뭔가를 보기를 원하고, 환상을 붙잡으려고 한다. 신 또는 기도에 의지하는 종교에서는 사람에게 집단최면을 걸고, 세뇌를 시켜서 이성을 마비시키고, 판단력을 흐리게 하고, 환상 속에 계속 머물게 하고, 착각하게

나 한(韓)민족, 제사를 지나치게 강조하는 종교들은 다 미신적 요소를 강하게 가지고 있어서 문제가 많은 종교라고 볼 수 있다. 그러나 불보살이나 조상님께 음식을 차려 올리고, 절을 하는 형태의 소박한 신앙은 아름다운 것이다.

493 미신(迷信)에서의 미(迷)는 어리석을 미다. 즉 미신(迷信)은 '어리석은 믿음'이라는 뜻이다.

만들고, 스스로 떠받들게 만들고, 재물을 갖다 바치게 만든다.
성령, 믿음, 기도, 예언, **종말**, **구원**, **계시**, **기적**, 신비현상, 착각, 환상에 사로잡혀서 그 속에서 마음의 안정을 구하려는 자들은 나약하고, 용기가 없는 자들이고, 어리석은 자들이다. 믿음, 환상 속으로 도망치지 말고, 눈앞에 펼쳐져 있는 사실을 직시하고, 자신의 몸과 마음에서 일어나고 있는 현상들을 알아차림[494]을 통해 **관찰**해가라. 그러면 머지않아 두려움, 공포에서 벗어날 수 있다. 이것이 부처님의 가르침이고, 〈반야심경〉을 통해 전하고자 하는 메시지이다.
생각의 세계, 이념의 세계, 신앙의 세계에 머물면 머물수록 그 틀은 더욱 강화된다. 그러면 자신이 가지고 있는 인식의 틀에 대해 조금의 의심도 없이 굳게 믿는다. 생각, 이념, 인식, 믿음, 신앙은 편견이나 선입견과 마찬가지로 어리석음 그 자체다. 어리석음에서 벗어나는 길은 생각, 이념, 신앙에 사로잡히지 않고, 지금 이 순간 자신의 몸과 마음에서 일어나고 있는 현상들을 알아차리고, 그것들을 관찰해가서 그 성질을 제대로 이해하는 것이다. 이렇게 자신의 눈으로 자신 내면에서 일어나고 있는 현상들을 관찰하여, 想(상), 환상, 이념에 사로잡히지 않고, 그 성질을 이해해들어가는 것이 부처님께서 말하는 관찰수행이다. 관찰수행을 통해 자신 내부에서 일어나고 있는 현상들의 성질을 완전히 다 이해하면, 모든 괴로움에서 벗어나게 된다. 용수의 〈중론〉 관법품(觀法品)에 다음과 같은 내용이 나온다.

"부처님께서는 모든 존재의 실상(實相)[495]에 대해 말했다. 모든 존재

494 알아차림은 자신의 몸과 마음에서 일어나고 있는 현상들을 잠시도 놓치지 않고 계속 알아차리고 있는 것이다.
495 '모든 존재의 실상'은 '諸法實相(제법실상)'을 번역한 말이다. 제법실상을 정확하게 번역하면, '모든 존재의 있는 그대로의 모습'이다. 대승불교에서는 흔히 '실

의 실상에 들면, 언어의 길이 끊어지고, 온갖 마음작용이 다 소멸된다. 마음은 대상[相상]을 취하는 인연 때문에 생겨나고, 지난 세월의 업의 과보(果報)로 존재하는 것이기 때문에 모든 존재를 있는 그대로 볼 수가 없다. 이런 까닭에 〈모든 존재의 실상에 들면, 온갖 마음작용이 다 소멸된다〉고 말한다. .... 모든 존재[法법]의 실상은 열반이다. 열반은 '소멸되었음'을 일컫는 말이다. .... 모든 존재의 실상[496]은 온갖 마음작용[497]을 다 벗어난 상태이고, 일어나는 것도 없고, 사라지는 것도 없는[無生無滅무생무멸] 적멸한 상태[寂滅相적멸상]이며, 이것은 열반과 같은 것이다."[498]

위의 〈중론〉 내용에 의하면 존재의 실상은 열반이고, 그것은 언어나 생각으로는 알 수가 없는 것이다. 언어나 생각도 번뇌에서 나온 것들이기 때문이다. 언어나 생각, 믿음, 개념 등에 사로잡히지 않고, 관찰수행을

상', '자성', '진여' '심(心)' 등을 설정해 놓고, 마치 그런 실상이 따로 있는 것처럼 말하고 있는데, 이것은 잘못된 해석이다. 초기불교 경전에는 이런 실상의 개념은 없고, 모든 존재의 참된 모습으로 무상(無常), 고(苦), 공(空), 무아(無我)만 존재한다.

496 '모든 존재의 실상'은 '모든 존재의 있는 그대로의 모습'이라는 뜻이다. 여기서 '모든 존재의 실상'이라는 표현은 대승불교에만 나오는 것으로서 마치 그런 실상이 따로 있는 것으로 착각하게 만들 소지가 있는 표현이기 때문에 다소 문제가 있다고 볼 수 있다.

497 '온갖 마음작용'은 한문원문 '諸心數法(제심수법)'을 번역한 것이다. 心數法(심수법)은 산스크리트어 caitta, cetasika, caitasika 등을 번역한 것이다. 이들 산스크리트어는 '心數', '心所', '心所法', '心所有法' 등으로 번역돼 있기도 하다. 이것들은 '여러 가지 마음작용'을 의미하는 말이다.

498 〈신수대장경〉 중관부 〈중론〉 제18. 관법품 24c26, "佛說諸法實相。實相中無語言道。滅諸心行。心以取相緣。生以先世業果報故有。不能實見諸法。是故說心行滅 ....諸法實相卽是涅槃。涅槃名滅 .....一切心行皆是虛妄。虛妄故說應滅。....諸法實相者。出諸心數法。無生無滅寂滅相。如涅槃"

통해 자신한테서 일어나고 있는 현상들을 알아차려가서 그 현상들의 성질을 제대로 이해하는 것이 위빠사나다. 〈청정도론〉에서는 "**상(想)·인식의 특성은 모든 것을 기억하는 것**"이라고 했다. "'**이것은 이전에 내가 만나봤던 바로 그것'이라며, 기억에 따라 대상을 이해하려는 것**으로 나타난다"[499]고 했다.

우리의 인식은 잘못된 것들이다. 잘못된 인식에서 욕구·욕망이 나오고, 욕구·욕망에서 집착이 나오고, 집착에서 괴로움이 나온다. 〈반야심경〉에서는 이 잘못된 인식에 대해 "전도몽상(顚倒夢想)"[500]이라는 표현을 쓴다. '꿈속에서 자기 마음대로 그려낸 잘못된 인식'이라는 뜻이다. 실제는 '무상(無常)한 것인데, 고정불변의 실체로 인식하고, 괴로운 것인데, 즐거운 것으로 인식하며, "나"라고 할 만한 것이 없는데, "나"와 '내 것'이 있다고 인식하는 것 등이다. 이런 것들은 다 잘못된 인식이다. 이 잘못된 인식을 바로잡아야 괴로움에서 벗어날 수 있다. 이것을 바로잡기 위한 부처님의 가르침이 삼법인(三法印)의 진리, 즉 무상(無常), 고(苦), 무아(無我)의 진리이다. 삼법인의 진리를 제대로 알기 위해서는 위빠사나지혜를 계발해야 하고, 그러기 위해서는 부처님의 선(禪)수행 방법인 사마타를 바탕으로 한 위빠사나를 많이 닦아야 한다.

499 〈청정도론〉 제2권 462쪽. 대림 스님 번역. 초기불전연구원. 〈청정도론〉에서는 상(想)에 대해 말하기로, "장님이 코끼리를 만지는 것과 같다"고 했다. 우리가 보는 것은 다 개념을 통해 인식하는 것인데, 그 인식은 옳은 것이 못 된다는 말이다. 인식에는 욕구·욕망과 성냄과 어리석음이 끼어 있기 때문이다.

500 '전도(顚倒)'는 '뒤집어졌다', '거꾸로 되었다'는 뜻이고, '몽상(夢想)'은 '꿈속에서 자기 마음대로 만들어낸 인식'이라는 뜻이다. 즉 전도몽상(顚倒夢想)은 '꿈속에서 자기 마음대로 만들어낸 잘못된 인식'이라는 뜻이다.

9) 상즉시공(想卽是空)

얕은 의미의 상즉시공(想卽是空)은 '인식, 생각, 환상에 속지 말라'는 메시지이다

상즉시공(想卽是空), 즉 '想(상)은 곧 空(공)'이라는 말은 과거경험과 업(業)에 의해 형성된 개념이나 인식은 다 실제 모습 그대로의 것이 아니라 네 마음이 만들어낸 환상에 불과하다는 뜻이다. '환상(幻想)'이라는 단어에서 '幻(환)'과 '想(상)'은 같은 의미다. 한자 '想(상)'의 뜻 중에는 '幻(환)'의 뜻도 있다. '환상'이라는 단어에서의 '想(상)'이 바로 그런 뜻이다. 네가 인식하는 것은 다 想(상)이다. 그 想(상)은 바로 네 마음이 만들어낸 바램이고, 환영(幻影)이고, 환상(幻想)이고, 몽상(夢想)이고, 허상(虛像)이라는 말이다. 생각, 상상, 환상은 동의어다. 생각은 자신이 만들어낸 환상을 보는 것이고, 환상의 세계에 빠져 있는 것이다. '想(상), 생각, 인식, 환상에 속지 말라'는 메시지가 '상즉시공(想卽是空)', 즉 '상(想)은 곧 공(空)'이라는 진리이다. 깨어 있는 자는 자신의 머릿속에 그려지는 그림이 가짜인 줄 알고 그것에 속지 않는다. 깨어 있는 자는 이름이나 개념을 통하지 않고 대상을 있는 그대로 본다. 그러나 범부중생들은 대상을 있는 그대로 보지 못 하고 자기가 보고 싶은 대로 본다. 그러면서 자기가 보는 것이 '맞다'고 확신하며, 그것을 고집한다. 이와 같이 우리는 자신이 만들어낸 "想(상)"이라는 렌즈를 통해 대상을 바라본다. 자신의 눈에 렌즈가 씌어 있는 줄도 모른 채 각자 '자신이 보는 것이 맞다'고 고집한다. 이것이 어리석음이고, 어두움이다. 자신의 생각이나 관념, 바램, 욕망에 속지 않고 있는 것을 있는 그대로 보는 것이 지혜다. 하지만 이것은 어디까지나 얕은 의미의 상즉시공(想卽是空)에 대한 해설이다.

깊은 의미의 상즉시공(想卽是空)은 인식작용 자체가 없어지는 것

정말 깊은 의미의 상즉시공(想卽是空)은 오온이 완전히 다 소멸되어 인식작용 자체가 다 소멸되고, 더 이상 오온의 작용이 일어나지 않아서 있는 그대로 보는 것조차 없는 완전한 空(공)의 상태가 되는 것이다. 이런 것을 두고 〈반야심경〉에서는 "공중무색(空中無色) 무수상행식(無受想行識) 무안이비설신의(無眼耳鼻舌身意) 무색성향미촉법(無色聲香味觸法) 무안계(無眼界) 내지(乃至) 무의식계(無意識界)"라고 말한다. 이것은 "적멸 · 열반[空공]상태엔 몸의 물질현상[色색]도 없고, 느낌[受수], 인식[想상], 업 지음[行행], 식별작용[識식]도 없으며, 눈, 귀, 코, 혀, 피부, 의식 등의 감각기관도 없고, 형상, 소리, 냄새, 맛, 촉감, 마음에서 일어났다가 사라지는 것들[法법]도 없으며, '눈'이라는 요소에서부터 '의식의 식별작용'이라는 요소에 이르기까지 그 어떤 인식작용의 구성요소도 없다"는 뜻이다. 이런 완전한 空(공)의 상태가 되는 것이 불교수행의 궁극목표다.

끝으로 정리하면 우리가 이름, 생각, 개념 등을 통해 대상을 인식하는 것이 상(想)이다. 반야지혜의 입장에서 보면 이름, 생각, 개념 따위는 다 망상이고, 무지(無知)이고, 어리석음이다. 수행자는 생각이나 인식[想상]이 일어날 때 그것에 휘말려들지 않고, 그것들은 다 자신의 뇌가 만들어낸 허깨비장난인 줄 알아서 자신 내면에서 일어나고 있는 현상들을 놓치지 않고 줄곧 알아차릴 수 있어야 한다. 그러기 위해서는 생각 · 인식[想상]의 세계에 떨어지지 않고 알아차림 수행을 꾸준히 하여, 반야지혜를 계발, 완성해야 한다.

10) 경전에 나오는 想(상)에 대한 설명

그럼 이번에는 상(想)이 경전에 어떻게 정의되어 있고, 어떻게 설해져 있는지 한 번 보자.

1) 〈잡아함경〉 제46경에는 想(상), 즉 인식에 대해 다음과 같이 정의해 놓았다.

> "온갖 인식하는 것들[想상]이 인식의 덩어리[想蘊상온]이다. 어떤 것이 인식하는 것인가? '적다'는 인식, '많다'는 인식, '한없이 많다'는 인식, 아무 것도 가진 것이 없을 때 '가진 게 없다'고 인식하는 것 등이다. 이런 까닭에 '인식의 덩어리[想蘊상온]'라고 한다. 이 인식의 덩어리는 계속 변하여, 고정된 것이 없는[無常무상] 것들이고, 괴로운 것들이며, 변하기 쉬운 것들이다."[501]

2) 또 〈증일아함경〉에는 인식[想상]을 다음과 같이 정의해 놓았다.

> "어떤 것을 '인식[想상]'이라고 하는가? 인식은 '아는 것'이다. '푸르다'고 알고, '노랗다', '희다', '검다'고 알고, '괴롭다'고 알고, '즐겁다'고 알므로 '인식은 아는 것'이라고 한다."[502]

3) 〈중아함경〉 중에 **'나'라는 인식**에서 벗어나서 열반을 성취하는 방법

501 〈신수대장경〉 제2권, 〈잡아함경〉 제46경 011c04 "何所想。少想 · 多想 · 無量想。都無所有。作無所有想是故名想受陰。復以此想受陰是無常 · 苦 · 變易法"
502 〈신수대장경〉 제2권 〈증일아함경〉 제28권 707b16 "云何名爲想。所謂想者。想亦是知。知青 · 黃 · 白 · 黑 · 知苦樂。故名爲知"

을 설명하는〈정부동도경〉[503]이 있다. 그것을 한 번 보자.

〈정부동도경〉

이와 같이 내가 들었다.

한 때 부처님께서 .... 그때 세존께서 여러 비구들에게 말했다.

"탐욕·욕구[欲욕]는 무상(無常)한 것이고, 거짓된 것이며, 거짓말이다. 이 거짓된 존재는 환상이고, 속임이며, 어리석음이다. 현세의 탐욕·욕구나 후세의 탐욕·욕구나, 혹은 현세의 몸의 물질현상[色색]이나 후세의 몸의 물질현상이나 그 모든 것은 다 악마의 경계로서 악마의 미끼다. 이 탐욕·욕구로 인해 마음에 한량없이 많은 악하고 착하지 않은 법과 탐욕과 성냄과 싸움 등이 일어나나니, 곧 거룩한 제자들이 공부할 때 장애가 된다.

많이 들어서 아는 거룩한 제자는 이와 같이 관찰한다.

'세존께서 말씀하신 탐욕·욕구는 다 무상한 것이고, 거짓된 것이며, 거짓말이다. 이 거짓된 존재는 환상이고, 속임이며, 어리석음이다. 현세의 탐욕·욕구나 후세의 탐욕·욕구나, 혹은 현세의 몸의 물질현상[色색]이나 후세의 몸의 물질현상이나 그 모든 것은 다 악마의 경계로서 악마의 미끼다. 그것으로 인해 마음에 악하고 착하지 않은 법과 탐욕과 성냄과 싸움 등이 일어나나니, 곧 거룩한 제자들이 공부할 때 장애가 된다'라고 관찰한다.

그는 또 이와 같이 관찰한다.

'나는 큰마음을 성취하여 노닐고, 세간[504]을 항복받고, 그 마음을 안

503 〈정부동도경〉은〈중아함경〉제18권 75. 장수왕품 안에 있다. 이 경의 제목인〈정부동도경(淨不動道經)〉을 번역하면,〈청정하여, 움직임이 없는 경지를 설명하는 경〉이라는 뜻이다.

504 여기서 세간은 18계, 즉 내 자신 안에서 일어나는 일을 의미하는 것으로 봐야

으로 거두어들여서 지녀야 한다. 만약 내가 큰마음을 성취하여, 노닐고, 세간을 항복받아서 그 마음을 안으로 거두어들여서 지니면 마음은 곧 한량없이 악하고 착하지 않은 법과 탐욕과 성냄과 싸움 등을 일으키지 않나니, 그러면 거룩한 제자가 공부할 때 장애가 되지 않는다' 라고 관찰한다.

그는 이것을 실천하고, 이것을 배우며, 이렇게 닦아 익혀서 널리 편다. 그는 그 자리에서 바로 마음이 깨끗해지고, 그 자리에서 마음이 깨끗해진 비구는 혹은 여기서 움직이지 않는 경지[不動부동]에 들게 되거나 지혜로 해탈하게 된다. 그는 뒷날 몸의 물질현상[色색]이 무너져서 목숨이 끝난 뒤에 본래의 뜻 때문에 반드시 움직임이 없는 곳에 도달하게 된다. 이것이 청정한 움직임이 없는 도[不動道부동도]에 대한 첫 번째 설명이다.

또 많이 아는 거룩한 제자는 이와 같이 관찰한다.

'만약 몸의 물질현상[色색]이 있다면, 그것은 지수화풍(地水火風) 사대(四大)로 이루어진 것들이다. 사대는 계속 변해, 고정된 것이 없는 것들이고, 괴로운 것들이며, 없어지는 것들'이라고 관찰한다.

.... 또 많이 들어서 아는 거룩한 제자는 이와 같이 관찰한다.

'현세의 탐욕 · 욕구나 후세의 탐욕 · 욕구나, 혹은 현세의 몸의 물질현상[色색]이나 후세의 몸의 물질현상이나, 혹은 '현세의 탐욕 · 욕구'라는 인식[欲想욕상]이나 '후세의 탐욕 · 욕구'라는 인식이나, 혹은 '현세의 몸의 물질현상'이라는 인식[色想색상]이나, '후세의 몸의 물질현상'이라는 인식이나, 그 모든 인식은 다 계속 변하여, 고정된 것이 없는 것들이고, 괴로운 것들이며, 없어지는 것들'이라고 관찰한다.

한다. 왜냐하면 世(세)는 산스크리트어 'loka(로카)'의 번역이고, 이것은 12처 또는 18계라고 경전에서 말하고 있기 때문이다.

그는 이렇게 관찰할 때 틀림없이 움직임이 없는 경지의 선정[不動想부동상]을 얻는다.[505] ....(중간 생략).............

이 때 존자 아난은 불자(拂子)를 잡고, 부처님을 모시고 있었다. 존자 아난이 합장하고 부처님께 여쭈었다. "세존이시여, 만약 어떤 비구가 **'나'라는 것도 없고**, '내 것'이라는 것도 없으며, 미래에도 '나'라는 것은 없을 것이고, '내 것'이라는 것도 없을 것이라고 수행하면, 과거에 있었던 것이라 해도 곧 완전히 다 소멸되어, 평정[捨사]을 얻게 될 것입니다. 세존이시여, 비구가 이와 같이 수행할 때 그들은 모든 것이 다 소멸되어서 반열반(般涅槃)을 얻게 됩니까?"

세존께서 말씀하셨다.

"아난아, 이 일은 일정하지가 않다. 혹은 얻는 이도 있겠지만, 때로는 얻지 못 하는 이도 있을 것이다."

존자 아난이 여쭈었다.

"세존이시여, 비구는 왜 그렇게 수행하고도 열반을 얻지 못 합니까?"

"아난아, 만약 비구가, 〈'나'라는 것은 없는 것이고, '내 것'이라는 것도 없는 것이며, 미래에도 '나'라는 것은 없을 것이고, '내 것'이라는 것도 없을 것〉이라고 수행하면, 과거에 있었던 것도 곧 다 소멸되어서 평정을 얻게 되지만, 아난아, 만약 비구가 그 평정을 좋아하거나, 평정에 집착하거나, 평정에 머문다면, 아난아, 그렇게 수행하는 비구는 절대로 열반을 얻지 못 한다."

존자 아난이 여쭈었다.

"세존이시여, 만약 비구가 취[受수: 取취]하는 것이 있으면, 절대로 열반을 얻지 못 합니까?"

세존께서 답했다.

505 원문은 "彼於爾時必得不動想"이다.

"그렇다, 아난아, 만약 비구가 취하는 것이 있으면 그는 열반을 얻지 못 한다."
"세존이시여, 그 비구는 무엇을 취합니까?"
"아난아, 수행하는 사람들 중에는 다르게 수행하는 이도 있다. 이른바 인식이 있기도 하고 인식이 없기도 한 경지로서 유(有), 즉 존재 중에 그것을 최고라고 여겨서 그 비구는 그것을 취한다."
존자 아난이 아뢰었다.
"세존이시여, 그 비구는 다시 다른 업행[行행][506]을 받습니까?"
"아난아, 그렇다. 그 비구는 다른 업행(業行)을 받는다."
"세존이시여, 비구가 어떻게 수행해야 반드시 열반을 얻습니까?"
"아난아, 만약 비구가, 〈'나'라는 것은 없는 것이고, '내 것'이라는 것도 없는 것이며, 미래에도 '나'라는 것은 없을 것이고, '내 것'이라는 것도 없을 것〉이라고 그렇게 수행하면, 과거에 있었던 것도 곧 다 버리게 될 것이다. 아난아, 만약 비구가 평정[捨사][507]을 좋아하지 않고, 평정에 집착하지 않으며, 평정에 머물지 않으면, 아난아, 이와 같이 수행하는 비구는 반드시 열반을 얻는다."
"세존이시여, 만약비구가취하는것이없으면, 반드시 열반을얻습니까?"
"그렇다. 아난아, 만약 비구가 취하는 것이 없으면, 반드시 열반을 얻는다."
그 때 존자 아난이 합장하고 부처님께 여쭈었다.
"세존이시여, 세존께서는 이미 청정한 움직임이 없는 경지의 도[不動道부동도]를 설명하셨고, 이미 청정한 소유가 없는 경지의 도[無所有處

506 이 때 행(行)은 업(業), 업행(業行), 오온(五蘊), 자기 자신, 몸 등을 일컫는 말이다.
507 여기서 평정[捨]은 한역문의 '捨(사)'를 번역한 것인데, 열반을 '捨(사)'로 번역하기도 한다. 즉 이 평정은 열반과 동의어로 볼 수 있다.

道무소유처도]를 설명하셨으며, 이미 청정한 인식 없음의 경지의 도[無想道무상도]를 설명하셨고, 이미 완전한 열반[無餘涅槃무여열반]을 설명하셨습니다. 세존이시여, 어떤 것이 거룩한 해탈입니까?"

세존께서 답했다. "아난아, 많이 들어서 아는 거룩한 제자는 이와 같이 관찰한다. '현세의 탐욕·욕구나, 후세의 탐욕·욕구나, 혹은 현세의 몸의 물질현상[色색]이나, 후세의 몸의 물질현상이나, 혹은 현세의 탐욕·욕구라는 인식이나, 후세의 탐욕·욕구라는 인식이나, 혹은 현세의 몸의 물질현상이라는 인식이나, 후세의 몸의 물질현상이라는 인식과 움직임이 없는 곳이라는 인식, 소유가 없는 곳이라는 인식, 인식[想상]이 없는 곳이라는 인식 등 그 모든 인식은 다 계속 변하여, 고정된 것이 없는[無常무상] 것들이고, 괴로운 것들이며, 사라지는 것들이다. 이것을 '자기가 존재하는 것[自己有자기유]'이라고 한다. 만약 자기가 존재한다면, 그것은 태어나는 것이고, 늙는 것이며, 병들고, 죽는 것이다.'

아난아, 만약 이 법이 있어서 모든 것[508]이 다 소멸되어서 남은 것이 아무것도 없고, 다시는 존재하지 않는다면, 그는 곧 태어남이 없고, 늙음과 병듦과 죽음이 없을 것이다. 거룩한 제자는 이와 같이 관찰한다.

'만약 존재하는 것이 있으면, 그것은 반드시 벗어나야 할 법이고,[509] 만약 남은 것이 아무 것도 없는 열반이 있다면, 그 이름은 감로일 것'이라고 관찰한다.

그가 이와 같이 관찰하고, 이와 같이 본다면, 반드시 탐욕·욕구의 번

508 여기서 모든것은 오온, 십이처, 십팔계를 의미한다.

509 이 부분은 한문 원문이 약간 불완전하게 번역돼 있어서 우리말로 번역하는 것이 쉽지 않았다. 하지만 이런 뜻일 것이다. 이 주변의 한문 원문은 다음과 같다. 543b16 "若有者必是解脫法。若有無餘涅槃者是名甘露。彼如是觀·如是見。必得欲漏心解脫。有漏·無明漏心解脫"

뇌에서 마음이 해탈할 것이고, 존재[有유]의 번뇌와 무명의 번뇌에서 마음이 해탈할 것이다. 해탈한 뒤에 곧 해탈한 줄을 알아서 태어남[生생]이 이미 다하고, 거룩한 행은 확립되었으며, 할 일은 이미 다 마쳐, 다시는 다음 존재를 받지 않을 줄 있는 그대로[如眞여진] 안다.

아난아, 나는 이제 너를 위하여 이미 청정한 움직임이 없는 도[不動道부동도]를 설명하였고, 이미 청정한 소유가 없는 도를 설명하였으며, 이미 청정한 인식 없음의 도[無想道무상도]를 설명하였다. 또 이미 완전한 열반[無餘涅槃무여열반]을 설명했고, 이미 거룩한 해탈을 설명했다.

스승이 제자를 위해 한 것처럼 큰 자비심을 일으켜서 가엽게 생각하고, 서럽게 여기고, 정의와 이익을 구하고, 안온과 쾌락을 구하는 일을 나는 이미 다 했다. 너희들도 마땅히 스스로 노력하라. 일 없는 곳이나 나무 밑 혹은 비고 조용한 곳에 고요히 앉아서 깊이 명상하라. 방일(放逸)하지 말고, 더욱 부지런히 정진하여, 후회가 없도록 하라. 이것이 나의 가르침이고, 이것이 나의 훈계이니라."

부처님께서 이렇게 말씀하시자, 존자 아난과 비구들은 부처님 말씀을 듣고, 기뻐하며, 받들어 수행했다.

위의 경의 요지는 다음과 같다. 우리 중생들은 탐욕 · 욕구[欲욕]로 인해 **'나'라는 인식**[我想아상]을 갖게 된다. 그 '나'라는 인식은 다 거짓된 존재이고, 환상이고, 속임이며, 어리석음이다. 만약 비구가 〈'나'라는 것은 없는 것이고, '내 것'이라는 것도 없는 것이며, 미래에도 '나'라는 것은 없을 것이고, '내 것'이라는 것도 없을 것〉이라고 그렇게 수행하면, 과거에 있었던 것도 곧 다 버리게 될 것이다. 아난아, 만약 비구가 열심히 수행하지만 그 어떤 것도 취하는 것이 없고, 평정을 좋아하지 않고, 평정에 집착하지 않으며, 평정에 머물지 않으면, 아난아, 이와 같이 수행하는 이는 반드시 열반을 얻는다.

4) 〈잡아함경〉 제347경에 다음과 같은 내용이 나온다.

부처님께서 수심에게 말했다.
"그들은 먼저 법[510]에 머물 줄을 알고, 뒤에 열반을 알았느니라. 그 모든 선남자(善男子)들은 홀로 고요한 곳에서 정신을 집중해서 골똘히 사유하면서[511] 잠시도 법을 놓치지 않았고, '나'라는 소견[我見아견]에서 벗어나서 그 어떤 번뇌도 일으키지 않고 마음이 잘 해탈했느니라."[512]

위의 경에서는 아상(我想) 대신 '아견(我見)'이라는 표현을 쓰고 있다. 위의 내용을 보면 아상(我想)에서 벗어날 수 있는 방법을 알 수 있다. 그것은 선정에 들어서 자신의 몸과 마음에서 일어나고 있는 현상들을 놓치지 않고 줄곧 알아차림 해가는 것이다.
여태껏 경전에 상(想)이 어떻게 설(說)해져 있는지 알아 봤다. 끝으로 想(상, samjñā삼즈냐)의 개념을 정리하면, 想(상)은 **인식**, 생각, 믿음, 착각, 망상, 상상, 환상, 미망(迷妄), **이름**, 개념, 견해, notion, image, illusion 등의 뜻이다. 이것으로 상(想)에 대한 논의를 마치고 행(行)으로 넘어가자.

510 이때법은현재내몸과마음에서일어나고있는생멸(生滅)현상들을일컫는말이다.
511 여기서 '사유한다'는 것은 '선(禪)을 닦는다'는 뜻이다.
512 "佛告須深。彼先知法住。後知涅槃。彼諸善男子獨一靜處。專精思惟。不放逸法。離於**我見**(이어**아견**)。不起諸漏。心善解脫"

4. 行(행, saṃskāra삼스카라) - 몸, 입, 마음으로 하는 모든 행위, 반응, 충동적인 반사행위, 업 지음, 의도, 원초적 의지, 본능, doing, deed, reaction, impulse, mental formation

오온의 한 요소인 行(행)은 무명(無明)에 의해 일으키는 '행위', '업', '업 지음', '충동', '본능', '충동적인 반사행위', '반응', '의도', '원초적 의지' 등을 뜻한다. 行(행)은 대상에 대해 보이는 본능적인 반응으로서 몸, 입, 마음으로 하는 모든 행위(行爲)를 의미한다. 모든 행위에 앞서서 의도하는 마음이 있고, 그 뒤에 행위가 뒤따른다. 행위를 불러일으키는 충동, 의도, 의지, 마음작용이 행이고, 신체적인 행위도 행이다. 이와 같이 행(行)은 뭔가를 하려고 하는 업(業)의 작용으로서 대상에 대해 반응하는 모든 행위를 의미한다.

1) 경론에 나오는 行(행)에 대한 정의들

(1) 이런 의미로 〈구사론〉에서는 다음과 같이 행온(行蘊)을 정의해 놓았다. "앞뒤의 색수상식(色受想識)을 제외한 나머지 모든 행위를 '行蘊(행온)'즉 '업 지음의 덩어리'라고 한다."[513] "부처님께서 말씀하시기로 주체적으로[能능] 만들어내어서[造作조작] 번뇌[漏루]가 있고, 행위[爲위]가 있으면, 이것을 '업 지음의 덩어리[行蘊(행온)]'라고 한다고 말했다."[514]
(2) 〈잡아함경〉 제568경에서 "行(행)이 뭐냐?"는 칫타 장자의 질문에

513 〈신수장경〉 제29권. 〈구사론〉 004a06 "除前及後色受想識(제전급후색수상식)。餘一切行名爲行蘊(여일체행명위행온)" 필자는 이 정의가 옳게 된 것인지를 확인할 필요가 있다고 본다.

514 〈신수장경〉 제29권. 〈구사론〉 004a10 "佛說(불설)若能造作(약능조작)有漏有爲(유루유위)名行取蘊(명행취온)"

대해 카마 비구가 "行(행)은 세 가지 행위, 즉 몸으로 하는 행위, 입으로 하는 행위, 마음으로 하는 행위를 일컫는다"[515]고 답했다.

(3) 〈잡아함경〉 제46경에는 "행위 하는 것들이 업 지음의 덩어리[行蘊(행온)]이다. 어떤 것을 행위하는가? 몸의 물질현상[色색]을 행위하고, 느낌[受수], 인식[想상], 업 지음[行행], 식별작용[識식]을 행위한다. 이러한 까닭에 행위하는 것들을 '업 지음의 덩어리'라고 한다"[516]고 나와 있다.

(4) 같은 의미로 〈잡아함경〉 제260경에는 "오온은 본래 행(行)이 만들어내는 것들이고, 행이 원하는 것들"[517]이라는 내용이 나온다.

(5) 남방불교의 논서인 〈청정도론〉에는 "업을 형성하는 특징을 가진 모든 것들을 한 데 묶어서 '업 지음의 덩어리[行蘊(행온)]'라고 한다"[518]고 나와 있다.

2) 行(행)을 뭐라고 번역해야 하나?

그럼 오온에서의 行(행)을 뭐라고 번역해야 하나? 이 문제는 대단히 어려운 문제다. 그래서 〈니까야〉를 번역한 전재성 박사는 行(행)을 '형성'으로 번역하면서 다음과 같이 말해 놓았다.

"行(행)으로 한역되어 있는 쌍카라(saṅkhārā)는 불교용어 중에서 가

515 〈신수장경〉 제2권. 〈잡아함경〉 제568경. 150a21 "所謂行者。云何名行。伽摩比丘言。行者。謂三行。身行 · 口行 · 意行"

516 〈신수대장경〉 제2권. 〈잡아함경〉 제46경. 011c06 "爲作相是行受陰。何所爲作。於色爲作。於受 · 想 · 行 · 識爲作。是故爲作相是行受陰"

517 이 말은 아난이 사리불에게 한 말이다. 〈잡아함경〉 제260경. 065c18 "阿難言。舍利弗。五受陰是本行所作 · 本所思願"

518 〈청정도론〉 대림 스님 번역, 초기불전연구원 2005년. 제2권 437쪽 내용을 이해하기 쉽게 다시 번역해서 인용했다.

장 번역하기 어렵고, 난해한 용어다. 이것을 '결정', '구성', '결합', '형성', '의도' 등으로 번역하고 있는데, 그 중 '형성'이 가장 보편적인 것이다."[519]

行(행)을 '형성'으로 번역해도 그것이 들어 있는 문장의 뜻이 통하지 않아서 무슨 말을 하고 있는지 알 수가 없다. 그럼 行(행)을 뭐라고 번역해야 할까? 이것은 행위, 업, 업 지음, 충동적인 반사행위, 의도, 의지 등의 뜻으로 '**업 지음**'으로 번역할 수 있다. 십이연기의 두 번째 요소인 行(행)은 산스크리트어 '**삼스카라**(saṃskāra)'[520]를 번역한 것이고, 이것은 '준비', '훈련', '교육', 전생에서 시작되어서 모든 행위의 원인으로 작용하고 있는 '잠재인상', '남아 있는 작용', '전생의 행위에 대한 기억', '업(業)', '업의 작용' 등 다양한 의미가 있지만, 오온에서의 行(행)은 수많은 과거 생을 통해 교육되고, 훈련되고, 준비되고, 익혀온 대상에 대한 의식적 또는 무의식적인 반응을 의미한다.

그럼 이번에는 行(행)의 산스크리트어 원어 '삼스까라(saṃskāra)'가 어떻게 한역되어 있는지 한 번 보자. 삼스까라는 '행위'라는 뜻의 "行(행)", '모든 행위'라는 뜻의 "諸行(제행)", '업의 행위'라는 뜻의 "業行(업행)", '하는 것'이라는 뜻의 "所作(소작)", '함이 있는 행위'라는 뜻의 "有爲行(유위행)", '하려는 생각'이라는 뜻의 "意思(의사)", '행위가 모인 것'이라는 뜻의 "行蘊(행온)", 다시 시작될 수 있도록 '도와준다'는 의미의 "資助(자조)[521]", '장차 살 수 있도록 도와준다'는 의미인 "將

519 〈이띠붓따까-여시어경〉 전재성 역주 2012년. 한국빠알리성전협회 24쪽

520 saṃskāra(삼스까라)는 saṃ(함께)+√kr(하다, to do)에서 파생된 명사다. '한다'는 뜻인 동사의 어근 √kr(끄르)의 뜻을 살려서 중국에서 이것을 '行(행)'으로 번역했다.

521 이 '資助(자조)'라는 번역어는 行(행)의 개념을 확인하는 데 매우 중요한 단서

養(장양)"[522] 등으로 한역되어 있다. 영어로는 '충동', '추진력' 등의 뜻인 impulse(임펄스), '정신적 형성'이라는 뜻의 a mental formation(멘탈 포매이션) 등으로 번역되어 있다. 〈한글대장경〉에는 이 行(행)을 '지어감'이라고 번역해 놓았다. 조계종 〈한글 반야심경〉에서는 이것을 번역하지 못 하고 그냥 '행'이라고 해 놓았다. 〈니까야〉 번역에서는 전재성 박사는 이것을 '형성'으로 번역해 놓았고, 각묵 스님과 대림 스님은 '상카라'[523], '의도적인 행위', '심리작용들' 등으로 번역해 놓았다. 한글 〈니까야〉의 이러한 번역 중 어느 것도 '딱 맞는 번역'이라고 말할 수 없다. 왜냐하면 이러한 번역어가 들어 있는 〈니까야〉의 문장은 어려워서 그 뜻을 알 수가 없기 때문이다. 오온에서의 行(행)은 행위의 쌓임, 즉 업(業)을 의미한다. 몸과 입과 마음으로 하는 모든 행위가 行(행)이고, 업(業)이고, 이것은 다음 생을 받는 원동력 역할을 한다. 그래서 필자는 이 行(행)을 '행위함', '업(業)', '지음' 등의 뜻을 다 넣어서 '**업 지음**'으로 번역했다. 오온의 行(행)을 '업 지음'으로 번역하면, 오온과 십이연기에서 뿐만 아니라 行(행)이 들어 있는 모든 불교경전 문장에서 그 의미가 원만하게 전달된다.

가 된다. 왜냐하면 資助(자조)는 밑천, 밑천으로 삼음, 노자(路資), 자본, 바탕, 일의 바탕이 될 재료[資料], 도움[資助], 취하여 씀 등의 뜻이 있는 資(자)와 힘을 빌림, 도움 받음의 뜻인 助(조)를 결합시켜서 行(행) 또는 업이 다음 몸을 받는 데 資糧(자량), 즉 자양분이 됨을 말해주고 있기 때문이다. 行(행) 또는 업의 도움을 받아 의식[識]을 갖게 되고, 그 의식을 바탕으로 하여, 정신현상[名]과 몸의 물질현상[色]이 결합된 '명색(名色)'이라는 독립적인 한 개체가 형성된다.

522 將養(장양)은 '장차', '앞으로'라는 뜻의 將(장)과 '양육함', '기름', '계속 살 수 있도록 함', '기르는 데 필요한 것'이라는 뜻의 養(양)이 결합하여, '장차 생명을 갖는 데 필요한 것'이라는 의미를 형성하고 있다.

523 대림 스님이 번역한 〈청정도론〉 제2권 462쪽을 보면, 대림스님은 "빨리어 가운데 가장 번역하기 어려운 단어 중에 하나가 상카라(saṅkhāra)라고 말하면서 아직까지는 이것을 한국말로 옮기지 못 하고 음역(音譯)하는 데 그치고 있다"고 밝히고 있다.

3) 경전에 나오는 行(행)에 대한 말씀들

(1) 〈잡아함경〉 제46경에서는 行(행)을 다음과 같이 정의해 놓았다. "행위하는 것이 行(행)이다. 어떤 것을 행위하는가? 몸의 물질현상[色색]을 행위하고, 느낌[受수], 인식[想상], 업 지음[行행], 식별작용[識식]을 행위한다."[524]

(2) 〈잡아함경〉 제298경에서는 行(행)에 대해 다음과 같이 말해 놓았다. "'무명(無明)으로 인해 업 지음[行행]이 있다'고 하는데, 어떤 것이 업 지음[行행]인가? 업 지음[行행]은 세 가지가 있다. 몸으로 짓는 업, 입으로 짓는 업, 마음으로 짓는 업 등이 그것이다."[525]

(3) 〈증일아함경〉 제28경에서는 다음과 같이 말해 놓았다. "어떤 것이 '업 지음의 덩어리[行蘊행온]'인가? 그것은 몸으로 짓는 업, 입으로 짓는 업, 마음으로 짓는 업을 일컫는 말이다. 이런 것들을 '업 지음의 덩어리'라고 한다."[526] ...... "어떤 것을 '업 지음[行행]'이라고 하는가? '업 지음'은 짓는 것이 있을 수 있기 때문에 '업 지음'이라고 한다. 어떤 것을 짓는가? 악업[惡行악행]을 짓기도 하고, 선업[善行선행]을 짓기도 하기 때문에 '업 지음'이라고 한다."[527]

(4) 〈잡아함경〉 제42경에서는 부처님께서 행, 즉 업 지음에 대해 다음과 같이 말했다. "어떤 것을 **업 지음[行행]**에 대해 사실대로 안다고 하는가? 이른바 6가지 의도[思身사신]가 있다. 눈의 접촉에 의해 생기는 의도

524 〈잡아함경〉011c06 "爲作相是行受陰。何所爲作。於色爲作。於受·想·行·識爲作"
525 〈잡아함경〉제298경 085a25 "緣無明行者。云何爲行。行有三種。身行·口行·意行"
526 〈신수대장경〉제2권〈증일아함경〉28권 707b10 "云何名爲行陰。所謂身行·口行·意行。此名行陰"
527 〈신수대장경〉제2권〈증일아함경〉28권 707b18 "云何名爲行。所謂行者。能有所成。故名爲行。爲成何等。或成惡行。或成善行。故名爲行"

[思사], 귀, 코, 혀, 몸, 의식의 접촉에 의해 생기는 의도 등을 '업 지음[行행]'이라고 한다. 이와 같이 아는 것을 업 지음에 대해 사실대로 안다고 한다.[528] 어떤 것을 업 지음의 발생 원인에 대해 사실대로 안다고 하는가? 접촉의 발생이 업 지음의 발생이다. 이와 같이 아는 것을 업 지음의 발생에 대해 사실대로 안다고 한다."[529]

(5) 〈잡아함경〉 제57경에서는 부처님께서 다음과 같이 말했다. "어리석고, 들은 것이 없는 범부들은 몸의 물질현상[色색]을 "나"라고 본다. 만약 몸의 물질현상[色색]을 "나"라고 보면, 그것을 '업 지음[行행]'이라고 한다. 그 업 지음[行행]은 무엇이 원인이고, 무엇이 발생[集집]시키며, 무엇이 생기게[生생] 하고, 무엇이 변한[轉전] 것인가? 무명(無明), 즉 밝지 못함이 부딪혀서 갈애[愛애]가 생긴다. 이 갈애가 업 지음[行행]을 불러일으킨다."[530] ...."(중생들은) "나"라는 인식[我慢아만]에서 벗어나지 못 한다. "나"라는 인식에서 벗어나지 못 하면, 다시 "나[我아]"라고 본다. "나"라고 보면, 그것이 바로 업 지음[行행]이다."[531]

(6) 〈잡아함경〉 제260경에서 아난 존자가 다음과 같이 말했다. "사리불 존자여, 오온, 즉 존재의 다섯 요소는 본래 업 지음[行행]이 만들어내는 것들이고, 업 지음이 원하는 것들입니다."[532]

(7) 〈별역잡아함경〉에 다음과 같은 내용이 나온다. "모든 업 지음[行행]은 무상(無常)하여, 일어났다가 소멸되는 존재로서 멈출 때가 없고, 믿을

528 〈신수대장경〉 제2권 〈잡아함경〉 제42경 010b17 "云何行如實知。謂六思身。眼觸生思。耳 · 鼻 · 舌 · 身 · 意觸生思。是名爲行。如是行如實知"

529 〈신수대장경〉 제2권 〈잡아함경〉 제42경 010b19 "云何行集如實知。觸集是行集。如是行集如實知"

530 〈잡아함경〉 57경. 014a13 "愚癡無聞凡夫於色見是我。若見我者。是名爲行。彼行何因。何集。何生。何轉。無明觸生愛。緣愛起彼行"

531 〈잡아함경〉 57경. 014b07 "而不離我慢。不離我慢者。而復見我。見我者卽是行"

532 〈잡아함경〉 제260경. 065c18 "阿難言。舍利弗。五受陰是本行所作 · 本所思願"

만한 것이 못 되며, 무너지는 존재다. 그러므로 그대 비구들은 온갖 업 지음[行행]을 멈추고, 만족할 줄 알고, 싫어하는 마음을 내어서 갈애에서 벗어나 해탈을 구할지니라."[533]

우리는 늘 뭔가를 하려고 하는 욕구를 가지고 있다. 중생들은 존재하고자 하는 욕구, 먹고자 하는 욕구, 행복해지고자 하는 욕구, 소유하고자 하는 욕구, 사랑하고자 하는 욕구, 스킨십을 하고자 하는 욕구, 인정받고자 하는 욕구, 편안해지고자 하는 욕구 등을 갖고 있다. 그러나 그 어떤 욕구도 알고 보면 업(業)과 갈애만 더해 줄 뿐, 나를 진정한 행복, 즉 마음의 평화로 이끌어주지는 못 한다. 욕구나 갈애의 덧없음을 깨닫고, 그것을 싫어하여, 욕구나 갈애에 붙잡히지 않고 늘 자신을 관찰해가는 것이 모든 괴로움에서 벗어나는 길이다. 무위(無爲), 즉 하고자함이 없는 상태가 되어서 꾸준히 자신의 몸과 마음에서 일어나고 있는 현상들을 관찰해가야 오온을 잘 분별해 볼 수 있고, 오온의 실체 없음을 꿰뚫어볼 수가 있다.

끝으로 오온의 **行(행)**은 행위, 업, 충동적인 반사행위, 의도, 의지 등의 뜻으로, **업 지음**으로 번역할 수 있다.

533 〈한글대장경〉〈별역잡아함경〉제16권. 동국역경원 547쪽

5. 識(식, vijñāna비즈냐나) - 식별(識別)작용, 의식(意識), 지각(知覺), 지혜, 알아차림, 감각기관을 통해 대상의 특징을 감각적으로 알아차리는 것, distinguishing, distinction, discerning, perceiving, consciousness, wisdom

오온에서의 識(식)은 어떤 것이고, 이것을 뭐라고 번역해야 할까? 1967년에 출판된 동국역경원 〈한글대장경〉에서는 이것을 '의식'으로 번역했고, 2000년 이후 번역하여, 인터넷에 올려놓은 동국대학교 전자불전연구소의 〈한글대장경〉에는 오온의 5요소를 번역하지 못 하고 그냥 '색(色), 수(受), 상(想), 행(行), 식(識)'이라고 해 놓았다. 2011년에 공포된 조계종 표준 〈한글 반야심경〉과 2013년에 출판된 김윤수의 〈잡아함경〉 번역에서도 이 識(식)을 번역하지 못 하고 그냥 '식'이라고 해 놓았다. 빨리어 대장경인 〈니까야〉 번역에서 각묵 스님은 이것을 '알음알이[識]'로 번역했고, 전재성 박사는 '의식'으로 번역했다. 십이연기의 세 번째 요소이기도 한 識(식,vijñāna)은 '**식별**(識別)**작용**' 또는 '**의식**(意識)'이란 뜻이다. 식별은 인식이 끼어들기 전에 감각기관을 통해 대상의 특징을 감각적으로 알아차리는 것이다. 우리는 여태껏 識(식)이 이런 것인 줄 몰랐다. 다음과 같은 識(식)에 대한 경전의 정의를 보면, 識(식)이 이런 것임을 알 수 있다.

1) 識(식)에 대한 경전의 정의들

(1) 〈잡아함경〉 제46경에서는 識(식)에 대해 다음과 같이 정의해 놓았다.

"대상을 식별해서 아는 것[**別知**별지]이 識(식)이다. 어떤 것을 식별해서 아는가? 모습[色색]을 식별해서 알고, 소리, 냄새, 맛, 촉감, 마음에서 일어났다가 사라지는 현상들[法법]을 식별해서 아는 것이다."[534]

이 정의에서 識(식)은 감각기관을 통해 대상을 '식별해서 아는 것'이라고 하며, 그 한역문에 "**別知(별지)**"라는 표현을 쓰고 있다. 여기서 '別(별)'은 '식별(識別)', '구별(區別)', '분별(分別)' 등의 뜻이고, '知(지)'는 '안다'는 뜻이다. 즉 "別知(별지)"는 '**식별해서 아는 것**'이다.

(2) 〈증일아함경〉에서는 "어떤 것을 '식별작용의 덩어리[識蘊식온]'라고 하는가? 그것은 눈, 귀, 코, 혀, 피부, 의식 등으로 식별하는 것이다. 이런 것들을 '식별작용의 덩어리'라고 한다"[535]고 정의한 뒤 바로 그 뒤에서 "어떤 것을 '식별작용[識식]'이라고 하는가? 식별작용은 옳고 그름[是非시비]을 식별하고, 각종 맛을 식별하는 것이다. 이런 것을 '식별작용[識식]'이라고 한다"[536]고 정의해 놓았다. 이 경의 한역문에는 "**識別(식별)**"이라는 단어를 쓰고 있는데, 이것은 識(식)이 '**식별작용**'이라는 사실을 말해주고 있다.

(3) 〈쌍윳따니까야〉에서는 識(식)을 다음과 같이 정의해 놓았다.

"**지각**(知覺)**하는 것**을 '識(식)'이라고 한다. 그럼 '지각한다'는 것은 어떤 것인가? 그것은 신 것을 지각하고, 쓴 것을 지각하며, 단 것을 지각하고, 떫은 것을 지각하고, 떫지 않은 것을 지각하고, 짠 것을 지각하

534 〈신수대장경〉 제2권, 〈잡아함경〉 제46경. 011c09 "**別知**相(별지상)是識受陰(시식수음)。何所識(하소식)。識色(식색)。識聲·香·味·觸·法(식성향미촉법)。是故名識受陰(시고명식수음)"

535 〈신수대장경〉〈증일아함경〉 제28권. 707b12 "云何名爲識陰(운하명위식음)。所謂眼·耳·鼻·口·身·意(소위안이비구신의)。此名識陰(차명식음)"

536 〈신수대장경〉〈증일아함경〉 제28권. 707b20 "云何名爲識(운하명위식)。所謂識(소위식)。**識別**是非(식별시비)。亦識諸味(역식제미)。此名爲識也(차명위식야)"

고, 싱거운 것을 지각하는 것이다. 이와 같이 지각하는 것을 '識(식)' 이라고 한다."[537]

여기서 지각은 개념이 아니라 감각기관을 통해 모습[色색], 소리[聲성], 냄새[香향], 맛[味미], 촉감[觸촉], 마음에서 일어났다가 사라지는 현상들[法법] 등을 알아차리는 것이다. 이와 같이 識(식)은 '식별작용'이라는 뜻으로, 인식이 끼어들기 전에 감각기관을 통해 대상의 특징을 감각적으로 알아차리는 마음작용이다.

'識(식)'은 다른 것과의 차이를 구별해서 아는 마음작용이다

좀 더 정확하게 말하면, 識(식), 즉 식별작용은 감각기관을 통해 대상의 특징을 다른 것과 구별해서 아는 마음작용이다. 識(식)의 산스크리트어 원어 비즈냐나(vijñāna)를 의미단위로 분석해 보면, 'vi(비)'는 '분간', '구별' 등의 뜻이고, '즈냐나(jñāna)'는 '아는 것'이라는 뜻이다. 즉 비즈냐나(vijñāna)는 '감각기관을 통해 대상의 특징을 다른 것과 구별해서 아는 것'이다. 비즈냐나는 '智(지)', '慧(혜)', '智慧(지혜)', '知(지)', '識(식)', '念(념)[538]', '知見(지견)' 등으로 한역되어 있다. '智(지)', '慧(혜)', '知(지)' 등이 들어 있는 이러한 한역들을 보면 '識(식)이 곧 지혜'라는 사실을 알 수 있다. 想(상), 즉 인식, 망상이 끼어들기 전에 아는 것이 識(식)이고, 식별(識別)작용이고, 지혜라는 말이다. 망상, 인식이 없이 대상을 있는 그대로 식별해 보는 것이 지혜다.

중국 조주(趙州, 778~897) 선사는 도를 물어오는 납자들에게 도에 대해서는 말해주지 않고, '차나 한 잔 마시고 가라'는 "끽다거(喫茶去)" 법문을

537 〈쌍윳따니까야〉 Ⅲ.87

538 이 때 '念(념)'은 '알아차린다'는 뜻이다.

많이 했다. 또 통도사 경봉(鏡峰, 1892~1982) 스님은 도를 물어오는 납자들에게 "차 맛이 어떠냐?"고 즐겨 물으셨다. 잘만 하면 차는 도를 알게 해주는 좋은 수단이 될 수도 있었다. 도는 의식이 한 눈 팔지도 않고, 잠자지도 않게 됨으로써, 산만함[散亂산란]에도 혼미함[昏沈혼침]에도 떨어지지 않음으로써, 또 자신에게 늘 깨어있음으로써 이루어지는 것이다. 의식에 생각도, 멍청함도, 졸음도 끼어들지 않게 함으로써 의식, 식별작용을 극도로 예리하게 만들어가는 데에서 도, 즉 지혜가 나온다. 도, 즉 지혜를 닦는 데에는 깨어있음이 핵심이다. 생각, 망상이 끼어들면 차 맛을 제대로 알 수가 없다.

필자는 미묘하고도 미세한 차의 맛을 잘 식별해내는 사람들이 알아차림 수행도 잘 해내는 것을 보아왔다. 도를 닦는 것은 생각이나 이론, 지식이 아니라 감각을 닦는 것이다. 그 감각이 識(식)이고, 식별작용이고, 의식이고, 지혜다. 허리를 곧게 세우고 앉아서 차의 맛과 차의 기운을 감지하며, 차를 받아서 내 몸이 차에 반응하는 것을 지켜보면서 즐기는 것이 필자의 다도법이다. 필자는 글 쓰는 작업을 하다가 머리에 힘이 떨어지면 잘 숙성된 보이차를 마신다. 40년 이상 숙성되어서 좋은 기운을 머금고 있는 보이차를 마셔야 위와 같은 다도를 즐길 수 있기 때문이다. 필자는 차의 기운을 빌어서 끽다(喫茶)삼매를 즐기는 것이 선정삼매를 즐기는 것보다 못 하지 않고, 오히려 더 낫다고 본다. 수십 년 동안 잘 숙성된 보이차는 기혈(氣血)의 순환을 도와주고, 사람을 깨어 있게끔 만드는 신묘(神妙)한 기운을 갖고 있어서 쉽게 삼매에 들 수 있게 만들기 때문이다. 필자에게는 차를 마시고, 차의 기운을 알아차리는 것은 뻑뻑해진 머리에 윤활유를 치는 것이다.

남방불교의 논서인 〈청정도론〉에는 "대상을 식별하는 특징을 가진 모든 것들을 한 데 묶어서 '식별작용의 덩어리[識蘊식온]'라고 한다"고 정의한 뒤 "마음[心심,citta], 의식[意의,manas], 식별작용[識식,vijñāna]은 같은 것"이라고 말하고 있다. 마음, 의식이 곧 식별작용이라는 말이다.

2) 인식[想상]과 식별작용[識식]의 차이

식별작용[識식]은 감각기관을 통해 대상의 존재 그 자체나 그 특성을 알아차리는 것이고, 인식[想상]은 언어, 이름, 생각 등을 통해 대상을 아는 것이다.

識(식), 즉 식별작용은 앞에 나온 想(상)과 다른 것인데, 그 차이를 알아야 한다. 식별작용[識식]은 '알아차림'이라고 할 수 있고, 인식[想상]은 '알아봄'이라고 할 수 있다. 예컨대 저기에 있는 대상의 존재 그 자체를 감각기관을 통해 알아차리는 것은 識(식), 즉 식별작용이고, 그것을 '사람'으로 알고, '멋진 남자'로 알며, '키가 크다'는 등 그 특징을 단어나 이름, 생각 등을 통해 개념적으로 아는 것은 상(想), 즉 인식이다. 보고, 듣고, 냄새를 맡고, 맛을 보고, 촉감을 느끼고, 마음의 세계에서 일어나고 있는 현상들을 지각(知覺)하는 등 감각기관을 통해 대상 그 자체 또는 그 특성을 알아차리는 것은 식별작용이다. 그러나 감각기관을 통해 일차적으로 대상을 알아차린 뒤에 그것이 '무엇이다'거나 '어떠하다'고 단어나 생각을 빌어서 알면, 그것은 상(想), 즉 인식이고, 단어나 생각이 끼어드는 것이 없이 감각기관을 통해 있는 그대로 아는 것은 識(식), 즉 식별작용이다.

가능한 한 인식[想상]작용을 배제하고, 식별작용[識식]을 두드러지게 만들어가는 것이 알아차림 명상이다. 알아차림 명상을 많이 하면, 인식[想상], 즉 생각은 줄어들고, 객관적인 앎, 즉 식별작용[識식]이 밝아져서 지혜로워진다.

3) 識(식), 식별작용, 분별, 의식, 지혜는 같은 개념이다

識(식)은 '식별작용', '분별', '의식', '지혜' 등으로 번역할 수 있다. 오온을 잘 분별해가는 데에서 깨달음이 나온다

識(식)의 산스크리트어 원어 비즈냐나(vijñāna)는 '식별작용', '분별', '의식', '지혜' 등으로 번역할 수 있다. 즉 식별작용, 분별, 의식, 지혜는 같은 개념이다. 대상을 식별하고, 분별할 수 있는 능력이 의식이고, 지혜이기 때문이다. 요즘 한국불교에서는 '선(善)도 없고, 악(惡)도 없으니, 선악을 분별하지 말라'는 말을 하는 사람들이 많다. 이런 사람들은 잘못 배운 사람이거나 자신도 실행할 수 없는 것을 남에게 하라고 요구하는 '엉터리 도사'라고 보면 맞을 것이다. 왜냐하면 석가부처님 법에는 '분별하지 말라'는 말이 없기 때문이다. 석가부처님 불교인 〈아함경〉에는 '분별'이라는 단어가 많이 나오지만, 그것이 부정적인 의미로 사용된 경우는 한 번도 없다. 그것들은 다 '잘 분별해야 한다'는 의미로 사용되었다. 잘 분별하는 데에서 지혜가 나오고, 오온을 잘 분별해가는 데에서 "조견오온자성개공(照見五蘊自性皆空)"[539]의 깨달음이 나오기 때문이다. 분별하지 말라는 말과 같은 이러한 자신도 이해하지 못 하는 말을 주워들은 풍월로 읊어대며, 사람들을 헷갈리게 만드는 것은 성실하지 못 한 행위다. 깊은 선정에 들었을 때 비로소 분별심마저 다 떨어져나간다. 그렇지 않고 억지로 분별하지 않으려고 하면, 그것이 가능하지도 않을 뿐더러, 백보 양보하여 가능하다고 해도, 옳고[是시] 그름[非비]도 분간하지 못 하고, 선악(善惡)도 구별하지 못 하는 바보, 멍청이가 되기 쉽다. 왜냐하면 '분별하지 말라'는 말은 '지혜를 쓰지 말라'는 말과 같기 때문이

539 조견오온자성개공(照見五蘊自性皆空)은 '오온은 다 실체가 없는 것들임을 꿰뚫어봤다'는 뜻이다.

다. 그럼 '분별하지 말라'는 말은 불교계에서 누가 최초로 사용했고, 그는 왜 이런 말을 했을까? 그리고 '분별하지 말라'는 말이 낳는 폐단은 어떤 것이 있을까? 불교인이라면 한 번 생각해 볼 일이다.
"시비분별하지 말라"는 말은 불교경전이 아닌[540] 도가(道家)의 경전인 〈장자莊子〉[541]에 나오는 말이다. 〈장자〉의 재물론(齋物論)에 다음과 같은 내용이 나온다.

> "세상만물은 저것이 아닌 것이 없고, 이것이 아닌 것도 없다."[542] "이것도 저것이 될 수 있고, 저것도 이것이 될 수 있다."[543] 과연 저것과 이것은 있는 것일까?[544] 천지도 하나의 손가락이고, 만물도 한 마리의 말이다.[545] "저것도 하나의 시비(是非)이고, 이것도 하나의 시비이다"[546] .... "물레 추(樞)는 바퀴의 중심에 있음으로써 무궁한 변화에 한없이 대처한다. 옳음[是시]도 무궁한 변화 가운데 하나이고, 그름[非비]도 무궁한 변화 가운데 하나이다. 그러므로 옳음과 그름을 벗어나서 밝음[明명]으로 보는 것보다 더 좋은 것이 없다고 말하는 것이다."[547] 옛 사람들은 그 앎에 지극한 것이 있었다. 어떤 것이 그 지극함인가? **본래 사물이 있지 않다고 여기는 것이다.**[548]

540 불교경전에도 "수행자는 수행처에서 희론(戲論)하지 말라"는 말이 있다. 이것이 "시비분별하지 말라"는 말과 같은 말인지는 곰곰이 한 번 살펴봐야 한다.
541 BC 290년경에 저술된 책으로 전국시대의 사상가인 장자(莊子, BC 365경 - BC 270경)의 저서다.
542 〈장자〉 제물편 "物無非彼(물무비피), 物無非是(물무비시)"
543 〈장자〉 제물편 "是亦彼也(시역피야) 彼亦是也(피역시야)"
544 〈장자〉 제물편 "果且有彼是乎哉(과차유피시호재) ? "
545 〈장자〉 제물편 "天地(천지), 一指也(일지야); 萬物(만물), 一馬也(일마야)"
546 〈장자〉 제물편 "彼亦一是非(피역일시비) 此亦一是非(차역일시비)"
547 〈장자〉 제물편 "樞始得其環中, 以應無窮. 是亦一無窮, 非亦一無窮也. 故曰莫若以明"

"시비분별하지 말라"는 말은 〈장자〉의 위와 같은 내용에서 나온 말이라고 볼 수 있다. 장자는 도 안에서는 좋은 것도 없고, 나쁜 것도 없으며, 선한 것도 없고, 악한 것도 없다고 가르쳤다. 그는 천지만물의 근원을 도(道)라고 가르쳤고, 말로 설명하거나 배울 수 있는 도는 참된 도가 아니라고 가르쳤다. 이와 같은 장자의 사상은 중국불교를 만들어내는 데 많은 영향을 미쳤다.[549]

눈으로 보아서 "아는 것을 '눈의 식별작용[안식(眼識)]'이라고 한다. 귀로 들어서 아는 것을 '귀의 식별작용[이식(耳識)]'이라고 하고, 냄새를 맡아서 아는 것을 '코의 식별작용'이라고 한다. 혀로 맛을 보아서 아는 것을 '혀의 식별작용'이라고 하고, 몸의 촉감으로 아는 것을 '몸의 식별작용[신식(身識)]'이라고 한다. 그리고 마음에서 일어나고 있는 현상들을 아는 것을 '의식(意識)' 또는 '의식의 식별작용'이라고 한다.[550] 그런데 눈이든 귀든, 거기에 식별작용, 즉 마음, 의식이 들어가지 않으면, 알 수가 없기 때문에 식별작용이나 의식은 안식(眼識), 이식(耳識), 신식(身識) 등 육식(六識)을 총괄하는 주체적인 마음활동 전부를 의미하는 말이기도 하다. 그렇기 때문에 불교에서 '마음'이라고 말할 때 그것은 식별작용, 즉 의식[識식]을 의미하는 것으로 봐야한다. 또 식별작용, 즉 의식이 대상을 접할 때 일어나는 마음의 작용을 느낌[受수], 인식[想상], 업 지음[行행]으로 볼 수도 있다. 이때는 식별작용, 즉 의식[識식]을 마음의 본체로 보고, 느낌[受수], 인식[想상], 업 지음[行행]을 그 본체 위에서 일어나는 마음의 작용으로 보는 견해다. 이러한 인식의 주체로서의 식별작용,

548 〈장자〉제물편 "古之人其知有所至矣惡乎至有**以爲未始有物者至矣**"

549 〈다음백과사전〉장자, Chuangtzu, 장자(莊子) 항목 참고 및 인용

550 감각으로 알아차리는 것을 시각(視覺), 청각(聽覺), 후각(嗅覺), 미각(味覺), 촉각(觸覺) 등으로도 표현할 수 있다.

의식, 마음이 후기대승불교[551]로 넘어오면, "나"의 주체나 정신적인 실체, 또는 윤회를 통해 거듭 태어나는 영혼과 같은 개념으로 해석되는 경우도 있다. 그런데 이러한 해석은 브라만교의 아트만 개념이 들어와서 그렇게 된 것으로 보이는데, 이것은 잘못된 견해라고 볼 수 있다. 석가부처님이 말하는 마음, 의식, 식별작용[識식]은 **"대상에 대한 감각적인 지각작용"** 이외에 그 어떤 것도 아니기 때문이다.

따라서 마음, 의식, 식별작용[識식]은 독립적으로 존재하지 못 하고, 항상 감각의 대상에 의지해서 일어난다. 〈아함경〉에서 "대상이 사라지면 의식도 사라진다"고 했다. 그렇기 때문에 부처님께서는 "조건[緣연]이 없으면 의식이 일어나지 않는다"[552]고 말했다. 대승불교의 논서인 용수보살의 〈중론〉에도 "마음은 대상[相상]을 취하는 인연에 의해 생겨나고, 지난 세월 업의 과보로 있는 것"이라[553]고 말하고 있다. 부처님께서는 〈상윳따니까야〉에서 다음과 같이 말했다. "의식을 "나"로 보지 않고, '내가 의식을 소유한다'거나, '내가 의식이다'거나, '의식 안에 내가 있다'거나, '나의 의식'이라고 보지 않는다........ 그러한 사람에게는 근심, 슬픔, 괴로움, 불쾌, 절망 등이 일어나지 않는다."[554]

"마음이 곧 부처[心卽是佛심즉시불]"라고 말하면서 허황되게 마음을 노래하고 있는 사람들은 마음이 무엇인지 좀 더 정확하게 알아야 한다. 그들은 말로만 마음타령을 할 뿐, 실제로는 마음을 관찰하지 않는다. 그래서 그들은 마음이 무엇인지, 마음의 속성을 잘 모른다. 그들은 단지 추상적

551 여기서 후기대승불교는 자성자리 개념을 갖고 있는 대승불교를 말한다. 초기대승불교는 무아(無我)불교이지만 후기대승불교는 유아(有我)불교이다.

552 〈마찌마니까야〉(MN. Ⅰ.259)

553 용수보살의 〈중론〉 관법품(觀法品) "心以取相緣生(심이취상연생), 以先世業果報故有(이선세업과보고유)。不能實見諸法(불능실견제법)"

554 〈상윳따니까야〉(SN. Ⅲ.5)

인 구호로 '마음', '마음' 하며, 마음을 외치고 있을 뿐이다. 석가부처님께서 마음[心심], 의식[意의], 식별작용[識식]의 속성을 설명해주고 있는 〈잡아함경〉 제39. 〈종자경〉이 있다. 그것을 한 번 보자.

〈잡아함경〉 제39. 〈종자경〉

이와 같이 내가 들었다. 한 때 부처님께서 사위국 기수 급고독원에 계셨다. 그 때 세존께서 여러 비구들에게 말했다.

"다섯 가지 종자가 있다. 어떤 것이 그 다섯인가? 이른바 뿌리가 종자인 것, 줄기가 종자인 것, 마디가 종자인 것, 저절로 떨어지면 그것이 종자인 것, 열매가 종자인 것 등이다.

이 다섯 가지 종자가 비록 끊어지지도 않았고, 부서지지도 않았고, 썩지도 않았고, 바람 맞지도 않았고, 새로 익은 단단한 열매라고 할지라도 거기에 땅만 있고 물이 없으면 그 종자는 성장하고, 뻗어가지 못 할 것이다.

또 비록 그 종자가 새로 익은 단단한 열매로서 끊어지지도 않았고, 부서지지도 않았고, 썩지도 않았고, 바람 맞지 않았더라도 물만 있고 땅이 없으면, 그 종자는 성장하고, 뻗어가지 못 할 것이다.

만약 그 종자가 새로 익은 단단한 열매로서 끊어지지도 않았고, 부서지지도 않았으며, 썩지도 않았고, 바람 맞지도 않았으며, 땅과 물이 있다면, 그 종자는 성장하고, 뻗어갈 것이다.

비구들이여, 여기서 다섯 가지 종자는 식별작용 · 의식[識식]을 포함한 존재의 다섯 요소[오온]를 비유한 것이다. 땅은 식별작용 · 의식이 머무르는 네 곳[四識**住**사식**주**]을 비유한 것이고, 물은 기쁨을 탐하는 것을 비유한 것이다.

네 가지 대상을 취하고, 네 가지 대상에 의지해서 식별작용 · 의식[識식]이 머문다. 어떤 것이 그 넷인가? 식별작용 · 의식은 몸의 물질현상

[色색]에 머물러서 몸의 물질현상에 의지하고, 기쁨을 탐함으로써 더욱 윤택해져서 성장하고, 뻗어간다. 식별작용·의식[識식]은 느낌[受수], 인식[想상], 업 지음[行행]에 머물러서 느낌, 인식, 업 지음에 의지하고, 기쁨을 탐함으로써 더욱 윤택해져서 성장하고, 뻗어간다.
비구들이여, 식별작용·의식[識식]은 몸의 물질현상[色색]과 느낌[受수], 인식[想상], 업 지음[行행] 안에서 오기도 하고, 가기도 하며, 머물기도 하고, 사라지기도 하며, 혹은 성장하고, 뻗어가기도 한다.
비구들이여, 만약 어떤 사람이 '몸의 물질현상, 느낌, 인식, 업 지음을 벗어나서 식별작용·의식이 오기도 하고, 가기도 하며, 머물기도 하고, 자라는 일이 있다'고 말한다면, 그것은 말로만 있을 뿐이다. 그것에 대해 몇 차례 묻고 나면 알지 못 해서 어리석음만 더욱 키워갈 뿐이로다. 왜냐하면 그것은 제대로 본 경계(境界)가 아니기 때문이다.
몸의 물질현상이라는 요소[色界색계]에 대한 탐욕·욕구에서 벗어난다. 몸의 물질현상이라는 요소에 대한 탐욕·욕구에서 벗어나면, 몸의 물질현상에 대한 집착과 의식이 일으킨 얽매임이 다 끊어진다. 몸의 물질현상에 대한 집착과 의식이 일으킨 얽매임이 다 끊어지면, 인연이 되는 대상[555]이 다 끊어진다. 인연이 되는 대상이 다 끊어지면, 식별작용·의식[識식]은 더 이상 머물 곳이 없게 되어 다시는 성장하거나 뻗어가지 못 한다. 느낌[受수], 인식[想상], 업 지음[行행]의 대상에 대해서도 또한 마찬가지다. 예를 들어 업 지음[行행]에 대한 탐욕·욕구에서 벗어나면, 업 지음에 대한 집착과 의식이 일으킨 접촉이 다 끊어진다. 업 지음에 대한 집착과 의식이 일으킨 접촉이 다 끊어지면,

555 '인연이 되는 대상'은 원문 "攀緣(반연)"을 번역한 것이다. 반연은 '마음이 의지하는 대상', '마음이 인연이 되는 대상', '마음이 가 닿는 대상' 등의 뜻으로, 所緣(소연), 所緣境界(소연경계) 등으로도 번역된다.

인연이 되는 대상이 다 끊어진다. 인연이 되는 대상이 다 끊어지면, 식별작용 · 의식은 더 이상 머물 곳이 없게 되어서 다시는 성장하거나 뻗어가지 못 한다. 다시는 생겨나서 자라나지 못 하기 때문에 업 지음을 하지 않게 되고, 업 지음을 하지 않으면, 머물[住주]게 되고,[556] 머물면 만족할 줄을 알고, 만족할 줄 알면 해탈하고, 해탈하면 더 이상 그 어떤 세간[557]에 대해서도 취하거나 집착하는 것이 없게 된다. 그 어떤 세간에 대해서도 취하거나 집착하는 것이 없게 되면, 스스로 깨달아서 열반을 성취하고,[558] 나의 태어남은 이미 다했고, 거룩한 행은 확립되었으며, 할 일은 이미 다 마쳐, 다음 존재를 받지 않을 줄 스스로 안다. 그리하여 '식별작용 · 의식[識식]은 동서남북, 사유상하(四維上下) 그 어느 쪽으로도 달려가지 않게 되고, 달려갈 곳이 없게 되어서 오직 법만 바라보아서[559] 모든 것이 다 소멸되어서 고요하고, 시원하며, 깨끗하고, 진실한 열반으로 들어가고자 할 것'이라고 나는 말한다."[560]

부처님께서 이 경을 말씀하시자 여러 비구들은 그 말씀을 듣고, 기뻐하며, 받들어 수행했다.

556 여기서 '머문다'는 말은 '삼매상태에 들어 있다'는 뜻이다.

557 '모든 세간'은 '諸世間(제세간)'을 번역한 것이다. 여기서 세간은 오온, 십이처, 십팔계 등을 의미하는 말이다.

558 "受 · 想 · 行界離貪。離貪已。於行封滯。意生觸斷。於行封滯。意生觸斷已。攀緣斷。攀緣斷已。彼識無所住。不復生長增廣。不生長故。不作行。不作行已住。住已知足 知足已解脫。解脫已。於諸世間都無所取 · 無所著。無所取 · 無所著已。自覺涅槃"

559 '오직 법만 바라본다'는 것은 한역문 "唯見法(유견법)"을 번역한 것이다. 여기서 법은 괴로움의 덩어리가 생기는 원인, 즉 연기법(緣起法)이다. 의식을 자기 자신 안으로 집중해서 자신 내부에서 일어나고 있는 현상들, 즉 법을 바라본다는 말이다. 〈잡아함경〉 제306경과 307경에 "견법(見法)", 즉 '법을 바라본다'는 것을 잘 설명하고 있다.

560 "我說彼識不至東 · 西 · 南 · 北 · 四維 · 上 · 下。無所至趣。唯見法。欲入涅槃 · 寂滅 · 清涼 · 清淨 · 眞實"

부처님께서 위의 경을 통해 전하고자 하는 메시지는 마음 · 의식 · 식별작용[識식]은 독립적으로 존재하지 못 하고, 그 대상을 취함으로써 존재하게 되며, 만약 모든 대상이 다 없어지면 마음 · 의식 · 식별작용도 또한 없어진다는 말이다. 마음 · 의식 · 식별작용[識식]은 몸의 물질현상[色색]과 느낌[受수], 인식[想상], 업 지음[行행]에 의지해서 성장하고, 뻗어가기 때문에 만약 몸의 물질현상과 느낌, 인식, 업 지음이 없으면, 마음 · 의식 · 식별작용은 더 이상 머물 곳이 없게 되어서 다시는 성장하거나 뻗어가지 못 하게 된다. 그럼으로써 마음 · 의식 · 식별작용은 더 이상 달려갈 곳이 없게 되고, 멈추게 되어서 오직 법만 바라보다가 마침내 마음 · 의식 · 식별작용마저 다 없어져서 열반을 성취하게 된다는 말이다.

마음[心심], 의식[意의], 식별작용[識식]은 동의어다. '나지도 않고, 죽지도 않는 절대불변의 마음[아트만]은 존재하지 않는다'는 것이 석가부처님 가르침이다. 이상으로 마음 · 의식 · 식별작용[識식]에 대한 설명을 마치고, 마지막으로 오온이 경전에 어떻게 설해져 있는지 한 번 보자.

4) 오온이 경전에 어떻게 설해져 있는가?

(1) 〈잡아함경〉 제3경에 다음과 같은 내용이 있다.

> 그 때 세존께서 여러 비구들에게 말했다. "몸의 물질현상[色색]에 대해 알지 못 하고, 밝지 못 하며, 끊지 못 하고, [몸의 물질현상에 대한] 탐욕에서 벗어나지 못 하면 괴로움을 다 끊을 수 없다. 이와 마찬가지로 느낌[受수], 인식[想상], 업 지음[行행], 식별작용[識식]에 대해 알지 못 하고, 밝지 못 하며, 끊지 못 하고, [그것들에 대한] 탐욕에서 벗어나지 못 하면 괴로움을 다 끊을 수 없다."

위의 부처님 말씀은 '오온에 대해 알지 못 하고, 밝지 못 하며, 끊지 못 하고, [오온에 대한] 탐욕에서 벗어나지 못 하면, 괴로움을 다 끊을 수 없다'는 말이다.

(2) 이와 비슷한 내용이 〈잡아함경〉 제4경에도 나온다. 그 내용은 다음과 같다.

> 이 때 세존께서 여러 비구들에게 말했다.
>
> "몸의 물질현상[色색]에 대해 알지 못 하고, 밝지 못 하며, 끊지 못 하고, [몸의 물질현상에 대한] 탐욕·욕구에서 벗어나지 못 하고, 마음이 해탈하지 못 하면, 태어남, 늙음, 병듦, 죽음에 대한 공포에서 벗어날 수가 없다. 이와 마찬가지로 느낌[受수], 인식[想상], 업 지음[行행], 식별작용[識식]에 대해 알지 못 하고, 밝지 못 하며, 끊지 못 하고, [느낌, 인식, 업 지음, 식별작용에 대한] 탐욕·욕구에서 벗어나지 못 하고, 마음이 해탈하지 못 하면 태어남, 늙음, 병듦, 죽음에 대한 공포에서 벗어날 수가 없다.
>
> 비구들이여, 만약 몸의 물질현상[色색]에 대해 잘 알고, 밝고, 끊고, [몸의 물질현상에 대한] 탐욕·욕구에서 벗어나면 태어남, 늙음, 병듦, 죽음에 대한 공포에서 벗어날 수 있다.
>
> 여러 비구들이여, 만약 [몸의 물질현상에 대해] 잘 알고, 밝고, 끊고, [몸의 물질현상에 대한] 탐욕·욕구에서 벗어나서 마음이 해탈하면 태어남, 늙음, 병듦, 죽음에 대한 공포에서 벗어날 수 있다. 이와 마찬가지로 만약 느낌, 인식, 업 지음, 식별작용에 대해 잘 알고, 밝고, 끊고, [느낌, 인식, 업 지음, 식별작용에 대한] 탐욕·욕구에서 벗어나서 마음이 해탈하면 태어남, 늙음, 병듦, 죽음에 대한 공포에서 벗어날 수 있다."

위의 경의 요지는 오온에 대해 알지 못 하고, 밝지 못 하며, 끊지 못 하고, 오온에 대한 탐욕·욕구에서 벗어나지 못 하면, 태어남, 늙음, 병듦, 죽음의 공포에서 벗어날 수 없다는 말이다. 오온에 대해 밝게 알기 위하여 오온을 관찰해가는 것이다. 오온을 관찰해가는 것이 위빠사나 수행이다.

(3) 〈잡아함경〉 제57경에 다음과 같은 내용이 나온다.

> 이 때 세존께서 그 비구가 마음속으로 생각하는 것을 아시고, 여러 비구에게 말했다. "만약 이 자리에 있는 비구가 '어떻게 알고, 어떻게 봐야 모든 번뇌를 금방 다 없앨 수 있을까'라고 생각한다면, 나는 그것에 대해 이미 다 설법했노라. 그러기 위해서는 오온[諸陰제음]을 잘 관찰해가야 한다. 그것은 이른바 4념처(念處), 4정근(精勤), 4여의족(如意足), 5근(根), 5력(力), 7각지(覺支), 8정도(正道) 등의 수행을 해가는 것이다. 나는 오온을 관찰해가는 이러한 방법을 이미 다 설법했노라.[561] 그런데도 지금 힘써 노력하지 않고, 힘써 즐기지 않으며, 부지런히 알아차림을 하지 않고, 힘써 믿지 않으면서 스스로 게을러서 더 나아가지 못해서 아직도 모든 번뇌를 다 없애지 못 한 선남자가 있다. 만약 그 선남자가 내가 설명한 법에서 오온을 잘 관찰하여, 힘써 노력하고, 힘써 즐기며, 부지런히 알아차림을 하고, 힘써 믿는다면, 그는 모든 번뇌를 금방 다 없앨 수 있다."

위의 경에서 부처님은 "모든 번뇌를 금방 다 없애기 위해서는 오온을 잘 관찰해가고, 부지런히 오온을 알아차림 해가야 한다"고 말하고 있다.

561 〈잡아함경〉 제57경. 014a04 "若有比丘於此座中作是念。云何知·云何見。疾得漏盡。者。我已說法言。當善觀察諸陰。所謂 四念處 四正勤 四如意足 五根 五力 七覺分 八聖道分。我已說如是法。觀察諸陰"

(4) 〈잡아함경〉 제31경에 다음과 같은 내용이 나온다.

이 때 사리불 존자가 수루나에게 말했다. "수루나여, 알아야 한다."
"만약 사문이나 바라문이 몸의 물질현상[色색]에 대해 사실대로 알지 못 하고, 몸의 물질현상의 발생과정[色集색집]에 대해 사실대로 알지 못 하며, 몸의 물질현상의 완전한 소멸[色滅색멸]에 대해 사실대로 알지 못 하고, 몸의 물질현상의 완전한 소멸에 이르는 길에 대해 사실대로 알지 못 하면, 이런 사문이나 바라문은 그 때문에 몸의 물질현상을 끊을 수 없느니라.
느낌[受수], 인식[想상], 업 지음[行행], 식별작용[識식]에 있어서도 또한 마찬가지다. 만약 사문이나 바라문이 식별작용에 대해 사실대로 알지 못 하고, 식별작용의 발생과정[識集식집]에 대해 사실대로 알지 못 하며, 식별작용의 완전한 소멸[識滅식멸]에 대해 사실대로 알지 못 하고, 식별작용의 완전한 소멸에 이르는 길에 대해 사실대로 알지 못 하면, 그 때문에 그들은 식별작용을 끊을 수 없느니라."

위의 경은 '만약 사문이나 바라문이 오온에 대해 제대로 알지 못 하고, 오온의 발생과정에 대해 제대로 알지 못 하며, 오온의 완전한 소멸에 대해 제대로 알지 못 하고, 오온의 완전한 소멸에 이르는 길에 대해 제대로 알지 못 하면, 오온을 다 끊을 수 없다'고 말한다. 오온을 다 끊은 것이 열반이다. 열반을 성취하는 것이 불교수행의 궁극목표다.
(5) 〈상윳따니까야〉 22:28. 〈달콤함의 경〉에 다음과 같은 내용이 나온다.

"비구들이여, 만약 몸의 물질현상[色색]에 달콤함이 없다면, 중생들은 몸의 물질현상[色색]에 집착하지 않을 것이다. 몸의 물질현상에 달콤함이 있기 때문에 중생들은 몸의 물질현상에 집착한다.

비구들이여, 만약 몸의 물질현상에 위험함이 없다면, 중생들은 몸의 물질현상을 싫어하지 않아도 된다. 몸의 물질현상에 위험함이 있기 때문에 중생들은 몸의 물질현상을 싫어해야 한다.

비구들이여, 만약 몸의 물질현상이 벗어날 수 없는 것이라면, 중생들은 몸의 물질현상에서 벗어나지 못 할 것이다. 하지만 몸의 물질현상은 벗어날 수 있는 것이기 때문에 중생들은 몸의 물질현상에서 벗어날 수 있다. 느낌[受수], 인식[想상], 업 지음[行행], 식별작용[識식]에 있어서도 또한 마찬가지다."

위의 경은 '오온에 대한 탐욕·욕구와 집착은 위험한 것이기 때문에 오온을 싫어해야하고, 오온을 싫어하면, 오온에서 벗어날 수 있다'고 말한다.

(6) 〈상윳따니까야〉에는 다음과 같은 내용도 나온다.

"비구들이여, 몸의 물질현상[色색]을 가장 밝은 지혜로 철저하게 알고, [그로 인해 몸의 물질현상[色]에 대한] 탐욕·욕구가 빛바래고, [몸의 물질현상에 대한 탐욕·욕구를] 제거하면, 괴로움을 다 없앨 수 있다. 느낌을.... 인식을.... 업 지음을.... 식별작용을 가장 밝은 지혜로 철저하게 알고, [그로 인해 그것들에 대한] 탐욕·욕구가 빛바래고, [탐욕·욕구를] 제거하면, 괴로움을 다 없앨 수 있다."[562]

"비구들이여, 그대들은 몸의 물질현상[色색]에 대한 탐욕·욕구를 제거하라. 그러면 몸의 물질현상[色색]이 제거될 것이고, 그 뿌리가 잘릴 것이며, 줄기만 남은 야자수처럼 될 것이다. 또 존재하지 않게 될 것

562 〈상윳따니까야〉S22:24

이고, 미래에 다시는 일어나지 않게 될 것이다. 비구들이여, 그대들은 느낌[受수]에 대한.... 인식[想상]에 대한..... 업 지음[行행]에 대한.... 식별작용[識식]에 대한 탐욕·욕구를 제거하라. 그러면 식별작용[識식]이 제거될 것이고, 그 뿌리가 잘릴 것이며, 줄기만 남은 야자수처럼 될 것이다. 또 식별작용[識식]이 존재하지 않게 될 것이고, 미래에 다시는 일어나지 않게 될 것이다."[563]

위의 부처님 말씀은 '오온에 대한 탐욕·욕구를 제거하여, 오온을 다 없애면 괴로움을 다 없앨 수 있다'고 말한다.

(7) 아함부 경전인 〈물거품의 경〉[564]의 끝 부분에 다음과 같은 부처님 게송이 있다.

"몸의 물질현상[色색]은 거품덩이와 같고
느낌[受수]은 물거품과 같으며,
인식[想상]은 아지랑이와 같고,
업 지음[行행]은 파초나무와 같으며,
식별작용·의식[識식]은 요술과 같다고
가장 뛰어난 분께서 말씀하셨네.
만약 자세히 관찰하고, 사유해서 존재의 다섯 요소[오온]를 잘 분별해 볼 수 있다면 공(空)조차 없도다. 만약 이와 같이 관찰하여, 자신 안에서 크게 지혜로운 분께서 말씀하신 것을 본다면, 이 세 가지 존재[三法삼법][565]를 다 없애어 몸의 물질현상[色색]을 제거할 수 있도다."[566]

563 〈상윳따니까야〉S22:25
564 이 경은 〈신수대장경〉 제2권. 501쪽에 독립경으로 수록돼 있다. 한역명은 〈불설수말소표경(佛說水沫所漂經)〉이다.
565 〈잡아함경〉 제265. 〈포말경〉을 보면, '이 세 가지 존재'는 1. 목숨·호흡, 2. 따듯

위의 게송은 오온을 관찰하여, 오온의 속성을 밝게 안다면 오온을 다 제거할 수 있다는 말이다.

(8) 〈증일아함경〉 제28권을 보면, 부처님께서 하늘의 신들에게 오온에 대해 설법하는 내용이 나온다.

> 그 때 세존께서 수천만 대중에게 앞뒤로 둘러싸여서 다음과 같이 설법했다.
> "5가지 치성한 덩어리[五蘊오온]는 괴로운 것이다. 어떤 것이 그 다섯인가? 그것은 몸의 물질현상의 덩어리[色蘊색온], 느낌의 덩어리[受蘊수온], 인식의 덩어리[想蘊상온], 업 지음의 덩어리[行蘊행온], 식별작용의 덩어리[識蘊식온]이다.
> 어떤 것이 몸의 물질현상의 덩어리[色蘊색온]인가? 그것은 이 사대(四大)[567]로 이루어진 몸이고, 사대(四大)가 만들어내는 몸의 물질현상[色색]이다. 이런 것들을 '몸의 물질현상의 덩어리'라고 한다. 어떤 것이 '느낌의 덩어리[受蘊수온]'인가? 그것은 괴로운 느낌, 즐거운 느낌, 괴롭지도 즐겁지도 않은 느낌이다. 이런 것들을 '느낌의 덩어리'라고 한다.
> 어떤 것이 '인식의 덩어리[想蘊상온]'인가? 그것은 과거, 현재, 미래[三世삼세]가 함께 모인 것이다. 이런 것들을 '인식의 덩어리'라고 한다.
> 어떤 것이 '업 지음의 덩어리[行蘊행온]'인가? 그것은 몸으로 짓는 업, 입으로 짓는 업, 마음으로 짓는 업을 일컫는 말이다. 이런 것들을 '업

한 기운, 3. 식별작용 · 의식을 의미하는 것으로 해석된다.

566 〈신수대장경〉 제2권 501쪽의 〈佛說水沫所漂經불설수말소표경〉의 끝 부분의 게송, 502a24 "爾時 世尊便說偈言 色如彼聚沫 痛如彼水泡 想如夏野馬 行如芭蕉樹 識如彼幻術 最勝之所說 若能諦觀察 思惟而分別 空亦無所有 若能作是觀 諦察此身中 大智之所說 當滅此三法 能捨除去色"

567 사대(四大)는 우리 몸을 구성하고 있는 지(地), 수(水), 화(火), 풍(風)이다.

지음의 덩어리'라고 한다.
어떤 것이 '식별작용의 덩어리[識蘊식온]'인가? 그것은 눈, 코, 귀, 혀, 몸, 의식 등의 감각기관으로 식별[識식]하는 것이다. 이런 것들을 '식별작용의 덩어리'라고 한다.
어떤 것을 '몸의 물질현상[色색]'이라고 하는가? 추위를 느끼는 것도 몸의 물질현상이고, 더위를 느끼는 것도 몸의 물질현상이며, 배고픔도 몸의 물질현상이고, 목마름도 몸의 물질현상이다.
어떤 것을 '느낌[受수]'이라고 하는가? 느낌이란 느끼는[覺각] 것을 일컫는 말이다. 어떤 것을 느끼는가? '괴롭다'고 느끼고, '즐겁다'고 느끼며, '괴롭지도 즐겁지도 않다'고 느끼므로 '느낌'이라고 말한다.
어떤 것을 '인식[想상]'이라고 하는가? 인식은 '아는 것'이다. '푸르다'고 알고, '노랗다', '희다', '검다'고 알고, '괴롭다'고 알고, '즐겁다'고 알므로 '인식은 아는 것'이라고 말한다.
어떤 것을 '업 지음[行행]'이라고 하는가? 업 지음은 짓는 것이 있을 수 있기 때문에 '업 지음'이라고 한다. 어떤 것을 짓는가? 악업[惡行악행]을 짓기도 하고, 선업[善行선행]을 짓기도 하기 때문에 '업 지음'이라고 한다.
어떤 것을 '식별작용[識식]'이라고 하는가? 식별작용은 옳고 그름을 식별하고, 온갖 맛을 식별하는 것이다. 이런 것들을 '식별작용'이라고 한다.
여러 천자들이여, 이 오온에는 삼악도의 세계와 천신(天神)의 세계와 인간의 세계가 있는 줄 알아야 하고, **오온이 다 소멸되고 나면, 열반의 세계가 있는 줄 알아야 한다**."
세존께서 이와 같이 설법했을 때 6만의 하늘의 신들은 법의 눈이 깨끗해졌다. 이 때 세존께서 천신들과 사람들에게 설법한 뒤에 자리에서 일어나 수미산 꼭대기로 가서 다음과 같은 게송을 읊었다.

여러분은 부처님[佛불]과 부처님 가르침[法법]과 고귀한 대중[聖衆성중][568] 속에서 부지런히 공부해야 한다네.

죽음으로 가는 길을 쳐부수어 없애되
갈고리로 코끼리를 다루듯이 하라.

여러분이 만약 이 법으로
게으름을 피우지 않고 부지런히 닦는다면
곧 나고 죽는 것을 다 끝내어서
괴로움의 바탕이 없어지리다.[569]

여태껏 부처님께서 오온에 대해 어떻게 설법했는지 살펴봤다.

5) 거시적 시각에서 본 오온

오온은 "나"를 구성하고 있는 5개의 요소로서 색(色), 수(受), 상(想), 행(行), 식(識)을 일컫는 말이다. 이것을 번역하면 몸의 물질현상[色색], 느낌[受수], 인식[想상], 업 지음[行행], 식별작용[識식]이다.

568 〈증일아함경〉 제28권. 707b26 "*汝等當勤學*(여등당근학) *於佛法聖衆*(어불법성중)." '고귀한'은 산스크리트어 'ārya(아리아)'를 번역한 것이다. ārya(아리아)는 '존경할만한', '고귀한'이라는 뜻의 형용사로서 聖(성), 聖人(성인), 聖者(성자), 賢聖(현성), 智者(지자), 大德(대덕), 尊者(존자) 등으로 한역되어 있다. '고귀한 대중'은 한역문 '聖衆(성중)'을 번역한 것이다. 聖衆(성중)은 '고귀한 뜻을 가지고 수행해가는 수행공동체'라는 뜻이다. 한국에서는 聖衆(성중)을 '거룩한 스님들'로 번역하고 있는데, 이것은 '고귀한 수행공동체', '청정한 불교교단', '고귀한 뜻을 가지고 모인 사부대중' 등으로 번역하는 것이 맞다.
569 〈증일아함경〉 제28권. 707b04 – 707b29

오온은 무아(無我)의 진리를 깨닫기 위하여 지혜의 눈으로 "나"라고 여기는 것을 세밀하게 관찰해 본 모습이다. 미몽(迷夢)에 사로잡힌 중생들은 오온이 임시로 모여서 형성된 것을 "나[我아]"라고 여기고, 고정불변의 "나"가 있다고 인식하여, "나"와 "내 것"에 집착한 나머지 괴롭다. 인연화합에 의해 생성된 몸의 물질현상[色색]과 느낌[受수], 인식[想상], 업지음[行행], 식별작용[識식]도 또 거기에 작용하는 인(因)과 연(緣)도 계속 변하고 있는 것들이다. 그래서 거기에 일어났다가 사라지는 오온이 있을 뿐, "아트만" 또는 "나"라고 할 만한 고정불변의 실체는 없다. 이러한 의미를 담고 있고, 경전에 많이 나오는 구절이 "오온개공(五蘊皆空)", "오온자성개공(五蘊自性皆空)"[570], "오온무아(五蘊無我)"[571], "오온비아(五蘊非我)"[572]등이다. 오온을 관찰해서 오온에 대해 밝게 알지 못 하면, 무아의 진리를 깨달을 수 없고, 모든 괴로움을 다 끊을 수 없다. 우리는 수억 겁 동안 오온에 중독되어온 나머지 오온을 좋아하고, 오온을 탐하여 오온에서 벗어나지 못 한 나머지 육도윤회의 고통스러운 생을 반복하고 있는 것이다.

여태껏 오온에 대해 알아봤다. 오온은 이와 같이 중요한 것인데, 그동안 부실하게 이해되어 왔기에 상세하게 설명했다. 그럼 이제 자성의 개념에 대해 알아보자.

570 "오온개공"과 "오온자성개공"은 존재의 다섯 요소는 다 실체가 없는 것들이라는 말이다.

571 "오온무아"는 존재의 다섯 요소에는 "나"라고 할 만한 것이 없다는 말이다. 이 말은 존재의 다섯 요소만 있을 뿐, "나"라고 할 만한 것은 어디에도 없다는 말이다.

572 "오온비아"는 존재의 다섯 요소는 "나"가 아니라는 뜻이다. 오온개공, 오온무아, 오온비아 등은 〈아함경〉에 많이 나오는 표현이다.

제10장
"자성(自性)"의 개념과 마음의 정체

1. 석가부처님은 자성의 존재를 부정했다

앞에서 〈반야심경〉의 "조견오온개공"은 "조견오온**자성**개공(照見五蘊自性皆空)"으로 옳게 번역돼야 한다고 말했다. 여기서 자성(自性)은 어떤 것이고, 현장은 〈반야심경〉을 번역하면서 왜 이 "자성"을 빼버렸는가? 먼저 자성(自性)이 어떤 것인지 알아보자. 한국불교에서의 자성은 '자신의 성품자리', '마음자리', '마음[心심]', '일심(一心)', '본래면목(本來面目)', '불성(佛性)', '진여(眞如)'와 같은 의미로 사용된다. 중국 선불교에서는 "자성을 보는 것이 견성하는 것이고, 견성하면 부처가 된다"고 말한다. 그러면서 '일체유심조(一切唯心造)'라는 말을 써가며, 마치 그런 절대불변의 마음, 즉 자성이 있어서 그것이 우주 삼라만상을 만들어낸 것처럼 말한다.[573] 그러나 석가부처님은 자성의 존재를 부정했고, 일체유심조는 AD. 4세기 초에 시작된 유식불교에서 만들어낸 개념이다.

자성은 고정불변의 실체이다

자성(自性)은 산스크리트어 '스바바바(svabhāva)'를 번역한 것이고, 이 것은 '본질(substance)', '실체', '본체'라는 뜻으로, '性(성)', **'자성(自性)'**, '본성(本性)', '진여본성(眞如本性)', '체성(體性)', **'실체(實體)'** 등으로 한역돼 있다. 스바바바(svabhāva), 즉 자성은 '생멸변화(生滅變化)하는 현상의 배후에 있는 고정불변의 존재'라는 뜻이다. 대승불교 최초기의 인물인 용수(AD2~3세기)는 〈중론〉에서 자성에 대해 다음과 같이 말했다.

> "수많은 인(因)과 연(緣)이 결합되어서 자성(自性)이 만들어졌다는 것은 옳지 않다.[574] .... 자성은 만들어진 것이 아니고, 다른 존재에 의존해서 생긴 것도 아니다.[575]"

위의 글에서 용수는 '자성은 수많은 인(因)과 연(緣)에 의해 만들어진 것이 아니고, 본래부터 스스로 존재하는 것'이라는 취지로 자성을 설명해

573 한국 근대불교를 대표하는 대선지식인 백용성(1864-1940) 스님은 〈심조만유론心造萬有論〉이라는 저술을 통해 마음이 우주 만물을 만들어냈다는 취지의 글을 전개하고 있다.

574 〈중론〉 제15. 자성품 19c22 "衆緣中有性(중연중유성) 是事則不然(시사즉불연)"

575 〈중론〉 제15. 자성품 19c28 "性名爲無作(성명위무작) 不待異法成(부대이법성)." 이 부분은 어렵게 한역되어 있어서 해독이 어렵다. 이 한역문에서 "待(대)"는 "依(의)"로 번역해야 할 것을 잘못 번역했거나 옮겨 적는 과정에서 잘못 옮겨 적은 것으로 보인다. 性名爲無作(성명위무작)은 '자성[性성]은 만들어진 것[作작]이 아니다[無무]'는 말이다. 不待異法成(부대이법성)은 '자성은 다른[異이] 존재[法법]에 의존해서[依의] 생성된 것[成성]이 아니다[不불]'는 말이다. 이 한역문 만으로는 이렇게 해독하는 것이 불가능할 정도로 어렵게 한역되어 있다. 티베트어본 〈중론〉을 보면 이런 뜻임을 알 수 있다. * (참고) 待(대) 기다릴 대. 대접할 대. 대접함. 依(의) 의존할 의. 기댐.

놓았다.[576] 이것은 기독교의 〈성경〉에 "우주 천지만물을 창조한 하나님은 어떻게 이 세상에 존재하게 되었느냐?"는 의문에 "하느님은 누가 만들어 낸 것이 아니라 태초 이전부터 스스로 존재하는 분"[577]라고 말하는 것과 같다. 일체유**심**조(一切唯**心**造)에서의 **심(心)**이 **자성(自性)**이고, 이것은 알고 보면 기독교의 **하나님**과 같은 개념이다. 또 이러한 자성은 힌두교의 성전인 〈우파니샤드〉에 나오는 **아트만**과 같은 개념이다. "아트만은 이 세상의 모든 것을 다 알고 있고, 이 세상 어디에든지 다 존재하며, 스스로 존재하는 자이고, 시작도 끝도 없이 영원히 존재하는 자이다."[578] "아트만은 그가 이 세상의 우주만물을 창조하기 전에는 홀로 있었다."[579]

중요한 것은 부처님 말씀에 의하면 '이러한 개념의 자성은 존재하지 않는다'는 사실이다. 불교의 핵심 진리인 '제행[580]무상(諸行無常)', '제법무아(諸法無我)', '제법무자성(諸法無自性)'이라는 표현이 이 사실을 말해주고

576 자성에 대한 이 설명에 한 마디를 덧붙이면, '자성은 일찍이 생겨난 적도 없고, 없어진 적도 없다'는 뜻인 '부증생부증멸(不曾生不曾滅)'을 덧붙일 수 있다. 부증생부증멸은 〈육조단경〉의 자성을 설명하는 데 나오는 표현이다. 서산대사는 〈선가귀감〉의 첫 머리 게송에서 이 표현을 그대로 인용해서 쓰고 있는 것을 볼 수 있다. 〈선가귀감〉 첫 머리 게송은 "유일물어차(有一物於此) 종본이래(從本以來) 소소영령(昭昭靈靈) 부증생부증멸(不曾生不曾滅) 명부득상부득(名不得相不得)"이다.

577 기독교의 〈성경〉 출애굽기 제3장 14절; "하나님께서 모세에게 이르시되, 나는 스스로 존재하는 자이니라. 너는 이스라엘 자손에게 '스스로 존재하는 분께서 나를 너희에게 보냈다'고 말해라."

578 〈이샤 우파니샤드〉 제8절. 〈우파니샤드〉 이재숙 옮김. 한길사 2005년. 62쪽

579 〈아이따레야우파니샤드〉제1장1절. 〈우파니샤드〉이재숙 옮김. 한길사2005년. 498쪽

580 "제행(諸行)"은 흔히 '이 세상 모든 것'이라는 뜻이라고 말하는데, 그것보다는 '오온'으로 해석하는 것이 맞는다고 본다. "제법(諸法)"도 마찬가지다. 즉 "제행무상"은 '오온은 무상한 것들"이라는 뜻이고, "제법무아(諸法無我)"는 '오온에는 "나"라고 할 만한 것이 없다'는 뜻이라는 말이다. 유아(有我)불교, 즉 자성(自性)불교를 주창하는 중국 선불교나 인무아(人無我)가 아니라 법무아(法無我)를 주창하는 대승불교의 종파에서 "제행"과 "제법"의 의미를 왜곡해 놓았다고 볼 수 있다.

있다. 제행무상(諸行無常), 제법무아(諸法無我), 제법무자성(諸法無自性)은 '모든 존재, 즉 오온, 십이처, 십팔계 등은 인연에 의해 잠깐 일어났다가 사라지는 것일 뿐, 그것들은 다 실체[自性자성]가 없는 것들'이란 말이다.

일체유심조는 '우주 삼라만상은 마음이 만들어낸 환상일 뿐, 실제로 존재하는 것이 아니다'는 말인데, 이것은 수긍하기 어려운 말이다

흔히 일체유심조(一切唯心造)를 해석하기로, '모든 존재는 마음이 만들어낸 것'이라는 뜻으로 해석하여, 일체를 우주 삼라만상으로 보고, 마음을 삼라만상을 만들어낸 절대적인 마음[一心일심], 즉 기독교의 창조주와 같은 존재로 해석한다. 유식(唯識)불교에서 나온 '일체유심조'라는 말을 유식불교 이론으로 정확하게 해석하면, '우주 삼라만상은 마음이 만들어낸 환상일 뿐, 실제로 존재하는 것은 아니다'는 말이다. 인도인들의 환심을 사기 위하여 인도 전통사상인 베다의 **아트만** 개념을 도입하여, 만들어낸 유식불교의 이론은 다음과 같다.

> 우주 삼라만상은 다 허위(虛僞), 거짓, 환상이다. 모든 것은 다 한 마음[一心일심]이 만들어낸 것일 뿐이다. 우주에 마음을 벗어나서 독립적으로 존재하는 것은 아무 것도 없다. 마음은 삼라만상의 본체이고, 유일한 실재(實在)이다.[581]

581 이 부분은 이 책의 (부록2)의 유식불교를 설명해 놓은 곳을 참고 바람. 〈대승기신론〉 진제 역본 577b16"三界虛僞 唯心所作 離心則無六塵境界 此義云何 以一切法皆從心起 妄念而生一切分別卽分別自心 心不見心無相可得. 當知世間一切境界皆依衆生無明妄心而得住持 是故一切法如鏡中像無體可得 唯心虛妄 以心生則種種法生 心滅則種種法滅故." 삼계허위유심소작(三界虛僞唯心所作), 삼계유심(三界唯心), 일체유심조(一切唯心造), 유심(唯心), 유식(唯識) 등은 다 같은 뜻이다.

중국과 한국의 불자들은 이 "한 마음[一心일심]"만 깨달으면, 우주 삼라만상의 원리를 다 깨닫는다고 믿는 사람들이 많다. 그런데 문제는 석가부처님의 무아설(無我說)에 의하면, 유식학파의 논사들이 힌두교의 "아트만" 개념을 도입해서 만들어낸 "한 마음[一心일심]" 따위는 존재하지 않는다는 사실이다. 석가부처님은 "'아트만[我아]', 즉 '나[我아]'라고 할 만한 것이 없다"고 말하여 아트만의 존재를 부정했다. "'아트만'이라고 할 만한 것이 없다"는 무아설은 유식불교에서 아트만의 다른 이름인 "한 마음[一心일심]"이 없다는 말이다. 이와 같이 석가부처님의 무아설에 의하면, "한 마음" 그 자체가 없는데, 어떻게 한 마음이 우주 삼라만상을 만들어낼 수 있었겠는가? 그래서 일체유심조(一切唯心造)는 부처님의 무아설의 입장에서 볼 때 수긍하기 어려운 말이다.

유식불교 학자들이 말한 일체유심조의 본래 뜻을 무시하고, 만약 '일체유심조'를 '행복이나 고통 등 네 마음속의 문제는 다 네 생각[妄念망념]이 만들어낸 것'이라는 뜻으로 해석하면, 이것은 문제가 없다. 이렇게 해석할 때 "일체유심조"에서의 "일체(一切)"는 '마음에서 일어나는 모든 현상'이라는 뜻이다. 이렇게 볼 수 있는 근거를 대라고 하면, 다음과 같은 불교경전 내용을 억지로[582] 갖다 댈 수 있다.

〈사바 수타〉[583] 경에서 '쟈누소니'라는 한 철학자가 부처님께 "일체 만상(萬象)에서의 일체는 무엇입니까?"라고 물었다. 부처님은 그에 대해 "일체는 눈, 귀, 코, 혀, 몸, 의식 등의 감각기관과 그 대상인 형상[色색], 소리, 냄새, 맛, 감촉, 마음에서 일어났다가 사라지는 것들[法

582 여기서 필자가 억지를 부리는 이유는 정확한 뜻을 모르는 한국인들에게 이미 유명해진 일체유심조를 버리기가 아깝기 때문이다. 즉 일체유심조는 원래는 엉터리 이론이지만, 엉터리가 아닌 것으로 만들기 위해 억지로 해석을 다르게 했다는 말이다.

583 S4.15;TD2.91a-b

법]"이라고 답했다.

"일체유**심**조"에서의 "심 · 마음"을 우주 삼라만상을 만들어낸 창조주와 같은 마음이 아니라, "번뇌망상을 만들어내는 망념(妄念)"으로 해석하면, 일체유심조는 문제가 없다는 말이다. 이렇게 해석하면, 일체유심조는 다음과 같은 뜻이 된다. 네 생각이 네 마음속의 온갖 것들을 만들어냈고, 네 생각이 만들어낸 관념에 사로잡힌 나머지 괴롭다는 것이다. 그러니 번뇌망상인 생각만 없으면, 모든 괴로움이 다 사라진다는 말이다. 우리는 생각을 줄여나가고, 생각을 없애기 위해 선정을 닦는다.

2. 마음의 정체는 무엇인가? '마음'이란 어떤 것인가?

마음은 수(受), 상(想), 행(行), 식(識)이라는 정신현상일 뿐, 어떤 것도 아니다

마음[心] 그럼 '마음'이란 어떤 것인가? 마음은 오온으로 구성돼 있는 "나"라고 하는 존재 중에서 몸의 물질현상[色색]을 제외한 나머지 요소인 느낌[受수], 인식[想상], 업 지음[行행], 식별작용[識식]이라는 정신작용을 일컫는 말이다. 마음은 대상을 지각(知覺)하고, 느끼고, 인식하고, 반응하고, 기억하는 정신작용일 뿐, 그 어떤 것도 아니다. 이런 의미에서 "오온은 다 실체가 없는 것들"이라고 말한다. 오온은 다 실체가 없는 것들"이라는 말 속에는 '마음은 실체가 없는 것들'이라는 뜻이 내포돼 있다. 마음은 정신작용이고, 정신작용은 실체가 없는 것들이기 때문이다. 정신작용은 마치 정전기와 같다. 정전기는 두 사물 사이에서 일어나는 전기 작용에 불과하다. 정전기는 두 사물이 접촉함으로 인해 일시적으로 일어나는 물리현상일 뿐, 실체가 없는 것이다. 실체가 없다는 것은 두 사물이 떨어지거나 없어지면, 그 작용도 또한 없어진다는 말이다. 정전기는 두 사물에 의존해서 찰나순간 존재하는 것일 뿐, 두 사물을 떠나서 독립적으로 존재하는 것은 아니라는 말이다. 이와 마찬가지로 마음도 형상[色색], 소리[聲성], 냄새[香향], 맛[味미], 감촉[觸촉], 마음에서 일어났다가 사라지는 것들[法법]과 그것을 지각할 수 있는 눈[眼안], 귀[耳이], 코[鼻비], 혀[舌설], 몸·피부[身신], 의식[意의] 등의 감각기관이 만나서 그 사이에서 일어나는 정신작용일 뿐이다. '신경체계'라는 물질로 이루어진 감각기관이 없으면, 그 작용인 마음도 또한 없다. 또 감각기관이 있어도 그 대상이 없으면 마음작용은 일어나지 못 한다. 예컨대 소리가 없으면 듣는 작용이 있을 수 없는 것과 같다. 귀, 청각과 소리가 있고, 그 둘의 만남을 통해 듣는 작용인 귀의 식별작용[耳識이식]이 일어난다. 귀와 소리는 물질요소인 색(色)이고, 그 두 물질[色색]이 만남으로 인하여 둘 사이의 작용인 마음이 만들어지는 것이다. 현대 과학지식을 동원해서 말하면, 물질인 수백억 개의 신경세포들 사이의 정보 전달과정을 통해 형성되는 것이 마음이다. 이와 같이 마음은 두 물질 사이의 물리·화학적인 작용에서 나온다. 즉 '마음'도 인(因)과 연(緣)의 결합으로 만들어지는 것일 뿐, '마음'이라고 하는 고정불변의 실체가 있는 것은 아니라는 말이다. 만약 무엇이 있다면, 그것은 밝지 못함인 무명(無明)과 업 지음[行행]과 인식[想상]과 식별작용[識식]이 있을 뿐이다. 십이연기법에 의하면 마음·식별작용[識식]은 업 지음[行행]에 의해 있게 되고, 업 지음은 무명(無明)에 의해 있게 된다. 무명조차 전생의 업 또는 집착에서 만들어지는 것이기 때문에 그것도 본래부터 있는 것은 아니다. 그래서 부처님께서 다음과 같이 말했다.

"만약 중생이 죽음에 임해서 취함·집착[取취]이 있으면, 나는 그에게 '태어남을 받는다'고 수기(授記)[584]하고, 만약 이 때 취함·집착이 없으면 '태어남을 받지 않는다'고 수기한다."[585]

위의 말 속에는 〈대상 또는 "나"에 대한 취함 · 집착이 없으면 태어남을 받지 않게 되고, 태어남을 받지 않으면, 몸도 마음도 존재하지 않는다〉는 뜻이 내포돼 있다. 즉 몸을 떠나서 마음이 따로 존재하는 것은 아니라는 것이 부처님 말씀이다.

인식의 주체인 마음 · 식별작용도 계속 변하여, 고정된 것이 없는 것이라서 "나"가 아님

1) 〈잡아함경〉 제248. 〈순나경〉에 '마음 · 식별작용[識식]도 또한 "나"가 아니다'는 내용이 나온다.

〈잡아함경〉 제248. 〈순나경(純那經)〉
이와 같이 내가 들었다.
.... 그 때 아난 존자가 대순타(大純陀)[586] 존자가 있는 곳으로 찾아가서 서로 문안인사를 나눈 뒤에 한쪽에 앉았다. 그 때 아난 존자가 순타 존자에게 말했다.
"물어보고 싶은 것이 있는데, 혹시 틈이 나면 대답해주시겠습니까?"
순타 존자가 아난 존자에게 말했다.
"당신 질문에 따라 아는 대로 대답해드리겠습니다."

584 수기(授記)는 부처님께서 제자들에게 다음 생에 개인 공부의 성취에 대하여 예언해주는 것이다.
585 〈별역잡아함경〉 제10권, 〈신수대장경〉 제2권 443쪽 상단 "我說(아설)有取記彼受生(유취기피수생) 若無取者(약무취자) 則無受生(즉무수생)"
586 빨리어로는 'Mahacunda(마하춘다)'이고, 사리불의 동생이다. '마하주나(摩訶周那)'로 한역되기도 한다.

아난 존자가 순타 존자에게 물었다.

"세존, 여래, 응공(應供), 등정각(正等覺)께서 아시는 바와 보시는 바대로 한다면, 지수화풍(地水火風) 네 가지 요소가 만들어내는 몸의 물질현상을 말씀하시되, '이 네 가지 요소가 만들어내는 몸의 물질현상은 "나[我아]"가 아니라고 내세우고, 밝히십니다. 여래, 응공, 등정각께서 아시는 바와 보시는 바대로 하면, 마음 · 식별작용[識식][587]도 또한 "나"가 아니라고 말씀하십니까?"

순타 존자가 아난 존자에게 말했다.

"당신은 가장 많이 들어서 잘 아시는 분입니다. 제가 멀리서 존자가 계신 곳을 찾아 온 이유는 이 법을 물어보기 위해서입니다. 존자이시여, 원컨대 오늘 저를 위해 그 뜻을 말씀해주시기 바랍니다."

아난 존자가 순타에게 말했다.

"제가 이제 존자께 묻겠으니 마음대로 답해주시기 바랍니다. 순타 존자여, 눈이 있고, 형상[色색]이 있으며, 눈의 식별작용[眼識안식]이 있습니까?"

"네, 있습니다."

아난 존자가 다시 물었다.

"눈이 형상을 인연하여, 눈의 식별작용이 생기는 것입니까?"

"네, 그렇습니다."

아난존자가 다시 물었다.

"만약 눈이 형상을 인연하여, 눈의 식별작용이 생기는 것이라면, 그 인(因)과 그 연(緣)은 고정된[常상] 것입니까? 아니면 계속 변하여, 고정된 것이 없는[無常무상] 것입니까?"[588]

587 마음 · 식별작용[識]은 한문 원문의 "識(식)"을 번역한 것이다. 마음[心], 의식[意], 식별작용[識]은 같은것으로서 그 이름만 다르다.

"그 인(因)과 그 연(緣)은 계속 변하여, 고정된 것이 없는 것입니다."
아난 존자가 다시 물었다.
"그런 인(因)과 그런 연(緣)으로 눈의 식별작용이 생기는 것이라면, 그 인과 그 연이 끊임없이 계속 변하여, 고정된 것이 없는 것이라서 변해서 바뀔 때에도 그 식별작용[識식]이 계속 머물겠습니까?"[589]
"아닙니다. 아난 존자이시여."
아난 존자가 다시 물었다.
"당신 생각에는 어떻습니까? 그 '식별작용'이라는 것이 혹은 생겨나고, 혹은 사라지는 것이라는 사실을 안다면, 그래도 많이 들어서 아는 거룩한 제자들이 과연 그것에 대해 '이것이 "나"다. 이것은 "나"와 다른 것이다. 이것은 "나"와 "나" 아닌 것이 함께 있는 것'이라고 생각하겠습니까?"
"아닙니다. 아난 존자이시여. 그렇게 생각하지 않습니다."
"귀, 코, 혀, 몸에 대해서도 또한 마찬가지입니다. 의식[意의]과 법[590]에 대해 당신은 어떻게 생각합니까? 의식이 있고, 의식의 대상인 법(法)이 있으며, 의식의 식별작용이 있습니까?"
"네, 있습니다. 아난 존자이시여."
"의식이 그 대상인 법(法)을 인연하여, 의식의 식별작용[意識의식]이 생기는 것입니까?"
"그렇습니다. 아난 존자이시여."
또 물었다.
"만약 의식이 법을 인연(緣)하여, 의식의 식별작용이 생기는 것이라

588 〈잡아함경〉 제248. 순나경 059c03 "彼因 · 彼緣。爲常 · 爲無常"
589 위의 경 059c04 "彼因 · 彼緣生眼識。彼因 · 彼緣無常變易時。彼識住耶"
590 이 때 법은 마음에서 일어났다가 사라지는 현상들이다.

면, 그 인과 그 연은 고정된 것입니까, 계속 변하여, 고정된 것이 없는 것입니까?"

"계속 변하여, 고정된 것이 없는 것입니다. 아난 존자이시여."

또 물었다.

"그런 인(因)과 그런 연(緣)이 의식의 식별작용[意識의식]을 일으키는 것이라면, 그 인과 그 연이 계속 변하여, 고정된 것이 없는 것이라서 변하고 바뀔 때에도 의식의 식별작용이 계속 머물겠습니까?"[591]

"아닙니다."

아난존자가 다시 물었다.

"당신 생각에는 어떻습니까? 법(法)이 혹은 생기고 혹은 사라지는 것인 줄 안다면, 그래도 많이 들어서 아는 거룩한 제자들이 과연 그런 것에 대해 '이것이 "나"다. 이것은 "나"와 다르다. 이것은 "나"와 "나" 아닌 것이 함께 있는 것'이라고 생각하겠습니까?"

"아닙니다. 아난 존자이시여."

아난 존자가 순타에게 말했다.

"그러므로 순타 존자여, 여래, 응공, 등정각께서 아시는 바와 보시는 바로는 '마음 · 식별작용도 또한 계속 변하여, 고정된 것이 없는 것'이라고 말씀하십니다. 비유하면, 장정이 도끼를 들고 산에 들어가서 파초나무를 보고, 재목(材木)으로 쓸 수 있다고 생각하여, 뿌리를 끊고, 잎을 잘라내고, 껍질을 벗기고, 단단한 심(芯)을 찾기 위해 온 나무를 다 벗겨 보았지만, 단단한 것이라고는 전혀 없는 것과 같습니다.

이와 같이 많이 들어서 아는 거룩한 제자는 눈의 식별작용[眼識]과 귀, 코, 혀, 몸의 식별작용과 의식의 식별작용을 바르게 관찰합니다. 바르게 관찰했을 때는 취할 만한 것이 아무 것도 없습니다. 취할 만한 것이

591 059c13 "若因 · 若緣生意識。彼因 · 彼緣無常變易時。意識住耶"

없기 때문에 집착할 것이 없고, 집착할 것이 없으므로 스스로 열반을 깨닫습니다. 그리하여 나의 태어남[生생]은 이미 다하고, 거룩한 행은 확립되었으며, 할 일은 이미 다 마쳐, 다음 존재를 받지 않을 줄 스스로 압니다."[592]

그 두 정사(正士)는 이 법을 말할 때 서로 기뻐하며, 제각기 자신의 처소로 돌아갔다.

위의 경의 요지는 인식의 주체인 마음·식별작용[識식]도 무상한 것이라서 그것을 영원불변의 "나"라고 할 수 없다는 말이다. 관찰을 통해 깨닫고 보면, "나"라고 할 만한 것이 없다는 것이 부처님의 가르침이다. 몸의 물질현상[色색]과 느낌[受수], 인식[想상], 업 지음[行행], 마음·식별작용[識식]은 다 고정불변의 실체가 없는 것들이다. 이것이 "오온자성개공(五蘊自性皆空)"의 진리이다. 마음자리를 깨닫겠다고 헤매는 분들은 마음의 허망함을 봐야 마음을 제대로 깨달은 것이 될 것이다. 중국 선(禪)불교에서 말하는 '마음'과 '자성자리'와 힌두교에서 말하는 '아트만'은 똑 같은 개념이다. 석가부처님은 그 어느 경에서도 "마음"을 강조한 적이 없다는 사실을 알아야 한다. 마음자리 타령을 하지 말고 몸의 물질현상[色색]과 느낌[受수], 인식[想상], 업 지음[行행], **마음**·식별작용[識식]은 다 공(空)한 것들이고, 실체가 없는 것들임을 관찰해야 한다. 마음·식별작용[識식]은 인연에 의해 찰나순간 존재하다가 사라지는 것들이지, 고정불변의 것으로 존재하는 것은 아니다. 몸의 물질현상[色색]과 느낌[受수], 인식[想상], 업 지음[行행], 마음·식별작용[識식] 중 어느 것을 관찰해

592 〈잡아함경〉 제248경. 059c21 "如是多聞聖弟子正觀眼識。耳·鼻·舌·身·意識。當正觀時。都無可取。無可取故。無所著。無所著故。自覺涅槃。我生已盡。梵行已立。所作已作。自知不受後有"

봐도 딱히 "나" 또는 "아트만"이라고 할 만한 것이 없기 때문에 부처님께서 무아법(無我法)을 설했다.

2) 또 〈잡아함경〉 제11. 〈인연경①〉에 다음과 같은 내용이 나온다.

그 때 세존께서 여러 비구들에게 말씀하셨다.
"몸의 물질현상[色색]은 계속 변하여, 무상한 것이다. 인(因)과 연(緣)이 온갖 몸의 물질현상을 만들어내는데, 그 인과 연도 또한 계속 변하여, 무상한 것들이다. 그런 인과 연이 만들어내는 온갖 몸의 물질현상인들 어찌 계속 변하여, 무상한 것이 아니리요?
몸의 물질현상이 계속 변하여, 무상한 것이듯이 느낌[受수], 인식[想상], 업 지음[行행], 마음 · 식별작용[識식]도 또한 계속 변하여, 무상한 것들이다. 인(因)과 연(緣)이 온갖 마음 · 식별작용을 만들어내는데, 그 마음 · 식별작용을 만들어내는 인과 연도 또한 계속 변하여, 무상한 것들이다. 계속 변하여, 무상한 인과 연이 만들어내는 온갖 마음 · 식별작용인들 어찌 계속 변하여, 무상한 것이 아니리요?
이와 같이 비구들이여, 몸의 물질현상도 계속 변하여, 무상한 것이고, 느낌, 인식, 업 지음, **마음** · 식별작용도 계속 변하여, 무상한 것들이다. 계속 변하여, 무상한 것은 괴로운 것이고, 괴로운 것은 "내[我아]"가 아니며, 내가 아닌 것은 내 것도 아니다.
거룩한 제자들이여, 이와 같이 관찰하면[593], 몸의 물질현상을 싫어하게 되고, 느낌, 인식, 업 지음, 마음 · 식별작용도 싫어하게 된다. 싫어하면 즐기지 않게 되고, 즐기지 않으면 해탈하게 된다. 그러면 해탈지견(解脫知見)이 생겨나서 나의 태어남[生생]은 이미 다하고, 거룩한 행은 확립되었으며, 할 일은 이미 마쳐, 다음 존재를 받지 않을 줄 스

593 여기서 "관찰한다"는 것은 '관찰하여, 그런 사실을 꿰뚫어본다'는 뜻이다.

스로 아느니라."

3) 〈잡아함경〉 제12. 〈인연경②〉

"몸의 물질현상[色색]은 계속 변하여, 무상한 것이다. .... 이와 같이 비구들이여, 몸의 물질현상은 계속 변하여, 무상한 것이고, 느낌, 인식, 업 지음, 마음 · 식별작용도 계속 변하여, 무상한 것들이다. 그런 것들은 괴로운 것이고, 괴로운 것은 "나"가 아니고, "나"가 아닌 것은 또한 내 것도 아니다. 이와 같이 관찰하는 것을 '바른 관찰'이라고 한다. 고귀한 제자들이여, 이와 같이 관찰하면, 몸의 물질현상에서 벗어나게 되고[解脫해탈], 느낌, 인식, 업 지음, 마음 · 식별작용에서 벗어나게 된다. 나는 이런 것을 두고 '태어남, 늙음, 병듦, 죽음, 근심, 슬픔, 괴로움, 번민 등에서 해탈했다'고 한다."

위의 〈잡아함경〉 제11, 12경에서 부처님께서는 "몸의 물질현상뿐만 아니라 느낌, 인식, 업 지음, **마음** · 식별작용도 또한 변하지 않는 존재가 아니라, 계속 변하여, 부상한 인(因)과 연(緣)에 의해 잠깐 일어났다가 사라지는 허망한 현상일 뿐"이라고 말한다. 또 "몸과 마음, 그 어느 것도 "나"가 아니고, '내 것'이라고 할 만한 것이 없다"고 말한다.

4) 〈잡아함경〉 제460경에서 다음과 같이 "마음은 감각기관과 그 대상이 만나는 곳에서 일어나는 정신현상일 뿐"이라고 말한다.

〈잡아함경〉 제460경

"고시타 장자가 아난존자에게 물었다. "말씀하신 그 '갖가지 요소[界계]'란 어떤 것입니까?" 그 물음에 아난존자가 답했다. "눈의 요소[眼界안계]가 다르고, 형상의 요소[色界색계]가 다르다. 이 두 인연이 기쁘게 만나는 곳에서 눈의 식별작용[眼識안식]이 일어난다. 눈, 형상, 눈의 식별작용이 결합하여, 접촉이 일어나고, 기쁜 접촉으로 인해 즐거운 느낌이 일어난다. 이와 같이 귀, 코, 혀, 몸, 의식, 소리, 냄새, 맛, 감촉, 마음에서 일어났다가 사라지는 것들[法법]의 요소에 있어서도 또한 마찬가지다. ...."

위의 경에 의하면 마음의 다른 이름인 식별작용[594]은 감각기관과 그 대상이 만나는 곳에서 일어나는 정신현상일 뿐이다. 만약 수많은 신경세포가 모여서 덩어리를 이루고 있는 '뇌(腦)'라고 하는 물질이 없다면, 마음이 독립적으로 존재할 수 있을까? 혹은 뇌가 망가져서 뇌의 작용이 멈춘 상태에서 마음이 독립적으로 존재할 수 있을까? 이렇게 볼 때 우리 마음은 뇌 속의 신경세포들 간의 상호작용에 의해 나온 정신현상이거나 상호작용 그 자체임을 알 수 있다.

현대 뇌과학의 시각에서 바라본 마음

"오늘날 뇌(腦)과학, 신경과학, 인지(認知)과학 분야에서 마음과 물질의 관계에 대해 활발하게 연구 중이다. 그 결과, 인간의 복잡한 정신을 분자활동으로 설명할 수 있는 시대가 오고 있다. 현재 인간의 사고, 의식, 행동, 감정을 뇌 속의 화학물질들 간의 상호작용으로 상당한 부분 설명할 수 있게 되었다. 그 동안의 연구결과, 뇌에는 신경전달 물질, 수용체, 2차 3차 전달자들, 각종 기능 단백질을 비롯한 많은 활성물질이 발견되었다. 정신분열증, 우울증, 신경증, 파킨슨병, 간질, 자폐증, 주의력결핍,

594 앞에서 말했듯이 마음[心심], 의식[意의], 식별작용[識식]은 이름만 다를 뿐, 같은 것이다. 그래서 필자는 오온의 識(식)을 식별작용[識], 마음 · 식별작용[識], 의식[識] 등으로 번역한다.

과잉행동장애(ADHD), 수면장애 등과 같은 중요한 신경정신계의 질환이 특정한 신경전달 물질계의 기능 과다 및 감소로 인해 생긴다는 사실이 밝혀지고 있다. 복측 피개부(VTA)에 있는 '도파민'이라는 신경전달물질계가 과도하게 활성화됨으로써 환각 또는 행동과 사고의 장애를 보이는 것으로 여겨지고 있다. 우리 뇌의 맨 위의 앞에 있는 전전두엽[595]에는 사람의 기분과 감정과 폭력성을 제어하는 세로토닌계가 있다. 이것이 선천적 또는 후천적인 어떤 원인으로 인해 기능장애가 나타나면, 하부 뇌에서 표출되는 감정과 폭력성을 제어하지 못 하게 된다. 최근 이러한 세로토닌계의 장애로 인해 제어할 수 없는 폭력성이 나타나서 연쇄살인을 일으킬 수 있음이 보고되고 있다."[596] 이와 같이 정신현상인 마음은 몸속의 특정 물질들 간의 상호작용에 의해 크게 영향을 받는 것으로 밝혀지고 있다. 또 역으로 몸의 물질현상은 정신현상인 마음에 크게 영향을 받는다. 때로는 정신현상이 몸의 물질현상을 만들어내기도 한다. 에로(erotic) 영상을 보면 성욕이 일어나고, 그러면 몸속에 성호르몬이 생성되고, 몸속에 성호르몬이 많이 쌓이면, 강한 성욕을 느낀다는 사실이 이것을 입증해주고 있다. 현대과학은 아직 마음이 어떻게 만들어지는지 명쾌하게 다 밝혀내지는 못 하고 있지만, 머지않아 밝혀질 날이 올 것이다.

부처님께서는 눈[眼안], 귀[耳이], 코[鼻비], 혀[舌설], 몸[身신], 의식[意의] 등의 감각기관과 그 대상인 형상[色색], 소리[聲성], 냄새[香향], 맛[味미], 감촉[觸촉], 마음에서 일어났다가 사라지는 것들[法법]을 벗어난 별도의

595 전-전두엽(前前頭葉) : 전두엽의 앞부분. 추론하고, 계획하며, 감정을 억제하는 일을 주로 맡는다.
596 이 부분 내용은 서울대학교 의과대학 서유헌 교수의 네이버 글, "신경전달물질계의 이상, 천재와 광인은 가깝다"를 요약하여 옮긴 것임을 밝힌다.

마음을 두지 않았다. 부처님께서는 마음이 만들어지고, 작동되[illegible] 과정을 이해하기 위하여 위빠사나 관찰수행을 통해 몸과 마음[illegible]찰해갔다. 그 결과, 마음은 감각기관이 주변 대상과 관계하는 과정[illegible]서 일어나는 하나의 정신현상임을 알아냈다. 그 정신현상은 접촉[illegible]는 외부 대상에 대해 좋아하고 싫어하는 느낌을 갖는 감수작용[受수], [illegible]개념 또는 이미지를 통해 대상을 받아들이는 인식작용[想상], 대상에 대[illegible] 반응하는 업지음작용[行행], 대상을 감각기관을 통해 분별해서 아는 식별[illegible][識식] 등으로 나누어짐을 알아냈다. 부처님은 마음을 감각기관과 주변 환[illegible]이라는 두 물질 사이에서 일어[illegible]는 전기작용과 같은 것으로 보았다. 부처님은 감각기관과 외부 대상이 만나서 눈의 식별작용[眼識안식]을 만들고, 귀의 식별작용[耳識이식]을 만들며, 코의 식별작용[鼻識비식], 혀의 식별작용[舌識설식], 몸[피부]의 식별작용[身識신식], 의식의 식별작용[意識의식]을 만드는데, 그 식별작용이 곧 마음임을 알아냈다. 식별작용 이외에 그 어떤 마음도 존재하지 않는다는 것이 부처님의 반야지혜로 바라본 마음에 대한 이해였다. 그래서 부처님은 마음[心심,citta[illegible]의,manas마나스], 식별작용[識식,vijñāna비즈냐나], 이 셋에 대해 그 어떤 차이도 두지 않고 같은 의미로 사용했다. 만약 불교에 식별작용[識식] 이외의 다른 마음이 있다면, 그것은 부처님의 반야지혜로 바라본 마음이 아니라 바라문교의 시각에서 바라본 마음이거나 부파불교 학자들이 만들어낸 가상(假象)의 마음이다. 여기서 '가상의 마음'이란 실제로는 존재하지 않고, 관념상으로만 존재하는 마음이라는 뜻이다. 만약 〈고정불변의 절대적인 마음이 있다〉고 믿는다면, 그런 믿음을 '전도몽상(顚倒夢想)', 즉 '잘못된 믿음'이라고 말한다. 분명한 것은 부처님께서는 이러한 절대불변의 마음에 대해 말한 적이 없다는 사실이다. 오히려 부처님은 "오온자성개공(五蘊自性皆空)"이라는 표현을 통하여 〈'수상행식(受想行識)'이라는 정신현상은 다 공(空)하다〉고 말하여, 마음의 절대성을 부정했다.

대승불교 논서(論書)인 〈중론〉의 관법품에 "마음은 대상[相][597]을 취하는 인연에 의해 생기고, 지난 생의 업의 과보(果報)로 존재하는 것"[598]이라고 말했다. 중국불교와 유식(唯識)계통의 대승불교에 익숙한 사람들은 이 부분에서 많이 헷갈릴 것이다. 우리가 헷갈릴 때 돌아가서 의지해야 할 곳은 부처님 말씀밖에 없다. 그동안 잘못 해석돼온 것이 있다면, 그것을 과감히 버리고 부처님의 근본 가르침으로 돌아가야 한다. 부처님 가르침을 바탕으로 부처님 방법대로 수행해갈 때, 비로소 부처님처럼 최상의 완전한 깨달음을 성취하여, 괴로움 · 윤회에서 벗어날 수 있기 때문이다.

그럼 감각기관과 그 대상을 만나게 하고, 그 결과, 정신현상을 일으키게 하는 근원적인 동력은 무엇인가? 그것은 무명(無明)이고, 어리석음이고, 업력(業力)이고, 과거 경험에서 나오는 무의식적인 습관이고, 자기존재[生생]에 대한 집착이다. 그 어떤 생명체도, 아니 무생물조차 자신을 계속 유지하려고 하는 어떤 강력한 힘을 가지고 있다. 그것이 하고자 하는 욕(慾)이고, 끌어당기는 인력(引力)이고, 결합해 있으려고 하는 응집력(凝集力)이고, 계속 유지하려고 하는 관성(慣性)이고, 경향성이다. 중생들은 과거 수 십 억 겁 동안의 경험을 통하여 익혀온 습관과 그 습관이 굳어진 업(業)에 의해 무의식적으로 자기존재에 대해 집착하게 된다. 그 집착과 업력(業力), 즉 업의 힘에 의해 눈은 끝없이 바깥쪽을 향하여 외부 대상을 취하려고 하고, 귀는 소리를 들으려고 하며, 의식은 끝없이 마음속에 어떤 현상이 일어나게 하고, 그 현상을 취하려고 한다. 정신작용은 "나" 또는 '내 것'이라고 하는 의식을 만들어내고, 그것을 유지시키기 위해 안간 힘을 다 쏟는다. 그 결과 "나"라는 의식은 더욱 강해지

597 여기서 대표적인 대상이 "나"라는 대상이다. "나"라는 대상[相]을 '아상(我相)'이라고 한다.

598 용수(龍樹)의 〈중론(中論)〉 제18. 관법품(觀法品) 24c27 "心以取相緣生(심이취상연생) 以先世業果報故有(이선세업과보고유)"

고, 어리석음 속에서 고통의 윤회는 계속된다. 만약 "나"라는 인식, 즉 아상(我想)만 없애면, 고통의 윤회에서 벗어날 수 있다. 우리는 오온의 공(空)함을 보고, '나 없음[無我무아]'의 진리를 보아서 "나"와 '내 것'이라는 인식을 없애기 위해 반야지혜를 닦는 것이다.

여태껏 자성(自性)이 어떤 것이고, 마음의 정체가 무엇인지 알아보았다. 자성은 산스크리트어 스바바바(svabhāva)를 번역한 말이고, 이것은 '생멸변화(生滅變化)하는 현상의 배후에 있는 고정불변의 존재', 즉 '자성', '본성', '진여(眞如)', '실체', '본체', '절대적인 마음' 등을 뜻한다. 그러나 부처님께서는 반야지혜로 관찰해 본 결과, 알아낸 **마음의 정체**는 힌두교에서 말하는 영원불변의 진여심(眞如心)이나 참나가 아니라 **식별작용**이다. 아는 작용, 즉 대상을 식별해서 아는 정신작용이 마음이라는 말이다. 진여심과 같은 그런 개념의 마음은 존재하지 않는다는 것이 부처님의 무아설(無我說)이다. **무아**(無**我,** Anātman)에서의 "**我(아)**"는 산스크리트어 "**아트만**(Ātman)"을 번역한 것이다. 아트만은 '我(아)', '**진아**(眞我)', '**진여**(眞如)', '**자성**(自性)' 등으로 한역되어 있다. 그래서 부처님께서 말하는 무아(無我)는 '나, 아트만, 진아, 참나, 진여, 자성, 절대적인 마음[一心일심]과 같은 그런 것은 존재하지 않는다'는 말이다. 부처님께서는 〈'의식', '식별작용'과 동의어인 마음은 계속 변하여[無常무상], 실체가 없는 것이고[空공], "나"가 아니며[非我비아], 깨닫고 보면 "나"라고 할 만한 것이 없다[無我무아]〉고 말했다.

그럼 이제 '공(空)'에 대해 알아보자.

제11장
空(공)

1. 空(공)의 의미

공(空)은 비어 있음, 없음[無무], 실체 없음, 연기(緣起), 고요함, 공적(空寂)함, 적멸상태, 작동되지 않음 등을 의미하기도 하고, 때로는 무상(無常)과 무아(無我)를 의미하기도 한다

〈반야심경〉에서 가장 많이 나오는 단어가 공(空)과 無(무)이다.[599] 그러나 중국, 한국, 일본, 티베트 불교에서 空(공)만큼 개념을 제대로 잡지 못 하고 모호하게 설명하고 넘어가는 것도 없다. 오고산 스님은〈반야심경〉의 해설에서 공에 대해 다음과 같이 말했다.

"오온이 공(空)하다고 했는데, 공(空)하다는 말이 무슨 말일까? 글자

599 현장이 한역한〈반야심경〉에는 공(空)이 7번 나오고, 無(무)는 21번 나온다.

그대로 텅 비었다는 말인지, 아니면 아무 것도 아니라는 말인지, 있기는 있는데, 허망하다는 말인지, 분간하기가 어렵다."[600] .... "공(空)은 어디까지나 공(空)일 수밖에 없다. 빌 공(空)자이니 비었다고 할까, 없다고 할까, 헛것이라고 할까? .... 공(空)의 참뜻을 알려고 하면 관자재보살처럼 조견오온개공(照見五蘊皆空)하여, 도일체고액(度一切苦厄)[601]해야 할 것이다."[602]

오고산 스님은 '공(空)은 깨달아봐야 알 수 있는 것'이라는 취지로 말해 놓았다. 당대 최고의 강백이었던 관응(觀應) 스님(1910-2004)이 감수한 〈불교학대사전〉을 보면, 거기에는 空(공)을 다음과 같이 설명해 놓았다.

"공(空)은 진여(眞如)의 다른 이름이고, 진여는 우주만물에 두루 존재하는 상주불변(常住不變)의 본체인데, 이것은 우리의 생각으로는 미칠 수가 없고, 우리의 이지(理智)로는 파악할 수 없는 진실한 경계이다. 그러나 이것은 온갖 것들이 다 실체와 자성(自性)이 없다는 空(공)한 이치를 체득할 때 문득 나타난다."[603]

600 〈반야심경〉 오고산 강술. 보련각. 1979년. 46쪽

601 "조견오온개공(照見五蘊皆空) 도일체고액(度一切苦厄)"은 〈반야심경〉 본문의 첫 문장에 나오는 구절이다. "오온은 다 공(空)한 것들임을 꿰뚫어보고, 모든 괴로움에서 벗어났다"는 말이다. 여기서 '공(空)하다'는 말은 '실체가 없다'는 뜻이다.

602 위의 오고산 스님 책 50쪽

603 〈불교학대사전〉 전관응(全觀應) 대종사 감수, 1990년 홍법원, 90쪽. 이것은 '공(空)'과 같은 의미의 '공성(空性)'의 정의를 옮긴 것이다. 이 사전에서 공(空)을 찾아보면, 거기에는 공을 대단히 복잡하고도 길게 설명해 놓았다. 그 중 "일체법은 인연을 따라 생겨난 것이므로, 거기에 我體(아체), 本體(본체), 實體(실체)라고 할 만한 것이 없으므로 空(공)이라고 말한 것"이라는 내용이 나온다. 이 설명과 같이 '실체가 없다'는 말과 '공(空)'은 같은 말이다.

위의 설명에는 상호모순적인 내용이 나온다. 그것은 "온갖 것에 상주불변(常住不變)하는 진여가 있다"고 말해 놓고, 바로 그 뒤에서 "진여는 온갖 것은 다 실체와 자성(自性)이 없다는 空(공)한 이치를 체득할 때 문득 나타난다"고 말하고 있는 것이다. '진여(眞如)'와 '공(空)'은 정반대 개념이고, 상호모순적인 개념이다. 언제나 변함없이 그대로 존재하고 있는 우주만물의 실체로서의 진여이고, 그런 진여는 존재하지 않는다는 것이 공(空)이기 때문이다. 즉 '진여', '실체', '자성' 등은 같은 개념이고, 그런 것이 없다는 것이 '공(空)'이다. 그러니 "온갖 것은 다 실체가 없다는 공(空)한 이치를 체득할 때 **진여**가 문득 나타난다"고 하는 말은 자기모순에 빠진 말이다. 이와 같이 대승불교 내지 한국불교로 넘어오면, 모순적인 내용이 많이 나와서 불자들이 갈피를 잡기 어려운 때가 많다. 우리는 〈불교학대사전〉에서조차 '공(空)'의 개념을 제대로 잡지 못하고, 횡설수설하고 있는 것을 볼 수 있다. 현재 생존하고 있는 한국 최고의 강백 중 한 분인 무비 스님은 공(空)을 설명하면서 다음과 같이 말해 놓았다.

> "존재의 실상 그대로가 공(空)이기 때문에 공에 대한 완전한 설명은 매우 어렵습니다. 거듭 강조하지만 '공(空)'이라고 해서 아무 것도 없이 텅 빈 것은 아닙니다. 그렇다고 해서 있는 것은 더더욱 아닙니다. 유(有)와 무(無)를 초월한 존재의 실상이 바로 공입니다."[604]

공에 대한 이 해설은 공(空)의 의미를 알 수 있도록 해설해 놓은 것이 아니라 공을 더욱 모르도록 해설해 놓았다고 볼 수 있다. 이와 같은 말은 한국불교에서 흔히 볼 수 있는 대표적인 허언(虛言)이라고 할 수 있다. 무비 스

604 〈예불문과 반야심경〉 불일출판사, 1997, 176쪽

님은 "공을 완전하게 설명하는 것은 매우 어렵다"고 말하지만 필자는 그렇게 보지 않는다. 왜냐하면 空(공)은 그 의미를 말로 설명할 수 없는 특별한 단어가 아니라 분명한 뜻을 갖고 있는 하나의 단어에 불과하기 때문이다. 그 어떤 단어도 설명이 매우 어렵거나 불가능한 단어는 존재하지 않는다. 단어의 개념만 정확하게 알면 어떤 단어도 설명 가능하기 때문이다. 위의 무비 스님의 설명과 같은 이런 이상하고도 어려운 말은 석가불교에서는 찾아볼 수가 없다. 한국불교에서는 흔히 空(공)에 대해 도저히 설명할 수도 없고, 이해할 수도 없는 "어떤 것"으로 말해 왔다. 그러나 空(공)은 구체적인 뜻을 갖고 있는 단어다. **空(공)**은 산스크리트어 **쑤니아따**(Śūnyatā)[605]를 번역한 것이고, 이것은 '텅 빈 상태의', '제로 상태의', '없음', '존재하지 않음', '실체가 없는 것', '절대적인 공(空)', '(심신의) 고요함', '적멸', '열반' 등의 뜻이 있고, 이것은 '空(공)', '無(무)', '空無(공무)', '空虛(공허)', '空寂(공적)', '空閑(공한)', '空性(공성)' 등으로 한역되어 있다. 영국 옥스퍼드출판사의 〈산스크리트어-영어 대사전〉[606]을 보면, 쑤니아따는 'empty(텅 빈)', 'vacant(...이 없는)', 'void(....이 결여된, 비어 있는)', 'nonexistent(존재하지 않는)' 등으로 영역되어 있다. 이와 같이 공(空)은 무비 스님의 말처럼 그런 난해한 개념이 아니다. 그러나 한국불교와 중국불교, 아니 대승불교에서는 전통적으로 '공(空)'을 어렵고, 추상적인 어떤 개념으로 인식하여, 공에 대해 '상주불변(常住不變)하는 우주만물의 본체', '존재의 실상', '도저히 말로 표현할 수 없는 어떤 것', '깨달아야만 알 수 있는 것', '괴로움과 즐거움, 있음과 없음의 양극단을 다

605 쑤니아(Śūnya)만으로도 공(空)의 뜻이 되지만, 그 뒤에 상태나 성질을 나타내는 접미사 따(tā)가 붙어서 '공의 상태가 된', '없는 상태가 된'이라는 뜻을 이룬다. 공(空)에 해당하는 빨리어는 Suñña(순냐)이다.

606 이 사전은 영국 옥스퍼드대학교 출판사에서 **1899년**에 초판 발행했고, 1956년과 1960년에 개정판을 냈다.

벗어난 중도(中道)' 등의 말로 설명해왔다.[607] 하지만 공은 결코 그런 것이 아니다. 〈반야심경〉에서의 "空(공)"은 '없음', '실체가 없음', '공적(空寂)함', '고요함', '적멸상태', '열반' 등의 뜻일 뿐, 그 어떤 것도 아니다. 〈반야심경〉이 어렵게 느껴지는 까닭은 공(空)을 제대로 번역하지 못 했기 때문이라고 볼 수 있다.

〈반야심경〉의 "**오온개공**(五蘊皆空)", 즉 '오온은 다 공한 것들'이란 말은 '**오온은 다 그 실체가 없는 것들**'이란 말이다. "오온개공"은 "오온**자성**개공(五蘊**自性**皆空)"으로 번역해야 할 것을 현장이 '실체'라는 뜻의 "자성"을 빼버리고 번역한 것이다. 총8개의 〈반야심경〉 한역본들 중 4개의 한역본[608]이 '실체'라는 뜻의 "자성"을 빼버리고 번역해 놓았다. 나머지 4개의 한역본에는 "오온**자성**개공(五蘊**自性**皆空)" 또는 "오온**체성**개공(五蘊**體性**皆空)"으로 번역되어 있다. '오온은 다 그 실체가 없는 것들'이라고 말하면, 그것은 전혀 어려운 말이 아니다. 하지만 나한테 엄연히 존재하여, 지금 작동되고 있는 이 오온을 두고 '오온은 다 없는 것들'이라고 말하면, 그것은 이상한 말이 되어 버린다. 따라서 현장 등이 "오온개공(五蘊皆空)"으로 번역해 놓은 것은 문제가 좀 있다고 말할 수 있다. "오온개공"을 우리말로 번역할 때 이것을 "**오온자성개공**(五蘊**自性**皆空)"으로 바로 잡은 뒤에 번역해야 한다.

607 공을 이런 식으로 설명하는 것은 깨닫지 못 한 중생들을 지배하기 위하여 즐겨 사용했던 말이다. 물론 이런 말을 즐겨 사용했던 사람들도 깨닫지 못 한 자들이다.
608 이 네 개의 번역본은 구마라집 번역본과 현장 번역본, 의정 번역본, 반야와 이언 번역본 등이다.

2. 대승불교의 공사상(空思想)은 용수가 부처님의 법을 왜곡해서 만들어낸 것

대승불교의 공사상은 '나를 포함한 일체만물에 고정불변의 실체가 없다'고[609] 가르치는 교설이다. 그러나 석가부처님께서는 "오온, 즉 내 몸의 물질현상과 정신현상은 다 실체가 없는 것들"이라고 말했을 뿐, **일체만물**에 고정불변의 실체가 없다'고 말한 적이 없다. 석가부처님 교설을 왜곡해서 만들어낸 대승불교의 공사상은 다음과 같은 용수(龍樹, AD. 2~3C)의 〈중론〉에서 비롯되었다고 볼 수 있다.

> "수많은 인연이 모여서 존재[**法법**]를 생성시키는데, 나는 이것을 '공(空)'이라고 말한다. 왜냐하면 수많은 인연이 갖추어지고, 그것들이 결합하여 사물[**物물**]이 생겨난다. 이 사물은 수많은 인연이 모인 것일 뿐, 자성·실체[自性]가 없는 것들이다. 자성·실체가 없는 것들이기 때문에 공(空)이다."[610]

위의 글에서 용수는 '공(空)은 모든 존재의 무자성(無自性)', 즉 '모든 존재는 자성·실체[自性자성]가 없는 것들'이라는 뜻이라고 말하고 있

609 이 중에서 '나의 실체가 없다'는 것을 '아공(我空)'이라고 하고, '일체만물의 실체가 없다'는 것을 '법공(法空)'이라고 한다. 법공(法空)은 대승불교에서 만들어낸 개념으로서 이것은 부처님께서 말해 놓은 공(空)의 의미를 잘 모르도록 만들었다고 볼 수 있다. 필자는 부처님의 "무아(無我)"의 법을 싫어하는 대승불교의 논사가 "무아법(無我法)"의 의미를 흐리기 위해 이렇게 만들었다고 본다.

610 〈중론(中論)〉 제24. 관사성제품(觀四諦品) 20게송. 33b15 "衆因緣生法(중인연생법) 我說卽是空(아설즉시공) 何以故(하이고) 衆緣具足和合而物生(중연구족화합이물생) 是物屬衆因緣故無自性(시물속중인연고무자성) 無自性故空(무자성고공)" * (참고) 屬(촉)은 모을 촉. 모일 촉. 한 데 모음. 한 데 모임.

다. 용수는 '자성 · 실체가 없다'는 것은 (모든) 존재[法법]는 다 수많은 인연이 한 데 어우러져서 존재하는 것일 뿐, 고정불변의 실체가 없는 것들이라고 말하고 있다. 이 말의 의미를 더욱 분명하게 확인해주기 위하여 용수는 〈중론〉에서 "공(空)은 연기(緣起)와 같은 의미"라고 말했다. 여기서 우리가 유의해서 봐야 할 것은 위의 〈중론〉의 밑줄 친 부분, 즉 "나는 .... 말한다[我說아설]"이다. "나는 .... 말한다"라고 하는 이 말은 꼭 필요한 말이 아니다. 그런데 여기서 이 말을 굳이 붙인 까닭은 이것을 붙임으로써 공(空)에 대한 이러한 해석은 용수 자신이 독창적으로 한 것임을 말하기 위해서라고 볼 수 있다. 즉 그는 '나는 이와 같이 좀 다르게 공(空)을 해석한다'고 말하고 있는 것이다. 따라서 위의 용수의 공(空)에 대한 해석은 그의 사견(私見)일 뿐이다. 필자는 이와 같은 용수의 사견이 공사상(空思想)의 시초가 되었다고 본다. 중국 위진시대(魏晉時代, 220년 ~ 420년)에는 반야 · 공사상이 유행했고, 남북조시대(南北朝時代, 420년 ~ 589년)에는 불성론(佛性論)이 유행했다. 용수는 **法(법)**, **物(물)**, **자성(自性)** 등의 모호하고도 어려운 단어를 사용하여, 공(空)을 설명하고 있다. 이것은 공(空)의 의미를 왜곡해서 대승불교의 공사상을 만들어내기 위해서라고 볼 수 있다. 용수는 오온이 놓여야 할 자리에 "法(법)", "物(물)" 등의 단어를 사용함으로써 마치 부처님께서 **사물** 또는 **만물**의 공(空)함에 대해 말해 놓은 것처럼 만들어 놓았다. 앞에서 말했듯이 부처님께서는 오온의 공함, 즉 무아(無我)의 진리를 말했을 뿐, 만물의 공(空)함에 대해서는 말한 적이 없다.

다시 말하지만 공(空)은 '無(무)', '없는 것', '오온 또는 "나"의 실체 없음', '연기(緣起)', '무아(無我)', '고요함', '공적(空寂)함', '적멸상태', '열반' 등의 뜻일 뿐, 어떤 것도 아니다.

3. 空(공)은 '무상(無常)', '고(苦)', '무아(無我)'의 다른 표현이기도 하다

공(空)은 '무상(無常)', '고(苦)', '무아(無我)'의 다른 표현이기도 하다. 초기불교 경전인 〈아함경〉에는 공(空)이 많이 나오지 않는다. 그것은 공(空) 대신 무상(無常), 고(苦), 무아(無我)를 주로 사용했기 때문이다. 〈잡아함경〉에서 공이 사용될 때 '공'만 단독으로 사용된 경우는 3~4번밖에 되지 않는다.[611] 공(空)은 주로 "무상(無常), 고(苦), 공(空), 무아(無我)"의 형태로 사용되었다. 그 한 예로 다음과 같은 〈잡아함경〉 제265. 〈물거품의 경〉의 밑줄 친 부분을 들 수 있다.

〈잡아함경〉 제265. 〈물거품의 경〉
이와 같이 내가 들었다. 한 때 부처님께서 아비타국의 항하강변에 계셨다. 그 때 세존께서 여러 비구들에게 말했다.
"[**내 몸의 모든 물질현상**[色색]에 아무 것도 없음을] 비유를 들어 말하면, 그것은 갠지스강의 큰물이 갑자기 일어남으로써 흐름을 따라 모여든 물거품 덩어리를 눈 밝은 사람이 자세히 관찰하여 분별해보는 것과 같다. 물거품 덩어리를 자세히 관찰하여 분별해보면, 거기에는 아무것도 없다. 굳음도 없고, 알맹이도 없고, 견고(堅固)함도 없다. 왜냐하면 물거품 덩어리에는 고정된 실체[堅實견실]가 없기 때문이다.
물거품 덩어리에 아무 것도 없듯이 내 몸의 모든 물질현상[色색]에도 아무 것도 없다. 그 물질현상[色색]이 과거의 것이든, 미래의 것이든, 현재의 것이든, 안에 있는 것이든, 밖에 있는 것이든, 거친 것이든, 미세한 것이든, 아름다운 것이든, 추한 것이든, 멀리 있는 것이든, 가까

611 그것이 아무리 많아도 10번 이내다.

이 있는 것이든, 비구들이여, 그것들을 자세히 관찰하여 사유하고 분별해 보라. 그러면 거기에는 아무 것도 없다. 굳음도 없고, 알맹이도 없고, 견고함도 없다. 그것들은 병(病)과 같고, 종기와 같고, 가시와 같고, 상처[殺]와 같다. 이와 같이 내 몸의 물질현상도 계속 변하여, 고정된 것이 없는 것들이고[**無常무상**], 괴로운 것들이며[**苦고**], 실체가 없는 것들이고[**空공**], "나[我]"가 아니다[**非我비아**]. 왜냐하면 내 몸의 물질현상에는 고정불변의 실체가 없기 때문이다.[612]

위의 경의 밑줄 부분의 한역문은 "무상 · 고 · 공 · 비아(無常 · 苦 · 空 · 非我)"이다. 이와 같이 초기불교에서 空(공)은 단독으로 사용되지 않고, 주로 '무상 · 고 · 공 · 비아(無常 · 苦 · 空 · 非我)'의 형태나 '무상 · 고 · 공 · 무아(無常 · 苦 · 空 · 無我)'의 형태로 사용되었다. 공(空)이 '無常(무상), 苦(고), 無我(무아)'와 함께 사용된 경우는 대승불교 경전에서도 찾아볼 수 있다. 대승불교 경전인 〈대반야바라밀다경〉을 보면, 다음과 같은 내용이 나온다.

"선현아, 대보살이 지혜를 완성하는 매우 깊은 뜻을 닦으려고 하면[613], '**무상(無常)**'의 뜻, '괴로움[**苦고**]'의 뜻, '**공(空)**'의 뜻, '나 없음[**無我무아**]'의 뜻을 닦아야 한다."[614]

612 〈잡아함경〉 제265. 〈물거품경〉 068c08 "無常 · 苦 · 空 · 非我(무상 · 고 · 공 · 비아)。所以者何(소이자하)。色無堅實故(색무견실고)"

613 이 부분은 '매우 깊은 지혜를 완성하는 수행을 하려고 하면'이라는 뜻인데, 한역(漢譯)하면서 이런 뜻이 드러나지 않게 번역해 놓은 것이다. 이 부분에서도 대승주의자들은 "수행"의 의미를 없애거나 희석시키기 위하여 노력했다고 볼 수 있다.

614 〈대반야바라밀다경〉 0872c15 "復次善現。若菩薩摩訶薩欲行般若波羅蜜多**甚深義趣**。應**行**無常義(무상의) 苦義(고의) 空義(공의) 無我義(무아의)" 이 한역문에서 **行(행)**은 '解(해)'로 번역했더라면 좋았을 것이다. 그러면 '무상(無常)의 뜻, 괴로움의

이러한 초기불교 경전과 대승불교 경전을 보면, 공(空)은 '무상(無常), 고(苦), 무아(無我)'와 같은 의미로 사용되었음을 알 수 있다. 따라서 〈반야심경〉의 '空(공)'의 자리에 '무상(無常), 고(苦), 무아(無我)'를 집어넣으면 딱 맞아 떨어진다.

4. 공은 하나의 견해나 이론이 아니라 사실이고, 진리이다

空(공)을 "無性假性實性(무성가성실성)"으로 번역한 것은 지나치게 자의적으로 해석한 것. 공은 공리공론의 이론이 아니라 관찰수행을 통해 직접 봐야 하는 것

또 11세기 초에 유정(惟淨)이 번역한 〈반야심경〉에는 "색즉시공(色卽是空)" 대신 "色無性假性實性(색무성가성실성)"으로 번역하여, "空(공)" 대신 "無性假性實性(무성가성실성)"이라는 표현을 사용하고 있는 것을 볼 수 있다.[615] 이것은 다른 한역 〈반야심경〉에서는 찾아볼 수 없는 표현이다. "無性假性實性(무성가성실성)"은 '자성(自性), 즉 고정불변의 실체는 없고[無性], 인연화합에 의해 잠깐 일어났다가 사라지는 것일 뿐[假性[616]]이며, 잠깐 일어났다가 사라진다고 해서 아주 없는 것은 아니고, 실제로 존재하는 것[實性]'이라는 의미로 해석할 수 있다. 이것은 11세기 초반[617]에 산스크리트어에 밝았던 유정(惟淨)[618]이 〈반야심경〉을

뜻, 공(空)의 뜻, 무아(無我)의 뜻을 관찰수행을 통해 깨달아야 한다'는 의미가 된다.

615 〈佛說開覺自性般若波羅蜜多經〉〈신수대장경〉 제8권. 854c04 "色無性假性實性。受想行識無性假性實性"

616 假(가)는 잠시, 잠깐 가. 거짓 가. 허위, 허망 가.

617 이것은 1009~1037년 사이에 번역된 것으로 보인다.

618 유정은 남당(南唐) 사람으로, 시호(施護)와 함께 역경작업을 많이 한 재가거사

한역하면서 공(空)을 자의적으로 해석하여, 번역한 것으로 보인다. 이것은 그렇게 잘 된 번역이라고 말할 수 없다. 왜냐하면 공(空)을 이런 식으로 해석하면, 공이 지나치게 사변적(思辨的)인 것으로 떨어질 소지가 있기 때문이다. 공은 사변의 산물(産物)로 만들어낸 것이 아니라 선정삼매에 들어서 관찰해감으로써 있는 그대로의 사실을 반야의 눈으로 꿰뚫어보아서 알아낸 것이다. 마치 과학도가 특수 현미경을 통해 '물은 H_2O의 분자구조로 존재한다'는 사실을 확인해보는 것과 같이 공도 관찰수행을 통해 자신의 눈으로 직접 봐야 하는 것이다. 물의 분자구조가 사변을 통해 만들어낸 것이 아니듯이 공도 얼마든지 달라질 수 있는 하나의 견해나 이론이 아니라 사실이고, 진리이다. 선정과 관찰을 통해 있는 그대로의 사실을 보는 것을 수행으로 삼고 있는 석가부처님 불교는 신앙이나 종교, 철학, 사상이 아니라 과학이고, 사실이다. 멈춤과 관찰을 통해 얻은 '반야'라고 하는 초강력 특수 현미경으로 보면, 실제로 오온은 다 실체가 공(空)한[619] 것들임을 꿰뚫어볼 수 있기 때문이다.

〈중론〉에서처럼 '고정불변의 실체가 없는 것이 공(空)'이라고 말만 하는 것도 공허한 이론에 떨어질 소지가 있기 때문에 부족하다

초기대승불교의 교학을 집대성하여, 제2의 석가로 일컬어지는 용수(AD. 2~3C)는 〈중론〉에서 다음과 같이 말했다.

다. 그는 유가비밀교(瑜伽秘密教)와 범자본모(梵字本母), 천축음의(天竺音義), 진언비인(眞言秘印) 등에 정통했고,『유마경(維摩經)』과『반야심경(般若心經)』, 인명론(因明論)의 핵심을 꿰뚫었다. 1025년에 하송(夏竦) 등과 함께『신역경음의(新譯經音義)』70권을 편찬했고, 1027년에는 혜방(惠方) 등과 함께『천성석교총록(天聖釋教總錄)』3권을 편찬했다. 또 1035년에는 법호 등과 함께『경우천축자원(景祐天竺字源)』7권을 편찬하는 등 산스크리트어 의미 연구와 사전편찬 작업을 많이 한 인물이다.

619 여기서 '공(空)하다'는 것은 '없다'는 뜻이다.

> "수많은 인연이 모여서 존재[**法법**]를 생성시키는데, 나는 이것을 '공(空)'이라고 한다. 왜냐하면 수많은 인연이 갖추어지고, 그것들이 결합해서 **사물**[**物물**]이 생성된다. 이 사물은 수많은 인연이 모인 것일 뿐, 자성 · 실체[自性]가 없는 것들이다. 자성 · 실체가 없는 것들이기 때문에 공(空)이다."[620]

위의 용수의 말에 의하면, 공(空)은 '무자성(無自性)', 즉 '자성 · 실체가 없는 것'과 같은 의미다. 자성 · 실체가 없다는 것은 수많은 인연이 한데 어우러져서 잠깐 존재하는 것일 뿐, 고정불변의 실체가 없다는 말이다. 이와 같이 〈중론〉에서는 공(空)을 **우주만물의 연기(緣起)**의 의미로 해석하여, 공의 의미를 왜곡해 놓았다. 공의 원래 의미는 '無(무)', '없는 것', '오온 또는 "나"의 실체 없음', **'오온 또는 "나'의 연기(緣起)'**, '무아(無我)' 등의 뜻이다. 또 용수는 〈중론〉에서 공(空, 무아)을 체득할 수 있는 멈춤과 관찰수행에 대해서는 한 마디도 하지 않고, 공(空)의 의미를 왜곡해서 해설해 놓은 것은 문제가 많다고 할 수 있다. 용수는 공(空)의 의미를 왜곡함으로써 공의 실제로부터 멀어지게 한 과오가 있다고 말할 수 있다. 이런 것이 대승불교의 공(空)이론이고, 공리공론(空理空論)이다. 공은 이론이 아니라 멈춤과 관찰수행을 통해 성취돼야 하는 것이다. 공은 하나의 견해도 아니고, 괴로움에서 벗어나는 데 도움이 되지 않는 공리공론도 아니다. 공은 우리가 괴로움에서 벗어나기 위해 관찰수행을 통해 깨달아야 하는 내용이다. 이런 의미로 부처님께서 〈중아함경〉에서 다음과 같이 말했다.

620 〈중론(中論)〉 제24. 관사성제품(觀四諦品) 20게송 33b15 "衆因緣生法。我說卽是空。何以故。衆緣具足和合而物生。是物屬衆因緣故無自性。無自性故空" * (참고) 屬(촉)은 모을 촉. 모일 촉. 한 데 모음. 한 데 모임.

> 세존께서 말했다. "이 연기법(緣起法)은 대단히 깊기 때문에 정말로 알기 어렵다. 아난다여, 이 연기를 제대로 알지 못 하고, 사실대로 보지 못 하며, 깨닫지 못 하고, 통달하지 못 하기 때문에 중생들은 베틀의 실타래가 서로 얽히 듯이 바쁘고 부산하게 이 세상에서 저 세상으로 가고, 저 세상에서 이 세상으로 오며, 왔다 갔다 하며, 생사(生死)윤회를 벗어나지 못 하고 있는 것이다."[621]

연기법은 물질현상과 정신현상이 있을 뿐, "나"라고 할 만한 것이 없다는 사실을 말해주고 있다. 이것을 좀 더 정확하게 말하면, 연기(緣起)는 지수화풍(地水火風)의 가화합(假和合)이 있을 뿐, '내 몸' 또는 "나"라고 할 만한 것이 없고, 수(受), 상(想), 행(行), 식(識)[622]이라는 찰나적인 정신현상들이 있을 뿐, 고정불변의 마음자리나 진여, 아트만 따위는 존재하지 않는다는 사실을 말하기 위한 것이라고 볼 수 있다.

여태껏 유정이 〈반야심경〉을 한문으로 번역하면서 空(공)을 "無性假性實性(무성가성실성)"으로 풀어서 번역한 것과 용수가 空(공)을 깨달을 수 있는 관찰수행에 대해서는 한 마디도 하지 않고 공을 **우주만물**의 연기(緣起)의 의미로 왜곡해서 해설해 놓은 것은 문제가 많은 것이라고 지적했다.

621 〈중아함경〉24권 97.〈대인경(大因經)〉제1. 578b15 "世尊告曰。阿難。........此緣起極甚深。明亦甚深。阿難。於此緣起不知如眞。不見如實。不覺不達故。念彼衆生如織機相鎖。如蘊蔓草。多有調亂。匆匆喧鬧。從此世至彼世。從彼世至此世。往來不能出過生死"

622 수(受), 상(想), 행(行), 식(識)은 느낌[受], 인식[想], 업 지음[行], 식별작용[識]으로 옮길 수 있다.

5. '공(空)'의 의미변천사

공(空)은 불교 이전부터 인도에서 널리 사용돼 오던 단어다. 空(공)은 인도 수학에서는 제로(zero)를 의미하고, 힌두교에서는 '브라만'과 '열반'의 의미로 사용했다. 그러나 불교에서는 공(空)을 '연기(緣起)'를 의미하는 말로 사용했다. 초기불교에서의 공은 '오온 또는 "나"의 연기(緣起)', '오온 또는 "나"의 실체 없음'의 뜻이었다. 즉 공은 오온 또는 "나"는 인연화합에 의해 찰나순간 일어났다가 사라지는 현상들의 덩어리이므로 '변하지 않고 존재할 수 있는 영원불멸의 실체, 즉 자성(自性)이나 아트만 따위는 없다'고 말하고 있는 것이다. '자성이나 아트만이 없다'는 말이 '무아(無我)'이고, 무아이기 때문에 '空(공)'이라고 한다. 이것이 대승불교로 넘어오면, 그 의미가 왜곡되어서 공은 '우주 삼라만상의 연기(緣起)', '우주 삼라만상의 실체 없음'의 뜻으로 사용되기도 했다. 진아(眞我), 참나를 주창하는 후기 대승불교로 넘어오면, '무아(無我)'는 사용되지 않고, 그 자리에 '공(空)'을 사용했다.

6. 대승불교 경전에서 공(空)을 즐겨 사용한 까닭은?

그럼 대승불교경전에는 왜 의미가 명료하게 전달되지 않는 空(공)을 즐겨 사용했을까? 그것은 석가부처님의 "무아(無我)"의 가르침이 후기 대승불교도들[623]이 신봉하는 아트만이나 참나, 진여(眞如) 등의 교리와 상

623 여기서 '후기 대승불교도들'이란 초기 대승불교인 반야부 경전을 떠받들던 대승불교도들이 아닌 AD 4세기 이후에 나타난 여래장사상이나 유식사상을 바탕으로 하는 대승불교도들을 일컫는 말이다.

충하기 때문이다. 대승불교도들은 인도인들의 믿음의 근간인 아트만을 부정하는 "무아"라는 단어를 매우 싫어했다. 그렇기 때문에 그들은 "무상(無常), 고(苦), 무아(無我)" 대신 이해가 되지 않는 "空(공)", "진여심" 등의 단어를 즐겨 사용했다. 그럼으로써 불교를 어렵게 만들고, 불교도들을 우민화(愚民化)시켜서 자신들의 지배하에 두려고 했다고 볼 수 있다. 좀 더 심하게 말하면 "무아"를 빼고, 그 자리에 "공(空)"을 넣은 사람들은 석가부처님 법을 흐리고, 훼손한 자라고 할 수 있다. "색즉시공(色卽是空)"을 "색즉무아(色卽無我)"나 "색즉비아(色卽非我)"로 표현하여, '몸의 물질현상은 "나"가 아니고, 몸의 물질현상에는 "나"라고 할 만한 것이 없다'는 뜻이 명료하게 드러나도록 표현했어야 했다.

7. 부처님께서 공(空)을 이해시키기 위해 설하신 경들

그럼 초기불교 경전인 아함부 경전에는 공의 의미를 어떻게 설명해 놓았는지 한 번 보자.

1) "오온개공"을 이해시키기 위해 부처님께서 드신 비유, **〈잡아함경〉 제265. 〈물거품의 경〉**

이와 같이 내가 들었다. 한 때 부처님께서 아비타국의 항하강변에 계셨다. 그 때 세존께서 여러 비구들에게 말했다.

"[**내 몸의 모든 물질현상[色**색**]**에 아무 것도 없음을] 비유를 들어서 말하면, 그것은 갠지스강의 큰물이 갑자기 일어남으로써 흐름을 따라 모여든 물거품 덩어리를 눈 밝은 사람이 자세히 관찰해서 분별해보는 것과 같다. 물거품 덩어리를 자세히 관찰해서 분별해보면, 거기에는 아무 것도 없다. 굳음도 없고, 알맹이도 없고, 견고(堅固)함도 없다. 왜냐하면 물거품 덩어리에는 고정된 실체[堅實견실]가 없기 때문이다.

물거품 덩어리에 아무 것도 없듯이 내 몸의 모든 물질현상[色색]에도 아무 것도 없다. 그 물질현상[色색]이 과거의 것이든, 미래의 것이든, 현재의 것이든, 안에 있는 것이든, 밖에 있는 것이든, 거친 것이든, 미세한 것이든, 아름다운 것이든, 추한 것이든, 멀리 있는 것이든, 가까이 있는 것이든, 비구들이여, 그것들을 자세히 관찰해서 사유하고 분별해 보라. 그러면 거기에는 아무 것도 없다. 굳음도 없고, 알맹이도 없고, 견고함도 없다. 그것들은 병(病)과 같고, 종기와 같고, 가시와 같고, 상처[殺]와 같다. [이와 같이 내 몸의 물질현상도] 계속 변하여, 고정된 것이 없는 것들이고[無常무상], 괴로운 것들이며[苦고], 실체가 없는 것들이고[空공], "나[我]"가 아니다[非我비아]. 왜냐하면 내 몸의 물질현상[色색]에는 고정불변의 실체[堅實견실]가 없기 때문이다.

.....(이후의 내용은 이 책의 제5장 4절 "오온개공" 부분에서 이 내용의 전문을 실었기 때문에 생략한다.) ......

위의 경에서 부처님께서 "오온개공"의 의미를 누구나 알아들을 수 있도록 설명해주고 있다. 부처님께서 말하는 "오온개공"의 의미는 오온의 5요소 중 어느 것을 관찰해 봐도, '그것들은 다 찰나 순간 일어났다가 사라지는 무상한 것들이고, 알맹이가 없는 것들이라서 거기에 "나"라고 할 만한 것이 없다'는 말이다. 또 '오온은 다 실체가 없는 것들이라서 그것들에 속아서는 안 된다'는 말이다.

2) 그럼 이번에는 부처님께서 "오온개공"의 의미를 이해시키기 위하여 말씀하신 〈오온개공경〉을 한 번 보자.

〈불설오온개공경(佛說五蘊皆空經)〉[624]

이와 같이 내가 들었다. 한 때 부처님께서 바라나시의 신선이 떨어진 곳인 녹야원에 계셨다. 그 때 세존께서 다섯 비구에게 말했다.

"그대들은 몸의 물질현상[色색]은 "나[我아]"가 아니라는 사실을 알아야 한다. 만약 몸의 물질현상이 "나"라고 한다면, 몸의 물질현상은 병들거나 고통 받지 않아야 한다. 나는 이렇게 몸의 물질현상을 내 마음대로 하고 싶지만, 나는 이렇게 몸의 물질현상을 내 마음대로 할 수 없다. 이미 이렇게 내 마음대로 하지 못 하고, 욕정 · 감정[情정]이 하려는 대로 이끌려 다닌다.[625] 그러므로 몸의 물질현상은 "나"가 아닌 줄 알아야 한다. 느낌[受수], 인식[想상], 업 지음[行행], 식별작용[識식]도 또한 "나"가 아닌 줄 알아야 한다.

"또 여러 비구들이여, 그대들은 어떻게 생각하는가?" "몸의 물질현상은 항상(恒常)한 것인가, 무상(無常)한 것인가?" 모두 아뢰었다. "대덕이시여, 몸의 물질현상은 무상한 것입니다." 부처님께서 말했다. "몸의 물질현상은 이미 무상한 것이기 때문에 이것은 괴로운 것[苦고]이고, 고통 받음의 괴로움[苦苦고고]이고, 무너져감의 괴로움[壞苦괴고]이며, 지어감의 괴로움[行苦행고]이다."

"그리고 들은 것이 많은 나의 제자인 성문(聲聞)들로서 "나"라는 것이 있다고 고집하는가?" "몸의 물질현상이 "나"이고, "내"가 모든 몸의 물질현상을 소유하며, 몸의 물질현상은 "나"에게 속하고, "나"가 몸의 물질현상 안에 있다고 보는가?" "아닙니다. 그렇게 보지 않습니다. 세존이시여." "느낌[受수], 인식[想상], 업 지음[行행], 식별작용[識

624 이 경은 〈신수대장경〉 제2권에 독립경으로 수록되어 있다. No. 102 [No. 99(33-34)]

625 이 부분은 번역하기가 매우 어려웠다. 원문은 다음과 같다. "我欲如是色。我不欲如是色。既不如是。隨情所欲"

식]도 또한 그런 것인 줄 알아야 한다."

무릇 존재하는 모든 몸의 물질현상은 그것이 과거의 것이든, 현재의 것이든, 미래의 것이든, 안에 있는 것이든, 밖에 있는 것이든, 굵은 것이든, 미세한 것이든, 잘난 것이든, 못난 것이든, 멀리 있는 것이든, 가까이 있는 것이든, 그것들은 다 "나"가 아니다[無我무아].

그대들은 [무아의 진리를] 알아야 하고, 바른 지혜로 잘 관찰해야 한다. 이와 같이 존재하는 모든 느낌[受수], 인식[想상], 업 지음[行행], 식별작용[識식]에 대해서도 그것이 과거의 것이든, 현재의 것이든, 미래의 것이든, 모두 앞에서와 같이 바른 지혜로 관찰해야 한다.

만약 나의 성문인 거룩한 제자들이 존재의 다섯 요소[오온]를 관찰하여, "나"와 '내 것'이 없는 줄 알고, 이와 같이 관찰하면, 세간에 취하는 주체도 없고, 취할 대상도 없으며, 또한 이리저리 변해가는 것도 아님을 안다. 다만 스스로 이렇게 깨달음으로써 열반을 성취하고, 나의 태어남[生생]은 이미 다했고, 거룩한 행은 확립되었으며, 할 일은 이미 다 마쳐, 다음 존재를 받지 않을 줄 스스로 아느니라.

부처님께서 이 법을 말하시자 다섯 비구들은 모두 번뇌에서 마음의 해탈을 얻었고, 그 법을 믿고, 받들어 수행했다.

위의 경의 요지는 몸의 물질현상에도 "나"가 없고, 느낌, 인식, 업 지음, 식별작용에도 "나"가 없고, 존재의 다섯 요소 중 어느 것을 관찰해 봐도 "나"가 아니라는 말이다. 존재의 다섯 요소를 관찰해 들어가서 "나"라고 할 만한 것이 없다는 사실을 깨달음으로써 열반을 성취하고, 윤회에서 벗어나서 다음 존재를 받지 않을 줄 스스로 안다는 말이다.

3) 공(空)의 상태를 설명해주는 경, 〈불설법인경(佛說法印經)〉[626]

626 〈불설법인경(佛說法印經)〉은 〈대정신수대장경〉 제1권, 아함부 No. 104경이

한 때 부처님께서 슈라바스티[舍衛國사위국]에서 여러 비구들과 함께 계셨다. 그 때 부처님께서 여러 비구들에게 말했다.

"그대들은 거룩한 불교의 진리[聖法印성법인]가 있음을 알아야 한다. 내가 지금 여러분을 위해 그것을 해설하려고 한다. 비구들은 청정한 지견(知見)을 일으켜서 잘 듣고, 잘 받아서 마음을 기울여서 늘 그것을 잊지 않고 기억해서 사유해갈지어다."[627]

이 때 여러 비구들이 부처님께 말했다. "좋습니다. 세존이시여, 말씀해주시옵소서. 저희들은 그것을 듣기를 원합니다."

부처님께서 말씀하셨다.

"비구들이여, 공의 상태[空性공성]엔 아무 것도 없다. 망상(妄想)이 없고, 일어나는 것도 없고, 사라지는 것도 없다. 공(空)의 상태는 온갖 지견(知見)[628]에서 벗어나 있다. 왜냐하면 공의 상태엔 공간도 없고, 형상도 없기 때문이다. 공의 상태엔 인식작용[想상]이 없고, 본래 일어나는 것이 없다. 공의 상태는 지견으로는 가 닿을 수 없는 곳이고, 온갖 집착에서 벗어나 있다. 온갖 집착에서 벗어나 있기 때문에 모든 존재[629]를 다 거두어들여서 평등한 지견[見견][630]에 머문다. 이것이 진실한 지견이다.[631] 비구들이여, 공의 상태가 이와 같고, 모든 존재가 이

다. 이 경의 한역(漢譯)은 시호(施護)가 했고, 한국어 번역은 필자가 했다. 이 경은 〈한글대장경〉 아함부 제5권 264쪽에도 번역이 되어 있지만 무슨 말인지 알 수가 없는 번역이다.

627 500b23 "汝等應起清淨知見。諦聽諦受。如善作意。記念思惟" 如善作意(여선작의)는 해독이 어려운 문구다.

628 여기서 '지견(知見)'은 지각(知覺) · 식별작용과 인식작용을 아우르는 말로 해석된다.

629 여기서 '모든 존재'는 오온, 십이처, 십팔계 등을 일컫는 말이다.

630 여기서 '평등한 지견'은 '적멸 · 열반상태'를 의미한다고 볼 수 있다.

631 원문은 다음과 같다. "空性無所有(공성무소유)。無妄想(무망상)。無所生(무소

와 같음을 알아야 한다. 이것을 '거룩한 불교의 진리[法印법인]'라고 한다."[632]

여러 비구들이여, 이 '거룩한 불교의 진리'는 세 개의 해탈문이고, 모든 부처님[633]의 근본 가르침이고, 모든 부처님의 눈이며, 모든 부처님들께서 돌아가 머무는 곳이니라.[634] 그러므로 너희들은 잘 듣고, 잘 받아서 잊지 않고 늘 기억하고, 사유하며, 있는 그대로의 사실을 관찰해가야 한다.

비구들이여, 만약 수행을 하려고 하면, 숲속이나 나무 아래, 혹은 그 외의 고요한 곳에 머물면서 몸의 물질현상[色색]은 괴로운 것이고, 공(空)한[635] 것이며, 무상한 것이라고 있는 그대로의 사실을 관찰해가야 한다. 그리하여, 몸의 물질현상을 싫어하여, 그것에서 벗어나야겠다는 마음을 일으켜서 평등한 지견에 머물러야 한다.

이와 마찬가지로 느낌[受수], 인식[想상], 업 지음[行행], 식별작용[識식]도 괴로운 것들이고, 공한 것들이며, 무상한 것들이라고 있는 그대로의 사실을 관찰해가야 한다. 그리하여, 느낌, 인식, 업 지음, 식별작용을 싫어하여, 그것들에서 벗어나야겠다는 마음을 일으켜서 평등한 지견에 머물러야 한다.

생)。無所滅(무소멸)。離諸知見(리제지견)。何以故(하이고)。空性無處所(공중무처소)。無色相(무색상)。非有想(비유상)。本無所生(본무소생)。非知見所及(비지견소급)。離諸有著(리제유착)。由離著故(유리착고)。攝一切法(섭일체법)。住平等見(주평등견)。是眞實見(시진실견)"

632 "苾芻當知。空性如是。諸法亦然。是名法印"

633 이 때 부처님은 '깨달은 분'이라는 뜻이다.

634 원문은 다음과 같다. "此法印者。卽是三解脫門。是諸佛根本法。爲諸佛眼。是卽諸佛所歸趣"

635 '공(空)한 것'이란 '실체가 없는 것', "무아(無我)" 즉 '"나"라고 할 만한 것이 없다'는 말이다.

여러 비구들이여, 존재의 다섯 요소[오온]는 다 본래 실체가 없는[空공] 것들이다. 존재의 다섯 요소는 다 마음이 만들어낸 것들이기 때문에 마음[心심]과 그 대상[法법]이 다 소멸되고 나면, 존재의 다섯 요소는 작동되지 않는다.[636] 이와 같은 사실을 깨달아서 분명하게 아는 것이 제대로 된 해탈이다. 제대로 해탈하면, 온갖 지견에서 벗어나게 되는데, 이것을 '공해탈문(空解脫門)'이라고 한다.

그러고 난 뒤 삼매에 머물러서 모든 모습[色境색경]을 다 관찰해가서 모든 것[637]이 다 소멸되고 나면, 온갖 인식[諸有想제유상]에서 벗어나게 된다. 이와 마찬가지로 소리[聲성], 냄새[香향], 맛[味미], 감촉[觸촉], 마음에서 일어났다가 사라지는 것들[法법]도 또한 관찰해가서 그것들도 또한 다 소멸되고 나면, 온갖 인식[諸有想제유상]에서 벗어나게 된다. 이와 같이 관찰해가는 것을 '인식 없음[無想무상]의 해탈문'이라고 한다.

이 인식 없음[無想무상]의 해탈문에 들면, 곧바로 지견(知見)이 청정해진다. 지견이 청정해지기 때문에 곧 욕구·욕망[貪탐], 성냄, 어리석음 등이 다 소멸된다. 탐진치(貪瞋癡)가 다 소멸되면, 평등한 지견에 머문다. 평등한 지견에 머물면, 곧바로 "나"라는 지견[638]과 '내 것'이라는 지견에서 벗어난다. 그러면 곧바로 모든 지견을 다 끝내어서 지견이 일어나는 것도 없고, (대상에) 의지해서 머무는 것도 없다.

또 "나"라는 지견에서 완전히 벗어나면, 보는 것도 없고, 듣는 것도 없고, 지각작용[覺각]도 없고, 인식작용[知지][639]도 없다. 왜 그런가? 인

636 원문은 다음과 같다. 500c10 "諸蘊本空(제온본공)。由心所生(유심소생)。心法滅已(심법멸이)。諸蘊無作(제온무작)"

637 여기서 '모든 것'은 오온, 십이처, 십팔계를 의미한다.

638 '나[我]'라는 지견(知見)은 '아상(我想)'의 다른 표현이다.

639 여기서 인식(認識)작용은 한역문 "知(지)"를 번역한 것으로, 인지(認知)작용과 같은 뜻이다.

(因)과 연(緣)으로 인해 온갖 식별작용[識식]을 불러일으키는데, 인과 연이 일으키는 식별작용은 계속 변하여, 고정된 것이 없는[無常무상] 것이기 때문이다. 식별작용은 계속 변하여, 고정된 것이 없는 것이기 때문에 실체를 얻을 수 없다. 식별작용의 덩어리[識蘊식온]가 이미 실체가 없는 것이기 때문에 식별작용이 만들어내는 것들도 또한 실체가 없는 것들이다. 이것을 '만들어내는 것이 없는[無作무작] 해탈문'이라고 한다.[640] 이 만들어내는 것이 없는 해탈문에 들면, 존재[法법][641]의 끝[究竟구경]을 알기 때문에 존재에 대한 집착이 없고, 법을 증득하여, 열반에 든다.

부처님께서 여러 비구들에게 말했다.

"이와 같은 것을 '거룩한 불교의 진리'라고 한다. 이것은 세 개의 해탈문이다. 여러 비구들이여, 만약 이것을 닦아 익히면, 지견이 청정해질 것이다."

이 때 여러 비구들은 이 법문을 듣고, 모두 크게 기뻐하며, 부처님께 절을 하고, 믿고, 받아 지녔다.

위의 경은 매우 중요한 경이다. 왜냐하면 이 경은 〈반야심경〉에서 말하는 공(空)의 상태가 어떤 것인지 분명하게 말해주고 있고, 또 그런 공의 상태에 도달하는 과정과 원리를 설명해주고 있기 때문이다. 아마 팔만대장경 중에서 공(空), 적멸 · 열반 상태를 이것보다 더 잘 설명해주는 경은 없을 것이다. 이 경은 공(空)뿐만 아니라 오온의 속성, 특히 그 중에서 상(想) · 인식의 속성, 탐진치(貪瞋痴)의 완전한 소멸, "나"라는 인식

640 500c21 "由因緣故。而生諸識。即彼因緣。及所生識。皆悉無常。以無常故。識不可得 識蘊既空。無所造作。是名無作解脫門"

641 여기에서의 존재도 오온, 십이처, 십팔계 등을 의미하는 말이다.

[아상]에서의 벗어남, 존재에 대한 집착 없음, 법의 증득, 적멸·열반에 듦 등의 지혜를 완성하는 일련의 과정을 잘 설명해주고 있다. 이 경에서 부처님께서 공(空)의 상태를 설명해 놓은 것을 요약하면 다음과 같다.

> "공의 상태[空性공성]엔 아무 것도 없다. 망상이 없기 때문에 일어나는 것도 없고, 사라지는 것도 없다. 공(空)의 상태는 온갖 지견에서 벗어나 있다. 왜냐하면 공의 상태엔 공간도 없고, 형상·모습도 없기 때문이다. 공의 상태는 인식작용[想상]이 없고, 본래 일어나는 것이 없다. 공의 상태는 지견(知見)으로는 가 닿을 수 없는 곳이고, 온갖 집착에서 벗어나 있다. 온갖 집착에서 벗어나 있기 때문에 모든 존재를 다 거두어들여서 평등한 지견에 머문다. 비구들이여, 공의 상태가 이와 같고, 모든 존재가 이와 같음을 알아야 한다. 이것을 '거룩한 불교의 진리[法印법인]'라고 한다. ..... 존재의 다섯 요소[오온]는 다 본래 실체가 없는[空공] 것들이다. 존재의 다섯 요소는 다 마음이 만들어낸 것들이기 때문에 마음과 그 대상이 다 소멸되고 나면, 존재의 다섯 요소는 작동되지 않는다. ...... "나"라는 지견에서 벗어나면, 보는 것도 없고, 듣는 것도 없고, 지각작용[覺각]도 없고, 인식작용[知지]도 없다."

우리는 위의 경을 통하여 〈반야심경〉의 뜻이 분명하게 드러나는 것을 알 수 있고, 또 어떤 과정, 어떤 원리를 통하여 열반에 들 수 있는지도 알 수 있다. 위의 〈불설법인경〉에서 "공(空)의 상태엔 온갖 집착에서 벗어나 있기 때문에 모든 존재를 다 거두어들여서 평등한 지견[見]에 머문다"고 했다. 여기서 모든 존재는 오온, 십이처, 십팔계를 의미한다. 따라서 '모든 존재를 다 거두어들인다'는 것은 '오온, 십이처, 십팔계를 다 거두어들인다'는 말이다. 오온, 십이처, 십팔계를 다 거두어들여서 그런 것들이 전혀 없는 상태가 空(공)이다. 이것은 〈반야심경〉의 "공중무색

무수상행식 무안이비설신의 무색성향미촉법 무안계내지 무의식계"[642] 와 같은 말이다. 그리고 평등한 지견[見]에 머문다는 것은 오온, 십이처, 십팔계가 없이 적멸상태[空공]에 머물러 있는 것이다.

4) 그럼 이번에는 마음이 완전히 다 쉬어져서 "나"라고 할 만한 것이 없고, 그 어떤 욕구 · 욕망도 없는 청정한 마음의 상태가 '공(空)'이라고 말하는 〈불설성법인경〉을 한 번 보자.

〈불설성법인경(佛說聖法印經)〉[643]

이와 같이 내가 들었다. 한 때 부처님께서 사위국(舍衛國) 기수(祇樹) 급고독원(給孤獨園)에 계셨다. 그 때 부처님께서 여러 비구들에게 말했다. "들을지어다, 여러 비구들이여." 그러자 비구들이 답했다. "예, 가르침 받기를 원합니다."

부처님께서 말했다. "그대들을 위해 위의(威儀)에 맞고, 청정한 행을 드러내는 거룩한 불교의 진리[聖法印성법인]를 말하려고 한다. 그러니 귀를 기울여서 잘 듣고, 잘 생각하고, 이 법문을 마음에 새겨서 잊지 않기를 바란다."

부처님께서 말했다. "비구들이여, 만약 어떤 사람이 '나는 공(空)을 추구하지도 않고, 인식 없음[無想무상]을 사용하지도 않지만, [다른

642 "空中。無色。無受想行識。無眼耳鼻舌身意。無色聲香味觸法。無眼界。乃至無意識界." 이것은 "적멸[空공]상태엔 몸의 물질현상[色색]도 없고, 느낌[受수], 인식[想상], 업 지음[行행], 식별작용[識식]도 없으며, 눈, 귀, 코, 혀, 피부, 의식 등의 감각기관도 없고, 형상, 소리, 냄새, 맛, 촉감, 마음에서 일어났다가 사라지는 것들[法]도 없으며, '눈'이라는 요소에서부터 '의식의 식별작용'이라는 요소에 이르기까지 그 어떤 인식작용의 구성요소도 없다"는 말이다.

643 〈불설성법인경(佛說聖法印經)〉은 〈대정신수대장경〉 제2권. 아함부 No. 103 [No. 99(80), No. 104]이다. 한역(漢譯)은 축법호(竺法護)가 했고, 한국어 번역은 필자가 했다.

사람들을] 발심하게 하여, 자신을 크게 여기지 않는 선정(禪定)의 업(業)을 성취하게끔 하고자 한다'면 이것은 이루어질 수가 없는 일이다."[644] "만약 어떤 사람이 공(空)의 법(法)을 사모하고, 좋아하여, 뜻을 인식 없음[無想무상]에 두고, 지극히 요긴한 마음을 일으켜서 자신을 크게 여기는 교만한 마음을 없애는 선정(禪定)의 업(業)을 성취하고자 한다면, 이것은 이루어질 수 있다. 별로 어렵지 않게 원하는 대로 다 이루어져서 보는 것을 널리 가질 것이다. 왜냐하면 [그는] 공(空)을 사모하고, 좋아하여, 인식 없음[無想무상]을 얻으려 하고, 자신을 크게 여기는 교만한 마음이 없기 때문에 지혜의 업을 다 성취할 수 있기 때문이다.

비구들이여, 어떤 것을 '거룩한 불교의 진리'라고 하는가? 이 거룩한 불교의 진리는 거듭 닦아 익혀서 청정하게 보는 것을 성취하는 것이다. 가령 어떤 비구가 한가한 거처에 머물거나 나무 아래의 고요한 곳에 앉아서 몸의 물질현상[色색]을 관찰하여, 몸의 물질현상의 무상함을 이해하고, 몸의 물질현상은 본래 없는 것임을 관찰을 통하여 본다면, 이것은 무상(無常)을 제대로 이해한 것이다. 그 이해가 공(空)과 무(無)에 이르러서 온통 황홀해지고, "나"라고 할 만한 것이 없고[無我무아], 그 어떤 욕구 · 욕망도 없으면[無欲무욕], 마음이 쉬게 된다. 그러면 저절로 청정해지고, 해탈[645]을 얻게 되는데, 이것을 '공(空)'이라고 한다.[646]

644 〈불설성법인경(佛說聖法印經)〉 500a10 "佛言。比丘。假使有人。說不求空。不用無想。欲使興發。至不自大禪定之業未之有也"

645 여기서 해탈은 "나"라는 인식으로부터의 해탈이고, 욕구로부터의 해탈이다. 선정에 들어서 "나"라는 인식이 없고, 욕구 · 욕망이 없는 것이 해탈이다.

646 〈불설성법인경(佛說聖法印經)〉 500a18 "樹下空閑之處。解色無常。見色本無。已解無常。解至空無。皆爲恍惚。無我無欲心則休息。自然淸淨而得解脫。是名曰空"

비록 아직 교만하여, 자신을 크게 여기는 것을 다 버리지는 못 했지만, 선정(禪定)이 청정해서 업이 보인다. 비록 그가 순일한[647] 선정을 이루었을지라도 온갖 형상에 대한 인식[色想색상]과 소리에 대한 인식[聲想성상], 냄새에 대한 인식[香想향상] 등이 일어나면, 그것이 일어나는 즉시 그것을 다 보아서 제거한다.[648] 그러므로 '인식 없음[無想무상]에 도달했다'고 하고, '욕구 · 욕망이 없다[無欲무욕]'고 말한다.

비록 아직 자신을 크게 여기는 교만을 다 없애지는 못 했지만, 선정의 청정한 견지에 도달하여, 그 마음은 계속 유순(柔順)한 선정을 유지한다. 그는 자신에게 욕구 · 욕망, 성냄, 어리석음 등이 일어나면[所有소유], 그것이 일어나는 즉시 그것을 다 보아서 제거한다. 그러므로 이것을 '욕구 · 욕망이 없는 선정[無欲定무욕정]'이라고 한다.

비록 아직 자신을 크게 여기는 교만을 다 없애지는 못 했지만, 선정의 청정한 견지에 도달하여, 마음이 스스로 알아차림 하면서 말한다. 〈"나"라는 것이 일어났다가 사라진다. 이것은 무엇으로부터 일어나는 것인가?〉라고 사유하여, 그 "나"라는 것에 대해 이해해 들어가서 안다. 〈인연되어지는 것의 익숙한 맛을 분별하는 마음 · 식별작용[識식]은 다 인(因)과 연(緣)[649]에 의해 이 업에 이른다. 이 인(因)과 연(緣)으로 인해 마음 · 식별작용[神識신식]을 갖게 됨에 이른다.〉 [그렇게] 알고는 또 스스로 알아차림 하면서 말한다. 〈이 모든 인(因)과 연(緣)은 변하지 않고 그대로 있는 것인가, 무상(無常)한 것인가?〉 그는 또 다

647 여기서 '순일(純一)하다'는 것은 선정(禪定)이 중간에 깨어지지 않고 잘 지속된다는 뜻이다.
648 〈불설성법인경(佛說聖法印經)〉 500a21 "尙未得捨憍慢自大 禪定淸淨所見業也。雖爾得致柔順之定。卽時輒見除諸色想聲想香想" 輒 첩. 번번이 첩. 무슨 일이 있을 때마다.
649 여기서 인(因)은 전생의 업력(業力)이나 과거의 경험이다. 연(緣)은 그런 업력이나 경험이 다시 발아(發芽)할 수 있는 환경인데, 이것은 감각기관의 대상을 만나는 것이다.

시 스스로 알아차림 하면서 말한다. 〈인(因)과 연(緣)이 결합되어서 마음 · 식별작용[神識신식]에 이르게 된다. 이 모든 마음 · 식별작용은 다 무상한 것들이고, 뿌리와 본체가 없는 것들이다. 이 '마음 · 식별작용' 이라는 것은 무상(無常)에 의지해서 망상(妄想)을 갖게 된다. 그러므로 십이연기의 12요소를 갖게 된다. 십이연기의 12요소는 모두 끝에 가서는 무상한 것들이고, 괴로운 것들이며, 공(空)한 것들이고, 무너지는 것들이며, 이별하는 것들이다. 십이연기의 12요소는 다 욕구 · 욕망에서 벗어나면, 소멸되는 것들이다.〉

이러한 사실을 밝게 깨달으면, '[마음 · 식별작용의] 본체 없음'을 비로소 알게 된다. 그리하여 [그 마음작용을] 항복받음에 이르러서 온갖 일어나는 것들을 다 소멸하고, 도(道)의 행함에 들어간다. 이것이 자신을 크게 여기는 교만심을 제거하고, 아만과 방일(放逸)이 없는 선정의 업(業)에 빨리 도달하여, 청정한 행을 드러내는 길이다. 이것을 '거룩한 불교의 진리에서 비롯되는 것'이라고 말하고, '청정한 업'이라고 말한다. 또 이것을 '처음에서 나와서 끝에 이르는 것'이라고 말하고, '시종본말(始終本末)'이라고 한다.

부처님께서 이와 같이 말하자 그 자리에 있던 비구들은 모두 다 기뻐하며, 예배하고, 물러갔다.

위의 경을 요약하면 다음과 같다. 선정에 들어서 마음이 완전히 쉬어져서 "나"라고 할 만한 것이 없고, 그 어떤 욕구 · 욕망도 없는 마음의 상태에 머물러 있으면, 마음이 저절로 청정해지고, 해탈을 얻게 된다. 이런 상태를 '공(空)'이라고 한다. 공(空)에 이르기 위해서는 선정과 관찰사유를 많이 닦아야 한다. 조용한 곳에 앉아서 선정을 거듭 닦아 익혀서 몸의 물질현상[色색]을 관찰하여, 그것들은 다 무상한 것들임을 이해하고, 몸의 물질현상은 본래 없는 것들임을 본다면, 이미 무상을 다 이해한 것이다. 또 〈"나"라는 것이 일어났다가 사라진다. 이것은 어디로부터 일어나는 것인가?〉라고 사유한다. 그리하여 "나"라는 것에 대해 이해해 들어간다. "나"라는 것은 식별 · 인식작용의 산물이기 때문에 선(禪)을 거듭 닦아 익혀서 식별 · 인식작용이 다 소멸된 경지에 들면, "나"라는 것도 또한 다 소멸된다는 사실을 알게 된다. **공(空)은 "나"라는 인식이 다 소멸되고, 온갖 욕구 · 욕망이 다 쉬어져서 마음에 어떤 현상도 일어나지 않는 상태다**.

8. 경전에 나오는 공(空)의 뜻 정리

여태까지 불교경전에 나오는 "공(空)"과 "오온개공(五蘊皆空)"의 의미를 알아봤다. 끝으로 경전에 나오는 공의 의미를 정리하면 다음과 같이 크게 2가지 의미로 정리할 수 있다.
1. 공(空)은 몸의 물질현상[色색]에도 "나"라고 할 만 한 것이 없고, 느낌[受수], 인식[想상], 업 지음[行행], 식별작용[識식]에도 "나"라고 할 만 한 것이 없고, 오온의 5요소 중 어느 것도 "나"가 아니라는 말이다.
2. 공(空)은 아무 것도 없는 상태다. 공(空)은 공간[處所처소]도 없고, 형상이나 대상[色相색상]도 없고, 인식작용[想상]도 없다. 공의 상태는 온갖 집착과 지견(知見)에서 벗어나 있고, 모든 지견을 다 끝내어서 보는 것도 없고, 듣는 것도 없으며, 느끼는 것도 없고, 아는 것도 없다. 공(空)은 오온과 감각기관과 감각기관의 대상에 대한 집착이 완전히 다 소멸된 상태다. 공(空)은 망상(妄想)이 없기 때문에 일어나는 것도 없고, 사라지는 것도 없는 상태다. 공(空)은 마음이 완전히 쉬어져서 "나"라고 할 만한 것이 없고[無我무아], 그 어떤 욕구 · 욕망도 없는[無欲무욕] 청정한 마음의 상태다. 이런 것이 석가부처님께서 말해 놓은 공이다.

제12장
'존재의 다섯 요소는 다 실체가 없는 것들'이란 말이 무슨 뜻인지 말해줌

사리자 색불이공 공불이색 색즉시공 공즉시색 수상행식 역부여시

舍利子 色不異空 空不異色 色卽是空 空卽是色 受想行識 亦復如是

(사리불 존자여! 몸의 물질현상[色색]은 실체가 없는 것[空공]과 다르지 않고, 실체가 없는 것[空공]은 몸의 물질현상[色색]과 다르지 않습니다. 몸의 물질현상[色색]은 실체가 없는 것이고, 실체가 없는 것[空공]이 몸의 물질현상[色색]입니다. 몸의 물질현상[色색]과 마찬가지로 느낌[受수], 인식[想상], 업 지음[行행], 식별작용[識식]도 또한 실체가 없는 것들입니다.)

1. 사리자(舍利子) : 사리불 존자여!

사리자는 사리불 존자를 일컫는 말이다. 사리불(舍利弗)은 산스크리트어 "샤리푸트라(Śāriputra)"를 한자로 표기한 것이다. "샤리"는 그의 모친의 이름으로서 '백조'라는 뜻이다. "푸트라"는 '아이'라는 뜻이다. 그래서 사리**자**(舍利**子**)에서 아들 자(子)자를 쓴 것이다. "샤리푸트라"는 '백조 집의 아들'이라는 뜻이다.
〈반야심경〉은 사리불 존자가 부처님의 불가사의한 힘에 의해 중생들을 위하여 관자재보살에게 지혜를 완성하는 수행방법을 묻고, 그에 대한 답을 관자재보살이 사리불 존자에게 말해주는 형식으로 되어 있다. "사리자!" 이 부분부터 "모지사바하"까지의 내용은 관자재보살이 사리불 존자에게 해주는 말이다.

2. "색즉시공(色卽是空) 공즉시색(空卽是色)"의 번역

사리자 색불이공 공불이색 색즉시공 공즉시색 수상행식 역부여시
舍利子 色不異空 空不異色 色卽是空 空卽是色 受想行識 亦復如是
(사리불 존자여! 몸의 물질현상[色색]은 실체가 없는 것[空공]과 다르지 않고, 실체가 없는 것[空공]은 몸의 물질현상[色색]과 다르지 않습니다. 몸의 물질현상[色색]은 실체가 없는 것이고, 실체가 없는 것[空공]이 몸의 물질현상[色색]입니다. 몸의 물질현상[色색]과 마찬가지로 느낌[受수], 인식[想상], 업 지음[行행], 식별작용[識식]도 또한 실체가 없는 것들입니다.)

이 부분을 이런 뜻으로 해석하는 것은 매우 어렵다. 왜냐하면 여기서 色(색)과 空(공)의 개념을 잡기가 쉽지 않기 때문이다. 조계종 표준 〈한글

반야심경〉에는 이 부분을 다음과 같이 번역해 놓았다.

"사리자여! 색이 공과 다르지 않고, 공이 색과 다르지 않으며, 색이 곧 공이요, 공이 곧 색이니, 수 상 행 식도 그러하니라."

이것은 제대로 된 번역이라고 할 수 없다. 왜냐하면 번역은 다른 언어로 되어 있는 문장의 뜻을 파악하여, 그것을 알아들을 수 있는 말로 바꾸어 주는 것인데, 이 번역은 무슨 말을 하고 있는지 알 수가 없는 말로 바꾸어져 있기 때문이다. 그럼 한국불교에서는 이 부분을 어떻게 해설해 놓았는지 한 번 보자.

3. "색즉시공 공즉시색"에 대한 무비 스님의 해설

무비 스님[650] 해설을 보면, 스님은 "사리자여, 색은 공과 다르지 않고, 공은 색과 다르지 않다. 색은 곧 공이고, 공은 곧 색이다"[651]고 번역한 뒤 "사리자여, **이 몸을 위시한 모든 현상계**는 텅 빈 공(空)과 다르지 않다. 텅 빈 공은 또한 이 몸, 이 현상계와 다르지 않다. 그러므로 이 몸, 이 현상계는 그대로 텅 빈 공이고, 텅 빈 공 그대로 이 몸, 이 현상계인 것이다"고 풀이한 뒤 다음과 같이 해설해 놓았다.

"이것은 현상인 색(色)과 존재의 본질인 공(空)과의 관계를 사상적으

650 무비 스님은 1958년 범어사로 출가하여, 해인사승가대학을 졸업했고, 탄허 스님의 강맥(講脈)을 이어 받았다. 무비 스님은 현재 종범 스님, 지안 스님, 각성 스님과 더불어 한국불교를 대표하는 강백으로 손꼽힌다.
651 위의 무비 스님의 책, 〈예불문과 반야심경〉 제189쪽

로 표현한 대목입니다. 철학적 차원에서 볼 때 유한한 현상인 색과 무한의 본질인 공은 별개가 아닌 것입니다. ....색이란 우리 몸을 구성하고 있는 지수화풍(地水火風)의 네 가지 요소와 몸 밖의 현상계 일체를 구성하고 있는 지수화풍의 네 가지를 함께 일컫는 말입니다. 우리 몸이든, 바깥 현상계든, 이 모든 것은 인연에 의해 거짓 화합하여, 잠깐 있는 듯이 보이는 까닭에 고정불변하는 실체는 없는 것입니다. 그러므로 우리 몸은 본질상으로 볼 때, 텅 비어서 없는 것입니다."[652]

위의 글에서 무비 스님은 "색은 **이 몸을 위시한 몸 밖의 일체 현상계**"라고 해석하고 있다. 필자는 이 해석에 동의할 수 없다. 왜냐하면 오온에서의 색은 "**몸의 물질현상**"을 일컫는 말일 뿐, 몸 밖의 다른 물질들까지 포함하고 있는 것은 아니기 때문이다. 무비 스님은 空(공)에 대해서는 '텅 빈 것'이라고 했다가 '무한의 본질(?)'로 해석하기도 했다. 그리고 무비 스님은 "색즉시공"에 대해서는 "이 몸과 이 현상계는 그대로 텅 빈 공"이라고 해석했다. 그런데 "이 몸과 이 현상계는 그대로 텅 빈 공"이라는 말은 도대체 무슨 말인가? '이 몸과 이 현상계가 다 존재하지 않는다'는 말인가? 아니면 '이 몸과 이 현상계의 안이 텅 비어 있다'는 말인가? 이 물음에 명쾌하게 답이 되지 않는다면, 무비 스님 해설은 잘못된 것이다. 무비 스님은 "우리 몸은 본질상으로 볼 때 텅 비어서 없는 것"이라고 하는데, 과연 이 말이 맞는 말인가? 대부분의 독자는 무비 스님의 이러한 말에 수긍하기 어려울 것이다.

652 위의 무비 스님 책 191쪽

4. "색즉시공"을 어떻게 해석해야 할까?

그럼 "색즉시공"을 어떻게 해석해야 할까? "색즉시공"을 정확하게 해석하기 위해서는 우선 色(색)과 空(공)의 의미부터 알아야 한다. 색은 오온의 개념 설명에서 말했듯이 '몸의 물질현상'이라는 뜻이다. 空(공)은 '비어 있음', '공적(空寂)함', '고요함', '적멸(寂滅)상태', '없는 것', '실체가 없는 것' 등 다양한 뜻이 있지만[653] 여기서는 '실체가 없는 것'이라는 뜻이다. 따라서 "색즉시공"은 '몸의 물질현상[색]은 실체가 없는 것[공]'라는 말이다. 이 말은 '몸의 물질현상[색]은 인(因)과 연(緣)에 의해 찰나 순간 일어났다가 사라지는 무상(無常)한 것들이고, 알맹이가 없는 것들이며, 쉽게 변하는 것들이고, 위태롭고, 약하고, 부서지는 것들이라서 몸 또는 몸의 물질현상은 믿을만한 것이 못 되고, "나"라고 할 만한 것이 못 된다'는 말이다.

말이나 생각만으로 하는 반야는 알음알이일 뿐이다

〈반야심경〉의 기존 해설서들을 보면, 그것들은 다 "색즉시공"에 대해 뜬 구름 잡는 소리로 해설하고 있다고 말할 수 있다. 그 해설들은 대단히 사변적이다. 그러나 "색즉시공"은 철학이나 사유의 문제가 아니라 실증(實證)의 문제다. 반야지혜의 경지를 사변적으로 풀이하는 것은 아무런 의미가 없다. 그런 풀이가 맞지 않을뿐더러 사변적인 해설은 괴로움

653 여기서 空(공)은 산스크리트어 쑤니아타(Śūnyatā)를 번역한 것이다. 쑤니아타는 '텅 빈 상태의', '제로(zero)상태의', '없는', '존재하지 않는' 등의 뜻으로, '無(무)', '空(공)', 空無(공무)', '空虛(공허)', '空寂(공적)', '空閑(공한)', '空性(공성)' 등으로 한역돼 있다. 쑤니아(Śūnya)만으로도 空(공)의 뜻이 되지만, 그 뒤에 상태, 성질을 나타내는 접미사 tā(타)가 붙어서 '공의 상태가 된', '없는 상태가 된'이라는 뜻을 이룬다.

에서 벗어나게 하는 데 도움이 되지 않기 때문이다. 사변적인 해설은 오히려 불교를 어렵게 만들고, 헷갈리게 만든다. 반야는 말이나 생각으로 하는 것이 아니라 관찰수행을 통해 완성해야 하는 것이다. 반야는 관찰수행을 통해 본인의 눈으로 직접 무아(無我)의 진리를 꿰뚫어보는 것[照見조견]이다. 지혜를 완성하는 수행은 그 어떤 생각도 없는 상태에서 자신의 몸과 마음에서 일어나고 있는 현상을 지속적으로 관찰해감으로써 닦는다. 존재의 다섯 요소[오온]를 관찰하여, '몸의 물질현상과 정신현상은 다 실체가 없는 것들임[오온개공]'을 자신의 눈으로 직접 꿰뚫어봐야 한다.

5. "색즉시공"의 진리를 깨닫기 위해서는 자기 몸을 관찰해가야 한다

자신의 몸을 끊임없이 관찰한 결과, 몸의 물질현상은 "나"가 아님을 보았을 때 "색즉시공"의 진리를 본 것이다

여기서 "색"은 '내 몸의 물질현상'을 일컫는 말이고, "공(空)"은 '무상(無常), 고(苦), 무아(無我)'의 의미다. 따라서 "색즉시공(色卽是空)"은 '내 몸의 물질현상은 무상하고, 괴로운 것이라서 "나"라고 할 만한 것이 못된다'는 뜻이다. "색즉시공"의 진리는 경전이나 다른 사람의 말을 듣고 아는 것이 아니라 자기 몸에서 일어나고 있는 물질현상[색]을 끊임없이 관찰한 결과, 그 현상의 성질을 깨달아서 알아야 한다. 이러한 까닭에 불교수행자는 '몸[색]을 공(空)'이라 하여, 무턱 대놓고 부정해서는 안 된다.

공(空)만 외치기보다 자신의 몸을 관찰해가야 한다

"색즉시공(色卽是空)"에서 공(空)의 주어는 색(色)이다. 색즉시공은 색을 관찰해본 결과, 그 성질이 공이라는 말이다. 하지만 관찰해야 할 색은 어디로 가버렸는지 없고, 오직 "공(空)"만 부각되면, 이상한 꼴이 되고 만다. 그래서 "공"보다는 오히려 "색"에 방점이 찍혀야 한다. 하지만 오늘날 중국, 한국, 일본, 티베트 등의 대승불교에서는 주의를 기울여서 관찰해야 할 색은 어디로 가버렸는지 없고, 오직 "공(空)" 타령만 하고 있을 따름이다. 아니면 "색즉시공"을 '색은 텅 빈 것'으로 해석하여, '**물질**[색]**은 없는 것**'이라고 말하기도 한다. 이러한 해석은 잘못된 것이다. "색즉시공"은 선정삼매에 들어서 내 몸의 물질현상을 관찰해 보면, '몸의 물질현상은 계속 변하고 있는 것들이고, 실체가 없는 것들이라서 몸의 물질현상에는 "나"라고 할 만한 것이 없다'는 뜻이다.

내 몸의 물질현상과 정신현상을 관찰해 들어가서 거기서 공(空)을 봐야 한다

석가부처님 불교인 초기불교는 실제적인 대상에서 진리를 구한다. 부처님 제자들은 자신의 몸의 물질현상과 정신현상이라는 실제적인 대상을 관찰해서 거기서 무상(無常), 고(苦), 공(空), 무아(無我)의 진리를 보았다. 초기불교에서는 "나" 이외에 어떤 것도 관심의 대상이 되지 못 했다. 초기불교는 오직 "나"라는 존재의 실체 없음[무아]을 꿰뚫어보아서 열반을 성취하고, 윤회에서 벗어나는 데 그 목적이 있다. 불교의 진리는 "나"라고 하는 대상을 반야지혜로 꿰뚫어봄으로써 체득되는 것이다. 그러므로 불제자는 이론이나 말보다는 "나"라고 하는 대상에서 진리를 구해야 한다.

중생들이 초점 맞춰야 할 곳은 공(空)이 아니라 "색(色)"이다

이런 까닭에 "색즉시공"에서 우리 중생들이 초점 맞추어야 할 곳은 공(空)이 아니라 "색(色)"이다. 왜냐하면 몸의 물질현상인 색에 대하여 이야기하고 있고, '색에 대한 집착을 끊기 위한 것'이 "색즉시공"의 메시지이기 때문이다. 무아의 진리를 깨달음으로써 내 몸의 물질현상[색]과 정신현상[수상행식]에 대한 집착을 다 끊어야만 모든 괴로움에서 벗어날 수 있다. 몸에 대한 집착을 다 끊기 위해서는 자기 몸[색]을 지속적으로 관찰해 들어가서 거기서 무상, 고, 무아의 진리를 봐야 한다. 그것이 공(空)을 보는 것이고, "색즉시공"의 진리를 깨닫는 것이다.

몸은 진리로 들어가는 문. 몸의 물질현상〔색〕을 관찰하지 않으면 "색즉시공"의 진리를 깨달을 수 없다

불제자는 이 몸을 "나"라고 여겨서 그것에 집착해서도 안 되고, 그렇다고 무턱 대놓고 '몸은 공(空)'이라고 하며, 무시하거나 재껴버려서도 안 된다. 수행자에게는 몸은 무상, 고, 무아를 깨달아 들어가는 문이기 때문이다. 내 몸의 물질현상을 관찰하지 않고서는 결코 "색즉시공"의 진리를 깨달을 수 없다. 이렇게 볼 때 몸[색]은 범부들에게는 집착과 고통의 근원이지만 수행자에게는 진리로 들어가는 문이다. 집착과 고통을 뛰어넘기 위해서는 그 근원인 몸의 물질현상을 이해해 들어가야 한다. 이해를 얻기 위해서는 자신의 몸을 관찰해가야 한다. 그리하여 자신의 몸에서 무상(無常), 고(苦), 무아(無我)의 진리를 봐야 한다. 내 몸을 관찰해서 거기서 무상, 고, 무아의 진리를 봤을 때 비로소 "색즉시공"의 의미를 알게 되고, 몸에 대한 집착을 다 끊을 수 있다. 그렇지 않고 "색즉시공"에 대해 아무리 떠들어봐야 그것은 공리공론(空理空論)일 뿐이다. 공리공론은 불교를 허황된 것으로 만든다.

몸을 관찰하는 것은 자신의 호흡, 몸의 움직임, 몸의 느낌을 관찰해가는 것이다

여기서 관찰대상으로서의 몸[색]은 좌선에서는 주로 호흡이고, 걷기명상에서는 발의 움직임과 발바닥 느낌이다. 물론 그 외의 다른 몸동작이나 몸의 느낌도 알아차려갈 수가 있다. 좌선할 때는 주로 호흡을 알아차리고, 걸을 때는 걷는 발을 알아차리고, 그 외의 다른 동작을 취할 때는 그 동작 하나하나의 과정을 다 분명하게 알아차림 해감으로써 내 몸을 관찰해가야 한다. 이와 같이 몸[색]을 뛰어넘기 위해서는 내 몸을 철저히 관찰해 들어가서 거기서 공(空)을 봐야 한다. 그러지 않고 아무리 '공'을 노래해봐야 공은 보이지 않을 것이다.

〈반야심경〉의 "색불이공 공불이색 색즉시공 공즉시색 수상행식 역부여시"[654]는 "오온[자성]개공(五蘊自性皆空)"을 좀 더 구체적으로 풀어서 말해 놓은 것이다. "오온[자성]개공"은 '오온은 다 실체가 없는 것들'이란 말이다.

"색즉시공 공즉시색"의 반복표현은 강조의 의미다

"색즉시공"은 '몸의 물질현상은 실체가 없는 것들'이란 말이다. "색즉시공"이란 말만으로도 충분하다. 하지만 이 말을 강조하기 위해 "공즉시색(空卽是色)", 즉 '실체가 없는 것이 몸의 물질현상이다'는 말을 그 뒤에 덧붙여 놓았다. 하지만 강조는 이것만으로 충분하지 않았다. 그래서

654 "色不異空 空不異色 色卽是空 空卽是色 受想行識 亦復如是" 이것은 다음과 같이 번역할 수 있다. 몸의 물질현상[色색]은 실체가 없는 것[空공]과 다르지 않고, 실체가 없는 것[空공]은 몸의 물질현상[色색]과 다르지 않다. 몸의 물질현상[色색]은 실체가 없는 것이고, 실체가 없는 것[空공]이 몸의 물질현상[色색]이다. 몸의 물질현상[色색]과 마찬가지로 느낌[受수], 인식[想상], 업 지음[行행], 식별작용[識식]도 또한 실체가 없는 것들이다.

더욱 강조하기 위하여 그 앞에 "색불이공(色不異空) 공불이색(空不異色)"을 갖다 놓아서 "몸의 물질현상[색]은 실체가 없는 것[공]과 다르지 않고[不異], 실체가 없는 것[공]은 몸의 물질현상[색]과 다르지 않다[不異]"고 말하고 있는 것이다.

색불이공 공불이색

"색불이공(色不異空) 공불이색(空不異色)"은 '몸의 물질현상[색]은 실체가 없는 것[공]과 다르지 않고, 실체가 없는 것은 몸의 물질현상과 다르지 않다'는 뜻이다. '몸의 물질현상[색]은 실체가 없는 것[공]과 다르지[異이] 않다[不]'는 말은 "색즉시공(色卽是空)"과 똑 같은 의미로 해석할 수 있다. "색즉시공"은 '몸의 물질현상[색]은 실체가 없는 것[공]들'이란 뜻이다.

"색불이공 공불이색 색즉시공 공즉시색"은 같은 말을 네 번이나 반복해서 강조하고 있다. 이와 같이 같은 말을 여러 번 반복해서 강조할 수밖에 없었던 이유는 무엇일까? 그것은 매우 깊어서 이해하기 어려운 반야바라밀다법, 즉 지혜를 완성하는 수행법을 일반 중생들은 이해하지 못 할 것이라는 사실을 알았기 때문이다. "몸의 물질현상은 실체가 없는 것들"이라는 말은 매우 어려운 말이다. 그 당시에 이 말을 누가 이해할 수 있었겠는가? '몸의 물질현상'이라는 말도 모르고, '몸' 또는 "나", 아트만이 있다고 철저히 믿고, 그 속에서 살아가고 있는 중생들은 도저히 이해할 수가 없고, 믿을 수 없는 말이다. 그래서 같은 말을 네 번이나 반복해서 하고 있는 것이다.[655]

655 여기서 유독 시호(施護)의 한역에만 색불이공(色不異空) 공불이색(空不異色)과 색즉시공(色卽是空) 공즉시색(空卽是色)의 위치가 바뀌어서 "색즉시공(色卽是空) 공즉시색(空卽是色) 색불이공(色不異空) 공불이색(空不異色)"으로 번역돼 있다. 이 번역은 강조효과가 좀 떨어진다고 봐야한다. 하지만 현존 산스크리트어 원본

우리는 자신의 몸과 마음에서 자유롭지 못 하다. 몸과 마음에 꽁꽁 묶여서 그것의 노예로 살아가고 있다. 몸과 마음을 "나"라고 여겨서 그것에 끊임없이 집착하기 때문이다. 이 노예상태에서 벗어나기 위해 몸과 마음을 관찰해가야 한다. 〈아함경〉에 몸과 마음에 속박되는 것에 대해서 다음과 같은 내용이 나온다.

> 그때 악마 파순은 부처님께 다가가서 게송을 주고, 받았다.
> 파순 - "당신은 온갖 그물에 묶여 있다. 인간의 그물에 묶여 있고, 하늘·신의 그물에 묶여 있다. 크나 큰 속박이 당신을 묶고 있으니 사문이여 당신은 나한테서 벗어날 수가 없다."
> 붓다 - "나는 온갖 그물에서 벗어났도다. 인간의 그물도 벗었고, 하늘·신의 그물도 벗었다. 나는 크나 큰 속박을 이미 다 벗었으니, 죽음이여, 그대는 나한테서 멀어져 있다."
> 파순 - "허공을 날아다니는 그물이 있다. 그것은 다른 게 아니라 인간의 마음이다. 그것으로 당신을 묶을 터이니, 사문이여, 당신은 나한테서 벗어날 수가 없다.
> 붓다 - "모습, 소리, 냄새, 맛, 촉감이 있어서 온통 마음을 사로잡을 만해도 나는 그것들에 대한 욕구·욕망을 이미 다 끊었기 때문에 죽음이

에는 시호의 한역과 같은 순서로 되어 있다. 현존 산스크리트어 원문과 그 번역을 보면, 다음과 같다. iha śariputra rūpam[色색] śūnyatā[空공] śūnyatāiva[空공] rūpam[色색], rūpāt[色색] na[不불] pṛthak[異이] śūnyatā[空공] śūnyatāyā[空공] na[不불] pṛthak[異이] rūpam[色색], yat[是시which] rūpam[色색] sā[是시] śūnyatā[空공] yā[是시which] śūnyatā[空공] tat[是시] rūpam[色색]; evam eva[如是여시] vedanā[受수]- saṃjñā[想상]-saṃskāra[行행]-vijñānam[識식] (사리자여! 색이 곧 공이고, 공이 곧 색이다. 색은 공과 다르지 않고, 공은 색과 다르지 않아서 색이 곧 공이고, 공이 곧 색이다. 수 상 행 식도 또한 이와 같다.)

여 그대는 나한테서 멀어져 있다."[656]

위에서 마왕(魔王) 파순은 "허공을 날아다니는 그물이 있다. 그것은 다른 게 아니라 인간의 마음이다. 그것으로 당신을 묶을 터이니, 사문이여, 당신은 나한테서 벗어날 수가 없다"고 말했다. 이것은 대단히 잘 된 표현이다. 우리는 자신의 마음에 꽁꽁 묶여서 꼼짝하지 못 한다. 우리 마음은 집착으로 가득하다. 끊임없이 자신의 마음에 끌려 다녀서 태어남과 죽음을 거듭한다. "마음"이라는 그물에서 벗어나기 위해서는 '수상행식(受想行識)'[657]이라는 정신작용을 소멸해야 한다. 정신작용을 소멸하기 위해서는 '수상행식(受想行識)'이라는 정신작용을 관찰해 들어가서 그것들은 다 실체가 없는 것들임을 꿰뚫어봐야 한다.

사리자 색불이공 공불이색 색즉시공 공즉시색 수상행식 역부여시
舍利子 色不異空 空不異色 色卽是空 空卽是色 受想行識 亦復如是
(사리불 존자여! 몸의 물질현상은 실체가 없는 것과 다르지 않고, 실체가 없는 것은 몸의 물질현상과 다르지 않습니다. 몸의 물질현상은 실체가 없는 것이고, 실체가 없는 것이 몸의 물질현상입니다. 몸의 물질현상과 마찬가지로 느낌, 인식, 업 지음, 식별작용도 또한 실체가 없는 것들입니다.)

사리자 시제법공상 불생불멸 불구부정 부증불감
舍利子 是諸法空相 不生不滅 不垢不淨 不增不減
(사리불 존자여! 이 모든 존재가 다 소멸된 적멸상태엔 일어나는 것도

656 〈아함경〉 파순경
657 수상행식(受想行識)은 느낌[受수], 인식[想상], 업 지음[行행], 식별작용[識식]으로 번역할 수 있다.

없고, 사라지는 것도 없습니다. 또 더러움도 없고, 더러움에서 벗어난 것도 없으며, 부족함도 없고, 완전함도 없습니다.)

제13장
이 모든 존재가 다 소멸된 적멸상태의 특징을 간단히 말해줌

1. "시제법공상 불생불멸 불구부정 부증불감"의 번역

사리자 시제법공상 불생불멸 불구부정 부증불감

舍利子 是諸法空相 不生不滅 不垢不淨 不增不減

(사리불 존자여! 이 모든 존재[是諸法시제법]가 다 소멸된 적멸상태엔 일어나는 것도 없고, 사라지는 것도 없습니다. 또 더러움도 없고, 더러움에서 벗어난 것도 없으며, 부족함도 없고, 완전함도 없습니다.)

이 부분은 '이 모든 존재'가 다 소멸된 적멸상태의 특징을 말해주고 있다. 이 부분은 공(空)의 상태, 즉 적멸상태엔 '이 모든 존재'로 일컬어지는 오온, 십이처, 십팔계 등이 일어나는 것도 없고, 사라지는 것도 없다는 뜻이다. 또 적멸상태엔 더러움도 없고, 더러움에서 벗어난 것도 없으며, 부족함도 없고, 완전함도 없다는 뜻이다. 그런데 조계종 〈한글 반야심경〉에는 이 부분을 다음과 같이 번역해 놓았다.

> 사리자여! 모든 법은 공하여 나지도 멸하지도 않으며, 더럽지도 깨끗하지도 않으며, 늘지도 줄지도 않느니라.

이 번역에서 "모든 법은 공하여"라는 말을 누가 이해할 수 있겠는가? 조계종 〈한글 반야심경〉에만 이런 수준으로 번역해 놓은 것이 아니다. 어떤 사람은 자신의 블로그에서 "조계종 〈한글 반야심경〉은 출가한 승려들과 불교를 10년 이상 공부한 사람들만 겨우 이해할 수 있도록 번역해 놓았다"고 하면서 이 부분을 다음과 같이 번역해 놓았다.

> 사리불이여, 모든 우주의 법칙은 텅 빈 것이며, 생겨나는 것도 없고, 없어지는 것도 없다. 더러운 것이나 깨끗한 것도 없고, 늘어나거나 줄어드는 것도 없다.

물론 이것도 제대로 된 번역이라고 말할 수 없다. 왜냐하면 〈반야심경〉은 우주법칙을 말하고 있는 것이 아니기 때문이다. 이외의 다른 번역들도 무슨 말인지 알 수가 없는 말로 번역돼 있는 것은 이와 크게 다르지 않다. 그럼 이 부분을 어떻게 번역해 놓았는지 한 번 보자.

> 현장 : 사리자 시제법공상 불생불멸 불구부정 부증불감
> 舍利子 是諸法空相 不生不滅 不垢不淨 不增不減
> 조계종 : 사리자여! 모든 법은 공하여 나지도 멸하지도 않으며, 더럽지도 깨끗하지도 않으며, 늘지도 줄지도 않느니라.

청담 스님[658] : 사리불이여, 이 모든 것들이 다 없어진 〈참 마음 자리〉는 생겨나는 것도 없어지는 것도 아니며, 더러워지거나 깨끗해지는 것도 아니고, 불어나는 것도 줄어드는 것도 아니다.

광덕 스님[659] : 사리자여, 이 모든 법이 공한 상은 나지도 않고, 없어지지도 않으며, 더럽지도 않고, 깨끗하지도 않으며, 늘지도 않고, 줄지도 않느니라.

오고산 스님[660] : 사리자여, 이 모든 법의 공한 상이 나지도 않고, 멸하지도 않으며, 더럽지도 않고, 깨끗하지도 않으며, 늘지도 않고, 줄지도 않느니라.

무비 스님 : 사리자여, 이 모든 법의 공한 모양은 생기지도 않고, 소멸하지도 않은 것이며, 더럽지도 않고, 깨끗하지도 않은 것이며, 불어나지도 않고, 줄어들지도 않은 것이다.

658 청담 스님(1902~1971)은 경남 진주 출신. 1927년 경남 고성 옥천사로 출가했다. 청담 스님은 오늘날 한국불교 대표 종단인 대한불교조계종을 만들어낸 실천력과 참선수행력, 인품, 철학, 그리고 밝은 교학 등을 두루 갖춘 스님이다. 해인사 주지, 조계종 총무원장 및 종정 등을 여러 차례 역임했다. 서울 삼각산 도선사를 중창하고, 그 곳에서 마지막으로 주석했다.

659 광덕(光德, 1927~1999) 스님은 전북 화성 출생, 1950년 범어사 동산 스님을 은사로 출가했다. 스님은 도심 포교의 선구자로서 1974년 불광회(佛光會)를 창립했고, 월간 〈불광〉 잡지를 창간하고, 경전을 번역하는 등 불교의 생활화, 현대화를 정착시켜, 현대불교에 큰 이정표를 제시했다.

660 오고산 스님(1934~2021)은 경남 언양 출생. 1946년에 동산스님을 은사로 범어사로 동진 출가하여, 18년 동안 제방선원에서 안거했다. 범어사 강주, 조계사 주지, 대한불교조계종 총무원장, 쌍계총림 방장 등을 역임했다. 총명하고, 부지런하고, 진지하여 젊은 시절부터 불교에 대한 이해를 돕기 위하여 선도적으로 불교서적을 많이 저술했다. 한국 최초의 〈불자 독송집〉, 〈대승기신론 강의〉 등 수많은 저술이 있다. 그리고 천도의식(薦度儀式)에 가장 밝은 분이다.

김용옥 : 사리자여! 지금 내가 깨달은 세계, 반야의 완성을 통해 조견한 세계, 제법이 공한 이 모습의 세계는 생함도 없고, 멸함도 없고, 더러움도 없고 깨끗함도 없으며, 늘어남도 없고 줄어듬도 없다.

김사철, 황경환 : 오 사리푸트라! 인식된 모든 것들은 비어 있음의 특징을 가지고 있다. 생기지도 않고 멸하지도 않는다. 더럽지도 않고 깨끗하지도 않다. 줄어들지도 않고 늘어나지도 않는다.[661]

필자 : 사리자여! 이[是시] 모든[諸제] 존재[法법]가 다 소멸된 적멸열반 상태[空공]엔[662] 일어나는 것도 없고, 사라지는 것도 없습니다. 또 더러움도 없고, 더러움에서 벗어난 것도 없으며, 부족함도 없고, 완전함도 없습니다.

위의 여러 번역 중 청담 스님의 번역을 제외한 나머지 번역들은 다 무슨 말인지 알 수가 없는 말로 번역돼 있다. 그래서 그 중 청담 스님의 번역이 가장 낫다고 할 수 있다. 하지만 청담 스님의 번역도 〈참 마음자리〉를 두고 있고, "불생불멸(不生不滅) 불구부정(不垢不淨) 부증불감(不增不減)"의 주어를 〈참 마음자리〉로 본 것은 오류를 범했다고 할 수 있다. 이와 같이 기존 번역들은 다 "시제법공상(是諸法空相)"을 제대로 해석하지 못 하고 있다. 위의 필자의 번역을 보면 〈반야심경〉의 "시제법공상(是諸法空相)"에서 "부증불감(不增不減)"까지의 내용에 대한 해석이 기존 것들과 완전히 다르다는 것을 알 수 있다. 이제부터 필자가 어떻게 해서 이와 같은 뜻으로

661 〈산스크리트 원문에서 본 반야심경 역해〉 김사철, 황경환 지음. 김영사. 2020년. 54쪽
662 이 밑줄 친 부분은 '이[是시] 모든[諸제] 존재[法법]가 다 소멸된 적멸열반 상태[空공]의 **특징[相상]**'을 줄여서 표현한 것이다.

해석했는지 세부적으로 나누어 설명하겠다.

2. "시제법공상(是諸法空相)"의 해석

"시제법공상(是諸法空相)"을 어떤 의미로 해석해야 할까? 이 문제는 대단히 까다롭고도 중요한 문제다. 왜냐하면 기존 해석들이 이것을 제대로 해석하지 못 한 나머지 치명적인 오류를 범하고 있기 때문이다. 그럼 "시제법공상"이 무슨 뜻인지 알아보자.

是諸法空相(시제법공상)
이 모든 존재가 다 소멸된 적멸상태의 특징
(是시 : **이** 시 this. 諸제 : 모두 제. **모든** all. 法법 : **존재** existence. 空공 : 빌 공, 없을 공. **없음**. 相상 : **특징** 상)

첫 글자 "是(시)"는 '이(this)'라는 뜻으로, 그 뒤의 "諸法(제법)"을 수식하는 지시어다. "諸(제)"는 '모든'이라는 뜻이다. "法(법)"은 산스크리트어 '다르마(dharma)'[663]를 번역한 것으로, '사물', '존재', '몸과 마음에서 일어났다가 사라지는 것들' 등의 뜻이 있는데, 여기서는 "존재"라는 뜻이다. 즉 **"是諸法(시제법)"은 '이 모든 존재'**라는 뜻이다. 그 뒤의 "空相(공상)"은 산스크리트어 "쑤니아따-락싸나(śūnyatā空공-lakṣaṇā相상)"를 번역한 것으로, **'없음[空공]의 특징[相상]'**이라는 뜻이다. "空相(공상)"에서의 "공"에 해당하는 산스크리트어 쑤니아따(śūnya-

663 다르마(dharma)는 '존재', '가르침', '진리', '법(法)', '규범', '수행 방법' 등의 뜻이 있다. 지수화풍과 색수상행식 등은 다르마이고, 존재이다.

tā)는 '空(공)', '없음[無무]', '적멸상태' 등의 뜻이 있고,[664] "相(상)"[665]에 해당하는 락싸나(lakṣanā)는 '특징', '속성' 등의 뜻이다.[666] 따라서 **"空相(공상)"은 '공(空)의 특징', '없음의 특징', '적멸상태의 특징'**이란 뜻이다. **'없음의 특징'**이라고? 그럼 무엇이 없는가? 없는 것은 "空相(공상)" 바로 앞에 있는 "是諸法(시제법)", 즉 '이 모든 존재'이다. 따라서 "시제법공상(是諸法空相)"은 '**이 모든 존재가 다 없어진 적멸상태의 특징**'이란 뜻이다.

1) "제법"이란?

"諸法(제법)", 즉 '모든 존재'는 오온, 십이처, 십팔계 등을 의미한다

여기서 "諸法(제법)", 즉 '모든 존재'가 무엇을 의미하는지 알아야 한다. 왜냐하면 기존 번역자들이 다 이 "諸法(제법)"의 의미를 제대로 이해하지 못 한 나머지 해석상 치명적인 오류를 범하고 있기 때문이다. 일

664 'śūnyatā(쑤니아타)'는 空(공), 無(무), 空相(공상), 空性(공성), 虛空(허공), 性空(성공), 空法(공법), 空門(공문), 空寂(공적), 空法性(공법성) 등으로 한역돼 있다. 용수는 〈중론〉에서 다음과 같이 말했다. "**열반**의 특징[상]은 **공(空)**이다. 공(空)은 그 어떤 현상 · 대상[相상]도 없고, 모든 것이 다 소멸되어, 고요[寂滅적멸]하고, 분별망상[戱論희론]이 없는 상태다." 〈중론〉 관법품 25a12 "**涅槃**相**空**(**열반**상**공**),無相(무상),寂滅(적멸),無戱論(무희론)" 이러한 여러 근거를 바탕으로 해서 필자는 "시제법공상"에서의 "공"을 '적멸열반 상태'로 번역했다.

665 한자 '相(상)'에는 '바탕', '질(質)', '용모', '골격', '모습', '사물의 상태', '형세', '특징' 등의 뜻이 있다.

666 'lakṣanā(락싸나)'는 '相(상)', '色相(색상)', '相好(상호)', '能相(능상)', '體相(체상)', '顯相(현상)', '相貌(상모)', '威容(위용)' 등으로 한역돼 있다. 이것은 모습, 모양, 상호, 특징, 특성 등의 뜻이다. 법성(法成)이 번역한 돈황본 〈반야심경〉을 보면, 거기에는 "시제법공상(是諸法空相)" 대신 "一切法空**性**(일체법공성)"으로 번역되어 있다. 여기서 **性**(성)은 '특성', '특징'이란 뜻이다.

반적으로 불교경전에 "諸法(제법)", "一切法(일체법)", "一切諸法(일체제법)" 등이 나오면, 그것은 다 **오온, 십이처,**[667] **십팔계**[668]를 의미하는 것으로 보면 틀림없다. 이러한 사실을 경전을 통해 확인해 보자. 〈잡아함경〉 제319. 〈일체경一切經〉에 다음과 같은 내용이 나온다.

> "고타마께서 '일체'라고 하시는데, 어떤 것을 '일체'라고 합니까?" 부처님께서 바라문에게 말했다. "'일체'란 십이처를 일컫는 말입니다. 눈과 형상[색], 귀와 소리, 코와 냄새, 혀와 맛, 피부와 촉감, 의식[意의]과 마음에서 일어났다가 사라지는 현상들[법][669]이 그것입니다. 이런 것들을 '일체'라고 합니다."[670]

또 〈잡아함경〉 제321. 〈일체법경一切法經〉에는 다음과 같은 내용이 나온다.

667 눈[眼], 귀[耳], 코[鼻], 혀[舌], 몸[身], 의식[意] 등의 여섯 감각기관[六根]과 형상[色], 소리[聲], 냄새[香], 맛[味], 감촉[觸], 마음에서 일어났다 사라지는 현상[法] 등을 '십이처(十二處)'라고 한다. 알고 보면, 십이처는 오온과 다른 것이 아니다. 오온은 모든 존재[一切法]를 몸과 마음, 또는 물질과 정신으로 구별한 뒤에 그것을 다섯 요소로 나눈 것이고, 십이처는 모든 존재를 여섯 감각기관[六根]과 그 대상인 육경(六境)으로 구분한 것이기 때문이다.

668 육근(六根), 육경(六境), 육식(六識)을 합해서 '십팔계(十八界)'라고 한다. 육식은 안식(眼識), 이식(耳識), 비식(鼻識), 설식(舌識), 신식(身識), 의식(意識)을 말한다. 여기서 안식(眼識)은 '눈의 식별작용'이다.

669 이것을 '心生滅法(심생멸법)'이라고도 한다. 이 때 '법(法)'은 '현상'이라는 뜻이다. 우리 마음이 '안이비설신의'의 감각기관을 통하여 대상[色]을 접하면, '受(수)', '想(상)', '行(행)', '識(식)' 등 정신현상이 일어나는데, 이러한 정신현상을 '법(法)'이라고 한다.

670 〈신수대장경〉 제2권. 〈잡아함경〉 제319경. 091a26 "瞿曇。所謂一切者。云何名一切。佛告婆羅門。一切者。謂十二入處。眼色 · 耳聲 · 鼻香 · 舌味 · 身觸 · 意法。是名一切"

"사문 고타마께서 '일체법(一切法)', 즉 '모든 존재'라고 하시는데, 어떤 것이 모든 존재입니까?" 부처님께서 바라문에게 말했다. "눈과 형상[색], 눈의 식별작용[眼識안식], 눈의 접촉[眼觸안촉], 눈의 접촉으로 인해 생긴 느낌들, 즉 괴롭다는 느낌, 즐겁다는 느낌, 괴롭지도 즐겁지도 않은 느낌들, 귀, 코, 혀, 몸, 의식 및 의식에서 일어났다가 사라지는 현상들[法법], 의식의 식별작용[意識의식], 의식의 접촉[意觸의촉], 의식의 접촉으로 인하여 생긴 느낌들, 즉 괴롭다는 느낌, 즐겁다는 느낌, 괴롭지도 즐겁지도 않은 느낌들, 이런 것들을 '모든 존재'라고 합니다."[671]

우리는 위의 두 경을 통해 "諸法(제법)", "일체법(一切法)", '모든 존재' 등은 오온, 십이처, 십팔계를 의미하는 것임을 알 수 있다. 어떤 사람은 "일체법에 대한 이러한 정의는 소승불교 경전인 〈잡아함경〉에서 말한 것인데, 이것을 대승불교 경전인 〈반야심경〉에 적용하는 것은 무리가 있지 않느냐"고 말할 수도 있다. 하지만 이것은 전혀 무리가 없다. 왜냐하면 인도 중기대승불교 경전인 〈해심밀경〉[672]에도 "오온과 여섯 감각기관과 그 대상과 같은 것들이 일체"[673]라고 말하고 있고, 유정(惟淨)이 한역한 〈반야심경〉에는 "제법(諸法)" 대신 십팔계를 바로 쓰고 있는 것을 볼 수 있기 때문이다.[674] 이와 같이 우리는 부처님 말씀을 통해 **"일체**

671 〈신수대장경〉 제2권. 〈잡아함경〉 제321경. 091b18 "沙門瞿曇。所謂一切法。云何爲一切法。佛告婆羅門。眼及色 · 眼識 · 眼觸 · 眼觸因緣生受。若苦 · 若樂 · 不苦不樂。耳 · 鼻 · 舌 · 身 · 意法 · 意識 · 意觸 · 意觸因緣生受。若苦 · 若樂 · 不苦不樂。是名爲一切法"

672 〈해심밀경〉은 유식사상(唯識思想)의 근본경전이다. 이것은 유식사상이 등장한 4C초에 저술된 것으로 보인다.

673 〈신수대장경〉 제16권. 경집부 〈해심밀경〉 제3권. 699c17 "如五數蘊。六數內處。六數外處。如是一切", "오온, 여섯 감각기관[六內處], 여섯 감각기관의 대상[六外處], 이러한 것들이 일체다."

674 〈佛說開覺自性般若波羅蜜多經〉 의정(惟淨)譯 〈신수대장경〉 제8권. 854쪽 하단

법" 또는 "제법(諸法)"은 우리 감각기관과 그 대상과 감각기관에서 일어나는 현상들을 일컫는 말이라는 것을 알 수 있다. "일체", "일체법", "제법(諸法)", "일체제법(一切諸法)" 등의 의미를 이와 같이 정확하게 해석하는 것은 매우 중요하다. 왜냐하면 불교경전에 "일체", "일체법", "제법(諸法)", "일체제법(一切諸法)" 등의 표현이 많이 나오는데, 모든 경우에 있어서 이와 같은 뜻으로 해석해야 한다. 만약 그러지 못 하면, 그 뜻이 지나치게 확대되는 오류가 발생하기 때문이다. 예컨대, 삼법인 중에 "제법무아(諸法無我)"가 있다. 이것은 '오온에는 "나"라고 할 만한 것이 없다', '오온에는 "나"라고 할 만한 고정불변의 실체가 없다'는 뜻이다. 그러나 여태껏 대승불교에서는 제법무아를 "**이 세상의 모든 존재**는 인연에 의해 생긴 것들이어서 실다운 자아의 실체가 없다"[675]는 뜻으로 해석하고 있다. "제법무아"에서 "제법"은 오온을 의미한다. 불교경전 중에 "제법무아(諸法無我)", "오온무아(五蘊無我)", "오온비아(五蘊非我)"[676] 등의 표현이 많이 나오는데, 이것들은 다 같은 뜻이다.

12째 줄, "須菩提。色無性假性實性。受想行識無性假性實性。須菩提。如是乃至眼色眼識。耳聲耳識。鼻香鼻識。舌味舌識。身觸身識。意法意識。無性假性實性(수보리여, 색(色)은 실체가 없는 것이다. 수상행식(受想行識)도 실체가 없는 것들이다. 수보리여, 이와 같이 눈, 눈의 대상인 형상, 눈의 식별, 귀, 소리, 귀의 식별, 코, 냄새, 코의 식별, 혀, 맛, 혀의 식별, 몸, 촉감, 몸의 식별, 의식, 의식의 대상, 의식의 식별 등도 실체가 없는 것들이다.)" 밑줄 친 부분이 '諸法(제법)' 대신 18계를 바로 쓴 것이다. 맨 마지막의 밑줄이 없는 부분이 '空相(공상)'에 해당하고, 앞의 밑줄이 없는 부분은 색도 공이고, 수상행식도 공이라는 말이다.

675 〈불교학대사전〉 전관응 대종사 감수. 홍법원. 1990년 판본 1416쪽을 보면, "제법무아"가 이와 같이 설명되어 있다.

676 "오온무아(五蘊無我)", "오온비아(五蘊非我)"는 〈잡아함경〉에 3~5번 정도 나오는 표현이다.

是諸法(시제법): 이 모든 존재

지금 우리가 다루고 있는 것은 "시제법공상(是諸法空相)"이다. "是諸法(시제법)"에서의 "是(시)"를 간과해서는 안 된다. "是(시)"는 '이(this)'라는 뜻이고, "諸法(제법)"은 '모든[諸제] 존재[法법]'라는 뜻이다. 따라서 "是諸法(시제법)"은 **"이" 모든 존재**라는 뜻이다. **"이" 모든 존재**는 다음과 같은 〈반야심경〉의 내용을 보면, 바로 그 앞에 나오는 몸의 물질현상[色색], 느낌[受수], 인식[想상], 업 지음[行행], 식별작용[識식] 등을 의미하는 것으로 밖에 볼 수 없다.

> 관찰에 통달한 관자재보살이 존재의 다섯 요소[오온]를 관찰해가며, 깊은 지혜를 완성하는 수행에 전념하고 있을 때, 그것들은 다 실체가 없는 것들[空공]임을 꿰뚫어보고, 모든 괴로움에서 벗어나게 되었다.[677]
>
> 사리불 존자이시여! 몸의 물질현상[색]은 실체가 없는 것[공]과 다르지 않고, 실체가 없는 것[공]은 몸의 물질현상[색]과 다르지 않습니다. 몸의 물질현상[색]은 실체가 없는 것[공]이고, 실체가 없는 것[공]이 몸의 물질현상[색]입니다. 몸의 물질현상[색]과 마찬가지로 느낌[受수], 인식[想상], 업 지음[行행], 식별작용[識식]도 또한 실체가 없는 것들입니다.[678]
>
> 사리불 존자이시여! **이 모든 존재**가 다 소멸된 적멸상태엔 일어나는 것도 없고, 사라지는 것도 없습니다. 또 더러움도 없고, 더러움에서 벗어난 것도 없으며, 부족함도 없고, 완전함도 없습니다.[679]

677 "관자재보살(觀自在菩薩) 행심반야바라밀다**행**시(行深般若波羅蜜多**行**時) 조견오온개공(照見五蘊皆空) 도일체고액(度一切苦厄)"

678 "사리자(舍利子) 색불이공(色不異空) 공불이색(空不異色) 색즉시공(色卽是空) 공즉시색(空卽是色) 수상행식(受想行識) 역부여시(亦復如是)"

679 "사리자(舍利子) 시제법공상(是諸法空相) 불생불멸(不生不滅) 불구부정(不垢不淨) 부증불감(不增不減)"

위의 내용의 문맥을 보면, **"이" 모든 존재**를 받을 수 있는 것은 바로 그 앞에 나오는 몸의 물질현상[色색], 느낌[受수], 인식[想상], 업 지음[行행], 식별작용[識식]밖에 없다. 존재의 다섯 요소[오온]가 다 소멸된 것이 적멸상태다.

2) "空相(공상)"이란?

그럼 "시제법공상(是諸法**空相**)"에서 "空相(공상)"을 어떤 의미로 해석해야 할까? 이 문제는 간단하지 않다. 왜냐하면 "空(공)"만 해도 어려운데, "相(상)"도 한자만으로는 그 뜻을 잡아내기가 쉽지 않기 때문이다. 어떤 의미를 "空相(공상)"으로 번역했는지 산스크리트어 원문을 한 번 보자. 앞에서 말했듯이 "空相(공상)"은 산스크리트어 "쑤니아따-락싸나(śūnyatā空공-lakṣanā相상)"를 번역한 것이다. 여기서 "空(공)"에 해당하는 쑤니아따(śūnyatā)는 '없음[無무]', '고요함[空寂공적]', '적멸상태' 등의 뜻이 있다.[680] 용수 보살은 〈중론〉에서 다음과 같이 말했다.

> "**열반**의 특징[相상]은 **공(空)**이다. **공(空)**은 그 어떤 현상[相상]도 없고, 모든 것이 다 소멸되어서 고요[**寂滅적멸**]하고, 분별망상[戱論희론]이 없는 상태다."[681]

이러한 〈중론〉 내용을 보면 공(空)은 적멸[682]상태를 의미하는 것임을 알

680 쑤니아따('śūnyatā')는 空(공), 無(무), 空相(공상), 空性(공성), 虛空(허공), 性空(성공), 空義(공의), 空法(공법), 空門(공문), 空寂(공적), 空法性(공법성) 등으로 한역되어 있다.

681 용수 〈중론〉 관법품. 25a12 "涅槃(열반)相(상)空(공)無相(무상)寂滅(적멸)無戱論(무희론)"

수 있다. 용수는 "열반은 공(空)이라서 그 어떤 현상도 없고(일어나지 않고), 모든 것이 다 소멸되어서 고요하고, 분별망상이 없는 상태"라고 했다. 또 "空相(공상)"에서의 "相(상)"[683]에 해당하는 락싸나(lakṣanā)는 '특징', '특성' 등의 뜻이다.[684] 따라서 **"空相(공상)"**[685]**은 '공(空)의 특징', '적멸상태의 특징'**이라는 뜻이다. 좀 더 구체적으로 말하면, **"시제법공상(是諸法空相)"은** '이[是시] 모든[諸제] 존재[法법], 즉 존재의 다섯 요소[오온]가 다 소멸된 적멸상태[空공]의 특징[相상]'이란 뜻이다. 여기서 '존재의 다섯 요소[오온]가 다 소멸되었다'는 말은 '존재의 다섯 요소[오온]가 없다'는 말이다. 이것은 존재의 다섯 요소[오온]가 다 소멸된 멸진정(滅盡定)[686] 또는 적멸상태를 이룬 것이다. 그럼 멸진정은 어떤 것인가? 〈잡아함경〉 제568. 〈카마경〉에서 멸진정을 다음과 같이 설명해 놓았다.

멸진정(滅盡定)의 상태

칫타 장자가 카마 비구에게 물었다. "존자이시여, 죽은 상태와 멸진정의 상태는 어떻게 다릅니까?" 카마 비구가 말했다. "목숨[壽수]과 따뜻한 기운을 버리면, 모든 감각기관이 다 무너져서 몸과 혼[命명]이 분리

682 '열반'은 산스크리트어 '니르바나'(nirvāṇa)를 음역한 것이다. 이것을 중국말로 번역하면 '적멸'이다.
683 한자 '相(상)'에는 '바탕', '질(質)', '용모', '골격', '모습', '사물의 상태', '형세' 등의 뜻이 있다.
684 'lakṣanā(락싸나)'는 '相(상)', '色相(색상)', '相好(상호)', '能相(능상)', '體相(체상)', '顯相(현상)', '相貌(상모)', '威容(위용)' 등으로 한역되어 있다. 이것은 모습, 모양, 상호(相好), 관상(觀相), 특징, 특성 등의 뜻이다.
685 이 '空相(공상)'은 '空性(공성)'이라는 단어로도 많이 쓰이는데, 이것은 '공의 특성', '공의 특징'이라는 뜻이다.
686 멸진정(滅盡定)에서의 멸(滅)은 '소멸됐다'는 뜻이고, 진(盡)은 '모든 것이 다 없어졌다'는 뜻이다. 정(定)은 선정(禪定)을 의미한다. 즉 멸진정(滅盡定)은 깊은 선정에 들어서 모든 것이 다 소멸된 상태를 이룬 것이다.

되는데, 이것을 '죽었다'고 합니다. 멸진정은 몸, 입, 마음의 모든 반응이나 움직임[行행]이 전혀 없지만, 혼은 버리지 않고, 따뜻한 기운도 떠나지 않았으며, 모든 감각기관도 허물어지지 않아서 몸과 혼이 붙어 있는 상태입니다. 이것이 죽은 상태와 멸진정의 상태가 다른 점입니다."

"존자이시여, 그러면 멸진정에는 어떻게 들어갑니까?" "장자이시여, 멸진정에 든다고 말하지만, 〈나는 멸진정에 든다〉, 〈나는 멸진정에 들것이다〉라는 마음을 일으키지 않습니다. 그러나 이와 같이 서서히 멈추는 방법을 앞에서부터 닦아왔고, 그 방법대로 계속 닦아 가면, 저절로 멸진정에 듭니다."......

다시 칫타 장자가 물었다. "존자이시여, 멸진정에 들면, 무엇을 따라가고, 흘러들며, 실려 갑니까?" "장자이시여, 멸진정에 들면, 벗어남[離리]을 따라가고, 흘러들고, 실려 가며, 나감[出출]을 따라가고, 흘러들고, 실려 가며, 열반을 따라가고, 흘러들고, 실려 갑니다."

다시 장자가 물었다. "존자이시여, 멸진정에 머물 때 어떤 것이 느껴[觸촉]진다면, 그것은 어떤 느낌입니까?" "장자이시여, 그것은 움직임이 없는[不動부동] 느낌, 인식이 없는[無相무상[687]] 느낌, 그 어떤 것도 없는[無所有무소유] 느낌입니다." "존자이시여, 멸진정에 들려고 할 때 몇 가지 방법을 씁니까?" "장자이시여, 그것을 앞에서 물었어야 했

687 무상(無相)에서의 '相(상)'을 우리말로 어떻게 번역해야 할지 문제가 된다. 이 '相(상)'을 '모양' 또는 '형태'로 옮길 것인지, 아니면 '생각' 또는 '인식'으로 옮길 것인지, 아니면 '현상' 또는 '대상'으로 옮길 것인지는 면밀히 검토해 봐야 한다. 〈잡아함경〉 제556경에는 '무상심삼매(無相心三昧)'로 나와 있고, 〈잡아함경〉 제567경에는 '무량심삼매(無量心三昧)', '무상심삼매(無相心三昧)', '무소유심삼매(無所有心三昧)', '공심삼매(空心三昧)' 등이 있다고 했다. 〈잡아함경〉 제559경에는 "무상심삼매(無想心三昧)"로 나와 있다. 어떻게 보면, '모양'이나 '생각', '인식', '현상', '대상' 등은 다 같은 것이 아닌가 하는 생각이 들기도 한다. 왜냐하면 생각, 인식이라는 현상을 통하여 대상의 모양을 그려가는 것이기 때문이다.

는데, 왜 이제야 묻습니까? 그러나 그대를 위해 말해주리다. 멸진정에 들려고 할 때 비구는 두 가지 방법을 씁니다. 그것은 **멈춤[止지]**과 **관찰[觀관]**입니다."

때에 칫타 장자는 카마 존자의 말씀을 듣고, 따라 기뻐하며, 예배하고, 떠나갔다.

위의 경에 의하면 멸진정 또는 적멸상태에 들면, 아무 것도 없다. 눈의 식별작용, 귀의 식별작용, 코의 식별작용 등 모든 식별작용과 그 대상이 없기 때문이다. 멸진정 또는 적멸상태에 들면, 몸의 물질현상[色색]도 없고, 느낌[受수], 인식[想상], 업 지음[行행], 식별작용[識식]도 없다. '멸진정', '적멸상태', '공(空)' 등은 같은 뜻이다. 〈불설아나율팔념경〉[688]에서는 멸제(滅諦), 즉 적멸상태를 다음과 같이 설명해 놓았다.

"어떤 것이 괴로움이 완전히 다 소멸된 '멸제[盡諦진제]'[689]인가? 멸제는 받지[受수]도 않고, 들이지[入입]도 않아서 갈애가 완전히 다 소멸되었고, 결박(結縛)과 집착이 다 풀린 것이다. 지혜로 보면 아무 것도 없기 때문이다. 그러나 세간 사람들은 바른 견해가 없어서 존재의 다섯 요소[오온]에 집착한다. 헤아리고 꾀함이 이미 다 소멸되었고, 욕구·욕망에 결박됨이 다 풀렸으며, 지혜의 눈으로 보아서 존재의 다섯 요소는 고정불변의 것들이 아니고[非常비상], 괴로운 것들이며[苦고], 실체가 없는 것들이고[空공], '나[身신]'가 아님을 보았기 때문에 끊은 것이다. 이런 것을 '멸제'라고 한다."[690]

688 〈신수대장경〉 제1권. 835쪽에 독립경으로 번역되어 있다.

689 멸제(滅諦)는 '완전히 다 소멸됨의 진리'라는 뜻이다.

690 〈신수대장경〉 제1권. 835쪽 〈불설아나율팔념경〉 836b17 "何謂盡諦。不受不入愛盡無餘。縛著已解。如慧見者。不復有一切故。世間人無所見五陰所著。計數已盡愛縛都

위의 내용에 의하면, "멸제(滅諦), 멸진정(滅盡定)은 받지도 않고, 들이지도 않아서 갈애가 완전히 다 소멸되었고, 결박과 집착이 다 풀린 것이다. 지혜로 보면 아무 것도 없는데, 세간 사람들은 바른 견해가 없어서 존재의 다섯 요소[오온]에 집착한다"고 하면서 집착함으로 인하여 생긴 오온이 집착이 완전히 다 풀림으로써 존재하지 않게 된다는 말이다.

멸진정에 대한 학술적 정리

멸진정에 대해 좀 더 정확하게 알고 넘어가자. 멸진정은 사성제의 滅(멸)에 해당하는 것이다. 滅(멸)은 고(苦)가 완전히 다 소멸된 상태, 즉 열반을 성취하여, 탐(貪), 진(瞋), 치(痴)가 완전히 다 소멸된 상태다. 사성제의 滅(멸)은 산스크리트어 '니로다(nirodha)'를 번역한 것이고, 이것은 정복, 저지, 파괴 등의 뜻이 있고, 滅(멸) 외에도 盡(진), 滅盡(멸진), 멸도(滅度), 滅壞(멸괴), 寂滅(적멸), 寂靜(적정), 滅定(멸정), 滅盡定(멸진정) 등으로 한역되어 있다.

滅(멸)의 동의어인 니르-바나(nir-vāṇa, 열반)는 '짜다[織직]', '조립하다', '구성하다' 등의 뜻을 갖고 있는 동사 vā(바)의 과거분사형 vāṇa(바나)에 '없다'는 뜻의 nir(니르)가 결합하여, '(더 이상) 구성되는 것이 없는', '소멸(消滅)', '궁극적인 해방', '완전한 해탈' 등의 뜻이다. 니르-바나[열반]는 滅(멸), 寂靜(적정), 寂滅(적멸), 安穩(안온) 등으로 한역되어 있다.

한국불교에서는 "시제법공상(是諸法空相)"을 어떻게 해설해 놓았는가?

"시제법공상(是諸法空相)"은 '이[**是**시] 모든[諸제] 존재[**法**법], 즉 존재의 다섯 요소[오온]가 다 소멸된 적멸상태[**空**공]의 특징[**相**상]'이라는

解。已從慧見。非常苦空非身故斷。是爲盡諦"

뜻이다. 그럼 이번에는 한국불교에서는 이런 뜻의 "시제법공상"을 어떻게 해설해 놓았는지 한 번 보자.

오고산 스님은 "시제법공상(是諸法空相) 불생불멸(不生不滅) 불구부정(不垢不淨) 부증불감(不增不減)"을 "이 모든 법의 공한 상이 나지도 않고, 멸하지도 않으며, 더럽지도 않고, 깨끗지도 않으며, 늘지도 않고, 줄지도 않느니라"고 번역한 뒤 다음과 같이 해설해 놓았다.

> "제법(諸法)이란 온 우주에 존재하는 유형무형의 모든 사물, 현상 및 일체의 법칙을 의미하는 말로, 이 속에 포함되지 않는 것이 없다. .....(중략).... 이 모든 법의 공한 상, 즉 제법실상(諸法實相)의 참다운 모습이란 산하대지가 항상 제 모습 그대로이다." .... "태어날 때 어디서 왔으며, 죽어서 갈 때는 어디로 가는고? 태어나(生)는 것은 한 조각의 뜬 구름이 일어나는 것이고, 죽는(死) 것은 한 조각의 뜬 구름이 사라지는 것이로다. 뜬 구름이 본래 실다움이 없거늘, 나고 죽음, 왔다 갔다 함이 또한 그러함이니, 그러나 홀로 한 물건 있어, 항상 변함이 없으니 당연히 생사출몰에 따르지 않도다. ....(중략).... 제법의 공한 상은 불생불멸이며, 불구부정이고, 부증불감한다. 현대과학에서 질량불변의 법칙을 말하듯이 나지도 않고, 죽지도 않으며, 때 묻지도 않고, 깨끗해지지도 않는다. 또 늘지도 않고, 줄지도 않으며, 어떤 경우에도 불변이다.
>
> 다만 존재한다면 현상(現相)이란 있게 마련이다. 진실된 이치는 용이하게 잡으려고 하면 헛것을 본다. 모양을 취해서도 안 되고, 소리를 들을 수도 없으며, 글을 읽을 수도 없어서 '제법공상(諸法空相)'이라고 말했다. 그러나 결코 이름 지어진 것은 아니니, 이점을 착각해서는 안 될 것이다."

오고산 스님은 "제법(諸法)"을 "온 우주에 존재하는 모든 것, 현상 및 모든 법칙"을 의미하는 말로 해석해 놓았다. 하지만 여기서 "제법(諸法)"은 존재의 다섯 요소[오온]를 의미하는 말이고, 이것은 몸의 물질현상과 정신현상을 일컫는 말이다. 오고산 스님은 "제법공상(諸法空相)"을 '제법실상(諸法實相)의 참다운 모습'으로 해석했고, 그것은 "항상 제 모습 그대로인 산하대지"라고 했다. 그리고 그 뒤에서 여기에 맞지 않는 말을 많이 하며, 억지스럽게 해설하고 있는 것을 볼 수 있다. 오고산 스님의 이와 같은 해설에는 한국불교 교학의 부실함이 잘 드러나 있다. 한 마디로 한국불교는 부처님 가르침에 대해 너무 무지하다고 말할 수 있다. 수십 년 동안 〈반야심경〉을 외우면서 색(色), 수(受), 상(想), 행(行), 식(識)의 개념조차 모르는 것이 한국불교의 현주소라고 말할 수 있다.[691] 한국불교에는 무명(無明), 행(行), 식(識), 명색(名色), ...촉(觸), 수(受), 애(愛), 취(取), 유(有), 생(生), 노사(老死) 등 십이연기의 연기(緣起)관계나 팔정도의 개념을 제대로 설명해 놓은 책이 없었다고 보면 맞을 것이다. 필자가 서기 2000년 이전에 나온 한국불교의 교리서를 다 뒤져 보았는데, 그 중에서 오온, 팔정도, 십이연기 등을 제대로 해설하여, 알아들을 수 있는 말로 설명해 놓은 책은 없었다. 오온, 팔정도, 십이연기는 부처님의 근본가르침으로서 매우 중요하다. 이런 기본적인 개념조차 잡혀있지 않으니, 불제자(佛弟子), 즉 '부처님의 제자'라고 말하기엔 너무 부족하다. '부처님의 제자'란 부처님의 가르침을 이해하고, 그것을 떠받들어서 부처님께서 일러주신 방법대로 수행해 가는 사람이다. 아직도 한국의 큰 스님 앞에서 석가부처님의 근본불교를 말하면, 외도 취급당하기 십상이다. 단지 큰 스님이 교육받은 한국 전통불교와 다르다는 이유 때문이다. 한국불교는 그동안 석가부처님의 기본 가르침조

691 한국불교뿐만 아니라 대승불교가 다 그렇다고 말할 수도 있다.

차 이해하지 못 하면서 과거 중국 조사(祖師)들의 일화를 들먹이며, 아무도 알아들을 수 없는 격외(格外)법문이나 하고, 선시(禪詩)나 읊조리는 불교를 해왔다. 이런 불교는 중국불교이지 석가부처님의 불교는 아니다. 이제는 석가부처님 가르침을 배우고 실천해야 한다. 우리가 믿고 의지해야 할 곳은 석가부처님 말씀이다. 부처님 말씀에 의지해서 닦아야 한다. 큰 스님 법문에 의지하기보다는 석가부처님의 육성법문인 초기불교 경전[692]을 읽어야 한다. 스님들도 언어들은 풍월보다는 석가부처님의 말씀을 전해야 한다. 필자는 석가부처님 법이 끊어지지 않도록 부처님의 법을 전하는 것이 불제자의 도리라고 본다.

도올 김용옥 선생은 〈반야심경〉의 "사리자 시제법공상"에서 "부증불감(不增不減)"까지의 내용을 다음과 같이 번역해 놓았다.

(한역문) 사리자(舍利子) 시제법공상(是諸法空相) 불생불멸(不生不滅) 불구부정(不垢不淨) 부증불감(不增不減)
(번역) 사리자여! 지금 내가 깨달은 세계, 반야의 완성을 통해 조견한 세계, 제법이 공한 이 모습의 세계는 생함도 없고, 멸함도 없고, 더러움도 없고, 깨끗함도 없으며, 늘어남도 없고, 줄어듦도 없다.

이러한 김용옥 선생의 번역을 보면 내용이 추상적이라서 어렵고, 사실적으로 와 닿지 않는다. 잘못 번역해 놓은 것이기 때문이다. 이 부분을 정확하게 번역하면 다음과 같다.

사리불 존자여! 이 모든 존재[693]가 다 소멸된 적멸상태엔 일어나는 것

692 초기불교경전으로는 〈숫타니파아타〉, 〈아함경〉, 〈니까야〉, 〈법구경〉 등이 있다.
693 여기서 "이 모든 존재"는 존재의 다섯 요소(오온)를 의미한다.

도 없고, 사라지는 것도 없습니다. 또 더러움도 없고, 더러움에서 벗어난 것도 없으며, 부족함도 없고, 완전함도 없습니다.

"시제법공상"을 제대로 해석한 위의 필자의 번역을 보면, 그 내용이 전혀 어렵지 않다. 그래서 독자들은 해설이 없어도 별 어려움이 없이 그 내용을 다 이해할 수 있다. 김용옥 선생은 위와 같이 번역을 잘못 해 놓고, 그 번역에 대해 다음과 같이 해설해 놓았다.

(해설) 여기 "제법諸法"이라 하는 것은 "모든 다르마dharma"를 가르키는 것입니다. 앞서 이야기한 바대로 여기 법이라 하는 것은 무슨 거대한 도를 말하는 것이 아니고, 존재하는 모든 것, 즉 사건, 이벤트, 사태를 가르키는 것입니다. 모든 사건event이 공상空相(공의 모습)인 세계에서는 생멸生滅이 없으며, 구정垢淨이 없으며, 증감增減도 없다. 이 공상空相의 세계, 반야바라밀다를 깨달아 조견한 코스모스는 생하지도 않고, 멸하지도 않는다. 더럽지도 않고, 깨끗하지도 않다. 늘어나지도 않고, 줄어들지도 않는다.

이 해설이 무슨 말을 하고 있는지 알려고 하면, 독자 여러분은 두통을 느낄 것이다. 해설자 자신도 무슨 말을 하고 있는지 알 수가 없는 말을 많이 해 놓았기 때문이다. 위의 해설에서 발견되는 오류를 말하면 다음과 같다.
1) 김용옥 선생은 "제법諸法"은 "모든 다르마dharma", 즉 '**존재하는 모든 것**'을 가르키는 것이라고 하면서 이것은 **사건, 이벤트, 사태**를 가르키는 것이라고 하고 있다. 이것은 잘못된 해석이라고 할 수 있다. 왜냐하면 "제법"은 '모든 존재'라는 뜻으로, 오온을 일컫는 말일 뿐, 이 외의 어떤 의미도 아니기 때문이다. 김용옥 선생이 "제법은 **사건, 이벤트, 사태**를 가르키는 것"이라고 말한 것은 정말 이해하기 어렵다.

2) 또 김용옥 선생은 "공상(空相)"을 제대로 이해하지 못 한 나머지 "공상空相의 세계"라는 말을 만들어내어, 그것은 "반야바라밀다를 깨달아(서) 조견한 코스모스"라고 말하고 있다. 이것도 "공상(空相)"을 제대로 이해한 것이라고 말할 수 없다. 왜냐하면 "공상空相"은 '적멸상태[空공]의 특징[相상]'이라는 뜻이기 때문이다.

3) 그리고 그는 "반야바라밀다를 깨닫는다"는 표현을 하고 있는데, 이것도 잘못된 말이다. 왜냐하면 반야바라밀다는 깨달을 수 있는 대상이나 내용이 아니고, 반야바라밀다[694]를 통해 "오온자성개공(五蘊自性皆空)"의 진리를 깨닫는 것이기 때문이다.

4) 김용옥 선생은 깨닫고 나면, 공상空相의 세계, 즉 특별한 세계인 코스모스(우주)가 보이는 것처럼 말하고 있다. 이것도 "시제법공상 불생불멸 ....."을 제대로 해석하지 못 한 것이다. 왜냐하면 "오온자성개공(五蘊自性皆空)[695]"의 진리를 깨달으면, 오온이 다 소멸되어서 인식이나 식별을 할 수 있는 기능이 없고, 의식상에 아무 것도 존재하지 않기 때문이다. "시제법공상 .... 부증불감" 바로 뒤에 나오는 〈반야심경〉의 다음과 같은 내용이 이러한 사실을 잘 말해주고 있다.

"그러므로 적멸상태엔 몸의 물질현상[色색]도 없고, 느낌[受수], 인식[想상], 업 지음[行행], 식별작용[識식]도 없으며, 눈, 귀, 코, 혀, 피부, 의식 등의 감각기관도 없고, 형상, 소리, 냄새, 맛, 촉감, 마음에서 일어났다가 사라지는 것들[法법]도 없으며, '눈'이라는 요소에서부터 '의식의 식별작용'이라는 요소에 이르기까지 그 어떤 인식작용의 구성

694 이 "반야바라밀다"는 '지혜의 완성'이라는 뜻이다.

695 "오온자성개공"은 앞에서 말했듯이 '존재의 다섯 요소[오온]는 다 실체가 없는 것들'이라는 뜻이다.

요소도 없다."[696]

한국불교에서 "시제법공상"을 어떻게 번역 · 해설해 놓았는지 두 번역자의 것만 보았다. 이외의 다른 번역자들도 "시제법공상"의 의미를 제대로 이해하지 못 하고 번역해 놓은 것은 마찬가지다. 이것은 전 세계의 번역자들도 마찬가지다. 그 예로 산스크리트어 〈반야심경〉을 최초로 영어로 번역했고, 종교학과 비교언어학의 세계적인 권위자였던 막스 뮐러(1823~1900)는 "시제법공상"의 산스크리트어 원문 "**사르바**sarva[諸제,모든]-**다르마하**dharmāḥ[法법,존재] **쑤니아따**śūnyatā[空공,없음]-**락싸나하**lakṣaṇāḥ[相상,특징]"를 "모든 사물들의 공(空)의 성질"[697]로 번역해 놓았다. 또 에드워드 콘즈는 이것을 "모든 다르마의 특징은 공(空)이다"[698]고 번역해 놓았고, 도날드 로페즈 교수는 "모든 현상은 특징이 없이 비었다"[699]는 뜻으로 번역해 놓았다. 이 외에도 "모든 사물과 현상들의 특징은 공(空)이다"[700], "모든 존재는 특징이 없다"[701]는 등 다양한 뜻

696 〈반야심경〉 원문 "시고(是故) 공중무색(空中無色) 무수상행식(無受想行識) 무안이비설신의(無眼耳鼻舌身意) 무색성향미촉법(無色聲香味觸法) 무안계내지무의식계(無眼界乃至無意識界)"

697 "the Sunyata nature of all things" 문헌학자 막스 뮐러(Friedrich Max Müller)는 일본의 난조분유(南條文雄) 박사와 함께 1884년에 일본 장곡사의 대본과 법륭사의 소본을 교정하여, 대본 산스크리트어 사본을 출판했다. 그 책에서 산스크리트어 〈반야심경〉을 영어로 번역했다. 막스 뮐러의 이 작업은 19세기 불교학계의 큰 업적으로 평가되고 있다.

698 "all dharmas are marked with emptiness" 〈Buddhist Wisdom Books containing The Diamond Sutra and The Heart Sutra〉 Adward Conze. 1958년. 런던.

699 "all phenomena are empty, without characteristic" 〈Elaborations on Emptiness Uses of The Heart Sutra〉 Donald S. Lopez. 1996년. 이 책은 미국에서 〈반야심경〉의 번역, 해설서들 중 가장 권위가 있는 책이다.

700 "all things and phenomena are marked by emptiness;"

으로 번역해 놓았다. 그런데 이들 중 어느 것도 옳은 번역이라고 할 수 없다. 왜냐하면 "시제법공상(是諸法空相)"은 '**이 모든 존재가 다 소멸된 적멸 상태의 특징**'이라는 뜻이기 때문이다.

그럼 이번에는 다른 한역가들은 이 부분을 어떻게 한역해 놓았는지 한번 보자. 총8종의 〈반야심경〉 한역본들 중에서 5종은 이 부분을 "시제법공상(是諸法空相)"으로 번역해 놓았다. 지혜륜은 이것을 "是諸法性相空(시제법성상공)"으로 번역해 놓았다. 여기서 지혜륜은 '空(공)'과 '性相(성상특성)'의 위치를 바꾸어 놓음으로써 해독이 불가능하게 만들어 놓았다. 법성(法成)은 이 부분을 "一切法空性(일체법공성)", 즉 "모든[一切일체] 존재[法법]가 다 없음[空공]의 특징[性성]"으로 번역해 놓았다. 이 번역에서 "空相(공상)" 대신 "空性(공성)"으로 번역한 것은 아주 잘 한 것이라고 말할 수 있다. 왜냐하면 한자 "相(상)"을 '특성', '특징' 등으로 해석하는 것은 매우 어렵지만, "性(성)"을 '특성', '특징' 등으로 해석하는 것은 비교적 덜 어렵기 때문이다. 또 시호는 이 부분을 "此一切法如是空相(차일체법여시공상)", 즉 "이[此차] 모든[一切일체] 존재[法법]가 이와 같이[如是여시] 없음[空공]의 특징[相상]"으로 번역해 놓았다. 시호는 이 부분도 뜻이 명료하게 드러나게끔 잘 번역해 놓았다고 볼 수 있다.

끝으로 정리하면 '이 모든 존재가 다 소멸된 적멸상태'를 "**是諸法空(시제법공)**"으로 번역했고, '그 특징'을 "**相(상)**"으로 번역했다. 즉, "**시제법공상(是諸法空相)**"은 '**이[是시] 모든[諸제] 존재[法법]가 다 소멸된 적멸상태[空공]의 특징[相상]**'이란 뜻이다. 하지만 한국의 기존 〈반야심경〉 해설서들은 "시제법공상(是諸法空相) 불생불멸(不生不滅)"을 다음과 같이 번역해 놓았다.

701 "All dharmas are empty of characteristics"

조계종 표준 반야심경 : '모든 법은 공하여 나지도 멸하지도 않으며,
광덕 스님 : 이 모든 법이 공한 상은 나지도 않고, 없어지지도 않으며,
오고산 스님 : 이 모든 법의 공한 상이 나지도 않고, 멸하지도 않으며,
무비 스님 : 이 모든 법의 공한 모양은 생기지도 않고, 소멸하지도 않은 것이며,
김용옥 : 지금 내가 깨달은 세계, 반야의 완성을 통해 조견한 세계, 제법이 공한 이 모습의 세계는 생함도 없고, 멸함도 없고,
김사철, 황경환 : 인식된 모든 것들은 비어 있음의 특징을 가지고 있다. 생기지도 않고 멸하지도 않는다.
필자 : 이 모든 존재가 다 소멸된 적멸상태엔 일어나는 것도 없고, 사라지는 것도 없습니다.

위의 필자의 번역을 보면, 그 외의 번역들은 다 무슨 말인지 알 수가 없는 말로 번역되어 있음을 알 수 있다. 일본에서 1991년에 처음 출간된 이후 30여 년간 꾸준히 판매돼온 야마나 테츠시의 〈반야심경〉 해설서에는 "시제법공상 불생불멸"을 "이와 같이 모든 것은 '공'한 성질을 피할 수 없으므로 나는 것도 없고, 없어지는 것도 없다"[702]는 뜻으로 번역해 놓았다. 이와 같은 여러 번역을 보면, 〈반야심경〉이 어렵게 느껴지는 것은 번역 · 해설자들에게 책임이 있다고 말할 수 있다.

702 〈반야심경〉 야마나 테츠시(山名哲史) 지음. 최성현 옮김. 불광출판사. 2020. 34쪽

3. "불생불멸(不生不滅)"의 해석

1) "불생불멸"에 대한 기존 해석을 비판함

앞에서 보았지만 "是諸法空相(시제법공상) 不生不滅(불생불멸)"에 대한 기존 번역을 보면, 다음과 같다.

조계종 표준 반야심경 : 모든 법은 공하여 나지도 멸하지도 않으며,
청담 스님 : 이 모든 것들이 다 없어진 〈참 마음자리〉는 생겨나는 것도 없어지는 것도 아니며,
광덕 스님 : 이 모든 법이 공한 상은 나지도 않고, 없어지지도 않으며,
오고산 스님 : 이 모든 법의 공한 상이 나지도 않고, 멸하지도 않으며,
무비 스님 : 이 모든 법의 공한 모양은 생기지도 않고, 소멸하지도 않은 것이며,

그럼 여기서 먼저 조계종 표준 〈한글 반야심경〉에게 묻겠습니다. '모든 법'이란 무엇입니까? **생**주이**멸**(**生**住異**滅**), 즉 생성해서 머물다가 무너져서 소멸되는 이놈은 '모든 법', 즉 '모든 존재'에 속합니까, 속하지 않습니까? 속한다면 **생멸**(生滅)하고 있는 이놈은 뭡니까? "나지도 않고, 멸하지도 않는다"는 말과 모순되지 않습니까? 만약 속하지 않는다면, 어떻게 그것을 '모든 존재'라고 말할 수 있습니까? 만약 이 물음에 명쾌하게 답이 되지 않는다면, 그것은 문제가 있는 해석이라고 말할 수 있다. **청담스님**[703]은 "사리불이여, 이 모든 것들이 다 없어진 〈참 마음자리〉는

703 〈청담스님 설법 반야심경〉은 한국의 반야심경 해설서 중 가장 좋은 책이다. 이 책에는 산스크리트어본을 비롯해서 9종의 〈반야심경〉 한역문의 원문과 그 번역을

생겨나는 것도, 없어지는 것도 아니며, 더러워지거나 깨끗해지는 것도 아니고, 불어나는 것도, 줄어드는 것도 아니다"고[704] 번역해 놓았다. 이 번역은 기본적으로 조계종 표준 〈한글 반야심경〉과 같은 해석이다. 다른 점이 있다면 "이 모든 것들이 다 없어진 〈참 마음자리〉"라고 적극적으로 해석해 놓았다는 점이다. 그런데 이 번역의 가장 큰 문제점은 절대불변의 〈참 마음자리〉를 두고 있다는 것이다. 부처님 가르침에는 그런 마음자리가 없다. 청담 스님 해석대로 "그 참 마음자리가 더러워지거나 깨끗해지는 것이 아니다"고 말한다면, '번뇌 망상으로 오염되는 이 마음은 무슨 마음이고, 깨끗해지지 않는데, 수행은 해서 뭐 하느냐?'는 것이다. 답해주시기 바랍니다. 만약 답이 되지 않는다면 그 해석은 문제가 있는 것이라고 할 수 있다.

청담스님께서는 "여기 한 물건이 있는데, 그것은 본래부터 더없이 밝고, 신령스러워서 일찍이 나지도 않았고, 없어지지도 않았고, 이것은 이름을 붙일 수도 없고, 모양을 그릴 수도 없다. 이 한 물건이 뭔가?"[705]라는 서산대사 〈선가귀감〉의 첫 구절에 넘어갔습니다. 스님께서는 중국에서 왜곡되어 잘못 전해진 선(禪)불교의 전통을 잘 따랐습니다. 그 결과, 이런 해석이 나온 것입니다. 그러나 만약 석가부처님께서 이런 해석을 본다면, 어떻게 생각하겠습니까? "내가 그토록 누누이 강조하여, 그런 '마음자리', '아트만', '자성(自性)'과 같은 그런 것은 존재하지 않는

실었을 뿐만 아니라, 현수대사, 홍찬대사, 원측대사, 홍법대사 등의 〈반야심경〉 과판(科判) 및 분과(分科)를 소개하고 있고, 다양한 경전 및 중국 대가들의 풀이를 소개하며, 규모 있게 해설하고 있다.

704 〈해설 반야심경〉 이청담 설법, 보성문화사 1994년. 289쪽

705 "有一物於此(유일물어차) 從本以來(종본이래) 昭昭靈靈(소소영영) 不曾生(부증생) 不曾滅(부증멸) 名不得(명부득) 相不得(상부득) 一物者(일물자) 何物(하물)" 이 내용은 서산대사가 혜능대사의 말을「선가귀감」의 첫 머리에 그대로 옮겨 놓은 것이다.

다"고 말했는데, "이제 다시 브라만교의 '범아일여(梵我一如)' 사상, 즉 유아(有我)사상으로 돌아갔구나!"고 하시면서 안타까워하실 것입니다. 스님, 〈반야심경〉을 통해 전하고자 하는 메시지는 존재의 다섯 요소[오온]를 관찰하여, 그것들은 다 실체가 없는 것들임을 꿰뚫어봄으로써 '무아(無我)', 즉 〈'나'라고 할 만한 것이 없다〉는 진리를 깨달으라는 것입니다. 그런데도 계속 "참 마음자리"를 노래하며, '有(유), 즉 있음'에 집착하시겠습니까?

아트만, 我(아), 진아(眞我), 참나, 마음 등은 똑 같은 개념이다

브라만교의[706] 경전인 〈**우파니샤드**〉에 다음과 같은 내용이 나온다.

> "우리 의식 깊은 곳에 머무는 그가 없다면, 어느 누가 숨을 쉬고, 어느 누가 살 수 있을까? 모든 이의 가슴을 기쁨으로 가득 채우는 자는 바로 '그'이다. **누구든지 이런 아트만을 깨달으면, '모든 생명체가 하나'라는 사실을 알게 되고, 변하지 않으며, 이름도 없고, 형상도 없는 그 존재를 알게 된다.**[707] 그러면 그 어떤 것에도 두려움이 없게 된다. 그러나 아트만을 깨닫기 전에는 두려움 속에서 살아야 한다. 아트만을 모르는 단순한 지식을 가진 학자들에게는 무지(無知)는 두려운 존재다."[708]

또 브라만교의 경전인 〈**바가바드기타**〉에는 다음과 같은 내용이 나온다.

706 브라만교(바라문교)는 불교가 나오기 이전의 인도 전통사상으로, 〈베다〉를 성전으로 한다. 이것은 나중에 인도의 토착적인 요소와 결합하여, 힌두교가 된다. 석가는 이 브라만교를 두고 어리석고 잘못된 종교라고 말했다.
707 이런 내용은 석가부처님 불교에서는 찾아볼 수가 없다. 그러나 중국 선불교에서 이런 내용을 그대로 받아들여, 마음자리를 노래하고 있다.
708 〈따이띠리야 우파니샤드〉 제7편, 〈우파니샤드2〉 이재숙 옮김, 2010년, 한길사 527쪽

"아트만을 알라. **그것은 태어나지도 않고, 죽지도 않으며, 결코 소멸되지 않고, 시작도 없고, 끝도 없으며, 영원히 변하지 않도다.** 그러니 육신의 죽음에서 그것이 어떻게 죽을 수 있으랴? .... (중략) .... 무기에 의해 상처받지 않고, 불에 의해 타지 않으며, 바람에 의해 마르지 않고, 물에 의해 젖지 않으니, 그것이 바로 아트만이다. 아트만은 마르지 않고, 젖지 않으며, 타지 않고, 상처받지 않는 가장 깊은 본질로서 모든 곳에 언제나 존재 중의 존재로서 변하지 않고, 영구하며, 영원무궁하도다."[709]

위의 두 인용문의 내용은 불교경전이 아니라 브라만교의 성전(聖典)에 나오는 것이다. 그런데 이것이 서산대사 〈선가귀감〉의 첫 구절과 내용이 일치한다. 이것을 보면 알 수 있듯이 일부 대승불교와 중국 선불교는 브라만교가 되어버린 것이다. 대승불교 경전 중에 많은 것들이 브라만교 출신들에 의해 저술되었다. 그 경들은 석가의 정법(正法)에 대해 '소승법'이라는 말을 갖다 붙여, 무시하고, 깎아내리려고 했다. 우리는 그것도 모르고 여태껏 석가부처님 법에 대해 아무런 거리낌 없이 '소승법'이라는 말을 써온 것이 사실이다. 지금도 한국에는 석가부처님 법보다는 힌두교의 법으로 선(禪)을 설명하고 있는 것이 현실이다. 좀 더 과격하게 말하면, 중국과 한국의 선(禪)은 석가부처님의 선이 아니고, 힌두교나 도교, 유교의 선으로 보는 것이 맞다. 왜냐하면 거기에는 석가부처님 선의 특징인 삼법인, 사성제, 팔정도, 오개(五蓋), 사념처(四念處), 칠각지(七覺支), 사선정(四禪定) 중에서 그 어느 것도 없기 때문이다.
인도보다는 중국에서 더 석가부처님 법을 깎아내리려고 했다. 그것은 중화사상(中華思想) 때문이다. 중국 선불교에서는 석가부처님 법보다

709 〈바가바드기타〉 박석일 역. 정음신서. 1978. 53~54쪽

중국 조사(祖師)들의 법을 더 높이 올려서 그것을 법으로 삼았다. 이 점에 있어서 한국불교도 마찬가지다. 한국선(韓國禪) 그 어디에도 석가부처님 교법(敎法)은 찾아볼 수가 없고, 육조혜능, 조주 등 중국 조사들에 대한 황당무계한 일화들만 가득하다.
청담 스님의 〈해설 반야심경〉[710]을 보면, 재미난 것이 하나 있다. 청담스님은 마음을 설명한 뒤 그 결론으로 **천로화상**(川老和尙)의 다음과 같은 글을 소개해 놓았다.

> "홀연히 눈썹 털을 곤두세우고, 눈동자 한 번 크게 하여, 문득 본래면목(本來面目)을 보라. 본래면목의 형상이 어떠하던가? 불이 능히 태우지 못 하고, 물이 능히 빠뜨리지 못 하며, 바람이 능히 날리지 못 하고, 칼이 능히 자르지 못 하리다. 연하기는 도라면 솜과 같고, 굳세기는 강철과 같구나. 하늘나라 사람이나 이 세상 사람이나, 옛날이나 지금이나 이것을 알지 못 했구나. 이 도를 아는가? 아침부터 계속 대면하고 있는 그 자가 누군지 알지 못 하는가?"[711]

본래면목의 성격을 묘사한 이 글을 보면, 우리는 바로 이 앞에서 인용한 〈바가바드기타〉의 내용과 거의 일치하는 것을 알 수 있다. 우리는 여기서 브라만교의 성전인 〈바가바드기타〉가 한문으로 번역되어서 선불교

710 이 책은 청담 스님의 설법 테이프를 바탕으로 만들어진 책이라고 한다. 이 책을 실제로 누가 저술했는지는 알 수가 없다. 청담 스님은 1971년에 돌아가셨고, 이 책은 1994년에 출판됐다.
711 〈해설 반야심경〉 청담 스님 설법, 보성문화사. 1994년. 140쪽. 천로화상이 쓴 한문원문이 청담 스님 해설서의 번역 옆에 나란히 있는 것으로 보아서 중국에서 들여온 책으로 보인다. 천로화상은 송대 〈금강경〉의 야부송(冶父頌)으로 유명하고, 임제(臨濟)의 제6손(孫)인 야보도천(冶父道川, 1127-1130)이라고 한다.

를 말하거나 〈반야심경〉과 같은 불법(佛法)을 해설하는 데 그대로 사용되고 있는 것을 볼 수 있다. 특히 이 글을 쓴 천로화상이 〈금강경오가해(金剛經五家解)〉의 야부송(冶父頌)[712]으로 유명한 그 야부라는 사실이 놀랍다. 이러한 사실은 무엇을 말해주고 있는가? 선불교에서 말하는 '마음'이나 '본래면목', '불성', '자성', '본심', '진여(眞如)'[713] 등은 다른 것이 아니라 〈베다〉의 '아트만'이고, 중국 선어록 내지 일부 대승불교 경전은 석가부처님 가르침이 아니라, 브라만교의 범아일여(梵我一如)사상을 잇고 있는 것임을 말해주고 있다. 여기서 이상한 불교가 하나 탄생한다. 껍데기는 불교의 모습을 띄고 있지만, 알맹이는 힌두교의 아트만사상으로 채워져 있는 불교가 나온다. '자성(自性)', '불성', '마음', '마음자리', '본래면목', '진여' 등을 노래하는 불교는 다 석가부처님 불교가 아니라 브라만교이다. 왜냐하면 그것은 석가부처님께서 그토록 부정했던 아트만을 찾고 있고, 석가부처님의 근본 교설인 오온(五蘊)이나 연기(緣起), 무아(無我), 팔정도, 사념처(四念處) 등에 대해서는 한 마디도 하고 있지 않기 때문이다. 이와 같이 중국 선불교의 선(禪)은 그 바탕사상이나 수행방법에 있어서 석가부처님 선과 완전히 다른 별종이다. '중국 선불교에는 석가부처님 법이 없다'고 말해도 과언이 아닐 것이다. 석가부처님은 분명히 "**안아트만**(anātman)", 즉 "**무아(無我)**"라고 말하여, 아트만(ātman)의 존재를 부정했다. 여기서 산스크리트어 '**안**(an)'은 '없다'는 뜻이고,[714] '아트만'은 '나[我아]', '자성(自性)'이란 뜻이다.[715] 이와 같이

712 〈금강경오가해〉 야부송은 교의적(教義的)인 언어가 아닌 격외적(格外的)인 언어로 조사선(祖師禪)의 경지를 노래하고 있다. 그래서 선가(禪家)에 널리 애송되었다.

713 **진여**(眞如)란 '참되고 변함없이 한결같은 마음'이라는 뜻이고, 이것은 브라만교의 **아트만**이다.

714 산스크리트어 'an(안)'은 '不(불)', '未(미)', '非(비)', '無(무)', '無有(무유)', '斷(단)', '離(리)' 등으로 한역되어 있다. 무아는 'nirātman(니르아트만)'으로 사용

석가부처님은 분명히 "아트만, 즉 자성은 존재하지 않는다"고 말했는데, 중국 선불교를 숭상하는 한국 선사들은 아직도 자성자리 타령만 하고 있는 것을 볼 수 있다.

아트만, 我(아), 진아(眞我), 참나, 자성자리, 마음(자리), 주인공이란?

이 기회에 아트만에 대해 좀 더 알고 넘어가자. 고대 인도철학의 여러 원리 중에서 가장 중요한 것이 아트만[我아]과 브라만[梵범]이다. 우파니샤드 철학자들은 개인의 본체인 아트만과 우주의 근본원리인 브라만을 동일한 것으로 보아서 범아일여(梵我一如) 사상을 주창했다. 기원전 8~3세기에 저술된[716] 주요 〈우파니샤드〉 이래 아트만의 문제는 인도철학의 가장 중요한 문제의 하나가 되었다. 인도철학사에는 아트만의 존재를 인정하는 흐름과 인정하지 않는 흐름의 2대(二大) 사조(思潮)가 있었다. 전자의 대표가 정통 브라만 철학체계의 하나인 베단타학파이고, 후자의 대표가 연기설(緣起說)의 입장에서 무아(無我)를 주창하는 불교이다. 하지만 후대 대승불교의 유식불교와 중국 선불교가 나오면서 일부 대승불교와 선불교가 〈우파니샤드〉의 범아일여사상을 받아들여서 "마음과 부처, 중생, 그리고 우주의 근본이 하나"라고 하면서 '마음이 곧 부처'[717]라고 주창하기에 이르렀다. 〈육조단경〉에 "내 마음에 자기

되기도 한다.

715 ātman(아트만)은 원래 '호흡'을 의미했다. 하지만 그 뜻이 바뀌어서 생명 본체로서의 생기(生氣), 생명, 영혼, 자기, 자아, 본질, 본성, 자성 등의 뜻으로 사용되었고, 또한 만물에 내재하는 영묘한 힘, 우주의 근본원리를 의미하기에 이르렀다. 이것은 '我(아)', '我者(아자)', '自己(자기)', '神(신)' 등으로 한역되어 있다.

716 〈우파니샤드〉 이재숙, 한길사 2005년 25쪽 참조

717 흔히 "心卽是佛(심즉시불)"이라고 한다. 드물게는 "我卽佛(아즉불)", "내가 부처다", "아트만이 부처다"라고 말하기도 한다. 이것은 〈화엄경〉 십지품(十地品)에 처음 나오는데, 이것이 선불교로 넘어가서 상투어가 된 것이 아닌가 한다. 〈육조단경

부처가 있는데, 이 부처가 진짜 부처"[718]라고 말한 뒤에 "자기 마음이 부처"이고[719], "진여자성이야말로 진짜 부처"라고[720] 말한다. 또 "자신의 본래 마음을 보면, 저절로 불도를 이룰 것"[721]이라고 말한다. 〈육조단경〉에 "깨닫지 못 하면 부처가 중생이고, 한 순간 깨달으면 중생이 부처로다. 그러므로 '온갖 것들이 다 자기 마음에 있는 줄 알아야 한다. 어찌 자기 마음 가운데를 좇아서 단박 진여본성을 보지 못 하는가? ....만약 자기 마음을 알아서 견성하면, 모두 다 불도를 이루리라"[722]고 말한다.

인도 우파니샤드철학과 중국 선불교에서는 '마음', '진여', '아트만', '자성', '불성(佛性)', '본래면목(本來面目)', '이 하나'만이 진실이고, 그 외의 것들은 다 환상[幻환]이라고 보았다. '이 하나'는 우주만물의 근원이고, 생명의 본체이며, 처음이고, 끝이다. 이 하나를 보는 것을 '견성(見性)한다'고 말하고, 이것을 보면 부처가 된다고 믿었다.

유아설(有我說)의 입장에서는 육신은 비록 죽음과 함께 소멸되지만, 아트만은 불멸(不滅)하고, 아트만은 죽은 뒤 윤회의 주체가 되어서 과거 업보에 어울리는 몸을 받아서 다시 태어난다고 믿었다. 브라만교 교리의 핵심은 인간은 우주 절대자인 브라만(梵, Brahman)의 일부인데, 관능의 망념(妄念)에 의해 브라만과 분리되어서 윤회하면서 고통 받는 바, 관능의 망념을 없애고, 브라만과 아트만이 하나가 됨으로써 윤회를 벗어나서 절대적인 세계에 이르게 된다는 것이다. 이러한 교리는 '우주생명

〉부촉품에서는 "여러분 자신의 마음이 부처(汝等自心是佛)"라고 말한다.

718 김탄허 스님 편역 〈육조단경〉 부촉품 "我心自有佛(아심자유불) 自佛是眞佛(자불시진불)"

719 〈육조단경〉 부촉품 "自心是佛(자심시불)"

720 〈육조단경〉 부촉품 "眞如自性是眞佛(진여자성시진불)"

721 〈육조단경〉 부촉품 "自見本心(자견본심) 自成佛道(자성불도)"

722 〈육조단경〉 김탄허 스님 편역, 불서보급사 불기 2996년 55쪽 "不悟卽佛是衆生 一念悟時衆生是佛 故知萬法盡在自心何不從自心中頓見眞如本性......若識自心見性皆成佛道"

의 원리인 브라만[梵범]과 개인 생명의 원리인 아트만[我아]이 본질적으로 하나'라고 하는 범아일여(梵我一如)사상에 근거하고 있다.

중국 선불교에서의 "일여(一如)"는 생사일여(生死一如)를 의미한다. 우리의 삶과 죽음을 별개로 보지 않고, '하나'로 보는 것이다. '자연과 인간, 주체와 객체, 너와 나, 번뇌와 열반, 부처와 중생이 하나'라는 진리관을 가지고 있다. 중국 선불교에서는 이 하나를 보는 것을 '견성(見性)'이라 하여, 그것을 깨달음으로 삼는다. 그러나 이러한 깨달음은 불교의 그 어느 경전에서도 근거를 찾아볼 수 없는 이상한 깨달음이다. 필자는 이러한 깨달음은 도가(道家)의 경전인 〈장자〉에서 나온 것이라고 본다. 〈장자〉의 재물론(齋物論)에 다음과 같은 내용이 나온다.

> "세상만물은 저것(彼)이 아닌 것이 없고, 이것(是)이 아닌 것도 없다."[723] "이것도 저것이 될 수 있고, 저것도 이것이 될 수 있다."[724] 과연 저것과 이것은 있는 것일까?[725] 천지도 하나의 손가락이고, 만물도 한 마리의 말이로다.[726] "저것도 하나의 시비(是非)이고, 이것도 하나의 시비이다"[727] .... 그러므로 옳음과 그름을 벗어나서 밝음[明명]으로 보는 것보다 더 좋은 것이 없다고 말하는 것이다."[728] 옛 사람들은 그 앎에 지극한 것이 있었다. 어떤 것이 그 지극함인가? 그것은 본래 사물이 있지 않다고 여기는 것이다.[729]

723 〈장자〉 제물편 "物無非彼, 物無非是"
724 〈장자〉 제물편 "是亦彼也 彼亦是也"
725 〈장자〉 제물편 "果且有彼是乎哉？"
726 〈장자〉 제물편 "天地, 一指也; 萬物, 一馬也"
727 〈장자〉 제물편 "彼亦一是非(피역일시비) 此亦一是非(차역일시비)"
728 〈장자〉 제물편 "樞始得其環中, 以應無窮. 是亦一無窮, 非亦一無窮也. 故曰莫若以明"
729 〈장자〉 제물편 "古之人其知有所至矣惡乎至有以爲未始有物者至矣"

견성(見性)의 性(성), 자성(自性), 한 물건, 주인공 등은 브라만교의 아트만이다

기원전 6세기 이후에 저술된 것으로 추정되는 브라만교의 성전인 〈슈베따슈바따라 **우파니샤드**〉에 다음과 같은 내용이 나온다.

"요가수행자는 등불처럼 그 스스로의 빛인 자신의 모습을 통해 브라흐만을 체험한다. 그에게는 더 이상 태어남이 없고, 그 어떤 동요도 없도다. 그 어떤 요소보다 더 성결(聖潔)한 그를 알고 나면, 모든 굴레에서 벗어난다."[730]

"유일한 환영(幻影)의 그물을 친 지고(至高)의 아트만은 그의 신성한 통치력으로 온 세상을 지배하노라. 그는 스스로 생겨났고, 유일한 힘의 존재이니, 그를 아는 자는 영생불멸(永生不滅)을 얻으리다."[731]

"그 (세상)보다 더 높고, 황금알의 브라흐만보다 더 높은 것이 지고(至高)의 브라흐만이다. 모든 생명체 안에 깊숙이 들어있는 그는 세상을 덮고 있는 유일한 존재이다. 그를 아는 자는 영생불멸을 얻으리다."[732]

"나는 어두움 저 너머에서 태양과 같은 밝은 빛을 발하고 있는 지고(至高)의 뿌루샤를 아노라. 그를 아는 것만이 죽음을 건널 수 있는 유일한 길이고, 그 외의 길은 없도다.
그보다 더 높은 자도 없고, 그보다 더 작은 자도 없으며, 그보다 더 큰

730 〈슈베따슈바따라 우파니샤드〉 제2장 15절. 〈우파니샤드〉 제1권 이재숙 한길사 440쪽
731 〈슈베따슈바따라 우파니샤드〉 제3장 1절. 〈우파니샤드〉 제1권 이재숙 한길사 441쪽
732 〈슈베따슈바따라 우파니샤드〉 제3장 7절. 〈우파니샤드〉 제1권 이재숙 한길사 444쪽

자도 없도다. 그런 자가 한 그루의 나무처럼 흔들림 없이 스스로의 빛 속에 서 있도다. 그 뿌루샤가 온 세상을 생기게 하고, 그 안을 채웠도다.

그보다 더 훌륭한 것은 **형태도 없고, 이름도 없는 것**이다. 그를 아는 자는 영생불멸을 얻을 것이고, 그렇지 않은 자들은 다 고통만 겪으리라."[733]

위의 브라만교의 경전인 〈우파니샤드〉에는 수행을 통해 아트만, 브라흐만, 뿌루샤 등을 보게 되면, 더 이상 태어나는 일이 없고, 마음의 동요가 없고, 온갖 고통의 굴레에서 벗어나서 영생불멸을 얻는다고 말한다. 브라만교에서는 아(我), 아트만, 브라흐만을 실재적인 실체(實體)로 보는 점에 있어서 무아(無我)를 진리로 삼고 있는 석가부처님 불교와 그 바탕사상이 180도 다르다. 중요한 것은 브라만교에서는 '아(我)', '아트만'을 영원불변의 실체(實體)로 본다는 점이다. 그에 반해서 석가부처님은 "영원불변한 존재로서의 그런 '아(我)', '아트만'은 존재하지 않는다"고 말한다. '나[我]', 즉 몸과 마음조차 인연화합에 의해 만들어진 찰나적인 존재일 뿐, 거기에 '나' 또는 '아트만'이라고 할 만한 고정불변의 존재는 없다는 것이 그 유명한 부처님의 "무아설(無我說)"이다. 불생불멸(不生不滅)의 '나', '아트만'이 있다고 보는 것이 브라만교이다. 반면에 〈'내'가 있다〉는 잘못된 견해로 말미암아 온갖 괴로움과 윤회가 비롯됐다고 보는 것이 불교의 정견(正見)이다. 석가부처님은 무아(無我), 즉 〈'나'라고 할 만한 것이 없다〉는 사실만 깨달으면, 모든 괴로움에서 벗어날 수 있다고 가르친다. 그런데 한국의 고승들은 '나'라고 말할 수 있는 〈참 마음자리〉를 찾고 있으니, 이 얼마나 잘못된 불교인가? 그럼 이

733 〈슈베따슈바따라 우파니샤드〉 제3장 8,9,10절. 〈우파니샤드〉 제1권 이재숙 한길사 444~445쪽

렇게 해석하는 청담 스님 개인의 잘못인가? 아니다. 청담 스님은 선배들로부터 그렇게 배웠고, 그런 불교만 접해왔기 때문에 이런 식으로 해석할 수밖에 없었다. 청담 스님은 단지 선배들에게 배운 것을 충실하게 전하고 있을 따름이다. 그러나 이제는 달라져야 한다. 현대는 온갖 정보를 공유하는 밝은 시대이다. 이제는 '중국 선불교는 석가부처님 법이 아니다'는 사실을 어느 누구도 부정할 수 없다. 석가부처님 법인 〈아함경〉이나 〈니까야〉는 읽지 않고, 과거 중국 선불교를 전통이라는 이유 하나만으로 계속 고집한다면, 그것은 잘못된 것이다. 왜냐하면 중국 선불교는 석가의 씨가 아닐뿐더러, 그다지 좋은 결과를 내지 못하고 있기 때문이다.

남을 지도하는 자는 후배들을 옳은 길로 이끌고 있는지, 또 자신의 방법이 최선의 방법인지 점검해 봐야 한다. 그 방법으로 자신의 번뇌가 얼마나 줄어들었고, 지혜가 얼마나 밝아졌는지 점검해 보면 된다. 세상 사람들이 다 괴롭다고 아우성인데, 괴로움에 처해 있는 중생들을 자신이 수십 년 간 닦은 지혜로 얼마나 잘 인도해주고 있는지 점검해 봐야 한다. 만약 수십 년을 닦았는데도 아직 뚜렷이 내세울 만한 지혜가 없다면, 그 방법에 문제가 있다고 봐야 한다.

마음자리를 찾는 사람들은 〈오온은 다 공(空)한 것들〉이라는 '무아(無我)'의 진리를 깨달을 수 없다. 또 견성은 할 수 있을지 모르지만,[734] 열반에 이르지는 못 한다. 왜냐하면 그들이 닦는 것은 부처님 법이 아니라서 그 바탕사상과 닦는 방법이 다르기 때문이다. 바탕사상과 닦는 방법이 다르면, 깨달음의 결과도 다르게 나오기 마련이다.

여태까지 청담 스님의 〈반야심경〉 해석을 빌어서 한국 선불교의 문제

734 필자가 '견성(見性)'은 할 수 있을지 모른다고 했지만, 의미가 있는 견성은 불가능하다고 본다. 견성은 잠깐 동안의 황홀경 정도이지 그것이 지속되는 것도 아니고, 견성했다고 해서 탐진치가 완전히 소멸되는 것도 아니기 때문이다.

점에 대해 논했다. 사실 청담 스님은 필자가 가장 존경하는 3~4분의 스님들 중에 한 분으로, 훌륭하게 수행자다운 삶을 살다 가신 분이시다. 혹시 이 글로 인해 스님께 누가 되지 않기를 바란다. 앞에서 말했듯이 이것은 청담 스님 개인의 시각이 아니라 한국불교 전체의 시각이다.

오고산 스님은 "시제법공상 불생불멸 불구부정 부증불감"[735]을 "**이 모든 법의 공(空)한 상**이 나지도 않고, 멸하지도 않으며, 더럽지도 않고, 깨끗하지도 않으며, 늘지도 않고, 줄지도 않는다"고[736] 번역한 뒤에 다음과 같이 해설해 놓았다.

> "홀로 한 물건 있어, 항상 변함이 없으니, 당연히 생사출몰에 따르지 않도다. ....(중략).... 제법의 공한 상은 불생불멸이며, 불구부정이고, 부증불감한다. 현대과학에서 질량불변의 법칙을 말하듯이 나지도 않고, 죽지도 않으며, 때 묻지도 않고, 깨끗해지지도 않는다. 늘지도 않고, 줄지도 않으며, 그 어떤 경우에도 불변이다.
> 다만 존재한다면 현상(現相)이란 있게 마련이다. 진실된 이치는 용이하게 잡으려고 하면 헛것을 본다. 모양을 취해서도 안 되고, 소리를 들을 수도 없고, 글을 읽을 수도 없어서 제법공상(諸法空相)이라고 했다."

오고산 스님은 "한 물건", "질량불변의 법칙", "알 수 없는 것이라서 제

735 "是諸法空相(시제법공상) 不生不滅(불생불멸) 不垢不淨(불구부정) 不增不減(부증불감)"

736 〈반야심경 화엄경 약찬게〉 오고산 강술. 보련각. 1999년. 58쪽. 이것을 정확하게 번역하면, "이 모든 존재[是諸法]가 다 소멸된 적멸열반[空] 상태엔 일어나는 것도 없고, 사라지는 것도 없고, 더러움도 없고, 더러움에서 벗어난 것조차 없으며, 부족함도 없고, 완전함도 없다"고 번역해야 한다.

법공상이라고 한다"는 등 알아들을 수 없는 말을 많이 사용해서 해설해 놓았지만, 그 내용은 이해가 되지 않는다. 왜냐하면 그것은 맞지 않는 해설이기 때문이다.

광덕 스님은 "사리자여, 이 모든 법이 공한 상은 나지도 않고, 없어지지도 않으며, 더러워지지도 않고, 깨끗해지지도 않으며, 늘지도 않고, 줄지도 않느니라"고[737] 번역해 놓았다. 그런 뒤에 스님은 "〈이 모든 법이 공한 상〉은 바라밀 자체의 체성"이라고 하면서 "원래 바라밀은 절대 존재이므로 이를 관념화하거나 설명할 수 없다"고 말하고 있다. 그럼 묻겠습니다. 광덕 스님, 〈불생불멸하고, 불구부정하며, 부증불감하다〉는 것은 설명이 아니고 뭡니까? 그리고 부처님께서는 "모든 것은 변하고 있고[諸行無常], 모든 것 중에 '나'라고 할 만한 것은 없다[諸法無我]"고 말했습니다. 그런데 스님께서는 어떻게 여기서 "절대존재"를 두고 계십니까? 과연 절대존재가 있습니까? 부처님 말씀 중에 어디에 "절대존재"라는 것이 있는지 말씀해주십시오.

무비 스님은 "사리자여, 이 모든 법의 공한 모양은 생기지도 않고, 소멸하지도 않은 것이며, 더럽지도 않고, 깨끗하지도 않은 것이며, 불어나지도 않고, 줄어들지도 않은 것이다"[738]고 번역한 뒤에 다음과 같이 해설해 놓았다.

〈사리자여, 그리고 모든 사람들이여, 앞서 말한 몸도 마음도 텅 비어 일체가 공하다는 것은 새롭게 생기는 일이 있을 수 없으며, 생기는 일이 없으므로 소멸도 있을 수 없다. 그러므로 더럽다느니, 깨끗하다느니, 좋다느니, 나쁘다느니 하는 것도 있을 수 없다. 아예 생기고 소멸

737 〈반야심경 강의〉 광덕지음. 불광출판사. 1998년. 89쪽
738 〈예불문과 반야심경〉 무비스님 풀이. 불일출판사. 1994년. 194쪽

하는 법이 없는데, 무엇이 불어나고 줄어드는 일이 있겠는가? 우리가 보아온 모든 불어나고, 줄어들고, 더럽고, 깨끗하고, 생기고, 소멸하는 일체 현상은 다 사실은 환상이고, 꿈이다. 우리의 진실생명에는 그런 일이 본래 없다.〉

무비 스님은 이렇게 해설한 뒤에 다시 해설하는데, 그 요지는 다음과 같다.

"이 대목은 공에 대한 참모습을 밝히는 부분이다. ....'제법'이란 이 현상계의 모든 존재를 말한다. 그 속에는 광물, 식물, 생물, 무생물을 비롯하여 인간까지 포함된다. 다시 말해 형상을 가졌거나 자기 자신을 표현하고 있는 모든 것을 가리켜 '제법'이라고 한다. 여기서 법은 진리라는 뜻보다는 그냥 일반적인 사물을 나타내는 말로 받아들여야 한다.
〈제법〉의 본질은 공상(空相)이다. 즉 〈제법〉은 공한 모양을 하고 있는 것이다. 현상계의 모든 존재는 그 자체로서 텅 빈 것이다. 공의 본질 속에는 그 모든 것을 흡수함과 동시에 표상(表相)으로 확산시키는 상반된 작용을 갖고 있다.[739] ...... 일체법(一切法)이 존재하는 모양은 바로 공(空)이기 때문에 생도 아니고 멸도 아니며, 깨끗함도 아니고 더러움도 아니며, 더함도 아니고 덜함도 아닌 것이다.
우선 '불생불멸'의 의미를 새겨보면, 현상계의 모든 존재는 본질에 있어서 생성과 소멸이 없다는 것이다. 이 말은 곧 모든 현상은 생(生)할 수도 있고, 멸할 수도 있다는 사실이 이면에 숨어있다. 왜냐하면 본래 공이기 때문이다. 곧 불생불멸은 '역생역멸(亦生亦滅)'과도 통하는 말이다.[740]

739 위의 책 195쪽
740 독자여러분은 이 해설내용을 이해할 수 없다고 기죽을 필요가 없다. 문제가 있

불교에서 불생불멸은 매우 중요하게 다루어지고 있다. 〈화엄경〉, 〈법화경〉, 〈반야심경〉에서 공통적으로 존재의 실상에 대해 밝히고 있다. 〈화엄경〉에서는 "一切法不生 一切法不滅(일체법불생 일체법불멸)"이라고 말해 "모든 법은 생기지도 않고, 없어지지도 않는다"고 했다. 또 〈법화경〉에서는 "世間相常住(세간상상주)"라 하여, "이 세상에 존재하는 모든 물체는 그 자체로서 영원히 존재한다"고 했다. 다시 말해 모든 현상계는 생기지도 않고, 없어지지도 않아서 이 세간에 늘 그대로 있다는 의미다.

〈반야심경〉의 '제법공상(諸法空相) 불생불멸(不生不滅)'도 같은 맥락에서 존재의 본질을 명확히 밝힌 대목이다. 존재의 본질을 보다 더 잘 이해하기 위해 현대과학 이론을 도입해볼 필요가 있다. 과학에서는 물질에 대한 세 가지 해결하지 못하는 점을 말하고 있다. 1) 질량은 완전히 없앨 수 없고, 2) 어떤 물체라도 그 근원은 알 수 없으며, 3) 완전히 새로운 물체는 만들지 못 한다는 것이다. 이것은 곧 불교의 '공상(空相)'과 잘 들어맞는 이론이다. 제법의 공한 모양이 불생불멸(不生不滅)이라는 것을 과학이 증명했다고 볼 수 있다.

예를 들어 종이가 있다고 할 때 그것을 태우면 외형은 달라진다. 에너지로 변하든지 재로 바뀌지만 완전히 없어지지는 않는다. 어떤 모양으로든 우주공간 어느 곳에 존재한다.

완전히 없어지지 않으니 '불멸(不滅)'이고, 그 어떤 작은 물질도 새로 만들어낼 수 없으니 '불생(不生)'이다. .....이와 같은 이치를 터득하는 일이야말로 괴로움을 해결하는 유일한 방법임을 명심해야 한다."[741]

는 내용이라서 이해가 될 수 없는 것들이기 때문이다. 이와 같이 한국에는 불교를 어려운 말로 설명하는 경우가 많다. 난해한 말로 불법의 오묘한 진리를 설명하고 있는 듯 한 이런 법문은 십중팔구 허언(虛言)이다.

741 무비 스님의 위의 책 196~198쪽 내용을 읽기 쉽도록 간추려서 옮겼다.

독자 여러분은 위의 해설을 읽으면서 이해하는 데 많은 어려움을 느꼈을 것이다. 제대로 된 해설이 아니기 때문이다. 무비 스님, 질문이 있습니다. 스님께서도 잘 아시다시피 "일찰나구백생멸(一刹那九百生滅)"이라는 말이 있지 않습니까? '존재하는 것은 다 일찰나에 구백 번이나 생멸한다'는 뜻이 아닙니까? 존재하는 것은 다 찰나생(刹那生) 찰나멸(刹那滅)합니다. 그래서 부처님께서 '제행무상(諸行無常)'이라고 말하지 않았습니까? 그런데 스님께서는 어떻게 "모든 현상계는 생기지도 않고, 없어지지도 않아서 이 세간에 늘 그대로 있다"고 말씀하십니까? 답해주십시오. 만약 답이 되지 않는다면 스님 해설은 잘못된 것입니다. 앞서 말했듯이 이런 해설을 내어 놓은 무비 스님은 '제법'의 의미를 제대로 해석하지 못 한 나머지 억지스런 말로 해설하느라고 생고생을 하고 있는 것이다.

우리는 한국불교를 대표한다고 할 수 있는 네 분 스님들의 "불생불멸(不生不滅)"에 대한 해설을 살펴봤다.

2) "불생불멸"의 의미는 무엇인가?

그럼 〈반야심경〉의 "불생불멸(不生不滅)"의 의미는 무엇인가? '나지도 않고, 죽지도 않는다'는 말인가? 아니면 '생겨나는 것도 아니고, 없어지는 것도 아니다'는 말인가? 아니면 '일어나는 것도 없고, 사라지는 것도 없다'는 말인가? 이 문제에 답하기 전에 먼저 앞에서 보았던 네 분 스님들의 "시제법공상(是諸法空相) 불생불멸(不生不滅)"에 대한 번역을 다시 한 번 보자.

조계종 표준 : "모든 법은 공하여 나지도 멸하지도 않으며,"
청담 스님 : "이 모든 것들이 다 없어진 〈참 마음자리〉는 생겨나는 것도, 없어지는 것도 아니며,"

오고산 스님 : "이 모든 법의 공한 상이 나지도 않고, 멸하지도 않으며,"
광덕 스님 : "이 모든 법이 공한 상은 나지도 않고, 없어지지도 않으며,"
무비 스님 : "이 모든 법의 공한 모양은 생기지도 않고, 소멸하지도 않은 것이며,"
필자의 번역 : 이 모든 존재가 다 소멸된 적멸상태엔 일어나는 것도 없고, 사라지는 것도 없습니다.

한국의 〈반야심경〉을 대표한다고 할 수 있는 이 네 분 스님의 번역을 보면, "제법(諸法)", "空(공)", "相(상)", "生(생)", "滅(멸)" 등의 의미를 제대로 해석하지 못 했을 뿐만 아니라 "生(생)"과 "滅(멸)"의 의미를 자신 있게 번역하지 못 했다. 즉 문장 속의 단어 뜻을 정확하게 해석하지 못한 채 번역했다는 말이다.
그럼 이제부터 본격적으로 "불생불멸(不生不滅)"의 의미가 무엇인지 알아보자. 앞에서 다음과 같은 내용을 소개한 바 있다.

"아트만을 알라. 이것은 태어나지도 않고, 죽지도 않으며, 결코 소멸되지도 않고, 시작도 없고, 끝도 없으며, 영원히 변하지 않도다."[742]

위의 내용은 불교경전이 아니라 브라만교의 경전인 〈바가바드기타〉에 나오는 말이다. '아트만, 즉 나의 자성(自性)자리는 태어나지도 않고, 죽지도 않으며, 영원불멸하다'고 말하고 있다. 그럼 〈반야심경〉의 "불생불멸"도 이런 뜻일까? 아니다. "불생불멸"을 이런 뜻으로 해석하면, 그것은 불교가 아니라 브라만교가 되어버린다. 이제부터 이렇게 해석하면 안 되는 이유를 말하겠다.

742 이 내용은 〈바가바드기타〉 제2장. '지혜의 요가'장에 나오는 말이다.

산스크리트어 원어를 통해 본 "불생불멸(不生不滅)"의 뜻 확인

먼저 〈바가바드기타〉의 "불생불멸"과 〈반야심경〉의 "불생불멸"의 산스크리트어 원어부터 살펴보자. 〈바가바드기타〉의 "불생불멸"은 산스크리트어 "나자야떼 므리야떼(na jayate mriyate)"를 번역한 것이고, 〈반야심경〉의 "불생불멸"은 "안우뜨빠나 아니룻따(anutpanna aniruddha)"를 번역한 것이다. 일단 이 두 "불생불멸"은 산스크리트어 원어가 다른것임을 알 수 있다.

"**生**(생)" : 〈바가바드기타〉의 "불**생**불멸(不**生**不滅)"에서의 生(생)은 산스크리트어 원어가 '자야떼(jayate)'이고, 〈반야심경〉의 "불생불멸"에서의 生(생)은 그 원어가 '우뜨빠나(utpanna)'이다. 〈바가바드기타〉의 "불생불멸"에서의 生(생)의 산스크리트어 원어인 자야떼(jayate)는 '일어나다', '만들다', '낳다', '출생하다' 등의 뜻으로, '發(발)', '造(조)', '起(기)', '生(생)', '出生(출생)', '誕生(탄생)' 등으로 한역되어 있다. 〈반야심경〉의 "불생불멸"에서의 生(생)의 산스크리트어 원어인 '우뜨빠나(utpanna)'는 동사 '우뜨빠드(utpad, udpad)'의 변형이고, 이것은 '일어나다', '출생하다', '출현하다' 등의 뜻으로, '生(생)', '起(기)', '生起(생기)', '出(출)', '출생(出生)', '출현' 등으로 한역되어 있다. 자야떼(jayate)와 우뜨빠드(utpad, udpad)는 둘 다 '태어남'과 '일어남'의 뜻을 갖고 있다.

"**滅**(멸)" : 그럼 이번에는 "불생불**멸**(不生不**滅**)"의 멸(滅)에 해당하는 산스크리트어 원어를 살펴보자. 〈바가바드기타〉의 "불생불멸"에서의 멸(滅)은 산스크리트어 '므리야떼(mriyate)'를 번역한 것이다. '므리야떼'는 '죽는다'는 뜻으로, '**死(사)**', '**命終(명종)**' 등으로 한역되어 있다. 〈반야심경〉의 "불생불멸"에서의 멸(滅)은 그 원어가 '니룻따(niruddha)'이다. 니룻따는 사성제의 고집멸도(苦集滅道)의 '멸(滅)'과 같은 것이다. 이것은 '소멸하다', '완전히 없어지다', '쉬다', '끊다', '벗어나다' 등의 뜻으로, '滅(멸)', '息(식)', '息滅(식멸)', '斷(단)', '斷盡(단진)', '離(리)', '淨除(정제)' 등으로 한역되어 있다. 그런데 여기에 '죽는다'는 뜻은 없다. 이것을 보면 〈반야심경〉에서의 "불생"의 "生(생)"은 '태어난다'는 뜻이 아니라 '일어난다[起기]'는 뜻으로 해석할 수밖에 없다. 아니 굳이 해석할 필요도 없다. 왜냐하면 〈반야심경〉에서의 "불생"의 산스크리트어 원어인 '안우뜨빠나(an-utpanna)'는 "不生(불생)" 뿐만 아니라 '無生(무생)', '無**起**(무**기**)', '不**起**(불**기**)', '無所生(무소생)'[743] 등으로도 한역되어 있어서 그 번역에 '일어난다[**起**기]'[744]는 뜻이 분명하게 드러나 있기 때문이다.

〈반야심경〉의 **"불생불멸"은 '이 모든 존재[745], 즉 존재의 다섯 요소**[오온] **가 다 소멸된 적멸상태엔 일어나는 것도 없고, 사라지는 것도 없다'**는 뜻이다. 이와 같은 뜻으로 해석해야 하는 까닭은 이역본(異譯本) 〈반야심경〉을 통해서도 확인 가능하다.

이역본 〈반야심경〉을 통해 본 "불생불멸"의 뜻 확인

1) 법성(法成)이 한역한 〈반야심경〉을 보면, 법성은 현장이 "시제법공상 불생불멸 불구부정 부증불감"[746]으로 번역한 것을 "이 모든 존재가 다 소멸된 적멸상태[空공]의 특징[性성]은 현상[相상]이 없어서 일어나는 것도 없고[無生무생], 사라지는 것도 없으며[無滅무멸], 더러움[垢구][747]이 없

743 〈반야심경〉의 "不生(불생)"은 '無生(무생, 생성되는 것이 없다)', '無起(무기, 일어나는 것이 없다)', '不起(불기, 일어나지 않는다)', '無爲(무위, 행위가 없다)', '無所生(무소생, 생겨나는 것, 즉 일어나는 것이 없다)' 등의 뜻이다.

744 [**起**기]는 '일어날 기' 자다.

745 "이 모든 존재"는 한역문 "是諸法(시제법)"을 번역한 것이다. "이[是시] 모든[諸제] 존재[法법]"의 구조다. 이 모든 존재는 오온을 일컫는 말이다.

746 "是諸法空相(시제법공상) 不生不滅(불생불멸) 不垢不淨(불구부정) 不增不減(부증불감)"

어서 더러움에서 벗어나 있고[無垢離垢무구리구], 줄어드는 것도 없고[無減무감], 늘어나는 것도 없다[無增무증]"[748]는 뜻으로 번역해 놓았다. 여기서 법성은 현장이 "불생불멸"로 번역해 놓은 것을 "무생무멸(無生無滅)"로 번역해 놓았다. "무생무멸"은 '일어나는 것도 없고, 사라지는 것도 없다'는 뜻이다. 2) 또 시호(施護)가 한역한 〈반야심경〉을 봐도 "불생불멸"은 '일어나는 것도 없고, 사라지는 것도 없다'는 뜻임을 알 수 있다. 시호는 '이 모든 존재가 이렇게 다 소멸된 적멸상태[空공]엔 일어나는 것도 없고, 사라지는 것도 없고, 더러움[垢구]도 없고, 깨끗함조차 없으며, 늘어나는 것도 없고, 줄어드는 것도 없다'[749]는 뜻으로 번역해 놓았다. 여기서 시호는 현장이 "불생불멸"로 한역해 놓은 것을 "무소생(無所生) 무소멸(無所滅)"로 한역하여, '일어나는 것도 없고, 사라지는 것도 없다'는 뜻을 명료하게 잘 번역해 놓았다. 3) 또 지겸(支謙)은 〈유마경〉을 한역하면서 "불생불멸" 대신 '일어날 기(起)' 자를 써서 "불기불멸(不起不滅)"로 한역해 놓았다.[750] 이상과 같이 여러 번역을 통해 "불생불멸"의 의미를 확인해 봤다. 불생불멸은 '일어나는 것도 없고, 사라지는 것도 없다'는 뜻이다. 이런 뜻을 영원불변(永遠不變)이나 본래면목(本來面目),

747 여기서 더러움[垢구]은 오온 등의 번뇌를 일컫는 말이다.

748 〈신수대장경〉 제8권. 850쪽 하단 6행 "一切法空**性**(일체법공**성**) **無相(무상)**無生無滅(무생무멸) 無垢離垢(무구리구) 無減無增(무감무증)" 여기서 **性**(성)은 '특성', '특징'이라는 뜻이고, **無相**(무상)은 '현상 · 대상 · 인식이 없다', '현상 · 인식작용이 일어나지 않는다'는 뜻이다.

749 〈신수대장경〉 제8권. 852쪽 중단 22행 "此一切法如是空相(차일체법여시공상) 無所生(무소생) 無所滅(무소멸) 無垢染(무구염) 無清淨(무청정) 無增長(무증장) 無損減(무손멸)"

750 지겸은 "若賢者(약현자)都(도)不生(불생)不增生(부증생)不起不滅(불기불멸)"로 번역하여, '만약 깨닫게 되면, 그 어떤 것도 생겨나지 않고, 더 이상 생겨나지 않아서 일어나는 것도 없고, 사라지는 것도 없다'는 뜻으로 번역해 놓았다.

진여자성(眞如自性), 참마음자리 등의 비(非)석가적인 개념을 끌어들여서 해석해서는 안 된다. 그렇게 해석하면, 그것은 〈반야심경〉에서 전달하고자 하는 메시지와 정반대 방향으로 달려가는 것이다. 유감스럽게도 한국, 중국의 기존 〈반야심경〉 해석은 거의 다 정반대 방향으로 해석해 놓은 것들이다. 〈반야심경〉은 무상(無常)을 말하고, 실체 없음을 말하고, 무아(無我), 즉 "나" 없음을 말하고 있는데, 한국불교에서는 절대불변(絶代不變)"의 참나, 마음자리를 노래하고 있는 것이 현실이다.

다른 경을 통해 본 "불생불멸"의 뜻 확인

(1) 아함부 경전 중에 **〈불설법인경**(佛說法印經)**〉**[751]이 있다. 이 경에 "불생불멸"의 의미를 이해하는 데 도움이 되는 다음과 같은 내용이 나온다.

> 부처님께서 말했다. "비구들이여, 공의 상태[空性공성]엔 아무 것도 없다. 망상(妄想)이 없고, 일어나는 것도 없고, 사라지는 것도 없다. 공(空)의 상태는 온갖 지견(知見)[752]에서 벗어나 있다. 왜냐하면 공의 상태엔 공간도 없고, 형상도 없기 때문이다. 공의 상태엔 인식작용[想상]이 없고, 본래 일어나는 것이 없다. 공의 상태는 지견으로는 가 닿을 수 없는 곳이고, 온갖 집착에서 벗어나 있다. 온갖 집착에서 벗어나 있기 때문에 모든 존재[753]를 다 거두어들여서 평등한 지견[見견][754]에 머문다. 이것이 진실한 지견이다.[755] 비구들이여, 공의 상태가 이와 같

751 〈신수대장경〉 제1권 No. 104, 시호(施護)가 한역했고, 위의 한글 번역은 필자가 했다.

752 여기서 '지견(知見)'은 지각(知覺) · 식별작용과 인식작용을 아우르는 말로 해석된다.

753 여기서 '모든 존재'는 오온, 십이처, 십팔계 등을 일컫는 말이다.

754 여기서 '평등한 지견'은 '적멸 · 열반상태'를 의미한다고 볼 수 있다.

고, 모든 존재가 이와 같음을 알아야 한다. 이것을 '거룩한 불교의 진리[法印법인]'라고 말한다."

위의 내용의 한문 원문을 보면 다음과 같다.

"空性(공성) 無所有(무소유)。**無妄想(무망상)**。無所生(무소생)。無所滅(무소멸)。**離諸知見(이제지견)**。何以故(하이고)。空性(공성) 無處所(무처소)。無色相(무색상)。非有想(비유상)。本無所生(본무소생)。非知見所及(비지견소급)。離諸有著(이제유착)。由離著故(유리착고)。攝一切法(섭일체법)。住平等見(주평등견)。是眞實見(시진실견)。苾芻當知(비구당지)。空性(공성) 如是(여시)。諸法亦然(제법역연)。是名法印(시명법인)"

위의 내용은 반야심경의 "시제법공상 불생불멸"의 뜻을 이해하는 데 크게 도움이 된다. 위의 한문 원문에는 〈반야심경〉의 "시제법공상(是諸法空相)"을 "空性(공성)"으로 표현했다. 그리고 이 한문원문에는 〈반야심경〉의 "시제법공상"과 "불생불멸" 사이에는 없는 '망상이 없다'는 뜻의 "**無妄想(무망상)**"이 들어 있다. "불생불멸"에 해당하는 "무소생(無所生) 무소멸(無所滅)" 뒤에 '온갖 지견에서 벗어난 상태'라는 뜻의 "**離諸知見(이제지견)**"이 들어 있어서 불생불멸한 까닭을 알 수 있도록 해 놓았다.[756] 적멸상태에 들어서 온갖 지견에서 벗어나 있는 상태에서는 그

755 원문은 다음과 같다. "空性無所有(공성무소유)。無妄想(무망상)。無所生(무소생)。無所滅(무소멸)。離諸知見(리제지견)。何以故(하이고)。空性無處所(공중무처소)。無色相(무색상)。非有想(비유상)。本無所生(본무소생)。非知見所及(비지견소급)。離諸有著(리제유착)。由離著故(유리착고)。攝一切法(섭일체법)。住平等見(주평등견)。是眞實見(시진실견)"

어떤 망상도 없기 때문에[無妄想무망상] 일어나는 것도 없고[無所生무소생], 사라지는 것도 없다[無所滅무소멸]는 말이다. 여기서 일어나고 사라지는 것은 존재의 다섯 요소[오온]이다.

(2) 〈잡아함경〉 제293경에서 부처님은 "불생불멸(不生不滅)"을 무위법(無爲法)[757]의 의미로 다음과 같이 말했다.

〈잡아함경〉 제293. 매우 깊은 곳인 열반을 설명하는 경

"이와 같이 두 법이 있다. 그것은 유위법(有爲法)과 무위법(無爲法)이다. 유위법은 [마음에 어떤 현상이] 일어나기도 하고, 머물기도 하고, 변하기도 하고, 소멸되기도 한다. 하지만 무위법은 일어나는 것이 없고[不生불생], 머무는 것도 없으며[不住불주], 변하는 것도 없고[不異불이], 소멸되는 것도 없다[不滅불멸]. 이것을 비구의 온갖 업지음[諸行]의 괴로움이 다 소멸된[寂滅적멸] '열반'이라고 한다.[758] 괴로움의 원인(因)이 모이기 때문에 괴로움이 모이고, 그 원인이 소멸되기 때문에 괴로움도 소멸된다. 모든 길을 다 끊고, 이어져가는 것을 다 없애고, 이어져가는 것을 없애는 것마저 다 없애면, 이것을 '괴로움의 끝[苦邊

756 〈반야심경〉에도 이런 구조로 한역되어 있는 것이 있다. 법성(法成)이 한역한 돈황본 〈반야심경〉을 보면, 거기에는 "舍利子(사리자)。一切法空性(일체법공성)。**無相**無生無滅(**무상**무생무멸)。無垢**離垢**(무구**리구**)。無減無增(무감무증)"이라고 번역돼 있다. 여기엔 是諸法空相(시제법공상)과 不生不滅(불생불멸) 사이에는 없는 '인식 또는 망상이 없다'는 뜻의 "無相(무상)"이 들어있고, '온갖 번뇌[垢]에서 벗어난 상태'라는 뜻의 "離垢(리구)"가 들어 있어서 불생불멸한 까닭을 알 수 있도록 번역해 놓았다. 〈반야심경〉850c06

757 무위법은 인연법을 벗어난 상태로서 생멸(生滅)의 변화가 없이 적멸상태에 머물러 있는 것이다.

758 〈잡아함경〉 제293경. 083c16 "無爲者(무위자)不生(불생) · 不住(부주) · 不異(불이) · 不滅(불멸)。是名(시명)比丘諸行苦(비구제행고)寂滅(적멸)涅槃(열반)"

고변]'이라고 한다.[759]

비구들이여, 무엇을 소멸해야 하는가? 그것은 아직 남아 있는 괴로움이다. 만약 괴로움이 다 소멸되고[滅멸], 멈추어지고[止지], 맑아지고[淸청], 식어지고[凉량], 쉬어지고[息식], 완전히 다 없어지면[沒몰], 이것이 바로 그 어떤 취(取)함도 다 소멸되었고, 갈애가 완전히 다 소멸되었으며, 그 어떤 욕구·욕망도 없는, 고요하고도 모든 것이 다 소멸된 열반이니라."

위의 경에는 적멸상태를 "무위(無爲)"로 표현했다. 무위는 '그 어떤 행위도 없다'는 뜻이다. 이 경에는 적멸상태를 설명하면서 〈반야심경〉의 "불생불멸(不生不滅)" 대신 "不生(불생), 不住(부주), 不異(불이), 不滅(불멸)"이라는 표현을 쓰고 있다. 이것은 "불생불멸"에서의 "생(生)"과 "멸(滅)"이 "생주이멸(生住異滅)"에서의 "생(生)"과 "멸(滅)"과 같은 뜻임을 말해주고 있다. "불생불멸"은 연기법에 의해 일어났다가 사라지는 모든 존재[760]가 다 소멸된 적멸상태에 들면, '일어나는 것도 없고, 사라지는 것도 없다'는 뜻이다.

(3) 오온이 일어나는 것을 관찰하는 것이 어떻게 하는 것이고, 오온이 소멸된 것이 어떤 것인지를 말해주는 〈잡아함경〉 제66. 〈생경(生經)〉이 있다. 이 경을 보면, "불**생**불멸(不**生**不滅)"에서의 "生(생)"이 어떤 의미인지 알 수 있다.

〈잡아함경〉 제66. 〈존재의 다섯 요소[오온]가 일어나는 것을 관찰하

759 〈잡아함경〉 제293경. 083c17 "因集故苦集。因滅故苦滅。斷諸逕路。滅於相續。相續滅滅。是名苦邊"

760 여기서도 모든 존재는 오온, 십이처, 십팔계 등을 일컫는 말이다.

는 경, 생경(生經)〉

이와 같이 내가 들었다. 한 때 부처님께서 사위국 기수 급고독원에 계셨다. 그 때 세존께서 여러 비구들에게 말했다.

"매순간 노력하여 선정을 닦아 익혀서 안으로 그 마음을 고요히 해야 한다. 왜냐하면 매순간 노력하여 선정을 닦아 익혀서 안으로 그 마음을 고요히 하면, 실제 일어나고 있는 것을 있는 그대로 관찰할 수 있기 때문이다.

어떻게 하는 것이 실제 일어나고 있는 것을 있는 그대로 관찰하는 것인가? '이것은 몸의 물질현상[색]이고, 이것은 몸의 물질현상의 생성조건들이 모여서 몸의 물질현상이 일어나는 것[集집]이고, 이것은 몸의 물질현상이 사라지는 것'이라고 관찰하는 것이 실제 일어나고 있는 것을 있는 그대로 관찰하는 것이다.

느낌[受수], 인식[想상], 업 지음[行행], 식별작용[識식]에 있어서도 또한 마찬가지다. '이것은 식별작용이고, 이것은 식별작용의 생성조건들이 모여서 식별작용이 일어나는 것이고, 이것은 식별작용이 사라지는 것'이라고 관찰하는 것이 실제 일어나고 있는 것을 있는 그대로 관찰하는 것이다.

어떤 것이 몸의 물질현상의 생성조건들이 모여서 몸의 물질현상이 일어나는 것[色集색집]인가? 또 어떤 것이 느낌, 인식, 업 지음, 식별작용의 생성조건들이 모여서 느낌, 인식, 업 지음, 식별작용이 일어나는 것[集집]인가? 비구들이여, 어리석고 들은 것이 없는 범부들은 몸의 물질현상의 생성조건들이 모여서 몸의 물질현상이 일어나는 것과 몸의 물질현상에 맛 들이는 것[色味색미]과 '몸의 물질현상'이라는 괴로움[色患색환]과 몸의 물질현상에서 벗어나는 것[色離색리]을 실제 일어나고 있는 그대로 관찰하지 못 하기 때문에 몸의 물질현상을 즐기고, 찬탄하며, 몸의 물질현상에 애착하여, 미래 세상에서 몸의 물질현상이 또 다시 일어난다. 느낌, 인식, 업 지음, 식별작용에 있어서도 또한 이와 같이 길게 풀어서 설명할 수 있다.

그 몸의 물질현상이 일어나고, 느낌, 인식, 업 지음, 식별작용이 일어나면, 몸의 물질현상에서 벗어나지 못 했고, 느낌, 인식, 업 지음, 식별작용에서 벗어나지 못 했나니, '그는 태어남, 늙음, 병듦, 죽음, 근심, 슬픔, 번민 등의 온갖 괴로움과 순전히 괴로움뿐인 괴로움의 큰 덩어리에서 벗어나지 못 했다'고 나는 말한다. 이런 것들을 '몸의 물질현상이 일어나는 것'이라고 하고, '느낌, 인식, 업 지음, 식별작용이 일어나는 것'이라고 한다.

어떤 것이 몸의 물질현상이 소멸된 것이고, 느낌, 인식, 업 지음, 식별작용이 소멸된 것인가? 많이 들어서 아는 거룩한 제자는 몸의 물질현상이 일어나는 것과 몸의 물질현상이 소멸되는 것과 몸의 물질현상에 맛 들이는 것과 '몸의 물질현상'이라는 괴로움과 몸의 물질현상에서 벗어나는 것을 실제 일어나고 있는 그대로 관찰하고, 실제 일어나고 있는 그대로 안다. 실제 일어나고 있는 그대로 알기 때문에 몸의 물질현상을 즐기지 않게 되고, 몸의 물질현상을 찬탄하지 않으며, 몸의 물질현상에 애착하지 않고, 미래의 몸의 물질현상을 일으키지도 않는다. 느낌, 인식, 업 지음, 식별작용에 있어서도 또한 이와 같이 길게 풀어서 설명할 수 있다.

몸의 물질현상이 일어나지 않고, 느낌, 인식, 업 지음, 식별작용이 일어나지 않기 때문에 몸의 물질현상에서 해탈했고, 느낌, 인식, 업 지음, 식별작용에서 해탈했다. 그러면 '그는 태어남, 늙음, 병듦, 죽음, 근심, 슬픔, 번민 등 온갖 괴로움과 순전히 괴로움뿐인 큰 괴로움의 덩어리에서 해탈했다'고 나는 말한다. 이런 것을 '몸의 물질현상이 소멸된 것'이라고 하고, '느낌, 인식, 업 지음, 식별작용이 소멸된 것'이라고 한다.

그러므로 비구는 매순간 노력하여 선정(禪定)을 닦아 익혀서 안으로 그 마음을 고요히 하고, 정신을 오롯하게 집중해서 부지런히 노력하여, 실제 일어나고 있는 것을 있는 그대로 관찰해가야 한다."[761]

부처님께서 이 경을 말하자 여러 비구들은 그 말씀을 듣고, 기뻐하며, 받들어 수행했다.

위의 경의 밑줄 부분을 보면 "불생불멸"에서의 "生(생)"이 어떤 의미인지 알 수 있다. "불생(不生)"은 '모든 존재, 즉 오온이 다 소멸된 공(空)의 상태, 즉 적멸상태에서는 몸의 물질현상, 느낌, 인식, 업 지음, 식별작용 등이 일어나지 않는다'는 뜻이다.

(4) 그럼 이번에는 〈유마경〉에서는 〈반야심경〉의 "시제법공상(是諸法空相) 불생불멸"을 어떻게 표현하고 있는지 한 번 보자. 〈유마경〉은 반야사상을 이어받아서 창작된 대승불교 경전이다.[762]

〈유마경〉 제3. 제자품

제가 무상(無常)의 의미, 괴로움[苦고]의 의미, 공(空)의 의미, 무아(無

761 "色不生。受·想·行·識不生故。於色得解脫。於受·想·行·識得解脫。我說彼解脫生·老·病·死·憂·悲·惱苦聚。是名色滅。受·想·行·識滅。是故。比丘(비구)。常當修習(상당수습)方便禪思(방편선사)。內寂其心(내적기심)。精勤方便(정근방편)。如實觀察(여실관찰)"

762 필자가 살펴본 결과 〈반야심경〉과 〈유마경〉, 용수의 〈중론〉, 이 셋은 밀접한 관계가 있음을 확인할 수 있었다. 〈유마경〉은 〈중론〉과 〈구사론〉의 표현을 그대로 옮겨서 사용하고 있는 것을 볼 수 있었다. 이러한 사실로 미루어 보아, 〈유마경〉은 〈중론〉, 〈구사론〉 등의 논들보다 후대에 저술된 것으로 보인다. '〈유마경〉은 〈반야심경〉의 해설서가 아닌가' 하는 생각이 들 정도로 〈반야심경〉과 밀접한 관계가 있다. 〈유마경〉은 명쾌하게 〈반야심경〉을 잘 해설하고 있는 부분도 있지만, 엉터리로 해설하여, 원래의 뜻을 왜곡하고 있는 부분도 있다. 그래서 필자는 대승불교의 난해하고 헷갈리는 말장난불교가 시작되는 곳에 〈유마경〉이 자리하고 있다고 본다.

我)의 의미, 적멸(寂滅)의 의미에 대해 부연설명하고 있는데, 그 때 유마힐이 저한테 와서 말했습니다. "**가전연이여**, 생멸(生滅)하는 마음으로 실상(實相)의 존재를 말해서는 안 됩니다. 가전연이여, 모든 존재[오온]가 다 소멸되고 나면[763] **일어나는 것도 없고**[不生불생], 사라지는 것도 없는데[不滅불멸], 이것이 무상(無常)의 의미입니다. 오온을 통달하고 나면 공(空)의 상태가 되어서 일어나는 것이 없는데, 이것이 괴로움[苦고]의 의미입니다. 모든 존재[오온]가 마침내 존재하지 않는데, 이것이 공(空)의 의미입니다."[764] 아(我)와 무아(無我)가 둘이 아닌 것이 무아의 의미입니다. 존재는 원래 그런 것이 아니기에 이제는 사라질[滅멸] 것이 없으니, 이것이 적멸(寂滅)의 의미입니다."[765]

763 원문 "諸法畢竟(제법필경)"을 '모든 존재가 다 소멸되고 나면'이라고 번역했다. '제법(諸法)'은 앞에서 말했듯이 '오온'을 의미한다. 그리고 "畢竟(필경)"은 그 뒤의 "究竟(구경)"과 같은 뜻으로, '다하다', '마치다', '끝나다', '없어지다' 등의 뜻이 있고, '결국', '마침내', '끝에 가서는' 등의 뜻도 있다. 지겸은 이 부분을 "若賢者(약현자)都(도)不生(불생)不增生(부증생)不起不滅(불기불멸)"로 한역하여, "만약 깨닫게 되면, 그 어떤 것도 일어나지 않고, 더 이상 일어나지 않아서 일어나는 것도 없고, 사라지는 것도 없다"는 뜻으로 번역해 놓았다.

764 〈유마경〉 제3. 제자품 541a19 "諸法(제법)究竟(구경)無所有(무소유)是空義(시공의)". 여기서 "諸法(제법)"은 '모든 존재', 즉 '오온'이라는 뜻이다. 究竟(구경)은 畢竟(필경)과 같은 뜻으로, '마침내', '끝에 이르러'라는 뜻이다. 無所有(무소유)는 '있는 것이 없다', '아무 것도 없다', '존재하지 않는다'는 뜻이다.

765 〈유마경〉 제자품. "唯迦旃延。無以生滅心行說實相法。迦旃延。諸法(제법)畢竟(필경)不生不滅(불생불멸)。是無常義(시무상의)。五受陰洞達空(오수음통달공)無所起是苦義(무소기시고의) 이 부분의 지겸 번역을 보면 "五陰空無所起以知是是苦義"라고 되어 있다. "오온이 텅 비어 일어나는 것이 없는데 이것을 아는 것이 괴로움의 의미"라는 뜻이다.
諸法究竟無所有(제법구경무소유)。是空義(시공의)。於我無我而不二(어아무아이불이)。是無我義(시무아의)。法本不然今則無滅(법본불연금즉무멸)。是寂滅義(시즉멸의)"

유마거사는 반야사상에 통달한 자로서 변재에 뛰어난 인물이다. 하지만 문병 온 '가전연'이라는 스님을 골려주기 위해 "모든 존재[오온]가 다 소멸되고 나면 일어나는 것도 없고, 사라지는 것도 없는데, 이것이 무상(無常)의 의미다", "아(我)와 무아(無我)가 둘이 아닌 것이 무아의 의미"라는 등 마치 중국 선불교의 선문답처럼 이치에 맞지 않는 말을 많이 해 놓은 것을 볼 수 있다.[766] 이 유마의 말을 바로 잡으면 다음과 같다. 모든 존재, 즉 오온이 다 소멸되고 나면, 일어나는 것도 없고[不生불생], 사라지는 것도 없는데[不滅불멸], 이것이 공(空)의 의미입니다. 오온을 통달하고 나면, 공(空)의 상태가 되어서 일어나는 것도 없고, 사라지는 것도 없습니다. 이것이 "불생불멸"의 의미입니다.

〈반야심경〉의 "시제법공상(是諸法空相) 불생불멸(不生不滅)"을 〈유마경〉에서는 "제법필경(諸法畢竟) 불생불멸(不生不滅)"로 표현해 놓았다. 즉 〈유마경〉에서는 "시제법공상(是諸法空相)"을 "제법필경(諸法畢竟)[767]"으로 바꾸어서 '이 모든 존재[오온]가 다 소멸되고 나면, 일어나는 것도 없고[不生불생], 사라지는 것도 없다[不滅불멸]'는 말을 하고 있다. 그리고 그 다음 문장에서 "오온을 통달하고 나면, 공의 상태가 되어서 일어나는 것이 없다"[768]고 말하면서 일어날 "기(起)" 자를 쓰고 있는 것을 볼 수 있다. 또 지겸(支謙)이 한역한 〈유마경〉을 보면, 이 부분은 '깨닫게 되면 그 어떤 것도 일어나지 않고, 더 이상 일어나지 않아서 일어나지도 않고[不

766 이것을 바르게 말하면, 일어났다가 사라지는 것은 무상(無常)이고, 사라지지 않는 것은 그 반대인 常(상)인데, 유마는 이것을 거꾸로 말해 놓았다. 그리고 아(我)와 무아(無我)가 둘이 아닌 것은 존재하지 않는다. 둘이 아니라는 말은 같은 것이라는 말인데, 아(我)와 무아(無我)는 정반대 개념으로서 같은 것일 수가 없다.

767 '畢竟(필경)'은 '끝에 이르러서는', '결국에는' 등의 뜻도 있고, '끝난다'는 뜻도 있다. 여기서는 '끝난다'는 뜻이다.

768 "五受陰洞達(오수음통달)空(공)無所起(무소기)" 이것을 '오온은 실체가 없는 것들임을 통달하고 나면, 일어나는 것이 없다'는 뜻으로도 해석할 수 있다.

起불기], 사라지지도 않는다[不滅불멸]'[769]는 뜻으로 번역되어 있다. 이와 같은 〈유마경〉 내용을 보면 〈반야심경〉의 "시제법공상 불생불멸"을 어떤 의미로 해석해야 할지 분명해진다. "시제법공상 불생불멸"은 '이 모든 존재가 다 소멸된 적멸상태에는 일어나는 것도 없고, 사라지는 것도 없다'는 뜻이다.

(5) 부처님께서 "열반에 들었다"는 말의 뜻을 설명하는 〈잡아함경〉 제28경을 한 번 보자.

〈잡아함경〉 제28. 〈열반경〉

이와 같이 내가 들었다. 한 때 부처님께서 사위국 기수 급고독원에 계셨다. 그 때 이교도(異教徒)의 한 비구가 부처님께 찾아와서 부처님 발에 머리를 숙여서 예배한 뒤에 한쪽으로 물러나서 여쭈었다. "세존이시여, 세존께서는 '법을 보아서 열반에 들었다'고 하시는데, 어떤 것이 비구가 법을 보아서 열반에 든 것입니까?"

부처님께서 그 비구에게 말했다. "훌륭하고도, 훌륭하다. 그대는 지금 '법을 보아서 열반에 들었다'는 말의 뜻을 알고 싶다는 것이지요?" 비구가 부처님께 아뢰었다. "네, 그렇습니다. 세존이시여." 부처님께서 그 비구에게 말했다. "자세히 듣고 잘 생각해보기 바랍니다. 그대를 위해 설명하리라."

769 지겸 번역의 〈유마경〉 "若賢者(약현자)都(도)不生(불생)不增生(부증생)不起(불기)不滅(불멸)", 若賢者(약현자)는 지혜 깊을 현[賢] 자와 가정의 의미를 나타내는 접속사 若(약)과 者(자)가 조합하여, '만약 지혜가 깊으면'이라는 뜻을 이룬다. 都(도)는 '모두', '전혀'라는 뜻으로, 부정어 不(불)과 결합해서 영어의 not~at all의 뜻을 이루어서 '조금도 ~않다'는 뜻이 된다. 增(증)은 늘릴 증, 더할 증의 뜻으로 일반적으로 '더욱 더', '한층 더'라는 뜻이지만, 여기서는 부정어 不과 결합해서 '더 이상~않다'라는 뜻이 된다.

"비구여, 몸의 물질현상[色색]을 싫어하는 마음을 일으켜서 몸의 물질현상을 욕망하는 마음에서 벗어나서 몸의 물질현상에 대한 욕구·욕망이 다 소멸되어서 몸의 물질현상에 대해 그 어떤 번뇌도 일어나지 않아서 몸의 물질현상에 대해 마음이 바르게 벗어나 있으면, 이것을 비구가 '법을 보아서 열반에 들었다'고 합니다.
이와 같이 느낌[受수], 인식[想상], 업 지음[行행], 식별작용[識식]을 싫어하는 마음을 일으켜서 그것들을 욕망하는 마음에서 벗어나서 그것들에 대한 욕구·욕망이 다 소멸되어서 그것들에 대해 그 어떤 번뇌도 일어나지 않아서 느낌, 인식, 업 지음, 식별작용에 대해 마음이 바르게 벗어나 있으면, 이것을 비구가 '법을 보아서 열반에 들었다'고 합니다."[770]

그 때 그 비구는 부처님 말씀을 듣고, 기쁜 마음에 펄쩍펄쩍 뛰면서 예배하고 물러갔다.

존재의 다섯 요소[오온]에 대한 욕구·욕망이 다 소멸되어서 몸의 물질현상, 느낌, 인식, 업 지음, 식별작용 등에 대해 그 어떤 번뇌도 일어나지 않는 것이 "불생(不生)"의 의미다. 즉 "불생(不生)"은 '열반에 들었다'는 말이다.

(6) 용수의 〈중론〉을 통해 본 "불생불멸"의 의미 확인

인도 초기대승불교의 논사인 용수(150~250년경)의 〈중론〉에도 "불생불멸(不生不滅)"의 의미를 이해하는 데 도움이 되는 다음과 같은 내용이 나온다.

770 〈신수대장경〉 제2권. 〈잡아함경〉 제28경. 006a06 "比丘。於色生厭·離欲·滅盡。不起諸漏。心正解脫。是名比丘見法涅槃。如是受·想·行·識。於識生厭·離欲·滅盡。不起諸漏。心正解脫。是名比丘見法涅槃"

"**열반**의 특징[相상]은 **공(空)**이다. 공(空)은 그 어떤 현상[相상]도 없고, 모든 것이 다 소멸되어서 고요[寂滅적멸]하고, 분별망상[戱論희론]이 없는 상태다."[771]

또 〈중론〉 관법품에 다음과 같은 내용이 나온다.

"부처님께서는 모든 존재의 실상(實相)[772]에 대해 말했다. 모든 존재의 실상에 들면, 언어의 길이 끊어지고, 온갖 마음작용이 다 소멸된다. 마음은 대상[相상]을 취하는 인연 때문에 생겨나고, 지난 세월 업의 과보(果報)로 존재하는 것이기 때문에 모든 존재를 있는 그대로 볼 수 없다. 이런 까닭에 〈모든 존재의 실상에 들면, 온갖 마음작용이 다 소멸된다〉고 말한다. .... 모든 존재[法법]의 실상은 열반이다. 열반은 '소멸되었음'을 일컫는 말이다. .... 모든 존재의 실상[773]은 온갖 마음작용[774]을

771 용수의 〈중론〉 관법품. 25a12 "涅槃相(열반상)空(공)無相(무상)寂滅(적멸)無戱論(무희론)"

772 '모든 존재의 실상'은 '諸法實相(제법실상)'을 번역한 것이다. 제법실상을 정확하게 번역하면 '모든 존재의 있는 그대로의 모습'이다. 대승불교에서는 흔히 '실상', '자성', '진여' '심(心)' 등을 설정해 놓고, 마치 그런 실상이 따로 있는 것처럼 말하고 있는데, 그것은 잘못된 해석이다. 초기불교 경전에는 이런 실상의 개념은 없고, 모든 존재의 참된 모습으로 무상(無常), 고(苦), 공(空), 무아(無我)만 존재한다.

773 '모든 존재의 실상'은 '모든 존재의 있는 그대로의 모습'이라는 뜻이다. 여기서 '모든 존재의 실상'이라는 표현은 대승불교에만 나오는 것으로서 마치 그런 실상이 따로 있는 것으로 착각하게 만들 소지가 있는 표현이기 때문에 다소 문제가 있다고 볼 수 있다.

774 '온갖 마음작용'은 한문원문 '諸心數法(제심수법)'을 번역한 것이다. 心數法(심수법)은 산스크리트어 caitta, cetasika, caitasika 등을 번역한 것이다. 이들 산스크리트어는 '心數', '心所', '心所法', '心所有法' 등으로 번역되어 있기도 하다. 이것들은 '여러 가지 마음작용'을 의미하는 말이다.

벗어난 상태이고, 일어나는 것도 없고, 사라지는 것도 없는[**無生無滅무생무멸**] 적멸한 상태[寂滅相적멸상]이며, 이것은 열반과 같은 것이다."[775]

[문] 만약 모든 존재[776]가 다 소멸되어서 완전한 공(空)의 상태가 되어서 일어나는 것도 없고, 사라지는 것도 없는 것[**無生無滅무생무멸**]을 '모든 존재의 실상'이라고 한다면, 거기에는 어떻게 들어가는가?[777]

[답] '나'와 '내 것'에 대한 집착을 다 소멸했기 때문에 그 어떤 것도 존재하지 않음을 얻었다. 그러므로 '나'라고 할 만한 것이 없음을 밝게 아는 것을 '[모든 존재의 실상에] 들어간다'고 한다.[778] ....(중간 내용 생략)..... '나'와 '내 것'이라는 인식을 다 소멸했기 때문에 '나'라고 할 만한 것이 없음을 아는 지혜를 얻었다고 한다.[779] '나'라고 할 만한 것이 없음을 아는 지혜를 얻은 사람을 '진리를 보는 이'라고 말한다. 그런데 '나'라고 할 만한 것이 없음을 아는 지혜를 얻은 사람은 매우 드물다. 안이든 바깥이든 '나'와 '내 것'이 다 소멸되어서 있지 않으니, 온갖 느낌이 다 소멸된다. 온갖 느낌이 다 소멸되니, 한량없이 많은 다음 생의 자신[身신]도 다 소멸된다.[780] 업과 번뇌가 다 소멸되었기 때문

775 〈신수대장경〉 중관부 〈중론〉 제18. 관법품 24c26 "佛說諸法實相。實相中無語言道。滅諸心行。心以取相緣。生以先世業果報故有。不能實見諸法。是故說心行滅 ....諸法實相卽是涅槃。涅槃名滅 .....一切心行皆是虛妄。虛妄故說應滅。....諸法實相者。出諸心數法。無生無滅 寂滅相。如涅槃"

776 여기서 모든 존재는 오온, 십이처, 십팔계 등을 일컫는 말이다.

777 〈중론〉 관법품. 23c16 "問曰(문왈)。若諸法盡(약제법진)畢竟空(필경공)無生無滅(무생무멸)。是名(시명)諸法實相者(제법실상자)。云何入(운하입)" 畢竟(필경)은 '완전한', '마침내', '결국' 등의 뜻이다.

778 〈중론〉 관법품. "滅我我所著故(멸아아소착고)。得一切法空(득일체법공)。無我慧名爲入(무아혜명위입)"

779 〈중론〉 관법품. 23c22 "若無有我者(약무유아자) 何得有我所(하득유아소) 滅我我所故(멸아아소고) 名得無我智(명득무아지)"

780 "諸受卽爲滅(제수즉위멸) 受滅則身滅(수멸즉신멸)"

에 이것을 '해탈'이라고 한다.[781] 업과 번뇌는 실체가 없는 것들[782]로서 분별과 희론이 만들어낸 것들이다. 공(空)[783]에 들면, 분별과 희론이 다 소멸된다.[784] (그러면 업과 번뇌도 다 소멸된다.)

우리는 〈'내'가 있다〉는 미망(迷妄)에 사로잡힌 나머지 무명(無明)에 휩싸여서 모든 존재의 실상을 보지 못 한다. 위의 〈중론〉 내용에 의하면, 모든 존재의 실상은 오온이 다 소멸되어서 공(空)의 상태가 되어서 일어나는 것도 없고, 사라지는 것도 없는 적멸한 상태다. 모든 존재의 실상은 공(空)이나 열반과 같은 것이다. 모든 존재의 실상은 온갖 마음작용을 벗어난 상태다. 이것은 언어나 생각으로는 알 수가 없는 것이다. 언어와 생각도 번뇌에서 나온 것들이기 때문이다. 위의 〈중론〉에는 〈반야심경〉의 "불생불멸(不生不滅)" 대신 **"無生無滅(무생무멸)"**이라는 표현을 쓰고 있다. "무생무멸(無生無滅)"은 '일어나는 것도 없고, 사라지는 것도 없다'는 뜻이다. 또 〈중론〉 관법품에 다음과 같은 내용이 나온다.

"제일의제(第一義諦), 즉 모든 존재의 실상에는 그 어떤 업도 일어나지 않는다. 무슨 까닭인가? 업은 실체[性성]가 없는 것이기 때문이다. '일어나는 것이 없기[不生불생] 때문에 사라지는 것도 없다[不滅불멸]'는 뜻이지 '변하지 않고 늘 그대로 존재하기[常상] 때문에 사라지지 않는다[不滅불멸]'는 뜻이 아니다."[785]

781 "業煩惱滅故(업번뇌멸고) 名之爲解脫(명지위해탈)"

782 "業煩惱非實(업번뇌비실)"

783 여기서 공(空)은 적멸상태를 의미하는 말이다.

784 "入空戱論滅(입공희론멸)"

785 〈신수대장경〉 중관부 〈중론〉 23a12 "第一義中(제일의중)諸業不生(제업불생)。何以故(하이고)。無性故(무성고)。以不生因緣故(이불생인연고)則不滅(즉불

〈중론〉은 '제일의제', '모든 존재의 실상' 등의 난해한 말을 해가며, 괜히 불교를 추상화시켜서 어렵게 만들고 있다.[786] 하지만 위의 〈중론〉 내용은 브라만교가 아닌 불교에서의 "불생불멸"이 어떤 의미로 사용되었는지 확인해주고 있다. 이 앞에서 인용한 〈중론〉 내용에서는 "무생무멸(無生無滅)"이란 표현을 썼지만 여기서는 "불생(不生)"과 "불멸(不滅)"이라는 표현을 쓰고 있다. **"불생불멸(不生不滅)"은 '변하지 않고 늘 그대로 존재한다'는 뜻이 아니라 '일어나는 것이 없기 때문에 사라지는 것도 없다'는 뜻이다.**

4. "불구부정(不垢不淨)"의 해석

不垢不淨(불구부정)[787]
오온에 의해 더렵혀지지도 않고, 깨끗해지지도 않으며
= 오온에 의해 더렵혀지는 것도 없고, 깨끗해지는 것도 없으며
= 더러움[오온]도 없고, 더러움에서 벗어난 것조차 없으며

멸)。非以常故(비이상고)不滅(불멸)" 이 부분의 한역은 잘 된 것이라고 할 수 없다. 왜냐하면, '無自性(무자성)'으로 번역해야 할 것을 '無性(무성)'으로 번역했고, '以**無**生因緣故則**無**滅(이무생인연고즉무멸)。非以常故不滅(비이상고불멸)'로 번역해야 할 것을 '以**不**生因緣故則不滅(이불생인연고즉불멸)。非以常故**不**滅(비이상고불멸)'로 번역하여, 독자로 하여금 그 의미를 제대로 이해하기 어렵게 만들었기 때문이다.

786 대승불교 경전과 논서에는 어려운 용어나 모호한 말을 많이 해놓고 있는 경우를 볼 수 있다. 특히 대승불교의 대표 논서인 〈중론〉에 그런 것들이 많다. 이런 말들은 대부분 부처님 불교를 왜곡하기 위한 것들이라고 볼 수 있다.

787 **不**: 아닐 부, **垢**(구) 때 구, 더러움 구. 때 묻을 구, 더러워질 구. 불교에서 **垢**(구)는 흔히 번뇌를 일컫는 말로 사용된다. **淨**: 깨끗할 정, 깨끗이 할 정, 깨끗해질 정

〈반야심경〉의 "不垢不淨(불구부정)"은 이 모든 존재[오온]가 다 소멸된 적멸상태엔 '오온에 의해 더렵혀지는 것도 없고, 깨끗해지는 것도 없다'는 뜻이다. 이 말은 적멸상태에는 더러움[垢구]으로 일컬어지는 오온이 없기 때문에 '오온에서 벗어나 있다'는 뜻이고, '더러움[오온]도 없고, 더러움[오온]에서 벗어난 것조차 없다'는 뜻이다. 그러나 기존 번역들은 "불구부정"을 다음과 같이 번역해 놓았다.

1) "불구부정"에 대한 기존 번역들

현장 번역 : 是諸法空相(시제법공상) ..... **不垢不淨(불구부정)**
조계종 한글 반야심경 : 모든 법은 공하여 .... 더럽지도 깨끗하지도 않으며,
청담 스님 : 이 모든 것들이 다 없어진 〈참 마음 자리〉는 .... 더러워지거나 깨끗해지는 것도 아니며,
광덕 스님 : 이 모든 법이 공한 상은 .... 더럽지도 않고, 깨끗하지도 않으며,
오고산 스님 : 이 모든 법의 공한 상이 .... 더렵도 않고, 깨끗도 않으며,
무비 스님 : 이 모든 법의 공한 모양은 .... 더럽지도 않고, 깨끗하지도 않은 것이며,

위의 5개의 번역 중 "불구부정"을 제대로 해석한 것은 하나도 없다고 볼 수 있다. 청담 스님 번역을 제외한 나머지 번역들은 다 垢(구)와 淨(정)을 형용사적인 의미로 해석하여, "불구부정"을 '더럽지도 않고, 깨끗하지도 않다'는 뜻으로 해석해 놓았다. 이것은 잘못된 해석이다. 왜냐하면 "불생불멸"에서의 "生(생)"과 "滅(멸)"이 명사이고, "부증불감(不增不減)"에서의 "增(증)"과 "減(감)"이 명사이듯이 "불구부정(不垢不淨)"의 "垢(구)"와 "淨(정)"도 명사로 보아서 "不垢(불구)"는 '더러움

도 없고', "不淨(부정)"은 '깨끗함조차 없다'는 뜻으로 해석해야 하기 때문이다. 위의 여러 번역자가 "垢(구)"와 "淨(정)"을 명사로 보지 못한 것은 현장이 '無垢無淨(무구무정)'으로 번역해야 할 것을 "불구부정(不垢不淨)"으로 번역한 것에 그 원인이 있다고 할 수 있다. 영국의 산스크리트어 문헌학자 에드워드 콘쯔(Edward Conze, 1904 – 1979)가 이 부분을 영역해 놓은 것을 보면, 재미난 점이 발견된다. 그는 "사리자 시제법공상 불생불멸 불구부정 부증불감"[788]에 해당하는 산스크리트어 원문을 다음과 같이 번역해 놓았다.

> Here, O Sariputra, all dharmas are marked with emptiness; they are not produced or stopped, not defiled or immaculate, not deficient or complete. (사리푸트라여, 모든 존재는 비어있음이 특징이다. 모든 존재는 만들어지지도 않고, 멈추어지지도 않으며, 더럽혀지지도 않고, 티 없이 깨끗하지도 않으며, 부족하지도 않고, 완전하지도 않느니라.)

콘쯔는 "불구부정"에 해당하는 산스크리트어 원문을 "더럽혀지지도 않고, 티 없이 깨끗하지도 않다"고 번역하여, "垢(구)"는 동사로 해석하고, "淨(정)"은 형용사로 해석해 놓은 것을 볼 수 있다. 이것은 이 부분을 제대로 이해하지 못 하고 번역한 것이라고 할 수 있다. 그럼 이제부터 이 부분이 어떤 의미인지 산스크리트어 원어를 통해 알아보자.

788 "舍利子(사리자) 是諸法空相(시제법공상) 不生不滅(불생불멸) 不垢不淨(불구부정) 不增不減(부증불감)"

2) "불구부정(不垢不淨)"은 어떤 의미인가?

산스크리트어 원어를 통해 본 "불구부정(不垢不淨)"의 해석 : '더러움도 없고, 더러움에서 벗어난 것조차 없다'는 뜻

"불구부정"은 산스크리트어 원어 "아말라하(amalāḥ) 아비말라하(avimalāḥ)"를 번역한 것이다.

(1) 不垢(불구) = 無垢(무구) = 아말라하(amalāḥ) : 오온 등의 더러움이 없다

여기서 "不垢(불구)"는 **'無垢(무구)'**로 번역해야 할 것을 좀 부족하게 번역해 놓은 것이다. **無垢(무구)는 '더러움이 없다'**는 뜻이다. 여기서 더러움은 오온, 십이처, 십팔계 등을 의미한다. "不垢(불구)"로 번역된 산스크리트어 "아말라(amala)"는 두 가지 의미로 해석 가능하다. 하나는 아말라를 하나의 형용사로 보아서 '결점이 없는', '물들지 않은', '청정한', '순진무구(純眞無垢)한' 등의 뜻[789]으로 보는 것이다. 다른 하나는 '無(무)'의 뜻인 'a(아)'와 오물, 탁함, 더러움[垢구] 등의 뜻인 '말라(mala)'[790]가 결합된 구조로 보는 것이다. 후자의 구조로 보면 아말라(amala)는 "無垢(무구)", 즉 '오온, 더러움, 번뇌망상 등이 없다'는 뜻이다. 필자는 이 두 견해 중 후자의 것이 맞는다고 본다. 그래서 "不垢(불구)"보다는 '無垢(무구)'가 더 적합한 번역이라고 할 수 있다. 왜냐하면 "不垢(불구)"는 '더럽지 않다'는 뜻밖에 될 수 없지만, 無垢(무구)는 '더러움이 없다'는 뜻으로, '더러움인 오온, 번뇌망상 등이 없다'는 뜻을 표현해 줄 수 있기 때문이다. 필자와 같은 견해로 보는 한역가(漢譯家)는 "不垢

789 형용사 amala(아말라)는 淨(정), 清淨(청정), 不垢(불구), 無垢(무구), 清淨無垢(청정무구) 등으로 한역되어 있다.
790 명사 mala(말라)는 垢濁(구탁), 垢(구), 垢染(구염) 등으로 한역돼 있다.

(불구)" 대신 "無垢(무구)"로 번역한 법성과 "無垢染(무구염)"으로 번역한 시호가 있다. 이 두 한역가를 제외한 나머지 6명의 한역가는 "不垢(불구)"로 번역하여, 전자의 견해를 취했다고 볼 수 있다. 후자의 견해를 취해서 "不垢(불구)"의 뜻을 논하면 다음과 같다. "不垢(불구)"로 번역된 산스크리트어 '**amala**(아말라)'의 구조를 보면, **a**(아)와 **mala**(말라)로 구성되어 있다. 산스크리트어 **a**(아)는 영어의 **no**, **not**에 해당하는 것으로, 不(불), 無(무), 非(비) 등으로 한역된다. **mala**(말라)는 명사로서 오물, 더러움, 탁함, 번뇌망상 등의 뜻으로, 垢(구), 垢染(구염), 垢濁(구탁) 등으로 한역되어 있다. 유마거사는 〈유마경〉 제자품에서 "망상이 더러움[垢구]이고, 망상이 없는 것이 깨끗함[淨정]이다. ...... '나'를 취하면 더러움이고, '나'를 취하지 않으면 깨끗함이다"[791]고 말했다. 따라서 **amala**(아말라), 즉 "不垢(불구)"는 '탁함, 더러움, 오온, 번뇌망상 등이 없다'는 뜻이다.

(2) 不淨(부정) = 無淨(무정), 깨끗함조차 없다, 아비말라흐(avimalāḥ) = 無離垢(무이구)

"不垢(불구)"가 '無垢(무구)'로 번역돼야 하듯이 "不淨(부정)"도 **'無淨(무정)'**으로 번역해야 할 것을 좀 부족하게 번역해 놓은 것이다. 不淨(부정), 즉 無淨(무정)은 **'깨끗함조차 없다'**는 뜻이다. "不淨(부정)"은 산스크리트어 "아비말라(avimala)"를 번역한 것이다. 아비말라는 아(a)와 비말라(vimala)가 결합된 단어다. 아(a)는 不(불), 無(무), 非(비), not, no 등의 뜻이고, 비말라(vimala)[792]는 '오염되지 않은', '더러움에서

791 구마라집 번역 〈유마경〉 541b23 "**妄想是垢(망상시구) 無妄想是淨(무망상시정)**。顚倒是垢(전도시구)。無顚倒是淨(무전도시정)。取我是垢(취아시구)。不取我是淨(불취아시정)"

792 사전을 보면, vimala(비말라)는 명사적 의미는 찾아볼 수가 없고, 형용사적 의

벗어나 있는', '청정한' 등의 뜻으로, 淨(정), 無垢(무구, 더러움이 없는), 離垢(이구, 더러움에서 벗어난) 등으로 한역되어 있다. 따라서 아비말라(a 無+vimala淨, 無垢, 離垢)는 '無淨(무정, 깨끗함조차 없는)', '無無垢(무무구, 더러움이 없는 것조차 없는)', '無離垢(무이구, 더러움에서 벗어난 것조차 없는)' 등으로 번역돼야 한다. "아비말라", 즉 "不淨(부정)"의 이러한 뜻을 '깨끗하지 않다'는 뜻으로 번역하면, 그 뜻이 완전히 달라진다. 조계종 표준 〈한글 반야심경〉에는 "불구부정(不垢不淨)"을 "(모든 법은) 더럽지도 않고, 깨끗하지도 않다"는 뜻으로 번역해 놓았다. 이 번역은 서술어뿐만 아니라 주어의 해석도 잘못된 것이다. "불구부정"은 '오온이 다 소멸된 적멸상태에는 '더러움[793]도 없고, 더러움에서 벗어난 것조차 없다'는 뜻이다. 그런데 한중일(韓中日)의 번역은 말할 필요도 없고, 서구 문헌학자들이 산스크리트어본을 번역해 놓은 것들도 이런 뜻으로 해석한 것은 없다.

"불구부정(不垢不淨)"은 옳게 번역된 것이 아니다

구마라집이 〈반야심경〉을 최초로 한역하면서 산스크리트어 "아말라하(amalāḥ) 아비말라하(avimalāḥ)"를 "不垢不淨(불구부정)"으로 번역했다. 이것은 옳게 번역된 것이 아니다. 현장, 반야와 리언, 법월, 의정, 지혜륜 등의 역경가들도 이것을 번역하면서 구마라집이 번역해 놓은 것을 그대로 사용하여, "不垢不淨(불구부정)"으로 번역했다. 하지만 시호는 이것을 "무구염(無垢染) 무청정(無淸淨)"[794]으로 번역했고, 법성

미만 보이는데, 그것은 문제가 있는 것이 아닌가 한다.

793 여기서 더러움은 오온, 번뇌망상 등을 뜻한다.

794 〈신수대장경〉 제8권. 시호 번역 〈반야심경〉 852b22 "舍利子。此一切法如是空相。無所生。無所滅。無垢染。無淸淨。無增長。無損減"

은 "무구리구(無垢離垢)"로[795] 번역했다. 시호가 번역한 "무구염(無垢染)[796] 무청정(無淸淨)"은 '더러움도 없고, 깨끗함조차 없다'는 뜻이다. 이것은 정확하게 번역한 것이다. 그러나 법성이 "무구리구(無垢離垢)"로 번역한 것은 옳게 번역한 것이 아니다. 이것은 '더러움도 없고, 더러움에서 벗어난 것조차 없다'는 뜻인 "무구**무**리구(無垢無離垢)"[797]로 번역돼야 한다. 시호가 "무구염(無垢染) 무청정(無淸淨)"으로 정확하게 번역해 놓은 것을 보면, "불구부정(不垢不淨)"의 의미가 명료해졌다고 볼 수 있다.

"불구부정(不垢不淨)"이나 "무구리구(無垢離垢)"는 '무구무리구(無垢無離垢)'로 다시 번역해야 한다

아말라하(amalāḥ)가 "不垢(불구)"가 아니라 "無垢(무구)"로 번역돼야 하는 까닭은 앞에서 이미 설명했기 때문에 생략한다. 여기서는 아비말라하(avimalāḥ)가 "부정(不淨)"이나 "리구(離垢)"가 아니라 '무리구(無離垢)'로 번역되어야 하는 까닭을 말하겠다. 아비말라하(avimalāḥ)에서 맨 앞의 **a**(아)는 '없다[無무]'는 뜻이고, 그 뒤의 **vi**(비)는 '벗어난다[離리]'는 뜻이고, 말라(mala)는 '더러움[垢구]'이라는 뜻이다. 따라서 '비말라하(vimalāḥ)'는 '더러움에서 벗어나 있다[離垢리구]'는 뜻이고, 아비말라하(avimalāḥ)는 '더러움에서 벗어난 것[離垢리구]조차 없다[無무]'는 뜻이다. 그래서 아비말라하(avimalāḥ)는 '무리구(無離垢)'로 번역돼야 한다. 이와 같이 "불구부정"은 산스크리트어 아말라하(amalāḥ) 아비말라하(avimalāḥ)를 번역한 것이고, 이것을 정확하게 번역하면,

795 〈신수대장경〉 제8권, 850쪽 하단 6행 "一切法空性 無相 無生 無滅 無垢離垢 無減無增"
796 **垢**(구) 때 구, 더러움 구. 여기서는 오온을 의미한다. **染**(염) 물들 염, 물들일 염, 더러울 염, 더럽혀질 염. **垢染**(구염) 더러움에 물듦, 즉 오온에 물듦. 더러움, 즉 오온에 의해 더럽혀짐.
797 이것은 또한 '無垢無無垢(무구무무구)'로 번역해도 좋다.

'**무구무리구(無垢無離垢)**'로 번역돼야 한다. "무구무리구(無垢無離垢)"는 '**더러움도 없고, 더러움에서 벗어난 것조차 없다**'는 뜻이다. 그럼 '더러움도 없고, 더러움에서 벗어난 것조차 없다'는 말은 무슨 말인가? 더러움[垢구]은 오온, 십이처, 십팔계 등을 의미하는 말이고, '더러움이 없다'는 것은 '오온, 십이처, 십팔계 등이 없다'는 말이다. 그럼 '더러움에서 벗어난 것조차 없다'는 말은 왜 하는가? 중생들은 '더러움이 없다'고 말하면, 더러움이 없는 것을 추구하고, 더러움에서 벗어나기 위해 청정함에 집착한다. 오온이 다 소멸된 적멸상태에는 청정함이나 열반조차 없다. 그런데 전도몽상(顚倒夢想)에 사로잡히고, 有(유)에 사로잡혀 있는 중생들은 청정한 그 "무엇"이 있다고 생각하고, 그것을 '자성(自性)', '아트만', '진아(眞我)', '참나'라고 말하기도 하고, '진여(眞如)', '마음', '본래면목'이라고 말하기도 하며, 그것에 집착한다. 조금이라도 집착하는 마음이 있으면, 지혜를 완성할 수 없고, 최상의 완전한 깨달음을 성취할 수 없다. 그래서 부처님은 어리석은 중생들을 위해 "더러움에서 벗어난 것조차 없다"고 말해주고 있는 것이다. 오온이 다 소멸되면 아무 것도 없다. 모든 것은 식별작용[識식], 즉 의식[意의]으로 지각하는데, 오온이 다 소멸됨으로써 식별작용 자체가 없어져버렸는데, 무엇이 있을 수 있겠는가? 없다는 것조차 없다. 이것이 절대 공(空)의 상태이고, 열반의 상태다. 이런 의미로 유마거사는 "모든 존재[오온]가 마침내 존재하지 않는 것이 공(空)의 의미"[798]라고 말했다.

798 〈유마경〉 제자품 "諸法(제법)究竟(구경)無所有(무소유)是空義(시공의)", 모든 존재[오온]가 마침내 존재하지 않는 것이 공(空)의 의미다. 여기서 "諸法(제법)"은 '모든 존재, 즉 오온'이라는 뜻이다. "究竟(구경)"은 畢竟(필경)과 같은 뜻으로, '마침내', '끝에 이르러서'라는 뜻이다. "無所有(무소유)"는 '아무것도 없다'는 뜻이다.

3) 다른 경을 통해 "불생불멸 불구부정"의 의미를 확인함

이로써 "불구부정(不垢不淨)"의 의미가 분명하게 드러났다. 하지만 다른 경을 통해 그 뜻을 좀 더 구체적으로 알아보자.

(1) 〈잡아함경〉 제994. 〈바기사멸진경(滅盡經)**〉**에 다음과 같은 내용이 나온다.

> 부처님께서 바기사에게 말했다. "나는 이제 그대에게 물을 테니 마음대로 답하라. 네 마음은 물들거나, 집착하거나, 오염되지 않고, 해탈하여, 온갖 착각[顚倒전도]에서 벗어나 있느냐?" 바기사가 답했다. "예, 제 마음은 물들거나, 집착하거나, 오염되지 않고, 해탈하여, 온갖 착각에서 벗어나 있습니다." 부처님께서 바기사에게 물었다. "너는 어떻게 해서 그렇게 되었느냐?" "저는 과거에 눈으로 본 형상[色색]을 되돌아보아 생각하지 않고, 미래에 볼 형상[色색]을 기쁘게 여기지 않으며, 현재 대하고 있는 형상[色색]에 대해 집착하지 않습니다. 저는 과거, 미래, 현재의 형상[色색]에 대한 눈의 식별작용을 탐하고, 욕심내고, 애착하고, 즐기고, 기억하는 것이 다 소멸되어서 그것들에 대한 욕구 · 욕망이 전혀 없고, 사라졌고, 없어졌고, 쉬어졌고, 벗어났고, 해탈하여, 마음이 그것들로부터 벗어나 있습니다. 그러므로 **물들지 않고, 집착하지 않고, 오염되지 않고, 온갖 착각에서 벗어나서 삼매에 머물러 있습니다.**[799] 귀, 코, 혀, 몸, 의식 등의 식별작용에 있어서도 또한 이

799 〈잡아함경〉제994.〈바기사멸진(滅盡)경〉"我過去眼識於色。心不顧念。於未來色不欣想。於現在色不著。我過去 · 未來 · 現在眼識於色。貪欲愛樂念於彼得盡。無欲(무욕) · 滅(멸) · 沒(몰) · 息(식) · 離(리) · 解脫(해탈)。心解脫已(심해탈이)。是故(시고)不染(불염) · 不著(불착) · 不污(불오) · 離諸顚倒(이제전도)。正受而住(정수이주)." 여기서 正受(정수)는 삼매를 번역한 것이다.

와 같아서 마음이 과거의 것들을 되돌아보아 생각하지 않고, 미래의 것들을 기쁘게 여기지 않으며, 현재의 것들에 대해 집착하지 않습니다. 과거, 미래, 현재의 대상에 대한 기억과 욕심, 애착이 완전히 다 소멸되어서 그것들에 대한 욕구 · 욕망이 전혀 없고, 사라졌고, 없어졌고, 쉬어졌고, 벗어났고, 해탈하여, 마음이 그것들로부터 벗어나 있습니다. 그러므로 물들지 않고, 집착하지 않고, 오염되지 않고, 온갖 착각에서 벗어나서 삼매에 머물러 있습니다.

원컨대 세존이시여, 오늘 마지막으로 저를 이익 되게 하는 의미에서 제 게송을 허락해주옵소서."

부처님께서 말했다. "좋을 대로 하라." 존자 바기사는 자리에서 일어나서 몸을 바르게 하고, 단정히 앉아서 마음을 앞에다 묶어 두고 게송으로 말했다. "....... 온갖 대상에 대해 해탈했도다. 모든 존재의 모습을 잘 이해하여, 바른 법을 깊이 믿고 즐긴다네. ...... 마음을 묶어 매어서 바른 지혜로 바르게 알아차림 하여, 장차 썩어 없어질 이 몸의 남은 세력들이 일으키는 모든 것들, 오늘 밤부터 영원히 다 소멸되어서 다시는 삼계에 물들지 않아서 완전한 열반에 들리라. 괴로운 느낌, 즐거운 느낌, 괴롭지도 즐겁지도 않은 느낌들, 그것들은 다 접촉함으로 인해 생기는 것들. 이제는 그런 줄을 분명히 알았으니, 안이나 밖에서 생기는 괴롭고, 즐거운 온갖 느낌들, 그 느낌들에 대해 어떤 집착도 없도다. 바른 지혜로 바르게 마음을 묶어 매어서 처음이나 중간이나 끝에도 오온[聚취]의 장애가 없고,[800] 오온을 다 끊고 나니, 집착이 완전히 다 끊어졌음을 분명히 알겠네...... 중생들을 가르쳐서 깨우치게 하

800 모든 쌓임[陰]은 오온을 의미한다. "오온의 장애가 없다"는 말은 '색수상행식(色受想行識)이 없다'는 뜻이다. 이것은 '내 몸과 마음에 대한 집착이 완전히 다 끊어져서 열반을 성취했다'는 뜻이다.

여, 모든 괴로움, 괴로움의 원인, 모든 괴로움에서 영원히 벗어난 열반, 열반으로 가는 길인 팔정도를 깨닫게 하여, 안온하게 열반으로 나아가게 한다고. ......갈애의 강물이 흐르는 물길이 이제는 다 말라버리고, 오온[諸陰제음]은 뿌리 채 다 뽑혀서 사슬의 고리[801]는 더 이상 이어지지 않으리다.

위의 경의 밑줄 부분을 보면, "불구(不垢)"[802], 즉 더럽지 않음은 욕구 · 욕망이나 오온에 의해 오염되지 않고, 전도몽상에서 영원히 벗어나서 삼매에 머물러 있는 것임을 알 수 있다.

(2) 또 〈잡아함경〉 제46경에 '오온을 다 버린 뒤에 다시는 취하지 않는다'는 내용이 나온다.

〈잡아함경〉 제46경

"비구들이여, 이것에 대해 많이 들어서 아는 거룩한 제자는 몸의 물질현상의 쌓임에 대해 이와 같이 공부한다. '나는 지금 현재의 몸의 물질현상[色색]에게 먹히고 있다. 내가 지금 현재의 몸의 물질현상에게 먹히고 있듯이 과거세(過去世)에도 이미 일찍이 저 몸의 물질현상들에게 먹혀왔다.' 그리고 그는 다시 이와 같이 생각한다. '나는 지금 현재의 몸의 물질현상에게 먹히고 있다. 내가 만약 다시 미래의 몸의 물질현상을 좋아하여, 그것에 집착한다면, 지금 현재의 몸의 물질현상에게 먹히고 있듯이 미래세에도 다시 저 몸의 물질현상들에게 먹힐 것이다'고 생각한다. 그는 이와 같이 알고 난 뒤에 과거의 몸의 물

801 여기서 '사슬의 고리'는 '윤회의 고리', '십이연기의 고리'로 해석할 수 있다.

802 **垢(구) :** 때 묻을 구, 더러워질 구. 불교에서의 垢(구)는 번뇌 · 망상을 일컫는 말로 사용된다.

질현상을 되돌아보지 않고, 미래의 몸의 물질현상을 좋아하여 집착하지 않으며, 현재의 몸의 물질현상에 대해서도 싫어하는 마음을 일으켜서 몸의 물질현상에 대한 욕구·욕망에서 벗어나서 '몸의 물질현상'이라는 재앙을 소멸하고, 열반을 향하느니라.[803]

느낌[受수], 인식[想상], 업 지음[行행], 식별작용[識식]에 대해서도 또한 마찬가지다. 많이 들어서 아는 거룩한 제자는 느낌, 인식, 업 지음, 식별작용에 대해 다음과 같이 공부한다. '나는 지금 현재의 식별작용[識식]에게 먹히고 있다. 과거세에도 이미 일찍이 지금 현재의 식별작용에게 먹히고 있듯이 식별작용에게 먹혀왔다. 내가 만약 다시 미래의 식별작용을 좋아하여, 그것에 집착한다면, 내가 지금 현재의 식별작용에게 먹히고 있듯이 미래세에도 식별작용에게 먹힐 것이다.'

그는 이렇게 알고 난 뒤에 과거의 식별작용을 되돌아보지 않고, 미래의 식별작용을 좋아하지 않으며, 현재의 식별작용에 대해 싫어하는 마음을 일으켜서 식별작용에 대한 욕구·욕망에서 벗어나서 '식별작용'이라는 재앙을 소멸하고, 열반을 향하느니라.

<u>소멸한 뒤에 다시는 늘리지 않고, 물러난 뒤에 다시는 나아가지 않으며, 없앤 뒤에 다시는 일으키지 않고, 버린 뒤에 다시는 취하지 않느니라.</u> 무엇을 소멸한 뒤에 다시는 늘리지 않는가? 몸의 물질현상을 소멸한 뒤에 다시는 늘리지 않고, 느낌, 인식, 업 지음, 식별작용을 소멸한 뒤에 다시는 늘리지 않느니라. 무엇에서 물러난 뒤에 다시는 나아가지 않는가? 몸의 물질현상에서 물러난 뒤에 다시는 나아가지 않고, 느낌, 인식, 업 지음, 식별작용에서 물러난 뒤에 다시는 나아가지 않느니라. 무엇이 소멸한 뒤에 다시는 일어나지 않는가? 몸의 물질현상

803 〈잡아함경〉 제46경 011c16 "作如是知已。不顧過去色。不樂著未來色。於現在色生厭·離欲·滅患·向滅"

이 소멸한 뒤에 다시는 일어나지 않고, 느낌, 인식, 업 지음, 식별작용이 소멸한 뒤에 다시는 일어나지 않느니라. 무엇을 버린 뒤에 다시는 취하지 않는가? 몸의 물질현상을 버린 뒤에 다시는 취하지 않고, 느낌, 인식, 업 지음, 식별작용을 버린 뒤에 다시는 취하지 않느니라. 다 소멸한 뒤에 다시는 늘리지 않고, 적멸(寂滅)한 상태에 머무느니라. 물러난 뒤에 다시는 나아가지 않고 고요히 물러난 상태에 머무느니라. 다 소멸한 뒤에 다시는 일으키지 않고 적멸한 상태에 머무느니라. 다 버린 뒤에 다시는 취하지 않고, 얽매여 집착하는 마음을 일으키지 않느니라. 얽매여 집착하는 마음이 다 소멸한 뒤[804]에 스스로 열반을 깨달아서 나의 태어남은 이미 다하고, 거룩한 행은 확립되었으며, 할 일은 이미 다 마쳐서 다음 존재를 받지 않을 줄 스스로 아느니라."[805]

위의 경의 밑줄 부분을 보면, 〈반야심경〉에서의 "불생(不生)"과 "불구(不垢)"가 어떤 의미인지 알 수 있다. "불생"은 '오온을 다 소멸한 뒤에 다시는 일으키지 않는다'는 뜻이고, "불구"는 '오온을 다 버린 뒤에 다시는 취하지 않는다'는 뜻이다.

이상으로 다른 경전을 통해 "불생불멸 불구부정"의 의미를 확인해 봤다. 그럼 이번에는 한국의 큰 스님들은 "불구부정"을 어떻게 해설해 놓았는지 한 번 보자.

804 '얽매여 집착하는 마음이 다 소멸한 뒤에'는 한역문 "不繫著已(불계착이)"를 번역한 것인데, 여기서 不(불)은 是(시)를 잘못 표기한 것이 아닌가 한다. 그래서 是(시)로 고쳐서 번역했다.

805 〈잡아함경〉 제46경. 011c24 "滅而不增。退而不進。滅而不起。捨而不取。於何滅而不增。色滅而不增。受·想·行·識滅而不增。...........於何滅而不起。色滅而不起。受·想·行·識滅而不起。...........滅而不增。寂滅而住。退而不進。寂退而住。滅而不起。寂滅而住。捨而不取。不生繫著。不繫著已。自覺涅槃。我生已盡。梵行已立。所作已作。自知不受後有"

4) 한국 스님들의 "불구부정(不垢不淨)"에 대한 해설

(1) 청담 스님(1902-1971)은 "불생불멸 불구부정"에 대해 다음과 같이 해설해 놓았다.

"지금 이렇게 쓰고, 읽고 하는 이 〈마음〉, 생각으로는 미칠 수 없는 이 〈참나〉만이 실재이므로 온갖 생각이나 인생의 모든 만법이 없어져서 〈마음〉만 오롯이 남은 그 때의 경지는 언제 생겨난 것도 아니고, 어느 때 가서 그것이 없어질 수도 없습니다. 그래서 불생불멸(不生不滅), '생겨나고 없어지고 하는 것이 아니'라고 말한 것입니다. ...... 〈나〉는 더러울 수도 없고, 깨끗해질 수도 없습니다. 가령 부스럼이 곪아 있거나 칼에 찔려서 피투성이가 되어 있다면 더러워졌다고 말할 수 있겠지만, 〈마음〉자리는 시비가 없고, 애증(愛憎)이 없고, 무엇에도 물들 수 없는 곳인데, 어떻게 더러워질 수 있겠습니까? .... 이와 같이 우리 〈마음〉도 미워하고, 사랑하고, 희노애락(喜怒哀樂)에 섞여 물들지 않으며, 따라서 더러워질 것도 깨끗해질 것도 없습니다."[806]

(2) 광덕 스님(1927-1999)은 "불구부정"에 대해 다음과 같이 해설해 놓았다.

"청정자재자(淸淨自在者)가 인간의 본래면목이다. 이것을 깨달으면 일체 고뇌에서 해탈한다. ...... 본래로 청정한 본래면목바라밀 실상을 요달할 때 비로소 무량청정(無量淸淨)은 강물처럼 넘쳐 나온다. 여기에는 정(淨), 부정(不淨)이 없다. 이를 '청정'이라 하고, '무죄'라고 하

806 〈해설 반야심경〉 이청담 설법. 보성문화사 1994. 290~292쪽

며, '무구(無垢)'라고 하는 것이다."[807]

(3) 무비 스님은 "**불구부정**"에 대해 다음과 같이 해설해 놓았다.

"〈불구부정〉의 본질은 좋은 것도 아니고, 나쁜 것도 아니다. 그렇기 때문에 좋은 것이 될 수도 있고, 나쁜 것이 될 수도 있다. 예를 들어 하나의 쇠붙이가 있다고 할 때, 그것이 시계가 되면 좋은 것이 되지만, 무기가 되면 나쁜 것이 된다."[808]

무비 스님은 '본질로 볼 때, 모든 것은 좋은 것도 아니고, 나쁜 것도 아니다'는 말을 하고 있는 것 같고, 그런 것이 "불구부정"의 의미라고 말하는 것 같다.
이 세 분 큰 스님의 해설은 어렵게 와 닿거나 독자 여러분이 동의할 수 없는 내용일 것이다. 제대로 된 해설이 아니기 때문이다. 〈반야심경〉의 "불구부정(不垢不淨)"은 '(적멸상태엔) 더러움[오온]도 없고, 더러움에서 벗어난 것조차 없다'는 뜻이다.

5. "부증불감(不增不減)"의 해석

1) "부증불감"은 잘못된 번역이다

부증불감(不增不減) : 늘어나는 것도 없고, 줄어드는 것도 없다

807 〈반야심경 강의〉 광덕 지음. 불광출판부 1998. 94쪽
808 무비 스님 풀이 〈예불문과 반야심경〉 198쪽. 1997. 불일출판사

增(증) 불을 증. 증가함. **減**(감) 줄어들 감. 수량이 적어짐

nonā na paripūrṇāḥ(노나 나 빠리뿌르나하) = 부족함도 없고, 완전함도 없다

〈반야심경〉의 "부증불감(不增不減)"은 산스크리트어 원문과 다른 뜻으로 번역돼 있는 것이다. "부증불감"은 산스크리트어 원문 "노나 나 빠리뿌르나하(nonā na paripūrṇāḥ)"를 번역한 것이고, 이것은 '부족함도 없고, 완전함도 없다'는 뜻이다. 그러나 한역문의 "부증불감"은 '늘어나지도 않고, 줄어들지도 않는다'는 뜻이다. 그래서 "부증불감(不增不減)"은 '무부족(無不足) 무만족(無滿足)'으로 다시 옳게 한역하여 '부족함도 없고, 완전함도 없다'는 뜻이 되도록 해야 한다.

2) 산스크리트어 원문을 통해 본 "부증불감"의 뜻 확인

노나 나 빠리뿌르나하(nonā na paripūrṇāḥ) = 부족함도 없고, 완전함도 없다

〈반야심경〉의 "부증불감(不增不減)"을 번역한 뒤 필자가 한 해석이 맞는지 확인하기 위해 산스크리트어 원문을 보고 깜짝 놀랐다. 왜냐하면 산스크리트어 원문에는 "부증불감"에 해당하는 부분의 내용이 '부족함도 없고, 완전함도 없다'는 뜻으로 되어 있는데, 이것이 어떻게 해서 한 두 개도 아니고 8종의 모든 한역본에 "부증불감"[809]으로 한역되어 있는지 이해가 되지 않았기 때문이다. 부증불감에 해당하는 산스크리트어 원문은 "노나 나 빠리뿌르나하(nonā na paripūrṇāḥ)"이다. 여기서 "不減(불감)"으로 한역되어 있는 nonā(노나)는 영어의 no의 뜻인 "na(나)"[810]와 '부족하

809 시호의 한역을 제외한 나머지 7종의 한역본에는 다 "不增不減(부증불감)"으로 번역되어 있다. 시호는 "부증불감" 대신 "無增長(무증장) 無損減(무손감)"으로 번역해 놓았는데, 그 뜻은 "부증불감"과 같다. "부증불감"은 '늘어나지도 않고, 줄어들지도 않는다'는 뜻이다.

810 산스크리트어 na(나)는 不(불), 無(무), 非(비) 등으로 한역된다.

다', '불만족스럽다'는 뜻인 "ūna(우나)"[811]가 결합된 형태로서[812] '부족함이 없다'는 뜻이다. 또 "不增(부증)"으로 한역되어 있는 "나 빠리뿌르나하(na paripūrṇāḥ)"는 '없다no'는 뜻인 "na(나)"와 '만족함', '완전함' 등의 뜻인 "빠리뿌르나하(paripūrṇāḥ)"[813]가 결합된 형태로서 '완전함이 없다'는 뜻이다. 즉 "부증불감"에 해당하는 산스크리트어 "노나 나 빠리뿌르나하(nonā na paripūrṇāḥ)"는 '부족함도 없고, 완전함도 없다'는 뜻이다. 이와 같은 뜻의 산스크리트어 원문이 어떻게 '늘어나는 것도 없고, 줄어드는 것도 없다'는 뜻인 "부증불감(不增不減)"으로 한역되어 있는지 이해가 되지 않았다. 한 가지 의심해 볼 수 있는 것은 브라만교의 경전인 〈우파니샤드〉의 가르침을 떠받드는 역경가들이 〈반야심경〉의 "완전함도 없다"는 말이 그들이 믿는 〈우파니샤드〉 가르침과 상충되는 내용임을 알고, 산스크리트어 원문과 다른 뜻으로 한역해 놓은 것이 아닌가 한다. 브라만교에서는 아트만을 완전한 존재로 보기 때문에 "완전함도 없다"는 말은 아트만의 존재를 부정하는 말이 될 수도 있다. 아트만은 중국사상의 '성(性)', '자성(自性)', '심(心)'과 유사한 개념이다. 그래서 "완전함도 없다"는 말은 '성(性)', '자성(自性)', '심(心)'을 부정하는 말이 될 수 있다. 그래서 역경가들이 이 내용을 빼버리고, 다른 뜻을 집어넣은 것으로 보인다.

811 산스크리트어 ūna(우나)는 缺(결), 減(감), 損減(손감), 未至(미지), 未滿(미만), 不滿(불만) 등으로 한역되어 있고, wanting, deficient, not sufficient 등으로 영역되어 있다.

812 산스크리트어 음운규칙상 a와 ū가 결합하면, o가 된다. na(나) + ūna(우나) → nonā(노나)

813 빠리뿌르나하(paripūrṇāḥ)는 滿(만), 圓滿(원만), 充滿(충만), 滿足(만족), 具(구), 具足(구족), 皆具足(개구족) 등으로 한역되어 있다. 이것은 '완전함', '완성', '모든 것을 다 갖추었다' 등의 뜻이다. 옥스퍼드 〈산스크리트어 영어 대사전〉에는 빠리뿌르나하(paripūrṇāḥ)는 accomplished, perpect, whole, complete, fully satisfied, content 등의 뜻으로 나와 있다.

브라만교[814]의 〈우파니샤드〉에 "부증불감(不增不減)"이란 표현이 나온다.

3) 〈우파니샤드〉에 나오는 "부증불감(不增不減)"

아트만, 브라흐만, 자성자리, 참나 등의 개념을 갖고 있는 브라만교의 〈우파니샤드〉에는 "부증불감", 즉 '늘어나는 것도 없고, 줄어드는 것도 없다'는 표현이 다음과 같이 사용된다.

"(육안으로는) 볼 수 없는 그 영원한 존재는 오로지 (둘로 보지 않고,) '하나'로 보는 지혜로써만 깨달을 수 있는 것. **그것은 아무런 흠이 없고, 저 대공(大空)을 넘어서 존재하는 것이고, 태어남이 없으며, 거대한 영원함 그것이로다.**"[815]

"거대하며, 태어남이 없는 아트만은 숨들의 빛, 지성 그 자체이고, 심장 속의 공간 안에 쉬는 자이다. 그는 만물을 품는 자이고, 만물을 다스리는 자이며, 만물의 주인이고, **선업(善業)으로 자라거나 악업(惡業)으로 줄어들지 않는 자이다.** 그는 모두의 신(神)이고, 만물의 주인이며, 만물을 자라나게 하는 존재이다. 그러므로 그를 '만물을 떠받치는 다리'라고 한다."[816]

"리그베다에도 말하길, '이것은 브라흐만을 아는 자의 권능이니, **그는 업(業)에 의해 늘어나지도 않고, 줄어들지도 않는다.** 그 존재의 근본

814 브라만교는 힌두교의 전신이다.
815 〈우파니샤드〉이재숙 한길사 2012년 668쪽 브리하다란야까 우파니샤드 제4장 4편 20절
816 〈우파니샤드〉이재숙 한길사 2012년 670쪽 브리하다란야까 우파니샤드 제4장 4편 22절

을 알라. 그를 알면, 악업(惡業)에 의해 더러워지는 일이 없다'고 했다. 그러므로 그 신을 아는 자는 스스로 자제하고, 평화롭고, 그 안으로 들어가서 견디며, 집중하여, 자신 안에서 아트만을 본다."[817]

"그 위대한 태어남이 없는 아트만은 늙지도 않고, 죽지도 않으며, 두려움이 없는 브라흐만이다. 브라흐만은 진정 두려움이 없도다. 이것을 아는 자는 두려움이 없는 브라흐만이 되리라."[818]

브라만교의 경전인 〈우파니샤드〉에는 영원히 변하지 않아서 불생(不生), 불멸(不滅), 불로(不老), 불사(不死), 불구부정(不垢不淨), 부증불감(不增不減)의 존재인 아트만의 특성이 이와 같이 설(說)해져 있다. 하지만 부처님께서는 관찰수행을 통해 무상(無常)을 직접 보고난 뒤에 "매순간 생멸(生滅)이 수없이 많이 일어나고 있다"고 말했다. 부처님께서는 무아(無我)의 진리를 깨달은 뒤 브라만교에서 말하는 고정불변의 자신인 "아트만과 같은 그런 것은 존재하지 않는다"고 말했다. 하지만 〈반야심경〉을 한문으로 번역할 당시에는 불교가 거의 브라만교가 되어 있는 상황이었던 것으로 보인다. 그래서 역경가들이 〈반야심경〉을 한문으로 번역하면서 그들이 믿는 브라만교의 가르침과 상충되는 내용은 빼버리고, 그 자리에 자신들에게 친숙한 개념인 브라만교의 "부증불감(不增不減)"을 집어넣은 것이 아닌가 한다.[819] 〈반야심경〉을 최초로 한역한 사

817 〈우파니샤드〉 이재숙 한길사 2012년 670쪽 브리하다란아까 우파니샤드 제4장 4편 23절
818 〈우파니샤드〉 이재숙 한길사 2012년 670쪽 브리하다란아까 우파니샤드 제4장 4편 25절
819 만약 이 추측이 빗나간 것이라면 또 다른 하나의 추측은, 그럴 가능성이 매우 낮지만, 8명의 한역가가 아니라 후대의 어떤 사람이 대장경을 편집할 때나 다른 때에 8종의 한역본 〈반야심경〉의 "불구부정(不垢不淨) 부증불감(不增不減)" 부분의 내용을 바꿔치기 한 것이 아닌가 한다.

람은 구마라집이다. 그는 〈법화경〉의 회삼귀일(會三歸一)[820]사상에 도취되어 있던 인물이다. 회삼귀일은 '성문승, 연각승, 보살승을 다 버리고, 하나로 돌아간다'는 말이다. 그 하나는 아트만의 다른 이름인 마음[心]이다. '아트만'이라고 하려고 하니, 불교의 독자성이 훼손되는 것 같아서 그 대신 '마음'이라고 불렀던 것으로 보인다.

끝으로 정리하면, 〈반야심경〉의 "부증불감"은 산스크리트어 원문과 다른 뜻으로 번역되어 있는 것이다. "부증불감"은 산스크리트어 "노나 나빠리뿌르나"를 번역한 것이고, 이것은 '[존재의 다섯 요소가 다 소멸된 적멸상태에는] 부족함도 없고, 완전함도 없다'는 뜻이다. 그래서 "부증불감(不增不減)"은 '부족함도 없고, 완전함도 없다'는 뜻인 '무부족(無不足) 무만족(無滿足)'으로 다시 옳게 한역돼야 한다. 산스크리트어 문헌학자 에드워드 콘쯔(Edward Conze, 1904 – 1979)가 산스크리트어 〈반야심경〉을 영어로 번역해 놓은 것을 보면, 그는 이 부분을 '부족하지도 않고, 완전하지도 않다'는 뜻인 "not deficient or complete"로 번역해 놓은 것을 볼 수 있다.[821] 이것보다는 'neither deficient nor even complete'로 번역하는 것이 더 나을 것이다.

"부증불감(不增不減)"에 해당하는 산스크리트어 원문의 뜻은 '부족함도 없고, 완전함도 없다'는 뜻이라고 했다. 여기서 '부족함이 없다'는 말은

820 회삼귀일(會三歸一)은 〈법화경〉의 주창이다. 이것은 부처님께서는 거짓방편으로 성문승, 연각승, 보살승 등의 삼승(三乘)을 설했고, 이것들은 궁극적으로는 일불승(一佛乘)에 귀착된다는 가르침이다. 원효는 일불(一佛)은 "귀일심원(歸一心源)", 즉 '한 마음[一心]의 근원[源]으로 돌아가는 것[歸]'이라고 보았다.

821 Edward Conze는 '舍利子(사리자) 是諸法空相(시제법공상) 不生不滅(불생불멸) 不垢不淨(불구부정) 不增不減(부증불감)'에 해당하는 산스크리트어 원문을 다음과 같이 영역해 놓았다. "Here, O Sariputra, all dharmas are marked with emptiness; they are not produced or stopped, not defiled or immaculate, not deficient or complete."

'불만족이 없다'는 뜻이다. 이것은 지혜가 완성되어서 더 이상 괴로움[822]이 없다는 말이다. 그럼 더 이상 괴로움이 없으면, 완전한 상태가 되어서 행복하다는 말인가? 아니다. 존재의 다섯 요소가 다 소멸된 적멸상태에는 완전한 상태나 행복조차 없다. 그래서 적멸상태에는 "완전함도 없다"고 말해주고 있다. 그럼 "부족함도 없고, 완전함도 없다"는 말은 왜 하는가? 有(유), 즉 있음에 사로잡혀 있는 중생들은 "부족함이 없다"고 말하면, '완전함이 있다'고 보아서 그것을 추구하고, 그것에 집착하기 쉽다. 그래서 '존재의 다섯 요소가 다 소멸된 적멸상태[空공]에는 완전함조차 없다'고 말해주고 있는 것이다. 어떤 것에 집착해서 그것을 얻으려고 하면, 반야지혜가 밝아지지 않기 때문에 이와 같이 말해주고 있는 것이다.

사리자 시제법공상 불생불멸 불구부정 부증불감

舍利子! 是諸法空相 不生不滅 不垢不淨 不增不減

(사리불 존자여! 이 모든 존재[是諸法시제법]가 다 소멸된 적멸상태엔 일어나는 것도 없고, 사라지는 것도 없습니다. 또 더러움도 없고, 더러움에서 벗어난 것도 없으며, 부족함도 없고, 완전함도 없습니다.)

시고 공중무색 무수상행식

是故 空中無色 無受想行識

(그러므로 적멸상태엔 몸의 물질현상[色색]도 없고, 느낌[受수], 인식[想상], 업 지음[行행], 식별작용[識식]도 없습니다.)

무안이비설신의 무색성향미촉법 무안계내지무의식계

無眼耳鼻舌身意 無色聲香味觸法 無眼界乃至無意識界

822 이 '괴로움'은 "苦(고)"를 번역한 것으로, '불만족(unsatisfactory)'의 뜻이다.

(또 눈, 귀, 코, 혀, 피부, 의식 등의 감각기관도 없고, 형상, 소리, 냄새, 맛, 촉감, 마음에서 일어났다가 사라지는 것들[法법]도 없습니다. 또 '눈' 이라는 요소에서부터 '의식의 식별작용'이라는 요소에 이르기까지 그 어떤 인식작용의 구성요소도 없습니다.)

무무명 역무무명진 내지무노사 역무노사진

無無明 亦無無明盡 乃至無老死 亦無老死盡

(또 무명도 없고, 무명이 다 소멸된 것도 없으며, 내지 늙고 죽는 것도 없고, 늙고 죽는 것이 다 소멸된 것도 없습니다.)

무고집멸도 무지역무득

無苦集滅道 無智亦無得

(괴로움도 없고, 괴로움의 원인도 없으며, 열반도 없고, 열반에 이르는 길도 없습니다. 또 지각작용[智지]도 없고, 의식의 대상을 취하는 것[得득]도 없습니다.)

이무소득고 보리살타 의반야바라밀다고 심무괘애

以無所得故 菩提薩埵 依般若波羅蜜多故 心無罣碍

(의식의 대상을 취하는 것이 없음으로써 깨달음을 추구하는 중생은 지혜를 완성하는 수행법에 의해 삼매에 머물러 있기 때문에 마음에 걸림이 없습니다.)

무괘애고 무유공포 원리전도몽상 구경열반

無罣碍故 無有恐怖 遠離顚倒夢想 究竟涅槃

(마음에 걸림이 없기 때문에 두려움이 없으며, "나"라는 잘못된 인식에서 영원히 벗어나서 열반을 성취합니다.)

제14장

이 모든 존재가 다 소멸된 적멸상태의 특징을 구체적으로 말해줌

1. 적멸상태엔 오온이 존재하지 않는다.

시고 공중무색 무수상행식
是故 空中無色 無受想行識
(그러므로 적멸상태엔 몸의 물질현상[色색]도 없고, 느낌[受수], 인식[想상], 업 지음[行행], 식별작용[識식]도 없습니다.)

2. 적멸상태엔 십이처, 십팔계도 존재하지 않는다.

무안이비설신의 무색성향미촉법 무안계내지무의식계
無眼耳鼻舌身意 無色聲香味觸法 無眼界乃至無意識界
(또 눈, 귀, 코, 혀, 피부, 의식 등의 감각기관도 없고, 형상, 소리, 냄새, 맛, 촉감, 마음에서 일어났다가 사라지는 것들[法법]도 없습니다. 또 '눈'

이라는 요소에서부터 '의식의 식별작용'이라는 요소에 이르기까지 그 어떤 인식작용의 구성요소도 없습니다.)

3. 적멸상태엔 십이연기가 일어나지 않는다.

무무명 역무무명진 내지무노사 역무노사진
無無明 亦無無明盡 乃至無老死 亦無老死盡
(또 무명도 없고, 무명이 다 소멸된 것도 없으며, 내지 늙고 죽는 것도 없고, 늙고 죽는 것이 다 소멸된 것도 없습니다.)

4. 적멸상태엔 사성제도 없고, 지각작용[智지]도 없고, 의식의 대상을 취하는 것[得득]도 없다.

무고집멸도 무지역무득
無苦集滅道 無智亦無得
(괴로움도 없고, 괴로움의 원인도 없으며, 열반도 없고, 열반에 이르는 길도 없습니다. 또 지각작용[智지]도 없고, 의식의 대상을 취하는 것[得득]도 없습니다.)

"空中無色(공중무색)"에서의 "空(공)"은 '적멸상태'을 의미한다. "空中(공중)"은 그 뒤의 "無色(무색)"에서 "무지역무득(無智亦無得)"까지 다 걸린다. 여기서는 공(空), 즉 적멸상태에 든 것이 어떤 것인지 말해주고 있다. 적멸상태에 들면 의식상에 아무 것도 없다. 아니 의식조차 없다. 그래서 의식의 대상으로 받아들이는 것도 없다.

1. 적멸상태엔 오온이 존재하지 않는다

是故空中無色無受想行識(시고공중무색무수상행식) : **그러므로 적멸상태[空공]엔 몸의 물질현상[色색]도 없고, 느낌[受수], 인식[想상], 업 지음[行행], 식별작용[識식]도 없다.**

是故(시고) : 이 시(是, this). 까닭 고(故). 是故(시고) 이런 까닭에, 그러므로

空(공) "空中無色(공중무색)"에도 그동안 한국불교 내지 대승불교 전체를 오리무중(五里霧中)[823]으로 몰아넣은 空(공)이 나온다. 여기서 **空(공)**은 어떤 의미일까? 이것은 존재의 다섯 요소[오온]가 다 소멸된[空공] **적멸상태**을 의미한다. '공(空)', '적(寂)', '멸(滅)',[824] '공적(空寂)', '적멸(寂滅)', '열반' 등은 다 같은 뜻이다. 그래서 용수는 〈중론〉에서 다음과 같이 말했다.

> "**적멸열반**의 특징[相상]은 **공(空)**이다. 이것은 그 어떤 현상[相상]도 없는 상태이고, 모든 것이 다 소멸되어서 고요[寂滅적멸]하고, 분별망상[戲論희론]이 없는 상태다."[825]

이와 같이 "공중무색(空中無色)"에서의 "空(공)"은 '적멸상태'를 의미한다. "空中(공중)"은 '적멸상태[空공]에 들었을 때[中중]'라는 뜻이다. 따라서 "공중무색 무수상행식(空中無色,無受想行識)"은 '적멸상태에는 몸의 물질현상[色색]도 없고, 느낌[受수], 인식[想상], 업 지음[行행], 식

823 오리무중(五里霧中)은 '자욱한 안개 속'이라는 뜻이다.
824 텅 빌 공(空), 아무것도 없을 공(空), 고요할 적(寂), 없어질 멸(滅)
825 〈중론〉 관법품. 25a12 "**涅槃**相**空**(**열반**상**공**),無相(무상),寂滅(적멸),無戲論(무희론)". 이 한역문에서 相(상)이 두 번 나온다. 첫 번째 것은 '특징'이라는 뜻이고, 두 번째 것은 '현상'이라는 뜻이다.

별작용[識식]도 없다'는 뜻이다. 오온, 즉 존재의 다섯 요소가 다 소멸되면, 의식상에 아무 것도 없고, 그 어떤 현상도 일어나지 않는 제로상태이기 때문에 '空(공)'이다. 의식상에 아무 것도 없고, 그 어떤 현상도 일어나지 않아서 몸과 마음이 고요하기 때문에 '寂(적)'[826]이다. 그리고 모든 것이 다 소멸(消**滅**)되었기 때문에 '滅(멸)'[827]이다. 모든 것이 다 소멸되어서 더 이상 어떤 것도 구성되지 않기 때문에 '열반'이다.

여기서 **열반**이 어떤 것인지 알고 넘어가자. 열반은 산스크리트어 니르바나(nir-vāṇa)의 음을 한자로 표기한 것이다. 니르바나(nir-vāṇa)는 '짜다[織직]', '조립하다', '구성하다' 등의 뜻을 가진 동사 '**vā**(바)'의 과거분사형 '**vāṇa**(바나)'에 '없다'는 뜻인 '**nir**(니르)'가 결합되어서 '더 이상 구성되는 것이 없는', '궁극적인 해방', '완전한 해탈' 등의 뜻이다. 니르바나는 '滅(멸)', '滅度(멸도)', '寂滅(적멸)', '寂靜(적정)', '열반(涅槃)' 등으로 한역되어 있다. 열반은 〈잡아함경〉 제490경에 다음과 같이 정의되어 있다.

> "욕구·욕망이 완전히 다 소멸되었고, 성냄이 완전히 다 소멸되었으며, 어리석음이 완전히 다 소멸되어서 모든 번뇌가 완전히[永영] 다 소멸된 것을 '열반'이라고 한다."[828]

위의 부처님 말씀에 의하면 열반은 탐진치(貪瞋痴)가 완전히 다 소멸되어서 모든 번뇌가 다 소멸된 상태다. 나중에 생각, 느낌, 감정, 의지, 생

826 寂(적)은 고요할 적이다.

827 滅(멸)은 없어질 멸이다.

828 〈잡아함경〉 제490경. 126b03 "貪欲永盡(탐욕영진)。瞋恚永盡(진에영진)。愚癡永盡(우치영진)。一切諸煩惱永盡(일체제번뇌영진)。是名涅槃(시명열반)" 여기서 "永(영)"은 '영원히', '완전히'라는 뜻이다.

(生)에 대한 집착, 물욕, 성욕, 명예욕 등의 번뇌가 다시 올라온다면, 그것은 열반이 아니다. 필자는 견성했다고 해서 그것이 열반을 성취한 것은 아니라고 본다. 필자는 '견성했다'고 떠벌리는 사람 치고 제대로 된 사람을 본 적이 없다. 욕구·욕망에 걸리고 부딪히면서 견성했다고 떠벌려서 물질적인 이득을 취하고, 대단한 대접을 받는 사람들은 이와 같은 열반을 목표로 해야 한다. 비록 정말 견성했다고 해도 그것이 열반이 아니라면 무슨 의미가 있겠는가? 또 견성을 열 번 해도 교양이 없고, 분별력이 없고, 합리적인 사고가 되지 않고, 자신의 이익보다는 중생들의 이익을 위해 살아가지 않는다면, 견성이 무슨 의미가 있겠는가?

〈유마경〉을 통해 '공(空)은 적멸상태'임을 확인함

〈반야심경〉의 "공중무색(空中無色)"에서의 "공(空)"은 '적멸상태'를 의미하는 것이라고 했다. 정말 그런지 확인해 보자. 〈유마경〉 제자품에 다음과 같은 내용이 나온다.

> "가전연이여, 모든 존재[오온]가 다 소멸되고 나면,[829] 일어나는 것도 없고[不生불생], 사라지는 것도 없습니다[不滅불멸]. 이것이 무상(無常)의 의미입니다. 오온[五受陰]을 통달하고 나면, 공(空)의 상태가 되어서 일어나는 것이 없습니다. 이것이 괴로움[苦고]의 의미입니다. 모든 존

829 원문 "諸法畢竟(제법필경)"을 '모든 존재[오온]가 다 소멸되고 나면'이라고 번역했다. '제법'은 앞에서 말했듯이 '오온'을 의미한다. 그리고 '畢竟(필경)'은 그 뒤의 '究竟(구경)'과 같은 뜻으로, '다하다', '마치다', '끝나다', '없어지다' 등의 뜻이 있고, '결국', '마침내', '끝에 가서는' 등의 뜻도 있다. 지겸은 이 부분을 "若賢者都不生不增生不起不滅(약현자도불생부증생불기불멸)"로 번역하여, "만약 깨닫게 되면, 그 어떤 것도 일어나지 않고, 더 이상 일어나지 않아서 일어나는 것도 없고, 사라지는 것도 없다"는 뜻으로 번역해 놓았다.

재[오온]가 마침내 존재하지 않는데, 이것이 공(空)의 의미입니다."[830]

위에서 유마거사는 무상의 의미와 괴로움의 의미는 원래 의미와 정반대로 말해 놓았다.[831] 하지만 "모든 존재[오온]가 마침내 존재하지 않는데, 이것이 공(空)의 의미"라고 하며, 공의 의미는 제대로 말해 놓았다. 이와 같이 **모든 존재, 즉 오온이 마침내 존재하지 않는 적멸한 상태가 공(空)이다**. 즉 〈유마경〉에서는 "온갖 마음작용이 다 소멸된 적멸한 상태가 공의 의미"라고 했다.

〈중론〉을 통해서도 '공(空)은 적멸상태'임을 확인할 수 있다

용수의 〈중론〉에 다음과 같은 내용이 나온다.

"부처님께서는 모든 존재의 실상(實相)[832]에 대해 말했다. 모든 존재

830 〈유마경〉 제3. 제자품 541a17~541a19 "迦旃延(가전연)。諸法畢竟(제법필경)不生不滅(불생불멸)是無常義(시무상의)。五受陰洞達(오수음통달)空(공)無所起(무소기)是苦義(시고의)。諸法究竟無所有(제법구경무소유)是空義(시공의)" 여기서 諸法(제법)은 '모든 존재', 즉 '오온'이라는 뜻이다. 究竟(구경)은 畢竟(필경)과 같은 뜻으로, '마침내', '끝에 이르러'라는 뜻이다. 無所有(무소유)는 '아무 것도 없다', '그 어떤 것도 존재하지 않는다'는 뜻이다.

831 무상(無常)의 의미와 괴로움[苦]의 의미를 바로 말하면 다음과 같다. "오온이 일어났다가 사라지는 것이 무상(無常)의 의미이다. 무상한 것은 괴로움[苦]의 의미이다." 위의 〈유마경〉에서 실제의 의미와 정반대로 말해 놓은 까닭은 유마거사가 문병 온 부처님의 제자들을 골려주기 위해서라고 볼 수 있다. 오온이 더 이상 일어나지 않는 공(空)의 상태가 되면, 괴로움도 없는데, 그것이 어찌 괴로움의 의미가 될 수 있겠는가? 이와 같이 〈유마경〉에서 유마거사가 그 의미를 정반대로 말해 놓은 것이다.

832 '모든 존재의 실상'은 '諸法實相(제법실상)'을 번역한 말이다. 제법실상을 정확하게 번역하면 '모든 존재의 있는 그대로의 모습'이다. 대승불교에서는 흔히 '실상', '자성', '진여' '심(心)' 등을 설정해 놓고, 마치 그런 실상이 있는 것처럼 말하고 있는데, 이것은 잘못된 해석이다. 초기불교 경전에는 이러한 "실상"의 개념은 없고, 모든

의 실상에 들면, 언어의 길이 끊어지고, 온갖 마음작용이 다 소멸된다. 마음은 대상[相상]을 취함으로써 일어나고, 지난 세월의 업의 과보(果報)로 존재하는 것이기 때문에 모든 존재를 있는 그대로 볼 수 없다. 이런 까닭에 〈모든 존재의 실상에 들면 온갖 마음작용이 다 소멸된다〉고 말한다. .... **모든 존재**[法법]**의 실상은 열반이다. 열반은 '온갖 마음작용이 다 소멸되었음'을 일컫는 말이다**. .... 모든 존재의 실상[833]은 온갖 마음작용[834]을 벗어난 상태이고, 일어나는 것도 없고, 사라지는 것도 없는[**無生無滅무생무멸**] 적멸한 상태[寂滅相적멸상]이며, 이것은 열반과 같은 것이다."[835]

위의 〈중론〉에는 "모든 존재의 실상은 열반"이라고 하면서 그것은 "온갖 마음작용을 벗어난 상태이고, 일어나는 것도 없고, 사라지는 것도 없는 적멸한 상태"라는 말을 하면서 **공(空)**, **적멸**, **열반** 등을 표현하고 있다. 우리는 이 〈중론〉 내용을 통해서도 "공중무색(空中無色)"에서의

존재의 참된 모습으로 "무상(無常)", "고(苦)", "공(空)", "무아(無我)"만이 있다.

833 '모든 존재의 실상'은 '모든 존재의 있는 그대로의 모습'이라는 뜻이다. 여기서 '모든 존재의 실상'이라는 표현은 대승불교에만 나오는 것이다. 이것은 마치 그러한 실상이 따로 존재하는 것으로 착각하게 만들 소지가 있는 표현이기 때문에 문제가 있다고 볼 수 있다.

834 '온갖 마음작용'은 한문원문 '諸心數法(제심수법)'을 번역한 것이다. 心數法(심수법)은 산스크리트어 caitta, cetasika, caitasika 등을 번역한 것이다. 이들 산스크리트어는 '心數(심수)', '心所(심소)', '心所法(심소법)', '心所有法(심소유법)' 등으로 번역되어 있기도 하다. 이것들은 '여러 가지 마음작용'을 의미하는 말이다.

835 〈신수대장경〉 중관부 〈중론〉 제18. 관법품(觀法品) 24c26 "佛說諸法實相。實相中無語言道。滅諸心行。心以取相緣。生以先世業果報 故有。不能實見諸法。是故說心行滅 ....諸法實相卽是**涅槃**(제법실상즉시**열반**)。**涅槃名滅**(열반명멸) ..... 一切心行皆是虛妄。虛妄故說應滅。....諸法實相者。出諸心數法。**無生無滅寂滅相如涅槃**(무생무멸적멸상여열반)"

"**空(공)**"은 '**적멸상태**'임을 알 수 있다.

"공중무색(空中無色) 무수상행식(無受想行識)"의 의미

"空中無色(공중무색)"에서의 "空(공)"은 '적멸상태'라는 뜻이고, "中(중)"은 '그 안에 들어 있다'는 뜻이다. 그러므로 "空中(공중)"은 '적멸상태에 들어 있다'는 뜻이다. 따라서 "공중무색(空中無色)"은 '적멸상태에는 몸의 물질현상[色색]이 없다[無무]'는 말이다. "무수상행식(無受想行識)"은 '[적멸상태에는] 느낌[受수], 인식[想상], 업 지음[行행], 식별작용[識식]도 없다'는 말이다. 즉 이것은 '적멸상태에는 몸의 물질현상과 정신현상이 일어나지 않는다'는 말이다. 여기서 '몸의 물질현상이 없다'는 말과 '정신현상이 없다'는 말에 주목해야 한다. '몸의 물질현상이 없다'는 말은 몸의 물질현상의 일종인 호흡과 심장박동도 멈춘다는 뜻인가? 그런 것은 아니다. 적멸상태에 들면 최소한의 몸의 온기와 미세한 호흡만 있을 뿐, 곰이 겨울잠을 자는 것과 같은 상태에 머물러 있으면서 그 어떤 신체적인 행위도 하지 않는다는 뜻이다. 그러다가 몸의 수명이 다한 뒤에 호흡과 심장박동마저 다 멈춘 뒤에 완전한 열반인 무여열반(無餘涅槃)에 든다. 그러면 더 이상 다음 존재를 받지 않아서 영원히 괴로움에서 벗어난다는 말이다. 또 '정신현상이 없다'는 말은 눈, 귀, 코, 혀, 피부, 의식 등의 모든 감각기관이 작동되지 않고, 쉬어졌다는 말이다. 이렇게 보는 근거로 〈장아함경〉 제1권의 다음과 같은 부처님 게송을 들 수 있다.

만약 네 가지 변재(辯才)를 얻고,
궁극의 바른 깨달음을 얻어서
모든 결박을 다 풀어서 제거할 수 있다면
더 이상 방일[836]하지 않을 수 있으리다.

이제 몸의 물질현상, 느낌,
인식, 업 지음, 식별작용은
마치 노후해서 고장 난 수레와 같아서
더 이상 작동되지 않도다.
이 연기법을 잘 관찰하면
최상의 완전한 깨달음을[837] 성취하리다.[838]

위의 게송에 의하면 '궁극의 바른 깨달음을 얻으면, 오온은 그 시스템이 해체되어서 더 이상 작동되지 않는다'는 의미로 해석할 수 있다. 이 말은 궁극의 바른 깨달음을 얻으면 이 몸의 수명이 다한 뒤에 더 이상 오온이 작동되지 않아서 다음 존재를 받지 않고 괴로움이 영원히 끝난다는 말이다.

2. 적멸상태엔 십이처, 십팔계가 존재하지 않는다

(**空中(공중)** ......) 無眼耳鼻舌身意(무안이비설신의) **無色聲香味觸法**(무색성향미촉법) 無眼界乃至無意識界(무안계 내지 무의식계) : **(적멸상태엔)** 눈, 귀, 코, 혀, 피부, 의식 등의 감각기관도 없고, 형상, 소리, 냄새, 맛, 촉감, 마음에서 일어났다가 사라지는 것들[法법]도 없습니다. 또

836 방일(放逸)은 마음이 마치 미친 코끼리나 원숭이처럼 여기 저기 마음대로 쫓아다니는 것을 의미하는 말이다. 여기서는 몸과 마음이 잠시도 쉬지 못 하고 계속 활동하는 것을 의미하는 것으로 볼 수 있다.

837 한문 원문 "등정각(等正覺)"은 아뇩다라삼먁삼보리를 번역한 '무상정등정각(無上正等正覺)'의 준말로서 '최고의 바른 깨달음'이라는 뜻이다.

838 〈장아함경〉 제1권. 008a26 "若得四辯才 獲得決定證 能解衆結縛 斷除無放逸 色受想行識 猶如**朽故車** 能諦觀此法 則成等正覺" **朽故車(후고차)** 는 '노후(老**朽**)해서 고장(**故**障)난 차(**車**) · 수레'라는 뜻이다.

'눈'이라는 요소에서부터 '의식의 식별작용'이라는 요소에 이르기까지 그 어떤 인식작용의 구성요소도 없습니다.
간단히 말하면 "무안이비설신의 무색성향미촉법 무안계 내지 무의식계"는 '**적멸상태엔 어떤 것도 존재하지 않는다**'는 말이다. 오온이 다 소멸되면 감각기관인 육근(六根)과 그 대상인 육경(六境), 그리고 18계[839]가 다 소멸되어서 그 어떤 것도 존재하지 않는다. 의식상에 아무 것도 없다. 아니 의식조차 없다. 이것이 공(空)이다.

"無眼耳鼻舌身意(무안이비설신의) 無色聲香味觸法(무색성향미촉법)"

無眼耳鼻舌身意(무안이비설신의)는 눈, 귀, 코, 의식 등의 감각기관이 정말로 없다는 말인가? 아니다. 이것은 적멸상태엔 감각기관이 작동되지 않고 완전히 쉬어졌다는 말이다. 眼(안)은 눈, 耳(이)는 귀, 鼻(비)는 코, 舌(설)은 혀다. **身**(신)은 산스크리트어 "kāya(카야)"를 번역한 것으로, '몸'이라는 뜻이다. 身(신)이 감각기관으로 사용될 때는 촉감을 많이 느끼는 손, 입술, 성기 등을 비롯해서 '온 몸의 피부'라는 뜻이다.

"무안이비설신의(無眼耳鼻舌身意)"에서 "意(의)"를 뭐라고 번역해야 하나?

"무안이비설신의(無眼耳鼻舌身意)"에서 "意(의,manas)"는 어떤 것이고, 이것은 오온의 識(식,vijñāna)과 같은가, 다른가? 만약 다르다면 어떻게 다른가? 그것에 대해 알아보자.[840] 조계종 표준 〈한글 반야심경〉

839 * 육근(六根) : 안(眼), 이(耳), 비(鼻), 설(舌), 신(身), 의(意) * 육경(六境) : 색(色), 성(聲), 향(香), 미(味), 촉(觸), 법(法) * 십팔계(十八界)는 육근과 육경을 합한 것에 안식(眼識), 이식(耳識) 등 육식(六識)을 합한 것이다.

840 心(심), 意(의), 識(식)의 같음과 다름의 문제는 이 책의 끝에 실은 (부록3) 〈유식(唯識)불교란?〉에서 상세하게 말해 놓았다.

에는 "무안이비설신의(無眼耳鼻舌身意) 무색성향미촉법(無色聲香味觸法)"을 "안 이 비 설 신 의도 없고, 색 성 향 미 촉 법도 없다"고 번역해 놓았다. 이 번역에서 "意(의)"와 "法(법)"은 그 뜻이 제대로 전달되지 않는다. 기존 한국불교에서는 이 意(의)와 法(법)의 뜻을 정확하게 해석하지 못 하고 있다고 볼 수 있다.[841] 그럼 이 意(의)는 어떤 것인가? "안이비설신(眼耳鼻舌身)"과 "색성향미촉(色聲香味觸)"의 관계를 보면, 意(의)는 법을 대상으로 하는 감각기관이라는 사실을 알 수 있다. 그럼 "意(의)"를 '뭐'라고 번역해야 할까? '뜻'?, '마음'?, '의식'?, '의지'? .... "意(의)"를 '뭐'라고 번역해야 그것이 법을 대상으로 하는 감각기관이 될 수 있을까? 그럼 또 여기서 법은 무엇인가? 법은 사념처(四念處), 즉 신수심**법**(身受心**法**)의 법이다. 이 법은 '마음에서 일어났다가 사라지는 현상들'이다. 법이 이런 것이라면 "意(의)"를 '뭐'라고 번역해야 할까? 여기서 "意(의)"는 산스크리트어 마나스(manas)를 번역한 것이다. 마나스는 '말나(末那)'로 음사(音寫)되어 사용되기도 한다. 유식불교[842]에서는 意(의) 또는 말나(末那)에 대해 복잡하고도 어렵게 설명하고 있지만, 意(의)는 다른 게 아니라 자신의 마음에서 일어나고 있는 현상들[법]을 지각하는 감각기관이다. 意(의)의 산스크리트어 원어 마나스(manas)[843]는 이해, 심정, 양심, 생각, 개념, 의향, 욕망, 기분 등과 같은

841 청담 스님은 이 "意(의)"를 '뜻'으로 번역했고, "법"을 '이치'로 번역하면서 '사고의 대상'으로 해석하고 있다. 또 무비 스님은 "意(의)"를 '생각'으로 번역하면서 '의지'로 해석하기도 했고, "법"은 번역하지 못 하고 그대로 쓰면서 "법은 생각의 대상인 일체법을 말하는 것"이라고 해설하고 있다.

842 유식불교는 브라만교의 아트만 개념을 바탕으로 만들어낸 비석가적(非釋迦的)인 이론이다. 유식불교에 대한 구체적인 논의는 이 책의 끝 부분에 부록으로 실었다.

843 마나스(manas)는 '心(심)', '意(의)', '識(식)', '知(지)', '意識(의식)', '意念(의념)', '心意(심의)', '心識(심식)' 등으로 한역돼 있다. 이 중 心(심), 意(의), 識(식), 知(지)는 모두 '아는 작용' 또는 '지각작용'일 뿐이고, 그 외의 한역들도 같은 뜻이다.

자신 내부의 대상을 지각하는 감각기관이다. 意(의)를 '자신의 마음에서 일어나고 있는 현상들[법]을 보는 눈'이라는 뜻으로, '**심안**(心眼)', '**의식**' 등으로 번역하는 것이 적절하다고 할 수 있다.[844]

그럼 〈반야심경〉의 "무안이비설신**의**(無眼耳鼻舌身**意**)"에서의 "**意**(의)"와 "무수상행**식**(無受想行**識**)"에서의 "**識**(식)"은 같은 것인가, 다른 것인가? 만약 다른 것이라면 어떻게 다른가? 이 "意(의)"와 "識(식)"은 같은 것이다. 초기불교의 논서에서 뿐만 아니라 대승불교의 논서에서도 "心(심), 意(의), 識(식)은 같은 것"이라고 말하고 있다. 초기불교 논서인 〈아비달마품류족론〉과 〈아비담심론(阿毘曇心論)〉에는 "심(心)이 곧 의(意)이고, 의(意)는 식(識)이라서 이 셋은 이름만 다를 뿐, 그 실체[體性]는 하나다"는 내용이 나온다. 또 초기불교의 대표 논서인 세친(世親, AD. 316-396)의 〈아비달마구사론〉에도 "심(心), 의(意), 식(識), 이 셋은 이름만 다를 뿐, 그 실체는 하나다"[845]는 내용이 나온다. 대승불교 논서인 세친의 〈유식론〉에도 "심(心), 의(意), 식(識), 요별(了別), 이 넷은 같은 것으로서 그 이름만 다르다"[846]는 내용이 나온다.

空中(공중)... 無眼耳鼻舌身意(무안이비설신의) 無色聲香味觸法(무색성향미촉법) 無眼界乃至無意識界(무안계내지무의식계) : 적멸상태엔 십이처, 십팔계가 존재하지 않는다. 왜냐하면 적멸상태[空공]에 들면, 감각

844 意識(의식), 意念(의념), 心意(심의), 心識(심식)에서 앞 글자인 意(의)와 心(심)은 '마음의 상태' 또는 '마음에서 일어나는 현상'이라는 뜻이다. 뒤의 글자인 識(식), 念(념), 意(의)는 '알아차린다', '지각(知覺)한다, 자각(自覺)한다' 등의 뜻이다. 마음의 것들을 알아차릴 때는 육안이 아니라 마음의 눈으로 알아차리기 때문에 알아차리는 그 감각기관을 '심안(心眼)'이라고 한다.

845 〈아비달마구사론〉"心意識三名所異(심의식삼명소이) 而體是一(이체시일)"

846 〈신수대장경〉 제31권. 〈유식론(唯識論)〉 1권. 64b22 "心意與識及了別等(심의여식급료별등) 如是四法(여시사법) 義一(의일) 名異(명이)", 64b26 "心意與識及了別等(심의여식급료별등)義一(의일)名異(명이)"

기관과 그 대상과의 접촉이 없기 때문이다. 온갖 괴로움의 근본 원인은 감각기관과 그 대상과의 접촉이다.

감각기관이 쉬어져서 그 대상과의 접촉이 일어나지 않으면, 온갖 괴로움이 다 소멸된다고 말하는 〈잡아함경〉 제218경을 한 번 보자.

〈잡아함경〉 제218. 〈고집멸경(苦集滅經)〉

이와 같이 내가 들었다. 한 때 부처님께서 사위국 기수 급고독원에 계셨다. 그 때 세존께서 여러 비구들에게 말했다.

"내가 이제 여러분을 위해 괴로움이 발생되는 길과 괴로움이 소멸되는 길을 말하리다. 자세히 듣고 잘 사유하라. 여러분을 위해 설명하리라. 어떤 것이 괴로움이 발생되는 길인가? 눈[眼안]과 모습[色색]이 인연이 되어서 눈의 식별작용[眼識안식]이 일어난다. 눈, 모습, 눈의 식별작용, 이 세 개가 만나는 것이 접촉[觸촉]이다. **접촉함**으로 인해 느낌[受수]이 있고, 느낌으로 인해 갈애[愛애]가 있다. 갈애로 인해 취함[取취]이 있고, 취함으로 인해 존재[有유]가 있다. 존재로 인해 태어남[生생]이 있고, 태어남으로 인해 늙음, 병듦, 죽음, 근심, 슬픔, 번민, 괴로움 등이 발생한다. 이와 같이 귀, 코, 혀, 몸, 의식에 있어서도 또한 마찬가지다. 이것을 '괴로움이 발생되는 길'이라고 한다.

그럼 어떤 것이 괴로움이 소멸되는 길인가? 눈과 모습이 인연이 되어서 눈의 식별작용이 일어나고, 이 세 개가 만나는 것이 접촉이다. **접촉**이 소멸되면, 느낌이 소멸되고, 느낌이 소멸되면, 갈애가 소멸된다. 갈애가 소멸되면, 취함이 소멸되고, 취함이 소멸되면, 존재가 소멸된다. 존재가 소멸되면, 태어남이 소멸되고, 태어남이 소멸되면, 늙음과 병듦, 죽음, 근심, 슬픔, 번민, 괴로움 등 온갖 괴로움이 다 소멸된다. 이렇게 순전히 괴로움뿐인 괴로움의 큰 무더기가 소멸된다. 귀, 코, 혀, 몸, 의식에 있어서도 또한 마찬가지다. 이것을 '괴로움이 소멸되는 길'이라고 한다."

부처님께서 이 경을 말씀하시자, 여러 비구들은 부처님 말씀을 듣고, 기뻐하며, 받들어 수행했다.

위의 경에 의하면 **온갖 괴로움의 근본 원인은 접촉**이다. 접촉은 감각기관과 그 대상과 식별작용이 만나는 것이다. 적멸상태[空]에 들어서 감각기관이 쉬면, 접촉은 일어나지 않는다. 감각기관을 쉬게 하는 것이 선정(禪定)을 닦는 것이다. 선정은 외부 대상과의 접촉을 끊고, 마음을 자신 안으로 거두어들여서 자신 안에서 일어나고 있는 현상을 알아차리고 있는 것이다. 그럼 이번에는 '접촉이 소멸되면, 온갖 취함이 다 멸된다'고 말하는 〈잡아함경〉221경을 한 번 보자.

〈잡아함경〉221. 〈취함의 경(取經)〉

이와 같이 내가 들었다. 한 때 부처님께서 사위국 기수 급고독원에 계셨다. 그 때 세존께서 여러 비구들에게 말했다.

"온갖 취함[取취]으로 나아가는 길이 있다. 어떤 것이 온갖 취함으로 나아가는 길인가? 눈과 형상이 인연이 되어서 눈의 식별작용이 일어난다. 눈, 모습, 눈의 식별작용, 이 세 개가 만나는 것이 접촉이다. 접촉함으로 인해 느낌이 있고, 느낌으로 인해 갈애(渴愛)가 있다. 갈애로 인해 취함이 있다. 눈이 취할 수 있는 것은 다 취하기 때문이다. 귀, 코, 혀, 몸, 의식에 있어서도 또한 마찬가지다. 귀, 코, 혀, 몸, 의식이 취할 수 있는 것은 다 취하기 때문이다. 이것을 '온갖 취함으로 나아가는 길'이라고 한다.

그럼 어떤 것이 온갖 취함을 다 끊는 길인가? 눈과 형상을 인연으로 하여, 눈의 식별작용이 일어난다. 눈, 모습, 눈의 식별작용, 이 세 개가 만나는 것이 접촉이다. 접촉이 소멸되면, 느낌이 소멸되고, 느낌이 소멸되면, 갈애가 소멸된다. 갈애가 소멸되면 온갖 취함이 다 소멸된다. 이와 같이 귀, 코, 혀, 몸, 의식에 있어서도 또한 마찬가지다."

부처님께서 이 경을 말씀하시자, 여러 비구들은 부처님 말씀을 듣고, 기뻐하며, 받들어 수행했다.

위의 경은 '접촉이 소멸되면 온갖 취함이 다 소멸된다'고 말하고 있다. 온갖 취함이 다 소멸되면, 열반을 성취하여, 다음 존재를 받지 않는다는 내용이 그 뒤에 생략돼 있다. 다른 경에서 부처님은 "죽을 때 취하는 것이 없으면 다음 존재를 받지 않는다"고 말했다.[847] 적멸상태에서 감각기관의 접촉이 소멸된 것이 "무안이비설신의(無眼耳鼻舌身意)"이다. 〈반야심경〉의 "무안이비설신의"에서 "무안계내지무의식계(無眼界乃至無意識界)"까지의 내용은 적멸상태[空공]에 들면, 감각기관의 접촉이 다 소멸됨으로써 감각기관의 대상인 형상[色색], 소리, 냄새, 맛, 촉감, 마음에서 일어났다가 사라지는 것들[法법]도 없고, '눈'이라는 요소[眼界안계]에서부터 '의식의 식별작용'이라는 요소[意識界의식계]에 이르기까지 그 어떤 인식작용의 구성요소도 없다는 말이다.

감각기관에 대한 경전의 말씀들

1) 〈상윳따니까야〉 제35주제에 다음과 같은 내용이 나온다.

"비구들이여, 신들과 인간은 형상[色색]을 즐거워하고, 형상을 기뻐한다. 비구들이여, 신들과 인간은 형상이 변하고, 빛바래고, 소멸되면 괴로워하면서 머문다. 신들과 인간은 소리[聲성], 냄새[香향], 맛[味미],

847 부처님께서는 〈별역잡아함경〉 제10권 190경과 〈중아함경〉 제18권 75. 장수왕품 중 〈정부동도경(淨不動道經)〉 등에서 이런 취지의 말을 했다.

촉감[觸촉], 마음에서 일어났다가 사라지는 것들[法법]을 즐거워하고, 기뻐한다. 비구들이여, 신들과 인간은 소리, 냄새, 맛, 촉감, 마음에서 일어났다가 사라지는 것들이 변하고, 빛바래고, 소멸되면 괴로워하면서 머문다."[848]

"그러나 비구들이여, 여래, 아라한, 정등각자(正等覺者)[849]는 형상[色색]들의 일어남과 사라짐과 달콤함, 위험함, 벗어남을 있는 그대로 분명하게 안 뒤에 형상을 즐거워하지 않고, 형상에 탐닉하지 않으며, 형상을 기뻐하지 않는다. 비구들이여, 여래는 형상이 변하고, 빛바래고, 소멸되더라도 행복하게 머문다. 소리, 냄새, 맛, 촉감, 마음에서 일어났다가 사라지는 것들을 즐거워하지 않고, 그것들에 탐닉하지 않으며, 그것들을 기뻐하지 않는다. 비구들이여, 여래는 소리, 냄새, 맛, 촉감, 마음에서 일어났다가 사라지는 것들이 변하고, 빛바래고, 소멸되더라도 행복하게 머문다."[850]

"선서(善逝)이신 스승께서는 이와 같이 말씀하신 뒤에 다시 게송으로 말씀하셨다.

(1) 형상, 소리, 냄새, 맛, 촉감, 마음에서 일어났다가 사라지는 것들이 원하는 것이고, 좋고, 마음에 들면, "바로 이것이야"라고 말한다네. (2) 신들과 세상 사람들은 이것들을 행복으로 여기지만, 이것들이 소멸되는 것을 '괴로움'으로 여긴다. (3) 하지만 성자들은 자기 존재의 소멸을 행복으로 여긴다. 이것은 세상의 모든 존재들이 보는 것과 반대로 보는 것이다. (4) 다른 존재들이 '행복'이라고 말하는 것을 성자들은 '괴로움'이라고 말한다. 다른 존재들이 '괴로움'이라고 말

848 〈상윳따니까야〉35:136-3

849 정등각자(正等覺者)는 '과거세의 부처님께서 깨달은 것과 똑 같이 깨달은 분'이라는 뜻이다.

850 〈상윳따니까야〉35:136-4

하는 것을 성자들은 '행복'이라고 말한다. (5) 알기 어려운 법을 보라. 어리석은 자들은 여기서 크게 헷갈린다. [무명에] 휩싸인 자들에게는 어둠이로다. (6) 참된 자들에게는 열려 있고, 보는 자들에게는 광명이지만, 법에 능숙하지 못 한 자들은 가까이 있어도 보지 못 한다. (7) 존재에 대한 갈애에 빠진 자들, 존재의 흐름에 따라 흐르는 자들, 마왕[魔王, māra][851]의 영역에 깊이 빠진 자들은 이 법을 쉽게 깨달을 수 없다. (8) 최상의 바른 지혜로 이 경지를 알 때 번뇌 없이 완전한 열반에 든다. 성자들 이외에 누가 이 경지를 깨달을 수 있으랴?"[852]

위의 부처님 말씀에 의하면 감각기관의 대상을 쫓는 것은 마왕의 영역에 떨어지는 것이다. 마왕의 영역에서 벗어나야 열반을 성취할 수 있다.
2) 다음과 같은 〈잡아함경〉 제188경에는 감각기관의 대상을 즐기는 것과 탐하는 것에서 벗어나기 때문에 해탈한다는 내용이 나온다.

〈잡아함경〉 제188. 〈이희탐경(離喜貪經)〉
이와 같이 내가 들었다. 한 때 부처님께서 사위국 기수 급고독원에 계셨다. 그 때 세존께서 여러 비구들에게 말했다.
"눈은 계속 변하기 때문에 고정된 것이 없는[無常무상] 것이라고 관찰해야 한다. 이와 같이 관찰하면, 이것을 '바른 관찰[正見정견]'이라고 한다. 바르게 관찰하기 때문에 싫어하는 마음이 생긴다. 싫어하는 마음이 생기기 때문에 형상[色색]을 기뻐하고 즐기는 것[喜희]에서 벗어나고, 탐하는 것[貪탐]에서 벗어난다. 기뻐하고 즐기는 것과 탐하는 것

851 마왕[魔王, māra마라]은 욕계(欲界) 제6천(天)인 타화자재천(他化自在天)을 주제(主帝)하는 악마 파순을 일컫는 말이다. 그는 항상 권속을 거느리고 다니면서 불도에 드는 것을 방해한다.
852 〈상윳따니까야〉 35:136-5

에서 벗어나기 때문에 마음이 바르게 해탈한다고 나는 말한다. 이와 같이 귀, 코, 혀, 몸, 의식에 대해서도 또한 마찬가지다. 그것들의 대상을 기뻐하고 즐기는 것[喜희]에서 벗어나고, 탐하는 것[貪탐]에서 벗어난다. 기뻐하고 즐기는 것과 탐하는 것에서 벗어나기 때문에 마음이 바르게 해탈한다고 나는 말한다. 마음이 바르게 해탈하면 〈나의 태어남은 이미 다했고, 거룩한 행은 확립되었으며, 할 일은 이미 다 마쳐, 다음 존재[有유]를 받지 않을 줄 스스로 안다〉고 말할 수 있다."

부처님께서 이 경을 말씀하시자, 여러 비구들은 부처님 말씀을 듣고, 기뻐하며, 받들어 수행했다.

위의 경에서 부처님은 "감각기관의 대상을 즐기는 것과 탐하는 것에서 벗어나기 때문에 해탈한다"고 말하고 있다.

3) 〈법구경〉 제7, 8게송에 다음과 같은 내용이 나온다.

몸을 '더럽지 않은 것'으로 보아서 쾌락을 좇아다니면서 여섯 감각기관을 거두어들이지 않고,[853] 먹고 마심에 있어서 절제함이 없고, 방일(放逸)하여, 망상[怯弱]에 떨어지면, 악마[邪]의 지배를 받게 된다. 그러면 마치 태풍이 수풀을 쓰러뜨리듯이 [악마가 그를 쉽게 쓰러뜨린다].(行見身淨不攝諸根飮食不節漫[854]墮怯弱[855]爲邪所制如風靡[856]草)

몸을 '더러운 것'으로 보아서 여섯 감각기관을 안으로 거두어들일 수

853 '여섯 감각기관을 거두어들이지 못 한다'는 말은 '여섯 감각기관의 욕구를 막지 못 한다'는 뜻이다.

854 漫(만) 방종할 만. 멋대로 굶. 여기서는 산만(散漫), 방일(放逸)의 의미다.

855 墮怯弱(타겁약), 墮(타)는 '떨어진다'는 뜻이고, 怯弱은 '겁이 많고 나약하다'는 뜻이다. 墮怯弱(타겁약)은 겁이 많고 나약한 데 떨어진다는 말인데, 그렇게 번역하면 의미가 형성되지 않는다. 의미가 형성되기 위해서는 '망상에 떨어진다'는 뜻으

있고, 먹고 마심에 있어서 그 양을 알아서 절제할 줄 알고, 언제나 즐겨 정진하는 사람은 악마도 그를 어찌 할 수가 없다. 마치 바위산을 태풍이 어찌 할 수 없듯이.(觀身不淨 能攝諸根 食知節度 常樂精進 不爲邪動 如風大山)

위의 내용은 쾌락을 쫓아서 감각기관의 문을 열고 있는 것은 마치 자신을 악마에게 내맡기는 격이라는 말이다. 마음이 감각기관을 통해 그 대상을 쫓아가는 것이 탐(貪)이고, 욕(欲)이고, 욕구다. 수행자는 늘 욕구의 대상을 붙잡기 위해 밖으로 열려있는 눈, 귀, 코, 혀, 몸[피부] 등 감각기관의 문을 닫고, 마음의 눈으로 자신 안을 들여다 볼 수 있어야 한다.

4) 또 비슷한 내용으로 부처님의 유언법문인 〈유교경(遺教經)〉에는 다음과 같은 내용이 나온다.

수행자는 감각기관을 통제하라.

여러 비구들이여, 이미 계(戒)에 머물 수 있거든 다섯 감각기관[五根오근][857]을 통제하여, 방일하여 오욕(五欲)[858]에 떨어지지 않도록 하라. 이것은 마치 소를 치는 사람이 작대기를 들고 지켜보아서 소가 함부로 날뛰어 남의 밭에 뛰어들지 못 하게 하는 것과 같다. 만약 다섯 감각기관을 제멋대로 하도록 놓아두면, 오욕이 끝이 없어서 다스릴 수

로 번역해야 맞다. 이와 같이 〈법구경〉은 한역에 문제가 적지 않게 발견되는 경이다. 그것은 초기불교 경전인 〈법구경〉을 대승불교를 숭상하는 중국인들의 입맛에 맞게 번역했기 때문이다.

856 靡 쓰러질 미. 쏠릴 미. 쓰러뜨릴 미. 쏠리게 할 미.

857 다섯 감각기관은 '오근(五根)'을 번역한 것이다. 오근은 눈[眼], 귀[耳], 코[鼻], 혀[舌], 피부[身] 등을 일컫는 말이다. 근(根)은 괴로움의 '근본 원인', '뿌리'라는 뜻이다.

858 오욕(五欲)은 다섯 감각기관의 대상인 색(色), 성(聲), 향(香), 미(味), 촉(觸)에 대한 욕구를 말한다고 볼 수 있다.

없을 뿐만 아니라, 길들지 않은 야생말과 같아서 고삐로 매어 두지 않으면, 장차 사람을 끌어다가 구렁텅이에 빠뜨릴 것이다. 도적에게 겁탈 당한 피해의 고통은 한 생(生)에 그치지만, '다섯 감각기관'이라는 도적이 끼치는 화(禍)의 재앙은 여러 생에 걸쳐 그 피해가 막심하니, 조심하지 않으면 안 된다. 이런 까닭에 지혜로운 자는 다섯 감각기관을 통제하여, 오욕을 따르지 않느니라. 다섯 감각기관을 지켜가는 것은 마치 도적으로 하여금 제멋대로 설치지 못 하게 하는 것과 같다.

그 마음을 항복받아라.

이 다섯 감각기관은 마음이 그 주인이다. 이런 까닭에 여러 분은 자신의 마음을 잘 통제해야 한다. 마음은 독사나 맹수, 원수나 도적들보다 더 무서워해야 할 존재이니, 큰 불이 번지는 것보다 더 무서운 것이다. 비유컨대, 어떤 사람이 꿀이 가득 담긴 그릇을 손에 든 채 가볍고 성급하게 움직여서 꿀만 보고 깊은 구덩이는 보지 못 하는 것과 같도다. 또한 마치 광분(狂奔)한 코끼리를 제어할 갈고리가 없는 것처럼, 원숭이가 나무를 만난 것처럼 [마음이] 마구 날뛰어 오르고, 분주히 내달리는 것을 가히 막기 어렵도다. 빨리 그 마음을 제지(制止)하고, 꺾어서 제멋대로 설치고 돌아다니지 못 하게 해야 한다. 이런 마음을 제멋대로 하도록 놓아두면 좋은 것을 다 잃게 되지만, 마음을 통제하여, 줄곧 한 대상에 머물게 하면 이루지[辦판] 못 할 일이 없으리다. 이런 까닭에 비구들은 부지런히 정진하여, 그 마음을 항복받아야 한다.

禪定(선정), 늘 마음을 안으로 거두어들여서 선정에 머물라.

"여러 비구들이여, 마음을 안으로 거두어들이면,[859] 마음이 선정에 머물게 된다. 마음이 선정에 머물기 때문에 몸과 마음에서 일어났다

859 마음을 거두어들이는 것에 대한 해설은 〈장아함경〉 제2권. 〈유행경〉에 잘 나와 있다.

가 사라지는[生滅생멸] 것들의 특성을 알 수 있다. 이런 까닭에 수행자는 늘 꾸준히 노력하여, 4가지 선정을 닦아 모아야 한다. 만약 선정을 얻게 되면, 마음이 어지럽지 않느니라. 이것은 마치 물을 소중히 여기는 집에서 못의 둑에 틈이 생겨서 물이 새 나가지 않도록 못 둑을 잘 관리하는 것과 같도다. 수행하는 것도 이와 같다. '지혜'라는 물을 모으기 위해 선정을 잘 닦아 익혀서 [마음이 밖으로] 새 나가지[漏失루실] 않도록 하는 것을 '선정'이라고 한다."[860]

위의 경은 비유를 들어서 선정의 개념을 잘 설명하고 있다.

5) 그럼 이제 범부들이 선정에 들지 못 하는 까닭을 말해주는 〈잡아함경〉 제255. 〈노혜차경〉을 한 번 보자.

이와 같이 내가 들었다. .... 마하가전연이 외도(外徒) 바라문에게 말했다. ....

860 불교의 선정은 마음이 자신의 몸과 마음[身心]에 머물러서 밖으로 새 나가지 못 하도록 하는 것이다. 지혜를 위한 선정을 닦으면 선정이 지혜를 생기게 하지만, 선정을 위한 선정을 닦으면 '어리석은 선정[痴定치정]'이 될 수도 있다. 브라만교의 성전인 〈우파니샤드〉 제8장 슈베따슈바따라 우파니샤드 2-[8, 9]를 보면, 다음과 같은 내용이 나온다. "몸의 세 부분을 곧게 펴고, 감각과 마음을 가슴 속의 빈 공간에 모이게 한다. 이렇게 함으로써 현명한 자는 공포를 일으키는 거센 물결을 '브라흐만(오움소리)'이라는 배로 건너리라. 숨을 절제하고, 모든 감각의 내달림을 통제하라. 숨을 더 이상 절제할 수 없을 때 아주 조금씩 코로 숨을 내쉬어라. 현명한 자라면, 거센 말이 이끄는 마차의 마부처럼 신중하게 마음을 몰고 가야 할 것이다." (한길사 이재숙 우파니샤드 437~438쪽의 번역을 옮김) 호흡을 자연스럽게 하지 않고 숨을 통제하는 것은 부처님의 방법과 다르지만, 마음을 통제하여, 자신 안에 머물게 하는 것은 같다. 우파니샤드는 아트만이 머무는 곳은 가슴 속의 빈 공간, 즉 심장이라고 말한다. 힌두교에는 멈춤, 즉 사마타의 선정수행만 있고, 관찰, 즉 위빠사나수행은 없다. 위빠사나 관찰수행을 통해 반야지혜가 계발된다.

"바라문이여, 어리석고 들은 것이 없는 무식한 범부들은 눈으로 형상을 보고, 좋아할 만한 형상에 대해서는 집착을 일으키고, 불쾌한 형상에 대해서는 혐오감을 일으켜서 의식이 자기 자신에 머물러서 자신을 알아차리지 못 하기 때문에 마음이 해탈하는 것과 지혜로 해탈하는 것을 알지 못 합니다. 거기서 온갖 악하고 착하지 않은 것들을 일으켜서 무여열반을 얻지 못 하고, 마음이 해탈하는 것과 지혜로 해탈하는 것에 있어서 막히고 걸려서 만족을 얻지 못 합니다. 그렇기 때문에 몸은 온갖 악행으로 가득 차서 쉬지 못 하고, 마음은 고요하지 못 합니다. 마음이 고요하지 못 하기 때문에 감각기관[根근]의 문을 조복 받지 못 하고, 지키지 못 하며, 닦아 익히지 못 합니다. 눈과 형상에 있어서와 같이 귀와 소리, 코와 냄새, 혀와 맛, 몸과 촉감, 의식과 마음에서 일어났다가 사라지는 것들도 또한 이와 같습니다."

노혜차 바라문이 말했다.

"기이(奇異)하고도[861] 정말 기이하십니다. 마하가전연이여, 제가 문을 지키지 않는 것에 대해 묻자 곧 저를 위해 문을 지키지 못 하는 것에 대해 말씀하셨습니다. 마하가전연이여, 그러면 또 어떤 것을 '문을 잘 지키는 것'이라고 합니까?"

마하가전연이 바라문에게 말했다.

"훌륭하고도 훌륭합니다. 그대는 훌륭하게도 나에게 문을 지키는 이치를 물으시는군요. 자세히 듣고, 잘 생각해보십시오. 그대를 위해 문을 지키는 이치를 설명하리다. 많이 들어서 아는 거룩한 제자는 눈으로 형상을 보고, 좋아할 만한 형상에 대해 집착을 일으키지도 않고, 불쾌한 형상에 대해 혐오하는 마음을 일으키지도 않습니다. 언제나 그 마음을 안으로 거두어들여서 의식이 자기 자신에 머물러서 자신을

861 '기이(奇異)하다'는 것은 '신기하다'는 말로 옮길 수 있다.

알아차림 하면서 머물고, 수많은 마음이 해탈하는 것과 지혜로 해탈하는 것을 있는 그대로 알아서 거기서 일어나는 악하고 착하지 않은 법을 남김없이 다 없앱니다. 마음이 해탈하는 것과 지혜로 해탈하는 것에 있어서 만족을 얻고, 해탈이 만족된 뒤에는 몸이 악행을 접해도 다 쉬어져서 마음이 바르게 알아차림 합니다. 이것을 '첫 번째 문을 잘 조복 받고, 지키고, 닦는 것'이라고 합니다. 눈과 형상에서와 같이, 귀와 소리, 코와 냄새, 혀와 맛, 몸과 촉감, 의식과 마음에서 일어났다가 사라지는 것들[法법]도 또한 이와 같습니다."

위의 경에서는 "범부들은 의식이 자기 자신에 머물러서 자신을 알아차리지 못 하기 때문에 해탈하는 것을 알지 못 한다"고 말한다. 해탈하기 위해서는 의식이 바깥 대상으로 새나가지 않도록 감각기관을 잘 통제해야 한다.

6) 빨리어 경전인 〈맛지마니까야〉[862]에도 감각기관을 통제하라는 다음과 같은 내용이 나온다.

부처님께서 말했다.
'오라 수행승들이여, 그대는 감각기관의 문을 지켜가라.
1) 시각작용으로 형상을 보고, 그 인상에 사로잡히지 말고, 그 연상에 사로잡히지 말라. 그대가 시각작용을 지켜내지 못 하면, 탐욕과 근심과 악하고 불건전한 상태가 그대에게 침입해 들어올 것이다. 그러므로 자제의 길을 닦고, 시각작용을 수호하고, 시각작용을 통제하라.
2) 청각작용으로 소리를 듣고, 그 인상에 사로잡히지 말고, 그 연상에

862 전재성 〈맛지마니까야 엔솔로지〉 531 ~548 쪽 26. 자신을 길들이는 데 어떤 길라잡이가 있는가?

사로잡히지 말라. 그대가 청각작용을 지켜내지 못 하면, 탐욕과 근심과 악하고 불건전한 상태가 그대에게 침입해 들어올 것이다. 그러므로 자제의 길을 닦고, 청각작용을 수호하고, 청각작용을 통제하라.

3) 후각작용으로 ....

4) 미각작용으로 ....

5) 촉각작용으로 ....

6) ....

7) 〈상윳다니까야〉의 **〈불탐의 경〉**[863]에 '일체가 불타고 있다'는 다음과 같은 내용이 나온다.

이와 같이 내가 들었다. .... 그 때 세존께서 비구들에게 말했다.

"비구들이여, 모든 것이 불타고 있다." 무엇이 불타고 있는가? 비구들이여, **눈[眼]**이 불타고 있고, 눈에 보이는 형상이 불타고 있고, 눈의 식별작용[眼識]이 불타고 있다. 그리고 즐거운 느낌, 괴로운 느낌, 즐겁지도 괴롭지도 않은 느낌 등 봄으로써 일어나는 온갖 느낌이 불타고 있다. 그럼 그것은 무엇으로 불타고 있는가? 그것은 탐욕과 증오와 무지의 불로 불타고 있다. 그것은 또 태어남과 늙음, 죽음, 슬픔, 한탄, 고통, 비탄, 절망 등으로 불타고 있다.

귀[耳]가 불타고 있고, 들리는 소리가 불타고 있고, 귀의 식별작용[耳識]이 불타고 있고, 청각이 불타고 있다. ....

863 〈연소경(燃燒經)〉으로 일컬어지는 〈상윳다니까야〉 35-26. 〈불탐의 경〉은 여섯 감각기관, 12처, 18계, 탐진치 3독(毒)에 대한 염오(厭惡) -〉 이욕(離欲) -〉 해탈(解脫) -〉 해탈지견(解脫知見)의 과정을 설해 놓은 경이다. 이 경은 4성제, 중도, 8정도를 설해놓은 〈초전법륜경〉, 오온, 무아를 설해놓은 〈무아상경(無我相經)〉에 이은 부처님의 3번째 법문이다.

코[鼻]가 불타고 있고, ...
혀[舌]가 불타고 있고, ...
몸[身]이 불타고 있고, ...
의식[意]이 불타고 있고, 의식의 대상이 불타고 있고, 의식의 식별작용이 불타고 있고, ...
비구들이여, 이와 같이 대상을 통찰하는 거룩한 이는 눈과 보이는 형상과 눈의 식별작용[眼識]에 집착하지 않고, 시각으로 인해 일어나는 즐거운 느낌, 괴로운 느낌, 즐겁지도 괴롭지도 않은 느낌 등에도 집착하지 않느니라.
또 그런 이는 귀와 소리와 귀의 식별작용[耳識]에도 집착하지 않고, 청각으로 인해 일어나는 즐거운 느낌, 괴로운 느낌, 즐겁지도 괴롭지도 않은 느낌 등에도 집착하지 않느니라.
또 그런 이는 코와 냄새와 코의 식별작용[鼻識]에도 집착하지 않고, 혀와 맛과 혀의 식별작용[舌識]에도 집착하지 않고, 몸과 접촉된 대상과 몸의 식별작용[身識]에도 집착하지 않고, 의식과 의식에서 일어나는 현상들[法]과 의식의 식별작용에도 집착하지 않고, 그 어떤 느낌에도 집착하지 않는다.
집착하지 않음으로써 벗어나게 되고, 벗어남으로써 해탈한다. 해탈했을 때 해탈했음을 안다. 그리고 이제 다시 태어남은 완전히 끝났고, 거룩한 삶은 확립되었으며, 해야 할 일은 이미 다 마쳐, 더 이상 할 일이 남아 있지 않음을 안다. 세존께서 이와 같이 말씀하시자 비구들은 기쁜 마음으로 그 말씀을 들었다. 이러한 설명을 듣는 동안 비구들은 마음이 집착에서 벗어나 번뇌로부터 해탈했다.

불타고 있는 것이 불교에서 말하는 번뇌(煩惱)이고, 타오르는 불을 끄는 작업이 수행이다. 번뇌는 여섯 감각기관에서 비롯되는 것이다. 감각기관이 괴로움의 근본원인이기 때문에 감각기관만 잘 통제하면, 타오르는 불을 끌 수 있고, 모든 괴로움에서 벗어날 수 있다.

8) 〈반야심경〉에서는 감각기관을 통제하여 여섯 감각기관이 작동하지 않는 상태를 "무안이비설신의(無眼耳鼻舌身意)", 즉 '눈, 귀, 코, 혀, 피부, 의식이 없다'고 말한다. 수행자에게는 감각기관을 통제하는 것이 매우 중요하다. 그것에 대해 말하고 있는 〈잡아함경〉 제241경을 한 번 보자.

〈잡아함경〉 제241. 감각기관으로 그 대상을 취하지 말라
이와 같이 내가 들었다. .... 그 때 세존께서 여러 비구들에게 말했다. "어리석고 들은 것이 없어서 무식한 범부 비구들이여, 차라리 불에 달군 쇠꼬챙이로 자신의 눈을 지져서 태울지언정, 눈의 식별작용[眼識안식]으로 형상[色색]을 잡아서 좋은 형상을 취해 쫓아가지 말라. 왜냐하면 눈의 식별작용으로 형상을 잡아서 좋은 형상을 취해 쫓아가게 되면, 몸이 무너지고 목숨이 끝난 뒤에 마치 봉돌[鐵丸철환]이 물에 가라앉듯이 나쁜 세계에 떨어지기 때문이다.
어리석고 들은 것이 없어서 무식한 범부 비구들이여, 차라리 불에 달군 송곳으로 자신의 귀를 찌를지언정, 귀의 식별작용[耳識이식]으로 소리를 잡아서 좋은 소리를 취해 쫓아가지 말라. 왜냐하면 귀의 식별작용으로 소리를 잡아서 좋은 소리를 취해 쫓아가게 되면, 몸이 무너지고 목숨이 끝난 뒤에 마치 봉돌이 물에 가라앉듯이 나쁜 세계에 떨어지기 때문이다.
어리석고 들은 것이 없어서 무식한 범부 비구들이여, 차라리 예리한 칼로 자신의 코를 벨지언정, 코의 식별작용으로 냄새를 잡아서 좋은 냄새를 취해 쫓아가지 말라. 왜냐하면 코의 식별작용으로 냄새를 잡아서 좋은 냄새를 취해 쫓아가게 되면, 몸이 무너지고 목숨이 끝난 뒤

에 마치 봉돌이 물에 가라앉듯이 나쁜 세계에 떨어지기 때문이다.
어리석고 들은 것이 없어서 무식한 범부 비구들이여, 차라리 잘 드는 칼로 자신의 혀를 자를지언정, 혀의 식별작용으로 맛을 잡아서 좋은 맛을 취해 쫓아가지 말라. 왜냐하면 혀의 식별작용으로 맛을 잡아서 좋은 맛을 취해 쫓아가게 되면, 몸이 무너지고 목숨이 끝난 뒤에 마치 봉돌이 물에 가라앉듯이 나쁜 세계에 떨어지기 때문이다.
어리석고 들은 것이 없어서 무식한 범부 비구들이여, 차라리 강철로 된 날카로운 창으로 자신의 몸을 찌를지언정, 몸의 식별작용으로 촉감을 잡아서 좋은 촉감을 취해 쫓아가지 말라. 왜냐하면 몸의 식별작용으로 촉감을 잡아서 좋은 촉감을 취해 쫓아가게 되면, 몸이 무너지고 목숨이 끝난 뒤에 마치 봉돌이 물에 가라앉듯이 나쁜 세계에 떨어지기 때문이다.
비구들이여, 잠에 빠져 있는 것은 어리석은 삶이다. 이 어리석은 삶은 아무런 이익도 없고, 복(福)도 없다. 그러나 비구들이여, 차라리 잠에 빠져 있을지언정, 저 형상에 대해 어떤 느낌이나 인식[想상]을 일으키지 말라. 만약 느낌이나 인식을 일으키면 반드시 얽매임과 다툼이 생겨서 많은 사람들로 하여금 옳지 못 한 일을 저지르게 할 수 있고, 신[天천]과 사람들을 유익하게 하거나 안락하게 하지 못 할 것이다.
그러므로 많이 들어서 아는 거룩한 제자는 이와 같이 공부한다.
'나는 이제 차라리 불에 달군 송곳으로 내 눈을 찌를지언정, 눈의 식별작용으로 형상을 취함으로써 세 가지 나쁜 세계[惡趣악취][864]**에 떨어져서 세세생생**(世世生生) **무명**(無明)**의 괴로움을 받지 않으리다.'**
'나는 오늘부터 바르게 사유하여, 눈은 무상(無常)한 존재이고, 함이

864 세 가지 나쁜 세계는 '삼악도(三惡道)', '삼악취(三惡趣)' 등을 번역한 것으로, 지옥, 아귀, 축생의 세계가 그것이다.

있는 존재[有爲유위]이며, 마음으로 인해 생겨난 존재라고 관찰하리다. 형상[色색], 눈의 식별작용[眼識안식], 눈의 접촉[眼觸안촉], 눈의 접촉으로 인해 생긴 느낌인, 괴롭거나 즐겁거나 괴롭지도 즐겁지도 않은 느낌도 또한 무상한 존재이고, 함이 있는 존재이며, 마음으로 인해 생겨난 존재라고 관찰하리다. 귀, 코, 혀, 피부 등의 감각기관에 대해서도 또한 이와 같이 공부하리다.'

'차라리 쇠창으로 내 몸을 찌를지언정, 몸의 식별작용으로 촉감과 좋은 촉감을 취함으로써 세 갈래 나쁜 세계에는 떨어지지 않으리다. 나는 오늘부터 바르게 사유해가서 몸은 무상한 존재이고, 함이 있는 존재이며, 마음으로 인해 생겨난 존재라고 관찰하리다. 또 접촉과 몸의 식별작용과 몸의 접촉과 몸의 접촉으로 인해 생긴 느낌인, 괴롭거나 즐겁거나 괴롭지도 즐겁지도 않은 느낌도 또한 무상한 존재이고, 함이 있는 존재이며, 마음으로 인해 생겨난 존재라고 관찰하리다.'

많이 들어서 아는 거룩한 제자는 이와 같이 공부한다.

'잠에 빠져 있는 것은 어리석은 삶이다. 어리석은 삶은 과보(果報)도 없고, 이익도 없고, 복도 없다. 나는 자지 않을 것이고, 느낌이나 인식을 일으키지도 않을 것이다. 인식을 일으키면 얽매임과 다툼을 불러일으켜서 많은 사람들로 하여금 옳지 못 하게 하고, 이롭지 못 하게 하며, 편안하지 못 하게 한다.'

많이 들어서 아는 거룩한 제자가 이와 같이 관찰하면, 눈에 대하여 싫어하는 마음을 일으키고, 형상과 눈의 식별작용과 눈의 접촉과 눈의 접촉으로 인해 생긴 느낌인, 괴롭거나 즐겁거나 괴롭지도 즐겁지도 않은 느낌에 대해서도 또한 싫어하는 마음을 일으킨다. 싫어하기 때문에 즐기지 않게 되고, 즐기지 않기 때문에 벗어난다[解脫해탈]. 그러면 벗어난 것을 알게 되어, 나의 태어남은 이미 다했고, 거룩한 행은 확립되었으며, 할 일을 이미 다 마쳐, 다음 존재를 받지 않을 줄 스스로 아느니라.

귀, 코, 혀, 피부, 의식에 있어서도 또한 이와 같다."

부처님께서 이 경을 말씀하시자, 여러 비구들은 부처님 말씀을 듣고, 기뻐하며, 받들어 수행했다.

위의 경은 '감각기관으로 대상을 취하지 말라'는 말을 아주 세게 해 놓았다. 수행자가 열반을 성취하기 위해서는 감각기관으로 대상을 취해서는 안 된다는 말이다. 열반을 성취하려면 이 경의 내용과 같이 하여, 3개월만 알아차림 할 수 있으면, 열반을 성취할 수 있다고 본다.

9) 또 〈잡아함경〉 제246. 〈악마 파순경〉을 한 번 보자.

이와 같이 내가 들었다. 한 때 부처님께서 왕사성 기사굴산에 계셨다. 그 때 세존께서 이른 아침에 가사를 입고, 발우를 지니고, 왕사성으로 들어가서 걸식하고 있었다. 그 때 하늘나라에 사는 악마 파순은 '사문 고타마가 이른 아침에 가사를 입고, 발우를 들고, 왕사성으로 들어가서 걸식하고 있다. 내가 이제 그에게 가서 그의 도 닦으려는 마음을 어지럽혀 놓아야 겠다'고 생각했다.

이 때 마왕(魔王) 파순은 수레를 모는 사람의 모습으로 변신하여, 지팡이를 들고, 소를 찾았다. 다 떨어진 옷을 입고, 헝클어진 머리에, 손과 다리가 찢겨진 모습으로 손에 채찍을 들고 세존 앞으로 다가가서 물었다.

"고타마여, 내 소를 보지 못 했는가?"

세존께서는 '이 자는 악마다. 나를 어지럽히려고 왔다'고 생각하고는 악마에게 말했다.

"악마여, 소가 어디 있느냐? 소는 무엇에 쓰려고 찾느냐?"

악마는 '사문 고타마는 내가 악마인 줄 이미 다 알고 있구나'라고 생각하고는 부처님께 아뢰었다.

"고타마여, '눈'이라는 감각기관이 내가 타고 다니는 수레이고, '귀', '코', '혀', '피부', '의식'이라는 감각기관이 내가 타고 다니는 수레다."
그리고 다시 물었다.
"고타마여, 어디로 가려고 하는가?"
부처님께서 악마에게 말했다.
"너는 눈이라는 감각기관을 갖고 있고, 귀, 코, 혀, 피부, 의식이라는 감각기관을 갖고 있다. 만약 눈이라는 감각기관도 없고, 귀, 코, 혀, 피부, 의식이라는 감각기관도 없는 곳이 있다면, 너는 아직 그 곳에 도달하지 못 했다. 하지만 나는 이미 그 곳에 도달했다."
그 때 하늘나라의 마왕(魔王) 파순이 곧 게송으로 말했다.

"만약 항상 "나"라는 것을 갖고 있으면
저 모든 것들이 다 나의 것이고,
일체가 다 나의 소유물인데,
고타마는 어디로 가려고 하는가?"

그러자 세존께서 게송으로 답했다.
만약 〈"나"라는 게 있다〉고 한다면,
그 말하는 나는 잘못된 것이다.
그러므로 알아야 한다. 파순아,
너는 스스로 고통을 짊어지는 곳에 떨어져 있노라.
악마가 다시 게송으로 말했다.
"만약 '편안하게 열반으로 가는 길을
알았다면, 너 혼자 갈 일이지
왜 번거롭게 다른 사람들까지 다 그렇게 가도록 가르치려고 하는가?"
세존께서 다시 게송으로 답했다.

"만약 악마로부터 벗어나려는 자가 있어서
그가 저 언덕을 넘어가는 길을 묻는다면,
나는 그를 위해 평등하게 설명해주리라.
정말 영원히 남김없이 다 소멸한다고.
언제나 방일하지 않고 닦아 가면,
영원히 악마의 지배에서 벗어날 수 있다고."
악마가 다시 게송으로 말했다.
"고깃덩이와 같이 생긴 돌멩이가 있어서
굶주린 까마귀가 집어 먹으려고 찾아왔다네.
부드럽고 맛이 있으리라고 생각하며,
허기진 창자를 채우려고 했다네.
하지만 결국 그 맛을 보지 못 하고
주둥이만 부러져서 하늘로 올라가네.
나는 마치 그 까마귀와 같고,
고타마는 그 돌멩이와 같은 분이로다."

부끄러워서 들어오지 못 하고 떠났으니
마치 까마귀가 허공으로 높이 솟아 달아나듯이
마음속에 근심과 앙심을 품고
그는 사라진 뒤 다시는 나타나지 않았다네.

위의 경은 악마는 감각기관이라는 수레를 타고 다니고, 부처님은 감각기관이 없는 곳에 도달했다는 내용이다.

10) 이번에는 〈잡아함경〉 제247. 〈습근경(習近經)〉을 한 번 보자.

이와 같이 내가 들었다. 한 때 부처님께서 왕사성 기사굴산에 계셨다.

그 때 세존께서 여러 비구들에게 말했다.

"만약 사문이나 바라문이 눈으로 형상을 익히고, 가까이하면, 그는 악마의 지배[自在자재]를 받게 되고, 나아가 악마의 얽매임에서 벗어나지 못 하게 된다. 귀, 코, 혀, 피부, 의식에 있어서도 또한 마찬가지다.

만약 사문이나 바라문이 눈으로 형상을 익히지 않고, 형상을 가까이 하지 않으면, 그는 악마의 지배를 받지 않게 되고, 나아가 악마의 얽매임에서 벗어나게 된다. 귀, 코, 혀, 피부, 의식에 있어서도 또한 마찬가지다."

부처님께서 이 경을 말씀하시자 여러 비구들은 부처님 말씀을 듣고, 기뻐하며, 받들어 수행했다.

위의 경의 요지는 익혀온 습관에 의해 감각기관으로 그 대상을 가까이 하면, 악마의 지배를 받게 되고, 악마의 얽매임에서 벗어나지 못 하게 된다는 말씀이다.

11) 이번에는 〈잡아함경〉 제237. 〈욱구루 장자경〉을 한 번 보자.

이와 같이 내가 들었다. 한 때 부처님께서 비사리 마을의 미후지 연못가에 있는 2층 강당에 계셨다. 그 때 욱구루(郁瞿婁)라는 장자가 부처님이 계신 곳으로 찾아와 부처님 발에 머리를 조아려서 예를 표한 뒤에 한쪽으로 물러나 앉아 부처님께 여쭈었다.

"세존이시여, 무슨 까닭에 어떤 비구는 법[865]을 보아서 열반에 들고, 어떤 비구는 그러지 못 합니까?"

부처님께서 장자에게 말했다.

"만약 어떤 비구가 눈으로 형상[色색]을 식별하여, 그것을 사랑하고, 생각하고, 그것에 물들어서 집착하면, 그는 사랑하고, 생각하고, 물들

865 이 때 법은 '사성제법', '진리' 등으로 해석할 수 있다.

어서 집착하기 때문에 늘 식별작용[識식]에 의존하게 되고, 식별작용에 묶이게 되며, 또 그것을 취하기 때문에 법을 보아서 열반에 들지 못한다. 귀, 코, 혀, 피부, 의식이 대상을 식별하는 것에 있어서도 또한 마찬가지다.

만약 어떤 비구가 눈으로 형상을 식별하면서 사랑하고, 즐기고, 물들어서 집착하지 않으면, 그는 식별작용에 의존하지 않게 되고, 대상에 접촉하지 않으며, 집착하지도 않고, 취하지도 않느니라. 그렇기 때문에 이렇게 하는 비구는 모두 법을 보아서 열반에 든다. 귀, 코, 혀, 피부, 의식이 대상을 식별하는 것에 있어서도 또한 마찬가지다. 그러므로 장자여, 어떤 비구는 법을 보아서 열반에 들게 되지만, 어떤 비구는 그러지 못하느니라."

위의 경에서는 감각기관의 식별작용에 의존하지 않게 되고, 대상에 접촉하지 않으며, 집착하지도 않고, 취하지도 않으면, 법을 보아서 열반에 들 수 있다고 말한다. 이 말을 바꾸어 말하면, 열반에 들면 여섯 감각기관의 식별작용이 다 없어져서 "무안이비설신의(無眼耳鼻舌身意)"가 된다는 말이다.

12) 이번에는 "감각기관의 형성은 팔정도를 닦아야 소멸할 수 있다"고 말하는 〈잡아함경〉233. 〈세간경〉을 한 번 보자.

이와 같이 내가 들었다. 한 때 부처님께서 사위국 기수 급고독원에 계셨다. 그 때 세존께서 여러 비구들에게 말했다.

"내가 이제 세간(世間)과 세간의 발생, 세간의 소멸, 세간의 소멸에 이르는 길을 설명하려고 한다. 자세히 듣고, 잘 사유해보라.

어떤 것을 '세간'이라고 하는가? 세간은 여섯 감각기관을 일컫는 말이다. 그럼 어떤 것이 여섯 감각기관인가? 그것은 눈이라는 감각기관과 귀, 코, 혀, 몸, 의식이라는 감각기관이다.

어떤 것이 세간의 형성[集집][866]인가? 세간의 형성은 미래의 존재에 대한 갈애, 기뻐함[喜희], 욕구 · 욕망[貪탐] 등이 함께 모이고, 결합되어서 여섯 감각기관이 형성되고, 형성된 그것들에 집착하는 것을 일컫는 말이다.[867]

어떤 것이 세간의 소멸인가? 세간의 소멸은 미래의 존재에 대한 갈애, 기뻐함[喜희], 욕구 · 욕망 등이 함께 모이고, 결합되어서 여섯 감각기관이 형성되는데, 형성된 그것들에 집착하는 것이 다 끊어졌고, 다 버렸고, 다 토해냈고, 다 없어져서 욕구 · 욕망을 벗어나 있고, 욕구 · 욕망을 다 소멸했고, 멈췄고, 욕구 · 욕망을 뿌리 채 다 뽑아버린 것이다.[868]

어떤 것이 세간의 소멸에 이르는 길인가? 그것은 팔정도이다. 이른바 바른 견해, 바른 뜻 세움, 바른 말, 바른 행위, 바른 생계, 바른 노력, 바른 알아차림, 바른 선정 등이 그것이다."

부처님께서 이 경을 말씀하시자, 여러 비구들은 부처님 말씀을 듣고, 기뻐하며, 받들어 수행했다.

위의 경에서는 세간은 여섯 감각기관을 일컫는 말이고, 여섯 감각기관은 미래의 존재에 대한 갈애, 기뻐함, 욕구 · 욕망 등이 함께 모이고, 결합되어서 형성된 것이고, 여섯 감각기관의 형성을 소멸하기 위해서는 팔정도를 닦아야 한다고 말하고 있다.

여태껏 우리는 여섯 감각기관의 위험성, 통제 내지 소멸에 대해 말해 놓은 경을 보았다. 우리 중생들은 여섯 감각기관과 그 대상을 좋아하고, 즐

866 여기서 형성은 한역문의 '集(집)'을 번역한 것이다. 사성제의 集(집)은 여러 발생 원인들이 함께 모이고, 어우러져서 어떤 현상을 일으키는 것이다.

867 〈잡아함경〉233. 〈세간경〉056c06 "云何世間集。謂當來有愛 · 喜 · 貪俱。彼彼集著"

868 "已捨 · 已吐 · 已盡 · 離欲 · 滅 · 止 · 沒(이사 · 이토 · 이진 · 이욕 · 멸 · 지 · 몰)"

기는데, 그렇게 해서는 열반을 성취할 수 없다는 사실을 알 수 있다. 불교에서는 여섯 감각기관을 '육근(六根)'이라고 한다. 여기서 근(根)은 '뿌리', '**근**원(**根**源)', '근본 원인'이라는 뜻이다. 여섯 감각기관이 괴로움의 근본 원인이라는 말이다.

"무안계 내지 무의식계(無眼界乃至無意識界)"
('눈'이라는 요소에서부터 '의식의 식별작용'이라는 요소에 이르기까지 그 어떤 인식작용의 구성요소도 없다.)

"무안계(無眼界) 내지(乃至) 무의식계(無意識界)"는 '(적멸상태에는) 인식작용의 구성요소인 십팔계(十八界)[869]가 없다'는 말이다. 적멸상태에는 눈, 귀, 코 등의 여섯 감각기관도 없고, 형상, 소리, 냄새 등의 감각기관의 대상도 없으며, 눈의 식별작용[眼識안식], 귀의 식별작용[耳識이식], ... 의식의 식별작용[意識의식] 등 여섯 감각기관의 식별작용도 없다는 말이다. 그럼 어떻게 해서 이런 해석이 나왔는지 한 번 보자. 우선 여기서 "眼界(안계)"와 "意識界(의식계)"가 어떤 의미인지 알아보자.

眼界(안계)

십팔계의 첫 번째 요소인 "眼界(안계)"는 '눈이라는 요소'라는 뜻이다. 眼(안)은 '눈'이라는 뜻이고, 界(계)는 산스크리트어 다투(dhātu)[870]를

869 18계(界)는 6근(六根)계, 6경(六境)계, 6식(六識)계를 일컫는 말이다. 이것을 구체적으로 말하면 안계(眼界), 이계(耳界), 비계(鼻界), 설계(舌界), 신계(身界), 의계(意界), 색계(色界), 성계(聲界), 향계(香界), 미계(味界), 촉계(觸界), 법계(法界), 안식계(眼識界), 이식계(耳識界), 비식계(鼻識界), 설식계(舌識界), 신식계(身識界), 의식계(意識界) 등이다.

870 〈漢譯對照梵和大辭典한역대조범화대사전〉 513쪽을 보면, 산스크리트어 dhātu(다투)는 분야, 영역, 세계, 재료, 구성요소, 원인, 종자 등 다양한 뜻이 있다. 여기서는 '구성요소', '재료'라는 뜻이다. dhātu(다투)는 영어로 ingredient(요소, 원료, 재

번역한 것으로, (인식작용의) '**구성요소**', '재료'라는 뜻이다. 눈의 인식작용이 있기 위해서는 눈[眼界안계]이 있어야 하고, 눈의 대상인 형상[色界색계]이 있어야 하며, 눈의 식별작용[眼識界안식계]이 있어야 한다. 이 셋 중 어느 하나라도 없으면, 눈의 인식작용은 일어날 수가 없다. 이런 까닭에 界(계)를 인식작용의 '구성요소', '재료'라고 말한다. 귀, 코, 혀, 피부, 의식 등의 요소에 있어서도 또한 마찬가지다. 인식작용의 구성요소는 안이비설신의(眼耳鼻舌身意) 등의 여섯 감각기관과 그 대상인 색성향미촉법(色聲香味觸法)과 그 둘이 만날 때 일어나는 식별작용이다.

界(계), 산스크리트어 다투(dhātu)는 신체의 구성요소일 뿐만 아니라 세계(世界), 즉 세상 존재의 구성요소이기도 하다. 그래서 '성분', '요소' 등의 뜻인 다투(dhātu)는 '界(계)', '身界(신계)', '世界(세계)' 등으로 한역되어 있다.[871] 이 세상의 모든 존재는 누군가에 의해 인식될 때 비로소 존재하게 되고, 인식되기 전에는 실제로는 존재하지만 인식하지 못하는 자에게는 존재하지 않는 것과 같다.

불교경전에는 사주세계(四洲世界), 소천세계(小千世界), 중이천세계(中二千世界), 삼천대천세계(三千大千世界) 등 '세계'라는 단어가 많이 나오는데, 이것은 산스크리트어 '로카 다투(loka-dhātu)[872]'를 한역함으로써 탄생하게 된 단어가 아닌가 한다. 여섯 감각기관과 십이처, 십팔계가 '세계'라고 할 수 있다.

無眼界(무안계)는 〈'눈'이라는 인식작용의 구성요소가 없다〉는 말이다.

료, 구성요소), elements(요소, 구성분자), sphere(행성, 별, 천체, ~의 존재범위, 영역) 등으로 번역된다. Oxford Sanskrit-English Dictionary 513쪽 참고

871 〈漢譯對照梵和大辭典〉1964(昭和39)년 일본 鈴木學術財團 발행 641쪽 참고

872 loka-dhātu(로카 다투)는 世界(세계), 世間(세간), 界境(계경), 國(국), 國土(국토) 등으로 한역돼 있다. 〈漢譯對照梵和大辭典〉1964(昭和39)년 일본 鈴木學術財團 발행 1157쪽 참고

乃至(내지) : A 내지 Z는 'A에서 Z에 이르기까지'라는 뜻이다. 내지 속에 중간에 생략된 것들이 들어있다.[873] 이 내지 속에는 귀, 코, 혀, 피부, 의식 등도 없고, 형상, 소리, 냄새, 맛, 촉감, 마음에서 일어났다가 사라지는 것들[法]도 없으며, 눈의 식별작용, 귀의 식별작용, 코의 식별작용, 혀의 식별작용, 피부의 식별작용도 없다는 말이 들어 있다. 즉 "무안계 내지 무의식계"는 '눈'이라는 인식작용의 구성요소[眼界안계]도 없고, 그 중간에 생략된 요소들도 없으며, '의식의 식별작용'이라는 요소[意識界의식계]도 없다는 말이다. 어떻게 해서 이런 해석이 나왔는가? 여섯 감각기관은 안이비설신의(眼耳鼻舌身意)이고, 안계(眼界)에 대응하는 것은 의식계(意識界)가 아니라 意界(의계)여야 한다. 하지만 〈반야심경〉에는 "의식계(意識界)"로 표기되어 있다. 그럼 혹시 意界(의계)와 의식계(意識界)는 같은 것이 아닐까? 아니다. 그것은 산스크리트어 원문을 보면 쉽게 확인할 수 있다. 여섯 감각기관의 하나인 "意(의)"는 산스크리트어 '마나스(manas)'를 번역한 것으로, 영어로 'consciousness(의식)'라는 뜻이다. 그러므로 〈반야심경〉의 "無意識界(무의식계)"에서의 意識(의식, manovijñāna)은 단순히 '의식(consciousness)'으로 번역해선 안 된다. 왜냐하면 이 意識(의식, manovijñāna)은 '意(의, consciousness, 의식)'의 뜻인 마나스(manas)와 '식별[識식]'의 뜻인 비즈냐나(vijñāna)가 결합된 형태로서 "의식(manas)의 식별작용(vijñāna)"이라는 뜻이기 때문이다. 이와 같이 〈반야심경〉 속의 "意識(의식)"을 〈意(의) + 識(식)〉의 구조로 보아서 "의식의 식별작용"으로 해석하는 것이 매우 중요하다.

意識(의식, manovijñāna, 의식의 식별작용) : 〈반야심경〉에는 "무안이

873 여기서 안계(眼界)와 의식계(意識界) 사이에 생략된 것은 이계(耳界), 비계(鼻界), 설계(舌界), 신계(身界), 의계(意界)와 색계(色界), 성계(聲界), 향계(香界), 미계(味界), 촉계(觸界), 법계(法界)와 안식계(眼識界), 이식계(耳識界), 비식계(鼻識界), 설식계(舌識界), 신식계(身識界)이다.

비설신의(無眼耳鼻舌身**意**)"에서의 "**意(의)**"가 나오고, "무수상행식(無受想行**識**)"에서의 "**識(식)**"이 나오고, "무**의식**계(無**意識**界)"에서의 "**意識(의식)**"이 나온다. 이 셋에 대해 알아보자. 이것들은 같은 것인가, 다른 것인가? 만약 다른 것이라면 어떻게 다른가? 이것을 분명하게 알아야 한다. 왜냐하면 이 셋의 차이를 알지 못 해서 〈반야심경〉의 모든 해설가들이 이 부분에서 뜬 구름 잡는 소리를 하고 있기 때문이다. 이 셋을 정확하게 구분하지 못 하면, 〈반야심경〉을 제대로 이해할 수 없다. 〈반야심경〉에는 "意(의,manas)"와 "識(식,vijñāna)", 그리고 이 둘을 합친 "意識(의식,manovijñāna)"이 있다. 여기서 "意(의,manas)"는 '의식(consciousness)'이라는 뜻이고, "識(식, vijñāna)"은 '식별작용(distinguishing)'이라는 뜻이다. 그리고 "**意識**(**의식**,manovijñāna)"은 의식(意, manas)과 식별작용(識, vijñāna)이 결합된 형태로서 "**의식의 식별작용**"이라는 뜻이다.

無意識界(무의식계) : 이 "무의식계(無意識界)"는 〈'의식[意의]의 식별작용[識식]'이라는 인식작용의 구성요소[界계]가 없다[無무]〉는 말이다. 의식계(意識界)는 십팔계의 마지막 요소이다. "無眼界(무안계)"는 십팔계의 첫 번째 요소인 眼界(안계), 즉 '눈[眼안]'이라는 인식작용의 구성요소[界계]가 없다[無무]는 말이다. "無意識界(무의식계)"는 〈십팔계의 마지막 요소인 意識界(의식계), 즉 '의식[意의]의 식별작용[識식]'이라는 인식작용의 구성요소[界계]가 없다[無무]〉는 말이다. 즉 "공중(空中) 무색 무수상행식 무안이비설신의 무색성향미촉법[874] 무안계(無眼界) 내지(乃至) 무의식계(無意識界)"는 '**적멸상태엔 오온, 십이처, 십팔계가 존재하지 않는다**'는 말이다. 부처님께선 모든 존재를 오온으로 표현하기도 했고, 십이처 또는 십팔계로 표현하기도 했다. 따라서 '적멸상태에는

874 "無眼耳鼻舌身意無色聲香味觸法"

오온, 십이처, 십팔계가 존재하지 않는다'는 말은 '**적멸상태엔 그 어떤 것도 존재하지 않는다**'는 말이다. 또 이것은 '적멸상태에는 여섯 감각기관이 쉬어졌다'는 말이고, '적멸상태에는 내 마음에 그 어떤 대상도 존재하지 않는다'는 말이다. 이것을 좀 더 정확하게 말하면, '적멸상태에는 마음에 그 어떤 대상도 존재하지 않음으로써 식별작용[識식]인 마음[心심]·의식[意의]조차 존재하지 않는다'는 말이다. 적멸상태는 절대공(絶對空)이고, 필경공(畢竟空)이다. "무안계(無眼界) 내지(乃至) 무의식계(無意識界)"를 번역하면, 〈'눈'이라는 요소에서부터 '의식의 식별작용'이라는 요소에 이르기까지 그 어떤 인식작용의 구성요소도 없다〉는 말이다. 이러한 뜻을 한국불교에서는 어떻게 번역, 해설해 놓았는지 한 번 보자.

한국불교에서는 "무안계 내지 무의식계"를 어떻게 번역 · 해설해 놓았나?

조계종 표준〈한글 반야심경〉: "눈의 경계도 의식의 경계까지도 없다."
청담 스님 : "쳐다보는 일도 없고, 내지 생각해보는 일도 없다."
광덕 스님 : "안계도 없고, 내지 의식계(意識界)까지도 없다."
오고산 스님 : "안계로부터 의식계까지 없다."
무비 스님 : "눈의 세계도 없으며, 내지 의식의 세계까지 없다."
이중표 교수 : "안계(眼界)가 없고, 내지 의식계(意識界)까지 없다오."
김용옥 선생 : "안식계에서 의식계에 이르는 모든 식계도 없다."
필자 : "'눈'이라는 요소에서부터 '의식의 식별작용'이라는 요소에 이르기까지 그 어떤 인식작용의 구성요소도 없다."

필자의 번역을 제외한 나머지 7개의 번역 중 그 뜻을 제대로 전달하고 있는 것은 없다. 이와 같이 그 뜻을 제대로 전달하지 못 하고 있는 것은 이 7개의 번역이 "眼界(안계)"와 "意識界(의식계)"의 의미를 제대로 해석하지 못 했기 때문이다.

무비 스님은 "무안계 내지 무의식계"를 "눈의 세계도 없으며, 내지 의식의 세계까지 없다"고 번역해 놓고, 다음과 같이 해설해 놓았다.

> "눈과 눈의 대상인 물질과 그 사이서 일어나는 인식작용, 이것을 합해 '눈의 영역'이라고 한다. 이 눈을 중심으로 하여 벌어지는 모든 세계는 지혜의 눈으로 조명해보면, 텅 비어 아무 것도 없는 것이다. 이와 같이 귀의 세계, 코의 세계, 혀의 세계, 몸의 세계, 뜻의 세계까지도 텅 비어 아무 것도 없는 것이다."[875]
>
> "공의 세계에서는 이 십팔계가 본래 없다고 역설하고 있습니다. 존재의 본질이 공이기 때문에 십팔계가 본래 없다는 것입니다. 이 말을 바꾸어 이해하면 본래 공이기 때문에 십팔계는 항상 일어나고 있는 것입니다."[876]
>
> "〈반야심경〉에서는 십이처와 십팔계를 모두 〈무〉라고 하며, 부정했습니다. 그것은 공이기 때문에 〈무〉이고, 그래서 〈유〉가 가능한 것입니다. 여기서 말하는 〈무〉는 현재 존재하는 본질을 공으로 바로 인식하는 것을 말합니다."[877]

무비 스님은 '이 모든 세계는 지혜의 눈으로 보면 텅 비어서 아무 것도 없는 것'이라는 뜻으로 해설해 놓았다. 엄연히 존재하고 있는 것을 '없는 것'이라고 말하면, 그것은 맞지 않는 말이다. 있는 것을 있는 그대로 보는 눈

875 앞의 무비 스님 책 208쪽
876 앞의 무비 스님 책 210쪽
877 앞의 무비 스님 책 214쪽

이 지혜다. “존재의 본질이 공이기 때문에 십팔계는 본래 없는 것이라든지, 본래 공이기 때문에 십팔계는 항상 일어나고 있는 것이라든지, 그것은 공이기 때문에 〈무〉이고, 그래서 〈유〉가 가능한 것”이라는 이 무비 스님의 말은 도대체 무슨 말인가? 독자 여러분은 이런 이상한 말을 이해하려고 노력할 필요가 없다. 왜냐하면 이해하기 어려운 이런 말은 다 허언이기 때문이다. 또 무비 스님은 “〈반야심경〉에서는 십팔계를 부정했다”고 말하지만, 이것은 잘못 본 것이다. 왜냐하면 ‘십팔계가 없다’는 말은 십팔계를 부정하는 말이 아니라 ‘적멸상태에는 여섯 감각기관이 다 쉬어져서 십팔계가 존재하지 않는다’는 뜻이기 때문이다. 적멸상태에 들지 않은 사람에게는 십팔계는 없는 것이 아니라 존재하는 것이다.

광덕 스님도 이 부분을 잘못 이해하여, 다음과 같이 해설해 놓았다.

> “범부에게는 십팔계가 거의 전부이지만, 경에서는 십팔계는 없는 것이라고 했으니, 우리는 현상적으로 〈유〉인 물(物)이나 심(心)에 떨어지지 말고, 만인의 본성인 청정본연(淸淨本然)의 대바라밀을 전개해야 한다.” “십팔계는 본래 공무(空無)이기 때문에 정말 있는 것은 바라밀 체성(體性)뿐이기 때문이다.”[878]

광덕 스님의 이런 해설은 매우 어렵게 느껴진다. 이 또한 잘못된 이해를 바탕으로 한 허언이기 때문이다.

그럼 이번에는 최근에 출판된 **이중표 교수**의 해설을 한 번 보자. 이중표 교수는 이 부분을 다음과 같이 해설해 놓았다.

> “아비달마불교에서는 ‘부처님 가르침은 유위(有爲), 고(苦)로 표상되

878 앞의 광덕 스님의 책 104쪽의 내용 요약

는 경험상의 존재[有, bhāva]를 존재로서 성립, 생성하게끔 하는 각종 조건을 논리적으로 분석 판별하여 우리에게 가르친 것'이라고 이해했고, 그렇게 분석되어진 모든 요소는 존재를 구성하는 객관적이고도 개별적인 요소로 보았다. 그리고 이 법들이 과거 · 현재 · 미래의 삼세에 걸쳐 실재한다는 것이 설일체유부(說一切有部)의 법상관(法相觀)이다. 〈반야심경〉의 이 부분[879]은 이러한 설일체유부의 법상관을 비판한 것이다. 우리가 언어로 인식하는 요소, 즉 법(法, dharma)은 실재가 아니고, 부처님께서 중생들이 실체로 집착하는 것들은 다 무자성(無自性)이고, 공(空)이라는 것을 깨닫도록 가르친 방편에 지나지 않는다. 따라서 가르침의 의미를 이해하고 실천하여 일체법의 공성(空性)을 체득한 사람들에게 이 법들은 사라진다. 그런 의미에서 공성 가운데는 오온, 십이처, 십팔계가 없다고 말한 것이다."[880]

이중표 교수는 이와 같이 해설하면서 그 뒷부분에서 다음과 같이 해설해 놓았다.

"아비달마에서는 이런 십이처, 십팔계, 오온을 각기 독립적인 제법분별(諸法分別)의 과목으로 보고, 이들을 삼과(三科)라고 불렀고, 이것을 중심으로 복잡한 이론을 만들어내어 대립하였다. 〈반야심경〉의 이 부분은 이것을 비판하고 있는 것이다."[881]

물론 이 해설은 옳은 해석이라고 할 수 없다. 왜냐하면 〈반야심경〉의 이

879 "이 부분"은 "공중무색 무수상행식 무안이비설신의 무색성향미촉법 무안계 내지무의식계"를 말한다.
880 〈니까야로 읽는 반야심경〉 이중표 역해. 불광출판사. 2017년. 175~176쪽
881 위의 책 179쪽 인용

부분은 오온, 십이처, 십팔계를 부정하는 것이 아니라 적멸상태에는 오온, 십이처, 십팔계 등이 없다고 말해주고 있기 때문이다.

도올 김용옥 선생의 〈반야심경〉 해설서를 보면, 그는 "무안계내지(無眼界乃至) 무의식계(無意識界)"를 "**안식계**에서 의식계에 이르는 모든 **식계**도 없다"고 번역해 놓았다. 이것은 제대로 된 번역이라고 할 수 없다. 왜냐하면 불교를 전공하는 학자가 봐도 이 말이 무슨 말인지 알 수가 없기 때문이다. 이 부분은 "'눈'이라는 요소[眼界안계]에서부터 '의식의 식별작용'이라는 요소[意識界의식계]에 이르기까지 그 어떤 인식작용의 구성요소도 없다"고 번역해야 한다. 김용옥 선생은 이 부분을 해설하면서 그 내용을 이해할 수 있도록 해설해 놓은 것은 하나도 없고, 주변적인 이야기만 하고 넘어가는 것을 볼 수 있다. 그 해설에는 〈반야심경〉의 이 부분에 대한 김용옥 선생의 이해가 드러나 있지 않기 때문에 그 해설 내용을 여기에 인용하는 것은 생략한다. 김용옥 선생은 〈반야심경〉의 이 부분 내용을 제대로 이해하지 못 했다고 보는 것이 맞을 것이다.

탐욕, 욕구, 욕망, 갈망, 갈애(渴愛) 등에 사로잡혀 있는 마음은 잠시도 쉬지 못 하고, 늘 감각 대상을 향해 안테나를 세워서 대상을 붙잡으려고 한다. 눈, 귀, 코 등의 여섯 감각기관이 작동되고, 그것들이 대상을 접하고 있음으로써 욕계, 색계 등의 세계가 존재한다. 그런 세계가 존재함으로써 마음에 걸림이 많고, 괴로움이 계속된다. 모든 괴로움의 근본원인은 감각기관과 그 대상에 대한 욕구 · 욕망이고, 집착이다. 이것들을 알아차림 함으로써 이것들에 속지 않고, 욕구 · 욕망에 힘을 보태어 욕구 · 욕망을 키워가지 않음으로써 우리는 편안해질 수 있고, 모든 괴로움에서 벗어날 수 있다. 멈춤[止지]과 관찰[觀관], 즉 사마타와 위빠사나를 많이 닦으면, 감각의 세계에 깨어 있을 수 있다. 그러면 바깥 대상에 속지 않게 되고, 결국 감각기관에서 일어나는 것이 없게 되어서 감각의 세계가 다 소멸하게 된다. 감각의 세계가 다 소멸됨으로써 모든 번뇌가 다 소멸되고, 모든 괴로움에서 벗어나게 된다. 그러면 열반을 성취하여, 죽은 뒤에 다음 존재를 받지 않는다.

오온, 십이처, 십팔계는 모든 존재를 일컫는 말이다

십이처(12處)는 눈[眼안], 귀[耳이], 코[鼻비], 혀[舌설], 몸[身신], 의식[意의] 등의 여섯 감각기관과 그 대상인 형상[色색], 소리[聲성], 냄새[香향], 맛[味미], 촉감[觸촉], 마음에서 일어났다가 사라지는 것들[法법]을 일컫는 말이다. 십팔계(18界)는 불교의 모든 존재에 대한 여러 분류방식들 중에 하나다. 십팔계는 존재 전체를 안계(眼界), 이계(耳界), 비계(鼻界), 설계(舌界), 신계(身界), 의계(意界) 등의 **6근계**(六根界)와 색계(色界), 성계(聲界), 향계(香界), 미계(味界), 촉계(觸界), 법계(法界) 등의 **6경계**(六境界)와 안식계(眼識界)[882], 이식계(耳識界), 비식계(鼻識界), 설식계(舌識界), 신식계(身識界), 의식계(意識界) 등의 **6식계**(六識界) 등 총 18계로 분류하는 방식이다. 18계는 오온, 12처와 함께 초기불교 때부터 널리 사용돼 오던 모든 존재에 대한 분류방식이다. 석가부처님은 설법하면서 존재 전체를 때로는 오온을 통해 설명하기도 했고, 때로는 십이처나 십팔계를 통해 설명하기도 했다. 〈반야심경〉에서 "공중무색(空中無色) 무수상행식(無受想行識)"은 모든 존재를 오온을 통해 표현한 것이고, "무안이비설신의(無眼耳鼻舌身意) 무색성향미촉법(無色聲香味觸法)은 모든 존재를 12처를 통해 표현한 것이다. 그리고 "무안이비설신의(無眼耳鼻舌身意) 무색성향미촉법(無色聲香味觸法) 무안계(無眼界) 내지(乃至) 무의식계(無意識界)"는 모든 존재를 18계를 통해 표현한 것이다. "공중

882 한역문 "안식계(眼識界)"는 '눈의 식별작용이라는 인식작용의 구성요소'로 번역할 수 있다. "이식계(耳識界)"는 '귀의 식별작용이라는 인식작용의 구성요소'로 번역할 수 있다. 여기서 界(계)는 산스크리트어 dhātu(다투)를 번역한 것으로, (인식작용의) '구성요소', '재료'라는 뜻이다.

무색(空中無色)"에서 "무의식계(無意識界)"까지의 내용은 '적멸상태에는 그 어떤 것도 존재하지 않는다'는 말을 하고 있는 것이다.
부처님께서는 12처를 벗어난 것은 의식의 대상이 아니라고 분명히 말했다.[883] 12처, 18계를 벗어난 것은 그 존재 여부를 알 수 없다. 알고 보면 모든 것은 12처에서 일어났다가 12처에서 사라진다. 이런 까닭에 부처님께서는 "12처가 곧 세계[loka]"라고 말했다. 모든 일은 12처에서 일어난다. 그렇다면 12처를 통해 세계의 모든 괴로움을 다 없애는 것이 가능해야 할 것이다. 실제로 초기불교 경전에는 "세계의 끝에 도달하여, 모든 괴로움을 다 끝낼 수 있는 열쇠가 여섯 감각기관에 있다"고 말했다.[884] 여섯 감각기관을 잘 길들이고, 잘 지키고, 잘 단속해가면, 괴로움을 다 끝낼 수 있다고 가르쳤다.[885] 이와 같이 12처는 잘 지키고, 단속해야 할 대상이다.

무안이비설신의 무색성향미촉법 무안계내지무의식계

無眼耳鼻舌身意 無色聲香味觸法 無眼界乃至無意識界

(적멸상태엔 또 눈, 귀, 코, 혀, 피부, 의식 등의 감각기관도 없고, 형상, 소리, 냄새, 맛, 촉감, 마음에서 일어났다가 사라지는 것들[法]도 없습니다. 또 '눈'이라는 요소에서부터 '의식의 식별작용'이라는 요소에 이르기까지 그 어떤 인식작용의 구성요소도 없습니다.)

883 〈상윳따니까야〉SN.IV.15
884 〈상윳따니까야〉SN.IV.95
885 〈상윳따니까야〉SN.IV.70

3. 적멸상태엔 십이연기가 일어나지 않는다

무무명 역무무명진 내지 무노사 역무노사진

無無明 亦無無明盡 乃至 無老死 亦無老死盡

(또 무명도 없고, 무명이 다 소멸된 것도 없으며, 내지 늙고 죽는 것도 없고, 늙고 죽는 것이 다 소멸된 것도 없습니다.)

〈반야심경〉의 "시제법공상(是諸法空相) 불생불멸 ...... 무안계내지 무의식계" 부분은 "이 모든 존재[是諸法시제법]"로 표현돼 있는 오온, 12처, 18계가 다 소멸된[空공] 상태[相상]가 어떤 것인지를 말해주고 있다. 이 모든 존재가 다 소멸된 것이 적멸상태다. 〈반야심경〉의 "무무명(無無明) 역무무명진(亦無無明盡) 내지(乃至) 무노사(無老死) 역무노사진(亦無老死盡)" 부분도 이 모든 존재가 다 소멸된 적멸상태가 어떤 것인지를 말해주고 있다. 이 부분은 무명(無明)에서 노사(老死)에 이르기까지 12연기의 12요소를 다 말해 놓고, 적멸상태에는 이런 12연기의 12요소가 다 소멸되어서 더 이상 12연기가 일어나지 않고, 12연기로 인해 일어나는 다시 태어남, 근심, 초조, 불안, 공포, 우울, 육체적 고통, 늙음과 죽음 등이 존재하지 않고, 또 늙음과 죽음이 다 소멸된 것도 존재하지 않는다는 것을 말해주고 있다.

盡(진) "無無明盡(무무명진)"에서 "盡(진)"은 어떤 의미일까? 이 盡(진)은 산스크리트어 "크싸야(kṣaya)"를 번역한 것이고, 이것은 '다 없어지다', '소멸되다' 등의 뜻으로, 終(종), 斷(단), 滅(멸), 盡(진), 滅盡(멸진) 등으로 한역되어 있다. 따라서 여기서 "盡(진)"은 '다 소멸되었다'는 뜻이다. 즉 "無無明盡(무무명진)"은 '무명이 다 소멸된 것도 없다'는 뜻이다.

乃至(내지) 위의 한역문 속의 "내지(乃至)"에는 12연기의 12요소 중 첫 번째 요소인 무명(無明)과 마지막 요소인 노사(老死) 사이에 있는 10개 요소에 대한 언급이 생략되어 있다. 즉 '그 10개 요소도 없고, 그 10개 요소가 다 소멸된 것도 없다'는 말이 생략되어 있다.

"無無明盡(무무명진)과 無老死盡(무노사진)" 그렇다고 적멸상태를 성취하여, 무명이 다 소멸되고, 늙음과 죽음이 다 소멸된 뒤의 그 "무엇"이 있느냐? 없다. 적멸상태를 성취하고 나면, 아무 것도 없다. 적멸상태를 성취하고 나면 밝음[明명], 즉 지혜도 없고, 무명(無明)도 없다. 늙음과 죽음 등의 괴로움도 없고, 늙음과 죽음이 다 소멸된 뒤의 행복이나 지락(至樂)도 없다. 이것이 "무무명진(無無明盡)"과 "무노사진(無老死盡)"의 의미다. "무무명진"과 "무노사진"은 '무명이 다 소멸된 것도 없고, 늙고 죽는 것이 다 소멸된 것도 없다'는 뜻이다. 무아의 진리를 깨닫고 나면, 더 이상 12연기가 일어나지 않는다. 그래서 내면에 그 어떤 현상도 일어나지 않는다. 이것이 眞空(진공)이고, 적멸(寂滅)이고, 열반이다. 그럼 또 '진공', '적멸', '열반'이라는 그 무엇이 따로 있는가? 없다. 있으면, 그것은 진공, 열반이 아니기 때문이다. 진공은 의식, 감각기관, 감각기관의 대상, 언어, 생각, 인식, 즐거움, 괴로움 등이 완전히 다 소멸되어서 아무 것도 없는 상태다.

산스크리트어본에는 '밝음도 없고, 밝지 않음도 없다'는 내용으로 되어 있는데, 한역경에는 '밝음도 없다'는 내용이 빠져 있다

현장이 한역한 〈반야심경〉의 "무무명(無無明) 역무무명진(亦無無明盡)"에 해당하는 산스크리트어 원문을 보면, 다음과 같다.

나 - 비디아 나 - 아비디아 나 비디아크싸요 나 아비디아크싸요

na - vidyā na - avidyā na vidyākṣayo na avidyākṣayo

(**無** **明**) 無 無明 (**無** **明** **盡**) 無 無明 盡

야반 나 자라 - 마라남 나 자라 - 마라나 - 크싸요

yāvan na jarā - maraṇaṃ na jarā - maraṇa - kṣayo

乃至 無 老 死 無 老 死 盡

위의 내용에서 한자는 필자가 산스크리트어를 모르는 독자들을 위해 그 위의 줄의 산스크리트어 원문의 각 단어의 뜻을 한자로 표기해 놓은 것이다. 위의 산스크리트어 원문을 번역하면 다음과 같다.

(적멸상태엔) **밝음**[明명,지혜]**도 없고**, 무명도 없으며, **밝음**[明명]**이 다 소멸된 것도 없고**, 무명이 다 소멸된 것도 없다. 내지 늙음과 죽음도 없고, 늙음과 죽음이 다 소멸된 것도 없다.

이러한 뜻을 한문으로 번역하면 '**무명(無明)** 무무명(無無明) 역(亦)**무명진(無明盡)** 무무명진(無無明盡) 내지(乃至) 무노사(無老死) 역(亦) 무노사진(無老死盡)'으로 번역할 수 있다. 그런데 현장은 이 부분을 번역하면서 **고딕체**로 되어 있는 **무명(無明)**과 **무명진(無明盡)**을 빼버리고, "무무명(無無明) 역(亦)무무명진(無無明盡) 내지(乃至) 무노사(無老死) 역(亦)무노사진(無老死盡)"으로 번역해 놓았다. 현장이 한역해 놓은 것을 우리말로 번역하면 다음과 같다.

(적멸상태엔) 무명(無明)도 없고, 무명이 다 소멸된 것도 없으며, 내지 늙고 죽는 것도 없고, 늙고 죽는 것이 다 소멸된 것도 없다.

현장은 〈반야심경〉을 한역하면서 산스크리트어 원문에 있던 '**밝음**[明명,지혜]**도 없고, 밝음**[明명,지혜]**이 다 소멸된 것도 없다**'는 내용을 빼버렸다. 그럼 현장은 왜 이 내용을 빼버렸을까? '밝음, 즉 지혜가 없다'는 말

과 '밝음이 다 소멸된 것도 없다'는 말은 없어도 아무런 상관이 없는 말인가? 아니다. 이것은 있어야 하는 것이다. 왜냐하면 '밝음[明명,지혜]도 없고, 밝음[明명,지혜]이 다 소멸된 것도 없다'는 내용이 있으면, '(적멸상태엔) 그 어떤 것도 존재하지 않는다'는 空(공), 적멸(寂滅), 열반 등의 의미가 훨씬 더 분명해지기 때문이다. '(적멸상태엔) 밝음[明명,지혜]도 없고, 무명도 없으며, 밝음[明명,지혜]이 다 소멸된 것도 없고, 무명이 다 소멸된 것도 없다'는 뜻이 되어서 '空(공)의 상태, 즉 적멸상태에는 그 어떤 것도 존재하지 않는다'는 의미가 훨씬 더 분명해진다. 그럼 왜 이와 같이 뜻이 분명하게 드러나 있는 산스크리트어 원문을 뜻이 분명하지 못 하도록 번역해 놓았는가? 그것은 영원히 소소영영(昭昭靈靈)[886]하여, 일찍이 생겨난 적도 없고, 없어진 적도 없는[887] "자성자리"의 개념을 갖고 있는 사람들이 〈반야심경〉을 한역하면서 자신들이 신봉하는 자성자리의 교리와 충돌하는 내용을 빼버렸다고 볼 수 있다. 그들은 '(적멸상태엔) 밝음[明명,지혜]도 없고, 무명도 없으며, 밝음[明명,지혜]이 다 소멸된 것도 없고, 무명이 다 소멸된 것도 없다'는 원래 내용 중에서 '**밝음도 없다**'는 뜻의 "**無明(무명)**"이 자신들이 신봉하는 "자성자리"의 개념과 충돌하는 것임을 알고, 그것을 빼버렸다는 말이다. 그것을 빼면서 뺀 흔적을 없애기 위해 그 뒤의 '밝음이 다 소멸된 것도 없다'는 내용의 "**無明盡(무명진)**"도 함께 빼버린 것이다. 여기서 밝음[明명]은 지혜이다. 자성자리 개념을 갖고 있는 사람들은 "지혜는 소소영영(昭昭靈靈)한 자성자리"라고 말한다. '소소영영하다'는 말은 '자성자리는 영원히 변하지

886 소소영영(昭昭靈靈)은 조금도 변함없이 늘 밝게 깨어있고, 불가사의한 작용이 있으며, 신비 그 자체인 자성자리를 형용하는 말이다. 필자는 이런 개념의 자성자리는 말로만 존재할 뿐, 실제로는 존재하지 않는다고 본다.

887 중국 선불교에서는 '일찍이 생겨난 적도 없고, 없어진 적도 없는 것'을 '부증생부증멸(不曾生不曾滅)'로 표현했다.

않고, 늘 그대로 밝게 존재한다'는 뜻이다. 그래서 '밝음도 없다'는 말은 '(적멸상태엔) 소소영영(昭昭靈靈)한 자성자리도 없다'는 말이 된다. 이것은 자성자리 개념을 갖고 있는 사람의 교리가 부정당하는 것이 되어버린다. 그래서 그들은 "무무명(無無明)" 앞에 있던 **"無明(무명)"**을 빼버렸다고 볼 수 있다.

만약 〈반야심경〉에 '밝음도 없다'는 내용이 들어 있었다면, 〈반야심경〉이 지금처럼 유행하지 못 했거나 중국 선불교가 크게 유행하지 못 했을는지도 모른다. 중국 선불교는 일찍이 생겨난 적도 없고, 없어진 적도 없는 "자성자리"를 보는 것[견성]을 목표로 하는 불교이기 때문이다. 놀라

야반 나 자라의 〈반야심경〉 한역본 중 8종에 다 '밝음도 없다'는 내용이 빠져 있다는 사실이다. 8종의 한역본 중 한 두 개의 한역본에 빠져 있다면, 그것은 이해할 수 있다. 8종의 모든 한역본에 '밝음[明명]도 없다'는 내용의 **"無明(무명)"**이 빠져 있다니, 이것이 어떻게 가능했을까? 여러 방법을 동원해서 확인해 보니, 산스크리트어본 자체가 2종이 존재했음을 알 수 있었다. 일본 법륭사의 산스크리트어 사본에는 '밝음도 없다'는 뜻의 **"나 비디아(na-vidyā)"**가[888] 들어 있지만,[889] 에드워드 콘쯔의 산스크리트어 사본[890]에는 이것이 없다.[891] 이러한 사실을 보면 한문

888 "나 비디아(na-vidyā)"에서 na(나)는 영어의 no에 해당하는 것으로, '없다'는 뜻이다. vidyā(비디아)는 '밝음'이라는 뜻으로, 明(명), 慧(혜), 解(해), 明了(명료, 밝게 앎), 識(식) 등으로 한역되어 있다. 따라서 "나 비디아(na-vidyā)"는 "무명(無明)"으로 번역되고, 이것은 '밝음도 없다'는 뜻이다.

889 "na나-vidyā비디아 na나-avidyā아비디아 na나 vidyākṣayo비디아크싸요 na나 avidyākṣayo아비디아크싸요" 〈반야심경〉 이기영 역해(譯解). 목탁신서5. 1979년 24쪽

890 에드워드 콘쯔의 산스크리트어본 〈반야심경〉은 소본으로 일컬어지는 법륭사 사본과 중국의 사본을 비교하여, 소본과 대본의 교정본을 내놓은 막스·뮐러의 산스크리트어 사본을 바탕으로 만들어진 것으로 보인다.

으로 번역되기 전의 산스크리트어 사본에 이미 '밝음도 없다'는 내용이 빠져 있었고, 그 사본을 가지고 번역했기 때문에 8종의 모든 한역본에 이것이 빠져 있다고도 볼 수 있다. 하지만 필자는 중국에서 한역하는 과정이나 한역 이후에 누군가 이 내용을 빼버렸을 가능성도 배제할 수는 없다고 본다.

그럼 에드워드 콘쯔의 산스크리트어 사본에는 왜 '밝음도 없다'는 뜻의 "**나 비디아(na-vidyā)**"가 빠져 있을까? 〈반야심경〉은 초기 대승불교 경전이다. 이 경이 번역될 당시에는[892] 대승불교는 브라만교의 아트만 개념을 수용하여, 앞에서 말한 "자성"의 개념을 갖고 있었다. 〈반야심경〉이 저술될 당시에는[893] 아직 브라만교의 영향을 받기 전이라서 이 부분은 "**無明(무명)** 無無明(무무명)"의 형태였을 것이다. 하지만 AD. 4세기 초에 대승불교의 유식학파가 브라만교의 "아트만" 개념을 수용하여, "아뢰야식" 또는 "자성"의 개념을 확립한 뒤에 "**無明(무명)**", 즉 '**밝음도 없다**'는 내용이 유식불교의 아뢰야식 개념과 상충하는[894] 내용이라서 산스크리트어 원문에서 빼버렸다고 볼 수 있다.[895]

891 "na나-avidyā아비디아 na나 avidyākṣayo아비디아크싸요"〈梵本 英譯註 금강경 · 心經, Buddhist Wisdom Books containing The Diamond Sutra and The Heart Sutra〉 by Edward Conze. GEORGE ALLEN & UNWIN LTD. 1958. 89쪽

892 〈반야심경〉은 AD. 408년에 구마라집이 최초로 한역한 이후 AD. 1,000년경까지 꾸준히 총 8명의 번역가가 한문으로 번역했다.

893 반야부(般若部) 경전이 저술된 것은 BC. 1세기경부터 AD. 4세기까지로 보면 크게 무리가 없을 것이다.

894 유식학파의 한 파에서는 아뢰야식을 밝음, 변함없음, 참됨, 깨끗함 등의 속성을 가진 "진여자성(眞如自性)"과 같은 개념으로 해석하는데, 〈반야심경〉의 이 부분에서 '밝음조차 없다'고 말하는 것은 아뢰야식 또는 진여자성을 부정하는 말이 되어 버린다.

895 지금 필자가 불경번역의 비리를 다 드러내는 것 같아서 약간 염려스러운 점이 있다. 불경 번역에 있어서 〈반야심경〉의 이 부분과 같은 이런 불성실한 번역의 경우는 극히 드물다. 필자는 40여 년 동안 불경번역을 연구해왔다. 불경의 한문 번역문은 98%이

한국에서는 "무무명 역무무명진 내지 무노사 역무노사진"을 어떻게 해석해 놓았나?

그럼 이번에는 "무무명(無無明) 역무무명진(亦無無明盡) 내지(乃至) 무노사(無老死) 역무노사진(亦無老死盡)"을 한국에서는 어떻게 번역해 놓았는지 한 번 보자.

> 조계종 표준 〈한글 반야심경〉: "무명도 무명이 다함까지도 없으며, 늙고 죽음도 늙고 죽음이 다함까지도 없고,"
>
> 청담 스님 : "허망한 육신을 〈나〉라고 하는 그릇된 생각도 없고, 또한 〈나〉라는 그릇된 생각이 없어졌다는 생각마저 없으며, 내지 늙어 없어진 것도 없는 것이다."
>
> 오고산 스님 : "무명도 없고, 무명이 다함도 또한 없으며, 노사까지도 없고, 노사가 다함도 없다."
>
> 무비 스님 : "무명도 없으며, 또한 무명이 다함도 없으며, 내지 노와 사도 없으며, 또한 노와 사가 다함도 없다."
>
> 이중표 교수 : "무명이 없고, 무명의 소멸이 없으며, 내지 노사(老死)가 없고, 노사의 소멸까지 없다오."
>
> 김용옥 선생 : "싯달타께서 깨달으셨다고 하는 12연기의 무명도 없고, 또한 무명이 사라진다고 하는 것도 없다. 이렇게 12연기의 부정은 노사의 현실에까지 다다른다. 그러니 노사도 없고, 노사가 사라진다고 하는 것도 없다."
>
> 필자 : (적멸상태엔) 무명도 없고, 무명이 다 소멸된 것도 없으며, 내지 늙고 죽는 것도 없고, 늙고 죽는 것이 다 소멸된 것도 없다.

상 신뢰할 만하다. 불경의 한역문은 거의 다 뛰어나고도 성실한 번역이라고 할 수 있다.

무비 스님은 이 부분을 다음과 같이 해설하면서 "이 부분은 십이연기를 부정하는 것"이라고 말해 놓았다.[896]

"이 말은 결국 십이연기에 매달려 있지 말라는 것입니다. ..... 결국 〈반야심경〉에서는 십이연기마저 〈무〉로 돌려버리는 차원입니다. 그래서 흔히 〈반야심경〉은 선사상(禪思想)과 접목이 아주 잘 된다고 말하기도 합니다."[897]

중국 선불교는 대체로 석가부처님의 12연기법을 부정하는 입장을 취한다. 중국 선불교에는 자성자리와 그것을 깨닫는 견성(見性)만 존재할 뿐, 삼법인, 사성제, 팔정도, 12연기 등의 석가부처님 법은 존재하지 않기 때문이다. 그러나 〈반야심경〉의 이 부분은 결코 십이연기를 부정하는 말이 아니다. 이것은 적멸상태에 들면, 더 이상 십이연기가 일어나지 않고, 모든 것이 다 소멸되어서 십이연기의 12요소가 다 소멸된 것도 없는 "공(空)", 즉 "적멸상태"에 대해 말하고 있다.
오고산 스님은 "무무명(無無明) ..... 역무노사진(亦無老死盡)" 부분을 "무명도 없고, 무명이 **다함**도 또한 없으며, 노사까지도 없고, 노사가 **다함**도 없다"고 번역해 놓았다. 이 번역은 언뜻 보면, 번역이 잘 된 것처럼 보이지만 약간 부족한 번역이라 할 수 있다. 왜냐하면 이것은 "무명도 없고, 무명이 **다 소멸된 것**도 없으며, 내지 늙고 죽는 것도 없고, 늙고 죽는 것이 **다 소멸된 것**도 없다"고 번역해야 하기 때문이다. 오고산 스님은 '무명이 다함도 없다', '노사가 다함도 없다'는 등의 표현을 하면서 "다함도 없다"는 말이 무슨 말인지 분명하게 전달하지 못 하고 있다. 이와 같이 오

896 위의 무비 스님의 책 218쪽 6행
897 위의 무비 스님의 책 225쪽

고산 스님은 이 부분에서 번역도 부족하게 해 놓았고, 해설도 다음과 같이 하여, 잘못 해 놓았다.

> "좌우간 다음 설명을 착각하지 말기를 바란다. 즉 무무명(無無明)했는데, '무명이 없다'는 말은 원래 무명이 있던 것인데, 어떤 동기로 인해 무명이 다해서 없어져서 무명이 없는 것이 아니라는 말이다. 즉 '역무무명진(亦無無明盡)'이라는 표현, 근원적으로 무명은 없는 것인데, 무명이 없다고 생각하는 그 다음 자체를 말하려는 것이다.[898] .... '본래 무명으로부터 노사가 없는데, 다함이 있을 리 없다'고 하여, 십이인연의 제법공상(諸法空相)을 설명한 것이다."[899]

위의 글을 보면, 오고산 스님도 무비 스님과 마찬가지로 "무무명(無無明).....역무노사진(亦無老死盡)" 부분은 '십이연기를 부정하는 것'이라는 취지로 말해 놓았다. 오고산 스님은 무슨 말을 하고 있는지 알 수가 없을 정도로 어렵게 해설해 놓았다. 그런데 필자가 오고산 스님의 해설을 해석하면, '원래부터 무명은 없는 것이기 때문에 무명이 다 소멸되는 것도 있을 수 없다'는 뜻으로 해석된다. 사실을 말하면, 우리는 무명업장(無明業障)으로 인해 몸을 받아서 태어났고, 무명에 휩싸여서 살아가고 있다. 그런데 오고산 스님은 "원래부터 무명도 없고, 노사도 없다"고 말하고 있다. 오고산 스님은 "근원적으로 십이연기의 12요소가 다 없는 것"이라는 취지로 말하고 있는데, 이것은 잘못된 해석이라고 볼 수 있다. "나"라는 존재가 있는 한, 무명도 있고, 늙음과 죽음도 있다. 이 부분은 다른 해설가들도 잘못 이해하고 있는 것은 마찬가지다. 필자가 보기에 수많은 〈

898 이 문장은 말이 되지 않는 문장이다. 그러니 억지로 이해하려고 애쓸 필요가 없다.
899 〈반야심경 강의〉 오고산. 보련각. 1999년. 제71~73쪽

반야심경〉 해설가들 중에서 이 부분을 제대로 해석하고 있는 사람은 없는 것으로 보인다.

"무무명(無無明) 역무무명진(亦無無明盡) 내지무노사(乃至無老死) 역무노사진(亦無老死盡)"은 '[적멸상태엔] 무명도 없고, 무명이 다 소멸된 것도 없으며, 내지 늙고 죽는 것도 없고, 늙고 죽는 것이 다 소멸된 것도 없다'는 뜻이다. '적멸상태에 들었을 때 비로소 무명이 없다'는 말이지 '본래부터 무명이 없다'는 말은 아니다. 불교에서는 괴로움, 12연기, 윤회 등에서 벗어나기 위해 수행한다.

죽음으로써 미세하게 남아 있던 몸의 물질현상[色색]까지 다 소멸되는 무여열반[空공]에 들면, 존재 자체가 다 소멸되어서 더 이상 "나"라는 업식(業識)뿐만 아니라 무명, 업 지음[行행], 늙음과 죽음, 괴로움, 지혜, 깨달음, 열반 등도 존재하지 않게 된다. 12연기가 더 이상 일어나지 않기 때문에 그 어떤 것도 존재하지 않는 것이 "空(공)"의 상태이고, "적멸"의 상태다.

"무명도 없고, 무명이 다 소멸된 것도 없으며, 내지 늙고 죽는 것도 없고, 늙고 죽는 것이 다 소멸된 것도 없다"는 말은 12연기법을 부정하는 말이 아니다

〈반야심경〉의 "무무명(無無明) 역무무명진(亦無無明盡) 내지무노사(乃至無老死) 역무노사진(亦無老死盡)", 즉 "무명도 없고, 무명이 다 소멸된 것도 없으며, 내지 늙고 죽는 것도 없고, 늙고 죽는 것이 다 소멸된 것도 없다"는 말은 12연기법을 부정하는 말이 아니라 적멸상태를 성취하고 나면, 12연기의 근본 원인인 무명도 없고, '늙고 죽는 것'으로 표현돼 있는 괴로움이 없다는 말이다. 이것은 '궁극적인 깨달음을 얻고 나면, 더 이상 12연기가 일어나지 않는다'는 말이다. 다음 경을 보면 이러한 사실을 확인할 수 있다.

〈잡아함경〉 제293. 연기법을 벗어난 매우 깊은 곳인 적멸열반을 설명하는 경

이와 같이 내가 들었다. 한 때 부처님께서 왕사성 가란다죽원에 계셨다. 그 때 세존께서 이교도(異教徒)의 한 비구에게 말했다.

"나는 이미 의심에서 벗어났고, 망설임에서 벗어났으며, 그릇된 소견(所見)의 가시를 다 뽑았기 때문에 다시는 퇴보하지 않는다. 마음에 집착하는 바가 없기 때문에 그 어디에 "나"라는 것이 있겠는가? 나는 저 비구들을 위해 법을 설하고, 저 비구들을 위해 성현이 세상에 나와서 공(空)과 서로 호응하여, 인연에 의해 일어나고 따라가는[隨順] 연기법을 설하노라.

그것은 이른바 '저것이 있기 때문에 이것이 있고, 저것이 일어나기 때문에 이것이 일어난다'는 것이다. 즉 무명으로 인해 업 지음[行행]이 있고, 업 지음으로 인해 식별작용 · 의식[識식]이 있다. 식별작용 · 의식[識식]으로 인해 정신현상과 몸의 물질현상[名色명색]이 있다. 정신현상과 몸의 물질현상[名色]으로 인해 여섯 감각기관[六入육입]이 있고, 여섯 감각기관으로 인해 접촉[觸촉]이 있고, 접촉함으로 인해 느낌[受수]이 있다. 느낌으로 인해 갈애[愛애]가 있고, 갈애로 인해 집착 · 취함[取취]이 있고, 집착 · 취함으로 인해 존재[有유]가 있다. 존재로 인해 태어남[生생]이 있고, 태어남으로 인해 늙음, 죽음, 근심, 슬픔, 번민, 괴로움 등이 있다. 이와 같이 되어서 순전히 괴로움뿐인 큰 괴로움의 덩어리가 생겨나며, ……(내지)…… 이와 같이 되어서 순전히 괴로움뿐인 큰 괴로움의 덩어리가 소멸된다'는 것이다.

이와 같이 법을 설했지만 그 비구들은 아직 의혹과 망설임에서 벗어나지 못 하고, 일찍이 얻지 못 한 것을 얻었다고 생각하고, 획득하지 못 한 것을 획득했다고 생각하며, 증득하지 못 한 것을 증득했다고 생각했다. 그리하여 지금 법을 듣고도 마음에 근심과 괴로움, 후회, 한

탄, 원한, 혼침(昏沈) 등의 장애가 생겨났다. 왜냐하면 이 매우 깊은 곳은 '연기법'이라는 것보다 몇 배나 깊어서 보기 어렵기 때문이다. 이 곳은 온갖 집착·취함[取취]에서 벗어나 있고, 갈애가 완전히 다 소멸되었으며, 욕구·욕망이 다 소멸된 적멸(寂滅)한 상태, 즉 열반이니라. 이와 같이 두 법이 있다. 그것은 유위법(有爲法)과 무위법(無爲法)이다. 유위법은 [마음에 어떤 현상이] 일어나기도 하고, 머물기도 하며, 변하기도 하고, 소멸되기도 한다. 하지만 무위법은 일어나는 것이 없고[不生불생], 머무는 것도 없으며[不住불주], 변하는 것도 없고[不異불이], 소멸되는 것도 없다[不滅불멸]. 이것을 비구의 온갖 업지음[諸行제행]의 괴로움이 다 소멸된[寂滅적멸] '열반'이라고 한다.[900] 괴로움의 원인이 모이기 때문에 괴로움이 모이고, 그 원인이 소멸되기 때문에 괴로움도 소멸된다. 모든 길을 다 끊고, 이어져가는 것을 다 없애고, 이어져가는 것을 없애는 것마저 다 없애면, 이것을 '괴로움의 끝[苦邊고변]'이라고 한다.[901] 비구들이여, 무엇을 소멸해야 하는가? 그것은 아직 남아 있는 괴로움이다. 만약 괴로움이 다 소멸되고[滅멸], 멈추어지고[止지], 맑아지고[淸청], 식어지고[凉량], 쉬어지고[息식], 완전히 다 없어지면[沒몰], 이것이 바로 그 어떤 취(取)함도 다 소멸되었고, 갈애가 완전히 다 소멸되었으며, 그 어떤 욕구·욕망도 없는, 고요하고도 모든 것이 다 소멸된 열반이니라.

부처님께서 이 경을 말씀하시자, 여러 비구들은 부처님 말씀을 듣고, 기뻐하며, 받들어 수행했다.

900 〈잡아함경〉제293경 083c16 "無爲者不生·不住·不異·不滅。是名比丘諸行苦寂滅涅槃"
901 〈잡아함경〉제293경 083c17 "因集故苦集。因滅故苦滅。斷諸逕路。滅於相續。相續滅滅。是名苦邊"

위의 경에 의하면 열반은 마음에 어떤 현상도 일어나지 않고, 모든 것이 다 쉬어져서 그 어떤 취(取)함도 없고, 갈애가 완전히 다 소멸되었으며, 그 어떤 욕구 · 욕망도 없는, 고요하고도 모든 것이 다 소멸된 상태다.

십이연기법(12緣起法)

십이연기는 괴로움의 발생 원인을 알고, 괴로움을 완전히 다 소멸할 수 있는 원리를 관찰해가는 것을 묘사해 놓은 것이다. 십이연기는 관찰과 숙고(熟考)를 통해 자신의 괴로움을 알아차리고, 괴로움의 원인과 그 원인의 원인을 알아가는 과정이다. 십이연기는 생로병사(生老病死)로 표현되는 우리의 고통스러운 존재는 무명(無明)으로 시작해서 노사(老死)로 끝나는 괴로움이 일어나는 과정의 인과관계를 밝혀 놓은 것이다. 한역경(漢譯經)에 나오는 십이연기의 12요소의 인과관계는 다음과 같다.

> 無明(무명)→行(행)→識(식)⇄名色(명색)→六入(육입)→觸(촉)→受(수)→愛(애)→取(취)→有(유)→生(생)→老死(노사)

이것을 번역하면 다음과 같다.

> 무명으로 인해 업 지음[行행,業行업행][902]이 일어나고, 업 지음으로 인해 의식 · 식별작용[識식][903]이 일어난다. 의식 · 식별작용으로 인해 정

902 업 지음은 '의지작용'이라는 뜻이다.

903 의식 · 식별작용[識]은 12연기의 세 번째 요소인 識(식)을 번역한 것이다. 이 識(식)은 오온에서의 識(식)과 산스크리트어 원어가 같은 것이다. 識(식)은 '마음[心]', '의식(意識)', '식별(識別)작용' 등으로 번역할 수 있다. 마음[心], 의식(意識), 식별(識別)작용은 동의어다. 마음이 의식이고, 의식은 대상을 식별하는 작용이기 때문이다. 식별한다는 것은 대상을 '지각(知覺)한다', '알아차린다'는 뜻이다.

신현상[名명]과 물질현상[色색]이 일어난다. 정신현상과 물질현상[名色명색]으로 인해 여섯 감각기관[六入육입]이 일어나고, 여섯 감각기관으로 인해 접촉[觸촉]이 일어난다. 접촉함으로 인해 느낌[受수]이 일어나고, 느낌으로 인해 갈애[愛애][904]가 일어난다. 갈애[愛애]로 인해 취함[取취][905]이 일어나고, 취함으로 인해 존재[有유][906]가 형성된다. 존재의 형성으로 인해 태어남[生생]이 일어나고, 태어남으로 인해 늙음과 죽음, 슬픔과 한탄, 정신적 · 육체적 고통과 온갖 시련이 일어난다.

그럼 무명(無明), 행(行), 식(識) 등 십이연기의 12요소는 어떤 의미인가? 그것에 대해 설명하고 있는 〈잡아함경〉 제298경을 한 번 보자.

〈잡아함경〉 제298. 12연기법을 설명하는 경

이와 같이 내가 들었다. 한 때 부처님께서 구류수의 '조우'라고 하는 마을에 계셨다. 그 때 세존께서는 여러 비구들에게 말했다.

"내가 이제 연기법(緣起法)에 있어서 그 법에 대한 설명과 12연기법의 각 요소에 대한 설명을 하려고 한다. 자세히 듣고, 잘 사유해보라. 여러 분을 위해 설명하리다.

어떤 것이 연기법의 법에 대한 설명인가? 그것은 이른바 '이것이 있기 때문에 저것이 있고, 이것이 일어나기 때문에 저것이 일어난다'고

904 갈애[愛애,渴愛갈애]는 '애욕(愛慾)'으로도 표현할 수 있다.

905 취함[取취]은 '집착'으로 번역할 수 있다.

906 존재[有유]는 산스크리트어 bhava(바바)를 번역한 것이다. bhava(바바)는 존재뿐만 아니라 탄생, 태어남, 생성, 기원(起源), 본원(本源) 등의 뜻이 있다. 이것은 有(유), 諸有(제유), 生(생), 生者(생자) 등으로 한역되어 있다. 존재는 과보의 원인이 되는 업의 작용으로 인해 생긴 것이다. 갈애와 취함으로 인해 업을 짓고, 그 업이 미래의 결과를 낳는다.

하는 것이다. 즉 무명으로 인해 업 지음[行행]이 있고 ……(내지)…… 순전히 괴로움뿐인 큰 괴로움의 무더기가 발생한다. 이런 것을 '12연기법의 법에 대한 설명'이라고 한다.[907]

어떤 것이 12연기법의 각 요소에 대한 설명인가? 그것은 다음과 같다.

1) **무명(無明)** 어떤 것을 '무명'이라고 하는가? 만약 과거를 알지 못하고, 미래를 알지 못 하고, 과거와 미래를 알지 못 하며, 안을 알지 못하고, 밖을 알지 못 하고, 안팎을 알지 못 하며, 업을 알지 못 하고, 과보(果報)를 알지 못 하고, 업보(業報)[908]를 알지 못 하며, 부처님을 알지 못 하고, 법을 알지 못 하며, 수행자 집단[僧伽승가]을 알지 못 하고, 괴로움을 알지 못 하고, 괴로움의 원인을 알지 못 하고, 괴로움의 완전한 소멸을 알지 못 하며, 괴로움의 완전한 소멸에 이르는 길을 알지 못 하고, 원인을 알지 못 하고, 원인이 일으키는 것을 알지 못 하며, 착함과 착하지 않음을 알지 못 하고, 죄 있음과 죄 없음, 익힘과 익히지 않음, 열등함과 우수함, 더러움에 물듦과 깨끗함 등을 분별하지 못 하고, 연기(緣起)를 알지 못 하고, 여섯 감각기관에 대해 있는 그대로 깨어있지 못 해서 이러저러한 것을 알지 못 하고, 보지 못 하며, [알아차림이] 끊어지지 않고 한결같이[無間等무간등] 지속되지 못 하고, 어리석고, 캄캄하며, 밝음이 없고, 크게 어두우면, 이런 것을 '무명(無明)'[909]이라고 한다.[910]

2) **업 지음[行행]** '무명으로 인해 업 지음[行행]이 있다'고 하는데, 어떤

907 〈잡아함경〉 제298경. 085a14 "謂此有故彼有。此起故彼起。謂緣無明行。乃至純大苦聚集。是名緣起法法說"

908 업보(業報)는 '업에 따른 과보(果報)'를 의미한다.

909 무명(無明)은 밝음[明명]이 없는 것[無무], 즉 '밝지 못 한 것', '모르는 것', '무지함' 등의 뜻이다.

것이 업 지음인가? 업 지음에는 세 가지가 있다. 그것은 몸으로 짓는 업, 입으로 짓는 업, 마음으로 짓는 업이다.[911]

3) **의식 · 식별작용[識식]** '업 지음[行행]으로 인해 의식 · 식별작용[識식][912]이 있다'고 하는데, 어떤 것이 의식 · 식별작용인가? 그것은 눈의 식별작용[眼識안식], 귀의 식별작용[耳識이식], 코의 식별작용[鼻識비식], 혀의 식별작용[舌識설식], 몸의 식별작용[身識신식], 의식의 식별작용[意識의식] 등을 일컫는 말이다.[913]

4) **정신현상과 물질현상[名色명색]** '의식 · 식별작용[識식]으로 인하여 정신현상[名명]과 물질현상[色색]이 있다'고 하는데, 어떤 것이 정신현상인가? 정신현상은 [오온 중] 몸의 물질현상[色색]을 제외한 나머지 네 개를 일컫는 말이다. 느낌[受수], 인식[想상], 업 지음[行행], 식별작용[識식] 등이 그것이다. 그럼 어떤 것이 몸의 물질현상[色색]인가? 지수화풍(地水火風)과 지수화풍이 만들어내는 몸의 물질현상을

910 〈쌍윳따니까야〉 분별경(S12:2)에는 "비구들이여, 무명(無明)은 괴로움에 대한 무지, 괴로움의 발생에 대한 무지, 괴로움의 소멸에 대한 무지, 괴로움의 소멸에 이르는 길에 대한 무지이다. – 비구들이여, 이런 것을 '무명'이라고 한다"고 했다. 위의 번역의 원문은 다음과 같다. 085a16"彼云何無明。若不知前際 · 不知後際 · 不知前後際。不知於內 · 不知於外 · 不知內外。不知業 · 不知報 · 不知業報。不知佛 · 不知法 · 不知僧。不知苦 · 不知集 · 不知滅 · 不知道。不知因 · 不知因所起法。不知善不善 · 有罪無罪 · 習不習。若劣 · 若勝 · 染污 · 清淨。分別緣起。皆悉不知。於六觸入處。不如實覺知。於彼彼不知 · 不見 · 無無間等 · 癡闇 · 無明 · 大冥。是名無明"

911 〈잡아함경〉 제298경. 085a25 "緣無明行者。云何爲行。行有三種。身行 · 口行 · 意行"

912 의식 · 식별작용[識]은 12연기의 세 번째 요소인 識(식)을 번역한 것이다. 이 識(식)은 오온에서의 識(식)과 산스크리트어 원어가 같은 것이다. 識(식)은 '마음[心]', '의식(意識)', '식별(識別)작용' 등으로 옮길 수 있다. 마음[心], 의식(意識), 식별(識別)작용은 동의어다. 마음이 의식이고, 의식은 대상을 식별하는 작용이기 때문이다. 식별한다는 것은 대상을 '지각(知覺)한다', '알아차린다'는 뜻이다.

913 〈잡아함경〉 제298경. 085a26 "緣行識者。云何爲識。謂六識身。眼識身 · 耳識身 · 鼻識身 · 舌識身 · 身識身 · 意識身"

'몸의 물질현상[色색]'이라고 한다. 이 몸의 물질현상[色색]과 정신현상[名명]을 합쳐서 '정신현상과 물질현상[名色명색]'이라고 한다.[914]

5) **여섯 감각기관[六入處육입처]** '정신현상[名명]과 물질현상[色색]으로 인해 여섯 감각기관이 있다'고 하는데, 어떤 것이 여섯 감각기관[六入處육입처]인가? 그것은 안으로 받아들이는 여섯 곳을 일컫는 말인데, 눈, 귀, 코, 혀, 몸(피부), 의식 등이 그것이다.[915]

6) **접촉[觸촉]** '여섯 감각기관으로 인해 접촉이 있다'고 하는데, 어떤 것이 접촉[觸촉]인가? 접촉은 눈에 의한 접촉, 귀에 의한 접촉, 코에 의한 접촉, 혀에 의한 접촉, 피부에 의한 접촉, 의식에 의한 접촉 등 여섯 가지 접촉을 일컫는 말이다.[916]

7) **느낌[受수]** '접촉함으로 인해 느낌이 있다'고 하는데, 어떤 것이 느낌[受수]인가? 그것은 괴롭다는 느낌, 즐겁다는 느낌, 괴롭지도 즐겁지도 않다는 느낌 등 이 세 가지를 일컫는 말이다.[917]

914 〈잡아함경〉 제298경. 085a28 "緣識名色者。云何名。謂四無色陰。受陰 · 想陰 · 行陰 · 識陰。云何色。謂四大 · 四大所造色。是名爲色。此色及前所說名是爲名色" 정신현상[名]과 물질현상[色]은 서로 의지해서 존재한다. 두 개의 볏단이 서로 의지해서 서 있을 때 한 개가 다른 것의 버팀목이 되듯이 정신현상[名]과 물질현상[色]도 서로 의지해서 일어난다. 두 개의 볏단 중에서 어느 하나가 넘어지면, 다른 것도 넘어지듯이 죽음으로써 정신현상[名]과 물질현상[色] 중에서 어느 하나가 무너지면, 다른 것도 무너진다.

915 〈잡아함경〉 제298경. 085b02 "緣名色六入處者。云何爲六入處。謂六內入處。眼入處 · 耳入處 · 鼻入處 · 舌入處 · 身入處 · 意入處"

916 〈쌍윳따니까야〉 분별경(S12:2)에는 "비구들이여, 여섯 가지 감각접촉의 무리가 있다. 그것은 모습에 대한 감각접촉, 소리에 대한 감각접촉, 냄새에 대한 감각접촉, 맛에 대한 감각접촉, 촉감에 대한 감각접촉, 법에 대한 감각접촉이다. – 비구들이여, 이런 것들을 '감각접촉'이라고 한다"고 설명하고 있다. 〈잡아함경〉 제298경. 085b04 "緣六入處觸者。云何爲觸。謂六觸身。眼觸身 · 耳觸身 · 鼻觸身 · 舌觸身 · 身觸身 · 意觸身"

917 〈쌍윳따니까야〉 분별경(S12:2)에는 "비구들이여, 여섯 가지 느낌의 무리가 있다. 그것은 눈의 감각접촉에서 생긴 느낌, 귀의 감각접촉에서 생긴 느낌, 코의 감각접촉에서 생긴 느낌, 혀의 감각접촉에서 생긴 느낌, 몸의 감각접촉에서 생긴 느낌, 의식

8) **갈애[愛애]** '느낌으로 인해 갈애가 있다'고 하는데, 어떤 것이 갈애[愛애]인가? 갈애는 세 가지가 있다. 그것은 감각적 욕구에 대한 갈애[欲愛욕애], 감각적 욕구는 벗어났지만 몸의 물질현상에 대한 갈애[色愛색애], 몸의 물질현상에 대한 갈애는 벗어났지만 정신적인 존재로 존재하고자 하는 갈애[無色愛무색애] 등이다.[918]

9) **취함[取취]** '갈애로 인해 취함이 있다'고 하는데, 어떤 것이 취함[取취]인가? 취함은 네 가지가 있다. 그것은 감각적 욕구를 취하는 것[欲取욕취], 그릇된 견해를 취하는 것[見取견취], 그릇된 종교행위나 잘못된 도(道)를 취하는 것[戒禁取계금취], "나"라고 하는 것을 취하는 것[我取아취] 등이다.[919]

10) **존재[有유]** '취함[取취]으로 인해 존재가 있다'고 하는데, 어떤 것이 존재[有유]인가? 존재에는 세 가지가 있다. 그것은 욕계(欲界)의 존재, 색계(色界)의 존재, 무색계(無色界)의 존재이다.[920]

의 감각접촉에서 생긴 느낌 등이다. - 비구들이여, 이런 것들을 '느낌'이라고 한다."〈잡아함경〉 제298경. 085b06 "緣觸受者。云何爲受。謂三受。苦受 · 樂受 · 不苦不樂受"

918 〈쌍윳따니까야〉 분별경(S12:2)에는"비구들이여, 여섯 가지 갈애의 무리[六愛身]가 있다. 그것은 모습에 대한 갈애, 소리에 대한 갈애, 냄새에 대한 갈애, 맛에 대한 갈애, 촉감에 대한 갈애, 법에 대한 갈애다. - 비구들이여, 이런 것들을 '갈애'라고 한다."〈쌍윳따니까야〉45-170에는 세 가지 갈애가 "감각적 욕망에 대한 갈애, 존재에 대한 갈애, 비존재에 대한 갈애"로 나와 있다.〈잡아함경〉 제298경. 085b07 "緣受愛者(연수애자)。彼云何爲愛(피운하위애)。謂三愛(위삼애)。欲愛(욕애) · 色愛(색애) · 無色愛(무색애)"

919 여기서 취함은 '집착'을 의미한다.〈쌍윳따니까야〉45-173에는 "네 가지 집착이 있다. 어떤 것이 그 넷인가? 감각적 욕망에 대한 집착, 견해에 대한 집착, 계율과 의례의식에 대한 집착, 자아의 교리에 대한 집착 등이 그것이다"고 나와 있다.〈잡아함경〉 제298경. 085b08 "緣愛取者(연애취자)。云何爲取(운하위취)。四取(사취)。欲取(욕취) · 見取(견취) · 戒取(계취) · 我取(아취)"

920 욕계(欲界), 즉 [식욕, 성욕 등의] 감각적 욕구가 지배하는 세계에서의 존재, [감각적 욕구의 세계는 벗어났지만] 색계(色界), 즉 몸을 가진 세계에서의 존재, [몸을 가진 세계는 벗어났지만] 무색계(無色界), 즉 정신적인 세계에서의 존재 등이 그

11) **생명체의 탄생[生생]** '존재로 인해 생명체의 탄생이 있다'고 하는데, 어떤 것이 생명체의 탄생[生생]인가? 만약 이런 저런 중생이 이런 저런 종류의 몸으로 한 번 생기면, 뛰어넘고, [암수가 서로] 좋아하여[和화] 몸을 합하여 생명체를 탄생시키는 것이다. 존재의 다섯 요소[오온]를 얻고, 세계[界계][921]를 얻고, 감각기관[入處입처]을 얻고, 생명체의 기능[命根명근][922]을 얻는다. 이런 것을 '생명체의 탄생[生생]'이라고 한다.[923]

12) **늙음과 죽음[老死노사]** '생명체의 탄생으로 인해 늙음과 죽음이 있다'고 하는데, 어떤 것이 늙음인가? 만약 머리카락이 새하얗게 세고, 이마가 벗겨지고, 가죽이 쭈글쭈글 늘어나고, 감각기관이 쇠퇴하고, 사지가 약해지고, 등이 굽고, 고개를 떨어뜨리고, 끙끙 앓고, 숨이 짧아져서 헐떡이고, 몸이 앞으로 쏠려서 지팡이를 짚고 다니고, 피부가 시커멓게 변하고, 온 몸에 저승꽃이 피고, 정신이 희미해져서 멍청하게 있고, 거동하기 어려울 정도로 쇠약해지면, 이런 것을 '늙음'이라

것이다. 〈잡아함경〉 제298경. 085b09 "緣取有者(연취유자)。云何爲有(운하위유)。三有(삼유)。欲有(욕유) · 色有(색유) · 無色有(무색유)"

921 세계[界]는 **"界(계)"**를 번역한 것이다. 界(계)는 산스크리트어 다투(dhātu)를 번역한 것이고, 이것은 '성분', '요소' 등의 뜻이다. 다투(dhātu)는 신체의 구성요소일 뿐만 아니라 세계의 구성요소이기도 하다. 그래서 다투(dhātu)는 '界(계)', '身界(신계)', '世界(세계)' 등으로 한역(漢譯)되어 있다.

922 '생명체의 기능'은 한역문의 '命根(명근)'을 번역한 것이다. 명근은 산스크리트어 지비텐드리야(jīvitendriya)를 번역한 것이다. 명근(命根)에서의 명(命)은 산스크리트어 지비타(jīvita)를 번역한 것이고, 지바타는 '생물', '생명', '생명체', '살아있는 존재'라는 뜻이다. 근(根)은 산스크리트어 인드리야(indriya)를 번역한 것으로, '작용', '기능', '능력'등의 뜻이다. 인드리야는 인드라신과 유사한, 인드라신의 친구들, 인드라신의 능력, 위대한 행위, 활력, 정력, 정액, 감각, 감능(感能), 감각기관 등의 뜻도 있다.

923 〈잡아함경〉 제298경. 085b10 "緣有生者。云何爲生。若彼彼衆生。彼彼身種類一生。超越和合出生。得陰 · 得界 · 得入處 · 得命根。是名爲生"

고 한다.[924]

그럼 어떤 것을 '죽음'이라고 하는가? 이런 저런 중생이 이런 저런 종류로 사라지고, 옮겨가고, 몸이 무너지고, 수명이 다해서 따뜻한 기운이 떠나고, 생명체의 기능[命]이 소멸해서 존재의 다섯 요소[오온]를 버릴 때가 되면, 이런 것을 '죽음'이라고 한다. 이 죽음과 늙음을 합쳐서 '늙음과 죽음'이라고 한다.[925]

이러한 것이 12연기법의 각 요소에 대한 설명이다.[926]"

부처님께서 이 경을 말씀하시자, 여러 비구들은 부처님 말씀을 듣고, 기뻐하며, 받들어 수행했다.

무명(無明)은 괴로움과 그 원인을 밝게 알지 못 하는 것이고, 자신에 대해 밝게 알지 못 하는 것이며, 현재 자신에게 일어나고 있는 현상을 알아차리지 못 하고 있는 것이다. 또 무명은 괴로움에서 벗어나는 길을 알지 못 하는 것이다. 이런 무명으로 인해 괴로움이 발생한다. 무명을 없애는 방법은 존재의 다섯 요소[오온], 즉 자신의 몸과 마음에서 일어나는 현상들을 관찰해 들어가서 그것들에 대해 밝게 아는 것이다.

우리는 위의 〈잡아함경〉 제298경을 통해 십이연기의 12요소가 어떤 의미인지 알 수 있다. 여태껏 우리는 십이연기의 12요소가 어떤 의미인지 잘 몰랐다고 보는 것이 맞을 것이다. 그 어떤 책에서도 십이연기의 12요소의 연결고리를 이해할 수 있도록 설명해 놓은 것을 찾아볼 수가 없었기 때문이다. 여태껏 십이연기의 12요소가 연결이 잘 안 된 까닭은 십이

924 〈잡아함경〉 제298경. 085b13 "緣生老死者。云何爲老。若髮白露頂。皮緩根熟。支弱背僂。垂頭呻吟。短氣前輸。柱杖而行。身體黧黑。四體班駮。闇鈍垂熟。造行艱難羸劣。是名爲老"

925 〈잡아함경〉 제298경. 085b16 "云何爲死。彼彼衆生。彼彼種類沒·遷移·身壞·壽盡·火離·命滅。捨陰時到。是名爲死。此死及前說老。是名老死"

926 〈잡아함경〉 제298경. 085b19 "是名緣起義說"

연기의 12요소의 개념을 제대로 이해하여, 딱 맞는 말로 번역해 내지 못했기 때문이다. 위의 〈잡아함경〉 제298경을 이와 같이 번역해냄으로써 우리는 비로소 십이연기의 12요소가 어떤 의미이고, 그것이 어떻게 연결되는지 알 수 있다.

그럼 이번에는 부처님께서 연기법을 설명하고 있는 〈대생의경〉을 한 번 보자.

〈대생의경大生義經〉[927]

아난아, 너는 알아야 한다. 모든 것은 인연으로 인해 계속 서로 태어나기 때문에 윤회를 끊지 못 하는 것이다. 태어남[生생]이 인연하는 것은 늙음과 죽음이다. 태어남이 인연이 되어서 늙음과 죽음이 있다. 만약 태어남이 없다면 늙음과 죽음이 어찌 있을 수 있겠는가?

태어남으로 인해 계속 서로 태어난다. 이른바 물에 사는 것들을 인연하기 때문에 물에 사는 것들이 태어난다. 하늘을 나는 새를 인연하기 때문에 하늘을 나는 새가 태어난다. 중생의 무리를 인연하기 때문에 중생의 무리가 태어난다. 나아가 인간 종류[人類]를 인연하기 때문에 인간 종류가 태어난다. 이 인연법으로 말미암아 온갖 중생들이 서로 인연하여 태어난다.[928]

아난아, 너는 알아야 한다. 태어남은 허망한 것이지만, 이것이 끝이 아니다. 이것이 모이고, 이것이 씨앗이 되고, 이것이 생기게 하고, 이것이 인연이 되어서 늙음과 죽음이 존재하게 된다. 이 인연법으로 말

927 〈불설대생의경(佛說大生義經)〉은 시호(施護)가 번역한 아함부의 경전이다. 이것은 〈신수대장경〉 제1권 844쪽에 독립경으로 번역되어 있다. 이 경은 십이연기법을 깔끔하고도 명료하게 잘 설명하고 있다.

928 〈신수대장경〉 제1권. 〈불설대생의경(佛說大生義經)〉 844c01 "由是緣故彼彼衆生。互相因緣而得生起"

미암아 늙음과 죽음도 또한 끝이 아니다.[929]

그럼 태어남[生생]은 또 무엇을 인연으로 하는가? 이른바 존재[有유][930]가 인연이 된다. 저 존재가 원인이 되어서 태어남이 생긴다. 만약 존재가 없다면 태어남이 어찌 있을 수 있겠는가? 그러므로 존재[有유]는 앞에서 말한 바와 같이 육도 중생으로 하여금 계속 태어나게 하여, 끊어지지 않게 한다.

아난아, 너는 알아야 한다. 이 존재[有유]라는 것은 허망한 것이지만 이것도 또한 끝이 아니다. 이것이 모이고, 이것이 씨앗이 되고, 이것이 생기게 하고, 이것이 인연이 되어서 태어남[生생]을 불러일으킨다. 이 인연법으로 말미암아 태어남도 또한 끝이 아니다.[931]

존재[有유]는 또 무엇을 인연으로 하는가? 존재는 이른바 취함[取취]이 인연이 된다. 취함[取취]으로 인해 존재[有유]가 생기는 것이다. 만약 취함이 없다면, 존재가 어찌 있을 수 있겠는가? 아난아, 너는 알아야 한다. 취함은 허망한 것이지만 이것도 또한 끝이 아니다. 이것이 모이고, 이것이 씨앗이 되고, 이것이 생기게 함으로써 존재[有유]를 불러일으킨다. 그런데 이 존재도 또한 끝이 아니다.

취함[取취]은 또 무엇을 인연으로 하는가? 이른바 갈애[愛애]가 인연

929 "此集此因此生此緣故有老死。由是老死亦不究竟" 바로 위의 각주를 보면, 원문의 由是(유시)는 由是緣故(유시연고)로 해석해야 될 것 같아서 이와 같이 번역했다. 이 부분은 번역하기가 매우 어렵다.

930 존재[有]는 산스크리트어 bhava(바바)를 번역한 말이다. 바바(bhava)는 존재뿐만 아니라 탄생, 태어남, 생기어 일어남[生起], 기원(起源), 본원(本源) 등의 뜻이 있다. 바바(bhava)는 有(유), 諸有(제유), 生(생), 生者(생자) 등으로 한역되어 있다. 존재는 과보의 원인이 되는 업의 작용으로 생긴 것이다. 갈애[愛]와 취함[取]으로 인하여 업을 짓고, 그 업이 미래의 결과를 낳는다.

931 〈신수대장경〉 제1권 〈불설대생의경(佛說大生義經)〉 844c07 "阿難當知。此有法者卽虛妄法而不究竟。此集此因此生此緣得起生法。由是生法亦不究竟"

이 된다. 갈애로 인해 취함이 생긴다. 만약 갈애가 없다면 취함이 어찌 있을 수 있겠는가? 아난아, 너는 알아야 한다. **갈애로 인해 희구(希求)가 생기고, 희구가 인연이 되어서 얻을 바가 생기고, 얻을 바가 있기 때문에 마음이 안정[決定]되지 못 하고, 마음이 안정되지 못 하기 때문에 만족할 줄 모르고, 만족함이 없기 때문에 좋아하고 탐하는 마음이 생긴다.** 탐함으로 인해 곧 '나'라는 견해가 생기고, '나'라는 견해가 생기면 집착함[取著취착]이 있다. 집착함으로 인해 마음이 산란(散亂)하고, 마음이 산란함으로 인해 거짓말과 소송과 다툼과 칼과 막대기로 서로 다스리게 되고, 이 인연으로 인해 온갖 착하지 않은 짓을 하게 된다. 이러한 모든 업(業)은 다 산란함으로 인해 생겨난다. 만약 마음이 산란하지 않으면, 그 어떤 업도 생기지 않는다.

[그럼] 산란함은 또 무엇을 인연으로 하는가? 산란함은 이른바 집착을 인연으로 한다. 집착함으로 인해 마음이 산란해진다. 만약 집착이 없다면 어찌 산란이 있을 수 있겠는가?

[그럼] 집착은 또 무엇을 인연으로 하는가? 이른바 '나'라는 견해로 인해 집착이 생긴다. 만약 '나'라는 견해가 없다면 집착은 없어질 것이다. 그럼 이 '나'라는 견해는 또 무엇을 인연으로 하는가? 이른바 좋아하고 탐하는 마음[喜貪희탐]으로 인해 '나'라는 견해가 생긴다. 만약 좋아하고 탐하는 마음이 없다면 '나'라는 견해는 없을 것이다.

[그럼] 좋아하고 탐하는 마음[喜貪희탐]은 또 무엇을 인연으로 하는가? 그것은 이른바 마음의 불만족이 인연이 된다. 마음의 만족이 없기 때문에 곧 좋아하고 탐하는 마음이 있다. 만약 마음의 만족이 있다면 좋아하고 탐하는 마음은 생기지 않을 것이다.

[그럼] 마음의 불만족은 또 무엇을 인연으로 하는가? 이른바 마음이 안정되지 못 함이 인연이 된다. 마음이 안정되지 못 하기 때문에 만족이 없다. 만약 마음이 안정되면 만족이 생길 것이다.

마음이 안정되지 못 함은 또 무엇을 인연으로 하는가? **얻을 바가 있기 때문에 마음이 안정되지 못 한다. 만약 얻을 바가 없다면 마음이 안정될 것이다.**

[그럼] 이 얻을 바는 또 무엇을 인연으로 하는가? 이른바 희구(希求)가 인연이 된다. **희구하기 때문에 얻을 바가 있다. 만약 희구가 없다면 얻을 바도 없을 것이다.**

이러한 모든 것들은 다 갈애와 희구가 서로 인연함으로써 계속 서로 생겨나는 것이다. 마땅히 알라. 갈애에는 두 가지가 있다. 이른바 감각적 욕구에 대한 갈애[欲愛욕애]와 존재에 대한 갈애[有愛유애]가 그것이다. 이 두 가지로 인해 온갖 허물이 생겨난다. 아난아, 너는 알아야 한다. 이 갈애는 허망한 것이지만 이것도 또한 끝이 아니다. 이것이 모이고, 이것이 씨앗이 되고, 이것이 생김으로써 취함[取취]이 생기는 것이다. 그러므로 취함도 또한 끝이 아니다.

갈애[愛애]는 또 무엇을 인연으로 하는가? 이른바 느낌[受수]이 인연이 된다. 느낌으로 인해 갈애가 생긴다. 만약 느낌이 없다면 갈애가 어찌 있을 수 있겠는가? 아난아, 너는 알아야 한다. 이 느낌은 허망한 것이지만 이것도 또한 끝이 아니다. 이것이 모이고, 이것이 씨앗이 되고, 이것이 생김으로써 갈애가 생기는 것이다. 그러므로 갈애도 또한 끝이 아니다.

느낌[受수]은 또 무엇을 인연으로 하는가? 이른바 접촉[觸촉]이 인연이 된다. 접촉이 있음으로써 느낌이 생겨난다. 만약 접촉이 없다면 느낌이 어찌 있을 수 있겠는가? 그러므로 눈의 접촉으로 인해 마음에 온갖 느낌이 생겨난다. 이른바 즐거운 느낌, 괴로운 느낌, 괴롭지도 즐겁지도 않은 느낌이 그것이다. 이와 같이, 귀, 코, 혀, 몸, 의식의 접촉으로 인해 마음에 온갖 느낌이 생겨난다. 이런 온갖 느낌은 다 접촉함으로 말미암기 때문이다. 아난아, 너는 알아야 한다. 이 접촉은 허망한 것이지만 이것도 또한 끝이 아니다. 이것이 모이고, 이것이 씨앗이 되고, 이것이 생김으로써 느낌이 생겨난다. 그러므로 느낌도 또한 끝이 아니다.

접촉[觸촉]은 또 무엇을 인연으로 하는가? 이른바 여섯 감각기관[六處육처]이 인연이 된다. 여섯 감각기관으로 인해 접촉이 생기는 것이다. 만약 여섯 감각기관이 없다면 접촉이 어찌 있을 수 있겠는가? 아난아, 너는 알아야 한다. 이 여섯 감각기관은 허망한 것이지만 이것도 또한 끝이 아니다. 이것이 모이고, 이것이 씨앗이 되고, 이것이 생기게 하고, 이것이 인연이 됨으로써 접촉이 생기는 것이다. 그러므로 접촉도 또한 끝이 아니다.

여섯 감각기관[六處육처]은 또 무엇을 인연으로 하는가? 여섯 감각기관은 이른바 정신현상과 물질현상[名色명색]이 인연이 된다. 정신현상과 물질현상으로 인해 여섯 감각기관이 생긴다. 만약 정신현상과 물질현상이 없다면, 여섯 감각기관이 어찌 있을 수 있겠는가? 이 정신현상과 물질현상은 곧 물질현상법[色法색법]과 마음법[心法심법]의 무더기이다. 즉 이 정신현상과 물질현상은 저 의식·식별작용[識法]과 서로 인연이 되고, 화합하여 생기는 것이다. 이것을 '정신현상과 물질현상[名色명색]'이라고 한다. 아난아, 너는 알아야 한다. 정신현상과 물질현상은 허망한 것이지만 이것도 또한 끝이 아니다. 이것이 모이고, 이것이 씨앗이 되고, 이것이 생김으로써 여섯 감각기관이 생기는 것이다. 그러므로 여섯 감각기관도 또한 끝이 아니다.

정신현상과 물질현상[名色명색]은 또 무엇을 인연으로 하는가? 이른바 의식·식별작용[識식]이 인연이 된다. 의식·식별작용[識식]으로 인해 정신현상과 물질현상이 생긴다. 만약 의식·식별작용[識식]이 없다면 정신현상과 물질현상이 어찌 있을 수 있겠는가? 이 의식·식별작용[識식]은 최초로 생(生)을 받아서 엄마 태 안에서 갈라람[932]에 의지해서 의식 · 식별작용[識식]이 갖추어진 뒤에는 더하고 덜함이 없다. 의식 · 식별작용[識식]을 인연하기 때문에 존재의 다섯 요소[오온]가 생기는 것이다. 이리하여 정신현상과 물질현상이 완전히 다 갖추어지는 것이다. 마땅히 알라. 이 의식 · 식별작용[識식]은 정신현상과 물질현상과 상호 인연이 되어서 생겨난다.

다시 마땅히 알라. 이 의식 · 식별작용[識식]이 상호 인연하는 것은 정신현상과 물질현상[名色명색]이다. 그러므로 의식 · 식별작용은 정신현상과 물질현상의 인연이 되고, 정신현상과 물질현상은 의식 · 식별작용의 인연이 된다. 그렇기 때문에 괴로움이라는 결과가 생기고, 괴로움이라는 결과가 생긴 뒤에 곧 늙음과 죽음이 있어서 서로 계속해서 옮기게 되지만, 그것은 이것이 모이고, 이것이 씨앗이 되고, 이것이 생기게 하고, 이것이 인연이 됨으로써 말미암은 것이다. 그러므로 괴로움이라는 결과는 허망한 것이지만 이것도 또한 끝이 아니다. 이와 같이 정신현상과 물질현상은 의식 · 식별작용을 생겨나게 하고, 의식 · 식별작용은 정신현상과 물질현상을 생겨나게 한다. 또 정신현상과 물질현상은 여섯 감각기관[六入육입]을 생겨나게 하고, 여섯 감각기관은 접촉[觸촉]을 생겨나게 한다. 또 접촉은 느낌[受수]을 생겨나게 한다. 이리하여 하나의 큰 괴로움의 덩어리가 생겨나게 되는 것이다."

부처님께서 아난에게 말했다.

"너는 이제 알아야 한다. 모든 언어와 언어의 길과 비언어(非言語)와 비언어의 길, 일어나는 것과 일어나는 것의 길, 이와 같은 두 종류는 다 정신현상과 물질현상을 벗어나지 않는다.[933] 아난아, 만약 이와 같

932 갈라람(羯羅藍)은 산스크리트어 칼라라(kalala)를 음역한 것이다. 칼라라는 '凝滑(응활)'로 한역되어 있다. 滑(활)은 '미끄럽다'는 뜻이고, 凝(응)은 '엉긴다'는 뜻이다. 즉 凝滑(응활)은 '미끄러운 물질이 엉긴다'는 뜻이다. 이것은 모태 안에서 생긴 지 일주일까지 미끄러운 물질이 조금 굳어지는 상태를 말한다.

이 알면, 곧 평등한 견해에 머물게 된다. 이런 것을 '인연으로 인해 생기는 법을 아는 것'이라고 한다. 이 인연으로 인해 생기는 법은 모든 부처님의 근본 가르침이고, 모든 부처님의 눈이고, 모든 부처님께서 돌아갈 곳이니라."

이 때 아난 존자가 이렇게 찬탄했다. "훌륭하십니다. 세존이시여, 이 법을 잘 말씀하시어, 저와 여러 비구들로 하여금 이익과 즐거움을 얻게 했습니다."

이 〈대생의경〉은 연기법을 아주 잘 설명하고 있다. 한국, 중국, 티베트 등의 불교에서는 연기법이 어떤 것인지 잘 모르고 인과응보(因果應報)의 원리나 생명체들 간의 인연관계를 말해 놓은 것쯤으로 잘못 알고 있다. 우리는 이 경을 통해 연기법이 어떤 것인지 알 수 있다. 생로병사를 비롯한 우리의 모든 괴로움은 그것이 일어날 수 있는 조건들이 모여서 생겨난다. 연기(緣起)에 있어서 최초의 근원적인 조건은 무명이다. 무명(無明)은 자기 내면에서 일어나고 있는 현상에 대해 어두운 것이고, 자신이 어떻게 존재하게 되었고, 왜 윤회를 거듭하게 되는지 그 원인을 모르는 것이다. 만약 선남자 선여인이 관찰수행을 통해 반야지혜를 밝혀서 무명이 없으면, 12연기는 더 이상 일어나지 않고, 열반을 성취하여, 모든 괴로움에서 벗어나게 된다.

또 〈장아함경〉 제1권 후반부에 12연기에 대한 다음과 같은 내용이 나온다.

"얼마 되지 않아서 보살[934]은 소원이 이루어져서 한적한 곳에서 오로

933 〈신수대장경〉 제1권 〈불설대생의경(佛說大生義經)〉 845b17 "佛告阿難。汝今當知。諸語言及語言道。非語言及非語言道。所生及所生道。如是二種。皆不離名色"

934 여기서 보살은 깨달음을 이루기 전의 석가모니를 일컫는 말이다.

지 수도에만 전념할 수 있게 되었다. 그는 또 이와 같이 생각했다.

'중생들은 참으로 가련하다. 늘 암울함 속에 있으면서 몸은 언제나 위태롭고 취약하여, 태어남이 있고, 늙음이 있고, 병듦이 있고, 죽음이 있어서 온갖 괴로움이 모여드는 것이다. 여기서 죽어서 저기에 태어나고, 저기서 죽어서 여기에 태어난다. 이러한 괴로움의 덩어리로 인해 바퀴처럼 돌고 돌아, 떠돌아다니는 것이 끝이 없도다. 나는 언제쯤 이 괴로움의 원인을 밝게 깨달아서 태어남, 늙음, 죽음을 없앨 수 있을까?'

보살은 또 이와 같이 생각했다. '태어남과 죽음은 무엇으로부터 비롯되었고, 무엇을 원인으로 해서 존재하는 것일까?' 그는 곧 밝은 지혜로 그것들의 존재 원인을 관찰해갔다. '태어남[生생]이 있기 때문에 늙음과 죽음[老死노사]이 있다. 그러므로 태어남이 늙음과 죽음의 원인이다. 또 태어남은 존재[有유]로 인해 일어난다. 그러므로 존재가 태어남의 원인이다. 또 존재는 취함[取취]으로써 일어난다. 그러므로 취함이 존재함의 원인이다. 또 취함은 갈애[愛애]로부터 일어난다. 그러므로 갈애가 취함의 원인이다. 또 갈애[愛애]는 느낌[受수]으로써 일어난다. 그러므로 느낌이 갈애의 원인이다. 또 느낌은 접촉함[觸촉]으로써 일어난다. 그러므로 접촉이 느낌의 원인이다. 또 접촉은 여섯 감각기관[六入육입]으로부터 일어난다. 그러므로 여섯 감각기관이 접촉의 원인이다. 또 여섯 감각기관은 정신현상과 물질현상[名色명색]으로부터 생겨난다. 그러므로 정신현상과 물질현상이 여섯 감각기관의 원인이다. 또 정신현상과 물질현상[名色명색]은 마음·식별작용[識식]로부터 일어난다. 그러므로 마음·식별작용이 정신현상과 물질현상[名色명색]의 원인이다. 또 마음·식별작용은 업 지음으로부터 일어난다. 그러므로 업 지음[行행]이 마음·식별작용[識식]의 원인이다. 또 업 지음[行행]은 어리석음[癡치]으로부터 일어난다. 그러므로 어리석음이 업 지음의 원인이다.

따라서 어리석음으로 인해 업 지음이 있고, 업 지음으로 인해 마음·식별작용이 있다. 마음·식별작용으로 인해 정신현상과 물질현상이 있고, 정신현상과 물질현상으로 인해 여섯 감각기관이 있다. 여섯 감각기관으로 인해 접촉함이 있고, 접촉함으로 인해 느낌이 있고, 느낌으로 인해 갈애가 있고, 갈애로 인해 취함이 있고, 취함으로 인해 존재가 있고, 존재로 인해 태어남이 있고, 태어남으로 인해 늙음, 병듦, 죽음, 근심, 걱정, 우울, 괴로움, 번민 등 온갖 괴로움이 존재하는 것이다. 이 괴로움의 덩어리[苦盛陰고성음]는 태어남으로 인해 존재하는 것이다. 이것이 괴로움의 발생[苦集고집]과정이다.'

보살이 괴로움의 발생과정을 깊이 사유해갔을 때 지(**智**)가 생기고, 눈[**眼**안]이 생기고, 깨어있음[**覺**각]이 생기고, 밝음[**明**명]이 생기고, 통달함[**通**통]이 생기고, 혜(**慧**)가 생기고, 깨달음[**證**증]이 생겼다.

이 때 보살이 다시 깊이 사유해갔다.

'무엇이 없어야 늙음과 죽음이 없고, 무엇이 없어져야[滅멸] 늙음과 죽음이 없어질까?'

보살은 곧 지혜로 그것들이 없어지는 과정을 관찰해갔다.

'태어남이 없으면, 늙음과 죽음이 없고, 태어남이 없어지면, 늙음과 죽음이 없어진다. 존재함이 없으면, 태어남이 없고, 존재함이 없어지면, 태어남이 없어진다. 취함이 없으면, 존재함이 없고, 취함이 없어지면, 존재가 없어진다. 갈애가 없으면, 취함이 없고, 갈애가 없어지면, 취함이 없어진다. 느낌[受수]이 없으면, 갈애가 없고, 느낌이 없어지면, 갈애가 없어진다. 접촉이 없으면, 느낌이 없고, 접촉이 없어지면, 느낌이 없어진다. 여섯 감각기관이 없으면, 접촉이 없고, 여섯 감각기관이 없어지면, 접촉이 없어진다. 정신현상과 물질현상이 없으면, 여섯 감각기관이 없고, 정신현상과 물질현상이 없어지면, 여섯 감각기관이 없어진다. 마음·식별작용이 없으면, 정신현상과 물질현상이 없고, 마음 · 식별작용이 없어지면, 정신현상과 물질현상이 없어진다. 업 지음이 없으면, 마음 · 식별작용이 없고, 업 지음이 없어지면, 마음 · 식별작용이 없어진다. 어리석음이 없으면, 업 지음이 없고, 어리석음이 없어지면, 업 지음이 없어진다.

따라서 어리석음이 없어지기 때문에 업 지음이 없어지고, 업 지음이 없어지기 때문에 마음 · 식별작용이 없어지고, 마음 · 식별작용이 없어지기 때문에 정신현상과 물질현상이 없어지고, 정신현상과 물질현상이 없어지기 때문에 여섯 감각기관이 없어지고, 여섯 감각기관이 없어지기 때문에 접촉이 없어지고, 접촉이 없어지기 때문에 느낌이 없어지고, 느낌이 없어지기 때문에 갈애가 없어지고, 갈애가 없어지기 때문에 취함이 없어지고, 취함이 없어지기 때문에 존재가 없어지고, 존재가 없어지기 때문에 태어남이 없어지고, 태어남이 없어지기 때문에 늙음과 죽음, 근심, 걱정, 우울, 괴로움, 번민 등이 다 없어진다.'

보살이 이와 같이 괴로움의 덩어리[苦陰고음]가 없어지는 과정을 깊이 사유해갔을 때 지(**智**)가 생기고, 눈[**眼**안]이 생기고, 깨어있음[**覺**각]이 생기고, 밝음[**明**명]이 생기고, 통달함[**通**통]이 생기고, 혜(**慧**)가 생기고, 깨달음[**證**증]이 생겼다.

이 때 보살이 이와 같이 역방향과 순방향으로 12연기를 관찰하고는, 그것을 있는 그대로 다 알고, 있는 그대로 다 보고나서 그 자리에서 바로 최상의 완전한 깨달음을 성취했다."[935]

위의 〈장아함경〉 제1권의 내용은 십이연기의 순관(順觀)과 역관(逆觀)

935 〈장아함경〉 제1권 〈유행경遊行經〉 후반부 007b02 "是爲苦集 菩薩思惟苦集陰時生智 · 生眼 · 生覺 · 生明 · 生通 · 生慧 · 生證...........菩薩思惟苦陰滅時 生智 · 生眼 · 生覺 · 生明 · 生通 · 生慧 · 生證 爾時 菩薩逆順觀十二因緣 如實知 如實見已 卽於座上成阿耨多羅三藐三菩提"

을 설명해 놓았다. 부처님은 위의 내용 바로 뒤에서 12연기를 게송으로 다음과 같이 말했다.

이 말을 대중에게 이르노니
여러 비구들은 잘 들어라.
일찍이 들어보지 못 한 법을
먼 옛날 보살이 관찰했다네.

늙음과 죽음은 무엇을 원인으로 하고,
무엇으로 말미암아 존재하는 것일까?
이와 같이 바르게 관찰하고는
그것들은 태어남으로 인해 존재하는 것인 줄 알았다네.

그럼 태어남은 무엇을 원인으로 하고
무엇으로 말미암아 존재하는 것일까?
이와 같이 깊이 사유해 보고는
태어남은 존재함[有유]에서 비롯되었음을 알았다네.

그것을 취하고 또 취하여
취함을 자꾸 반복해서 존재함만 더욱 키워가니,
그러므로 여래께서는 이와 같이 말하나니
취함[取취]이 존재함[有유]의 원인이다.

온갖 더러운 오물더미에
바람이 불면 악취가 널리 퍼지듯이
취함[取취]도 또한

갈애[愛애]로 말미암아 널리 퍼진다네.

갈애[愛애]는 느낌[受수]으로 말미암아 생기나니
느낌은 괴로움을 일으키는 그물의 근원이자
물들고 집착하는 인연으로서
괴로움과 즐거움에 서로 호응한다네.

느낌은 무엇을 원인으로 하고,
무엇으로 말미암아 존재하는 것일까?
이와 같이 깊이 사유해 보고는
느낌[受수]은 접촉함[觸촉]으로 인해 생겨났음을 알았다네.

접촉함은 또 무엇을 원인으로 하고,
무엇으로 말미암아 존재하는 것일까?
이와 같이 깊이 사유해 보고는
접촉함[觸촉]은 여섯 감각기관[六入육입]으로 인해 생겨났음을 알았다네.

여섯 감각기관은 또 무엇을 원인으로 하고,
무엇으로 말미암아 존재하는 것일까?
이와 같이 깊이 사유해 보고는
여섯 감각기관[六入육입]은 정신현상과 물질현상[名色명색]으로 인해
생겨났음을 알았다네.

정신현상과 물질현상은 또 무엇을 원인으로 하고,
무엇으로 말미암아 존재하는 것일까?
이와 같이 깊이 사유해 보고는

정신현상과 물질현상[名色명색]은 의식 · 식별작용[識식]으로 인해 생겨났음을 알았다네.

의식 · 식별작용[識식]은 또 무엇을 원인으로 하고,
무엇으로 말미암아 존재하는 것일까?
이와 같이 깊이 사유해 보고는
의식 · 식별작용[識식]은 업 지음[行행]으로 인해 생겨났음을 알았다네.

업 지음은 또 무엇을 원인으로 하고,
무엇으로 말미암아 존재하는 것일까?
이와 같이 깊이 사유해 보고는
업 지음[行행]은 어리석음[癡치]으로 인해 생겨났음을 알았다네.

이러한 연기법을
'참다운 의미의 인연법'이라고 한다네.
지혜방편[936]으로 그것을 관찰해가면
인연의 뿌리를 다 볼 수 있으리다.

괴로움은 성현들이 만들어낸 것도 아니고,
아무런 원인이 없이 존재하는 것도 아니다.
그러므로 생멸(生滅)변화하는 이 괴로움을
지혜로운 사람은 다 끊어 없앤다네.

936 여기서 '지혜방편'은 반야바라밀을 의미하는 말이다. 반야바라밀은 보시바라밀, 지계바라밀, 선정바라밀 등과 함께 쓰이는 육바라밀 중 가장 중요한 바라밀이다. 반야바라밀은 관찰, 즉 위빠사나 방법으로 하는 것이다. 따라서 지혜방편은 지혜를 계발하는 위빠사나 방법이라는 뜻이다.

만약 무명이 없어지면
업 지음이 없어질 것이고,
업 지음이 없어지면
의식 · 식별작용[識식]이 없어질 것이다.

만약 의식 · 식별작용[識식]이 없어지면
정신현상과 물질현상이 없어질 것이고,
정신현상과 물질현상이 없어지면
여섯 감각기관이 없어질 것이다.

만약 여섯 감각기관이 없어지면
접촉함이 없어질 것이고,
접촉함이 없어지면
느낌이 없어질 것이다.

만약 느낌이 없어지면
갈애가 없어질 것이고,
갈애가 없어지면
취함이 없어질 것이다.

만약 취함이 없어지면
존재[有유]가 없어질 것이고,
존재가 없어지면
태어남이 없어질 것이다.

만약 태어남이 없어지면

늙음과 병듦의 괴로움의 덩어리가 다 없어져서
온갖 것들이 다 없어질 것이니,
이것이 지혜로운 분께서 설한 연기법이다.

12연기법은 매우 깊어서
만나기도 어렵고, 알기도 어려워서
이것은 오직 부처님만이 깨달을 수 있었다네.
이것은 존재함과 소멸됨의 원인을 관찰해가는 것.

만약 스스로 관찰할 수 있다면
그 어떤 감각기관도 없으리라.
깊이 연기법을 보게 되면,
다시 별도로 밖에서 스승을 찾지 않으리다.

오온, 십팔계, 여섯 감각기관에 대한
욕구 · 욕망에서 벗어나서 그것들에 물들지 않을 수 있다면,
온갖 시주를 받을 만하고,
시주자의 은혜를 깨끗이 다 갚으리다.[937]

만약 네 가지 변재를 얻고,
완전한 깨달음을 얻어서
모든 결박을 다 풀어서 제거할 수 있다면,
더 이상 방일(放逸)[938]하지 않을 수 있으리다.

937 〈장아함경〉 제1권. 008a20~008a25 "十二緣甚深 難見難識知 唯佛能善覺 因是有是無 若能自觀察 則無有諸入 深見因緣者 更不外求師 能於陰界入 離欲無染者 堪受一切施 淨報施者恩"

이제 몸의 물질현상과 느낌, 인식, 업 지음, 식별작용은
마치 노후해서 고장 난 수레와 같아서 더 이상 작동되지 않도다.
이 연기법을 잘 관찰해가면,
최상의 완전한 깨달음을 이루리다.

마치 새가 허공을 날면서
바람을 따라 동서로 노닐듯이
보살이 모든 번뇌를 다 끊어 없애기는
가벼운 옷이 바람에 나부끼듯이 쉽다네.

비파시[939]부처님께서는 한적한 곳에서
모든 존재[法법]를 세밀하게 관찰해갔다네.
늙음과 죽음은 무엇으로 인해 존재하고,
무엇으로 인해 소멸되는가?

그 분은 이렇게 관찰하고는
맑고 깨끗한 지혜가 생겨나서
늙음과 죽음은 태어남으로 인해 존재하고,
태어남이 없어지면, 늙음과 죽음도 없어진다는 사실을 깨달았다네.

938 방일(放逸)은 마음이 마치 미친 코끼리나 원숭이와 같이 여기 저기 마음대로 돌아다니는 것을 의미하는 말이다. 여기서는 몸과 마음이 잠시도 쉬지 못 하고 계속 작동하는 것을 의미하는 것으로 볼 수 있다.
939 불보살 이름의 하나인 비파시(毗婆尸)는 산스크리트어 Vipaśyin(비파시), 빨리어 Vipassi(위빠시)를 음역(音譯)한 것이다. 비파시는 觀(관), 見(견), 勝觀(승관), 妙觀察(묘관찰), 種種見(종종견), 遍觀(변관), 遍眼(변안) 등으로 번역되어서 '하나도 빠짐없이 잘 관찰한다'는 뜻이고, '위빠사나한다'는 뜻이다.

비파시부처님께서 처음 도를 이루었을 때 두 가지 방법[觀관]을 많이 닦았다. 그것은 쉬어짐을 닦는 방법[安隱觀안은관]과 벗어남을 닦는 방법[出離觀출리관][940]이었다네.

부처님께서 게송으로 말했다.

너무 뛰어나서 비교 대상이 없는 여래께서는
'쉬어짐을 닦는 방법'과 '벗어남을 닦는 방법'이라는
이 두 가지 방법을 많이 닦아서
선인(仙人)께서 저 언덕 너머로 건너 가셨네.[941]

그 마음은 자유자재를 얻어서
모든 번뇌와 결박을 다 끊어 없애고,
산 위에 높이 올라가서 사방을 관찰하신다.
그러므로 '비파시(관찰)'라고 부른다네.

큰 지혜광명이 어둠을 없애어서
자신을 거울에 비추어 보듯이
있는 그대로 보았다네.

940 쉬어짐을 닦는 방법[安隱觀]은 번뇌를 일시적으로 멈추게 하여, 몸과 마음이 편안하게 쉬어지는 것을 닦는 사마타선법(禪法)이다. 벗어남을 닦는 방법[出離觀]은 번뇌의 원인을 깊이 관찰해서 번뇌의 뿌리까지 다 뽑아버리는 위빠사나선법(禪法)이다.

941 〈신수대장경〉 제1권. 〈장아함경〉 제1권. 008a26~008b10 "若得四辯才 獲得決定證 能解衆結縛 斷除無放逸色受想行識 猶如朽故車 能諦觀此法 則成等正覺 如鳥遊虛空東西隨風遊 菩薩斷衆結 如風靡輕衣 毗婆尸閑靜觀察於諸法 老死何緣有 從何而得滅 彼作是觀已 生清淨智慧 知老死由生 生滅老死滅 毗婆尸佛初成道時 多修二觀。一曰安隱觀。二曰出離觀。佛於是頌曰 如來無等等 多修於二觀 安隱及出離 仙人度彼岸"

세상을 위해 걱정과 번민을 다 없애주시고
태어남, 늙음, 죽음의 괴로움을 다 없애주시네.

위의 게송에서 부처님께서는 "관찰법으로 12연기를 관찰하여, 완전한 깨달음을 얻으면 몸의 물질현상과 느낌, 인식, 업 지음, 식별작용은 마치 노후해서 굴러가지 않는 수레와 같아서 더 이상 작동되지 않는다"고 말했다. 또 부처님께서는 "만약 스스로 관찰[942]할 수 있다면 그 어떤 감각기관도 없을 것이고, 감각기관이 없음으로써 오온, 십팔계, 여섯 감각기관에 대한 욕구 · 욕망 등에서 벗어나서 그것들에 더 이상 물들지 않을 수 있다"고 말했다.
〈장아함경〉 제1권의 위의 게송 뒤에 다음과 같은 내용이 나온다.

"비파시부처님께서는 한적한 곳에서 또 이렇게 생각했느니라.
'나는 이제 최상의 바른 법을 얻었다. 이것은 매우 깊고, 미묘하여, 알기도 어렵고, 보기도 어렵다. 이것은 번뇌가 없고, 맑고 깨끗해서 오직 지혜 있는 사람만이 알 수 있는 것이지, 범부(凡夫)들이 알 수 있는 것이 아니다. 이는 온갖 중생이 제각기 다른 주장과 다른 소견과 다른 감정과 다른 학문에 의지하기 때문이다. 저들은 제각기 다른 소견에 의지해서 나름대로 구하는 바를 즐기고, 제각기 배우는 바에 힘쓴다. 그러므로 이 매우 깊은 연기법을 이해하지 못 한다. 그러니 욕구 · 욕망이 다 끊어진 열반은 더 더욱 이해하지 못 할 것이다. 내가 저들을 위해 법을 설해도 저들은 반드시 이해하지 못 하고 도리어 혼란스러워할 것이다.' 이렇게 생각하고는 입을 다물고 설법하지 않으려고 했느니라."

942 여기서 관찰은 관찰을 통해 꿰뚫어보는 것을 의미한다.

끝으로 십이연기법을 정리하면 다음과 같다. 십이연기법은 생로병사로 표현되는 우리의 고통스러운 존재는 무명으로 시작해서 노사(老死)로 끝나는 괴로움이 일어나는 과정의 인과관계를 설명해 놓은 것이다. 이 십이연기법을 잘 보면, 〈도대체 "나"라는 정체는 무엇인가?〉, 〈나는 어디에서 왔는가?〉라는 물음의 답을 얻을 수 있다. 십이연기법은 괴로움의 원인을 설명하는 사성제의 집(集)성제에 해당한다.
한역경(漢譯經)에 나오는 십이연기의 12요소의 인과관계는 다음과 같다.

無明(무명)→行(행)→識(식)⇄名色(명색)→六入(육입)→觸(촉)→受(수)→愛(애)→取(취)→有(유)→生(생)→老死(노사)

이것을 번역하면 다음과 같다.

1. 무명에 눈이 가려서 사성제의 진리를 모르는 중생들은 2. 전생의 업작용으로 인해 3. 의식 · 식별작용을 갖게 되고, 4. 의식 · 식별작용으로 인해 정신현상과 물질현상을 갖게 되며, 5. 정신현상과 물질현상을 바탕으로 여섯 감각기관을 갖게 된다. 6. 여섯 감각기관을 갖춘 중생들은 대상과 접촉함으로써 7. 즐거운 느낌, 괴로운 느낌, 즐겁지도 않고 괴롭지도 않는 느낌을 느끼고, 8. 느낌으로부터 오는 감각적 쾌락을 갈구하며, 9. 대상을 계속 취함으로써 10. 존재를 형성하고, 11. 존재를 형성함으로써 다시 태어나서 12. 온갖 괴로움을 받게 된다.

석가부처님은 선정상태에서 괴로움의 원인을 관찰하여, 십이연기를 깨달아서 최상의 완전한 깨달음을 성취했다고 한다. 십이연기는 관찰수행을 통해 자신의 괴로움을 알아차리고, 괴로움의 원인과 그 원인의 원인을 알아가는 과정을 묘사해 놓은 것이다. 원인을 알아가는 것은 관찰과 숙고(熟考)를 통해서다. 따라서 십이연기는 머리를 써서 만들어낸 교리가 아니라 관찰을 통해 발견해낸 진리이다. 십이연기의 내용은 우리 각자가 선정상태에서 자신의 괴로움의 현상을 관찰하여, 직접 봐야 하는 것들이다.

무무명 역무무명진 내지무노사 역무노사진

無無明 亦無無明盡 乃至無老死 亦無老死盡

(또 무명도 없고, 무명이 다 소멸된 것도 없으며, 내지 늙고 죽는 것도 없고, 늙고 죽는 것이 다 소멸된 것도 없습니다.)

이 부분은 무명(無明)에서 노사(老死)에 이르기까지 십이연기의 12요소를 말해 놓고, 적멸상태에 들면 이런 십이연기의 12요소가 다 소멸되어서 더 이상 십이연기로 인해 일어나는 생로병사 등의 괴로움이 없다는 말이다.

4. 〔적멸상태엔〕 사성제의 진리도 없고, 지각작용〔智지〕도 없고, 의식의 대상을 취하는 것〔得득〕도 없다

무고집멸도 무지역무득

無苦集滅道 無智亦無得

([적멸상태엔] 괴로움도 없고, 괴로움의 원인도 없으며, 열반도 없고, 열반에 이르는 길도 없습니다. 또 지각작용[智지]도 없고, 의식의 대상을 취하는 것[得득]도 없습니다.)

1) "무고집멸도(無苦集滅道)"의 의미

〈반야심경〉의 "무고집멸도(無苦集滅道)"는 [적멸상태엔] 괴로움[苦고]도 없고, 괴로움의 원인[集집]도 없으며, 열반[滅멸]도 없고, 열반에 이르는 길[道도]도 없다는 뜻이다. 고집멸도(苦集滅道)의 사성제는 부처님의 핵심교설이다. 부처님께서 깨달음을 얻은 뒤 녹야원에서 다섯 비구에게 최초로 설법한 내용이 사성제다. 사성제 안에 부처님의 모든 가르침이 다 들어있다. 부처님의 모든 법문을 간단히 요약하면, 고(苦), 집(集), 멸(滅), 도(道)다. 이 사성제를 벗어난 부처님 법문은 없다. 그럼 부처님의 핵심교설인 고(苦), 집(集), 멸(滅), 도(道)가 어떤 의미인지 알아보자. 〈증일아함경〉에 〈사성제경〉이 있다. 거기에 고, 집, 멸, 도가 다음과 같이 설명돼 있다.

> **苦(고)** 어떤 것을 '괴로움의 진리'라고 하는가? 태어남의 괴로움, 늙는 괴로움, 병드는 괴로움, 죽음의 괴로움, 근심하고, 슬퍼하고, 번민하는 괴로움, 싫어하는 사람을 만나야 하는 괴로움, 사랑하는 사람과 이별해야 하는 괴로움, 구하는 것을 얻지 못 하는 괴로움 등을 두고 '괴로움의 진리'라고 한다. 이런 것들을 통틀어서 '팔고(八苦)' 또는 '오온성고(五蘊盛苦)'[943]라고 하기도 한다. 이런 것이 괴로움의 진리이다.[944]
>
> **集(집)** 어떤것이 괴로움의 원인의 진리인가? 애욕의 결박이 그것이다.[945]
>
> **滅(멸)** 어떤 것이 괴로움의 완전한 소멸의 진리인가? 그것은 애욕의

943 오온성고((五蘊盛苦)는 흔히 '오음성고(五陰盛苦)'라고 한다. 이것은 오온이 치성한 괴로움이다.

944 〈신수대장경〉 제2권 〈증일아함경〉 643b17 "云何爲苦諦。所謂生苦 · 老苦 · 病苦 · 死苦 · 憂悲惱苦 · 怨憎會苦 · 恩愛別苦 · 所求不得苦。取要言之。五盛陰苦。是謂苦諦"

945 〈신수대장경〉 제2권 〈증일아함경〉 643b20 "云何苦習諦。所謂愛結是也"

결박이 다 풀려서 더 이상 남은 것이 없는 것이다. 이런 것을 '괴로움의 완전한 소멸의 진리'라고 한다.[946]

道(도) 어떤 것이 괴로움의 완전한 소멸에 이르는 길[道도]의 진리인가? 그것은 팔정도이다. 바른 견해, 바른 뜻 세움, 바른 말, 바른 노력, 바른 생계, 바른 행위, 바른 알아차림, 바른 선정 등이 괴로움의 완전한 소멸에 이르는 길의 진리이다.[947]

(1) 苦(고)는 사고(四苦), 팔고(八苦)로서 이 세상에 존재하는 것 자체가 괴로움이라는 말이다.
(2) 集(집)은 괴로움의 여러 원인들이 모여서[集집] 괴로움이 발생되는 과정을 밝혀 놓은 것이다. 괴로움의 근본 원인은 갈애와 "나"에 대한 집착이다. 괴로움은 12연기를 통해 발생된다.
(3) 滅(멸)은 괴로움이 완전히 다 소멸된 "열반"이다.
(4) 道(도)는 열반에 이르는 길인 팔정도(八正道)이다.
고, 집, 멸, 도에 대해 좀 더 구체적으로 알아보자.
(1) **苦(고)** 苦(고)는 고통, 괴로움, 고달픔, 불만족, 뜻대로 되지 않음, 근심걱정, 번민, 초조, 불안, 공포, 우울 등의 의미다. 苦(고)의 산스크리트어 원어 **duḥkha**(두카)는 형용사로는 '불유쾌한', '불만족스러운', '고생하기에 충분한', '애처로운' 등의 뜻이 있고, '苦(고)', '難(난)' 등으로 한역되어 있다. 또 **두카**는 명사로는 고통, 괴로움, 어려움, 불만족, 비참 등의 뜻이 있고, '苦(고)', '惱(뇌)', '苦惱(고뇌)', '苦厄(고액)', '憂苦(우고)', '患(환)' 등으로 한역되어 있다. 苦(고)는 우리가 알아야 하는

946 〈신수대장경〉 제2권 〈증일아함경〉 643b21 "云何爲盡諦。所謂盡諦者。愛欲結永盡無餘。是謂盡諦"
947 〈신수대장경〉 제2권 〈증일아함경〉 643b22 "云何爲道諦。所謂賢聖八品道是。正見·正治·正語·正方便·正命·正業·正念·正定。是謂道諦也"

것이다[當知당지]. 우리 중생의 삶은 다 괴로움이라는 사실을 알아야 한다. 이 세상에 존재하는 것 자체가 괴로움이다. 이 세상에 괴롭지 않는 중생은 없다. 아무리 큰 부자일지라도, 아무리 잘난 사람이라도, 행복하다고 목청 높여 외치는 사람도 알고 보면 다 괴롭다. 무명에 눈이 가려 있는 중생들은 살아 있는 것을 즐거움으로 보지만, 실은 '존재하는 것 자체가 괴로움'이라는 부처님 말씀이다. 괴로움을 괴로움으로 볼 줄 알아야 괴로움에서 벗어날 수 있다.

(2) **集(집)** 여기서 集(집)은 산스크리트어 **Samudaya**(사무다야)를 번역한 것이다. 사무다야는 '(괴로움의 원인들이) 모여서 괴로움이 발생된다'는 뜻의 '集起(집기)', '형성', '발생' 등의 뜻이다. 이것은 무명, 집착, 아집(我執), 갈애 등 고(苦)의 여러 원인들이 모여서 고(苦)가 형성되는 과정을 밝혀 놓은 것이다. 고(苦)는 조건 발생적이어서 여러 원인들이 모이고, 그것들이 결합되어서 발생한다. 중생들은 무명, 어리석음으로 인해 "나"가 있다고 착각한다. "나"와 '내 것'에 대한 집착으로 인해 온갖 괴로움이 발생한다. 集(집)은 십이연기의 순관(順觀)이고, 끊어야하는 것이다[當斷당단]. 불교경전이 중국에 처음 들어오는 시기에 번역된 〈아나율팔념경〉[948]이 있다. 그 경에는 집성제(集聖諦)를 다음과 같이 설명해 놓았다.

"어떤 것이 집성제[習諦습제]인가? 집성제는 음탕한 마음으로 즐기고, 기뻐하여, 갈애 · 애욕을 불러일으키고, 뜻이 오로지 갈애 · 애욕에만 있어서 다시 번뇌[949]를 갖게 하고, 온갖 업 지음[行행]이 점점 불어나서

948 〈아나율팔념경(阿那律八念經)〉은 후한(後漢)의 서역(西域) 삼장 지요(支曜)가 AD.170~180년경에 한역한 것이다. 고려대장경 K.686(19-555)에, 〈대정신수대장경〉 제1권에 수록돼 있다.T.46(1-835)

949 이 번뇌[漏]는 한문 원문의 "漏(루)"를 번역한 것이다. 여기서 漏(루)는 '호르

집착함으로써 스스로를 결박하는 것이다.[950] 갈애 · 애욕은 눈이 형상에 애착하고, 귀가 소리에 애착하며, 코가 냄새에 애착하고, 혀가 맛에 애착하며, 몸이 부드럽고 매끄러운 것에 애착하고, 마음이 하고자 함에 애착하는 것이다.[951] 자신은 고정불변의 것[常상]이고, 즐거운 것[樂락]으로 보아서 자신이 바라는 대로 되면 행복해 하고, 이익이라고 생각한다. 그리하여 '이것은 나의 것'이라고 하며, 집착함으로써 스스로를 결박한다. 이로 말미암아 몸의 물질현상, 느낌, 인식, 업 지음, 식별작용 등에 대한 애착이 치성하다. 그것들[952]을 고정불변의 것으로 보아서 탐하고, 즐기면서 '이것은 나의 것'이라고 하며, 집착함으로써 스스로를 결박한다.[953] 몸의 물질현상[色색]은 정신이 받아들인 것이다. 땅의 기운, 물의 기운, 불의 기운, 바람의 기운이 변해서 형체를 이루고, 거기에 애착함으로써 눈은 형상을 식별하고, 귀는 소리를 식별하고, 코는 냄새를 식별하며, 혀는 맛을 식별하고, 피부는 부드럽고 매끄러운 것을 식별하고, 의식은 마음에서 일어났다가 사라지는 것들[法법]을 식별하면서 집착하는데, 이런 것을 '집성제'라고 한다.[954]"

위의 경에는 괴로움의 근본원인인 "갈애 · 애욕, 집착, 결박, 오온에 대

몬의 분비'로 해석할 수도 있다.

950 〈아나율팔념경〉836b08 "何謂習諦。謂婬心樂喜而生恩愛志在貪欲令復有漏。衆行滋盛以著自縛" * 滋 불을 자. 늚. 증가함. 우거질 자. 무성함. 자랄 자. 성장함.

951 〈아나율팔념경〉836b10 "所謂愛者。眼愛色耳愛聲。鼻愛香舌愛味。身愛細滑心愛所欲"

952 그것들은 오온, 즉 몸의 물질현상[色], 느낌[痛,受], 인식[想], 업 지음[行], 식별작용[識] 등이다.

953 〈아나율팔념경〉836b12 "但觀其常樂。在望安以爲利。呼言是我有以著自縛。從是故色痛想行識五陰愛盛。見常貪樂。謂是我有以著自縛"

954 〈아나율팔념경〉836b14 "所謂色者。精神所受。地氣水氣火氣風氣變化爲形。以所愛著。令眼識色耳識聲鼻識香舌識味身識細滑意識法著。信爲習諦"

한 애착, 여섯 감각기관의 식별작용 등이 집성제"라고 한다. 모을 집(集) 자가 들어 있는 집성제는 '괴로움의 여러 원인들이 모인다'는 뜻이다. 갈애 · 애욕, 집착, 결박, 오온에 대한 애착, 여섯 감각기관의 식별작용 등이 모이고, 결합되어서 온갖 괴로움이 발생한다.

(3) **滅(멸)** 滅(멸)은 '소멸'의 뜻으로, 열반을 의미한다. 이것은 괴로움과 괴로움의 근본원인인 갈애와 "나"에 대한 집착이 완전히 다 소멸된 상태다. 滅(멸), 즉 열반은 탐(貪), 진(瞋), 치(痴)가 완전히 다 소멸된 상태다. 열반은 팔정도를 닦아서 무아(無我)의 진리를 깨달음으로써 성취된다. 멸(滅)은 산스크리트어 '니로다(nirodha)'를 번역한 것이다. 니로다는 정복, 저지, 파괴 등의 뜻이 있고, 滅(멸), 盡(진), 滅盡(멸진), 滅度(멸도), 滅壞(멸괴), 寂滅(적멸), 寂靜(적정), 滅盡定(멸진정), 捨(사) 등으로 한역되어 있다.

〈아나율팔념경〉에서는 멸제(滅諦)를 다음과 같이 설명해 놓았다.

> "어떤 것이 멸제[盡諦진제][955]인가? 멸제는 받지도 않고, 들이지도 않아서 갈애가 완전히 다 소멸되었고, 결박(結縛)과 집착이 완전히 다 풀린 것이다. 지혜로 보면 아무 것도 없기 때문이다. 그러나 세간 사람들은 바른 견해가 없어서 오온에 집착한다. 헤아리고 꾀함이 이미 다 소멸되었고, 욕구 · 욕망의 결박됨이 다 풀렸으며, 지혜의 눈으로 보아서 오온은 변하지 않고 늘 그대로 있는 것들이 아니고[非常비상], 괴로운 것들이고[苦고], 실체가 없는 것들이며[空공], "나[身신]"가 아님을 보았기 때문에 끊은 것이다. 이런 것을 '멸제'라고 한다."[956]

955 멸제(滅諦)는 '완전히 없어짐의 진리'라는 뜻이다.

956 〈신수대장경〉 제1권. 835쪽 〈불설아나율팔념경〉 836b17 "何謂盡諦。不受不入愛盡無餘。縛著已解。如慧見者。不復有一切故。世間人無所見五陰所著。計數已盡愛縛都解。已從慧見。非常苦空非身故斷。是爲盡諦"

위의 경에 의하면, 멸제(滅諦)는 받지도 않고, 들이지도 않아서 갈애가 완전히 다 소멸되었고, 결박과 집착이 다 풀린 것이다. 사성제의 滅(멸)은 열반과 동의어다. 그럼 열반은 어떤 것인가? 부처님께서는 〈잡아함경〉 제293경에서 열반을 다음과 같이 설명해 놓았다.

"왜냐하면 이 매우 깊은 곳은 '연기법'이라는 것보다 몇 배나 더 깊어서 보기 어렵기 때문이다. 이곳은 온갖 집착 · 취함[取취]에서 벗어나 있고, 갈애가 완전히 다 소멸되었으며, 욕구 · 욕망이 다 소멸된 적멸(寂滅)한 상태, 즉 열반이니라.

이와 같이 두 법이 있다. 그것은 유위법(有爲法)과 무위법(無爲法)이다. 유위법은 [마음에 어떤 현상이] 일어나기도 하고, 머물기도 하며, 변하기도 하고, 소멸되기도 한다. 하지만 무위법은 일어나는 것이 없고[不生불생], 머무는 것도 없으며[不住불주], 변하는 것도 없고[不異불이], 소멸되는 것도 없다[不滅불멸]. 이것을 비구의 온갖 업지음[諸行제행]의 괴로움이 다 소멸된[寂滅적멸] '열반'이라고 한다.[957] 괴로움의 원인들이 모이기 때문에 괴로움이 모이고, 그 원인이 소멸되기 때문에 괴로움도 소멸된다. 모든 길을 다 끊고, 이어져가는 것을 다 없애고, 이어져가는 것을 없애는 것마저 다 없애면, 이것을 '괴로움의 끝[苦邊고변]'이라고 한다.[958] 비구들이여, 무엇을 소멸해야 하는가? 그것은 아직 남아 있는 괴로움이다. 만약 괴로움이 다 소멸되고[滅멸], 멈추어지고[止지], 맑아지고[淸청], 식어지고[凉량], 쉬어지고[息식], 완전히 다 없어지면[沒몰], 이것이 바로 그 어떤 취(取)함도 다 소멸되었고, 갈애

957 〈잡아함경〉 제293경 083c16 "無爲者不生 · 不住 · 不異 · 不滅。是名比丘諸行苦寂滅涅槃"
958 〈잡아함경〉 제293경 083c17 "因集故苦集。因滅故苦滅。斷諸逕路。滅於相續。相續滅滅。是名苦邊"

가 완전히 다 소멸되었으며, 그 어떤 욕구·욕망도 없는, 고요하고도 모든 것이 다 소멸된 열반이니라."

위의 경은 열반이 어떤 것인지 말해주고 있다. 위의 경에 의하면 열반은 마음에 어떤 현상도 일어나지 않고, 모든 것이 다 쉬어져서 그 어떤 취(取)함도 없고, 갈애가 완전히 다 소멸되었으며, 그 어떤 욕구·욕망도 없는, 고요하고도 모든 것이 다 소멸된 상태다. 또 최초기의 불교경전인 〈숫타니파아타〉에는 "열반은 갈애가 완전히 다 소멸된 것, 집착이 완전히 다 소멸된 것"이라고 정의해 놓았다. 또 〈잡아함경〉 제490경에는 열반을 다음과 같이 정의해 놓았다.

"욕구·욕망이 완전히 다 소멸되었고, 성냄이 완전히 다 소멸되었고, 어리석음이 완전히 다 소멸되어서 모든 번뇌가 완전히 다 소멸된 것을 '열반'이라고 한다."[959]

또 물었다. 사리불 존자여, 닦아 익히고, 많이 닦아 익히면, 열반을 얻게 되는 길이 있고, 방법이 있습니까? 사리불이 답했다. 네, 있습니다. 그것은 팔정도입니다. 소위 바른 견해와……(내지)……바른 선정입니다.[960]

"욕구·욕망[欲욕]은 우리를 세간에 묶어둘 수 있는데, 이 욕구·욕망을 조복 받아서 그것에서 벗어나 있고, 집착하는 것들을 다 끊어 없앤 것을 '열반을 얻었다'고 합니다."[961]

959 〈잡아함경〉 제490경 126b03 "貪欲永盡。瞋恚永盡。愚癡永盡。一切諸煩惱永盡。是名涅槃"

960 〈잡아함경〉 제490경 "復問。舍利弗。有道有向。修習多修習。得涅槃耶。舍利弗言。有。謂八正道。正見。乃至正定"

961 〈잡아함경〉 제490경 "欲能縛世間 調伏欲解脫 斷除愛著者 說名得涅槃"

열반은 탐진치(貪瞋痴)[962]가 완전히 다 소멸되어서 더 이상 구성되는 것이 없는 상태다. 열반, 즉 니르바나(nir-vāṇa)는 '조립하다', '구성하다' 등의 뜻을 가진 산스크리트어 "vā(바)"의 과거분사형 vāṇa(바나)에 '없다'는 뜻인 nir(니르)가 결합되어서 '더 이상 구성되는 것이 없는', '궁극적인 해방', '해탈', '소멸' 등의 뜻이다.

(4) **道(도)** "고집멸**도**(苦集滅道)"에서의 "도"는 **팔정도**(八正道)를 의미한다. 팔정도는 부처님이 닦으라고 하는 유일한 도이고, 열반에 이르는 길이고, 열반을 성취하기 위해서는 반드시 닦아야 하는 것이다. 팔정도는 바른 견해[正見정견], 바른 뜻 세움[正思惟정사유], 바른 말[正語정어], 바른 행위[正業정업], 바른 생계[正命정명], 바른 노력[正精進정정진], 바른 알아차림[正念정념], 바른 선정[正定정정]이다. 팔정도는 1) 부처님 가르침의 핵심인 사성제를 올바로 이해하여, 불교에 대한 바른 견해를 가지고[正見정견], 2) 열반을 성취해야겠다는 바른 뜻을 세워서[正思惟정사유], 3) 바르게 말하고[正語정어], 4) 바르게 행위하고[正業정업], 5) 올바른 수단으로 생계를 유지하며[正命정명], 6) 중간에 끊어지지 않고 줄곧 알아차리기 위해 늘 바르게 노력해가고[正精進정정진], 7) 바르게 알아차림 해가며[正念정념], 8) 바르게 선정을 닦는[正定정정] 것이다. 팔정도에 대해 더 구체적으로 알기 위하여 팔정도의 8요소를 해설하고 있는 〈잡아함경〉 제784경과 제785경을 한 번 보자.

〈잡아함경〉 784. 팔정도를 해설하는 경[963]

이와 같이 내가 들었다. 한 때 부처님께서 사위국 기수 급고독원에 계셨다. 그 때 세존께서 여러 비구들에게 말했다.

962 탐(貪)은 탐욕 · 욕구이고, 진(瞋)은 성냄이고, 치(痴)는 어리석음이다.

963 이 경은 〈쌍윳따니까야〉의 45:8 〈분별경〉과 상응하는 것이다.

그릇된 것과 바른 것이 있다. 자세히 듣고 잘 관찰 · 사유해보라. 내가 지금 여러분을 위해 설명하리다. 어떤 것을 그릇된 것이라고 하는가? 그것은 소위 그릇된 견해와……(내지)……그릇된 선정을 말한다. 그럼 어떤 것을 '바른 것'이라고 하는가? 그것은 바른 견해와……(내지)……바른 선정을 말한다.

어떤 것이 **바른 견해**[**正見**정견]인가? 바른 견해는 보시의 공덕이 있고, 성현의 가르침이 있으며, 삼가해야 될 것, 즉 계율[齋재]이 있고, 선한 행위와 악한 행위가 있으며, 그에 따른 과보(果報)가 있고, 이 세상이 있고, 다른 세상이 있으며, 부모와 중생의 태어남이 있고, 아라한의 경지에 잘 이르고, 잘 향함이 있고, 거기서 증득한 줄을 스스로 알아서 구족하게 머물면서 나의 태어남은 이미 다했고, 거룩한 행은 확립되었으며, 할 일은 이미 다 마쳐, 다시는 다음 존재를 받지 않을 줄 스스로 아는 것이다.[964]

어떤 것이 **바른 뜻 세움**[正志정지][965]인가? 바른 뜻 세움은 번뇌 · 괴로움에서 완전히 벗어나겠다는 뜻[出要志출요지][966], 성내지 않겠다는 뜻[無恚志무에지], 다른 생명을 해치지 않겠다는 뜻[不害志불해지]을 세우는 것이다.[967]

어떤 것이 **바른 말**[**正語**정어]인가? 바른 말은 거짓말[妄語망어]을 하지 않고, 이간질[兩舌양설] 하지 않으며, 욕설 · 악담[惡口악구]을 하지 않

964 〈잡아함경〉 제784경. 203a04 "何等爲正見。謂說有施 · 有說 · 有齋。有善行 · 有惡行。有善惡行果報。有此世 · 有他世。有父母 · 有衆生生。有阿羅漢善到 · 善向。有此世 · 他世自知作證具足住。我生已盡。梵行已立。所作已作。自知不受後有"

965 바른 뜻 세움[正志정지]은 팔정도의 두 번째 요소인 "정사유"를 다르게 번역한 것이다. 이것은 '바른 발심'으로도 번역할 수 있다.

966 출요지(出要志)는 번뇌 · 괴로움에서 벗어나겠다는 의지이다. 그 근거로 〈장아함경〉 제1권의 후반부에 "苦出要諦(고출요제)"라는 표현이 나오는 것을 볼 수 있다.

967 〈잡아함경〉 제784경. 203a09 "何等爲正志。謂出要志 · 無恚志 · 不害志"

고, 이치에 맞지 않거나 겉과 속이 다른 말[綺語기어,無義語무의어]을 교묘하게 꾸며내지 않는 것이다.[968]

어떤 것이 **바른 행위**[**正業**정업]인가? 바른 행위는 살생[殺살], 도둑질[盜도], 음행[淫음]을 하지 않는 것이다.[969]

어떤 것이 **바른 생계**[**正命**정명]인가? 바른 생계는 의복, 음식, 침구, 탕약 등을 법답게 구하고, 법답지 않은 방법으로 구하지 않는 것이다.[970]

어떤 것이 **바른 노력**[**正方便**정방편]인가? 바른 노력은 늘 알아차리려고 노력하고 있고, 정진하고 있으며, 항상 집중하는 방법[方便방편]을 쓰고 있고, [탐, 진, 치에서] 벗어나 있으며, 부지런히 나아가고[勤競근경][971] 있고, 어떤 어려움도 잘 견디어내며, 늘 수행하고 있어서 한 걸음도 퇴보하지 않는 것이다.[972]

어떤 것이 **바른 알아차림**[**正念**정념]인가? 바른 알아차림은 [관찰의 대상이 일어났다가 사라지는 것을 놓치지 않고] 쭉 따라가면서 알아차리는 것이다. 줄곧 알아차림 해감으로써 망상(妄想)과 허상(虛想)에 떨어지지 않는 것이다.[973]

어떤 것이 **바른 선정**[**正定**정정]인가? 바른 선정은 마음이 줄곧 한 대상에 머물러 있는 것이고[住心주심], 어지럽지 않은 것이며[不亂불란], 마음이 단단히 고정되어 있는 것이다[堅固견고]. 또 마음을 안으로 거두

968 〈잡아함경〉 제784경. 203a09 "何等爲正志。謂出要志 · 無恚志 · 不害志。何等爲正語。謂離妄語 · 離兩舌 · 離惡口 · 離綺語"

969 〈잡아함경〉 제784경. 203a11 "何等爲正業。謂離殺 · 盜 · 婬"

970 〈잡아함경〉 제784경. 203a12 "何等爲正命。謂如法求衣服 · 飮食 · 臥具 · 湯藥。非不如法"

971 競(경)은 다툴 경(경쟁), 쫓을 경(뒤쫓음), 나아갈 경(앞을 다투어 나아감), 성할 경(왕성함) 등의 뜻이 있다.

972 〈잡아함경〉 제784경 203a13 "何等爲正方便。謂欲 · 精進 · 方便 · 出離 · 勤競 · 堪能常行不退"

973 〈잡아함경〉 제784경 203a15 "何等爲正念。謂念隨順。念不妄 · 不虛"

어들여서 지니고 있는 것이고[攝持섭지], 마음이 고요하게 멈춘 상태이며[寂止적지], 삼매에 들어 있는 것이고[三昧삼매], 일심(一心)을 이룬 것이다[一心일심].[974]

부처님께서 이 경을 말씀하시자, 여러 비구들은 부처님 말씀을 듣고, 기뻐하며, 받들어 수행했다.

위의 경은 팔정도를 간단히 설명해 놓았다. 그럼 이번에는 팔정도를 상세하게 설명해 놓은 〈잡아함경〉 제785경을 한 번 보자.

〈잡아함경〉 785. 팔정도의 여덟 요소를 상세하게 설명하는 경

이와 같이 내가 들었다. 한 때 부처님께서 사위국 기수 급고독원에 계셨다. 그 때 세존께서 여러 비구들에게 말했다.……(이 사이의 상세한 내용은 위의 소경에서 설한 것과 같다. 그와 다른 내용은 다음과 같다.)

1) 정견(正見), 바른 견해, 바른 이해[975] : 어떤 것이 바른 견해인가? 바른 견해에는 두 가지가 있다. 하나는 세간 · 세속의 바른 견해이다. 이것은 번뇌[漏루]가 있고, 취함[取취]이 있으면서 좋은 세계[976]로 향하는 것이다. 다른 하나는 성인과 출세간(出世間)의 바른 견해다. 이것은 번뇌가 없고, 취함이 없어서 바로 괴로움을 완전히 다 없애어, 괴로움의 끝으로 향하는 것이다.

어떤 것을 세간 · 세속의 바른 견해로서 번뇌가 있고, 취함이 있으면서 좋은 세계로 향하는 것이라고 하는가? 만약 어떤 사람이 보시를

974 〈잡아함경〉 제784경 203a15 "何等爲正定。謂住心不亂 · 堅固 · 攝持 · 寂止 · 三昧 · 一心"

975 정견(正見)을 '바른견해' 또는 '바른이해'로도 번역할 수 있다. 이것은 부처님의 가르침, 즉 불교를 올바로 이해하여, 그릇된 견해에서 벗어나서 바른 견해를 갖는 것이다.

976 좋은 세계는 한역문의 "善趣(선취)"를 번역한 것이다. 이것은 인간 세계나 천상 세계를 일컫는 말이다.

행하면 복을 받는다고 믿고, 성현의 바른 가르침[說]이 있다고 믿으며,……(내지)……이 세상에 아라한이 있는데, 그는 다음 존재를 받지 않는다는 사실을 안다면, 이것이 세간 · 세속의 바른 견해로서 번뇌가 있고, 취함이 있으면서 좋은 세계로 향하는 것이라고 한다.

어떤 것을 성인과 출세간의 바른 견해로서 번뇌가 없고, 취함이 없어서 바로 괴로움을 완전히 다 없애어, 괴로움의 끝으로 향하는 것이라고 하는가? 거룩한 제자는 괴로움을 '괴로움'이라고 관찰 · 사유하고[977], 괴로움의 발생원인들[978]의 모임[集집]과 괴로움의 완전한 소멸[滅멸]을 괴로움의 발생원인들의 모임과 괴로움의 완전한 소멸이라고 관찰 · 사유한다. 또 괴로움의 완전한 소멸에 이르는 길[道도]을 괴로움의 완전한 소멸에 이르는 길이라고 관찰 · 사유하여, 번뇌가 없이 사유해가서 마음에서 일어났다가 사라지는 것들을 관찰하고[979], 분별하고, 추구해가고, 밝은 지혜로 알아차림 해가며, 깨어있는 상태에서 관찰해간다. 이런 것을 성인과 출세간의 바른 견해로서 번뇌가 없고, 취함이 없어서 바로 괴로움을 완전히 다 없애어, 괴로움의 끝으로 향하는 것이라고 한다.

2) 정사유(正思惟), 바른 뜻 세움, 바른 발심 : 어떤 것이 바른 발심[正志정지][980]인가? 바른 발심에는 두 가지가 있다. 하나는 세간 · 세속의 바

977 여기서 '사유한다'는 말은 '생각한다, 관찰한다, 관찰 · 사유한다'는 뜻으로 해석할 수 있다.

978 '괴로움의 발생원인들'은 십이연기의 12요소를 일컫는 말이다.

979 '마음에서 일어났다가 사라지는 것들을 관찰한다'는 것은 한역문 "於法選擇(어법선택)"을 번역한 것이다. 여기서 法(법)은 마음에서 일어났다가 사라지는 것들이고, 選擇(선택)은 擇法覺支(택법각지)에서의 擇(택)과 같은 의미로 해석하여, 이와 같은 뜻으로 번역했다. 擇法覺支(택법각지)에서의 擇(택)의 산스크리트어 원어는 pravicaya(프라비짜야)이고, 이것은 관찰, 사유 · 관찰, 고찰, 탐구, 분석, 분별 등의 뜻이다.

980 바른 발심은 한역문의 "正志(정지)"를 번역한 것이다. 이것은 또 '바른 뜻 세

른 발심으로서 번뇌가 있고, 취함이 있으면서 좋은 세계로 향하는 것이다. 다른 하나는 성인과 출세간의 바른 발심으로서 번뇌가 없고, 취함이 없어서 바로 괴로움을 완전히 다 없애어 괴로움의 끝으로 향하는 것이다.

어떤 것을 세간·세속의 바른 발심으로서 번뇌가 있고, 취함이 있으면서 좋은 세계로 향하는 것이라고 하는가? 이것은 번뇌를 다 벗어나겠다는 각오[出要覺출요각], 성내지 않겠다는 각오[無恚覺무에각], 다른 생명을 해치지 않겠다는 각오[不害覺불해각]를 하는 것이다. 이것을 두고 세간·세속의 바른 발심으로서 번뇌가 있고, 취함이 있으면서 좋은 세계로 향하는 것이라고 한다.

어떤 것을 성인과 출세간의 바른 발심으로서 번뇌가 없고, 취함이 없어서 바로 괴로움을 완전히 다 없애어 괴로움의 끝으로 향하는 것이라고 하는가? 거룩한 제자는 괴로움을 괴로움으로 관찰·사유하고, 괴로움의 발생원인들의 모임[集집]과 괴로움의 완전한 소멸[滅멸]을 괴로움의 발생원인들의 모임과 괴로움의 완전한 소멸이라고 관찰·사유하고, 괴로움의 완전한 소멸에 이르는 길[道도]을 괴로움의 완전한 소멸에 이르는 길이라고 관찰·사유하여, 번뇌가 없고, 번뇌와 밀접하게 결부되어서 작용하는 마음의 이치[981]를 관찰·사유해가고, 분별해가서 스스로의 뜻을 판단하고 이해하고, 헤아려서 뜻을 세운

움', '바른 뜻 지님', '바른 지향', '바른 목표' 등으로도 옮길 수 있다.

981 '번뇌와 밀접하게 결부되어서 작용하는 마음의 이치'는 한역문 "相應心法(상응심법)"을 번역한 것이다. 반야유지가 한역한 〈유식론〉에서는 "迷妄(미망)의 識(식)은 相應心(상응심)이고, 自性淸淨心(자성청정심)은 不相應心(불상응심)"이라고 말했다. 〈기신론〉에서는 "妄執分別(망집분별)의 麤雜(추잡)한 마음은 相應心(상응심)이고, 아뢰야식은 자성청정심과 무명이 화합해서 하나가 되었기 때문에 그 둘이 相應(상응)할 수 없기에 不相應心(불상응심)이라고 한다"고 말했다.

다.[982] 이런 것을 성인과 출세간의 바른 발심으로서 번뇌가 없고, 취함이 없어서 바로 괴로움을 완전히 다 없애어 괴로움의 끝으로 향하는 것이라고 한다.

3) 정어(正語), 바른 말 : 어떤 것이 바른 말[正語정어]인가? 바른 말에는 두 가지가 있다. 하나는 세간·세속의 바른 말로서 번뇌가 있고, 취함이 있으면서 좋은 세계로 향하는 것이다. 다른 하나는 성인과 출세간의 바른 말로서 번뇌가 없고, 취함이 없어서 바로 괴로움을 완전히 다 없애어 괴로움의 끝으로 향하는 것이다.

어떤 것을 세간·세속의 바른 말로서 번뇌가 있고, 취함이 있으면서 좋은 세계로 향하는 것이라고 하는가? 바른 말은 거짓말[妄語망어], 이간질하는 말[兩舌양설], 욕설·악담하는 말[惡口악구], 이치에 맞지 않는 말을 교묘하게 꾸며내는 말[綺語기어,無義語무의어] 등을 멀리하는 것이다. 이것을 세간·세속의 바른 말로서 번뇌가 있고, 취함이 있으면서 좋은 세계로 향하는 것이라고 한다.

어떤 것을 성인과 출세간의 바른 말로서 번뇌가 없고, 취함이 없어서 바로 괴로움을 완전히 다 없애어 괴로움의 끝으로 향하는 것이라고 하는가? 거룩한 제자는 괴로움을 괴로움이라고 관찰·사유하고, 괴로움의 발생원인들의 모임과 괴로움의 완전한 소멸을 괴로움의 발생원인들의 모임과 괴로움의 완전한 소멸이라고 관찰·사유한다. 또 괴로움의 완전한 소멸에 이르는 길을 괴로움의 완전한 소멸에 이르는 길이라고 관찰·사유하여, 삿된 방법으로 생계를 유지해가는 것을 없애고, 입의 네 가지 나쁜 행위와 다른 입의 나쁜 행위를 다 알아차려서 그것들에서 벗어나고, 번뇌가 없고, 번뇌로부터 멀리 벗어나서 집착

982 이 부분은 번역하기가 매우 어려웠다. 원문은 다음과 같다. 203b09 "無漏思惟相應心法。分別自決意解。計數立意"

하지 않고, 마음을 굳게 지키고, 거두어 지녀서 범하지 않는다. 또 때[時節]를 건너가지 않고, 막아둔 경계를 넘어가지 않는다. 이런 것을 성인과 출세간의 바른 말로서 번뇌가 없고, 취함이 없어서 바로 괴로움을 완전히 다 없애어 괴로움의 끝으로 향하는 것이라고 한다.

4) 정업(正業), 바른 행위 : 어떤 것이 바른 행위[正業정업]인가? 바른 행위에는 두 가지가 있다. 하나는 세간·세속의 바른 행위로서 번뇌가 있고, 취함이 있으면서 좋은 세계로 향하는 것이다. 다른 하나는 성인과 출세간의 바른 행위로서 번뇌가 없고, 취함이 없어서 바로 괴로움을 완전히 다 없애어 괴로움의 끝으로 향하는 것이다.

어떤 것을 세간·세속의 바른 행위로서 번뇌가 있고, 취함이 있으면서 좋은 세계로 향하는 것이라고 하는가? 그것은 살생, 도둑질, 그릇된 성행위 등을 하지 않는 것을 세속의 바른 행위로서 번뇌가 있고, 취함이 있으면서 좋은 세계로 향하는 것이라고 한다.

어떤 것을 성인과 출세간의 바른 행위로서 번뇌가 없고, 취함이 없어서 바로 괴로움을 완전히 다 없애어 괴로움의 끝으로 향하는 것이라고 하는가? 거룩한 제자는 괴로움을 괴로움이라고 관찰·사유하고, 괴로움의 발생원인들의 모임과 괴로움의 완전한 소멸을 괴로움의 발생원인들의 모임과 괴로움의 완전한 소멸이라고 관찰·사유한다. 또 괴로움의 완전한 소멸에 이르는 길을 괴로움의 완전한 소멸에 이르는 길이라고 관찰·사유하여, 삿된 방법으로 생계를 유지하는 것을 없애고, 몸의 세 가지 나쁜 행위와 나머지 네댓 가지 몸의 나쁜 행위를 다 알아차려서 번뇌가 없고, 마음이 집착하는 것을 좋아하지 않고, 마음을 굳게 지키고, 잡아 지녀서 범하지 않는 것이다. 또 때[時節]를 건너가지 않고, 막아둔 경계를 넘어가지 않는 것이다.[983] 이런 것을 성인

983 이 부분은 번역하기가 매우 어려웠다. 원문은 다음과 같다. 203b28 "聖弟子苦苦

과 출세간의 바른 행위로서 번뇌가 없고, 취함이 없어서 바로 괴로움을 완전히 다 없애어 괴로움의 끝으로 향하는 것이라고 한다.

5) 정명(正命), 바른 생계 : 어떤 것이 바른 생계[正命정명]인가? 바른 생계에는 두 가지가 있다. 하나는 세간 · 세속의 바른 생계로서 번뇌가 있고, 취함이 있으면서 좋은 세계로 향하는 것이다. 또 다른 하나는 성인과 출세간의 바른 생계로서 번뇌가 없고, 취함이 없어서 바로 괴로움을 완전히 다 없애어 괴로움의 끝으로 향하는 것이다.

어떤 것을 세간 · 세속의 바른 생계로서 번뇌가 있고, 취함이 있으면서 좋은 세계로 향하는 것이라고 하는가? 의복, 음식, 침구, 병에 따른 탕약 등을 구하되, 법에 맞게 구하는 것이다. 이런 것을 세간 · 세속의 바른 생계로서 번뇌가 있고, 취함이 있으면서, 좋은 세계로 향하는 것이라고 한다.

어떤 것을 성인과 출세간의 바른 생계로서 번뇌가 없고, 취함이 없어서 바로 괴로움을 완전히 다 없애어 괴로움의 끝으로 향하는 것이라고 하는가? 이것은 거룩한 제자가 괴로움을 괴로움이라고 관찰 · 사유하고, 괴로움의 발생원인들의 모임과 괴로움의 완전한 소멸을 괴로움의 발생원인들의 모임과 괴로움의 완전한 소멸이라고 관찰 · 사유한다. 또 괴로움의 완전한 소멸에 이르는 길을 괴로움의 완전한 소멸에 이르는 길이라고 관찰 · 사유하여, 그릇된 생계에 대한 어떤 번뇌도 없고, 즐겨 집착하지 않으며, 마음을 굳게 지키고, 잡아 지녀서 범하지 않는 것이다. 또 이것은 때[時節시절]를 건너가지 않고, 막아둔 경계를 넘어가지 않는 것이다. 이런 것을 성인과 출세간의 바른 생계로서 번뇌가 없고, 취함이 없어서 바로 괴로움을 완전히 다 없애어 괴로움의 끝으로 향하는 것이라고 한다.

思惟。集 · 滅 · 道道思惟。除邪命。念身三惡行 · 諸餘身惡行數。無漏 · 心不樂著。固守 · 執持不犯。不度時節。不越限防”

6) 정정진(正精進), 바른 노력 : 어떤 것이 바른 노력[正方便정방편]인가? 바른 노력에는 두 가지가 있다. 하나는 세간·세속의 바른 노력으로서 번뇌가 있고, 취함이 있으면서 좋은 세계로 향하는 것이다. 다른 하나는 성인과 출세간의 바른 노력으로서 번뇌가 없고, 취함이 없어서 바로 괴로움을 완전히 다 없애서 괴로움의 끝으로 향하는 것이다.
어떤 것을 세간·세속의 바른 노력으로서 번뇌가 있고, 취함이 있으면서 좋은 세계로 향하는 것이라고 하는가? 알아차림 수행을 해야겠다는 마음을 내어서 늘 알아차리려고 노력하고, 뛰어난 방법으로 번뇌에서 벗어나서 견고하게 알아차림을 확립하여, 그 어떤 어려움도 다 견디어내면서 알아차리려고 노력할 수 있고, 마음을 안으로 거두어들여서 쉬지 않고 지속적으로 알아차림 해가려고 노력하는 것을 세간·세속의 바른 노력으로서 번뇌가 있고, 취함이 있으면서 좋은 세계로 향하는 것이라고 한다.
그럼 또 어떤 것을 성인과 출세간의 바른 노력으로서 번뇌가 없고, 취함이 없어서 바로 괴로움을 완전히 다 없애어 괴로움의 끝으로 향하는 것이라고 하는가? 이것은 거룩한 제자가 괴로움을 괴로움이라고 관찰·사유하고, 괴로움의 발생원인들의 모임과 괴로움의 완전한 소멸을 괴로움의 발생원인들의 모임과 괴로움의 완전한 소멸이라고 관찰·사유하고, 괴로움의 완전한 소멸에 이르는 길을 괴로움의 완전한 소멸에 이르는 길이라고 관찰·사유하여, 번뇌가 없이 번뇌와 밀접하게 결부되어서 작용하는 마음의 이치를 알아차리는 것이다.[984] 알아차림 수행을 해야겠다는 마음을 내어서 늘 알아차리려고 노력하고, 뛰어난 방법으로 부지런히 도약하여, 번뇌에서 벗어나서 견고하게

984 이 번역문은 이해하기가 쉽지 않을 수도 있다. 이것은 다음과 같은 한역문을 번역한 것이다. 203c21 "無漏憶念相應心法"

알아차림을 확립하여, 그 어떤 어려움도 다 견디어내면서 알아차리려고 노력할 수 있고, 마음을 안으로 거두어들여서 쉬지 않고 지속적으로 알아차림 해가려고 노력하는 것을 성인과 출세간의 바른 노력으로서 번뇌가 없고, 취함이 없어서 바로 괴로움을 완전히 다 없애어 괴로움의 끝으로 향하는 것이라고 한다.

7) 정념(正念), 바른 알아차림 : 어떤 것이 바른 알아차림[正念정념]인가? 바른 알아차림에는 두 가지가 있다. 하나는 세간·세속의 바른 알아차림이다. 이것은 번뇌가 있고, 취함이 있으면서 좋은 세계로 향하는 것이다. 다른 하나는 성인과 출세간의 바른 알아차림으로서 번뇌가 없고, 취함이 없어서 바로 괴로움을 완전히 다 없애어 괴로움의 끝으로 향하는 것이다.

어떤 것을 세간·세속의 바른 알아차림으로서 번뇌가 있고, 취함이 있으면서 좋은 세계로 향하는 것이라고 하는가? 만약 알아차리고[念념], 처음부터 끝까지 놓치지 않고 쭉 따라가면서 알아차리고[隨念수념][985], 반복적으로 알아차리고[重念중념][986], 매순간 잊지 않고 알아차려서[憶念억념] 망상이 없고, 거짓이 없으면, 이것을 세간·세속의 바른 알아차림으로서 번뇌가 있고, 취함이 있으면서 좋은 세계로 향하는 것이라고 한다.

그럼 또 어떤 것을 성인과 출세간의 바른 알아차림으로서 번뇌가 없

985 '놓치지 않고 쭉 따라가면서 알아차린다[隨念]'는 것은 "隨念(수념)" 또는 "隨觀(수관)"을 번역한 것이다. 이것은 산스크리트어 아누스므리티(anusmrti), 빨리어 아누사띠(anussati)를 번역한 것이다. 아누(anu)는 '~을 쭉 따라간다'는 뜻이고, 스므르티 또는 사띠는 '알아차린다'는 뜻이다. 대상이 일어났다가 사라질 때까지 전 변화과정을 놓치지 않고 쭉 따라가면서 알아차린다는 뜻이다.

986 반복적으로 알아차린다[重念중념]는 것은 대상은 끊임없이 일어났다가 사라지기를 반복하는데, 사라졌다가 일어날 때마다 그것을 반복적으로 계속 알아차린다는 뜻이다.

고, 취함이 없어서 괴로움의 끝으로 향하는 것이라고 하는가? 만약 거룩한 제자가 괴로움을 괴로움이라고 관찰 · 사유하고, 괴로움의 발생원인들의 모임과 괴로움의 완전한 소멸을 괴로움의 발생원인들의 모임과 괴로움의 완전한 소멸이라고 관찰 · 사유하고, 괴로움의 완전한 소멸에 이르는 길을 괴로움의 완전한 소멸에 이르는 길이라고 관찰 · 사유하여, 번뇌가 없이 관찰 · 사유하는 것과 맞아떨어지고, 알아차리고, 처음부터 끝까지 놓치지 않고 쭉 따라가면서 알아차리고, 반복적으로 알아차리고, 매순간 잊지 않고 알아차려서 망상이 없고, 거짓이 없으면, 이것을 성인과 출세간의 바른 알아차림으로서 번뇌가 없고, 취함이 없어서 괴로움의 끝으로 향하는 것이라고 한다.[987]

8) 정정(正定), 바른 선정 : 어떤 것이 바른 선정[正定정정]인가? 바른 선정(禪定)에는 두 가지가 있다. 하나는 세간 · 세속의 바른 선정이다. 이것은 번뇌가 있고, 취함이 있으면서 좋은 세계로 향하는 것이다. 또 다른 하나는 성인과 출세간의 바른 선정이다. 이것은 번뇌가 없고, 취함이 없어서 바로 괴로움을 완전히 다 없애서 괴로움의 끝으로 향하는 것이다.

어떤 것을 세간 · 세속의 바른 선정으로서 번뇌가 있고, 취함이 있으면서 좋은 세계로 향하는 것이라고 하는가? 만약 마음이 줄곧 자신에게 머물러 있고[心住심주][988], 산란하지 않고[不亂불란], 움직이지 않으며[不動부동], 마음을 안으로 거두어들였고[攝受섭수], 마음이 고요하게 멈추었으며[寂止적지], 삼매에 들었고, 일심(一心)을 이룬 것을 세

987 〈잡아함경〉 제785경 204a02 "謂聖弟子苦苦思惟。集 · 滅 · 道道思惟。無漏思惟相應。若念 · 隨念 · 重念 · 憶念。不妄 · 不虛。是名正念是聖 · 出世間。無漏 · 不取。轉向苦邊"

988 여기서 자신은 자신의 몸 또는 마음이다. 부처님의 선정은 마음이 바깥 대상으로 달아나지 않고, 자신의 몸과 마음에 머물러서 몸의 움직임, 몸의 상태, 느낌, 마음의 상태, 마음에서 일어났다가 사라지는 것들을 알아차리는 것이다.

간·세속의 바른 선정으로서 번뇌가 있고, 취함이 있으면서 좋은 세계로 향하는 것이라고 한다.[989]

어떤 것을 성인과 출세간의 바른 선정으로서 번뇌가 없고, 취함이 없어서 바로 괴로움을 완전히 다 없애어, 괴로움의 끝으로 향하는 것이라고 하는가? 거룩한 제자가 괴로움을 괴로움이라고 관찰·사유하고, 괴로움의 발생원인들의 모임과 괴로움의 완전한 소멸을 괴로움의 발생원인들의 모임과 괴로움의 완전한 소멸이라고 관찰·사유하고, 괴로움의 완전한 소멸에 이르는 길을 괴로움의 완전한 소멸에 이르는 길이라고 관찰·사유하여, 번뇌가 없고, 번뇌와 밀접하게 결부되어서 작용하는 마음[相應心상응심]이 일어났다가 사라지는 것을 관찰·사유하면서 머물고[990], 산란(散亂)하지 않고, 산만하지 않으며, 마음을 안으로 거두어들였고, 마음이 고요하게 멈추었으며, 삼매에 들었고, 일심(一心)을 이룬 것을 성인과 출세간의 바른 선정으로서 번뇌가 없고, 취함이 없어서 바로 괴로움을 완전히 다 없애어, 괴로움의 끝으로 향하는 것이라고 한다.[991]

부처님께서 이 경을 말씀하시자, 여러 비구들은 부처님 말씀을 듣고, 기뻐하며, 받들어 수행했다.

위의 경은 팔정도를 전문수행자가 아닌 재가불자를 위한 세간·세속의 팔정도와 전문수행자인 성인과 출세간자를 위한 팔정도로 나누어서 설

989 〈잡아함경〉제785경 204a08 "若心住不亂·不動·攝受·寂止·三昧·一心。是名正定世·俗。有漏·有取。轉向善趣"

990 이 부분은 번역하기가 어려웠다. 한역문은 다음과 같다. 204a12 "無漏思惟相應心法住"

991 〈잡아함경〉제785경 204a10 "何等爲正定是聖·出世間。無漏·不取。正盡苦。轉向苦邊。謂聖弟子苦苦思惟。集·滅·道道思惟。無漏思惟相應心法住。不亂·不散·攝受·寂止·三昧·一心。是名正定是聖·出世間。無漏·不取。正盡苦。轉向苦邊"

명해 놓았다. 세간·세속의 팔정도는 천상세계나 인간세계에 태어나기 위한 것이다. 성인과 출세간자를 위한 팔정도는 열반을 성취하여, 존재로부터 영원히 해탈하기 위한 것이다. 위의 경에서는 사성제, 즉 괴로움[苦고]과 괴로움의 여러 원인들의 모임[集집]과 괴로움의 완전한 소멸[滅멸], 괴로움의 완전한 소멸에 이르는 길인 팔정도[道도]에 대한 관찰수행을 해야 성인과 출세간의 바른 도가 된다고 말하고 있다.

기존 한국불교에는 팔정도의 개념이 없다

부처님께서는 팔정도수 행으로 최고의 완전한 깨달음을 성취했다. 팔정도는 석가부처님 수행법이지만 여태껏 한국불교에는 팔정도의 개념이 없었다. 2005년 이후 팔정도를 설명하는 책이 10여권이나 출판됐지만 그 설명이 추상적이어서 그것으로 팔정도수행이 어떤 것인지 알 수가 없었다. 필자가 팔정도의 여덟 요소를 설명하는 위의 두 경을 이와 같이 번역해냄으로써[992] 그동안 이해하기 어려웠던 팔정도의 개념이 깔끔하게 정리됐다. 팔정도의 개념을 설명하는 데 있어서 기존 한국불교가 잘못 해석하고 있는 것들의 예를 들면, 다음과 같은 것들이 있다.

(1) '사성제를 올바로 이해하는 것', 즉 '부처님 가르침을 올바로 이해하는 것' 등의 뜻인 정견(正見)을 '사물을 바르게 보는 것', '바르게 보기', '바르게 보는 안목', '깨달음' 등의 뜻으로 잘못 해석하고 있는 것이다. 2016년에 대한불교조계종 포교원에서 내 놓은 〈불교개론〉에는 정견을 다음과 같이 설명해 놓았다.

"정견(正見)은 바른 견해이다. 편견 없이 있는 그대로 보는 것이다.

992 위의 두 경은 이미 번역이 되어서 〈한글 대장경〉에 수록되어 있다. 하지만, 무슨 말인지 알 수가 없는 말로 번역되어 있다.

이를 여실지견(如實知見)이라고 부른다. 바른 삶의 시작은 바로 볼 때 시작된다."[993]

위의 설명은 사람 또는 사건, 사물 등을 편견 없이 있는 그대로 보는 것이 정견이라고 말하고 있는 것으로 보인다. 이것은 부처님이 말하는 정견과 거리가 먼 설명이다. 도올 김용옥 선생은 팔정도의 정견을 설명하면서 "바르게 보는 것, 즉 이 세계를 바르게 바라보고, 나 자신을 바로 보는 것이 정견"[994]이라고 설명해 놓았다. 이것도 정견의 의미를 제대로 이해하지 못 하고 설명해 놓은 것이라고 할 수 있다.

(2) 또 '바른 발심(發心)' 또는 '바른 뜻 세움'이라는 뜻의 정사유(正思惟)를 '바른 사유', '바르게 생각하는 것' 등으로 잘못 해석하고 있는 것이다. 여기서 "사유"는 산스크리트어 '**kalpa**(칼파)'를 번역한 것이고, 이것은 '사유'가 아니라 '결심'이라는 뜻이다. **kalpa**(칼파)를 '결심'이라는 뜻으로 해석하여, 어떤 한역경(漢譯經)에서는 '정사유(正思惟)' 대신 '正意(정의)', '正志(정지)', '正志向(정지향)' 등으로 한역해 놓았다. 여기서 한자 '意(의)'와 '志(지)'는 '무엇을 하겠다고 뜻을 세우는 것'이다. 따라서 정사유는 '바른 생각'이나 '바른 사유'보다는 '바른 뜻 세움'이나 '바른 발심'으로 번역하는 것이 맞다. 부처님은 '바른 뜻 세움'에 대해 다음과 같이 설명해 놓았다.

"어떤 것이 **바른 뜻 세움**[正志정지][995]인가? 바른 뜻 세움은 번뇌 · 괴로움

993 〈불교개론〉. 조계종출판사. 대한불교조계종 포교원 편찬. 2016년. 115쪽
994 도올 김용옥 선생은 유튜브 '불교, 사성제, 팔정도'에서 이렇게 설명하고 있다.
995 바른 뜻 세움[正志]은 팔정도의 두 번째 요소인 "정사유"를 다르게 번역한 것으로, 이것은 '바른 발심'으로도 번역할 수 있다.

에서 벗어나겠다는 뜻[出要志출요지][996], 성내지 않겠다는 뜻[無恚志무에지], 다른 생명을 해치지 않겠다는 뜻[不害志불해지]을 세우는 것이다."[997]

팔정도의 두 번째 요소인 정사유를 '바른 사유'나 '바른 생각'으로 번역해 놓고, 위와 같은 의미로 해석하는 것은 불가능하다. 대한불교조계종 포교원에서 내놓은 〈불교개론〉에는 정사유를 다음과 같이 설명해 놓았다.

"정사유(正思惟) : 바른 생각 혹은 바른 결심이다. 바른 견해를 가져야만 바른 생각과 결심을 할 수 있다. 행동하기 전에 바로 보고, 생각하며, 결심해야 한다. 그럴 때 힘을 얻는 것은 물론 망설임이나 두려움이 없다."[998]

위의 설명은 정사유를 제대로 설명한 것이라고 할 수 없다. 도올 김용옥 선생은 "논리적으로 바르게 상식적으로 생각하는 것이 정사유"라고 설명해 놓았다. 도올 선생도 정사유의 의미를 제대로 이해한 것이 아니다. 정사유는 발심(發心)과 같은 뜻으로, 수행해서 열반을 성취하겠다고 결심하는 것이다.
(3) 또 '바른 생계'라는 뜻의 정명(正命)을 '바른 생명', '바른 생활', '바른 직업' 등으로 잘못 해석하고 있는 것이다. 조계종출판사 〈불교개론〉에는 정명(正命)을 "바른 생활, 즉 바른 직업"이라고 하면서 "옳은 일에 종사하고, 바르게 사는 것"이라고 설명해 놓았다. 하지만 부처님이 말

996 출요지(出要志)는 번뇌 · 괴로움에서 벗어나겠다는 의지이다. 그 근거로 〈장아함경〉 제1권의 후반부에 '苦出要諦(고출요제)'라는 표현이 나오는 것을 볼 수 있다.
997 〈잡아함경〉 제784경 203a09 "何等爲正志(하등위정지)。謂(위)出要志(출요지) · 無恚志(무에지) · 不害志(불해지)"
998 〈불교개론〉 조계종출판사. 대한불교조계종 포교원 편찬. 2016년. 116쪽

하는 정명은 '바른 생계'라는 뜻이다. 이것은 '출가수행자가 의복, 음식, 침구, 탕약 등을 법답게 구하고, 법답지 않은 방법으로 구하지 않는 것'을 말한다.[999] 팔정도법문은 출가자를 대상으로 한 법문이기 때문에 '바른 직업'은 맞지 않다. 왜냐하면 부처님께서 팔정도법문을 할 당시에는 출가자는 먹고 살기 위해 직업에 종사할 수 없었기 때문이다.

(4) 또 '바른 노력'이라는 뜻의 정정진(正精進)을 '바른 용맹심'으로 잘못 해석하고 있는 책도 있다. 바른 노력은 알아차리려고 노력하되, 너무 느슨하지도 않고, 너무 맹렬하지도 않게 적절한 세기로, 중간에 알아차림이 끊어지지 않게 꾸준히 노력해 가는 것이다.

(5) 또 '바른 알아차림'이라는 뜻의 정념(正念)을 1990년 이전에 출판된 책에서는 한 결 같이 '바른 생각'으로 잘못 해석하고 있는 것이다.[1000] 여기서 생각과 알아차림은 정반대 개념이다. 생각이 있으면 알아차림을 할 수가 없고, 알아차림을 하고 있는 중에는 생각이 있을 수 없기 때문이다. '중간에 알아차림이 끊어지는 경우가 없이 지속적으로 알아차림 해가라'는 부처님 말씀을 '바르게 생각해가라'고 잘못 번역하여, 수십 년 동안 바른 생각만 하려고 노력해온 스님을 만난 적이 있다. 그 스님은 지혜를 밝히는 불교수행에 있어서 가장 중요한 개념인 "알아차림"은 그 개념 자체가 없었기 때문에 평생 한 눈 팔지 않고, 부지런히 수행했지만 지혜를 얻는 데 있어서 별 소득이 없었던 것으로 보였다. 알아차림 수행을 하지 않으면, 반야지혜가 밝아지지 않는다. 김용옥 선생은 유튜브 강의에서 "바르게 기억하는 것이 정념(正念)"이라고 설명하고 있다. 이것도 바른 설명이라고 볼 수 없다. 왜냐하면 정념은 '바른 알아차림'이라

999 〈잡아함경〉 제784경. 203a12 "何等爲正命。謂如法求衣服·飮食·臥具·湯藥。非不如法"

1000 한국불교의 몇몇 사람이 1990년경에 남방불교에서 위빠사나수행법을 도입하기 전에는 한국불교에는 "알아차림"이라는 용어가 없었다.

는 뜻이기 때문이다.

한국불교에서는 여태껏 팔정도를 이와 같이 잘못 해석하여, 팔정도수행이 어떤 것인지 알려고 해도 알 수가 없었다. 팔정도는 부처님께서 수많은 경전에서 누누이 강조했던 불교의 바른 수행법이다. 이것으로 고(苦), 집(集), 멸(滅), 도(道)에 대한 설명을 마친다.

이번에는 〈반야심경〉의 "무고집멸도(無苦集滅道)"를 기존 불교에서는 어떻게 해석해 놓았는지 한 번 보자.

무고집멸도(無苦集滅道)에 대한 잘못된 해석을 바로 잡는다

일본의 한 유명한 불교학자는 〈반야심경〉의 "무고집멸도(無苦集滅道)"를 '초기불교 교설인 사성제 따위는 필요 없다'는 뜻으로 해석해 놓은 것을 본 적이 있다. 또 요즘 즉문즉설로 유명한 법륜 스님도 "〈반야심경〉의 "무고집멸도"는 대승불교 입장에서 소승불교 교설의 잘못된 이해를 비판하고 바로 잡는 것"이라고 말하고 있다.[1001] "무고집멸도"에 대한 이런 잘못된 해석은 옛날부터 중국에서 해왔던 것이다. 중국 송대(宋代) 회심(懷深,1077-1132) 선사는 "무고집멸도"에 대해 다음과 같이 해설해 놓았다.

> "일체 모든 존재[法]가 다 본래 공적(空寂)한데, 사성제가 어디에서 나와 있으랴? 그래서 '고집멸도가 없다'고 말하여, 성문(聲聞)[1002]들이 갖고 있는 사성제의 견해를 쳐부수어버린 것이다."[1003]

1001 유튜브에 있는 법륜 스님의 〈반야심경〉 강의에서 이렇게 말하고 있다.

1002 성문(聲聞)은 대승불교도들이 깨달음만 추구하는 출가수행승을 폄하해서 부르던 이름이다. 성문은 소승승(小乘僧)과 같은 의미로서 석가불교를 떠받들던 출가승을 일컫던 말이다.

1003 〈속장경〉 제40권 〈般若心經三注〉 p.394 "一切諸法 本自空寂 四諦從何而有. 故云

또 중국 명대의 고승 종륵(宗泐,1317-1391)은 "무고집멸도"에 대해 다음과 같이 말했다.

> "이 고집멸도는 본래 소승의 성문들이 보는 경지이다. 대승의 보살은 이 경지의 당체(當體)가 공적(空寂)함을 꿰뚫어봤기 때문에 (고집멸도가) 없다고 말한 것이다."[1004]

고집멸도의 사성제는 석가부처님의 핵심교설이다. 부처님께서 열반하신 지 약5~6백 년 후에 나타난 대승불교는 기존불교의 자리를 빼앗기 위해 기존불교인 석가부처님 불교에 대해 '소승'이라고 폄훼해 불렀고, 틈만 나면 석가부처님 불교를 깎아내리려고 했다. 우리는 위의 중국의 두 고승의 말에서도 석가부처님의 제자인 성문들의 견해를 깎아내리고 있는 것을 볼 수 있다. 일본의 한 불교학자와 법륜 스님, 그리고 중국의 옛 고승들이 "무고집멸도"에 대해 이와 같은 취지로 해석한 것은 잘못된 것이라고 할 수 있다. 왜냐하면 "무고집멸도"는 '적멸상태에는 괴로움[苦고]도 없고, 괴로움의 원인[集집]도 없으며, 열반[滅멸]도 없고, 열반에 이르는 길[道도]도 없다'는 뜻이기 때문이다. 중생들은 어리석게도 괴로움이 다 소멸되고 나면, '열반'이라는 특별한 경지가 따로 있다고 생각하여, 그것을 얻으려고 한다. 하지만 모든 존재, 즉 오온이 다 소멸된 적멸상태를 성취하고 나면, 열반조차 존재하지 않는다. 왜냐하면 오온이 다 소멸됐다는 것은 몸의 물질현상[色색]뿐만 아니라 정신작용인 느낌[受수], 인식[想상], 업지음[行행], 식별작용[識식]까지 다 소멸된 상태이기 때문이다. 대상을 인

無苦集滅道. 此破聲聞四諦之見也."

1004 T.1713 〈般若心經註解〉 p.570c "此本聲聞之人所觀之境 大乘菩薩照了此境當體空寂 故云無也"

식하는 정신작용 자체가 다 소멸돼버렸기 때문에 그 어떤 것도 존재하지 않는다. 이런 상태를 '空(공)', '적멸(寂滅)', '열반'이라고 한다. 적멸상태엔 중생도 없고, 부처도 없고, 선(善)도 없고, 악(惡)도 없으며, 괴로움도 없고, 열반조차 없다. 괴로움을 포함한 그 모든 것이 다 소멸되었을 뿐, "열반"이라는 특별한 경지가 따로 존재하는 것은 아니다. 〈반야심경〉에서는 중생들이 "열반"이라는 특별한 경지가 따로 있다고 여겨서 그것에 집착할까봐 "무고집멸도(無苦集滅道)"라고 말하여, '열반조차 존재하지 않는다'고 말해주고 있는 것이다.

인도의 초기대승불교를 대표하는 논사인 용수(AD.2~3C) 보살도 〈중론〉에서 "무고집멸도"를 다음과 같이 설명하여, 필자와 같은 견해를 취하고 있는 것을 볼 수 있다.

〈중론〉 관사성제품[觀四諦品]

"네 가지 잘못된 인식[四顚倒사전도]을 깨뜨려서 사성제의 진리를 통달하면, 네 가지 사문(沙門)의 과보를 얻는다.[1005] 만약 오온의 모든 것이 다 소멸되어서[空공] 일어나는 것도 없고, 사라지는 것도 없으면, 사성제의 진리도 존재하지 않는다네. 사성제가 존재하지 않기 때문에 괴로움[苦고]으로 봐야 할 것도 없고, 괴로움의 원인들이 모여드는 것[集집]을 끊어야 할 것도 없으며, 괴로움이 완전히 다 소멸된 것[滅멸]을 증득해야 할 것도 없다. 또 증득하기 위해 팔정도를 닦아야 할 필요도 없다. 괴로움[苦고], 괴로움의 원인들의 모임[集집], 괴로움이 완전히 다 소멸된 열반[滅멸], 열반에 이르는 길인 팔정도[道도], 이런 것들이 아무 것도 없다.[1006] ......사성제의 진리가 없기 때문에 법보(法

1005 '4가지 사문(沙門)의 과위를 얻는다'는 것은 '수다원, 사다함, 아나함, 아라한 등의 과위를 성취한다'는 뜻이다.

寶)도 없고, 법보와 승보(僧寶)가 없기 때문에 불보(佛寶)도 없다."[1007]

"만약 오온[一切世間일체세간]이 다 소멸되어서[空공] 존재하는 것이 아무 것도 없다면, 일어나는 것도 없고, 사라지는 것도 없어야 한다. 일어나는 것도 없고, 사라지는 것도 없기 때문에 고집멸도의 사성제도 없다."[1008]

위의 〈중론〉의 밑줄 부분의 내용은 〈반야심경〉의 "무고집멸도"가 어떤 의미인지 확인해주고 있다. 오온이 다 소멸되어서 존재하는 것이 아무 것도 없는 것이 열반이다. 열반을 성취하고 나면, 일어나는 것도 없고, 사라지는 것도 없기 때문에 고집멸도도 없다. 모든 것은 연기법에 의해 존재한다. 즉 연기법 안에 있을 때 고집멸도가 존재한다. 오온이 다 소멸된 적멸상태에는 연기(緣起)의 고리가 다 끊어져서 존재하는 것이 아무 것도 없기 때문에 고집멸도를 비롯한 그 어떤 것도 존재하지 않는다. 이것이 〈반야심경〉의 "무고집멸도(無苦集滅道)"의 의미다. 하지만 8세기 말에 석가부처님 불교를 부정하는 중국 선불교가 등장하면서 "무고집멸도"는 앞에서 본 것과 같이 '석가부처님의 사성제법을 부정하는 것'으로 왜곡되어서 잘못 전해지고 있다.

1006 〈신수대장경〉 중관부. 〈中論중론〉 32b12 "破四顚倒。通達四諦。得四沙門果 若一切皆空　無生亦無滅 如是則無有 四聖諦之法 以無四諦故 見苦與斷集 證滅及修道 如是事皆無"

1007 〈신수대장경〉 중관부. 〈中論중론〉 32b11 中論觀四諦品第二十四(四十偈) "破四顚倒。通達四諦。得四沙門果 若一切皆空 無生亦無滅 如是則無有 四聖諦之法 以無四諦故 見苦與斷集 證滅及修道 如是事皆無 ....以無四諦故 亦無有法寶 以無法僧寶 亦無有佛寶"

1008 〈신수대장경〉 중관부. 〈中論중론〉 32b23 "若一切世間皆空無所有者。卽應無生無滅。以無生無滅故。則無四聖諦"

"무고집멸도"에 대한 한국의 기존 해설을 비판함

현재 한국의 최고 강백 중 한 분인 **무비 스님**은 다음과 같이 말했다.

> "〈반야심경〉에서는 사성제를 〈무〉라고 했습니다. 왜냐하면 사성제의 근본을 따져서 분석해보면, 그 근원이 공이기 때문에 〈무고집멸도〉인 것입니다. 사성제의 가르침이 아무리 좋은 것이라 하더라도 그 본질은 공이기에 〈무〉인 것입니다. 여기서도 결국 존재의 실상을 바로 보라는 것을 가르치고 있습니다. .... (중간 생략) .... 여기서는 사성제를 있는 것으로만 볼 것이 아니라 한 차원을 달리해서 그것 또한 텅 빈 것으로 보는 것입니다. 결국 사성제에조차 매달리지 말라는 것입니다. 부처님께서는 〈고집멸도〉의 사성제를 수없이 많이 이야기했습니다. 그러나 〈반야심경〉에서는 한 순간에 〈무〉라고 표현하고 있습니다. 그것은 곧 차원을 달리한 경지입니다. 이런[1009] 경지를 뛰어넘을 때 공부의 진척이 있는 것입니다."[1010]

무비 스님의 이러한 법문은 한국불교의 허(虛)한 모습을 보여주는 대표적인 사례라고 할 수 있다. 무비 스님은 "〈반야심경〉에서는 사성제를 〈무〉라고 했다"고 하지만 〈반야심경〉에는 "무고집멸도(無苦集滅道)"라는 말이 있을 뿐, "사성제를 〈무〉"라고 말하지 않았다. "무고집멸도"는 '[이 모든 존재가 다 소멸된 적멸상태엔] 아무 것도 존재하지 않기 때문에 사성제의 진리조차 없다'는 말이다. 무비 스님은 "사성제의 본질이 공(空)이기에 〈무〉라고 했다"고 하지만 이 말도 수긍하기 어려운 말이

1009 여기서 "이런"은 '이와 같이'라는 뜻으로 해석된다. '이와 같이 경지를 하나 뛰어넘을 때 공부의 진척이 있는 것'이라고 말하고 있는 것으로 보인다.
1010 무비 스님 풀이 〈예불문과 반야심경〉. 불일출판사. 1997년. 237쪽

다. 왜냐하면 사성제는 사성제일 뿐, 사성제의 본질이 따로 있을 수 없기 때문이다. 무비 스님은 "무고집멸도"를 '사성제에조차 매달리지 말라'는 뜻으로 해석하여, "사성제를 차원을 달리해서 텅 빈 것으로 보는 것"이라고 말하고 있지만, 이 말도 수긍하기 어려운 말이다. 왜냐하면 '도대체 사성제를 텅 빈 것으로 보는 것이 어떤 거지?'라는 의문이 들기 때문이다. 이런 이해하기 어려운 해설은 단지 무비 스님의 해설만이 아닐 것이다. 한국불교는 하루 빨리 이런 식의 허한 해설에서 벗어나야 한다. 동국대학교 불교학과 **김성철**[1011] **교수**는 〈반야심경〉의 "시제법공상(是諸法空相)"에서 "무지역무득(無智亦無得)"까지의 부분을 다음과 같이 번역, 해설해 놓았다.

(번역) "사리불이여, 모든 것은 공(空)한데, 그 모습은 다음과 같으니라. 발생하지도 않고, 소멸하지도 않으며, 더럽지도 않고, 깨끗하지도 않으며, ... 그러므로 공의 경지에는 물질도 없고, 느낌, 생각, 의지, 마음도 없으며, 눈도, 귀도, 코도, 혀도, 몸도, 생각함도 없으며, 형상도, 소리도, 냄새도, 맛도, 촉감도, 생각된 것도 없으며, ... 무명(無明)도 없고, 무명의 소멸도 없으며, 내지 노사(老死)도 없고, 노사의 소멸도 없으며, 고집멸도의 사성제도 없고, 앎도 없고, 도달도 없느니라."[1012]

舍利子。是諸法空相。不生不滅。不垢不淨。不增不減。是故空中。無色。無受想行

1011 김성철 교수는 1957년생이다. 1982년 서울대 치과대학을 졸업한 뒤 동국대 대학원에서 인도불교를 전공했다. 2004년 이 책이 출판될 당시 30여 편의 논문과 〈원효의 판비량론 기초연구〉, 〈중론〉, 〈화쟁론〉 등 여러 권의 저서와 번역서가 있다. 활발한 학술활동으로 1996년 제6회 가산학술상을 받았고, 2004년 제19회 불이상(不二賞)을 받았다. 현재 동국대학교 불교학과 교수로 재직 중이다.

1012 〈반야심경〉의 이 번역은 김성철 교수가 번역하여, 〈중론, 논리로부터의 해탈, 논리에 의한 해탈〉. 김성철 지음. 불교시대사. 2004. 22쪽에 실은 것을 그대로 옮긴 것이다. 이 번역도 문제가 있는 번역이다. 필자의 번역과 비교해 보면, 그 문제점을 알

識。無眼耳鼻舌身意。無色聲香味觸法。無眼界。乃至無意識界。無無明。亦無無明盡。乃至無老死。亦無老死盡。無苦集滅道。無智亦無得。

(해설) "〈반야심경〉에서 청자(廳者)로 등장하는 사리불은 부처님의 십대제자 중 지혜가 가장 뛰어난 아라한이었다. 하지만 그 지혜는 부처님 가르침을 교조적으로 신봉하는 **소승의 지혜**였다. 그래서 〈반야심경〉의 부처님은 당신께서 '과거에 가르쳤던 그 모든 교법들이 궁극적으로는 실재하지 않는다'고 말씀하시며, 사리불에게 교법의 뗏목에서 내려올 것을 권하시는 것이다. 진정으로 깨달을 경우, 우리는 일체 아무 것도 실재하지 않음을 알게 된다. 즉 모든 것이 공(空)함을 알게 된다."[1013]

김성철 교수는 〈반야심경〉을 이렇게 해설하면서 "〈반야심경〉에서는 그 이전의 불교계에서 가르치던 교법을 비판하고 있는 것"[1014]이라고 말하고 있다. 이것은 잘못된 해석이라고 할 수 있다. 김성철 교수도 위의 〈반야심경〉 한역문의 "공중무색(空中無色)"에서의 "공중(空中)"을 제대로 해석하지 못 한 나머지 이렇게 잘못된 해석을 내놓고 있는 것이다. 앞에서 말했듯이 여기서 "공(空)"은 '적멸상태', 즉 '열반'을 의미한다. 용수 보살은 〈중론〉에서 "**열반**의 특징[相상]은 **공(空)**"이라고 말했다.[1015] 따라서 "공중(空中)"은 '적멸열반상태[空공]에 들었을 때[中중]'

수있을것이다.

1013 〈중론, 논리로부터의 해탈, 논리에 의한 해탈〉. 김성철 지음. 불교시대사. 2004. 22쪽 인용

1014 위의 김성철의 책 21쪽 마지막 3줄 인용

1015 용수는 〈중론〉에서 다음과 같이 말했다. "**열반**의 특징[相상]은 **공(空)**이다. 공(空)은 그 어떤 대상[相상]도 없고, 모든 것이 다 소멸되어서 고요[寂滅적멸]하고,

라는 뜻이다. 이 "공중(空中)"은 "무색(無色)"에서 "무고집멸도(無苦集滅道) 무지역무득(無智亦無得)"까지 다 걸린다.[1016] 즉 "무고집멸도"는 그냥 '고집멸도가 없다'는 뜻이 아니라 **"空中(공중)"**, 즉 '**적멸열반상태**[空공]**에 들었을 때**[中중] 고집멸도가 없다'는 뜻이다. 김성철 교수는 "진정으로 깨달을 경우, 우리는 일체 아무 것도 실재하지 않음을 알게 된다. 즉 모든 것이 다 공(空)함을 알게 된다"고 말하고 있는데, 이것도 잘못된 이해라고 할 수 있다. 왜냐하면 내 감각기관에 잡히는 거의 모든 대상은 실재하는 것들이기 때문이다. '적멸열반상태[**空공**]에 들었을 때[**中중**] 그 어떤 대상도 내 의식상에 존재하지 않는다'는 뜻을 김성철 교수는 이와 같이 잘못 이해하고 있는 것이다.

이 부분에서 도올 **김용옥 선생**도 잘못 해석하고 있는 것은 마찬가지다. 그는 〈반야심경〉의 "무무명 역무무명진 내지무노사 역무노사진 무고집멸도"[1017]의 부분을 "부처님의 12연기법과 사성제의 진리를 부정하는 것"이라고 말하고 있다. 김용옥 선생은 "사성제가 다 개구라다! 다 헛거다! 다 공이다!"[1018]고 말해 놓았는데, 이것은 잘못된 해석이라고 할 수 있다. 왜냐하면 "무고집멸도"는 사성제를 부정하는 말이 아니라 "시제법공상(是諸法空相)"으로 일컬어지는 이[是시] 모든 존재[諸法제법]가 다 소멸된 적멸상태에는[**空中공중**][1019] '괴로움[苦고]도 없고, 괴로움의

분별망상[戱論희론]이 없는 상태다." = 〈중론〉 관법품 25a12 "**涅槃相空**(열반상공) 無相(무상) 寂滅(적멸) 無戱論(무희론)"

1016 즉 空中 〈無色 無受想行識 無眼耳鼻舌身意 無色聲香味觸法 無眼界乃至無意識界 無無明 亦無無明盡 乃至 無老死 亦無老死盡 無苦集滅道 無智亦無得〉의 구조이다.

1017 "無無明 亦無無明盡 乃至無老死 亦無老死盡 無苦集滅道"

1018 〈스무살 **반야심경**에 미치다〉. 도올 김용옥 지음. 통나무. 2019년. 221쪽 인용

1019 그냥 "무고집멸도(無苦集滅道)"가 아니라 그 앞에 "공중(空中)"이라는 조건이 붙어 있는 것을 간과해서는 안 된다. "공중(空中)"에서의 **공(空)**은 이[是시] 모든 존재[諸法제법]가 다 소멸된 **적멸**상태[空공]이고, **중(中)**은 '안에 들어있을 때'라는

원인[集집]도 없으며, 열반[滅멸]도 없고, 열반에 이르는 길[道도]도 없다'는 뜻이기 때문이다. 또 김용옥 선생은 다음과 같이 해설하고 있는데, 이것도 잘못된 해설이라고 할 수 있다.

> 〈반야심경〉은 철두철미한 "무無의 철학"입니다. "공이다"라는 규정성조차 부정해버리는 철두철미한 부정의 논리이지요. 그 부정은 불교 자체를 부정하는 데까지 이르고 있습니다.[1020]

앞에서 김용옥 선생은 "사성제가 다 개구라다!"고 말해 놓았는데, 김용옥 선생의 이런 해설이야 말로 "구라"라고 말할 수 있다. 〈반야심경〉은 무(無)의 철학도 아니고, 부정의 논리도 아니기 때문이라고 할 수 있다. 〈반야심경〉의 무(無)는 '적멸상태에 들었을 때는 색수상행식(色受想行識) 등 의식상에 아무 것도 존재하지 않는다'고 말해주고 있을 뿐이다. 지금까지 〈반야심경〉이 어렵게 느껴진 까닭은 이런 잘못된 해설 때문이다. 〈반야심경〉 해설가들은 번역을 잘못 해 놓고, 그 잘못된 번역을 맞는 말로 만들기 위해 그럴듯한 구라로 해설을 한다. 대부분의 경우, 그 구라해설은 이치에 맞지 않는 말로 이루어져 있다. 문제의 심각성은 일반 독자들은 불법에 대한 전문적인 식견을 갖추고 있지 못 하기 때문에 이치에 맞지 않는 이런 말을 자신 있게 식별해내지 못 하는 데 있다. 큰 스님이나 교수, 박사의 권위를 맹종하지 말고, 여러분의 상식과 합리를 믿어라.

뜻이다. 즉 "공중(空中)"은 '적멸상태에 들어있을 때'라는 뜻이다.

1020 〈스무살 **반야심경**에 미치다〉. 도올 김용옥 지음. 통나무. 2019년. 222쪽 인용

2) "無智亦無得(무지역무득)"의 의미

무지역무득(無智亦無得): 無 없을 무. 智 지혜 지. 得 얻을 득

나na[無무] **즈냐남jñānam**[智지], **나na**[無무] **쁘라쁘띠히prāptiḥ**[得득]

[적멸상태엔] 지각작용[智지]도 없고, 의식의 대상을 취하는 것[得득]도 없다

"無智亦無得(무지역무득)"에서의 "無智(무지)"와 "無得(무득)"을 어떤 의미로 해석해야 할지 문제가 된다. 이 문제는 간단하지 않고 매우 어렵다.

(1) **無智(무지)** "無智(무지)"에서의 "智(지)"는 산스크리트어 'jñāna(즈냐나)'[1021]를 번역한 것이다. 여기서 즈냐나는 '지각(知覺)작용'이라는 뜻이다. 즈냐나(jñāna)는 '아는 것', '지식', '지혜', '의식', '감각기관', '지각작용' 등 다양한 뜻이 있지만, 여기서는 '알아채는 것', '의식', '지각작용', '감각기관' 등의 뜻으로 보는 것이 맞다. 총8명의 〈반야심경〉 한역가들 중 7명은 이 '즈냐나'를 "智(지)"로 번역해 놓았고, 지혜륜은 "智證(지증)"[1022]으로 번역해 놓았다. 〈대생의경〉에서는 이것을 "**知**(지)"로 번역해 놓았다. 〈대생의경〉에는 "'나'라는 소견이 일어나지 않으면, 평등한 소견에 머문다. 그러면 마음이 잘 해탈하게 되어서 지각작용[**知**지]도 없고, 보는 것[見견]도 없고, 얻는 것[所得소득]도 없다"[1023]는 내용이 나온다. 〈반야심경〉의 "**無智**(무지)"는 '지혜가 없다'는 뜻이

1021 jñāna(즈냐나)는 아는 것, 지식, 지혜, 의식(意識), 감각기관, 지각(知覺)작용 등의 뜻으로서 智(지), 慧(혜), 智慧(지혜), 正智(정지), 勝智(승지), 妙智(묘지), 了(료), 知(지), 了知(료지), 證知(증지), 識(식), 念(념), 知見(지견) 등으로 한역되어 있다.

1022 "智證(지증)"은 '지혜의 증득'이라는 뜻인데, 이것은 지혜륜이 잘못 해석한 것이 아닌가 한다.

1023 〈대정신수대장경〉 제1권. 844쪽 〈불설대생의경佛說大生義經〉 845c25 "我見不生住平等見。如是卽得心善解脫。無**知**無見及無所得"

아니라 '**지각작용이 없다**'는 뜻이다. 지각작용이 없다는 말은 적멸상태에는 마음도 없다는 말이다. 왜냐하면 지각작용[知지]이 마음[心심]이고, 의식[意의]이고, 식별작용[識식]이기 때문이다. 조계종 〈한글 반야심경〉에는 "무지역무득(無智亦無得)"을 "[공 가운데는] 지혜도 얻음도 없느니라"고 번역해 놓았다. 이 번역은 그 구절의 의미를 제대로 옮기지 못 하고 있다고 말할 수 있다.

(2) **無得(무득)** "무득(無得)"을 '얻은 것이 없다'고 해석해야 할지, '얻을 것이 없다' 혹은 '얻는 것이 없다'고 해석해야 할지 문제가 된다. 그럼 이제부터 이 "무득(無得)"이 어떤 의미인지 알아보자. 여기서 "得(득)"은 산스크리트어 '쁘라쁘띠(prāpti)'[1024]를 번역한 것으로, '얻는 바', '얻는 것'이라는 뜻이다. 즉 "무득(無得)"은 '얻는 바가 없다'는 뜻이다. 그럼 '얻는 바가 없다'는 말은 무슨 말인가? 이것은 '의식의 대상을 취하는 것이 없다'는 뜻이다. "無智(무지)", 즉 '지각작용이 없다'는 말은 욕구·욕망의 대상을 붙잡기 위해 늘 작동되던 '감각기관'이라는 레이더가 더 이상 작동되지 않는다는 말이다. "無得(무득)" 즉 '의식의 대상을 취하는 것이 없다'는 말은 '감각기관의 대상을 의식의 대상으로 받아들

1024 〈범화(梵和)대사전〉 제891쪽을 보면, prāpti(쁘라쁘띠)는 여성명사다. prāpti(쁘라쁘띠)는 도래(到來), 도착(到着), 도달하는 영역, 범위, 달성, 획득, 이득(利得), 조우(遭遇), 발생(發生), 발견(發見), 결정(決定), 보급(普及), 운명, 행복 등의 뜻이다. prāpti(쁘라쁘띠)는 得(득), 所得(소득), 至得(지득), 能得(능득), 獲得(획득), 證得(증득), 至(지), 證(증), 遭(조), 遭遇(조우), 受(수), 到何處(도하처), 無處不到(무처부도) 등으로 한역되어 있다. 또 영국 옥스포드 출판사의 〈산스크리트어-영어대사전〉의 제707쪽을 보면, 쁘라쁘띠(prāpti)는 reaching, arrival at, attaining to, obtaining, meeting with, finding, acquisition(획득), gain, advent(도래), occurrence, the power (of the wind) to enter or penetrate everywhere, the power of obtaining everything (one of the 8 superhuman faculties), the being met with or found, a joyful event, successful termination of a plot, a conjecture based on the observation of a particular thing 등으로 정의되어 있다.

이지 않는다'는 뜻이다. **"무지역무득(無智亦無得)"**은 '**[적멸상태에는] 지각작용도 없고, 의식의 대상을 취하는 것도 없다**'는 뜻이다.

그럼 이번에는 이런 뜻의 "무지역무득"을 한국불교에서는 어떻게 번역, 해설해 놓았는지 한 번 보자.

1) 청담 스님(1902-1971)은 "무지역무득"을 "지혜도 없고, 얻음도 없다"고 번역한 뒤 그것에 대해 다음과 같이 해설해 놓았다.

> "학사니 박사니 하지만 이들이 모두 잘못되고, 오히려 더 많은 망상에 사로잡혀 있음을 (부처님께서는) 그대로 보고, 즉시 아십니다. 그러니 그것을 전부 내버리고, 불법(佛法)도 내버렸으므로 자기 하나만 있는데, 따로 간직할 지식이 어디에 있겠습니까? 그래서 "지혜도 없고, 얻을 것도 없다(無智亦無得)"고 말한 것입니다. ...... 깨치고 보면, 우주 전체가 〈나〉이므로 아무 소득이 없습니다. 전체가 〈나〉인데, 원래 〈나〉뿐이므로 얻을 것이 없습니다. 만약 조금이라도 얻을 것이 있다면, 그것은 이미 〈마하반야〉가 아닙니다. 얻은 것이 있으면, 그것은 얻어진 객관이 있고, 얻은 〈내〉가 있어서 이미 두 경계가 대립되기 때문입니다."[1025]

이제는 독자 여러분도 위의 해설이 잘못됐다는 것을 바로 알 수 있다. 위의 청담 스님 해설은 잘못 이해하고 해석한 것 중 가장 그럴듯한 해석이다. "깨치고 보면 우주 전체가 〈나〉이다", "원래 〈나〉뿐이다" 등은 힌두교의 범아일여(梵我一如)사상이고, 아트만사상이며, 유식불교사상이다. 여기서 〈나〉는 힌두교의 아트만을 일컫는 말이라고 할 수 있기 때문이다. 석가부처님 법에는 '"아트만[我아]" 즉 "나"라고 할 만한 것이 없

1025 〈해설 반야심경〉. 이청담 설법. 보성문화사. 1994년. 362~363쪽

다'는 "무아(無我)"의 개념이 있을 뿐, "온 우주가 〈나〉"이고, "원래 〈나〉 뿐"이라는 개념은 없다.[1026]

2) 오고산 스님은 "무지역무득"을 "지혜도 없고, 얻을 것도 없다"고 번역한 뒤 그것에 대해 다음과 같이 해설해 놓았다.

> "일체개공(一切皆空)의 자리를 증득했다고 해서 원만한 구족지(具足智)를 얻었느냐? 하면 그렇지 않다. 아무 것도 얻을 바가 없다는 말이다. 허상을 버리고, 실상을 얻었다면, 그는 이미 실상이 아니기 때문이다. 본래 없는 것인데, 버릴 것도 없고, 얻을 바도 없는 것이다. .... 반야지(般若智)란 따로 있어서 얻고, 잃을 것이 없는 것이다."[1027]

이 해설은 한국불교에서 흔히 많이 들을 수 있는 말인데, "허언"이라고 할 수 있다. 중국 선불교(禪佛教)와 〈금강경〉의 화법을 익힌 사람들은 다른 사람이 알아들을 수 없는 이상한 말을 많이 하는 경향이 있는데, 그것은 다 잘못된 것이라고 할 수 있다. 왜냐하면 석가부처님 법[1028]에는 말도 안 되는 이런 이상한 말이 전혀 없기 때문이다.

3) 무비 스님은 "무지역무득(無智亦無得)"을 "지혜도 없고, 얻음도 없다"고 번역한 뒤 그것에 대해 다음과 같이 해설해 놓았다.

> "〈반야심경〉은 지혜의 가르침입니다. 앞에서 십이연기도 없고, 사성제도 없다는 이치를 가르쳤습니다. 여기서는 인식의 주체가 되는

1026 AD.4C초에 등장하는 유식(唯識)불교에 이러한 개념이 나오지만, 이것은 석가부처님의 법이 아니고, 브라만교의 법이다.

1027 〈반야심경 강의〉. 보련각. 오고산(吳杲山). 1999. 90~91쪽

1028 여기서 "석가부처님 법"은 부처님께서 설하신 〈아함경〉이나 〈니까야〉 등을 일컫는 말이다.

지혜도 없고, 인식되는 실체가 얻어짐도 없다고 선언하고 있습니다. .... 여기서는 깨달음을 성취하는 데 있어서 필수불가결한 지혜인 직관지(直觀智)마저 부정하고 있는 것입니다. .... 〈반야심경〉에서 말하는 마음은 얻을 바가 없는 마음입니다. 다시 말해, 집착되지 않는 마음을 통해 오히려 무한의 얻어짐이 있음을 잊어서는 안 됩니다."[1029]

무비 스님은 "무지역무득"에 대해 "깨달음을 성취하는 데 있어서 필수불가결한 지혜인 직관지(直觀智)마저 부정하고 있는 것"이라고 말하고 있다. 〈반야심경〉은 반야직관지(直觀智)의 존재와 그것을 얻을 수 있는 방법과 열반을 성취했을 때의 상태 등을 말해주는 경이다. 그런데도 무비 스님은 〈반야심경〉의 "무지역무득"을 "지혜, 즉 직관지마저 부정하는 것"이라고 해석하고 있는데, 이것은 잘못된 것이다.

위의 3분 스님들의 〈반야심경〉 해설서는 적어도 20년 전에 출판된 것들이다. 그럼 최근에 출판된 책에는 "무지역무득"이 어떻게 번역되어 있는지 한 번 보자.

4) 전남대학교 **이중표 교수**[1030]가 저술하여, 2017년에 출판된 〈반야심경〉 해설서를 보면, 거기에는 "무지역무득"을 "[이들 법의 공상(空相)은] 깨달을 것도 없고, 얻을 것도 없다"고 번역해 놓았다.[1031] 이 번역은 잘못

1029 무비스님 풀이 〈예불문과 반야심경〉. 불일출판사. 1997. 234쪽

1030 이중표 교수는 1953년생으로서 동국대학교 불교학과에서 석 · 박사 학위를 취득한 뒤 30년 이상 전남대학교 철학과에서 불교를 가르쳐온 원로교수이다. 그는 현재도 일반 불자를 대상으로 불교강의를 활발하게 하고 있다.

1031 〈니까야로 읽는 반야심경〉. 이중표 지음. 불광출판사. 2017년 초판발행. 이 책의 54쪽을 보면, "(그러므로 공(空) 가운데는) 깨달을 것도 없고, 얻을 것도 없다오"라고 번역해 놓았다. 또 이 책의 제7쪽에는 〈반야심경〉의 산스크리트어 원문을 번역해 놓았는데, 거기에는 이 부분이 "알아야 할 것이 없고, 얻을 것이 없고, 얻지 못한 것이 없다오"라고 번역해 놓았다. 이것도 잘못된 번역이라고 할 수 있다. 이것은 '(적멸

된 것이다. 깨달을 것이 없다고 말하면 안 된다. 왜냐하면 그렇게 말하면 "無智(무지)"가 불교의 깨달음을 부정하는 말이 되어버리기 때문이다. "무지역무득(無智亦無得)"은 "시제법공상(是諸法空相)"으로 일컬어지는 이 모든 존재가 다 소멸된 적멸상태에는 '지각작용도 없고, 의식의 대상을 취하는 것도 없다'는 뜻이다.

5) 이번에는 **도올 김용옥 선생**의 해석을 한 번 보자. 도올 선생은 〈반야심경〉의 "무지역무득(無智亦無得) 이무소득고(以無所得故)"를 "**앎**도 없고 또한 얻음도 없다. 반야 그 자체가 무소득이기 때문이다"[1032]고 번역한 뒤에 "이런 구절은 해석이 좀 어렵다"고 하면서 그것에 대해 다음과 같이 해설해 놓았다.

> "무지역무득 이무소득고"는 여태까지 전개되어온 "오온개공" 이래의 모든 기존 불교의 이론을 부정해버리는 "무無의 철학"을 완성하는 마지막 구문입니다. .... "무지역무득"은 여태까지 진행되어온 반야사상의 우주론적 · 인식론적 측면에 대해 최종적으로 일상론적 · 윤리학적 테마를 제시하는 구절이라고 나는 생각합니다. 여태까지 펼쳐온 우주론적 테마, 치열한 부정(=무無)의 의미를 다시 한 번 평이하게 해설하고 있는 것입니다.[1033]

위의 해설을 보면, 김용옥 선생은 확신이 없는 듯이 말하고 있는 것을 볼 수 있다. 동서고금의 〈반야심경〉 해설서의 많은 부분이 잘못된 해석과 허언으로 이루어져 있다고 말해도 지나친 말이 아닐 것이다. 그래서 〈

상태에는) 지각작용도 없고, 얻는 것도 없으며, 얻는 것이 없다는 것조차 없다'는 뜻으로 번역해야 한다.

1032 〈스무살 **반야심경**에 미치다〉. 도올 김용옥 지음. 통나무. 2019년. 223쪽 인용

1033 〈스무살 **반야심경**에 미치다〉. 도올 김용옥 지음. 통나무. 2019년. 224, 225쪽 인용

반야심경〉 뜻을 알려고 하면, 할수록 그만큼 더 헷갈린다. 이제 김용옥 선생의 해석이 잘못됐다는 것을 독자 여러분도 다 알 수 있다. 거듭 말하지만 "**무지역무득(無智亦無得)**"은 "시제법공상(是諸法空相)"으로 일컬어지는 이[是시] 모든 존재[諸法제법]가 다 소멸된 **적멸상태에는**[空相공상][1034] '**지각작용도 없고, 의식의 대상을 취하는 것도 없다**'는 뜻이다.

필자가 "무지역무득(無智亦無得)"에서 "智(지)"와 "得(득)"의 의미를 이와 같이 해석하여, "무지역무득"의 의미를 제대로 이해하는 데 몇 달이 걸렸는지 모르겠다. 이 문제를 붙들고 하루 종일 씨름하기를 6개월은 족히 했을 것이다. 앞뒤 문맥에 맞도록 〈반야심경〉의 정확한 의미를 찾아내기 위해 이렇게 저렇게 많은 시도를 해보았다. 또 혹시 불교의 다른 경전에서 "무지역무득"의 의미를 이해하는 데 도움이 될 만한 것이 있는지 수많은 경전을 읽으면서 찾아보았다. "무지역무득"의 의미를 이해하는 데 도움이 되는 다른 경전의 내용을 들어보면, 다음과 같은 것들이 있다.

"무지역무득"을 이해하는 데 도움이 되는 다른 경전의 내용들

1) 아함부 경전인 〈불설대생의경〉에 다음과 같은 내용이 나온다. 이 내용은 앞에서 십이연기법을 설명하면서 인용했던 것이지만, "무지역무득"에 초점 맞추어서 다시 한 번 보자.

> "아난아, 너는 알아야 한다. 이 존재[有유]라는 것은 허망한 것이지만 이것도 또한 끝이 아니다. 이것이 모이고, 이것이 씨앗이 되고, 이것이 생기게 하고, 이것이 인연이 되어서 태어남[生생]을 불러일으킨다.

1034 그냥 "무지역무득(無智亦無得)"이 아니라 그 앞에 "공중(空中)"이라는 조건이 붙어 있는 것을 간과해서는 안 된다. "공중(空中)"에서의 **공(空)**은 이[是시] 모든 존재[諸法제법]가 다 소멸된 **적멸**상태[空공]이고, **중(中)**은 '그 안에 들어있을 때'라는 뜻이다. 즉 "공중(空中)"은 '적멸상태에 들어있을 때'라는 뜻이다.

이 인연법으로 말미암아 태어남도 또한 끝이 아니다.[1035]

존재[有유]는 또 무엇을 인연으로 하는가? 존재는 이른바 취함[取취]이 인연이 된다. 취함[取취]으로 인해 존재[有유]가 생기는 것이다. 만약 취함이 없다면, 존재가 어찌 있을 수 있겠는가? 아난아, 너는 알아야 한다. 취함은 허망한 것이지만 이것도 또한 끝이 아니다. 이것이 모이고, 이것이 씨앗이 되고, 이것이 생기게 함으로써 존재[有유]를 불러일으킨다. 그런데 이 존재도 또한 끝이 아니다.

취함[取취]은 또 무엇을 인연으로 하는가? 이른바 갈애[愛애]가 인연이 된다. 갈애로 인해 취함이 생긴다. 만약 갈애가 없다면 취함이 어찌 있을 수 있겠는가? 아난아, 너는 알아야 한다. **갈애로 인해 희구(希求)가 생기고, 희구가 인연이 되어서 얻을 바가 생기고, 얻을 바가 있기 때문에 마음이 안정[決定]되지 못 하고, 마음이 안정되지 못 하기 때문에 만족할 줄 모르고, 만족함이 없기 때문에 좋아하고 탐하는 마음이 생긴다.** 탐함으로 인해 곧 '나'라는 견해가 생기고, '나'라는 견해가 생기면 집착함[取著취착]이 있다. 집착함으로 인해 마음이 산란(散亂)하고, 마음이 산란함으로 인해 거짓말과 소송과 다툼과 칼과 막대기로 서로 다스리게 되고, 이 인연으로 인해 온갖 착하지 않은 짓을 하게 된다. 이러한 모든 업(業)은 다 산란함으로 인해 생겨난다. 만약 마음이 산란하지 않으면, 그 어떤 업도 생기지 않는다.

[그럼] 산란함은 또 무엇을 인연으로 하는가? 산란함은 이른바 집착을 인연으로 한다. 집착함으로 인해 마음이 산란해진다. 만약 집착이 없다면 어찌 산란이 있을 수 있겠는가?

[그럼] 집착은 또 무엇을 인연으로 하는가? 이른바 '나'라는 견해로

1035 〈신수대장경〉 제1권 〈불설대생의경(佛說大生義經)〉 844c07 "阿難當知。此有法者卽虛妄法而不究竟。此集此因此生此緣得起生法。由是生法亦不究竟"

인해 집착이 생긴다. 만약 '나'라는 견해가 없다면 집착은 없어질 것이다. 그럼 이 '나'라는 견해는 또 무엇을 인연으로 하는가? 이른바 좋아하고 탐하는 마음[喜貪희탐]으로 인해 '나'라는 견해가 생긴다. 만약 좋아하고 탐하는 마음이 없다면 '나'라는 견해는 없을 것이다.

[그럼] 좋아하고 탐하는 마음[喜貪희탐]은 또 무엇을 인연으로 하는가? 그것은 이른바 마음의 불만족이 인연이 된다. 마음의 만족이 없기 때문에 곧 좋아하고 탐하는 마음이 있다. 만약 마음의 만족이 있다면 좋아하고 탐하는 마음은 생기지 않을 것이다.

[그럼] 마음의 불만족은 또 무엇을 인연으로 하는가? 이른바 마음이 안정되지 못 함이 인연이 된다. 마음이 안정되지 못 하기 때문에 만족이 없다. 만약 마음이 안정되면 만족이 생길 것이다.

마음이 안정되지 못 함은 또 무엇을 인연으로 하는가? **얻을 바가 있기 때문에 마음이 안정되지 못 한다. 만약 얻을 바가 없다면 마음이 안정될 것이다.**

[그럼] 이 얻을 바는 또 무엇을 인연으로 하는가? 이른바 희구(希求)가 인연이 된다. **희구하기 때문에 얻을 바가 있다. 만약 희구가 없다면 얻을 바도 없을 것이다.**

이런 모든 것들은 다 갈애와 희구가 서로 인연함으로써 계속 서로 생겨나는 것이다. 마땅히 알라. 갈애에는 두 가지가 있다. 이른바 감각적 욕구에 대한 갈애[欲愛욕애]와 존재에 대한 갈애[有愛유애]가 그것이다. 이 두 가지로 인해 온갖 허물이 생겨난다. 아난아, 너는 알아야 한다. 이 갈애는 허망한 것이지만 이것도 또한 끝이 아니다. 이것이 모이고, 이것이 씨앗이 되고, 이것이 생김으로써 취함[取취]이 생기는 것이다. 그러므로 취함도 또한 끝이 아니다.

갈애[愛애]는 또 무엇을 인연으로 하는가? 이른바 느낌[受수]이 인연이 된다. 느낌으로 인해 갈애가 생긴다. 만약 느낌이 없다면 갈애가 어찌 있을 수 있겠는가? 아난아, 너는 알아야 한다. 이 느낌은 허망한 것이지만 이것도 또한 끝이 아니다. 이것이 모이고, 이것이 씨앗이 되고, 이것이 생김으로써 갈애가 생기는 것이다. 그러므로 갈애도 또한 끝이 아니다.

느낌[受수]은 또 무엇을 인연으로 하는가? 이른바 접촉[觸촉]이 인연이 된다. 접촉이 있음으로써 느낌이 생겨난다. 만약 접촉이 없다면 느낌이 어찌 있을 수 있겠는가? 그러므로 눈의 접촉으로 인해 마음에 온갖 느낌이 생겨난다. 이른바 즐거운 느낌, 괴로운 느낌, 괴롭지도 즐겁지도 않은 느낌이 그것이다. 이와 같이, 귀, 코, 혀, 몸, 의식의 접촉으로 인해 마음에 온갖 느낌이 생겨난다. 이러한 온갖 느낌은 다 접촉함으로 말미암기 때문이다. 아난아, 너는 알아야 한다. 이 접촉은 허망한 것이지만 이것도 또한 끝이 아니다. 이것이 모이고, 이것이 씨앗이 되고, 이것이 생김으로써 느낌이 생겨난다. 그러므로 느낌도 또한 끝이 아니다.

접촉[觸촉]은 또 무엇을 인연으로 하는가? 이른바 여섯 감각기관[六處육처]이 인연이 된다. 여섯 감각기관으로 인해 접촉이 생기는 것이다. 만약 여섯 감각기관이 없다면 접촉이 어찌 있을 수 있겠는가? 아난아, 너는 알아야 한다. 이 여섯 감각기관은 허망한 것이지만 이것도 또한 끝이 아니다. 이것이 모이고, 이것이 씨앗이 되고, 이것이 생기게 하고, 이것이 인연이 됨으로써 접촉이 생기는 것이다. 그러므로 접촉도 또한 끝이 아니다.

여섯 감각기관[六處육처]은 또 무엇을 인연으로 하는가? 여섯 감각기관은 이른바 정신현상과 물질현상[名色명색]이 인연이 된다. 정신현상과 물질현상으로 인해 여섯 감각기관이 생긴다. 만약 정신현상과 물질현상이 없다면, 여섯 감각기관이 어찌 있을 수 있겠는가? 이 정신현상과 물질현상은 곧 물질현상법[色法색법]과 마음법[心法심법]의 무더기이다. 즉 이 정신현상과 물질현상은 저 의식 · 식별작용[識法]과 서로 인연이 되고, 화합하여 생기는 것이다. 이것을 '정신현상과 물질현상[名色명색]'이라고 한다. 아난아, 너는 알아야 한다. 정신현상과 물질현상은 허망한 것이지만 이것도 또한 끝이 아니다. 이것이 모이고, 이것이 씨앗이 되고, 이것이 생김으로써 여섯 감각기관이 생기는 것이다. 그러므로 여섯 감각기관도 또한 끝이 아니다.

정신현상과 물질현상[名色명색]은 또 무엇을 인연으로 하는가? 이른바 의식 · 식별작용[識식]이 인연이 된다. 의식 · 식별작용[識식]으로 인해 정신현상과 물질현상이 생긴다. 만약 의식 · 식별작용[識식]이 없다면 정신현상과 물질현상이 어찌 있을 수 있겠는가? 이 의식 · 식별작용[識식]은 최초로 생(生)을 받아서 엄마의 태 안에서 갈라람[1036]에 의지해서 의식 · 식별작용[識식]이 갖추어진 뒤에는 더하고 덜함이 없다. 의식 · 식별작용[識식]을 인연하기 때문에 존재의 다섯 요소[오온]가 생기는 것이다. 이리하여 정신현상과 물질현상이 완전히 다 갖추어지는 것이다. 마땅히 알라. 이 의식 · 식별작용[識식]은 정신현상과 물질현상과 상호 인연이 되어서 생겨난다.

다시 마땅히 알라. 이 의식 · 식별작용[識식]이 상호 인연하는 것은 정신현상과 물질현상[名色명색]이다. 그러므로 의식 · 식별작용은 정신현상과 물질현상의 인연이 되고, 정신현상과 물질현상은 의식 · 식별작용의 인연이 된다. 그렇기 때문에 괴로움이라는 결과가 생기고, 괴로움이라는 결과가 생긴 뒤에 곧 늙음과 죽음이 있어서 서로 계속해서 옮기게 되지만, 그것은 이것이 모이고, 이것이 씨앗이 되고, 이것

1036 갈라람(羯羅藍)은 산스크리트어 칼라라(kalala)를 음역한 것이다. 칼라라는 '凝滑(응활)'로 한역되어 있다. 滑(활)은 '미끄럽다'는 뜻이고, 凝(응)은 '엉긴다'는 뜻이다. 즉 凝滑(응활)은 '미끄러운 물질이 엉긴다'는 뜻이다. 이것은 모태 안에서 생긴 지 일주일까지 미끄러운 물질이 조금 굳어지는 상태를 말한다.

이 생기게 하고, 이것이 인연이 됨으로써 말미암은 것이다. 그러므로 괴로움이라는 결과는 허망한 것이지만 이것도 또한 끝이 아니다.

이와 같이 정신현상과 물질현상은 의식 · 식별작용을 생겨나게 하고, 의식 · 식별작용은 정신현상과 물질현상을 생겨나게 한다. 또 정신현상과 물질현상은 여섯 감각기관[六入 육입]을 생겨나게 하고, 여섯 감각기관은 접촉[觸 촉]을 생겨나게 한다. 또 접촉은 느낌[受 수]을 생겨나게 한다. 이리하여 하나의 큰 괴로움의 덩어리가 생겨나게 되는 것이다."

위의 내용은 중생들이 괴로움의 큰 덩어리를 끌어안고 윤회를 계속하게 되는 원인과 불만족의 원인을 누구나 알아들을 수 있도록 설명해주고 있다. 위의 내용에 의하면, 우리는 희구하는 것이 있기 때문에 얻을 바가 있게 되고, 얻을 바가 있음으로써 마음이 안정되지 못 한다고 말한다. 여기서 마음이 안정되지 못 하는 것은 선정삼매에 들지 못 하는 것이다. 만약 얻을 것이 없어서 마음이 안정되면, 만족이 있을 것이라고 말한다. 또 〈불설대생의경〉에는 다음과 같은 내용도 있다.

아난아, '나'라는 인식[1037]에서 벗어나면, '느낌'이라는 것도 없다는 사실을 알아야 한다. 무슨 까닭인가? 만약 '나'라는 것이 있으면 '느낌'이라는 것도 따라서 일어나기 때문이다. '나'라고 할 만한 것이 없다[空 공]는 사실을 분명히 알았는데, 어떻게 느낌이 있을 수 있겠는가? 아난아, '나'와 '느낌'이라는 이 두 가지가 다 소멸되고 나면, 존재하는 것이 아무 것도 없어서[無所有 무소유] 평등한 소견에 머물게 된다.[1038]

1037 여기서 〈'나'라는 인식〉은 한역문 '我相(아상)'을 번역한 것이다. 〈'나'라는 인식〉은 본래 없는 '나'를 관념적으로 만들어서 '내'가 있다고 보는 것이다.

1038 〈신수대장경〉 제1권. **〈불설대생의경(佛說大生義經)〉** 845b25 "阿難當知。離於我相卽無受法。何以故。我法若有受法隨生。爲由了達我法是空何有受者。阿難。我及受法

아난아, 네 생각은 어떠하냐? 이 모든 느낌은 마음에서 일어난다는 사실을 알아야 한다. 만약 마음에 움직임이 없으면, 안으로 받아들이는 것이 없을 것이다. 마음의 대상[法]에 실다움[實]이 없다는 사실을 알면, 밖으로부터 받아들이는 것이 없을 것이다. 그러므로 아난아, 이와 같이 분명하게 알아서 평등한 소견에 머물도록 하라. 평등한 소견에 머물면, 느낌이 없는 법을 분명하게 알게 된다. 그러므로 이 느낌이 없는 가르침은 모든 부처님의 근본 가르침이고, 모든 부처님의 눈이며, 모든 부처님께서 돌아가 머무는 곳이니라.[1039]

그 때 세존께서 아난에게 말했다. "나는 이제 너를 위해 '**나가 없는 법** [無我法]'을 말하리다. 너는 잘 듣고, 받아서 잘 주의하고, 기억하며, 사유해야 한다. 아난아, 느낌은 실체가 없는 것들이라는 사실을 깨달으면, '나'라는 소견[我見아견]에서 벗어나게 된다.[1040] '나'라는 소견에서 벗어나면, 평등한 소견에 머물게 된다. 평등한 소견에 머물면 대상[相]에 대해 평등하고, 평등하기 때문에 곧 **감각기관의 대상**[1041]**에 대해 일어나는 것이 없게 된다.** 그리하여 [더 이상] 일어나는 것이 없음을 분명하게 알면[了], 나의 다시 태어남은 이미 끝났고, 거룩한 행(梵行)

二皆滅已。卽無所有住平等見"

1039 〈신수대장경〉 제1권. 〈불설대생의경(佛說大生義經)〉 845c14 "阿難於汝意云何。當知諸受從心所生。心無轉故卽**內無受者**(**내무수자**)。法無實故卽**外無所受**(**외무소수**)。是故阿難。如是了知住平等見。住是見者。卽爲了達無受法故。此無受法。卽是諸佛根本法。爲諸佛眼。是諸佛所歸趣處"

1040 〈신수대장경〉 제1권. 844쪽 〈불설대생의경佛說大生義經〉 845c22 "了受無所有卽離我見"

1041 여기서 '감각기관의 대상'은 한역문의 '世間(세간)'을 번역한 것이다. 세간은 산스크리트어 로카 다투(loka-dhatu), 로카(loka), 사르바 로카(sarva-loka) 등을 번역한 것으로, '界境(계경)', 즉 '감각의 대상'이라는 뜻이다.

은 확립되었으며, 할 일은 이미 다 마쳐, 다음 존재를 받지 않을 줄 스스로 아느니라.[1042]

아난아, 반드시 알아야 한다. '나'라는 소견[我見]이 일어나지 않으면, 평등한 소견에 머물게 된다. 이와 같이 [평등한 소견에 머물면], 마음이 잘 해탈하게 된다. 그러면 **지각작용**[知지][1043]**도 없고, 보는 것**[見견]**도 없고, 얻는 것**[所**得**소득]**도 없다.**[1044]

이런 〈대생의경〉의 내용들은 〈반야심경〉의 "무지역무득(無智亦無得)"의 의미를 이해하는 데 도움이 된다. 평등한 소견에 머물러 있는 것이 선정삼매에 들어 있는 것이다. 만약 선정삼매에 들어서 마음이 안정되어서 움직이지 않으면, 의식의 대상으로 받아들이는 것이 없을 것이다. 여기서 의식이 받아들이는 대상이 "**얻는 것**[所**得**소득]"이다.

2) 또 〈잡아함경〉 제248경에 다음과 같은 내용이 나온다.

"이와 같이 많이 들어서 아는 거룩한 제자는 눈의 식별작용[眼識안식]과 귀, 코, 혀, 몸의 식별작용과 의식의 식별작용을 바르게 관찰하고, 바르게 관찰했을 때는 취할 만한 것이 아무 것도 없습니다. 취할 만한 것이 없기 때문에 집착할 것이 없고, 집착할 것이 없으므로 스스로 열

1042 〈신수대장경〉 제1권. 844쪽 〈불설대생의경佛說大生義經〉 845c22 "阿難。了受無所有卽離我見。離我見已住平等見。住是見者於相平等。由平等故卽**於世間**(**어세간**)**無所生起**(**무소생기**)。了無生已卽得我生已盡。梵行已立所作已辦。不受後有"

1043 이 '지각(知覺)작용'을 〈반야심경〉에서는 "智(지)"로 번역해 놓았다. "무지역무득(無智亦無得)"의 "智(지)"가 바로 그것이다.

1044 〈신수대장경〉 제1권. 844쪽 〈불설대생의경佛說大生義經〉 845c25 "阿難當知。我見不生住平等見。如是卽得心善解脫。**無知**(**무지**)無見(무견)及(급)**無所得**(**무소득**)"

반을 성취합니다. 그리하여 나의 다시 태어남[生]은 이미 다했고, 거룩한 행은 확립되었으며, 할 일은 이미 다 마쳐, 다음 존재를 받지 않을 줄 스스로 압니다."[1045]

위의 경에서 "취할 만한 것이 없다"는 말과 "無得(무득), 즉 얻는 것이 없다"는 말은 같은 말을 하고 있는 것으로 볼 수 있다.

3) 또 〈별역잡아함경〉 제10권 190경에 다음과 같은 내용이 나온다.

독자가 말했다.

"고오타마시여, ... 사람이 죽음을 당하면 몸은 여기서 죽고, 의식은 저기서 태어나는데, 그 중간에 누가 취합니까? 부처님께서 말씀하셨다. 죽음을 당해서는 갈애[愛애]로 취함을 삼느니라. 갈애와 취함[取취]이 인연이 되어서 중생이 태어남을 받게 된다. 일체 세간[1046]이 다 취하는 것을 즐긴다. 온갖 것을 취하는 것을 좋아한다. 온갖 것을 취함으로써 그것이 원인이 되어서 중생들은 취할 것을 보기만 해도 기쁜 마음[歡喜]을 일으켜서 **모든 중생들은 다 취하는 데 뛰어든다. 여래 아라한은 취하는 것이 없었기 때문에 최상의 완전한 깨달음을 성취했느니라.**"[1047]

위의 경에서는 "갈애와 취함이 다시 태어나는 원인"이고, "여래, 아라한은 취하는 것이 없었기 때문에 최상의 완전한 깨달음을 성취했다"고 말한다.

1045 〈잡아함경〉 248경. 059c21 "如是多聞聖弟子正觀眼識。耳 · 鼻 · 舌 · 身 · 意識。當正觀時。**都無可取**(도무가취)。**無可取故**(**무가취고**)。**無所著**(**무소착**)。無所著故。自覺涅槃。我生已盡。梵行已立。所作已作。自知不受後有"

1046 여기서 '일체 세간'은 육근(六根), 오온(五蘊)을 의미한다.

1047 〈별역잡아함경〉 제10권. 190경

4) 또 〈중아함경〉 제18권 75. 장수왕품 중에 〈정부동도경〉이 있다. 그것을 한 번 보자.

〈마음에 취하는 것이 있으면 열반을 성취할 수 없다. 정부동도경(淨不動道經)〉[1048]

이와 같이 내가 들었다.

한 때 부처님께서 .... 그때 세존께서 여러 비구들에게 말했다.

"탐욕 · 욕구[欲욕]는 무상한 것이고, 거짓된 것이며, 거짓말이다. 이 거짓된 존재는 환상이고, 속임이며, 어리석음이다. 현세의 탐욕 · 욕구나 후세의 탐욕 · 욕구나, 혹은 현세의 몸의 물질현상[色색]이나 후세의 몸의 물질현상이나 그 모든 것은 다 악마의 경계로서 악마의 미끼이다. 이 탐욕 · 욕구로 인해 마음에 한량없이 많은 악하고 착하지 않은 법과 탐욕과 성냄과 싸움 등이 일어나나니, 곧 거룩한 제자들이 공부할 때 장애가 된다.

많이 들어서 아는 거룩한 제자는 이와 같이 관찰한다.

'세존께서 말씀하신 탐욕 · 욕구는 다 무상한 것이고, 거짓된 것이며, 거짓말이다. 이 거짓된 존재는 환상이고, 속임이며, 어리석음이다. 현세의 탐욕 · 욕구나 후세의 탐욕 · 욕구나, 혹은 현세의 몸의 물질현상[色색]이나 후세의 몸의 물질현상이나 그 모든 것은 다 악마의 경계로서 악마의 미끼이다. 그것으로 인해 마음에 악하고 착하지 않은 법과 탐욕과 성냄과 싸움 등이 일어나나니, 곧 거룩한 제자들이 공부할 때 장애가 된다'고 관찰한다.

그는 또 이와 같이 관찰한다.

1048 이 경의 원래 제목인 〈정부동도경(淨不動道經)〉을 번역하면, 〈청정해서 움직임이 없는 경지를 설명하는 경〉이라는 뜻이다.

'나는 큰마음을 성취하여, 노닐고, 세간[1049]을 항복받고, 그 마음을 안으로 거두어들여서 지녀야 한다. 만약 내가 큰마음을 성취하여, 노닐고, 세간을 항복받아서 그 마음을 안으로 거두어들여서 지니면, 마음은 곧 한량없이 악하고 착하지 않은 법과 탐욕과 성냄과 싸움 등을 일으키지 않나니, 그러면 거룩한 제자가 공부할 때 장애가 되지 않는다'고 관찰한다.

그는 이것을 실천하고, 이것을 배우며, 이렇게 닦아 익혀서 널리 편다. 그는 그 자리에서 바로 마음이 깨끗해지고, 그 자리에서 마음이 깨끗해진 비구는 혹은 여기서 움직이지 않는 경지[不動부동]에 들게 되거나 지혜로 해탈하게 된다. 그는 뒷날 몸의 물질현상[色색]이 무너져서 목숨이 끝난 뒤에 본래의 뜻 때문에 반드시 움직임이 없는 곳에 도달하게 된다. 이것이 청정한 움직임이 없는 도[不動道부동도]에 대한 첫번째 설명이다.

또 많이 아는 거룩한 제자는 이와 같이 관찰한다.

'만약 몸의 물질현상[色색]이 있다면, 그것은 지수화풍(地水火風) 사대(四大)로 이루어진 것들이다. 사대는 계속 변하여, 고정된 것이 없는 것들이고, 괴로운 것들이며, 없어지는 것들'이라고 관찰한다.

.... 또 많이 들어서 아는 거룩한 제자는 이와 같이 관찰한다.

'현세의 탐욕 · 욕구나 후세의 탐욕 · 욕구나, 혹은 현세의 몸의 물질현상[色색]이나 후세의 몸의 물질현상이나, 혹은 '현세의 탐욕 · 욕구'라는 인식[欲想욕상]이나 '후세의 탐욕 · 욕구'라는 인식이나, 혹은 '현세의 몸의 물질현상'이라는 인식[色想색상]이나, '후세의 몸의 물질현

1049 여기서 세간은 18계, 즉 내 자신 안에서 일어나는 일을 의미하는 것으로 봐야 한다. 왜냐하면 世(세)는 산스크리트어 'loka(로카)'의 번역이고, 이것은 12처 또는 18계라고 경전에서 말하고 있기 때문이다.

상'이라는 인식이나, 그 모든 인식은 다 계속 변하여, 고정된 것이 없는 것들이고, 괴로운 것들이며, 없어지는 것들'이라고 관찰한다.

그는 이렇게 관찰할 때 틀림없이 움직임이 없는 경지의 선정[不動想부동상]을 얻는다.[1050] ....(중간 생략).............

이 때 존자 아난은 불자(拂子)를 들고, 부처님을 모시고 있었다. 존자 아난이 합장하고 부처님께 여쭈었다. "세존이시여, 만약 어떤 비구가 '나'라는 것도 없고, '내 것'이라는 것도 없으며, 미래에도 '나'라는 것은 없을 것이고, '내 것'이라는 것도 없을 것이라고 수행하면, 과거에 있었던 것이라 해도 곧 완전히 소멸되어서 평정[捨사]을 얻게 될 것입니다. 세존이시여, 비구가 이와 같이 수행할 때 그들은 모든 것이 다 소멸되어서 반열반(般涅槃)을 얻게 됩니까?"

세존께서 말했다.

"아난아, 이 일은 일정하지가 않다. 혹은 얻는 이도 있겠지만, 때로는 얻지 못 하는 이도 있을 것이다."

존자 아난이 여쭈었다.

"세존이시여, 비구는 왜 그렇게 수행하고도 열반을 얻지 못 합니까?"

"아난아, 만약 비구가, 〈'나'라는 것은 없는 것이고, '내 것'이라는 것도 없는 것이며, 미래에도 '나'라는 것은 없을 것이고, '내 것'이라는 것도 없을 것〉이라고 수행하면, 과거에 있었던 것도 곧 다 소멸되어서 평정을 얻게 되지만, 아난아, 만약 비구가 그 평정을 좋아하거나 평정에 집착하거나 평정에 머문다면, 아난아, 그렇게 수행하는 비구는 절대로 열반을 얻지 못 한다."

존자 아난이 여쭈었다.

"세존이시여, 만약 비구가 취[受수: 取취]하는 것이 있으면, 절대로 열

1050 원문은 "彼於爾時必得不動想"이다.

반을 얻지 못 합니까?"

세존께서 답했다.

"그렇다, 아난아, 만약 비구가 취하는 것이 있으면, 그는 열반을 얻지 못 한다."

"세존이시여, 그 비구는 무엇을 취합니까?"

"아난아, 수행하는 사람들 중에는 다르게 수행하는 이도 있다. 이른바 인식이 있기도 하고 인식이 없기도 한 경지로서 유(有), 즉 존재 중에 그것을 최고라고 여겨서 그 비구는 그것을 취한다."

존자 아난이 아뢰었다.

"세존이시여, 그 비구는 다시 다른 업행[行행][1051]을 받습니까?"

"아난아, 그렇다. 그 비구는 다른 업행(業行)을 받는다."

"세존이시여, 비구가 어떻게 수행해야 반드시 열반을 얻습니까?"

"아난아, 만약 비구가, 〈'나'라는 것은 없는 것이고, '내 것'이라는 것도 없는 것이며, 미래에도 '나'라는 것은 없을 것이고, '내 것'이라는 것도 없을 것〉이라고 그렇게 수행하면, 과거에 있었던 것도 곧 다 버리게 될 것이다. 아난아, 만약 비구가 평정[捨사][1052]을 좋아하지 않고, 평정에 집착하지 않으며, 평정에 머물지 않으면, 아난아, 이와 같이 수행하는 비구는 반드시 열반을 얻는다."

"세존이시여, 만약 비구가 취하는 것이 없으면, 반드시 열반을 성취합니까?"

"그렇다. **아난아, 만약 비구가 취하는 것이 없으면 반드시 열반을 성취한다**."

1051 이 때 행(行)은 업(業), 업행(業行), 오온(五蘊), 자기 자신, 몸 등을 일컫는 말이다.

1052 여기서 평정[捨]은 한역문의 '捨(사)'를 번역한 것인데, 열반을 '捨(사)'로 번역하기도 한다. 즉 이 평정은 열반과 동의어로 볼 수 있다.

위의 경에서는 "비구가 선정을 닦아 익혀서 그 어떤 것도 취하는 것이 없으면 반드시 열반을 성취한다"고 말하고 있다. 여기서 취하는 대상은 오온, 십이처, 십팔계 등이다. 여기서 "취하는 것이 없다[無取무취]"는 말과 "얻는 것이 없다[無得무득]"는 말은 같은 말이다.

5) 그럼 이번에는〈잡아함경〉제39.〈종자경〉을 한 번 보자.

〈잡아함경〉제39. 종자경

이와 같이 내가 들었다. 한 때 부처님께서 사위국 기수 급고독원에 계셨다. 그 때 세존께서 여러 비구들에게 말했다.

"다섯 가지 종자가 있다. 어떤 것이 그 다섯인가? 이른바 뿌리가 종자인 것, 줄기가 종자인 것, 마디가 종자인 것, 저절로 떨어지면 그것이 종자인 것, 열매가 종자인 것 등이다.

이 다섯 가지 종자가 비록 끊어지지도 않았고, 부서지지도 않았고, 썩지도 않았고, 바람 맞지도 않았고, 새로 익은 단단한 열매라고 할지라도 거기에 땅만 있고 물이 없으면, 그 종자는 성장하고, 뻗어가지 못할 것이다.

또 비록 그 종자가 새로 익은 단단한 열매로서 끊어지지도 않았고, 부서지지도 않았고, 썩지도 않았고, 바람 맞지 않았더라도, 물만 있고 땅이 없으면 그 종자는 성장하고, 뻗어가지 못 할 것이다.

만약 그 종자가 새로 익은 단단한 열매로서 끊어지지도 않았고, 부서지지도 않았으며, 썩지도 않았고, 바람 맞지도 않았으며, 땅과 물이 있다면 그 종자는 성장하고, 뻗어갈 것이다.

비구들이여, 여기서 다섯 가지 종자는 의식 · 식별작용[識식]을 포함한 존재의 다섯 요소[오온]를 비유한 것이다. 땅은 의식 · 식별작용이 머무르는 네 곳[四識**住**사식**주**]을 비유한 것이고, 물은 기쁨을 탐하는 것을 비유한 것이다.

네 가지 대상을 취하고, 네 가지 대상에 의지해서 의식·식별작용[識식]이 머문다. 어떤 것이 그 넷인가? 의식·식별작용은 몸의 물질현상[色색]에 머물러서 몸의 물질현상에 의지하고, 기쁨을 탐함으로써 더욱 윤택해져서 성장하고, 뻗어간다. 의식·식별작용[識식]은 느낌[受수], 인식[想상], 업 지음[行행]에 머물러서 느낌, 인식, 업 지음에 의지하고, 기쁨을 탐함으로써 더욱 윤택해져서 성장하고, 뻗어간다.

비구들이여, 의식·식별작용[識식]은 몸의 물질현상[色색]과 느낌[受수], 인식[想상], 업 지음[行행] 안에서 오기도 하고, 가기도 하며, 머물기도 하고, 사라지기도 하며, 혹은 성장하고, 뻗어가기도 한다.

비구들이여, 만약 어떤 사람이 '몸의 물질현상, 느낌, 인식, 업 지음을 벗어나 의식 · 식별작용이 오기도 하고, 가기도 하며, 머물기도 하고, 자라는 일이 있다'고 한다면, 그것은 말로만 있을 뿐이다. 그것에 대해 몇 차례 묻고 나면 알지 못 해서 어리석음만 더욱 키워갈 뿐이로다. 왜냐하면 그것은 제대로 본 경계(境界)가 아니기 때문이다.

몸의 물질현상이라는 요소[色界색계]에 대한 탐욕·욕구에서 벗어난다. 몸의 물질현상이라는 요소에 대한 탐욕·욕구에서 벗어나면 몸의 물질현상에 대한 집착과 의식이 일으킨 얽매임이 다 끊어진다. 몸의 물질현상에 대한 집착과 의식이 일으킨 **얽매임이 다 끊어지면 인연이 되는 대상[1053]이 다 끊어진다.** 인연이 되는 대상이 다 끊어지면 의식·식별작용[識식]은 더 이상 머물 곳이 없게 되어서 다시는 성장하거나 뻗어가지 못 한다. 느낌[受수], 인식[想상], 업 지음[行행]의 대상에 대해서도 또한 마찬가지다. 예를 들어 업 지음[行행]에 대한 탐욕 · 욕구에

1053 '인연이 되는 대상'은 원문 "攀緣(반연)"을 번역한 것이다. 반연은 '마음이 의지하는 대상', '마음이 인연이 되는 대상', '마음이 가닿는 대상' 등의 뜻으로, 所緣(소연), 所緣境界(소연경계) 등으로도 번역된다.

서 벗어나면 업 지음에 대한 집착과 의식이 일으킨 접촉이 다 끊어진다. 업 지음에 대한 집착과 의식이 일으킨 접촉이 다 끊어지면 인연이 되는 대상이 다 끊어진다. 인연이 되는 대상이 다 끊어지면 의식·식별작용은 더 이상 머물 곳이 없게 되어서 다시는 성장하거나 뻗어가지 못 한다. 다시는 생겨나서 자라나지 못 하기 때문에 **업 지음을 하지 않게 되고, 업 지음을 하지 않으면, 머물[住주]게 되고,**[1054] **머물면 만족할 줄을 알고, 만족할 줄을 알면 해탈하고, 해탈하면 더 이상 그 어떤 세간**[1055]**에 대해서도 취하거나 집착하는 것이 없게 된다.** 그 어떤 세간에 대해서도 취하거나 집착하는 것이 없게 되면, 스스로 깨달아서 열반을 성취하고,[1056] 나의 태어남은 다했고, 거룩한 행은 확립되었으며, 할 일을 이미 다 마쳐, 다음 존재를 받지 않을 줄 스스로 안다. 그리하여 '의식·식별작용[識식]은 동서남북, 사유상하(四維上下) 그 어느 쪽으로도 가지 않게 되고, 달려갈 곳이 없게 되어서 오직 법만 보아서[1057] 모든 것이 다 소멸되어서 고요하고, 시원하며, 깨끗하고, 진실한 열반으로 들어가고자 할 것'이다고 나는 말한다."[1058]

부처님께서 이 경을 말씀하시자, 여러 비구들은 그 말씀을 듣고, 기뻐

1054 여기서 '머문다'는 말은 '삼매상태에 들어 있다'는 뜻이다.

1055 '모든 세간'은 '諸世間(제세간)'을 번역한 것이다. 여기서 세간은 오온, 십이처, 십팔계 등을 의미한다.

1056 "受·想·行界離貪。離貪已。於行封滯。意生觸斷。於行封滯。意生觸斷已。攀緣斷。攀緣斷已。彼識無所住。不復生長增廣。不生長故。不作行。不作行已住。住已知足 知足已解脫。解脫已。於諸世間都**無所取(무소취)**·**無所著(무소착)**。無所取·無所著已。自覺涅槃"

1057 '오직 법만 본다'는 것은 한역문 "唯見法(유견법)"을 번역한 것이다. 여기서 법은 괴로움의 덩어리가 생기는 원인, 즉 연기법(緣起法)이다. 의식을 자신 안으로 집중해서 자신 내부에서 일어나고 있는 현상들, 즉 법을 바라본다는 말이다. 〈잡아함경〉 제306경과 307경에 "견법(見法)", 즉 '법을 바라본다'는 것에 대해 설명하고 있다.

1058 "我說彼識不至東·西·南·北·四維·上·下。無所至趣。唯見法。欲入涅槃·寂滅·清涼·清淨·眞實"

하며, 받들어 수행했다.

위의 경은 열반에 이르는 과정을 잘 설명해주고 있다. 그 중에서 밑줄 부분을 보면 〈반야심경〉의 "무득(無得)"이 어떤 의미인지 알 수 있다. "무득(無得)"은 '얻는 것이 없다', '의식의 대상으로 받아들이는 것이 없다'는 뜻이다. 위의 〈종자경〉에서는 이것을 "인연이 되는 대상이 다 끊어진 것"이라고 말하고 있다.

6) 또 최초기의 불경인 〈숫타니파아타〉에 다음과 같은 내용이 나온다.

"어떤 형태의 괴로움이든지 그 괴로움은 다 식별작용으로 인해 일어난다고 보는 것이 하나의 관찰이다. 그러나 '식별작용을 남김없이 다 없애버리면 괴로움은 생기지 않는다'고 보는 것이 또 다른 하나의 관찰이다. 그 어떤 괴로움이 생길지라도 그것은 다 식별작용에 의해 일어난다. 식별작용이 소멸된다면 괴로움은 생길 수가 없다. 괴로움은 식별작용으로 인해 일어나는 것인 줄 알아서 식별작용을 고요히 가라앉힌 수행자는 쾌락을 탐하지 않고, 평안(平安)에 돌아가 머문다."
"그 어떤 형태의 괴로움이든지 그 괴로움은 다 접촉으로 인해 일어난다고 보는 것이 하나의 관찰이다. 그러나 접촉을 남김없이 다 없애버리면 괴로움은 생기지 않는다고 보는 것이 또 다른 하나의 관찰이다."
"접촉에 얽매이고, 생존의 물결에 밀려서 사특한 길에 접어든 사람은 속박을 끊기 어렵다. 그러나 접촉을 잘 알아서 평안을 즐기는 사람은 실로 접촉을 다 없애버렸기 때문에 쾌락을 느끼지 않고, 평안에 돌아가 머문다."

모든 괴로움은 식별작용[1059]으로 인해 일어나는데, 식별작용을 없애버린 것이 〈반야심경〉에서 말하는 "無智(무지)"이다. 여기서 "無智(무지)"는 '지각작용[智]이 없다'는 뜻이다. 또 모든 괴로움은 다 접촉으로 인해 일어나는데, 접촉을 없애버린 것이 〈반야심경〉에서 말하는 "無得(무득)"이다. "無得(무득)"은 '의식의 대상을 취하는 것[得득]이 없다'는 뜻이다. 이 정도의 설명이면 "무지역무득(無智亦無得)"이 어떤 의미인지 알았다고 할 수 있다.

"무지역무득(無智亦無得)"의 산스크리트어 원문과 그것의 영역들

이번에는 "무지역무득"의 산스크리트어 원문이 영어로 어떻게 번역되어 있는지 한 번 보자.

(1) 산스크리트어 원문 : 나 즈냐남 나 쁘라쁘띠히 나 아쁘라쁘띠히 Na jnānam, na prāptir na-aprāptiḥ (= 無智무지亦無得역무득無無得무무득)
(2) 막스 뮐러[1060] 영역 : There is no knowledge and no attainment, as there is nothing to be attained. (거기에는 지식도 없고, 획득도 없다. 왜냐하면 거기에는 획득되는 것이 아무 것도 없기 때문이다.)
(3) 에드워드 콘쯔[1061] 영역 : There is no cognition, no attainment, and no non-attainment. (거기에는 인식도 없고, 획득도 없고, 획득이 아닌 것도 없다.)
(4) 도널드 로페즈 영역 : (There is) no wisdom, no attainment, no nonat-

1059 여기서 '식별작용'은 오온의 '識(식)'이다. 識(식)은 '의식'으로도 번역할 수 있고, '지각(知覺)작용'으로도 번역할 수 있다. 識(식), 의식, 식별작용 등은 감각기관으로 대상을 지각하는 작용이다.
1060 프리드리히 막스 뮐러(Friedrich Max Müller, 1823 – 1900)는 독일 출신의 영국 옥스퍼드대학교의 철학자이자 동양학자이다. 그는 인도연구에 관한 학문분야를 서양에서 창시한 사람들 중 한 명이다.
1061 에드워드 콘쯔(Edward Conze, 1904 – 1979)는 영국 태생의 독일 국적의 불교학자다.

tainment.(거기에는지혜도없고,획득도없고,획득이 아닌것도없다.)
(5) 필자의 번역 : [적멸상태엔] 지각작용[智지]도 없고, 의식의 대상을 취하는 것[得득]도 없고, 대상을 취하는 것이 없는 것조차 없다.(無智무지亦無得역무득無無得무무득)

위의 세 개의 영어번역은 산스크리트어 문장의 의미를 제대로 이해하지 못 하고 번역한 것이라고 할 수 있다. 하지만 뮐러는 1884년에, 콘쯔는 1958년에 산스크리트어 〈반야심경〉을 연구하여, 번역을 내어놓은 것 자체가 대단한 것이다.
"무지역무득"은 그 의미를 이와 같이 정확하게 해독하는 것이 매우 어려웠다. 그래서 설명이 많이 길어졌다.

무고집멸도 무지역무득

無苦集滅道 無智亦無得

([이 모든 존재가 다 소멸된 적멸상태엔] 괴로움도 없고, 괴로움의 원인도 없으며, 열반도 없고, 열반에 이르는 길도 없습니다. 또 지각작용[智지]도 없고, 의식의 대상을 취하는 것[得득]도 없습니다.)

제15장
적멸상태에 들고난 뒤에 어떻게 되는지 말해줌

마음에 걸림이 없음으로써 두려움이 없으며, "나"라는 인식에서 영원히 벗어나서 열반을 성취한다

이무소득고 보리살타 의반야바라밀다(주)고 심무괘애

以無所得故 菩提薩埵 依般若波羅蜜多(住)故 心無罣碍

(의식의 대상을 취하는 것이 없음으로써 깨달음을 추구하는 중생은 지혜를 완성하는 수행법에 의해 삼매에 들어 있기 때문에 마음에 걸림이 없습니다.)

무괘애고 무유공포 원리전도몽상 구경열반

無罣碍故 無有恐怖 遠離顚倒夢想 究竟涅槃

(마음에 걸림이 없기 때문에 두려움이 없으며, "나"라는 잘못된 인식에서 영원히 벗어나서 열반을 성취합니다.)

1)以無所得故(이무소득고): 마음의 대상을 취하는 것이 없음으로써

바로 이 앞에 나온 "무지역**무득**(無智亦**無得**)"에서의 "무득(無得)"과 이 "이**무소득**고(以**無所得**故)"에서의 "무소득(無所得)"은 같은 뜻이다. 왜냐하면 "무득(無得)"과 "무소득(無所得)"은 둘 다 산스크리트어 '쁘라쁘띠(prāpti)'[1062]를 번역한 것이기 때문이다. 앞에서 "무득(無得)"은 이 모든 것들이 다 소멸된 적멸상태엔'의식의 대상을 취하는 것[得득]도 없다'는 뜻이라고 했다. 따라서 "이무소득고(以無所得故)"는 '의식의 대상을 취하는 것이 없음으로써'라는 뜻이다.

2) 보리살타의반야바라밀다(주)고 심무괘애(菩提薩埵依般若波羅蜜多(住)故 心無罣礙) : 깨달음을 추구하는 중생은 지혜를 완성하는 수행법에 의해 삼매에 들어 있기 때문에 마음에 걸림이 없다

菩提薩埵(보리살타), 즉 보디사뜨바는 '깨달음을 추구하는 중생'이라는 뜻이다. 왜냐하면 "보리(菩提, bodhi보디)"는 '깨달음'이라는 뜻이고, "살타(薩埵, sattva사뜨바)"는 '중생'이라는 뜻이기 때문이다.현장

1062 〈범화(梵和)대사전〉891쪽을 보면, prāpti(쁘라쁘띠)는 도래(到來), 도착, 달성, 획득(獲得), 이득(利得), 만남, 발생, 발견, 운명, 행복 등의 뜻으로, **得(득)**, **所得(소득)**, **至得(지득)**, 能得(능득), **獲得(획득)**, 證得(증득), 至(지), 證(증), 遭(조), **遭遇(조우)**, **受(수)**, 到何處(도하처), 無處不到(무처부도) 등으로 한역되어 있다. 또 영국 옥스퍼드 출판사 〈산스크리트어-영어대사전〉의 707쪽을 보면, 쁘라쁘띠(prāpti)는 다음과 같이 정의되어 있다. "reaching, arrival at, attaining to, **obtaining**, **meeting with**, finding, **acquisition(획득)**, **gain**, advent(도래), occurrence, the power (of the wind) to enter or penetrate everywhere, the power of obtaining everything (one of the 8 superhuman faculties), the being met with or found, a joyful event, successful termination of a plot, a conjecture based on the observation of a particular thing"

이 한역한 〈반야심경〉의 "보리살타의반야바라밀다고 심무괘애(菩提薩埵依般若波羅蜜多故 心無罣碍)"를 위와 같은 뜻으로 번역하는 것은 거의 불가능하다. 왜냐하면, 이 한역본에는 "故(고)" 자 바로 앞에 있어야 할 머무를 '**주**(**住**)' 자를 빼버리고 번역해 놓았기 때문이다.[1063] 그래서 "의반야바라밀다고(依般若波羅蜜多故)"는 "의반야바라밀다**주**고(依般若波羅蜜多**住**故)"로 교정한 뒤에 우리말로 번역해야 한다. 그러지 않으면 '보살은 반야바라밀다에 의지하므로 마음에 걸림이 없다'는 뜻이 된다. 그러면 "'반야바라밀다에 의지한다'는 말이 무슨 말인가?"라는 의문이 들 수밖에 없다. 어떻게 하는 것이 반야바라밀다에 의지하는 것인가? 이 물음에 근거를 가지고 자신 있게 답을 할 수 있는 사람은 없을 것이다. 왜냐하면 이것은 잘못된 번역이기 때문이다.

그럼 이번에는 이 문장에서 "반야바라밀다"를 '지혜의 완성'으로 번역해서 넣어보자. 그러면, '보살은 지혜의 완성에 의해 마음에 걸림이 없다'는 뜻이 된다. 이 말은 또 무슨 말인가? 지혜가 완성되었다는 말인가? 지혜가 완성됐기 때문에 마음에 걸림이 없다는 말인가? 그렇게 보기에는 무리가 있다. 왜냐하면 〈반야심경〉의 전체 내용을 볼 때, 이 부분에서는 아직 지혜가 완성되지 않은 것으로 보이기 때문이다. 지혜의 완성은 이 뒤의 "원리전도몽상(遠離顚倒夢想) 구경열반(究竟涅槃)" 부분에서 이루어졌다고 보는 것이 맞을 것이다. 왜냐하면 "원리전도몽상 구경열반"은 '"나"라는 잘못된 인식에서 영원히 벗어나서 열반을 성취한다'는 말이기 때문이다. 열반의 성취는 지혜가 완성됨으로써 이루어진다. "보리살타의반야바라밀다고 심무괘애"를 그 어떤 뜻으로 번역해도 그 의미가 통하게끔 번역할 수가 없다. 왜냐하면 이 "보리살타의반야바라밀

1063 머무를 '주(住)' 자를 빼고 번역한 것에 대해서는 필자가 바로 이 뒤에서 상세하게 말하고 있다.

다고 심무괘애"는 잘못 한역해 놓은 것이기 때문이다. 이것은 "보리살타의반야바라밀다**주**고 심무괘애(菩提薩埵依般若波羅蜜多**住**故 心無罣碍)"로 한역되어야 한다. 왜냐하면 이 부분의 산스크리트어 원문을 보면, 다음과 같은 뜻이기 때문이다.

> **보디사뜨바시아**bodhisattvasya(보리살타, 깨달음을 추구하는 중생) **쁘라야빠라미땀**prajñāpāramitām(반야바라밀다, 지혜의 완성= 지혜를 완성하는 수행법) **아쓰리띠야**āśritya(依의, 의하다= 의지하다) **비하라띠**viharati(**住주**, 머물다) **아찟따바라나하**acittāvaraṇaḥ(心無罣碍 심무괘애, 마음에 걸림이 없다.)

위의 산스크리트어 원문을 번역하면, '깨달음을 추구하는 중생은 지혜를 완성하는 수행법[1064]에 의해 **머물러 있기** 때문에 마음에 걸림이 없다'는 뜻이다. 〈반야심경〉의 다른 한역들을 보면, 총8명의 한역가들 중에서 지혜륜, 법성, 시호 이 세 사람만이 "보리살타(菩提薩埵)의반야바라밀다**주**고(依般若波羅蜜多**住**故) 심무괘애(心無罣碍)"의 의미로 번역해 놓아서 '**머문다[住주]**'는 뜻의 산스크리트어 "비하라띠(viharati)"의 의미를 살려 놓았다. 지혜륜은 이것을 "보리살타(菩提薩埵)의반야바라밀다**주**(依般若波羅蜜多**住**) 심무장애(心無障礙)"[1065]로 번역해 놓았고, 법성은 "제보살중(諸菩薩衆)**의지**반야바라밀다(**依止**般若波羅蜜多) 심무장애

1064 필자는 "의반야바라밀다(依般若波羅蜜多)"에서 "반야바라밀다"를 '지혜의 완성'으로 번역하지 않고 '지혜를 완성하는 수행법'으로 번역했다. 왜냐하면 "반야바라밀다"에는 '지혜를 완성하는 수행법'이라는 뜻도 있기 때문이다. 〈반야심경〉 제목에서의 "반야바라밀다"가 바로 그런 뜻이다. 〈반야바라밀다심경〉은 〈**지혜를 완성하는 수행방법**의 핵심을 말해주는 경〉이라는 뜻이다.

1065 〈대정신수대장경〉 제8권. 850a28

(心無障礙)"[1066]로 번역해 놓았다. 법성은 "依(의)" 대신 "依**止**(의**지**)"라는 표현을 쓰고 있는데, 여기서 "**止**(지)"는 '머문다'는 뜻으로, "住(주)"와 같은 뜻이다. 머무를 "**住**(**주**)" 자를 살려서 이것을 번역하면, '깨달음을 추구하는 중생은 지혜를 완성하는 수행법에 의해 **머물러 있기** 때문에 마음에 걸림이 없다'는 뜻이다. 그럼 '머물러 있다'는 말은 무슨 말인가? 〈반야심경〉을 가장 명료하게 한역해 놓은 시호의 번역을 보면, 그는 이 부분을 "보살마하살(菩薩摩訶薩)의반야바라밀다**상응행**고(依般若波羅蜜多**相應行**故) 심**무착역**무괘애(心**無着亦**無罣礙)"로 번역해 놓았다. 이것은 '깨달음을 추구하는 중생은 지혜를 완성하는 수행법에 의해 삼매[相應상응][1067]를 닦고[行행] 있기 때문에 마음에 그 어떤 집착이나 걸림도 없다'는 뜻이다. 여기서 시호는 '머물러 있다[**住주**]'는 말을 '삼매를 닦는다'는 뜻으로 번역해 놓았다.[1068] 따라서 "보리살타(菩提薩埵)의반야바라밀다**주**고(依般若波羅蜜多**住**故) 심무괘애(心無罣碍)"는 '깨달음을 추구하는 중생은 지혜를 완성하는 수행법에 의해 삼매에 들어 있기 때문에 마음에 걸림이 없다'는 뜻이다. 이 말은 마음이 바깥 대상으로 달려 나가지 않고, 줄곧 자신 안에만 머물러 있으면서 현재 자신 안에서 일어나고 있는 현상들을 알아차리고 있다는 뜻이다. 이런 상태에서는 마음에 그

1066 〈대정신수대장경〉 제8권. 850c13.

1067 여기서 삼매는 한역문의 "相應(상응)"을 번역한 것이다. 이 〈반야심경〉에서는 아니지만, 相應(상응)은 산스크리트어 'yukta(유크따)'를 번역한 말이다. yukta(유크따)는 '~와 결합되어 있는', '~에 전념해 있는', '삼매에 들어 있는' 등의 뜻이다. yukta(유크따)는 동사 Yuj(유즈)의 과거수동분사다. Yuj(유즈)는 '~에 묶어 두다', '~에 (정신을) 집중하다', '깊이 명상하다' 등의 뜻이다. 요가(yoga)는 Yuj(유즈)에서 나온 말인데, 이것은 '결합', '계합(契合)', '합일(合一)' 등의 뜻이다.

1068 또 시호는 "마음에 걸림이 없다[心無罣碍(심무괘애)]"는 말 앞에 "마음에 집착이 없다[心無着(심무착)]"는 말을 집어넣어서 "마음에 걸림이 없다"는 뜻을 더욱 분명하게 번역해 놓았다.

어떤 번뇌 · 망상도 없고, 혼침(昏沈)도 없다. 이러한 사실은 〈잡아함경〉 제808경의 다음과 같은 내용을 보면 알 수 있다.

어떻습니까? 존자 가마여, 아직 공부할 것이 남아 있는 이[有學유학]의 머묾과 여래의 머묾은 같습니까, 다릅니까?
가마 비구가 답했다.
마하남이여, 아직 공부할 것이 남아 있는 이의 머묾과 여래의 머묾은 다릅니다. 마하남이여, 아직 공부할 것이 남아 있는 이의 머묾은 지혜가 나오지 못 하게 마음을 덮고 있는 5가지 장애[오개五蓋][1069]에서 벗어난 상태에 많이 머물러 있는 것이고, 여래의 머묾은 지혜가 나오지 못 하게 마음을 덮고 있는 5가지 장애 요소를 완전히 다 끊고, 완전히 다 알아서 그것을 뿌리 채 다 뽑아 낸 것이 마치 야자나무의 밑뿌리를 잘라내어서 다시는 그것이 자라나지 못 하게 하는 것과 같이 [여래의 머묾은] 미래 세상에 다시는 태어나지 않는 법을 완성한 것입니다.

지혜를 완성하는 수행법에 의해 **머물러 있는** 마음은 의식이 깨어 있으면서 탐욕, 성냄, 해태 · 혼침, 들뜸 · 후회, 의심 등이 전혀 없는 고요한 상태에 머물러 있는 것이다. 그래서 내면에서 일어나고 있는 미세한 현상들까지 다 알아차린다. 이런 상태가 지혜를 완성하는 수행법에 의해 삼매에 들어 있는 것이다. 이런 삼매에 들어 있는 것이 끊어지지 않고 일주일, 보름 또는 한 달 이상 지속되면, 최상의 완전한 깨달음[1070]을 성취하게 된다. 그래서 부처님은 〈염처경〉[1071]에서 다음과 같이 말했다.

1069 이 다섯 가지 장애는 탐욕, 성냄, 해태 · 혼침, 들뜸 · 후회, 의심 등이다.
1070 최상의 완전한 깨달음을 '아뇩다라삼막삼보리'라고 한다.
1071 〈염처경〉은 〈중아함경〉 제24권에 수록되어 있다.

일주일 낮밤만 사념처에 머물러서 알아차림 해가면, 아라한과를 성취할 수 있다

"만약 어떤 비구, 비구니가 7년 동안 알아차림을 확립하여, 사념처에 머물러서 제대로 알아차림 해가면, 그는 반드시 다음 두 과위(果位) 중 하나를 성취한다. 현세에서 최상의 완전한 지혜를 얻어서 아라한과(阿羅漢果)를[1072] 성취하거나, 그렇지 않고 아직 닦을 것이 남아 있다면 아나함과(阿那含果)를[1073] 성취한다.

7년은 그만두고 6년, 5년, 4년, 3년, 2년, 1년만 알아차림을 확립하여, 사념처에 머물러서 제대로 알아차림 해가도 반드시 위의 두 과위 중 하나를 성취한다.

1년도 그만두고, 7개월만 알아차림을 확립하여, 사념처에 머물러서 제대로 알아차림 해가도 반드시 위의 두 과위 중 하나를 성취한다.

7, 6, 5, 4, 3, 2, 1개월도 그만두고, 어떤 비구 비구니가 1주일 낮 밤만이라도 알아차림을 확립하여, 사념처에 머물러서 제대로 알아차림 해가도 그는 반드시 위의 두 과위 중 하나를 성취한다."[1074]

1072 아라한은 최상의 도를 깨달아서 열반을 성취한 분이다. 아라한이 되면, 탐진치(貪瞋痴)가 완전히 다 끊어져서 번뇌가 없는 삶을 살게 된다. 번뇌가 없으므로 다음 생(生)을 받지 않는다.

1073 수다원, 사다함, 아나함, 아라한 4도(道) 중 위에서 두 번째 과위가 아나함이다. 아나함은 아직 미세한 번뇌가 남아 있어서 열반은 얻지 못 했지만, 색계(色界)는 이미 뛰어 넘은 상태다. 그래서 다시는 이 세상에 태어나는 일이 없고, 오래지 않아 미세하게 남아 있는 번뇌마저 다 제거하여, 아라한이 될 분이다.

1074 〈중아함경〉 제24권 〈염처경(念處經)〉의 이 우리말 번역은 필자가 한 것이다. 이 내용은 〈염처경〉 끝 부분에 있다. 한문 원문은 다음과 같다. "若有比丘 · 比丘尼七年立心正住四念處者。彼必得二果。或現法得究竟智。或有餘得阿那含。置七年。六五四三二一年。若有比丘 · 比丘尼七月立心正住四念處者。彼必得二果。或現法得究竟智。或有餘得阿那含。置七月。六五四三二一月。若有比丘 · 比丘尼七日七夜立心正住四念處者。彼必得二果"

위의 내용은 "수행자가 알아차림을 확립하여, 사념처에 머물러서 제대로 알아차림 해가면, 반드시 아라한과나 아나함과를 성취할 수 있다"고 말한다.

"보리살타(菩提薩埵)의반야바라밀다주고(依般若波羅蜜多住故) 심무괘애(心無罣碍)"
= '깨달음을 추구하는 중생은 지혜를 완성하는 수행법에 의해 **머물러 있기 때문에** 마음에 걸림이 없습니다.'
= '깨달음을 추구하는 중생은 지혜를 완성하는 수행법에 의해 **삼매에 들어 있기 때문에** 마음에 걸림이 없습니다.'

현장은 〈반야심경〉을 한역하면서 머무를 "**住(주)**" 자를 빼버리고 "보리살타(菩提薩埵) 의반야바라밀다고(依般若波羅蜜多故) 심무괘애(心無罣碍)"로 번역해 놓았다. 조계종 〈한글 반야심경〉에는 이것을 "보살은 반야바라밀다에 의지하므로 마음에 걸림이 없다"고 번역해 놓았다. 이 두 번역은 앞에서 말했듯이 잘못된 번역이다. 현장뿐만 아니라 총8명의 〈반야심경〉 한역가들 중 무려 5명이 머무를 "**住(주)**" 자를 빼버리고 한역해 놓았다. 그럼 그들은 왜 머무를 "**住(주)**" 자를 빼버렸을까? 필자는 대승불교를 신봉하는 역경가들이 〈반야심경〉의 메시지가 전달되는 것을 원하지 않았기 때문에 머무를 "**住(주)**" 자를 빼버렸다고 본다. 원래 〈반야심경〉은 지혜를 완성하는 수행방법을 말해주는 경이다. 즉 〈반야심경〉은 "깊은 지혜를 완성하기 위해서는 삼매상태에서 자신의 몸과 마음에서 일어나고 있는 현상[오온]을 관찰해가야 한다"고 말하고 있다. 하지만 〈반야심경〉을 한역할 당시의 대승불교도들은 관찰수행을 통해 지혜를 완성하려고 하지 않았던 것으로 보인다.[1075] 그들은 관찰수행을 하는 불교보다는 신앙불교와 공리공론(空理空論)의 불교를 더 좋아했기 때문이다. 대승불교도들은 세속의 당면 문제를 해결할 수 있는 신비한 힘과 무량한 복덕(福德)을 추구했다. 그들은 신비한 힘을 얻기 위해 주문을 외우고, 복을 빌기 위해 기도하고, 독송하는 것을 좋아했지만, 관찰삼매를 닦아서 지혜를 완성하는 것에는 별로 관심이 없었던 것으로 보인다. 그들은 오히려 석가부처님 불교를 싫어해서 지혜의 완성을 가로막으려고 하는 자들이 많았다. 그래서 그들은 〈반야심경〉을 한역하면서 '지혜의 완성'이나 '선(禪)수행', '관찰', '삼매' 등의 뜻이 밖으로 드러나지 못하게 만들었다고 볼 수 있다. 그들은 "반야바라밀다"를 '지혜의 완성'으로 번역하지 않고 '도피안(到彼岸)'으로 번역하거나 번역을 하지 않고 "반야바라밀다"를 그대로 쓰고 있다. 그들은 또 "의반야바라밀다**주**고(依般若波羅蜜多**住**故)"에서 '삼매'가 밖으로 드러나지 못 하게 만들기 위해 머무를 "**주(住)**" 자를 빼버리고 "의반야바라밀다고(依般若波羅蜜多故)"로 한역해 놓았다. 이것은 수행을 싫어하는 대승불교의 역경가가 "행심반야바라밀다**행**시(行深般若波羅蜜多**行**時)"[1076]로 한역해야 할 것을 '수행'의 의미인 "**행(行)**" 자를 빼버리고 "행심반야바라밀다시(行深般若波羅蜜多時)"로 한역해 놓은 것과 같은 사례라고 할 수 있다.

1075 〈반야심경〉은 서기 408년에 구마라집이 최초로 한역했다. 두 번째 한역은 649년에 현장(玄奘)이 했다. 불멸후 약 800년 뒤인 AD.4세기에 접어들면 아비달마불교와 유식불교가 나오면서 불교는 수행불교가 아니라 학문불교가 되어버렸다고 볼 수 있다.

1076 이것은 '깊은 지혜를 완성하는 수행에 전념하고 있을 때'라는 뜻이다. 이런 뜻을 조계종 〈한글 반야심경〉에서는 "깊은 반야바라밀다를 행할 때"라고 번역해 놓았다. 이 번역은 문장의 원래 의미가 채 10%도 전달되지 않는다. 이러한 번역이 나오게 된 것은 현장이 〈반야심경〉을 한역하면서 이 부분의 의미가 제대로 드러나지 못 하게 만들기 위해 위의 한역문에서 두 번째 "行(행)" 자를 빼버린 데 그 원인이 있다.

心無罣碍(심무괘애) : 마음에 걸림이 없다

심무괘애(**心無罣碍**) **罣**(괘) 거리낄 괘. 걸려서 장애가 됨. 걸림. **碍**(애) = **礙(애)** 거리낄 애. 장애(障碍)가 됨. 걸림. **罣碍**(괘애) 걸림. 걸리는 것.

총8종의 〈반야심경〉 한역본들 중에서 뜻을 가장 명료하게 번역해 놓은 시호의 번역을 보면, 그는 "심무괘애(心無罣碍) 무괘애고(無罣碍故) 무유공포(無有恐怖)" 부분을 "마음에 집착하는 바가 없고, 걸림이 없기 때문에 두려움이 없다"[1077]는 뜻으로 번역해 놓았다. 시호는 "심무괘애(心無罣碍)"에 '집착하는 바가 없다'는 뜻인 "**무소착(無所著)**"을 덧붙여서 "심〈**무소착역**〉무괘애(心〈**無所著亦**〉無罣碍)"로 번역하여, '마음에 걸림이 없다'는 말은'마음에 집착하는 바가 없고, 걸림이 없다'는 뜻임을 분명하게 말해주고 있다. 지혜가 완성되기 전에는 지혜가 많이 밝아졌지만, 아직은 한 번씩 마음에 탐진치(貪瞋痴)가 꿈틀대어서 마음에 걸리는 것이 있다. 하지만 (관찰)삼매에 들어 있으면, 탐진치가 더 이상 힘을 쓰지 못 하여, 깨달음을 추구하는 중생은 탐진치에 사로잡히지 않고, 마음에 걸림이 없이 머문다. 깨달음을 추구하는 중생은 이 몸의 물질현상들까지 다 소멸되는 완전한 열반[1078]을 성취할 때까지 그 어떤 것에도 집착하지 않고, 지혜를 완성하는 수행법에 의해 삼매에 들어 있다.

1077 〈대정신수대장경〉 제8권 852c01 "心無所著(심무소착)。亦無罣礙(역무괘애)。以無著無礙故(이무착무애고)。無有恐怖(무유공포)"

1078 이 완전한 열반을 '무여열반(無餘涅槃)'이라고 한다.

3)無罣碍故(무괘애고) 無有恐怖(무유공포) : 마음에 걸림이 없기 때문에 두려움이 없다

여기서 말하는 공포는 미래에 대한 불안이나 늙음, 병듦, 죽음에 대한 두려움이다. 우리는 늘 미래에 대한 불안과 병듦과 죽음에 대한 두려움 속에서 살아가고 있다. 범부들의 정서 밑바탕에는 안정보다는 불안, 걱정, 두려움, 공포가 자리 잡고 있다. 특히 과학과 의학이 발달하지 못 했던 시대에는 두려움이 더 심했다.

깨달음을 추구하는 중생은 지혜를 완성하는 수행법에 의해 삼매에 들어 있기 때문에 마음에 걸림이 없고, 마음에 걸림이 없기 때문에 두려움이 없다

우리 중생들은 정서가 안정되지 못 하고, 불안, 공포, 스트레스에 시달린다. 불안, 공포, 스트레스는 "나" 또는"내 것"에 대한 집착에서 비롯된다. 여기서 오온과 두려움 · 공포에 대한 관계를 말해주는〈잡아함경〉제4.〈무지경〉을 한 번 보자.

〈잡아함경〉제4.〈무지경(無知經)〉②

이와 같이 내가 들었다. 한 때 부처님께서 사위국 기수 급고독원에 계셨다. 그 때 세존께서 여러 비구들에게 말했다.

"몸의 물질현상[色색]에 대해 알지 못 하고, 밝지 못 하며, 끊지 못 하고, [몸의 물질현상에 대한] 탐욕 · 욕구에서 벗어나지 못 하고, 마음이 해탈하지 못 하면, 태어남, 늙음, 병듦, 죽음에 대한 공포에서 벗어날 수 없다. 이와 마찬가지로 느낌[受수], 인식[想상], 업 지음[行행], 식별작용[識식]에 대해 알지 못 하고, 밝지 못 하며, 끊지 못 하고, [느낌, 인식, 업 지음, 식별작용에 대한] 탐욕 · 욕구에서 벗어나지 못 하고, 마음이 해탈하지 못 하면, 태어남, 늙음, 병듦, 죽음에 대한 공포에서 벗어날 수 없다.

비구들이여, 만약 몸의 물질현상[色색]에 대해 알고, 밝고, 끊고, [몸의 물질현상에 대한] 탐욕·욕구에서 벗어나면, 태어남, 늙음, 병듦, 죽음에 대한 공포에서 벗어날 수 있다. 여러 비구들이여, 만약 잘 알고, 밝고, 끊고, 탐욕·욕구에서 벗어나서 마음이 해탈하면, 태어남, 늙음, 병듦, 죽음에 대한 공포에서 벗어날 수 있다.

이와 마찬가지로 만약 느낌, 인식, 업 지음, 식별작용에 대해 알고, 밝고, 끊고, [느낌, 인식, 업 지음, 식별작용에 대한] 탐욕·욕구에서 벗어나서 마음이 해탈하면 태어남, 늙음, 병듦, 죽음에 대한 공포에서 벗어날 수 있다."

이 때 여러 비구들은 부처님 말씀을 듣고, 기뻐하며, 받들어 수행했다.

위의 경의 요지는 오온에 대해 알지 못 하고, 밝지 못 하며, 끊지 못 하고, 오온에 대한 탐욕·욕구에서 벗어나지 못 하면, 태어남, 늙음, 병듦, 죽음의 공포에서 벗어날 수 없다는 말이다. 오온에 대해 밝게 알기 위해 오온을 관찰해가는 것이다. 오온을 관찰해가는 것이 위빠사나 수행이다. 또 부처님께서 〈증일아함경〉에서 다음과 같이 말했다.

집착이 없고, 두려움이 없으면 열반에 든다[1079]

비구들이여, 알아야 한다. 여래는 모든 집착을 다 분별할 수 있다.[1080] 모든 집착을 다 분별할 수 있기 때문에 곧 법(法)과 일치한다. 즉 여래는 욕구·욕망[欲욕]에 대한 집착, 견해에 대한 집착, 그릇된 도에 대한

1079 〈증일아함경〉 19권 제27. 등취사제품(等趣四諦品). [2]경. 〈신수대장경〉 제2권 643~644. 이 소경과 비슷한 내용으로 〈중아함경〉 제26권 103번째 소경인 〈사자후경(獅子吼經)〉이 있다.

1080 여기서 '분별할수있다'는것은 '그것이 일어날 때 알아차릴 수있다'는뜻이다.

집착, "나"라는 것에 대한 집착을 다 분별할 수 있다. 그러므로 여래는 모든 집착을 다 분별하고, 법과 일치하여, 조금도 어긋남이 없다.
이 네 가지 집착은 무엇으로 말미암아 생기는가? 이 네 가지 집착은 애착으로 말미암아 생기고, 애착으로 말미암아 자라서 결국 이 집착을 성취하게 된다. 만약 그 어떤 집착도 일으키지 않을 수 있다면, 집착을 일으키지 않음으로써 두려움이 없다. 두려움이 없기 때문에 곧 열반에 들어서 나고 죽는 것이 이미 끝났고, 거룩한 행[梵行범행]은 확립되었으며, 할 일은 이미 다 마쳐, 다시는 다음 존재를 받지 않을 줄 있는 그대로 안다.

부처님께서 '만약 그 어떤 집착도 일으키지 않을 수 있다면, 집착을 일으키지 않음으로써 그 어떤 두려움도 없고, 두려움이 없기 때문에 곧 열반에 든다'고 했다. 〈반야심경〉의 내용을 다시 한 번 보자.

이무소득고 보리살타의반야바라밀다(주)고 심무괘애
以無所得故 菩提薩埵依般若波羅蜜多(住)故 心無罣碍
(의식의 대상을 취하는 것이 없음으로써 깨달음을 추구하는 중생은 지혜를 완성하는 수행법에 의해 삼매에 들어 있기 때문에 마음에 걸림이 없습니다.)

위의 번역에서 "삼매에 들어 있다"는 말은 '관찰삼매에 들어 있다'는 말이다. 이것은 '의식이 네 가지 알아차려야 할 대상[사념처]에 머물러서 거기서 일어나고 있는 현상을 알아차림 해가고 있다'는 말이다. 지혜를 완성하는 수행법은 내 몸과 마음에서 일어나고 있는 현상을 지속적으로 알아차림 해가는 것이다. 그렇게 지속적으로 알아차림 해가면, 알아차림은 오로지 지혜와 바른 알아차림만 있는 단계까지 계발되어서 마음에 그 어떤 걸림도 없게 된다.

4)遠離顚倒夢想(원리전도몽상): "나"라는 잘못된 인식에서 영원히 벗어난다

"전도몽상(顚倒夢想)"은 '착각'이라는 뜻이다. 그리고 "원리전도몽상(遠離顚倒夢想)"은 '꿈에서 깨어나듯이 "나"가 있다는 착각에서 영원히 벗어난다'는 뜻이다.

遠離(원리) 멀 원(遠) = 영원(永遠)히. 벗어날 리(離). 즉 "遠離(원리)"는 '영원히 벗어난다'는 뜻이다.

顚倒(전도)는 뒤집어질 전(顚)에 거꾸러질 도(倒)이다. 즉 전도는 '거꾸로 뒤집어졌다'는 뜻이다. 이것은 무상한 오온을 고정불변의 자아로 잘못 인식하고 있고, 오온은 다 괴로운 것인데, 즐거운 것으로 인식하고 있으며, "나"라고 할 만한 것이 없는데, "나"가 있다고 착각하고 있는 것 등이다.

夢想(몽상)은 꿈 몽(夢)과 인식할 상(想)이 결합된 것으로서 꿈을 꾸면서 그것을 사실이라고 인식[想상]하는 것이다.

顚倒夢想(전도몽상), 뒤집혀진 생각, 사실과 반대로 인식하는 것

遠離顚倒夢想(원리전도몽상) "나", "나의 것", "내 자신"이라는 잘못된 인식에서 영원히 벗어난다.

전도몽상의 의미

"전도몽상"은 '꿈과 같은 잘못된 인식'이라는 뜻이다. 전도(顚倒)는 '뒤집어질 전(顚)'자와 '거꾸러질 도(倒)'자가 결합된 것으로, '거꾸로 뒤집어졌다'는 뜻이다. 여기서 '거꾸로 뒤집어졌다'는 것은 사실과 반대로 본다는 뜻이다. 몽상(夢想)에서의 "夢(몽)"은 '꿈'이라는 뜻이고, "想(상)"은 '인식'이라는 뜻이다. 몽상(夢想)은 '꿈과 같은 인식'이라는

뜻이다. 꿈은 사실이 아니고 환상이다. 즉 전도몽상은 '거꾸로 뒤집혀진 꿈과 같은 잘못된 인식'이라는 뜻이다. 쉽게 말해서 전도몽상은 "나"라고 할 만한 것이 없는데, 오온을 "나", "내 것", "내 자신"이라고 잘못 보고 있는 것이다. 몽상(夢想), 환상(幻想), 허상(虛想), 망상(妄想) 등은 다 같은 뜻이다. 그래서 시호가 한역한 〈반야심경〉에는 "전도몽상(顚倒夢想)" 대신 "전도망상(顚倒妄想)"으로 한역해 놓았다.[1081] 여기서 "夢(몽)"과 "妄(망)"은 '사실이 아니다'는 뜻이고, 想(상)은 오온의 설명에서 말했듯이 '허상(虛像)', '환상(幻想)'이라는 뜻이다. 우리가 꿈을 꿀 때 그것이 꿈인 줄 모르고 꿈속을 헤매며, 울고불고, 놀라고, 괴로워하듯이 우리는 "나"라는 환상을 붙들고, 그것이 환상인 줄 모르고 그것을 "나"라고 잘못 보면서 괴로워하고 있는 것이다. 다음과 같은 여러 경의 내용을 보면, "전도몽상"이 이런 뜻임을 확인할 수 있다.

(1) 후기 대승불교 경전인 〈해심밀경〉에는 전도(顚倒)에 대해 다음과 같이 설명해 놓았다.

> "전도(顚倒)란, ... 무상한 것을 영원한 것으로 여기는 인식의 전도, 마음의 전도, 소견의 전도이다. 괴로운 것을 즐거운 것으로 여기고, 깨끗하지 못 한 것을 깨끗한 것으로 여기며, "나(我)"라고 할 만한 것이 없는데, "나"라고 여기는 등 인식의 전도, 마음의 전도, 소견의 전도이다."[1082]

1081 시호(施護)가 한역한 〈반야심경〉 852c01 "心無所著(심무소착)。亦無罣礙(심무괘애)。以無著無礙故(이무착무애고)。無有恐怖(무유공포)。遠離一切顚倒妄想(원리일체전도망상)。究竟圓寂(구경원적)"

1082 〈해심밀경〉 제3권 제6. 분별유가품 700a17 "顚倒義者。謂卽於彼能取等義。無常計常。想倒心倒見倒。苦計爲樂。不淨計淨。無我計我。想倒心倒見倒"

전도몽상은 무상(無常)한 것이라서 온통 괴로움[苦고]뿐이고, "나"라고 할 만한 것이 없고[無我무아], 더러운 것인데[不淨부정], 그 반대로 보는 것이다. 즉 전도몽상은 계속 변하여, "나"라고 할 만한 것이 없는데, 고정 불변의 존재[常상]로 보고, 즐거운 것[樂락]으로 보며, "나[我아]"라고 보고, 깨끗한 것[淨정]으로 보아서 "나"라고 하는 허상에 집착하는 것이다.

(2) 아함부 경전 중에 〈불설칠처삼관경〉이 있다. 그 경에서 부처님께서 전도몽상을 다음과 같이 설명해 놓았다.

〈**불설칠처삼관경**(佛說七處三觀經) 제5경〉[1083]

이와 같이 내가 들었다. 한 때 부처님께서 사위국 기수 급고독원에 계셨다. 그때 부처님께서 여러 비구들에게 말했다. "인식[想]에 네 가지 전도(顚倒)됨이 있다. 마음과 소견[意見]에도 네 가지 전도됨이 있다. 이 전도로 인해 사람 몸이 되어서 눈이 멀어서 마음을 한 곳에 모으지 못 하고, 달리고 또 달리면서 금생에도, 다음 생에도 스스로 괴로워하며, 세간에 머물면서 생사를 벗어나지 못 하도다.

어떤 것이 네 가지 뒤바뀜인가? 첫째는 무상한 것을 항상한 것으로 여기는 것이다. 이것은 인식의 뒤바뀜이고, 마음[意][1084]의 뒤바뀜이며, 소견의 뒤바뀜이다. 둘째는 괴로운 것을 즐거운 것으로 여기는 것이고, 셋째는 "나"가 아닌 것을 "나"라고 여기는 것이다. 넷째는 깨끗하지 못한 것을 깨끗한 것으로 여기는 것이다. 이것들은 다 인식의 뒤바뀜이고, 마음의 뒤바뀜이며, 소견의 뒤바뀜이다. 여기서 잠시 말씀이

1083 이 경은 후한(後漢) 안식국 삼장(安息國三藏)인 안세고(安世高)가 AD. 150-180년 사이에 한역한 것으로, 〈대정신수대장경〉 제2권에 독립경으로 수록되어 있다.

1084 여기서 '마음'은 '意(의)'를 번역한 것이다. 〈해심밀경〉 제3권 제6 분별유가품 700a17에 이와 같은 내용의 표현이 있다. 거기에는 "顚倒義者。.......想倒<u>心倒</u>見倒"라고 되어 있기 때문에 '意(의)'를 '心(심)'으로 번역했다.

끊어졌다가 다시 말했다.

사람들은 무상한 것을 항상한 것으로 여기고, 괴로운 것을 즐거운 것으로 여기며, "나"가 아닌 것을 "나"라고 여기고, 깨끗하지 못한 것을 깨끗한 것으로 여긴다. 거꾸로 인식함이 이와 같아서 늙고 죽는 것을 불러온다.[1085]

부처님께서는 이미 세간에 계시면서 천상천하를 다 아시고, 깨달음[道도]의 눈을 얻어서 세간[1086]을 초월했고, 이런 법[1087]을 보시고, 모든 괴로움에서 벗어났도다.

그리고 괴로움은 태어남에서 비롯된 것이라고 말했고, 괴로움에서 벗어남에 대해서도 말했다. 또 현명한 자에게 여덟 가지 닦아야 할 길인 팔정도를 내 보여서 감로에 이르게 했다.

이 법을 들은 이는 고정불변한 것이 아니고, 괴로운 것이며, "나"가 아니라고 보며, 몸은 이미 깨끗하지 못한 것이기 때문에 깨끗하지 못한 것이라고 깨닫게 된다. 그러면 문득 두려움이 다 없어져서 편안하게 되고, 세간을 관찰하여, 무위(無爲)열반을 얻게 된다. 또 온갖 번뇌에서 벗어나게 되며, 세간에 대한 그 어떤 집착도 없게 된다." 부처님께서 이와 같이 말했다.

위의 경은 전도몽상의 의미를 잘 설명해주고 있고, 전도몽상이 모든 괴

1085 〈신수대장경〉 제2권 〈칠처삼관경(佛說七處三觀經)〉 876c18 (五) "佛便告比丘。思想有四顚倒。意見亦爾。從是顚倒爲人身朦爲綜爲人意撰不能走爲走。今世後世自惱。居世間爲生死不得離。何等爲四。一爲非常爲常。是爲思想顚倒爲意顚倒爲見顚倒。二者以苦爲樂。三者非身爲身。四者不淨爲淨。爲思爲意爲見顚倒。從後說絶非常人意爲常。思苦爲樂。不應身用作身。不淨見淨。顚倒如是。意業離。便助摩不宜欲得宜。今致老死"

1086 여기서 세간은 오온, 12처, 18계를 일컫는 말이다.

1087 여기서 "이런 법"은 생사윤회를 불러일으키는 연기법이다.

로움의 원인이라고 말하고 있다.

(3) 또 〈숫타니파아타〉에서는 전도몽상에 대해 다음과 같이 말해 놓았다.

> "보라. 신(神)과 세상 사람들은 "나"가 아닌 것을 "나"라고 인식하고, 이름과 형상에 집착하여 '이것이야말로 진리'라고 생각한다. 신과 악마가 공존하는 세계, 사문, 바라문, 신, 인간을 포함한 그 모든 생명 있는 것들이 '이것은 즐거운 것'이라고 인식하는 것을 성자들은 '이것은 괴로운 것'이라고 바른 지혜로 올바로 관찰한다. 형상[色색], 소리[聲성], 냄새[香향], 맛[味미], 촉감[觸촉], 마음에서 일어났다가 사라지는 것들[法법]은 신이나 세상 사람들에게는 '즐거운 것'으로 인식되지만, 성인들은 자신을 단멸(斷滅)시켜서 다시는 다음 존재를 받지 않는 것을 '안락[열반]'으로 인식한다. 이와 같이 바르게 보는 사람들의 인식은 이 세상 사람들의 것과 정반대다."[1088]

우리 중생들은 전도몽상에 사로잡혀서 괴로운 것을 즐거운 것으로 인식하여, 있는 그대로 보지 못 한다고 말하고 있다. 〈숫타니파아타〉는 또 그 뒤에서 다음과 같이 말하고 있다.

> "눈이 가려져 있는 자에게는 어둠이 있고, 바르게 보지 못 하는 자에게는 암흑이 있다. 마치 볼 수 있는 사람에게 광명이 있듯이 선량한 사람에게는 열어 보임이 있다. 이치가 무엇인지 모르는 짐승 같은 사람들은 열반이 바로 눈앞에 있는데도 그것을 모르도다. 생(生)에 대한 탐욕에 사로잡히고, 생존의 흐름에 떠내려가서 악마의 영토에 사는 사람들은 이 진리를 깨닫기 어렵도다. 성자가 아니면 누가 이 진리를

1088 〈한글대장경〉 남전부 1권의 163쪽 〈숫타니파아타〉

깨달을 수 있으랴? 이 경지를 바르게 알면, 번뇌의 때가 묻지 않은 이가 되어서 평안(平安, 열반)에 들리다."[1089]

(4) 경전에 나오는 전도몽상의 예를 하나 더 들면, 〈잡아함경〉 제1336. 〈사린니경〉의 다음과 같은 내용을 들 수 있다.

"이와 같이 내가 들었다. 한 때 부처님께서 기수 급고독원에 계셨다. 그 때 아니룻다 존자는 코살라국의 한 숲속에 있었다. 그 때 자알리니 천신(天神)도 거기에 있었다. 그 천신은 아니룻다 존자와 원래부터 잘 알고 지내던 친구사이였다. 그는 아니룻다 존자가 머무는 곳으로 찾아가서 게송으로 말했다. "너는 지금 서원을 세워서 원래 있던 곳으로 돌아가서 태어나기를 발원하라. 33번째 천상은 오욕락이 다 갖추어져 있어서 온갖 음악으로 늘 즐겁게 해주고, 잠잘 때는 언제나 음악으로 깨워주며, 수많은 천상의 옥 같은 여자들이 밤낮 좌우에서 시중을 들어준다네." 아니룻다 존자가 게송으로 답했다. "여러 천상의 옥 같은 여자들도 또한 큰 괴로움의 덩어리라네. 그런데도 전도몽상으로 인해 "나[身신]"가 있다는 소견에 사로잡혀서 천상에 태어나기를 원하는 것도 또한 큰 괴로움이라네. 자알리니여, 이렇게 알라. 나는 천상에 태어나기를 원하지 않는다. 왜냐하면 [나는] 이제 태어나고 죽는 것을 이미 다 끝내어서 다음 존재를 받지 않기 때문이다." 아니룻다 존자가 이와 같이 말했을 때 자알리니 천신은 아니룻다 존자의 말을 듣고, 기뻐하며, 사라진 뒤에 다시는 나타나지 않았다.

위의 경에서 말하는 것은 밝은 눈으로 보면, 오욕락은 즐거움이 아니

1089 〈한글대장경〉 남전부 1권의 163쪽 〈숫타니파아타〉

라 괴로움의 덩어리인데, 그것을 즐거움으로 여겨서 그것을 추구하고, "나"가 있다[有유]는 잘못된 소견에 사로잡힘으로써 윤회하는 가운데 한없이 많은 괴로움을 받게 된다는 말이다.

(5)〈잡아함경〉제13.〈맛들임의 경〉①

이와 같이 내가 들었다. 한 때 부처님께서 사위국 기수 급고독원에 계셨다. 그 때 세존께서 여러 비구들에게 말했다.

"만약 어떤 중생이 몸의 물질현상[色색]에 맛들이지 않으면, 몸의 물질현상에 물들지 않을 것이다. 중생들이 몸의 물질현상에 맛들인 까닭에 몸의 물질현상에 물들어서 집착하느니라.

이와 마찬가지로 어떤 중생이 느낌[受수], 인식[想상], 업 지음[行행], 식별작용[識식]에 맛들이지 않으면, 그것들에 물들지 않을 것이다. 중생들이 느낌, 인식, 업 지음, 식별작용에 맛들인 까닭에 그것들에 물들어서 집착하느니라.

비구들이여, 만약 몸의 물질현상이 중생들에게 근심꺼리가 아니라면, 몸의 물질현상을 싫어하지 않아도 된다. 하지만 몸의 물질현상이 중생들에게 근심꺼리이기 때문에 모든 중생들은 몸의 물질현상을 싫어해야 한다.

이와 마찬가지로 느낌, 인식, 업 지음, 식별작용이 [중생들에게] 근심꺼리가 아니라면, 모든 중생들은 그것들을 싫어하지 않아도 된다. 하지만 그것들이 중생들에게 근심꺼리이기 때문에 모든 중생들은 그것들을 싫어해야 한다.

비구들이여, 만약 몸의 물질현상이 중생들에게 벗어날 수 없는 것이라면, 저 중생들은 몸의 물질현상에서 벗어나지 않아도 된다. 하지만 몸의 물질현상은 중생들에게 벗어날 수 있는 것이기 때문에 그들은 몸의 물질현상에서 벗어나야 한다.

이와 마찬가지로 느낌, 인식, 업 지음, 식별작용이 [중생들에게] 벗어날 수 없는 것이라면, 저 모든 중생들은 그것들에서 벗어나지 않아도 된다. 하지만 느낌, 인식, 업 지음, 식별작용이 중생들에게 벗어날 수 있는 것이기 때문에 중생들은 그것들에서 벗어나야 한다.

비구들이여, 만약 내가 이 존재의 다섯 요소[오온]에 대해 맛들임[味미]을 맛들임으로, 근심[患환]을 근심으로, 벗어남을 벗어남으로, 있는 그대로 알지 못 했다면, 나는 온 우주의 악마, 범신(梵神)[1090], 사문, 바라문, 하늘, 사람들 속에서 벗어나지도, 나오지도, 떠나지도 못 하여, 영원히 전도몽상, 즉 뒤집혀진 생각에 머물러 있을 것이고, 스스로 최상의 완전한 깨달음[1091]을 증득하지 못 했을 것이다.

비구들이여, 나는 이 존재의 다섯 요소[오온]에 대해 맛들임을 맛들임으로, 근심을 근심으로, 벗어남을 벗어남으로, 있는 그대로 알았기 때문에 나는 온 우주의 악마, 범신, 사문, 바라문, 하늘, 사람들 속에서 벗어났고, 나왔고, 떠났고, 결박에서 풀려나서 영원히 **전도몽상**에 머물지 않게 되었고, 스스로 최상의 완전한 깨달음을 증득할 수 있었다."

그 때 모든 비구들은 부처님 말씀을 듣고, 기뻐하며, 받들어 수행했다.

(6) 이번에는 "원리전도몽상(遠離顚倒夢想)", 즉 착각에서 영원히 벗어나 있는 것에 대해 말하고 있는 〈잡아함경〉 제994경을 한 번 보자.

〈잡아함경〉 제994. 〈바기사 존자가 오온을 다 소멸한 뒤의 상태를 전하는 경〉

1090 범신(梵神)은 천신(天神)과 같은 뜻이다.

1091 '최상의 완전한 깨달음'은 "아뇩다라삼먁삼보리(阿耨多羅三藐三菩提)"를 번역한 것이다. 이것은 산스크리트어로는 anuttarasamyaksambodhi(안우타라삼먁삼보디)이다. 이것은 "무상정등정각(無上正等正覺)"으로 한역돼 있다.

부처님께서 바기사에게 말했다. "나는 이제 그대에게 물을 테니 마음대로 답하라. 네 마음은 물들거나, 집착하거나, 오염되지 않고, 해탈하여, 모든 착각[顚倒전도]에서 벗어나 있느냐?" 바기사가 답했다. "예, 제 마음은 물들거나, 집착하거나, 오염되지 않고, 해탈하여, 모든 착각에서 벗어나 있습니다." 부처님께서 바기사에게 물었다. "너는 어떻게 해서 그렇게 됐느냐?" "저는 과거에 눈으로 본 형상[色색]을 되돌아보아 생각하지 않고, 미래에 볼 형상[色색]을 기쁘게 여기지 않으며, 현재 대하고 있는 형상[色색]에 대해 집착하지 않습니다. 저는 과거, 미래, 현재의 형상[色색]에 대한 눈의 식별작용을 탐하고, 욕심내고, 애착하고, 즐기고, 기억하는 것이 다 소멸되어서 그것들에 대한 욕구 · 욕망이 없고, 사라졌고, 없어졌고, 쉬어졌고, 벗어났고, 해탈하여, 마음이 그것들로부터 완전히 벗어나 있습니다. 그러므로 **물들지 않고, 집착하지 않고, 오염되지 않고, 모든 착각에서 벗어나서 삼매에 머물러 있습니다.**[1092] 귀, 코, 혀, 몸, 의식 등의 식별작용에 있어서도 또한 이와 같아서 마음이 과거의 것들을 되돌아보아 생각하지 않고, 미래의 것들을 기쁘게 여기지 않으며, 현재의 것들에 대해 집착하지 않습니다. 과거, 미래, 현재의 대상에 대한 기억과 욕심, 애착이 완전히 다 소멸되어서 그것들에 대한 욕구 · 욕망이 없고, 사라졌고, 없어졌고, 쉬어졌고, 벗어났고, 해탈하여, 마음이 그것들로부터 완전히 벗어나 있습니다. 그러므로 물들지 않고, 집착하지 않고, 오염되지 않고, 모든 착각에서 벗어나서 삼매에 머물러 있습니다.

1092 〈잡아함경〉 제994. 〈바기사멸진(滅盡)경〉 "我過去眼識於色。心不顧念。於未來色不欣想。於現在色不著。我過去 · 未來 · 現在眼識於色。貪欲愛樂念於彼得盡。無欲(무욕) · 滅(멸) · 沒(몰) · 息(식) · 離(리) · 解脫(해탈)。心解脫已(심해탈이)。是故(시고) 不染(불염) · 不著(불착) · 不污(불오) · 離諸顚倒(이제전도)。正受而住(정수이주)" 正受(정수)는 삼매를 번역한 것이다.

원컨대 세존이시여, 오늘 마지막으로 저를 이익 되게 하는 의미에서 제 게송을 허락해주시옵소서."

부처님께서 말했다. "좋을 대로 하라." 존자 바기사는 자리에서 일어나 몸을 바르게 하고, 단정히 앉아서 마음을 앞에다 묶어 두고서 게송으로 말했다. "....... 모든 대상에 대해 해탈했도다. 모든 존재의 모습을 잘 이해하여, 바른 법을 깊이 믿고 즐긴다네. ...... 마음을 묶어 매어서 바른 지혜로 바르게 알아차림 하여, 장차 썩어 없어질 이 몸의 남은 세력들이 일으키는 모든 것들, 오늘 밤부터 영원히 다 소멸되어 다시는 삼계에 물들지 않아서 완전한 열반에 들리라. 괴로운 느낌, 즐거운 느낌, 괴롭지도 즐겁지도 않은 느낌들, 그것들은 다 접촉함으로 인해 생기는 것들. 이제는 그런 줄을 분명히 알았으니, 안이나 밖에서 생기는 괴롭고, 즐거운 온갖 느낌들, 그 느낌들에 대해 그 어떤 집착도 없도다. 바른 지혜로 바르게 마음을 묶어 매어서 처음이나 중간이나 끝에도 오온[聚취]의 장애가 없고,[1093] 오온을 다 끊고 나니, 집착이 완전히 다 끊어졌음을 분명히 알겠네...... 중생들을 가르쳐서 깨우치게 하여, 모든 괴로움, 괴로움의 원인들, 모든 괴로움에서 영원히 벗어난 열반, 열반으로 가는 길인 팔정도를 깨닫게 하여, 안온하게 열반으로 나아가게 한다고. ......갈애의 강물이 흐르는 물길이 이제는 다 말라버렸고, 오온[諸陰제음]은 뿌리 채 다 뽑혀서 사슬의 고리[1094]는 더 이상 이어지지 않으리다.

위의 경을 보면 "원리전도몽상(遠離顚倒夢想)"은 과거, 현재, 미래의 형

1093 모든 쌓임[陰]은 오온을 의미한다. "오온의 장애가 없다"는 말은 '색수상행식(色受想行識)이 없다'는 뜻이다. 이것은 '내 몸과 마음에 대한 집착이 완전히 다 끊어져서 열반을 성취했다'는 뜻이다.

1094 여기서 '사슬의 고리'는 '윤회의 고리', '십이연기의 고리'로 해석할 수 있다.

상[1095]에 대한 기억과 욕심, 애착이 완전히 다 소멸되어서 그것들에 대한 욕구·욕망이 없고, 사라졌고, 없어졌고, 쉬어졌고, 벗어났고, 해탈하여, 마음이 그것들에서 완전히 벗어나 있고, 그럼으로써 물들지 않고, 집착하지 않고, 오염되지 않고, 모든 착각에서 영원히 벗어나서 삼매에 들어 있는 것임을 알 수 있다.

생각·인식은 다 환상이다

생각·인식으로 보는 세계는 다 환상이다. 꿈과 생각·인식은 똑 같은 성질의 것이다. 왜냐하면 자지 않은 상태에서 꿈을 꾸는 것이 생각·인식이고, 자면서 생각·인식하는 것이 꿈이기 때문이다. 그렇기 때문에 모든 생각·인식은 다 꿈이고, 환상이다. 관찰수행을 많이 하여, 무아(無我)의 진리를 깨닫고 보면, "나"라는 생각·인식은 실체가 없는 것이고, 환상이다. 그러나 중생들은 자신이 만들어낸 "나"라는 생각·인식에 속아서 "나"가 있다고 착각한다. 이것을 '전도몽상'이라고 한다.

5)究竟涅槃(구경열반) : 열반을 성취했다

〈반야심경〉의 "구경열반(究竟涅槃)"이라는 구절을 접하면, 그 뜻이 쉽게 와 닿지 않는다. 그 까닭은 "구경(究竟)"의 뜻이 분명하지 않기 때문이다. 그럼 "구경"은 어떤 뜻일까? "구경"은 산스크리트어 "니쓰따(niṣṭhā)"[1096]를 번역한 것으로, '성취', '성숙', '완성' 등의 뜻이다. "구경열반"은 산스크리트어 "니쓰따niṣṭhā[성취]-니르바나하nirvāṇaḥ[열반]"를 번역한 것으로, '열반성취'라는 뜻이다. 그런데 '열반성취'에 동

1095 이 때 형상은 "나[我]"라는 존재다.
1096 "니쓰따"는 '성취(成就)', '성숙(成熟)', '구경(究竟)' 등으로 한역되어 있다.

사가 없어서 문장이 불완전하다. 그래서 혹시 "구경열반" 대신 다르게 한역되어 있는 것이 있는지 확인해 보았다. 하지만 총8종의 〈반야심경〉 한역본들 중에서 6개가 "구경열반"으로 한역되어 있고, 지혜륜은 이것을 "究竟寂然(구경적연)"으로 한역했고, 시호는 "究竟圓寂(구경원적)"으로 한역했다. 여기서 "寂然(적연)"과 "圓寂(원적)"은 "니르바나 nirvāṇa(열반)"를 한역한 것이다. "구경열반" 부분의 산스크리트어본의 문장구조가 이해가 되지 않아서 고심하던 끝에 다른 산스크리트어본을 살펴보았다. 일본 법륭사의 사본과 콘쯔(Conze)의 사본에는 "니쓰따niṣṭhā[성취]-니르바나하nirvāṇaḥ[열반]" 뒤에 '도달했다'는 뜻의 "쁘라쁘따하(prāptaḥ)"[1097]가 들어 있는 것을 발견했다. 이것을 발견함으로써 "구경열반"의 문제가 깔끔하게 해결되었다. "구경열반"은 '열반성취에 도달했다'는 뜻이고, '열반을 성취했다'는 뜻이다. 산스크리트어본에는 "구경열반" 부분이 다음과 같이 되어 있다.

1. 현장(玄奘) 음역본 : 니쓰따niṣṭhā[성취]-니르바나하nirvāṇaḥ[열반]
2. 나까무라하지메 본 : 니쓰따niṣṭhā[성취]-니르바나하nirvāṇaḥ[열반]
3. 법륭사 본 : 니쓰따niṣṭhā[성취]-니르바나nirvāṇa[열반]-**쁘라쁘따하** prāptaḥ[到도, 至지]
4. 콘쯔 본 : 니쓰따niṣṭhā[성취]-니르바나nirvāṇa[열반]-**쁘라쁘따하** prāptaḥ[到도, 至지]

이무소득고 보리살타 의반야바라밀다(주)고 심무괘애

1097 산스크리트어 "쁘라쁘따하(prāptaḥ)"는 '얻었다', '도달했다', '달성했다' 등의 뜻으로, 得(득), 所得(소득), 至得(지득), 已得(이득), 獲得(획득), 證得(증득), 至(지), 到(도), 致達(치달), 成就(성취), 具足(구족), 能入(능입) 등으로 한역되어 있다.

以無所得故 菩提薩埵 依般若波羅蜜多(住)故 心無罣碍

(의식의 대상을 취하는 것이 없음으로써 깨달음을 추구하는 중생은 지혜를 완성하는 수행법에 의해 삼매에 들어 있기 때문에 마음에 걸림이 없습니다.)

무괘애고 무유공포 원리전도몽상 구경열반

無罣碍故 無有恐怖 遠離顚倒夢想 究竟涅槃

(마음에 걸림이 없기 때문에 두려움이 없으며, "나"라는 잘못된 인식에서 영원히 벗어나서 열반을 성취합니다.)

삼세제불 의반야바라밀다고 득아뇩다라삼먁삼보리

三世諸佛 依般若波羅蜜多故 得阿耨多羅三藐三菩提

(관자재보살뿐만 아니라 과거, 현재, 미래세의 모든 부처님들도 다 이 지혜를 완성하는 수행법에 의해 최상의 완전한 깨달음을 성취합니다.)

고지반야바라밀다 시대신주 시대명주 시무상주 시무등등주 능제일체고 진실불허

故知般若波羅蜜多 是大神呪 是大明呪 是無上呪 是無等等呪 能除一切苦 眞實不虛

(그러므로 지혜를 완성하는 수행법은 대단히 신묘(神妙)하고도 밝은 방법이고, 그 어떤 것과도 비교할 수 없는 최고의 방법이며, 실제로 모든 괴로움을 다 없앨 수 있기에 거짓말이 아님을 알아야 합니다.)

제16장

지혜를 완성하는 수행법은 실제로 모든 괴로움을 다 없앨 수 있기에 최고의 방법이라는 사실을 말해줌

삼세제불의반야바라밀다고 득아뇩다라삼먁삼보리

三世諸佛依般若波羅蜜多故 得阿耨多羅三藐三菩提

(관자재보살뿐만 아니라 과거, 현재, 미래세의 모든 부처님들도 다 이 지혜를 완성하는 수행법에 의해 최상의 완전한 깨달음을 성취합니다.)

고지반야바라밀다 시대신주 시대명주 시무상주 시무등등주 능제일체고 진실불허

故知般若波羅蜜多 是大神呪 是大明呪 是無上呪 是無等等呪 能除一切苦 眞實不虛

(그러므로 지혜를 완성하는 수행법은 대단히 신묘(神妙)하고도 밝은 방법이고, 그 어떤 것과도 비교할 수 없는 최고의 방법이며, 실제로 모든 괴로움을 다 없앨 수 있기에 거짓말이 아님을 알아야 합니다.)

1)三世諸佛(삼세제불): 과거, 현재, 미래세의 모든 부처님들

삼세(三世)는 과거, 현재, 미래세이고, 제불(諸佛)은 '모든[諸제] 부처님[佛불]'이라는 뜻이다. 따라서 "삼세제불(三世諸佛)"은 '과거, 현재, 미래세의 모든 부처님들'이라는 뜻이다. 석가부처님 이전의 먼 과거세에 여섯 부처님이 계셨다. 그들은 비파시불(毘婆尸佛), 시기불(尸棄佛), 비사부불(毘舍浮佛), 구루손불(拘樓孫佛), 구나함불(拘那含佛), 가섭불(迦葉佛) 등이다. 이 여섯 부처님과 석가부처님을 합쳐서 '칠불'이라고 한다. 미래세의 부처님은 미륵불이다. 지금 도솔천에서 수행 중인 미륵보살은 먼 미래세에 세상에 내려와서 미륵불(彌勒佛)이 된다고 한다.
〈장아함경〉에 첫 번째 과거세의 부처님이신 비파시부처님의 수행방법과 깨달음에 대한 내용이 나온다. 비파시부처님은 관찰수행을 통해 십이연기를 깨달아서 부처가 되었다. 비파시부처님의 수행방법은 석가부처님의 수행방법인 "관찰"을 설명하면서 소개한 바 있다. 그것을 다시 여기에 소개하면 다음과 같다. 〈장아함경〉 제1권의 끝 부분에 다음과 같은 내용이 나온다.

"비파시부처님께서 처음 도를 이루었을 때 두 가지 방법[觀관]을 많이 닦았다. 그것은 **쉬어짐**을 닦는 방법[安隱觀안은관]과 **벗어남**을 닦는 방법[出離觀출리관][1098]이었다.

부처님께서 게송으로 말했다.

너무 뛰어나서 비교대상이 없는 여래께서는
'쉬어짐을 닦는 방법'과 '벗어남을 닦는 방법'이라는
이 두 가지 방법을 많이 닦아서

선인(仙人)께서 저 언덕 너머로 건너가셨네.[1099]

최초의 부처님이신 비파시부처님은 멈춤과 관찰을 많이 닦아서 열반을 성취했다는 말이다. 부처님 이름의 하나인 '비파시'는 산스크리트어 'Vipaśyin(비파씨)'[1100]의 음을 한자로 표기한 것이다. '비파씨'는 '비파사나' 또는 '위빠사나'와 같은 말이다. 비파씨(Vipaśyin)는 '잘 관찰한다'는 뜻으로, 觀(관), 見(견), 勝觀(승관), 妙觀察(묘관찰), 種種見(종종견), 遍觀(변관), 遍眼(변안) 등으로 한역되어 있다.
깊은 지혜를 완성하는 수행법은 삼매상태에서 내 몸과 마음에서 일어나고 있는 현상들[오온]을 관찰하여, 그것들은 다 실체가 없는 것들임을 꿰뚫어보는 것이다.

2)依般若波羅蜜多故(의반야바라밀다고) : 지혜를 완성하는 수행방법에 의해서

여기서 "반야바라밀다"는 '지혜의 완성'이 아니라 '지혜를 완성하는 수행방법'이라는 뜻이다. 이것을 '지혜의 완성'으로 번역하여, '삼세의 모든 부처님들도 다 지혜의 완성에 의해 최상의 완전한 깨달음을 성취한다'는 뜻으로 번역해도 말이 된다. 하지만 앞 뒤 문장의 문맥으로 보았을

1098 쉬어짐을 닦는 방법[安隱觀안은관]은 번뇌를 일시적으로 멈추게 하여, 몸과 마음이 편안하게 쉬어지는 것을 닦는 사마타선법(禪法)이다. 벗어남을 닦는 방법[出離觀출리관]은 번뇌의 원인을 깊이 관찰하여, 번뇌의 뿌리까지 다 뽑아버리는 위빠사나선법(禪法)이다.

1099 〈신수대장경〉 제1권 〈장아함경〉 제1권 008a26~008b10 毗婆尸佛初成道時 多修二觀。一曰安隱觀。二曰出離觀。佛於是頌曰 如來無等等 多修於二觀 安隱及出離 仙人度彼岸"

1100 산스크리트어 Vipaśyin(비파씨)는 빨리어로는 Vipassi(위빠씨)이다.

때 '삼세의 모든 부처님들도 다 이 지혜를 완성하는 수행법에 의해 최상의 완전한 깨달음을 성취한다'는 뜻으로 번역하는 것이 맞다.
앞의 "보리살타(菩提薩埵)의반야바라밀다**주**고(依般若波羅蜜多**住**故) 심무괘애(心無罣礙)"의 부분에서 한역하는 과정에서 빼버린 "**주**(住)"자를 넣어서 번역해야 한다고 말했다. 그럼 같은 "의반야바라밀다고(依般若波羅蜜多故)"가 나오는 "삼세제불(三世諸佛)의반야바라밀다고(依般若波羅蜜多故) 득아뇩다라삼먁삼보리(得阿耨多羅三藐三菩提)"도 "고(故)"자 앞에 "**주(住)**"자를 넣어서 번역해야 할까? 아니다. 여기서는 "**주(住)**"자를 넣어서는 안 된다. 왜냐하면 이 부분의 산스크리트어 원문이 다음과 같은 뜻으로 되어 있기 때문이다.

> 삼세에 존재하는 모든 부처님들[1101]도 다 이 지혜를 완성하는 수행법에 의해 최상의 완전한 깨달음을 성취합니다.

> =**뜨리**tri[三삼]-**아드바**adhva[世세]-**비아바스띠따하**vyavasthitāḥ[**住**주, 在재, 존재하는] **사르바**sarva[諸제, 모든]-**붓따하**buddhāḥ[佛불, 부처님] **쁘라야빠라미땀**prajñāpāramitām[반야바라밀다, 지혜의 완성, 지혜를 완성하는 수행법]-**아쓰리띠야**āśritya[依의, 의하다]-**안우따람**anuttarāṃ[無上무상, 최상의] **삼먁삼보딤**samyaksambodhim[正等正覺정등정각, 완전한 깨달음] **아비삼붓따하**abhisambuddhāḥ[證得증득, 성취한다].

위의 산스크리트어 원문에도 머무를 "住(주)"자가 들어 있다. 하지만

1101 '삼세에 존재하는 모든 부처님들'이라는 뜻을 분명하게 표현하기 위해 시호(施護)는 "三世諸佛(삼세제불)" 대신 "所有三世諸佛(소유삼세제불)"로 번역해 놓았다.

이것은 “제불(諸佛)”을 수식하는 형용사절 안의 “住(주)”이고, 이것은 ‘삼매를 닦아간다’는 뜻이 아니라 ‘존재한다’는 뜻이기 때문에 앞의 “보리살타(菩提薩埵)의반야바라밀다**주**고(依般若波羅蜜多**住**故) 심무괘애(心無罣礙)”에서의 “**주(住)**”와 다른 것이다.

3)得阿耨多羅三藐三菩提(득아뇩다라삼먁삼보리) : 최상의 완전한 깨달음을 성취합니다

“아뇩다라삼먁삼보리”는 ‘**최상의 완전한 깨달음**’이라는 뜻이다. 이것의 산스크리트어는 “안an[無무] 우따라uttara[上상] 삼먁samyak[正等정등] 삼보디sambodhi[正覺정각]”이고, 이것은 “무상정등정각(無上正等正覺)”으로 한역되어 있다. 이 중 안우트라anuttara[無上무상]는 ‘최상’, ‘최고’라는 뜻이고, “삼먁삼보리samyaksambodhi[正等正覺정등정각]”는 ‘완전한 깨달음’이라는 뜻이다. 삼먁samyak은 “정등(正等)”으로 한역되어 있는데, “정등(正等)”에서 같을 “等(등)”자를 쓴 것은 과거, 현재, 미래세의 모든 부처님들은 같은 수행법으로 깨달았기 때문에 깨달음의 내용도 같다는 뜻으로 해석할 수 있다. 아뇩다라삼먁삼보리는 그 깨달음이 완전하여, 더 이상의 깨달음을 필요로 하지 않는다는 말이다. 만약 깨달았다고 외치지만 여전히 명예욕, 재물욕, 애욕(愛欲), 권세욕 등에 사로잡혀 있다면, 그것은 최상의 완전한 깨달음이 아니다. 최상의 완전한 깨달음은 “무아(無我)”의 진리를 깨달아서 탐진치(貪瞋痴)가 완전히 다 소멸되어서 죽은 뒤에 다음 존재를 받지 않는 것이다.

고지〈반야바라밀다 시대신주 시대명주 시무상주 시무등등주 능제일체고 진실불허〉

故知〈般若波羅蜜多 是大神呪 是大明呪 是無上呪 是無等等呪 能除一切苦

眞實不虛〉

(그러므로 〈이 지혜를 완성하는 수행법은 대단히 신묘(神妙)하고도 밝은 방법이고, 그 어떤 것과도 비교할 수 없는 최고의 방법이며, 실제로 모든 괴로움을 다 없앨 수 있기에 거짓말이 아님〉을 알아야 합니다.)

故知(고지) "고지반야바라밀다(故知般若波羅蜜多)"에서 "故知(고지)"는 "是故應知(시고응지)"[1102]의 줄임말로서 '이런 까닭에 알아야 한다'는 뜻이다. 알아야 할 내용은 그 뒤의 "반야바라밀다"에서 "진실불허"까지의 내용이다.

4) **"시대신주"의 呪(주)는 주문인가?**

위의 한역문에 "반야바라밀다(般若波羅蜜多) 시대신**주**(是大神**呪**)"라는 구절이 있다. 이것은 조계종 〈한글 반야심경〉뿐만 아니라 전 세계의 〈반야심경〉에 "반야바라밀다는 가장 신비한 **주문**"이라는 뜻으로 번역되어 있다. 정말로 반야바라밀다가 "가장 신비한 주문"일까? "시대신주(是大神呪)", 즉 "대단히 신비한 주문"이라는 이 표현 때문에 〈반야심경〉이 그렇게 많이 독송돼왔다고도 볼 수 있다. 여기서 헷갈리는 게 하나 있다. 그것은 주문을 외우는 주력(呪力)수행이 자신의 몸과 마음의 현상을 관찰해가는 관찰수행과 어울리지 않는 것만큼이나 주문은 지혜와 어울리지 않는다는 점이다. 〈반야심경〉 구절의 뜻을 깊이 생각해본 사람이라면, 이 부분에서 많이 헷갈렸을 것이다. 그럼 여기서 말하는 "呪(주)"

1102 시호(施護)는 이 부분을 "**是故應知(시고응지)** 般若波羅蜜多(반야바라밀다) 是廣大明(시광대명) 是無上明(시무상명) 是無等等明(시무등등명)"으로 번역하여, "故知(고지)" 대신 "是故應知(시고응지)"로 번역해 놓았다.

는 어떤 의미일까? 우리는 이 "呪(주)"를 어떻게 이해하고, 어떻게 번역해야 할까? 그리고 왜 "呪(주)"라고 표현했을까? 과연 석가부처님 법에 주문(呪文)이 있었을까? 주문은 불교경전에 언제쯤, 무슨 경에 최초로 등장했을까?

"시대신주(是大神呪)"에서의 "呪(주)"는 어떤 의미인가? 우선 **"呪(주)"**의 산스크리트어 원어부터 알아보자. "呪(주)"의 산스크리트어 원어는 "mantra(**만트라**)"이다. 만트라는 원래 '말'이나 '문자'를 의미하는 단어였고, '베다의 성전'이나 '부처님의 찬가'를 뜻하는 말이었다. 이것이 나중에 '기도문', '음성에 의한 수행법', '신비의 구절', '다라니', '주문(呪文)'이라는 뜻으로 사용되었다. 만트라는 말, 비밀스러운 말, 찬가(讚歌), 교리, 베다나 불경의 신성한 구절, 신적인 존재에게 말해준 문제해결을 위한 비법(秘法), 수행법, 조언, 권고, 주문(呪文) 등 다양한 뜻이 있다.[1103] mantra(만트라)는 言(언), 언어, 言辭(언사), 법(法), 비밀, 진언(眞言), 呪(주), 密呪(밀주), 密言(밀언), 明(명), 大明(대명), 明呪(명주) 등으로 한역되어 있다. 석가부처님의 법이라고 말할 수 있는 〈아함경〉에는 주문에 대한 내용이 딱 한 번 나온다. 그것은 부처님께서 수행자가 뱀에 물렸을 때 외우라고 권하는 주문이다.[1104] 실은 석가부처님은 주술법을 금했다. 부처님은 "주문을 외우는 것은 계율을 어기는 것"이라고 말했다.[1105] 그럼 〈반야심경〉의 "시대신주(是大神呪)"의 "呪

1103 〈옥스퍼드 영어 - 산스크리트어 대사전〉의 제785쪽을 보면, mantra(만트라)는 speech(말씀), sacred text or speech(비밀스러운 문서나 말씀), a prayer or song of praise(찬가讚歌), a Vedic hymn or sacrificial formula(베다의 찬가나 제문祭文), counsel, advice(조언), a sacred formula addressed to any individual deity(신적인 존재에게 말해준 문제 해결을 위한 비밀스러운 방법) 등의 뜻으로 나와 있다.

1104 이 주문은 〈신수대장경〉 제2권의 61쪽의 상단에 있다.

1105 석가부처님은 〈중아함경〉 제47경. 〈신수대장경〉 제1권의 724쪽의 상단과 〈장아함경〉 제13경. 〈신수대장경〉 제1권의 84쪽의 중단, 〈사분율(四分律)〉 27. 〈신수

(주)"가 '주문'이라는 말인가? 반야부 경전이 저술될 당시[1106]에 주문이 불교경전에 들어와 있었을까? 〈반야심경〉의 "呪(주)"가 '주문'이라는 의미로 사용되었을 가능성이 전혀 없다고는 볼 수 없다. 왜냐하면 기원전후에 성립되어서 여러 차례에 걸쳐서 증보된 것으로 보이는 〈법화경〉에도 〈다라니품〉이 있고, 거기에 주문이 등장하기 때문이다. 하지만 필자는 〈반야심경〉의 "주(呪)"는 '주문'이라는 뜻보다는 '수행법', '조언', '권고' 등의 뜻으로 해석하는 것이 맞는다고 본다. 왜냐하면 〈반야심경〉의 전체 내용을 볼 때 〈반야심경〉은 깊은 지혜를 완성할 수 있는 수행방법을 조언해주는 경이기 때문이다. 그럼 〈반야심경〉의 끝에 있는 "아제아제"로 시작되는 주문은 어떻게 봐야 할까? 이것은 〈반야심경〉이 유통되는 과정에서 누군가 집어넣은 것으로 볼 수 있다. 왜냐하면 필자가 〈반야심경〉의 원래 내용을 복원해 놓고 보니, 이것은 주문을 말해주는 경이 아니라 깊은 지혜를 완성하는 수행방법을 말해주는 경이기 때문이다. 따라서 〈반야심경〉의 "주(呪)"는 산스크리트어 "**만트라**(mantra)"를 잘못 번역한 것으로 볼 수 있다. 필자는 이 "만트라"를 '지혜를 완성하는 수행방법', '참된 말씀', '조언', '권고' 등의 뜻으로 해석하여, 이것을 '**방법**'으로 번역했다. "시대신주(是大神呪)"는 '대단히 신묘(神妙)한 방법'으로 번역했고, "시대명주(是大明呪)"는 '대단히 밝은 방법'으로 번역했다. 또 "시무상주(是無上呪)"는 '그 어떤 것과도 비교할 수 없는 최고의 방법'으로 번역했고, "무등등주(無等等呪)"는 '비슷하거나 같은 것이 없는 유일한 방법'으로 번역했다.

대장경〉 제22권의 754쪽의 상단 등에서 "주술(呪術), 주문을 엄격히 금한다"고 말했다.

1106 일반적으로 반야부 경전이 저술된 시기는 BC. 100년경에서 AD. 100년경 사이라고 본다.

지혜륜은 만트라를 '참된 말씀'이라는 뜻의 "진언(眞言)"으로 번역했다

지혜륜이 한역한 〈반야심경〉을 보면 지혜륜은 "呪(주)"에 해당하는 산스크리트어 "만트라(mantra)"를 "진언(眞言)"[1107]으로 번역하여, "시대진언(是大眞言) 시대명진언(是大明眞言) 시무상진언(是無上眞言) 시무등등진언(是無等等眞言)"으로 번역해 놓았다. 이 때 진언은 '주문'이 아니라 '지혜를 완성하는 수행방법을 말해주는 참된 말씀'으로 번역할 수 있다. 이것은 '대단히 참된 말씀[大眞言]'이고, '대단히 밝고, 참된 말씀[大明眞言]'이며, '최고로 참된 말씀[無上眞言]'이고, '비슷하거나 같은 것이 없는 참된 말씀[無等等眞言]'이라는 뜻이다. 불교사전에서 '진언'을 찾아보면, 진언은 "진실하여 거짓이 없는 말"이라는 뜻이다.[1108] 진언은 원래 "베다의 성전이나 부처님 찬가(讚歌)와 같이 신비하고, 영적인 어떤 능력이 있다고 믿는 신성한 말"이었다. 이런 의미의 진언이 중국, 한국, 일본 등지로 넘어가면, 산스크리트어 문장을 한문으로 번역하지 않고, 산스크리트어의 음(音)을 그대로 외우는 것을 의미했다. 예를 들면, "반야바라밀다"를 '지혜의 완성'으로 번역하지 않고 산스크리트어의 음을 그대로 사용하는 것도 일종의 진언이라고 말할 수 있다. 또

1107 이 '참된 말', '진실한 말'이라는 뜻의 眞言(진언)을 전달 과정에서 '주문(呪文)'이라는 뜻의 '嗔言(진언)'으로 바꿔치기 한 경우를 발견할 수 있었다. 2002년에 김현두(金鉉斗)가 쓴 〈우주간의 법 해설, 정본 반야바라밀다심경〉에 그렇게 되어 있다. 이러한 사실을 보면 주문을 좋아하는 대승주의자들이 얼마나 교묘한 방법으로 반야지혜를 없애고, 주문이나 외우게 하려고 했는지 알 수 있다. 〈반야심경〉의 "呪(주)"자도 이러한 맥락에서 봐야 한다. 중국에서 〈반야심경〉을 최초로 한역한 구마라집은 철저한 대승주의자였다. 그래서 그가 〈반야심경〉을 한역하면서 주문 "呪(주)"자를 사용했고, 마지막 문장을 번역을 하지 않고 산스크리트어의 음을 그대로 사용함으로써 주문 형식으로 만들어서 지혜의 완성에 대한 메시지는 온 데 간 데 없고, 이 경을 주문 외우듯이 외우게 만들었다고 볼 수 있다.

1108 〈불교학대사전〉 전관응 대종사 감수. 홍법원. 1990년. 1504쪽

"아제아제 바라아제 바라승아제 모지사바하"도 진언이라고 말할 수 있다. 만약 이것을 번역을 해버리면 그것은 더 이상 진언이 되지 못 하고, 찬가나 시(詩)의 한 구절이 된다. 〈반야심경〉의 "진언(眞言)", 즉 '참된 말씀'은 '관자재보살이 말해준 방법대로 닦아 가면 **실제로** 지혜가 완성되고, 모든 괴로움에서 벗어날 수 있다'는 말이다. 이 "진언(眞言)", 즉 '참된 말씀'은 그 뒤에 나오는 "진실불허(眞實不虛)"와 상통하는 말이라고 볼 수도 있다. 〈반야심경〉의 "진실불허"는 '(이것은) 진실한 말로서 절대로 거짓말[虛허]이 아니다[不불]'는 뜻이다.

시호는 만트라를 '수행법'이라는 뜻의 "법"으로 번역했다

여기서 "眞言(진언)"을 '주문(呪文)'으로 해석하지 않고, '진실한 말씀'으로 해석하는 것이 맞는다는 것을 입증해주는 증거로 시호가 한역한 〈반야심경〉을 들 수 있다. 시호는 이 부분을 "반야바라밀다(般若波羅蜜多) 시광대명(是廣大明) 시무상명(是無上明) 시무등등명(是無等等明)"[1109]으로 번역하여, "呪(주)"나 "眞言(진언)"이라는 단어는 사용하지 않았다. 이 번역문은 '지혜를 완성하는 수행법은 대단히 밝은 방법이고, 최고로 밝은 방법이며, 이와 비슷하거나 같은 것이 없는 유일한 밝은 방법'이라는 뜻으로 해석할 수 있다. 시호는 "지혜를 완성하는 수행법은 진실한 것이고, 거짓됨이 없는 방법이다. 수행하는 사람들은 모두 다 이와 같은 방법으로 수행[學학]해야 한다"[1110]는 내용과 함께 "지혜를 완성하는 수행은 이와 같은 방법으로 해야 한다. 이 방법은 진실한 것이고,

1109 852c04 "是故應知。般若波羅蜜多。是廣大明。是無上明。是無等等明" 여기서 "是故應知(시고응지)", 즉 '이러한 까닭에 마땅히 알아야 한다'는 이 표현은 이 부분의 여러 번역 중 그 뜻을 가장 명료하게 잘 표현한 것이라고 할 수 있다.
1110 시호 852c06 "是卽眞實(시즉진실) 無虛妄**法**(무허망법) 諸修學者(제수학자) 當如是學(당여시학)"

최고이며, 끝이다"[1111]라는 말을 그 뒤에 덧붙이면서 "呪(주)"자 대신 "法(법)"자를 쓰고 있는 것을 볼 수 있다.[1112] 여기서 "法(법)"은 '말씀', '수행법'이라는 뜻이다.

이러한 지혜륜과 시호의 번역을 보면, "呪(주)"의 산스크리트어 원어인 "mantra(만트라)"는 '주문'의 의미가 아니라 '말씀', '법', '방법', '수행방법' 등을 의미하는 것으로 볼 수 있다. 그런데도 지혜륜과 시호를 제외한 6명의 역경가들은 산스크리트어 "마하-만트라(mahā-mantraḥ)"를 "시대신주(是大神呪)", 즉 "대단히 신비한 주문"으로 번역하여, 지혜를 완성하는 수행방법에 대해 말해주고 있는 〈반야심경〉을 "주문"의 경으로 만들어버렸다.

그동안 〈반야심경〉은 액난을 막아주고, 괴로움을 없애주며, 온갖 소원을 이루게 해주는 주문으로 인식돼 왔다

의정이 한역한 〈반야심경〉을 보면, 이것은 현장의 한역본과 글자 한 자 틀린 것 없이 똑 같다. 단지 맨 끝에 "이 경을 외우면 십악, 오역(五逆) 등 95종의 삿된 길[邪道사도]이 다 무너진다. 만약 시방에 계시는 모든 부처님들께 공양을 올리고, 그 분들의 은혜를 다 갚고자 한다면, 이 〈관세음반야심경〉을 백 번 천 번을 외워라. 중간에 끊어지지 않고, 이 경을 밤낮 계속 외우면, 이루지 못 할 소원이 없으리라"[1113]는 내용이 덧붙어 있는

1111 시호 852c15 "般若波羅蜜多(반야바라밀다) 當如是學(당여시학) 是卽眞實(시즉진실) 最上究竟(최상구경)"

1112 852c04 "是故應知。般若波羅蜜多。是廣大明。是無上明。是無等等明。而能息除一切苦惱。是卽眞實無虛妄**法**。諸修學者。當如是學" 여기서 밑줄 부분의 "法(법)"자를 보기 바란다.

1113 "誦此經破十惡五逆九十五種邪道. 若欲供養十方諸佛 報十方諸佛恩. 當誦觀世音般若百遍千遍無間晝夜常誦此經無願不果"

점만 다르다. 이 덧붙은 내용을 보면, 그동안 〈반야심경〉이 어떻게 인식되어 왔는지 알 수 있다. 중국불교에서 〈반야심경〉은 "우주의 신비한 말씀"을 담은 일종의 "주문"으로 인식돼 왔다. 필자는 비록 〈반야심경〉의 원래 뜻과 다르지만, 〈반야심경〉을 중간에 끊어지지 않고, 밤낮 백 번 천 번을 외우면, 실제로 소원이 이루어질 수 있다고 본다.

사실과 달리 〈반야심경〉은 〈대반야바라밀다경〉의 핵심을 말해 놓은 경으로 여겨져 왔다. 예로부터 〈대반야바라밀다경〉은 '나라를 편안하게 해주는 경'이고, '인간과 하늘의 큰 보배'로 여겨져서 나라에 천재지변이나 전쟁, 전염병, 가뭄 등의 어려움이 있을 때, 이 경을 고승들에게 독송하게 하거나 강의하게 하거나 베껴 쓰게 하여, 유포시킴으로써 어려움을 물리칠 수 있다고 믿었던 경이다. 〈대반야바라밀다경〉 제398권에 다음과 같은 내용이 나온다.

> "이 경을 외우는 사람, 군데군데 추려서 읽는[轉讀전독] 사람, 이 경을 생각하는 사람, 이 경의 말씀과 같이 수행하는 사람은 다 삼악도에 떨어지지 않는 법을 얻는다."

또 천식재가 한역한 〈반야심경〉[1114]에서는 부처님께서 관자재보살에게 다음과 같이 말했다.

> "어떤 중생이라도 이 법을 설하는 것을 들으면, 그는 큰 복덕(福德)을 얻고, 온갖 업장이 다 소멸되고, 반드시 부처님께서 깨달은 최상의 완전한 깨달음을 빨리 성취하게 될 것이다. 또 어떤 중생이 깨닫겠다는

1114 이것은 〈불설성불모소자반야바라밀다경(佛說聖佛母小字般若波羅蜜多經)〉의 준말이다.

마음을 일으켜서 이 진실한 말씀[眞言진언]을 받아 지니면, 그는 어떤 장애도 없이 모든 공부를 다 성취할 것이다."[1115]

여태껏 반야부 경전은 이 말씀과 같이 신비한 어떤 힘을 갖고 있는 경으로 여겨져 왔다. 그래서 〈반야심경〉에서 "반야바라밀다 시대신주 시대명주 시무상주 시무등등주 능제일체고"[1116]라 하여, "반야바라밀다는 대단히 신묘(神妙)하고도 밝은 주문이고, 그 어떤 것과도 비교할 수 없는 최고의 주문이며, 실제로 모든 괴로움을 다 없앨 수 있다"고 해석해 왔다. 그동안 이런 이유로 〈금강경〉, 〈반야심경〉 등의 반야부 경전이 많이 독송돼 왔다고 볼 수 있다.

5) 眞實不虛(진실불허), satyam(사띠얌) amithyatvāt(아미씨아뜨바아뜨) : (지혜를 완성하는 수행법은) 진실한 것으로서 거짓말이 아니다

"**진실불허(眞實不虛)**"는 '(지혜를 완성하는 이 수행법은) **진실한 것**으로서 거짓말(**虛**言**허**언)이 아니다[**不**불]'는 뜻이다. 여기서 "**진실**(眞實)"은 산스크리트어 "사띠얌(satyam)"을 번역한 것인데, 이것은 '진실한', '실제로 이루어지는', '신뢰할만한' 등의 뜻이다. 그리고 "**불허**(不虛)"는 '거짓말이 아니다'는 뜻이다. "불허(不虛)"는 산스크리트어 "아미씨야뜨바아뜨(amithyātvāt)"[1117]를 번역한 것으로, '아니다[不불]'는 뜻의

1115 〈대정신수대장경〉 제8권 반야부 No. 258경. 853a15 "心聽我說是小字般若波羅蜜多經。若諸衆生聞說是法獲大福德。一切業障皆悉消除。決定速證無上正等菩提。若有衆生發心受持此眞言者。無諸魔事皆得成就"

1116 "般若波羅蜜多是大神呪 是大明呪 是無上呪 是無等等呪 能除一切苦"

1117 미씨야뜨바(mithyātva)는 명사로서 虛妄(허망, 거짓말), 허위(虛僞), 사기(詐欺) 등의 뜻으로, 欺(기, 사기), 僞(위, 거짓말) 등으로 한역되어 있다. **아미씨야뜨**

"a(아)"와 '거짓말', '사기' 등의 뜻인 "미씨야뜨바(mithyātva)"가 결합되어서 '거짓말이 아니다'는 뜻이기 때문이다. 즉 "진실불허"는 '(지혜를 완성하는 이 수행법은) 실제로 이루어지는 것으로서 절대로 거짓말이 아니다'는 뜻이다. 이러한 뜻의 "진실불허"를 오고산 스님은 "진실로 헛되지 않음을 알라"고 번역해 놓았고, 무비 스님은 "진실하여, 헛되지 않다"고 번역해 놓았다. 또 김용옥 선생은 "진실한 것이요, 허망하지 않기 때문이다"고 번역해 놓았다. 일본의 야마나 테츠시(1949년생)는 이것을 "진실하고, 허위가 아닌 경이다"고 번역해 놓았다. 야마나 테츠시의 번역은 그런대로 그 뜻을 제대로 전하고 있다고 볼 수 있다.

바(amithyātva)는 불허(不虛), 불허망(不虛妄), 무사(無邪), not falsely(거짓말이 아닌), truthfully(진실로) 등으로 번역되어 있다. 즉 "**불허(不虛)**"는 '**허황된 말이 아니다**'는 뜻이다.

제17장
지혜의 완성을 시(詩)로 찬탄함

고설반야바라밀다주, 즉설주왈

故說般若波羅密多呪 卽說呪曰:

「아제아제 바라아제 바라승아제 모지 사바하」(세번)

揭諦揭諦 婆羅揭諦 婆羅僧揭諦 菩提 娑婆訶

Gate**가떼** Gate**가떼** Pāragate**빠라가떼** Pārasaṃgate**빠라삼가떼** Bodhi**보디** Svāhā**스바하**

(지혜완성의 진실한 말씀[眞言,呪주]을 말하면 다음과 같습니다.「가신 분이시여! 가신 분이시여! 열반으로 가신 분이시여! 적멸과 하나 되어 열반으로 가신 분이시여! 깨달음을 믿습니다.」)

"고설반야바라밀다주(故說般若波羅蜜多呪) 즉설주왈(卽說呪曰)"은 '지혜완성의 진실한 말씀[眞言진언,呪주]을 말하면, 다음과 같다'는 뜻이다. "고설반야바라밀다주 즉설주왈"은 산스크리트어 문장의 **"쁘라야빠라미따얌**(prajñāpāramitāyām,반야바라밀다, 지혜완성) **우크타하**(uktaḥ,

說설) **만트라하**(mantraḥ, 呪주문 = 眞言진언, 진실한 말씀) **타드**(tad, 是시, 이, this) **야타아**(yathā, 如여, 같다)"를 번역한 것이다. 여기서 **쁘라야빠라미따얌**(반야바라밀다) **만트라하**(呪주, 眞言진언)는 '지혜완성의 진실한 말씀'이라는 뜻이고, "**타드**(tad, 是시, 이, this) **야타아**(yathā, 如여, 같다)"는 '이와 같다[如是여시]'는 뜻이다. 따라서 "고설반야바라밀다주(故說般若波羅蜜多呪) 즉설주왈(卽說呪曰)"에 해당하는 산스크리트어 문장은 '지혜완성의 진실한 말씀[眞言진언, 呪주]을 말하면, 다음과 같다'로 번역할 수 있다.

「아제아제 바라아제 바라승아제 모지사바하」

=「Gate**가떼** Gate**가떼** Pāragate**빠라가떼** Pārasaṃgate**빠라삼가떼** Bodhi**보디** Svāhā**스바하**」

=「가신 분이시여! 가신 분이시여! 열반으로 가신 분이시여! 적멸과 하나 되어 열반으로 가신 분이시여! 깨달음을 믿습니다.」

아제아제, 즉 산스크리트어 gate(**가떼**) gate(**가떼**)는 '가신 분이시여! 가신 분이시여!'라는 뜻이다. 여기서 gate(**가떼**)[1118]는 '**가신 분**', '소멸되어 버리신 분'이라는 뜻이다.

바라아제, 즉 Pāragate(**빠라가떼**)[1119]는 '**열반으로 가신 분**'이라는 뜻이다.

1118 gate(**가떼**)는 '가다(go)'는 뜻의 동사 'gam(감)'의 과거분사형인 gata(가따)가 변화된 형태이다. gate(가떼)는 '이미 가신 분', '이미 도달하신 분'이라는 뜻으로, 已行(이행), 已去(이거), 已到(이도), 至(지), 住(주), 止(지), 證(증), 了(료) 등으로 한역되어 있다. 〈옥스퍼드 산스크리트어 – 영어 대사전〉의 347쪽에 산스크리트어 gata(가따)는 gone away(이미 가버린 분), disappeared(없어져버린), gone to any state or condition(어떤 상태, 즉 공(空), 열반으로 가버린, 어떤 상태, 즉 공(空), 열반에 도달해버린), gone to destruction(파괴되어버린, 소멸되어버린) 등으로 설명되어 있다.

1119 **바라아제**, 즉 Pāragate(**빠라가떼**)에서 Pāra(**빠라**)는 맞은 편[彼岸피안] = the

여기서 '열반으로 가신 분'은 '空공(열반)을 성취하여, 존재가 완전히 다 소멸되어버린 분'이라는 뜻이다. 그러나 중국에서는 이 pāragate(빠라가떼, 바라아제)를 '저쪽으로 건너갔다' 또는 '저쪽 언덕에 도달했다'는 뜻인 '度(도)', '到彼岸(도피안)' 등으로 한역해 놓았다. 이러한 한역들을 보면 중국인 내지 대승불교주의자들은 空공, 즉 열반을 성취하여, 완전히 소멸되어버리기가 싫었던 모양이다. 어리석은 중생들은 존재하는 것이 괴로움인 줄도 모르고 영생(永生), 불사(不死)하기를 원한다. 영생(永生)의 반대개념인 영멸(永滅), 즉 영원히 소멸되는 것[空공, 열반]이 석가부처님 불교의 궁극적인 목표다.

바라승아제 = pārasaṃgate(**빠라삼가떼**)[1120]는 '**적멸과 하나가 되어서 열반으로 가신 분**'이라는 뜻이다.

모지[菩提보리], 즉 Bodhi(**보디**)는 '**깨달음**'이라는 뜻이다.

사바하(娑婆訶), 즉 Svāhā(**스바하**)는 감탄사로 볼 수도 있고, 기독교의 **아멘**(amen)과 같은 뜻으로, 주문의 끝에 쓰여서 '그렇게 되기를 바랍니다', '동의 · 찬탄합니다!', '**믿습니다**!', '갈채를 보냅니다' 등의 뜻으로도 볼 수 있다. 따라서 **모지 사바하**는 '깨달음이여!', '깨달은 분이시여!', '깨달음을 믿습니다' 등의 뜻으로 해석할 수 있다. 따라서 「아제아제 바

opposite side, **끝**, **종말** = the end of anything 등의 뜻이고, gate(**가떼**)는 '가버린 분'이라는 뜻이다. 따라서 Pāragate(**빠라가떼**)는 '끝, 종말로 가버린 분', '영원히 소멸돼버린 분'이라는 뜻이다. 〈옥스퍼드 산스크리트어-영어 대사전〉의 619쪽에 Pāragate(**빠라가떼**)를 "one who has reached the opposite shore of (gen.)"라고 설명해 놓았다. 이것은 '저 건너편에 도달해버린 분'이라는 뜻이다. 여기서 '저쪽 둑, 맞은편 언덕에 도달해버린 분'이라는 말은 '空공, 열반에 도달해서 존재가 다 소멸되어버린 분'이라는 뜻이다.

1120 pārasaṃgate(**빠라삼가떼**)에서 saṃ(삼)은 '일치', '합일(合一)'의 의미로, '열반과 하나가 된다'는 뜻으로 해석할 수 있다. 따라서 pārasaṃgate(빠라삼가떼)는 '열반과 하나가 되어서 종말로 가버리신 분'이라는 뜻이다.

라아제 바라승아제 모지사바하」, 즉「Gate**가떼** Gate**가떼** Pāragate**빠라가떼** Pārasaṃgate**빠라삼가떼** Bodhi**보디** Svāhā**스바하**」는 다음과 같이 번역할 수 있다.「가신 분이시여! 가신 분이시여! 열반으로 가신 분이시여! 적멸과 하나 되어 열반으로 가신 분이시여! 깨달음을 믿습니다.」

〈반야심경〉의 끝에 나오는 주문은 유통과정에서 누군가 집어넣은 것이 아닐까?

필자는 〈반야심경〉 끝 부분의 "고설반야바라밀다주 즉설주왈 아제아제 바라아제 바라승아제 모지사바하"[1121]는 원래 없던 내용을 유통과정에서 누군가 집어넣은 것이 아닌가라고 의심해 본다. 필자는 다음과 같은 이유 때문에 이렇게 본다.

첫째, 〈반야심경〉은 '깊은 지혜를 완성하려고 하면 존재의 다섯 요소[오온]를 관찰하여, 그것들은 다 실체가 없는 것들임을 꿰뚫어봐야 한다'는 말을 해주기 위한 경이다. 그런데 주문은 이런 〈반야심경〉의 내용과 전혀 어울리지 않는 것이기 때문이다.

둘째, 〈반야심경〉이 "진실불허(眞實不虛)", 즉 "지금 여기서 말해주고 있는 이 내용은 절대로 거짓말이 아니다. [그러므로 깊은 지혜를 완성하고자 하는 수행자는 이와 같은 방법으로 수행해야 한다]"[1122]는 내용으로 끝나면, 경이 깔끔하게 끝나기 때문이다. 앞에서 말했듯이 〈반야심경〉은 "사리불 존자가 관자재보살에게 깊은 지혜를 완성하는 수행의 방법을 묻고, 그 질문

1121 "故說般若波羅蜜多呪 卽說呪曰 揭諦揭諦 波羅揭諦 波羅僧揭諦 菩提娑婆訶"

1122 시호가 한역한 〈반야심경〉을 보면, 이 부분은 다음과 같이 한역되어 있다. 852c06 "能息除一切苦惱(능식제일체고뇌)。**是卽眞實無虛妄法**(시즉진실무허망법)。**諸修學者**(제수학자)。**當如是學**(당여시학)" "이 방법은 모든 괴로움을 다 없앨 수 있다. 그래서 **이것은 진실된 방법으로서 거짓됨이 없는 방법이다. 깊은 지혜를 완성하고자 하는 수행자는 이와 같은 방법으로 수행해야 한다**."

에 답을 해주는 내용으로 되어 있다. 사리불 존자가 관자재보살에게 묻는다. "만약 선남자가 깊은 지혜를 완성하는 수행을 하려고 하면, 어떤 방법으로 수행해야 합니까?" 관자재보살이 그 질문에 대해 다음과 같이 답했다. "사리불 존자여, 만약 선남자 선여인이 깊은 지혜를 완성하는 수행을 하려고 하면, 존재의 다섯 요소[오온]를 관찰하여, 그것들은 다 실체가 없는 것들임을 꿰뚫어봐야 합니다." 이 질문과 답변이 〈반야심경〉의 핵심내용이다. 관자재보살은 이와 같이 답을 한 뒤에 존재의 다섯 요소[오온]를 관찰하여, 그것들은 다 실체가 없는 것들임을 꿰뚫어보고 나면, 어떻게 되는지를 말해주고 있다. 그리고 그는 또 관찰수행법의 우수성을 말해주고 있고, [지금 여기서 말해주고 있는] 이런 말은 절대로 허황된 말이 아니라고 말해주고 있다. 이것이 〈반야심경〉의 전체 내용이다. 만약 이것으로 〈반야심경〉이 끝나면, 그 내용이 완벽하다. 하지만 그 뒤에 뜬금없이 "고설반야바라밀다주"로 시작되는 주문을 소개하는 내용[1123]이 나온다. 여기서 이해가 되지 않는 점은 "고설반야바라밀다주 즉설주왈 아제아제 바라아제 바라승아제 모지사바하"는 총8종의 한역본에 빠짐없이 다 들어 있을 뿐만 아니라, 7종의 산스크리트어 사본에도 이것이 다 들어 있다는 사실이다. 이것을 어떻게 이해해야 할까?
우리는 현존 〈반야심경〉의 산스크리트어 사본은 그것이 각각 언제쯤 필사되었고, 그것이 문제가 없는 것인지 살펴봐야 한다. 8세기 이전에 제작된 산스크리트어 사본은 다 필사본(筆寫本)[1124]이다. 필사본은 판본(板本)[1125]에 비해 내용변화가 많이 일어난다.[1126] 〈반야심경〉은 408년에

1123 "고설반야바라밀다주즉설주왈아제아제 바라아제 바라승아제 모지사바하"
1124 필사본(筆寫本)은 '손으로 쓴 것'이라는 뜻이다.
1125 판본은 목판본, 금속활자본, 컴퓨터 전자본 등이 있다.
1126 〈반야심경〉의 "도일체고액(度一切苦厄)" 부분도 한문으로 번역하면서 집어넣은 것이다. 하지만 총8종의 한역본 중 6종에 이것이 들어 있지만, 7종의 산스크리

최초로 한역되었다. 현재 〈반야심경〉의 가장 오래된 산스크리트어 사본은 일본 법륭사 사본인데, 이것은 연구 결과, 8세기에 필사된 것으로 판명되었다. 그래서 필자는 이 산스크리트어 사본도 그 때 필사하면서 한역본에 맞추어서 그 내용을 바꿀 수 있었다고 본다. 왜냐하면 경전을 베껴 쓰면서 마음에 들지 않는 내용은 마음에 들게끔 개선할 수도 있고, 빼버릴 수도 있고, 없던 내용을 집어넣을 수도 있는 것이 필사본이기 때문이다. 실제로 필자가 불전(佛典)의 필사본 텍스트들을 비교, 연구해본 결과, 이러한 변화가 적지 않게 일어났다는 사실을 알 수 있었다. 필사본은 재생산되는 과정에서 어쩔 수 없이 변화가 일어나기 마련이다. 그리고 산스크리트어본이라고 해서 그것이 다 인도에서 생산된 것도 아니고, 한역경보다 더 오래된 것도 아니다. 그래서 모든 산스크리트어본에 "고설반야바라밀다주 즉설주왈....모지사바하" 부분이 들어 있다고 해서 그것이 원래부터 〈반야심경〉에 들어 있었다고 말하기는 어렵다. 만약 "고설반야바라밀다주 즉설주왈....모지사바하"를 중간에 누군가 집어넣은 것이라면, 구마라집이 〈반야심경〉을 한역하면서 집어넣었을 가능성이 매우 높다. 필자가 구마라집을 의심하는 것은 다음과 같은 이유 때문이다.

첫째, 구마라집은 〈반야심경〉의 제목을 〈마하반야바라밀대명**주**경(摩訶般若波羅蜜大明**呪**經)〉으로 번역하여, 그 제목에 산스크리트어 원문에

트어 사본에는 이런 내용을 찾아볼 수가 없다. 이런 사례를 통해 우리가 알 수 있는 것은 중국에서 불경을 번역할 때 산스크리트어본만 가지고 번역한 것이 아니라 기존 번역을 다 참고했고, 기존 번역을 존중했다는 사실을 알 수 있다. 그리고 〈반야심경〉 끝 부분의 주문에 관련된 내용은 구마라집이나 다른 고승이 산스크리트어로 〈반야심경〉을 암송할 때 집어넣어서 암송했고, 그것이 유통되었다고 볼 수도 있다. 필자는 그동안 다른 문헌들을 정확하게 번역하기 위해 수십 년간 판본의 비교연구를 해왔다. 그 연구를 통해 판본이 아니고 필사본일 경우, 유통과정에서 훨씬 더 많은 변화가 일어났다는 사실을 알 수 있었다.

는 없는 **주문 "주(呪)"**자를 집어넣어 놓았고, 둘째, 구마라집은 관찰을 자유자재로 할 수 있는 "관자재보살"로 번역해야 할 것을 "관세음보살"로 번역하여, **관찰수행**을 말해주고 있는 〈반야심경〉을 **관음신앙의 경**으로 둔갑시키려고 했으며, 셋째, 구마라집이 〈반야심경〉을 한역하면서 산스크리트어 원문에는 없는 내용을 임의로 집어넣은 부분이 이외에 두 군데나 더 있고,[1127] 넷째, 구마라집은 산스크리트어 원문에는 있는 〈반야심경〉의 주제문에 해당하는 내용을 자신이 소속한 종파(宗派)에 맞지 않는 내용이라고 판단하여, 빼버리는 방식으로 〈반야심경〉을 번역해 놓았기[1128] 때문이다. 총8종의 〈반야심경〉 한역본들 중에서 구마라집 한역본이 산스크리트어본과 의미차이가 가장 많이 나는 한역본이다.

필자는 〈반야심경〉의 "고설반야바라밀다주....모지사바하"는 원래 없던 내용인데, 중간에 누군가 이 내용을 집어넣었을 가능성이 50~60%쯤 된다고 본다. 만약 중간에 누군가 이 내용을 집어넣은 것이라면, 구마라집이 집어넣었을 가능성이 매우 높다고 본다. 그러나 〈반야심경〉이 인도에서 300~500년 동안 필사본[1129]으로 유통되는 과정에서 누군가 이

1127 구마라집이 〈반야심경〉을 한문으로 번역하면서 없던 내용을 집어넣은 부분을 확인하고 싶은 독자는 이 책의 끝 부분에 실린 (부록3) **8종의 한역본 〈반야심경〉의 원문과 그것의 우리말 번역**에서 구마라집 한역을 보기 바란다. 〈반야심경〉의 "度一切苦厄(도일체고액)"도 없던 내용을 번역하면서 집어넣은 것인데, 8종의 한역본들 중에서 법월의 한역과 법성의 한역을 제외한 나머지 6개의 한역본에 이 내용이 다 들어 있다.

1128 구마라집이 〈반야심경〉을 한역하면서 자신의 마음에 들지 않는 내용을 과감하게 빼버린 경우는 이 책의 앞부분에서 이미 말한 바 있다. 구마라집은 이 책의 각주 1) 부분의 내용을 빼버렸다. 왜 뺐는지 그 이유를 알고자 하면 **현재 〈반야심경〉에는 주제문이 빠져 있다**는 표제어가 붙은 글을 찾아서 읽어보기 바란다.

1129 산스크리트어본 〈반야심경〉은 한역되기 전에는 300~500년 동안 필사본으로 유통되었고, 한역 〈반야심경〉도 목판인쇄술이 개발되기 전에는 적어도 350년 동안 필사본으로 유통되었다. 현재 세계에서 가장 오래된 목판 인쇄본은 한국의 경주 불국사 석가탑 안에서 발견된 〈무구정광대다라니경〉이다. 이것은 751년경에 판각

내용을 집어넣었을 가능성도 완전히 배제할 수는 없다고 본다. 그리고 이 주문 부분은 중간에 누군가 집어넣은 것이 아니라 산스크리트어 〈반야심경〉을 한문으로 번역하면서 시구(詩句)를 주문으로 둔갑시켜 놓은 것일 수도 있다. 그래서 필자는 모든 가능성을 열어두고, 〈반야심경〉에 나오는 이 주문(呪文)을 주문이 아닌 것으로 번역했다. 〈반야심경〉은 주문을 말해주는 경이 아니라 깊은 지혜를 완성하는 수행의 방법을 말해주는 경이기 때문이다.

고설반야바라밀다주 즉설주왈

故說般若波羅蜜多呪 卽說呪曰

「아제아제 바라아제 바라승아제 모지사바하」

揭諦揭諦 婆羅揭諦 婆羅僧揭諦 菩提娑婆訶

「Gate**가떼** Gate**가떼** Pāragate**빠라가떼** Pārasaṃgate**빠라삼가떼** Bodhi**보디** Svāhā**스바하**」

(지혜완성의 진실한 말씀[眞言,呪주]을 말하면 다음과 같습니다.「가신 분이시여! 가신 분이시여! 열반으로 가신 분이시여! 적멸과 하나 되어 열반으로 가신 분이시여! 깨달음을 믿습니다.」)

위의 내용을 굳이 주문형식으로 만들고 싶다면 「깨달음을 믿습니다」를 세 번 반복해서 독송하면 될 것 같다.

끝으로 〈반야심경〉을 읊어보면 다음과 같다.

되어서 인쇄된 것으로 밝혀졌다. 산스크리트어본 〈반야심경〉도 기원전 1세기에서 기원후 3세기에 이르는 사이에 창작되었고, 408년에 최초로 한역되었다. 따라서 산스크리트어 〈반야심경〉은 300~500년 동안 필사본으로 유통되었다.

〈반야바라밀다심경〉

〈般若波羅蜜多心經〉

〈지혜 완성의 핵심을 말해주는 경〉

〈지혜를 완성하는 수행방법의 핵심을 말해주는 경〉

관자재보살 행심반야바라밀다(행)시 조견오온개공 도일체고액

觀自在菩薩 行深般若波羅蜜多(行)時 照見五蘊皆空 度一切苦厄

(관찰에 통달한 관자재보살이 존재의 다섯 요소를 관찰해가며, 깊은 지혜를 완성하는 수행에 전념하고 있을 때, 그것들은 다 실체가 없는 것들[空공]임을 꿰뚫어보고, 모든 괴로움에서 벗어나게 되었다.
[이 때 사리불 존자가 부처님의 불가사의한 힘에 의해 합장 공경하고, 관자재보살에게 물었다. "만약 선남자가 깊은 지혜를 완성하는 수행을 하려고 하면, 어떤 방법으로 수행해야 합니까?" 이렇게 묻자, 관자재보살이 말했다. "사리불 존자여! 만약 선남자 선여인이 깊은 지혜를 완성하는 수행을 하려고 하면, 존재의 다섯 요소를 관찰하여, 그것들은 다 실체가 없는 것들임을 꿰뚫어봐야 합니다."]

사리자 색불이공 공불이색 색즉시공 공즉시색 수상행식 역부여시

舍利子 色不異空 空不異色 色卽是空 空卽是色 受想行識 亦復如是

(사리불 존자여! 몸의 물질현상[色]은 실체가 없는 것[空]과 다르지 않고, 실체가 없는 것[空]은 몸의 물질현상[色]과 다르지 않습니다. 몸의 물질현상[色]은 실체가 없는 것이고, 실체가 없는 것[空]이 몸의 물질현상[色]입니다. 몸의 물질현상[色]과 마찬가지로 느낌[受], 인식[想], 업 지음[行], 식별작용[識]도 또한 실체가 없는 것들입니다.)

사리자 시제법공상 불생불멸 불구부정 부증불감

舍利子 是諸法空相 不生不滅 不垢不淨 不增不減

(사리불 존자여! 이 모든 존재[是諸法]가 다 소멸된 적멸상태엔 일어나는 것도 없고, 사라지는 것도 없습니다. 또 더러움도 없고, 더러움에서 벗어난 것도 없으며, 부족함도 없고, 완전함도 없습니다.)

시고 공중무색 무수상행식

是故 空中無色 無受想行識

(그러므로 적멸상태엔 몸의 물질현상도 없고, 느낌, 인식, 업 지음, 식별작용도 없습니다.)

무안이비설신의 무색성향미촉법 무안계내지무의식계

無眼耳鼻舌身意 無色聲香味觸法 無眼界乃至無意識界

(또 눈, 귀, 코, 혀, 피부, 의식 등의 감각기관도 없고, 형상, 소리, 냄새, 맛, 촉감, 마음에서 일어났다가 사라지는 것들[法]도 없습니다. 또 '눈'이라는 요소에서부터 '의식의 식별작용'이라는 요소에 이르기까지 그 어떤 인식작용의 구성요소도 없습니다.)

무무명 역무무명진 내지무노사 역무노사진

無無明 亦無無明盡 乃至無老死 亦無老死盡

(또 무명(無明)도 없고, 무명이 다 소멸된 것도 없으며, 내지 늙고 죽는 것도 없고, 늙고 죽는 것이 다 소멸된 것도 없습니다.)

무고집멸도 무지역무득

無苦集滅道 無智亦無得

(괴로움도 없고, 괴로움의 원인도 없으며, 열반도 없고, 열반에 이르

는 길도 없습니다. 또 지각작용[智지]도 없고, 의식의 대상을 취하는 것[得득]도 없습니다.)

이무소득고 보리살타 의반야바라밀다(주)고 심무괘애

以無所得故 菩提薩埵 依般若波羅蜜多(住)故 心無罣碍

(의식의 대상을 취하는 것이 없음으로써 깨달음을 추구하는 중생은 지혜를 완성하는 수행법에 의해 삼매에 들어 있기 때문에 마음에 걸림이 없습니다.)

무괘애고 무유공포 원리전도몽상 구경열반

無罣碍故 無有恐怖 遠離顚倒夢想 究竟涅槃

(마음에 걸림이 없기 때문에 두려움이 없으며, "나"라는 잘못된 인식에서 영원히 벗어나서 열반을 성취합니다.)

삼세제불 의반야바라밀다고 득아뇩다라삼먁삼보리

三世諸佛 依般若波羅蜜多故 得阿耨多羅三藐三菩提

(관자재보살뿐만 아니라 과거, 현재, 미래세의 모든 부처님들도 다 이 지혜를 완성하는 수행법에 의해 최상의 완전한 깨달음을 성취합니다.)

고지반야바라밀다 시대신주 시대명주 시무상주 시무등등주 능제일체고 진실불허

故知般若波羅蜜多 是大神呪 是大明呪 是無上呪 是無等等呪 能除一切苦 眞實不虛

(그러므로 지혜를 완성하는 수행법은 대단히 신묘(神妙)하고도 밝은 방법이고, 그 어떤 것과도 비교할 수 없는 최고의 방법이며, 실제로 모

든 괴로움을 다 없앨 수 있기에 거짓말이 아님을 알아야 합니다.)

고설반야바라밀다주 즉설주왈

故說般若波羅蜜多呪 卽說呪曰

「아제아제 바라아제 바라승아제 모지사바하」(세번)

揭諦揭諦 婆羅揭諦 婆羅僧揭諦 菩提娑婆訶

Gate Gate Pāragate Pārasaṃgate Bodhi Svāhā

(지혜를 완성하는 진실한 말씀[眞言,呪주]을 말하면 다음과 같습니다. 「가신 분이시여! 가신 분이시여! 열반으로 가신 분이시여! 적멸과 하나 되어 열반으로 가신 분이시여! 깨달음을 믿습니다.」)

(부록1) 티벳트어본 〈반야심경〉의 번역[1130]

티벳트어본〈반야심경〉을 우리말로 번역하면 다음과 같다.

신성한 어머니인 반야바라밀다의 정수이고, 산스크리트어로는 바가와띠 쁘라야 빠라미따 흐리다야이다.

한 때 나는 이와 같이 들었다.
부처님이 라자그리하의 영축산에서 많은 비구들과 보살들과 함께 앉아 계셨다.
그 때 부처님은 '심오함의 표현'이라고 일컬어지는 '다양한 현상삼매'에 들어 있었다. 그 때 위대한 성자 관자재(觀自在)보살은 심오한 반야바라밀다를 닦는 수행을 철저히 관찰하고, 오온조차 자체적으

1130 이것은 달라이라마가 2001년에 미국 캘리포니아 마운틴뷰에서 강의할 때, 인용한 티베트어역 〈반야심경〉을 우리말로 옮긴 것이다. 이 자료는 인도 다람살라에서 수학하고 있는 후배가 보내온 자료를 윤문해서 이 책에 실은 것임을 밝힌다.

로 내재하는 실체를 갖고 있지 않음을 명확히 보았다.

부처님으로부터 영감을 받은 사리자 스님이 위대한 성자 관자재보살에게 물었다. "깊은 반야바라밀다를 얻는 수행을 하고 싶은 고귀한 가문의 아들, 딸들은 어떻게 수행해야 합니까?" 이 말을 들은 위대한 성자 관자재보살이 사리자 스님에게 이와 같이 답했다. "사리자여, 깊은 반야바라밀다를 닦는 수행을 하고 싶은 고귀한 가문의 아들, 딸들은 오온조차 내재하는 실체를 갖고 있지 않다는 사실을 철저히 알아야 합니다.[1131]

형상은 공성이고, 공성은 형상이다. 공성은 형상과 다르지 않고, 형상은 공성과 다르지 않다. 이와 마찬가지로, 감정과 인식과 의지작용과 의식도 또한 모두 공성이다. 그러므로 사리자여, 모든 현상은 공성이다. 그것들은 규정된 특징을 가지고 있지 않다. 그것들은 생겨나지도 소멸하지도 않는다. 그것들은 더럽지도 않고, 깨끗하지도 않다. 그것들은 감소하지도, 증가하지도 않는다." "사리자여, 그러므로 공성 속에는 형상도 없고, 감정도 없고, 인식도 없고, 의지작용도 없고, 의식도 없다. 눈, 귀, 코, 혀, 피부, 의식 등도 없고, 맛도 없고, 촉감도 없으며, 의식의 대상도 없다. 시각 요소를 비롯하여, 의식 요소를 포함하여, 마음의 요소까지도 없다. 무지도 없고, 무지의 소멸도 없고, 등등, 늙음과 죽음도 없고, 늙음과 죽음의 소멸도 없다. 그와 마찬가지로 고통도 없고, 고통의 원인도 없으며, 고통의 소멸도 없고, 수행도 없다. 지혜도 없고, 성취

1131 티베트어본 〈반야심경〉을 영역한 Donald Lopez 교수는 질문에 대한 답 부분을 다음과 같이 번역했다. "Śāriputra, a son of good lineage or a daughter of good lineage who wishes to practice the profound perfection of wisdom should perceive things in this way: form is empty; emptiness is form......" 즉 티베트어본에는 "오온을 관찰해야 한다"는 내용을 빼버리고 번역해 놓았다. 이것은 관찰수행을 하지 않는 티베트불교가 자신들의 종지에 맞지 않는 내용을 빼버린 것이다.

한 것도 없으며, 성취하지 못함도 없다."[1132] "그러므로 사리자여, 보살은 성취한 것이 없기 때문에 이 반야바라밀다에 의지하며, 그 안에 머문다. 보살은 마음에 장애가 없기 때문에 두려움이 없고, 그릇됨을 완전히 벗어났기 때문에 열반에 들 것이다. 삼세의 모든 부처님들도 다 이 깊은 반야바라밀다에 의지해서 최고의 완전한 깨달음을 얻는다." "그러므로, 반야바라밀다의 진언眞言을 알아야 한다. 훌륭한 지혜의 진언이고, 최상의 진언이며, 필적할 만한 것이 없는 것과 동등해지는 진언이며, 모든 고통을 없애는 진언인 이것은 거짓이 아니기 때문에 진실이다. 반야바라밀다의 진언은 다음과 같다.

tadyatha gate gate paragate parasamgate bodhi svaha
따댜타 가떼 가떼 빠라가떼 빠라상가떼 보니 스와하

사리자여, 위대한 존재인 보살들은 이와 같이 반야바라밀다를 닦아야 한다." 그러자, 부처님께서 삼매에서 깨어나 위대한 성자 관자재보살의 대답에 대해 훌륭하다고 하시면서 칭찬했다. "훌륭하다! 훌륭하다! 고귀한 불자佛子여, 그와 같다. 그와 같이 수행해야 한다. 수행자는 방금 그대가 말한 것처럼 반야바라밀다를 닦아야 한다. 그리하면 여래들도 다 따라서 기뻐할 것이다."
부처님께서 이와 같이 말씀하셨을 때 사리자 스님과 위대한 성자 관자재보살과 천신들과 인간들과 아수라들과 건달바 등을 포함하여 모

1132 이 부분은 원래 다음과 같은 뜻인데, 티베트어본에 잘못 번역된 것으로 봐야 한다. "[적멸상태엔] 지각작용[智지]도 없고, 의식의 대상을 취하는 것[得득]도 없고, 대상을 취하는 것이 없는 것조차 없다(無智무지亦無得역무득無無得무무득)." 티베트어본을 영역한 로페츠 교수는 이 부분을 다음과 같이 번역해 놓았다. "no wisdom, no attainment, no nonattainment"

든 청중이 부처님 말씀에 다 함께 기뻐하고, 환호했다.

이 티베트어본 〈반야심경〉은 서기 700년 이후에 번역된 것이다.[1133] 현장법사가 〈반야심경〉을 한역한 것이 649년인데, 그것보다는 60년 이상 늦은 시기에 티베트어본 〈반야심경〉이 번역된 것으로 봐야 한다. 왜냐하면 티베트어문자가 창제된 것이 719년이라는 설이 있는데, 티베트어문자가 창제된 이후에 티베트어본 〈반야심경〉이 번역된 것으로 봐야 하기 때문이다.
군데군데 그 내용을 이해하는 데 어려움이 있는 티베트어본 〈반야심경〉도 번역이 잘 된 것은 아니라는 사실을 알 수 있다. 산스크리트어 원문에는 "만약 선남자가 깊은 지혜를 완성하는 수행을 하려고 하면, 어떤 방법으로 수행해야 합니까?"라는 사리자의 질문에 대해 관자재보살이 "사리자여, 만약 선남자 선여인이 깊은 지혜를 완성하는 수행을 하려고 하면, **존재의 다섯 요소를 관찰하여**, 그것들은 다 실체가 없는 것들임을 **꿰뚫어봐야 한다**"고 말해준 것을 이 티베트어본에는 다음과 같은 뜻으로 번역해 놓았다. "깊은 반야바라밀다를 얻는 수행을 하고 싶은 고귀한 가문의 아들, 딸들은 어떻게 수행해야 합니까?" 이 말을 들은 위대한 성자 관자재보살이 사리자에게 이와 같이 답했다. "사리자여, 깊은 반야바라밀다를 닦는 수행을 하고 싶은 고귀한 가문의 아들, 딸들은 **오온조차 내**

1133 티베트에 불교가 전래된 것은 640년경이다. 640년경에 당태종의 수양딸 문성공주를 티베트 왕에게 시집보내면서 불상을 함께 보낸 것이 티베트 불교의 발단이 되었다. 티베트는 티베트어 불경을 갖기 위하여 산스크리트어 문자를 참고해서 티베트어문자를 창제했다. 700년대 후반에는 많은 승려와 청년들을 인도로 파견하여, 산스크리트어를 배우게 하여, 779년부터 산스크리트어 불경을 티베트어로 번역하는 국가적인 역경사업이 시작되었다. 그 역경사업은 843년까지 64년간 지속되다가 티베트 왕조의 분열에 의해 중단되었다.

재하는 실체를 가지고 있지 않다는 사실을 철저히 알아야 합니다." 이것을 보면, 티베트어본 〈반야심경〉도 현장의 한역본과 마찬가지로 산스크리트어 〈반야심경〉을 번역하면서 "반야바라밀다"를 '지혜의 완성'으로 번역하지 않고 산스크리트어 원어를 그대로 사용했고, 깊은 지혜를 완성하기 위해서는 오온을 관찰해야 한다는 〈반야심경〉의 핵심 메시지를 빼버렸다. 이와 같이 티베트어본 〈반야심경〉은 대본임에도 불구하고 교묘하게 오온에 대한 관찰수행을 해야 한다는 내용을 빼버렸다. 그럼 왜 뺐을까? 힌두교와 주술을 중시하는 토속종교인 본교와 반야중관사상과 밀교 등이 결합된 라마교를 믿는 티베트에서는 오온을 관찰하는 수행을 하지 않기 때문이다. 티베트불교는 석가부처님의 가르침보다 라마[1134]의 가르침을 더 높이 떠받든다. 그들은 석가부처님의 깊은 지혜를 완성하는 수행방법이 세상에 알려지는 것을 원하지 않았기 때문에 이 내용을 빼버렸다고 볼 수 있다. 우리는 이 번역을 통해 티베트어본 〈반야심경〉의 구조가 어떻게 되어 있는지 알 수 있고, 티베트에서는 〈반야심경〉을 어떤 의미로 번역해 놓았는지도 알 수 있다. 달라이라마 등 티베트 스님들의 강의를 들어보면, 티베트에서는 〈반야심경〉을 지혜를 완성하는 수행방법을 말해주는 경으로 인식하고 있지 않고, "공(空)"을 노래하는 경이나 반야바라밀다의 주문을 외우는 경으로만 인식하고 있음을 알 수 있다. 중국, 한국, 일본 등 한문 〈반야심경〉을 사용하는 지역에서는 소본 〈반야심경〉을 독송하지만, 티베트에서는 대본 〈반야심경〉을 독송한다. 몽골어 〈반야심경〉과 만주어 〈반야심경〉도 대본이다. 왜냐하면 몽골어 〈반야심경〉과 만주어 〈반야심경〉은 티베트어본 〈반야

1134 라마는 '스승'이라는 뜻인데, 티베트불교의 조사(祖師) 스님들을 일컫는 말이다. 라마교인 티베트불교도 중국 선불교와 마찬가지로 자신들의 조사 스님들을 석가부처님보다 더 높은 자리에 올려놓았다고 볼 수 있다.

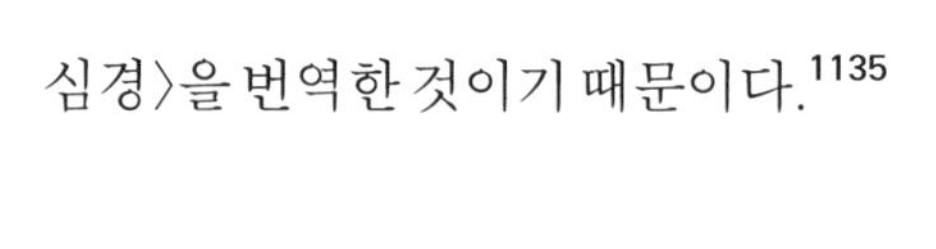

심경〉을 번역한 것이기 때문이다.[1135]

1135 빨리어대장경과 한역대장경과 더불어 세계3대 대장경인 티베트어대장경은 1310년에 30여명의 학자가 동원되어서 몽골어로 번역, 간행된 바가 있고, 1772년부터 약20년간에 걸쳐서 만주어로 번역, 완간된 바가 있다.

(부록2) 유식(唯識)불교란?

유식불교에 대한 이 글은 원래 '〈반야심경〉의 "무안이비설신**의**(無眼耳鼻舌身**意**)"에서의 **意**(의)와 "무수상행**식**(無受想行**識**)"에서의 **識**(식)은 같은 것인가, 다른 것인가? 만약 다른 것이라면 어떻게 다른가?' 라는 의문을 제기함으로써 시작되었다. 그래서 이 글은 이 책의 중간 부분에 있던 것인데, 주제가 무겁고, 복잡하게 시비를 따지는 내용이라서 이 책의 끝 부분으로 옮겼다.
결론부터 말하면 意(의)와 識(식)은 같은 것이다. 하지만 유식불교에서는 언어조작을 통해 意(의)와 識(식)을 다른 것으로 만들어 놓았다. 유식불교에서는 意(의)를 제7말나식이라고 말하고, 識(식)을 제8아뢰야식이라고 말한다. 중국과 한국의 불자들 중에는 유식불교를 절대적인 진리인 양 맹목적으로 믿는 사람들이 많다. 한국 전통불교에서는 유식불교, 특히 아뢰야식을 매우 중요시하기 때문에 유식불교 이론의 허구성을 드러내기 위하여 이 글을 작성했다. 혹시 필자가 유식불교에 대해 잘못 본 것이 있으면, 논리를 갖춘 글로 바로 잡아주기 바란다.

유식(唯識)불교란?

유식불교는 브라만교의 아트만 개념을 바탕으로 만들어낸 허구(虛構) 이론이라고 할 수 있다. 한국과 중국 불교에는 유식불교가 진하게 배어 있다. 일체유심조(一切唯心造)의 불교가 유식불교이고, 마나스(manas), 말나식, 아뢰야식 등을 두고 있는 불교가 유식불교이다.

"말나식(末那識)"은 언어조작을 통해 만들어낸 단어다

"말나식"은 유식학파의 논사들이 유식이론을 확립하기 위해 언어조작을 통해 만들어낸 단어다. 대상을 감지하는 센서(sensor)인 여섯 감각기관은 안이비설신의(眼耳鼻舌身意), 즉 눈, 귀, 코, 혀, 몸(피부), 意(의,manas)이다. 여섯 감각기관을 통해 대상을 식별 · 지각하는 마음작용인 육식(六識)이 있다. 그것은 안식(眼識,cakur-vijñāna), 이식(耳識), 비식(鼻識), 설식(舌識), 신식(身識,kāya-vijñāna), 의식(意識,mano-vijñāna) 등이다. 이 육식 중 앞의 다섯 개를 '전5식(前五識)'이라고 하고, 여섯 번째 식(識)인 의식(意識,mano-vijñāna)을 '제6식(第六識)'이라고 한다. 석가부처님 불교에서는 이 여섯 개의 식[六識육식]이 마음의 전부다. 하지만 대승불교의 유식학파에서는 8식론(八識論)을 주장하여, 제6식인 의식(意識,mano-vijñāna) 이외에 제7말나식(意,manas, mano-vijñāna)과 제8아뢰야식(alaya-vijñāna)이 있다고 말한다. 제7말나식의 산스크리트어 원어는 '마나스(manas, 意의)'로 표기되어 있기도 하고, '마노-비즈냐나(mano-vijñāna, 意識의식)'로 표기되어 있기도 하다. 여기서 여섯 감각기관의 하나인 意(의,manas)를 설명하면서 "意(의,manas)는 제6식인 의식(意識,mano-vijñāna)과의 혼동을 피하기 위하여 '意(의,manas)'라고 하지 않고 '말나식(末那識)'으로 음역(音譯)해서 사용한다"고 하면서 마치 意(의,manas), 말나식(manas, mano-vijñāna), 의식(意識,mano-vijñāna), 이 세 개가 다른 것인 양 말하고 있다. 하지만 이것은 유식학파의 논사들이 유식학 이론을 세우기 위해 언어조작을 통해 "말나식(末那識)"이라는 식(識)을 하나 만들어내어서 유식학 이론을 전개하고 있는 것으로 볼 수 있다. 왜냐하면 말나식(manas, mano-vijñāna)은 意(의,manas)와 의식(意識,mano-vijñāna)과 똑 같은 것이기 때문이다. 意(의,manas)는 마나스(manas)의 뜻을 옮긴 것이고, 말나식은 유식학파의 논사들이 존재하지도 않는 제7식(識)을 만들어내기 위해 마나스(manas)의 음역(音譯)인 '末那(말나)'에 그 뜻인 '識(식)'을 갖다 붙여서 만들어낸 것이라서 意(의,manas)와 마나스(manas), 말나식은 똑 같은 것이다. 여기서 만약 제7식인 말나식의 원어가 마노비즈냐나(mano-vijñāna)라고 한다면, 그것은 제6식인 의식(意識,mano-vijñāna)의 원어와 똑 같은 것이 되어서 제7식이 별도로 성립되지 않는다. 의식(意識,mano-vijñāna)은 감각기관인 意(의,-manas)를 통해 감지한 대상에 마음이 접근하여, 그것의 좋고 나쁨과 그 정도를 보다 구체적으로 식별하는 것'에 지나지 않는다. 제7식인 말나식(mana, mano-vijñānas)은 제6식인 의식(意識,mano-vijñāna)과 같은 것이거나 감각기관인 意(의,manas)와 같은 것이다. 그런데도 유식학파의 논사가 언어조작을 통해 이것들과 다른 것인 양 꾸며서 제7말나식을 만들어냈다고 볼 수 있다. 김동화(1902-1980) 박사는 〈불교교리발달사〉에서 일본 불교학자의 말을 인용하여, "미륵의 〈유가사지론〉에는 원래 말나식에 대한 설(說)이 없었는데, 현장이 〈유가사지론〉을 번역하면서 말나식을 집어넣은 것"[1136]이라고 말하고 있다. 참고로 말하면, 진제(眞諦, 499~569)가 한역한 〈유가사지론〉[1137]에는 말나식이 없지만, 현장(玄奘, 602-664)이 한역한 〈유가사지론〉에는 말나식이 있다.

1136 〈불교교리발달사〉 김동화. 불교통신교육원. 1988. 제3판 639쪽

1137 진제는 〈유가사지론(瑜伽師地論)〉 제51~54권에 해당하는 내용을 번역하였고, 여기에 〈결정장론(決定藏論)〉이라는 이름을 붙였다.

心(심), 意(의), 識(식)은 같은 것이다

부처님은 心(심,citta,마음), 意(의,manas,의식), 識(식,vijñāna,식별작용), 이 세 개를 같은 것으로 보아서 그 차이를 구분해 보인 적이 없었고, 이 셋을 나란히 함께 쓴 것으로 보아서 이것들은 같은 것으로 봐야 한다. 초기불교의 논서 뿐만 아니라 대승불교의 논서들도 "心(심), 意(의), 識(식)은 같은 것"이라고 말하고 있다. AD. 1~2세기에 저술된 초기불교 논서인 〈아비달마품류족론〉에서는 心(심), 意(의), 識(식)에 대해 다음과 같이 말해 놓았다.

> "마음[心심]은 어떤 것인가? 그것은 심(心), 의(意), 식(識)이다. 그럼 또 심(心), 의(意), 식(識)은 어떤 것인가? 그것은 육식(六識), 즉 안식(眼識), 이식(耳識), 비식(鼻識), 설식(舌識), 신식(身識), 의식(意識) 등이다."[1138]

위의 내용은 "심(心), 의(意), 식(識), 육식(六識) 등은 같은 것"이라는 말이다. 초기불교 논서인 〈아비달마품류족론〉과 〈아비담심론(阿毘曇心論)〉에는 "심(心)이 곧 의(意)이고, 의(意)는 식(識)이라서 이 셋은 이름만 다를 뿐, 그 실체[體性체성]는 하나다"는 내용이 나온다. 또 초기불교의 대표 논서인 세친(世親, AD. 316-396)의 〈아비달마구사론〉에도 "심(心), 의(意), 식(識), 이 셋은 이름만 다를 뿐, 그 실체는 하나다"[1139]는 내용이 나온다. 또 AD. 5세기에 저술된 〈청정도론〉에도 "이 셋은 같은 것"이라고 말하고 있다.[1140] 대승불교의 논서인 세친의 〈유식론(唯

1138 〈아비달마품류족론(阿毘達磨品類足論)〉 제1권 1. 변오사품(辯五事品) "心云何。謂心意識。此復云何。謂六識身。即眼識耳識鼻識舌識身識意識"

1139 "心意識三名所異而體是一"

1140 〈청정도론〉 제14장 무더기[蘊] 82항. 대림 스님 번역. 2005년. 초기불전연구

識論)〉에도 "심(心), 의(意), 식(識), 요별(了別), 이 넷은 같은 것으로서 그 이름만 다르다"[1141]는 내용이 나온다. 이와 같이 초기불교의 논서에서 뿐만 아니라 대승불교의 논서에서도 "심(心), 의(意), 식(識)은 같은 것"이라고 말하고 있다. 이와 같이 心(심,citta), 意(의,manas), 識(식,vijñāna)과 산스크리트어 찟따(citta), 마나스(manas), 비즈냐나(vijñāna)는 같은 의미의 단어이기 때문에 찟따(citta)[1142]도 心(심), 意(의), 識(식) 등으로 한역되어 있고, 마나스(manas)[1143]와 비즈냐나(vijñāna)[1144]도 心(심), 意(의), 識(식) 등으로 한역되어 있다.[1145] 이와 같이 초기불교에서는 心(심,citta), 意(의,manas), 識(식,vijñāna)이 동의어로 사용되었지만, 후대 AD. 4세기에 인도에서 발생하여, 700년까지 발전한 유식학파의 전통을 잇고 있는 중국과 한국의 불교에서는 일반적으로 心(심)은 제8아뢰야식을 의미하고, 意(의)는 제7말나식을 의미하고, 識(식)은 안식(眼識), 이식(耳識), 비식(鼻識), 설식(舌識), 신식(身識), 의식(意識) 등 6식(六識)을 의미하는 것으로 해석하여, 이 셋을 다른 것으로 보고 있다. 그런데 육식 이외에 말나식과 아뢰야식을 두고 있는 유식학파의 팔식론은 조금 전에 필자가 산스크리트어 원어분석을 통해 밝

원438쪽

1141 〈신수대장경〉 제31권 〈유식론〉 1권 64b22 "心意與識及了別等 如是四法義一名異", 64b26 "心意與識及了別等義一名異"

1142 citta(찟따)는 心(심), 意(의), 識(식), 心意(심의), 思(사) 등으로 한역돼 있다.

1143 manas(마나스)는 心(심), 意(의), 識(식), 知(지), 意識(의식), 意念(의념), 心意(심의), 心識(심식) 등으로 한역돼 있다.

1144 vijñāna(비즈냐나)는 心(심), 識(식), 意識(의식), 知(지), 解(해), 本識(본식) 등으로 한역돼 있다.

1145 이의 한 예로써 3C초의 역경가인 지겸(支謙)은 〈대명도경(大明度經)〉을 번역하면서 안이비설신의(眼耳鼻舌身意) 대신 '안이비구신심(眼耳鼻口身心)'으로 번역하여, 意(의) 대신 心(심)을 쓰고 있는 것을 볼 수 있다.

혀 놓았듯이 유식학파의 논사들이 언어조작을 통해 만들어낸 이론이라 고 볼 수 있다.

유식학의 팔식론(八識論)은 논사에 따라 다른 해석을 보이고 있다

한국불교에서는 "心(심), 意(의), 識(식)을 어떻게 해석하느냐는 초기불교와 대승불교를 구분 짓는 중요한 요소들 중에 하나"[1146]라고 말하고 있지만, 이 말도 딱 맞는 말이 아니다. 왜냐하면 무착의 유식학을 계승하여 완성시킨 세친은 〈유식론〉에서 "심(心), 의(意), 식(識), 요별(了別)은 같은 것으로서 그 이름만 다르다"[1147]고 말해 놓았는데, 그로부터 3~4백 년 뒤에 중국과 신라의 논사들은 심(心), 의(意), 식(識)을 다른 것으로 해석했다. 그로 인하여 오늘날 그것들이 다른 것인 양 잘못 전해지고 있다. 또 유식학파 내에서도 인도의 논사와 중국과 신라의 논사가 心(심), 意(의), 識(식)에 대하여 제각기 다른 해석을 보이고 있다. 유식학 이론을 완성시킨 세친의 경우를 보면, 그는 유식이론을 완성한 뒤에 저술한 〈불성론(佛性論)〉에서 자신의 말을 바꾸는 것을 볼 수 있다. 세친은 그가 처음 초기불교의 최대 교파인 설일체유부(說一切有部)의 논사로 있으면서 저술한 〈아비달마구사론〉과 대승불교로 전향한 뒤에 저술한

1146 현재 기존 한국불교에서는 心(심), 意(의), 識(식)을 다른 것으로 보고 있다. 이 셋을 다른 것으로 보면, 그것을 '대승불교'라고 하고, 그것들을 같은 것으로 보면, 그것을'초기불교'라고 한다고 흔히 말하고 있다. 이 셋을 다른 것으로 보는 대승불교의 해석은 잘못된 것이다. 그래서 해석의 차이가 있지만, 대, 소승의 이 두 개의 해석이 다 존중되어야 할 것은 아니다. 대승불교로 전향한 세친이 AD.4세기에 대승불교의 새로운 교설을 내세우기 위해 고의적으로 잘못된 해석을 내놓았다고 보는 것이 맞을것이다.

1147 〈신수대장경〉 제31권. 〈유식론〉 1권. 64b22 "心意與識及了別等(심의여식급료별등) 如是四法義一名異(여시사법의일명이)", 64b26 "心意與識及了別等(심의여식급료별등)義一名異(의일명이)"

〈유식론〉에서는 "心(심), 意(의), 識(식), 이 셋은 이름만 다를 뿐, 그 실체는 하나"[1148]라고 말했지만, 세친은 유식학파의 팔식론을 확립한 뒤에 저술한 〈불성론〉에서는[1149] 자신의 말을 바꾸어서 心(심)은 제6식(六識)[1150]에 해당하고, 意(의)는 제7말나식[阿陀那識아타나식][1151]에 해당하며, 識(식)은 제8아뢰야식[1152]에 해당한다고 말했다. 이와 같이 자신의 말을 바꾼 것은 세친이 대승불교의 교세확장과 일신의 영화를 위해 학자로서의 양심을 판 행위로 밖에 볼 수 없다. 이와 같이 세친의 〈불성론〉은 "心(심), 意(의), 識(식)은 다른 것"이라고 최초로 주장하여, 유식학

1148 〈아비달마구사론〉"心意識三名所詮議雖異 而體是一(심의식삼명 소전의수이 이체시일)", 〈신수대장경〉 제31권 〈유식론〉 1권 64b22 "心意與識及了別等(심의여식급료별등) 如是四法義一名異(여시사법의일명이)", 64b26 "心意與識及了別等(심의여식급료별등)義一名異(의일명이)"

1149 〈불성론(佛性論)〉 진제(眞諦) 번역본의 제3권에서 그렇게 말했다.

1150 육식(六識)은 안식(眼識), 이식(耳識), 비식(鼻識), 설식(舌識), 신식(身識), 의식(意識) 등이다.

1151 아타나식에서 아타나는 산스크리트어 아다나(ādāna)의 음을 옮긴 것이다. 아다나(ādāna)는 執(집), 執持(집지), 取(취), 取得(취득), 受(수), 攝受(섭수) 등으로 한역돼 있다. 아타나식은 주로 執持識(집지식)으로 한역되는데, 相續識(상속식)으로 한역돼 있기도 하다. 중국에서는 이 아타나식을 제7말나식으로 보는 견해와 제8아뢰야식으로 보는 두 개의 견해가 존재한다. 현장(玄奘) 계통의 법상종(法相宗)에서는 아뢰야식이 종자(種子)와 육근(六根)을 유지한다고 보아서 아타나식을 아뢰야식의 별칭(別稱)으로 보았지만, 진제(眞諦) 계통의 섭론종(攝論宗)에서는 말나식(末那識)이 아뢰야식을 '자아'로 오인하여, 집착한다고 해석하여, 아타나식을 말나식의 별칭으로 보았다.

1152 붓다의 초기불교에서는 마음은 안식(眼識), 이식(耳識), 비식(鼻識), 설식(舌識), 신식(身識), 의식(意識) 등 6식(六識)으로 이루어져 있다고 보았다. 하지만 대승불교의 유식학파에서는 마음에는 6식(六識) 이외에 제7말나식과 제8아뢰야식이 더 있다고 보았다. 이것이 팔식론(八識論)이다. 나아가 아뢰야식이 우주만물의 근본이고, 아뢰야식에 저장돼 있는 종자로부터 우주삼라만상이 전개된다고 보았다. 이것을 '아뢰야연기(阿賴耶緣起)'라고 말한다. 이 아뢰야연기는 브라만교의 아트만사상에 근원을 두고 있는 것으로 보아야 한다.

파의 팔식론이 본격적으로 시작되는 논이라고 말할 수 있다. 이 팔식론이 중국으로 들어가서 수(隋)의 혜원(慧遠, 523~592)과 신라의 원효(元曉, 617~686)에 이르러서 心(심)과 識(식)의 자리가 바뀌어서 '心(심)은 제8아뢰야식에 해당하고, 意(의)는 제7말나식에 해당하며, 識(식)은 제6식(六識)에 해당한다'고 보았다.[1153]

당(唐)의 법장(法藏, 643~712)은 〈대승기신론의기(大乘起信論義記)〉에서 心(심)은 아뢰야식에 해당하고, 6식(識)이 識(식)의 일부를 이룬다고 보았지만, 제7말나식에 대해서는 한 마디도 하지 않았다. 이와 같이 유식학파 내에서도 논사에 따라 心(심), 意(의), 識(식)에 대한 해석이 다른 것은[1154] 육식 이외에 말나식과 아뢰야식을 두고 있는 유식학파의 팔식론 그 자체가 원천적으로 잘못된 이론이기 때문이라고 본다.

이와 같이 소승(근본)불교의 논사로 있으면서 〈아비달마구사론〉 등 500권의 논서(論書)를 저술하여, 대승불교를 공격해오다가 형 무착(無着)의 권유로 대승불교로 전향한 뒤에 다시 〈유식론〉 등 500권의 대승불교의 논서를 저술한 천재적인 논사[1155]인 세친은 '심(心), 의(意), 식(識), 이 셋은 다른 것'이라는 이론을 전개하기 위해 유식학파의 팔식론(八識論)을 언어조작을 통해 만들어내어 사람들을 기만했다고 볼 수 있

1153 혜원은 〈대승기신론의소(大乘起信論義疏)〉에서 그렇게 말했고, 원효는 〈기신론소(起信論疏)〉에서 그렇게 말했다.

1154 학파에 따라 해석이 서로 다른 경우의 예로 유식학파 내에서도 '6식, 7식, 8식(識)의 본체를 하나'로 보는 학파와 '그것들은 제각기 다른 본체를 가지고 있다'고 보는 학파, 이 둘로 나뉜다는 점도 들 수 있다.

1155 세친은 불교학에서 가장 중요시되는 논서인 〈구사론〉, 〈유식론〉, 〈중론〉, 〈대승기신론〉 중 2개의 논서를 저술할 정도로 학문적인 능력이 뛰어났다. 하지만 대승불교로 전향하여, 그 뛰어난 능력으로 석가부처님의 법을 교란시키는 수많은 대승불교의 경전과 논서를 저술함으로써 곡학아세(曲學阿世)하는 모습을 취했다고 볼 수 있다.

다. 상반된 내용의 대·소승불교의 논서를 저술하여, 우리를 헷갈리게 만드는 세친에 대해 좀 더 알고 넘어가자.

유식학 이론을 확립한 세친은 어떤 인물인가?

세친(世親 = 바수반두Vasubandhu = 천친, AD. 316-396년)

세친은 AD. 4세기 인도의 승려이자 불교학자이다. 인도 이름은 바수반두이고, '천친(天親)'이라고도 한다. 세친은 인도 북서부 간다라 지역의 페샤와르국(國)의 한 브라만 가문의 차남으로 태어났다. 세친은 형님인 무착과 함께 소승의 설일체유부(說一切有部)로 출가했다. 형은 일찍이 소승을 버리고, 대승으로 돌아갔다. 하지만 세친은 국법을 어기고 개명까지 하여, 캐시미르국으로 들어가서 당시 최대 부파[1156]였던 설일체유부의 교의(敎義)를 전문적으로 배운 뒤에 본국으로 돌아가서 매일 설일체유부의 교의를 집대성한 〈대비파사론〉을 강의했다. 강의를 시(詩)의 형식으로 요약하여, 600개의 〈구사론송(頌)〉을 짓고, 거기에 해설을 붙여서 〈아비달마구사론(阿毘達磨俱舍論)〉을 저술했다. 이 논은 부파불교의 중심사상을 체계적으로 간추려서 엮은 불교개론서로서 지금도 중국, 한국, 일본 등지에서 널리 읽히고 있다. 세친은 〈구사론〉 이외에 소승불교[1157] 편에 서서 약 500권의 논서를 저술하여, 소승불교 교의를 지켜내고, "대승불교는 부처님의 가르침이 아니다"고 외쳤다. 하지만 세친은 나중에 형님인 무착(無着, Asanga, AD. 310~390)의 권유로 대승

1156 부파는 종파, 교파, 학파 등의 뜻이다.

1157 '소승불교'라는 용어는 새로 등장한 대승불교도들이 초기불교, 석가불교, 근본불교 등으로 일컬어지는 석가부처님의 불교를 밀어내고, 자신들이 그 자리를 차지하기 위하여 기존불교에 대해 악의적(惡意的)으로 붙인 이름이다. 그래서 요즘은 '소승불교'라는 용어는 사용하지 않고, '후기에 만들어진 대승불교가 아니다'는 뜻으로 '초기불교'라고 부른다.

으로 전향하여, 무착의 저서에 주석을 붙여서 유식학 이론을 완성하는데 힘썼다. 세친은 유식학파 편에 서서 반대학설을 물리치고, 〈유식이십론(唯識二十論)〉과 〈유식삼십송(唯識三十頌)〉을 저술했다. 또 유식학 입문서로 〈대승백법명문론(大乘百法明門論)〉을 저술했다. 세친은 이외에도 〈대승성업론(大乘成業論)〉, 〈대승오온론(大乘五蘊論)〉, 〈불성론(佛性論)〉 등 대승불교 편에 서서 무려 500여권의 논서를 저술했다. 그 중 〈화엄경〉, 〈열반경〉, 〈법화경〉, 〈반야경〉, 〈유마경〉, 〈승만경〉, 〈무량수경〉 등 중요한 대승불교 경전에 대해 빠짐없이 해설서를 남겨서 대승의 개척자로 불린다. 이와 같이 세친은 소승에서 5백부, 대승에서 5백부, 총 천부의 논서를 저술하여, '천부논사'로 불린다.

세친은 대승불교로 전향하면서 아유다국(國)으로 이주했다. 아유다의 국왕 초일(超日)과 신일(新日)은 차례로 그를 신봉하여 보호했고, 왕비와 황태자가 그에게 귀의했다. 세친은 외도인 외가라론(畏伽羅論)을 논파(論破)하여, 상금을 받고, 푸르샤프라, 캐시미르, 아유다에 각각 절을 세우는 등 크게 교세를 확장했다. AD. 396년에 80세 일기로 아유다국에서 입적했다.

우리는 여기서 세친은 왜 대승불교로 전향했고, 왜 석가부처님 법에는 없는 새로운 학설을 만들어냈고, 왜 그렇게 많은 논서를 저술했는지 생각해봐야 한다. 도(道) 또는 진리를 위하여? 부처님 법을 보다 더 쉽게 전하기 위하여? 아니면 본인의 열반성취를 위하여? 출세하여 이름을 드날리기 위하여? 남한테 이기기 위하여? ......

한국불교에서 중요시되고 있는 유식학파의 팔식론(八識論)을 소개함

부처님께서는 心(심), 意(의), 識(식)을 같은 개념으로 사용했다. 중국의 천태지의대사(AD.538~597)는 〈마하지관(摩訶止觀)〉 제2권에서 다음과 같이 말했다. "대상을 지각하는 것이 목석(木石)과 다르므로 '心

(심)'이라고 하고, 이 心(심)의 생각하는 작용을 '意(의)'라고 하고, 心(심)의 분명하게 식별(識別)해서 아는 작용을 '識(식)'이라고 한다."[1158] 이와 같이 말하면서 천태지의대사는 意(의)와 識(식)을 心(심)의 한 작용으로 보고 있다. 그런데 이 셋을 다른 것으로 해석하고 있는 유식학파의 팔식론은 원천적으로 잘못된 이론이라고 할 수 있다. 하지만 중국과 한국의 불교에서는 6~7세기부터 지금까지 心(심), 意(의), 識(식)에 대하여 학자나 경전에 따라 다른 해석을 보이면서 설왕설래하고 있는 것이 현실이다. 지금도 한국의 화엄학 불교에서는 깨닫기 위해서는 제8아뢰야식을 모르면 안 되는 것처럼 말하고 있다. 예로부터 한국불교에서 많이 논구돼온 心(심), 意(의), 識(식)에 대하여 정확하게 정리해 둘 필요가 있다고 생각하여, 여기에 정리해 둔다.

제8아뢰야식(阿賴耶識)은 산스크리트어 알라야 비즈냐나(ālaya[1159] vijñāna)를 번역한 것으로, '無沒識(무몰식)', '藏識(장식)', '種子識(종자식)' 등으로 한역되어 있다. '無沒識(무몰식)', '藏識(장식)' 등은 '존재의 인자(因子)를 그 안에 저장하여, 없어지는[沒몰] 것이 없이[無무] 저장[藏장]하고 있는 식(識)'이라는 뜻이다. 아뢰야식은 온갖 것들의 종자, 즉 물질과 정신의 인자를 그 안에 저장하고 있다는 말이다. 아뢰야식은 업의 종자들을 모아서 저장[積集적집]하는 기능이 있고, 인연이 갖추어지면 저장된 업의 종자가 밖으로 모습을 드러낸다고 보았다. 이것은 마치

1158 〈마하지관(摩訶止觀)〉 제2권 "對境覺知異乎木石名爲心。次心籌量名爲意。了了別知名爲識"

1159 아뢰야식에서 ā(아)는 '없다[無]'는 뜻이고, laya(라야, 뢰야)는 '몰실(沒失)', 즉 '잃어버린다'는 뜻이다. 즉 아뢰야식은 '잃어버리는 것이 없이 다 저장하고 있는 識(식)'이라는 뜻이다. 산스크리트어 ālaya(아뢰야)는 '집착' 또는 '집착하여 저장한다', '저장하고 있는 곳'이라는 뜻의 執(집), 執持(집지), 執藏(집장), 着(착), 所着(소착), 藏(장), 處(처), 處所(처소), 宮(궁) 등으로 한역되어 있다.

씨앗 속에 그 개체에 대한 정보를 저장하고 있다가 조건이 되면, 그것이 발아(發芽)하여, 모습을 드러내는 것과 같다고 보았다. 아뢰야식의 이러한 기능은 종자(種子)와 집기(集起)[1160]의 의미로서의 心(심)과 부합한다고 보았다. 필자는 중국과 한국불교에서 말하고 있는 이러한 개념의 아뢰야식[1161]은 존재하지 않는다고 보지만, 우리 마음에는 경험과 업을 저장하는 **저장의 기능**과 양지 · 양능의 기능은 있다고 본다. 필자는 무아법(無我法)을 설한 석가부처님은 유아법(有我法)이라고 할 수 있는 아뢰야식과 같은 그런 개념은 말할 필요가 없었다고 본다. 하지만 필자는 석가부처님의 육식론(六識論)만으로는 인간의 정신현상을 다 설명할 수 없다고 본다. 왜냐하면 석가부처님의 육식론은 기억 · 저장, 양지(良知) · 양능(良能)[1162]의 기능을 완전히 다 설명할 수 없기 때문이다. 필자는 아뢰야식 또는 DNA와 같은 그 개체에 대한 정보를 저장하고 있는 메모리칩이 세포속이나 마음속의 한 공간에 있다고 보지만, 그것이 자성(自性)자리나 불성(佛性), 아트만과 같은 그런 개념은 아니라고 본다.

제7말나식은 '思量識(사량식)' 또는 '집착식(執着識)'이라고도 한다. 이것은 아뢰야식을 "나"라고 잘못 인식하여, "나"라고 여기는 자아의식(自我意識)이다. 즉 말나식은 아뢰야식에 대해 "나"라는 인식을 만들어내어, 거기에 집착하는 의식이다.[1163] 이 "나"에 대한 집착이 윤회를 계

1160 집기(集起)는 '온갖 조건들이 모여서 어떤 현상이 일어나는 것'이라는 뜻일 때도 있고, 때로는 단순히 '어떤 현상의 원인'이라는 뜻일 때도 있다.

1161 중국과 한국불교에서 말하고 있는 아뢰야식의 개념은 인도의 유식학파에서 말하는 개념과 조금 다른 것이다.

1162 양지(良知) · 양능(良能)은 교육이나 경험에 의하지 않고 태어날 때부터 알고 행할 수 있는 마음의 작용이다. 태어나자마자 젖을 빨 수 있고, 애벌레 등이 혼자 살아남을 수 있는 방법을 아는 것 등의 능력이다. 양지(良知) · 양능(良能)은 그 어느 누구에게도 배우지 않았는데, 태어날 때부터 스스로 생존법을 아는 능력이다.

1163 진제(眞諦)가 한역한 〈결정장론(決定藏論)〉에는 "此我慢心이取阿羅耶識爲境

속하게 만든다. 중생들이 "나"라는 집착에서 벗어나지 못 하는 까닭은 이 말나식이 있기 때문이다. 말나식의 이러한 성격은 인식[思量사량]의 의미로서의 意(의)와 부합한다고 보았다. 그래서 말나식의 산스크리트어 원어 manas(말나)는 보통 '意(의)'로 번역되어 있고, 意(의)는 '인식'이라는 뜻의 '思量(사량)'으로 해석되고 있다. 思(사)는 '생각한다'는 뜻이고, 量(량)은 '인식한다'는 뜻이다.

그리고 6식(識), 즉 안식(眼識), 이식(耳識), 비식(鼻識), 설식(舌識), 신식(身識), 의식(意識) 등은 여섯 감각기관으로 대상을 지각(知覺)하는 것이므로 식별[了別요별][1164]의 의미로서의 識(식)과 부합한다고 보았다.

팔식론에 대한 이러한 해석은 필자가 횡설수설하고 있는 기존 해석들을 면밀히 살펴본 뒤에 좀 더 쉬운 말로 종합, 정리한 것이다. 기존 해석들 중에는 이와 다른 뜻으로 해석해 놓은 것들도 많이 있지만, 이와 같이 이해하면 제대로 된 이해일 것이다.

이러한 유식학파의 팔식론은 아주 그럴듯해 보이지만, 사실은 유아(有我)사상, 즉 브라만교의 아트만사상을 바탕으로 만들어진 허위(虛僞)이론이라고 말할 수 있다. 한국불교는 1,400여 년 동안 이 유식이론에 속았다고 볼 수 있다. 옛날부터 내려오는 팔만대장경 속의 경론(經論)이라고 해서 그것이 다 진리인 것은 아니다. 대승불교의 경론들 중에는 석가부처님 법을 왜곡하거나 파괴하고, 자신들의 사이비이론을 설해 놓은 것들이 많이 있다.

하여 言是我하면 言有我라 하나니라"라고 말하고 있다. 즉 "말라식인 이 아만심이 아뢰야식을 대상으로 취하여 이것이 '나'라고 말하면, '나'가 있게 되는 것이라고 말하고 있다." 아뢰야식에 대하여 '나'라고 집착하는 識(식)이 말라식이라는 말이다.

1164 이 때 식별(識別)이나 요별(了別)은 '지각(知覺)', 즉 '알아차린다'는 뜻이다.

유식학파의 논사들은 아뢰야식에 대해 상반된 견해를 가지고 싸웠다. 아뢰야식은 존재하지 않는 허구다

유식학파의 경론(經論)에는 팔식(八識) 중에서 제8아뢰야식을 가장 중요한 개념으로 다루고 있다. 하지만 유식학파의 논사들은 아뢰야식에 대하여 상반(相反)된 견해를 가지고 싸웠다. 유식학파 중 〈십지경론(十地經論)〉파 계통의 〈능가경(楞伽經)〉[1165]에서는 제8아뢰야식은 참되고, 영원하고, 물들지 않은 마음이고, 이것은 여래장(如來藏)을 의미하는 것으로 보았다. 하지만 유식학파의 〈섭대승론(攝大乘論)〉파의 논사들은 아뢰야식을 그릇된 마음, 망령된 식[妄識망식], 모든 번뇌의 근본이 되는 식(識)으로 보아서 다음과 같이 말했다. "아뢰야식을 끊으면 범부의 바탕마음[性성]이 바뀐다. 범부의 법을 버리면, 아뢰야식이 소멸된다. 아뢰야식이 소멸되면, 모든 번뇌가 다 소멸된다. 아뢰야식이 다 소멸됐기 때문에 아마라식(阿末羅識)[1166]을 증득한다. .... 아뢰야식은 모든 번뇌의 근본이다."[1167] "아뢰야식은 모든 미혹(迷惑)[1168]의 근본이다."[1169] "행위의 결

1165 〈능가경〉은 중국 선종의 제1조인 달마대사가 제2조 혜가(慧可)에게 전했다는 경으로서 중국 선종에서 매우 중요시된다. 이 경은 여래장사상과 아뢰야식을 결합시킨 뒤 팔식론을 설명하고 있고, 일불승(一佛乘)과 선(禪)을 네 가지로 구분하고 있다. 중생들의 어리석음은 집착 때문이라고 말한다. 이 경은 5~6세기경에 중국에서 저술된 것이 아닌가 한다.

1166 아마라식은 산스크리트어 아말라-비즈냐나(amala-vijñāna)를 번역한 것이다. 이것은 a(無)+mala(垢,더러움)+vijñāna(識)로 구성되어 있다. 이것은 '더러움이 없는 식', '깨끗한 식'이라는 뜻이다. 아마라식은 '무구식(無垢識)', '청정식(淸淨識)', '백정식(白淨識)' 등으로 번역되고, 또 '진여(眞如)의 식(識)'이라는 뜻으로 '진식(眞識)'으로 번역되기도 한다.

1167 〈신수대장경〉 제30권. 유가부 〈결정장론(決定藏論)〉 상권 1020b09 "修習行故。斷阿羅耶識卽轉凡夫性。捨凡夫法 阿羅耶識滅。此識滅故一切煩惱滅。阿羅耶識對治故。證阿摩羅識。..... 阿摩羅識是常。是無漏法。得眞如境道故證阿摩羅識。.......阿羅耶識而是一切煩惱根本" 〈결정장론〉은 미륵의 〈유가사지론〉의 일부를 떼내어서 진제(眞諦)

과로 얻어지는 식(識), 즉 과보식(果報識)이 아뢰야식이다. 과보식은 번뇌의 행위로 인해 생기는 결과이기 때문에 '과보(果報)'라고 한다."[1170] 이와 같이 〈섭대승론〉파 논사들은 아뢰야식을 번뇌에 물든 좋지 않은 식으로 봤다. 그리고 그들 중 일부는 "아뢰야식을 끊은 까닭에 아마라식을 증득한다. 아마라식은 무루법(無漏法)으로서 변함없고, 한결 같으며, 그릇됨이 없다"[1171]고 말하며, 제8아뢰야식 위에 제9식인 아마라식을 덧붙이고 있다. 원래 석가부처님 법에는 안식(眼識), 이식(耳識), 비식(鼻識), 설식(舌識), 신식(身識), 의식(意識) 등 6식(六識)만 존재한다. 그런데 무착, 세친 등이 그 위에 제7식과 제8식을 덧붙였고, 이제는 그 위에 제9식까지 덧붙이고 있다. 이렇게 새로운 식을 자꾸 만들어내어서 덧붙이는 것은 기존 견해를 부정하고, 자신들의 견해를 내세워서 최고의 자리를 차지하기 위해서라고 볼 수 있다.

석가부처님은 괴로움에서 벗어나기 위해 수행했고, 괴로움에서 벗어난 뒤 중생들을 괴로움에서 벗어나게 해주기 위해 설법했다. 하지만 대승불교의 논사들은 법을 팔아서 자신과 자기 종파가 더 많은 것을 차지하기 위해 석가부처님 법에 "소승법"이라는 이름을 갖다 붙여서 부처님 법을 깎아 내리고, 자기들끼리도 아귀다툼을 벌이고 있는 것이다. 이 다툼에 대하여 중국 천태종을 연 천태지의(538~597) 대사는 〈법화현의

가 번역한 것이다. 신라의 원측은 〈해심밀경소〉에서 제9아마라식은 원래 〈결정장론〉에는 없는 내용을 진제가 번역하면서 집어넣은 것이라고 말했다. 진제는 근본심식으로 제9아마라식을 주장한 것에 반(反)하여, 원측은 아마라식설은 교증(教證)이 되지 않고, 진제는 〈결정장론〉에 구식품(九識品)이 있다고 말했지만, 확인 결과 사실이 아니라고 말하여, 제9식을 부정하고 있다. (민족대백과사전 해심밀경소 참조)

1168 미혹은 '어리석음', '어두움' 등의 뜻이다.

1169 〈삼무성론(三無性論)〉 상권

1170 〈전식론(轉識論)〉

1171 〈결정장론(決定藏論)〉 상권

(法華玄義)〉 제5권에서 "〈십지경론〉파의 사람들이 아뢰야식을 참되고, 변함없고, 깨끗한 식(識)으로 본 것에 반해 〈섭대승론〉파 사람들은 아뢰야식을 지금 당장은 이롭지도 않고, 해롭지도 않지만, 밝지 못 하여, 장차 뭔가 좋지 않은 결과를 가져올 수 있는 번뇌에 물든 식으로 보아서 서로 다투고 있다"고 했다. 또 중국 천태종의 제9대조 담연(湛然, 711-782년)은 "양·진(梁·陳, 502-589) 이전의 〈십지경론〉파의 논사들은 두 곳에서 서로 견해를 달리 했다. ...... **이 두 파는 둘 다 세친의 가르침을 받았지만 서로 견해가 달라서 불과 물처럼 적대시하고 있다**"고 말했다. 그럼 이 두 견해 중 어느 것이 옳은가? 필자는 둘 다 틀렸다고 본다. 왜냐하면 〈십지경론〉파나 〈섭대승론〉파의 사람들이 말하는 그러한 개념의 아뢰야식은 존재하지 않는다고 보기 때문이다.[1172]

필자는 말나식, 아뢰야식 등 팔식론을 전개하는 유식불교는 "관찰"이라는 과학적인 방법을 통해 자신이 직접 본 것을 바탕으로 전개한 이론이 아니라, 망상(妄想)으로 만들어낸 관념론 내지 가설(假說)에 지나지 않는다고 본다. 그래서 이것은 우리를 계속 헷갈리게 만들 뿐, 괴로움에서 벗어나게 하는 데 아무런 도움이 되지 않는다. 불교가 괴로움에서 벗어나는 방법인 수행법을 알려 주는 것이 아니라, 전문 학자들조차 어려워하는 공리공론(空理空論)의 학문불교가 되어버린 것은 이러한 대승불교의 논사들에게 책임이 있다고 할 수 있다.

한국에는 신라시대부터 원측(圓測, 613-696)의 〈해심밀경소(解深密經疏)〉, 원효(元曉, 617-686)의 〈대승기신론소(大乘起信論疎)〉 등을 통해 아뢰야식을 논구(論究)하는 전통이 있어왔다. 원효의 〈대승기신론소〉는 지

1172 아뢰야식은 여래장, 불성, 자성, 마음자리, 진여, 아트만 등과 거의 같은 개념으로서 힌두교적이고, 비석가적(非釋迦的)인 개념이다. 석가부처님의 무아법(無我法)에 의하면 아뢰야식뿐만 아니라 여래장, 불성, 자성, 마음자리, 진여, 아트만 따위는 존재하지 않는 것이다.

금도 승가대학의 중요 교과목으로 자리 잡고 있고, 아뢰야식은 한국불교에서 여전히 중요하게 다루어지고 있다.

부처님께서는 마음[心심]은 안식(眼識), 이식(耳識), 비식(鼻識), 설식(舌識), 신식(身識), 의식(意識) 등 6식(六識)으로 이루어져 있다고 보았지만, 부처님이 돌아가신 지 약 구백년 뒤인 AD. 4세기에 나타난 유식학파에서는 마음에는 6식 이외에 제7말나식과 제8아뢰야식이 있다고 보았다. 유식학파에서는 가장 깊고도 근원적인 의식을 아뢰야식이라고 보았다. 더 나아가서 중국 법상종(法相宗)에서는 아뢰야식은 우주만물의 근본이고, 아뢰야식 속의 종자로부터 우주 삼라만상이 전개된다고 보았다. 중국 법상종은 유가행유식학파(瑜伽行唯識學派)에 그 기원을 두고 있다. 여기서 유가행(瑜伽行)은 산스크리트어 "요가짜라(Yogācāra)"를 번역한 것으로, '요가수행'이라는 뜻이다. 유가행유식학파는 '요가수행을 중시하는 유식학파'라는 뜻이다. 요가는 브라만교의 아트만을 기반으로 하는 수행법이다. 산스크리트어 yoga(요가)는 합일(合一), 결합(結合) 등의 뜻으로, '合(합)', '相合(상합)', '修行(수행)' 등으로 한역되어 있다. BC. 150년경에 저술된 것으로 추정되는 힌두교의 〈요가경〉[1173]에는 "마음작용을 멈추는 것이 요가"라고 정의해 놓았다. 요가는 삼매를 통해 마음작용을 멈추어서 아트만 또는 브라만과 합일하여, 하나가 되는 것이다. 브라만교에서는 합일해야 할 대상을 아트만(브라만)이라고 하고, 유가행유식학파에 기원을 두고 있는 법상종에서는 그 대상을 아뢰야식이라고 한다. 그런데, 아트만, 브라만, 아뢰야식은 그것이 우주만물의 근본이고, 그것으로부터 우주 삼라만상이 나왔다고 보는 점에 있어서 그 셋은 똑 같은 개념이다. 즉 유식불교에서는 브라만교의 **아트만**을

1173 〈요가수트라〉, 즉 〈요가경〉은 일반적으로 BC.150년경에 파탄잘리가 저술한 것으로 본다.

'**아뢰야식**'으로 **표현**한 것이다. 여기서 더 나아가서 〈대승기신론〉에서는 아뢰야식을 일심(一心)의 진여문(眞如門)으로 보아서 '아뢰야식을 보는 것이 깨달음을 성취하는 것'이라고 보았다. 이와 같은 유식학파의 전통을 이어 받은 한국불교에서는 아뢰야식을 모르면 안 되는 것처럼 말하고 있는데, 이것은 잘못된 것으로 볼 수 있다. 왜냐하면 앞에서 말했듯이 석가부처님의 무아법에 의하면, 그런 개념의 아뢰야식은 존재하지 않기 때문이다. 필자는 그런 개념의 아뢰야식은 중국 법상종에서 중국 전통사상인 유교사상과 부합하는 **"마음"불교**를 만들어내기 위해 만들어낸 것이라고 본다.

유식학은 AD. 4세기에 논사들이 브라만교의 아트만사상을 바탕으로 만들어낸 허구다

유식불교는 AD. 4세기에 무착, 세친 등이 만들어낸 학설로서 석가부처님과 아무런 상관이 없는 불교다. 아니, 상관이 없는 것이 아니다. 석가부처님은 유식불교에서 말하는 그러한 내용을 말한 적이 없지만, 유식불교는 석가부처님의 간단·명료했던 법을 복잡하게 만들고, 왜곡시켜서 불법을 어지럽혀 놓았다. 석가부처님 불교에서는 心(심), 意(의), 識(식)은 같은 것인데, 마치 그것들이 다른 것인 양 언어조작을 통해 제7말나식을 만들어내고, 거기에 제8식을 덧붙여서 팔식론을 전개했다. 이것이 중국으로 넘어가서 유교경전의 心(심), 性(성)과 개념을 일치시키기 위하여 원래 인도에서 세친에 의해 '제6식(識)'으로 해석되었던 心(심)을 '제8아뢰야식'으로 바꾸어 놓았다.[1174] 그것도 모자라서 논파에

1174 중국에서 心(심)이 제6식에서 제8아뢰야식으로 바뀌게 된 데에는 중국 사람들이 유교경전인 〈맹자〉에 나오는 心(심), 性(성)과 아뢰야식 개념을 일치시키기 위해 바꾼 것으로 보인다.

따라 제8아뢰야식에 대해 상반된 견해를 보이면서 불교를 어지럽히고 있다. 그것만이 아니다. 아타나식을 중국 법상종에서는 아뢰야식의 별칭으로 보았고, 섭론종(攝論宗)에서는 말나식의 별칭으로 보아서 종파에 따라 식(識)에 대한 해석이 다르다. 이와 같이 유식학 이론은 불변의 진리가 아니라 한 학파가 내 놓은 학설에 불과하다. 그것도 이론이 분분하여, 논파에 따라 견해가 다르다. 필자는 여래장, 아뢰야식, 진여, 자성, 불성 등은 실제로 존재하는 것이 아니라 유식학파 논사들이 브라만교의 아트만사상을 바탕으로 만들어낸 허구(虛構)라고 본다.

유식불교의 아뢰야식은 인도 굽타왕조시대의 산물이고, 불교의 브라만교화이다

그럼 유식학과 같은 이러한 브라만교의 교리를 가진 불교가 왜 나오게 되었는가? 그것은 당시 인도의 시대상황을 보면 쉽게 이해할 수 있다. 무착(無着,310-390년?), 세친(世親, 316-396년) 등에 의해 유식불교가 시작된 AD. 4세기 초반은 인도의 굽타왕조시대(320-520년)가 시작된 시기이다. 이때부터 인도는 과거 인도의 전통이었던 브라만교로 돌아가는 대(大)전환기에 접어든다. 서북인도에서 서인도, 그리고 갠지스강 중류 지방에 이르는 지역은 수 세기동안 그리스세력, 스키타이인, 중앙아시아 출신의 쿠샨왕조 등 다른 민족들이 지배권을 장악하고 있었다. 그러다가 동인도의 마가다지방 출신의 굽타왕가에 의해 마우리야왕조(B.C 322년~B.C 185년) 이래 처음으로 인도인의 지배에 의한 대제국이 수립되었다. 이것은 '인도의 전통세력과 힌두문화의 부흥'이라고 할 수 있다. 따라서 굽타왕조시대에는 인도 고전어인 산스크리트어와 브라만이 주도하는 사회, 관행, 종교의례 등이 다시 중시되었다. 굽타시대에는 이른바 브라만교로 일컬어지는 고대인도의 종교가 토속신앙과 결합하여, 현재의 힌두교와 유사한 형태로 바뀌었다. 그리고 굽타왕조시대에는 '6

파 철학'으로 일컬어지는 힌두교의 여섯 정통파의 철학체계가 수립되었고, 불교와 자이나교의 진출로 인해 한 때 후퇴했던 베다의 종교적·사회적 권위가 다시 강화되었다. 따라서 시바, 비슈누 등의 신들이 점차 위대한 신으로 숭배되었다.[1175] 굽타기의 이러한 시대 분위기에 맞추어서 대승불교는 재빨리 힌두교로부터 여러 신(神)을 도입했다. 대승불교에서 천안(千眼)을 가진 인드라신과 천수(千手)를 가진 시바신, 비슈누신을 합해서 "천수천안(千手千眼)관세음보살"을 만들어냈다. 또 인드라(Indra)신은 불교의 제석천(帝釋天)으로 등장했다. 힌두교에 있던 방위신이 불교로 들어와서 사방에서 불법(佛法)을 수호해주는 사천왕(四天王)이 되었다. 힌두교 시바신의 다른 이름인 '닐라칸타(Nīlakaṇṭha)', 즉 '푸른 목을 가진 존재'는 불교의 〈신묘장구대다라니〉에 나오는 '청경(青頸)관음'으로 등장했다. 또 '춘디(Cundī)'라는 힌두교의 여신은 '준제(准提)보살'로 등장했다. 불교사찰의 부엌에 걸려 있는 탱화에 검은색으로 분노의 얼굴을 하고, 해골 왕관을 쓰고 있거나 해골 목걸이를 두르고 있는 '마하깔라'라는 신이 있는데, 이것은 힌두교의 시바신이 파괴와 죽음의 신격으로 나타날 때의 이름이다. 굽타기에 대승불교는 힌두교에서 들여온 신들에게 소원을 빌기 위해 제사를 지내거나 예배를 올리는 의식을 도입하여, 점점 힌두교가 되어갔다. 이와 같이 굽타왕조기에 들어서 대승불교는 힌두교의 많은 신들을 불교 안으로 수용했고, 아트만, 업(業), 보시, 제사, 기도, 공덕, 요가, 주문(呪文), 주술의례 등을 중시하는 힌두교의 교리와 문화를 적극적으로 수용했다. 그 결과, 힌두교 쪽에서는 부처님을 비슈누의 한 화신(化身)으로 간주하게 되었고, 심지

1175 이 부분의 역사적인 내용은 일본 고마자와(駒澤)대학 불교학부 교수 나라야스아키(奈良康明)의 〈인도불교〉 민족사. 1990. 정호영 옮김. '제7장 굽타왕조시대와 그 이후의 불교'에서 많이 인용했다. 이 부분에서 필자도 절반이상의 글을 작성해 넣었다.

어 불교를 힌두교의 한 종파로 여기기까지 했다. 이것은 베다의 가르침을 떠받드는 인도의 전통사회가 불교를 자신들의 울타리 안으로 편입시킴으로써 베다의 권위를 인정하지 않았고, 아트만의 존재를 부정했으며, 카스트제도를 반대했던 불교가 스스로 힌두교의 문화를 받아들여서 수 백 년 뒤에 인도에서 불교가 힌두교에 흡수되게끔 만드는 원인을 제공했다.

불교에 가까웠던 2~3명의 왕을 제외한 나머지 굽타왕조의 왕들은 거의 다 열렬한 힌두교도였다. 하지만 그들은 불교나 그 밖의 다른 종교를 배척하진 않았다. 하지만 굽타왕조기에 들어와서 왕실의 보호 아래 힌두교의 교세가 급속도로 성장하면서 불교는 점차 쇠퇴기로 접어들 수밖에 없었다. 이러한 굽타왕조시대의 조류를 타고 나타난 것이 불교의 힌두교화이다. 그 중에 가장 악의적으로 나타난 것이 석가부처님 불교의 파괴이다. 그 중에 대표적인 것이 유가행유식학파(瑜伽行唯識學派)에서 아트만과 같은 개념의 아뢰야식을 불교에 만들어 넣어서 석가부처님 법을 파괴하고, 교묘한 술수로 불교를 힌두교로 만들어버린 것이다.

인도 전통인 베다의 말씀을 중요시하는 브라만가문 출신의 논사인 무착과 세친이 석가부처님 법이 베다의 말씀과 상충되는 것임을 알고, 고심한 끝에 만들어낸 것이 아뢰야식 이론이라고 본다. 이 두 논사는 아트만을 "아뢰야식"으로 이름을 바꾸어서 불교에 집어넣음으로써 불교를 힌두교로 만들 수 있었다.

유식학은 시작부터 거짓말로 된 학문이라고 할 수 있다

그러면서 무착과 세친은 이러한 유식학파의 교리는 도솔천에 있는 미륵보살이 설법해준 것이라고 말한다. 이것은 신흥종교의 교주들이 자신의 새로운 교설을 내보일 때 하는 상투적인 거짓말이다. 그 교주들은 자신이 만들어낸 새로운 교리나 경전이 권위를 얻도록 만들기 위해 흔히 도솔천의 미륵보살이 설법해준 내용이라든지 용궁에서 그 경전을 가져왔다고 말한다. 무착의 동생이자 유식학 이론을 완성시킨 세친의 전기(傳記)인 바수반두전(婆藪槃豆傳)에 다음과 같은 내용이 나온다.

> 유식학을 처음 만들어낸 무착은 평소 연구한 학문에 대해 풀리지 않는 의문이 많았다고 한다. 무착은 수행한 결과, 신통력을 얻게 되었다. 하루는 그 신통력으로 도솔천에 계시는 미륵보살을 친견하고, 그에게 직접 가르침을 받아야겠다고 생각하고는 신통력으로 도솔천에 올라갔다. 무착은 미륵보살을 친견하고, 그로부터 심오한 설법을 들었다. 무착은 본국으로 돌아와서 여러 불자들을 강당에 모아놓고, 미륵보살에게 들은 내용을 설법해주었다. 그러나 대중들은 그 내용을 이해하지 못 하고, 오히려 '**삿된 학설**'이라고 비난하면서 믿지 않았다. 무착은 다시 도솔천으로 올라가서 미륵보살에게 직접 하강하여, 교화해줄 것을 요청했다. 그 요청에 의해 미륵보살이 아유타국의 강당에 4개월 동안 매일 밤마다 내려와서 설법했다. 무착이 미륵보살의 설법내용을 빠짐없이 다 받아 적어서 펴낸 책이 〈유가사지론(瑜伽師地論)〉, 〈분별유가론(分別瑜伽論)〉, 〈대승장엄론(大乘莊嚴論)〉, 〈금강반야바라밀경론〉 등이라고 한다.

이런 전설은 세친의 전기인 바수반두전에 나오는 것이다.[1176] 유식학의 기원에 관한 이러한 이야기는 역사적인 사실이 아닌 것으로 보인다. 필자는 이 이야기는 유식학파의 논사들이 기존 불교와 배치되는 이상한 이론을 하나 만들어 놓고, 그 이론에 권위를 부여하기 위해 꾸며낸 말이

1176 이 바수반두전의 내용은 동국대학교 불교대학 오형근 교수의 저술 〈유식학입문〉 불광출판사. 1992년을 참고했다.

라고 본다.

4세기 이후 힌두교의 아트만 개념을 가진 대승불교의 경론이 많이 저술되었다

굽타기에 들어서 4세기 이후 인도 전역에 걸쳐서 대승불교의 경전과 논서가 수없이 많이 저술되었다.[1177] 이 시기에 저술된 대승불교의 경전과 논서 가운데 많은 것들이 여래장(如來藏), 아뢰야식, 진여(眞如), 자성(自性), 불성(佛性) 등 힌두교의 아트만과 같은 개념을 갖고 있다. 이것은 아트만사상을 믿는 왕실과 지배층의 입맛에 맞는 새로운 불교를 하나 만들어냄으로써 그들을 불교 쪽으로 유인하기 위해 만들어 넣은 것으로 보인다.

굽타기에 대승불교의 경론(經論)을 저술한 승려들은 거의 다 브라만 집안 출신들이었다. 예를 들어 베다학에 대해 백과사전적인 지식을 가졌던 것으로 알려진 구마라집(鳩摩羅什, AD. 344-413)은 집안 대대로 재상(宰相)을 지낸 명문 브라만집안 출신이었다. 그 외에 무착(AD. 310~390), 세친(AD. 316-396), 디그나가(陳那, 400?~480?) 등 굽타기에 대승불교의 경론을 저술한 승려들은 거의 다 브라만집안 출신들이었다. 그렇기 때문에 그들의 집안이 대대로 신봉해온 베다의 아트만 사상을 부정하지 않고, 인도 전통사상인 베다의 말씀과 상충하지 않는 새로운 불교를 하나 만들어내고자 한 것도 저술의 한 동기가 되었다고 본다. 기존 석가부처님 불교는 무아설(無我說)로써 아트만의 존재를 부정했다.

이와 같이 유식학은 불교가 브라만교의 급속한 세력 확장으로 인하여 쇠퇴기에 접어들 때 살아남기 위하여 브라만교의 아트만 개념을 수용하여, 만들어낸 이론이라고 볼 수 있다. 유식불교가 나오면서 **"마음"**불교가 시

1177 〈인도불교〉 나라야스아키(奈良康明). 민족사. 1990. 정호영 옮김. 294쪽

작되었다. 그 이전의 불교, 즉 석가부처님 불교는 "마음도 또한 공(空)한 것"이라고 말해서 "마음의 허망함을 봐야한다"고 말했다. 그래서 석가부처님 불교에서는 단 한 번도 마음을 노래한 적이 없었다. 물론 깨달아야 할 마음도 없었다. 아트만불교가 유식불교이고, 마음불교이다.

유식학의 핵심어인 삼계유심(三界唯心), 일체유심조(一切唯心造)는 무슨 뜻인가?

브라만교의 아트만불교인 유식(唯識)불교는 '삼계유심(三界唯心)', '일체유심조(一切唯心造)', '유심(唯心)', '유식(唯識)' 등의 말로 표현된다. 우리는 흔히 "일체유심조"를 '모든 것은 자기 마음먹기에 달렸다'는 뜻으로 해석하고, 삼계유심(三界唯心)을 '삼계가 오직 마음 하나 뿐'이라는 뜻으로 해석한다. 과연 이런 해석이 맞는 것일까? 그것에 대해 알아보자. 일체유심조와 삼계유심은 같은 뜻이다. 이것을 정확하게 해석하면, '우주 삼라만상은 마음이 만들어낸 환상일 뿐, 실제로 존재하는 것이 아니다'는 뜻이다. 그 뜻이 우리가 알고 있는 것과 많이 달라서 선뜻 이해가 되지 않을 수도 있다. 이것에 대해 좀 더 알아보자.
불교의 경론(經論)에는 삼계유심(三界唯心)과 같은 의미로 사용되고 있는 표현으로 다음과 같은 것들이 있다.

삼계유심(三界唯心)
= 삼계일심(三界一心)
= 삼계유일심(三界唯一心)
= 삼계소유유시일심(三界所有唯是一心)
= 삼계허위유심소작(三界虛僞唯心所作)[1178]

1178 〈대승기신론〉진제 번역본 577b16"三界虛僞唯心所作 離心則無六塵境界 此義

= 일체유심조(一切唯心造)
= 경유심조(境由心造)[1179]
= 유심(唯心)
= 유식(唯識)

삼계에 존재하는 것은 마음 하나뿐이다.
삼계에 마음 이외에 어떤 것도 존재하지 않는다.
삼계에 마음 이외에 존재하는 것이 아무 것도 없다. 唯識無境(유식무경)
감각의 대상[境경]은 다 마음이 만들어낸 것들이다. 境由心造(경유심조)
오직 마음 하나밖에 없다. [유식(唯識), 유심(唯心)]
우주 삼라만상은 허위(虛僞), 거짓, 환상으로서 모든 것은 다 마음이 만들어낸 것들이다.
우주 삼라만상은 다 마음이 만들어낸 것들이다.
우주 삼라만상은 마음이 만들어낸 환상(幻像, 影像영상)일 뿐, 실제로 존재하는 것이 아니다.
우주 삼라만상은 한 마음[一心일심]이 만들어낸 환상이다. 마음을 벗어나서 독립적으로 존재하는 것은 아무 것도 없다. 마음은 삼라만상의 본체이고, 유일한 실재(實在)이다.

이와 같이 유식학에서는 오직 한 마음[一心일심]만 인정할 뿐, 그 외의 어

云何以一切法皆從心起妄念而生一切分別卽分別自心心不見心無相可得. 當知世間一切境界皆依衆生無明妄心而得住持 是故一切法如鏡中像無體可得 唯心虛妄 以心生則種種法生心滅則種種法滅故"

1179 경유심조(境由心造)에서의 境(경)은 감각기관의 대상이라는 뜻이다. 삼라만상이 다 경이라고 할 수 있다. 6경(境), 즉 모양(색), 소리(성), 냄새(향), 맛(미), 감촉(촉), 마음에서 일어나는 현상들(법)이 경이다.

떤 존재도 인정하지 않는다. 왜냐하면 유식학에서는 우주법계에 존재하는 것들은 다 마음이 만들어낸 환상이고, 그것들은 다 실제로는 존재하지 않는 것으로 보기 때문이다. 정상적인 사고를 하는 사람은 이러한 견해에 동의하기 어려울 것이다. 그럼 유식학의 이러한 견해는 과연 맞는 것일까? 필자는 이것은 잘못된 견해라고 본다. 왜냐하면 우주 삼라만상이 존재함으로써 마음도 존재하는 것이기 때문이다. 석가부처님 법에 의하면, 마음은 대상에 의지해서 존재하는 것이기 때문에 만약 대상이 없으면, 마음도 존재할 수가 없다. 대상을 지각하고, 인식하고, 대상에 반응하는 정신작용이 마음이기 때문이다.

그럼 유식학의 이러한 견해는 어떻게 나오게 된 것일까? 이것은 브라만교의 "마야(māyā[1180], 환상)"의 개념을 유식불교가 수용함으로써 나오게 된 것으로 볼 수 있다. 브라만교의 범아일여(梵我一如)사상을 발전시킨 불이일원론(不二一元論) 학파에서는 '아트만(브라만) 이외의 다른 존재는 다 마야(환상)와 같아서 실제로는 존재하는 것이 아니다'고 말한다.[1181] 이러한 "마야"의 개념을 유식불교가 수용하여, 각색한 것이 "삼계유심(三界唯心)"이라고 말할 수 있다.

유식학에서는 우주 삼라만상은 한 마음[一心일심]이 만들어낸 환상이라고 본다. 여기서 "**한 마음**[一心일심]"은 브라만교의 "**아트만**" 그것이다. 〈유식론〉에서는 이 한 마음을 '**아뢰야식**'이라고 하고, 〈대승기신론〉에서는 '**진여(眞如)**'라고 한다. 〈대승기신론〉에서는 "이 한 마음을 아는 것이 깨달음을 성취하는 것"이라고 말한다. 〈대승기신론〉의 이러한 교법

1180 산스크리트어 마야(māyā)는 요술(妖術), 환상(幻像, 幻想), 환영(幻影), 사기(詐欺) 등의 뜻이다. 브라만교에서는 아트만이나 브라만 이외에 우주에 존재하는 것은 다 실제로 존재하는 것이 아니라 환영, 환상, 거짓이라고 본다.

1181 [네이버 지식백과] 아트만(ātman) (종교학대사전, 1998. 8. 20. 한국사전연구사) 참조

(教法)은 브라만교에서 차용한 것이라고 볼 수 있다. 브라만교의 성전인 〈우파니샤드〉에서는 다음과 같이 말한다.

"아트만은 스스로 생겨났고, 유일한 힘의 존재이다. 그래서 그를 아는 자는 영생불멸(永生不滅)을 얻으리다."[1182] "현명한 자라면 아트만의 존재를 깨닫기 위하여 아트만에 대해 지혜를 집중해야 한다."[1183] "사제(司祭)들이 베다를 학습하고, 제사를 지내고, 보시를 하고, 고행을 하고, 금식을 해서 알고자 하는 존재가 바로 이 아트만이다. 아트만을 알면 성자가 된다."[1184]

일심(一心), 한 마음, 진여(眞如), 유심(唯心), 유식(唯識), 아뢰야식 등은 다 아트만의 다른 이름이다. 이러한 용어를 사용하고 있는 불교는 석가부처님의 불교가 아니라 브라만교의 불교이다. 무아설(無我說)로 아트만의 존재를 부정했던 부처님은 그 어떤 경에서도 **마음**을 노래한 적이 없다.[1185]
한국불교가 유식학파의 전통을 잇고 있기 때문에 心(심), 意(의), 識(식)과 유식학에 대해 장황하게 설명했다. 약간 어려웠을 것이다. 여기서 꼭 알아두어야 할 것은 心(심), 意(의), 識(식)은 이름만 다를 뿐, 같은 개념이고, 아뢰야식을 말하고 있는 유식불교 이론은 석가부처님의 법

1182 슈베따슈바따라 우파니샤드 제3장 1절. 〈우파니샤드〉 이재숙 옮김. 한길사. 1996년. 441쪽 내용 참조
1183 브리하다란아까 우파니샤드 제4장 4편 21절. 〈우파니샤드〉 이재숙 옮김 668쪽 내용 참조
1184 브리하다란아까 우파니샤드 제4장 4편 22절. 〈우파니샤드〉 이재숙 옮김 670쪽 내용 참조
1185 일부 후기 대승불교의 경전 중에는 마음을 노래한 경이 있다. 하지만 그것은 석가부처님이 설한 경이 아니고, 후대 유식학파의 논사나 종교문학가가 저술한 경이라고 말할 수 있다.

이 아닐 뿐더러 언어조작을 통해 만들어낸 허위(虛僞) 이론이라서 크게 관심을 기울일 필요가 없다는 사실이다.

유식학에 대한 이 글은 〈반야심경〉의 "무수상행**식**(無**受**想行**識**)"에서의 識(식)과 "무안이비설신**의**(無眼耳鼻舌身**意**)"에서의 意(의)가 어떻게 다른지 의문을 제기함으로써 시작되었다. **心(심), 意(의), 識(식)은 같은 것이다. 대상을 식별하고, 알고, 지각(知覺)하고, 기억하고, 저장하는 정신작용이 마음[心심]이고, 意(의)이고, 識(식)이고, 의식이다.**

(부록3)

8종의 〈반야심경〉한역본의 원문과 그것의 우리말 번역

1. 구마라집 한역본[1186]

摩訶般若波羅蜜**大明咒**經(**마하**반야바라밀**대명주**경)
姚秦天竺三藏鳩摩羅什譯(요진천축삼장구마라집역)

觀世音菩薩。行深般若波羅蜜時。照見五陰空。度一切苦厄。**舍利弗色空故無惱壞相**。**受空故無受相**。**想空故無知相**。**行空故無作相**。**識空故無覺相**。何以故。舍利弗非色異空。非空異色。色卽是空。空卽是色。受想行識亦復如是。舍利弗是諸法空相。不生不滅。不垢不淨。不增不減。**是空法**。**非過**

1186 구마라집 한역본은 일본의 〈대정신수대장경〉에는 수록되어 있지 않지만, 해인사의 〈고려대장경〉에는 수록되어 있다.

去非未來非現在。是故空中。無色無受想行識。無眼耳鼻舌身意。無色聲香味觸法。無眼界乃至無意識界。無無明亦無無明盡。乃至無老死亦無老死盡。無苦集滅道。無智亦無得。以無所得故。菩薩依般若波羅蜜故。心無罣礙。無罣礙故無有恐怖。離一切顚倒夢想苦惱。究竟涅槃。三世諸佛依般若波羅蜜故。得阿耨多羅三藐三菩提。故知般若波羅蜜是大明咒。無上明咒。無等等明咒。能除一切苦。眞實不虛。故說般若波羅蜜咒卽說咒曰
竭帝竭帝　波羅竭帝　波羅僧竭帝　菩提僧莎呵
摩訶般若波羅蜜**大明咒**經

위의 한역을 우리말로 번역하면 다음과 같다.

〈**摩訶**般若波羅蜜**大明呪**經〉
〈**마하**반야바라밀**대명주**경〉

서기 408년 요진의 인도삼장법사 구마라집 한역(漢譯)
사문 관정 한국말 번역

觀世音菩薩 行深般若波羅蜜時 照見五陰空 度一切苦厄
(관세음보살이 깊은 지혜를 완성하는 수행을 해가고 있을 때, 존재의 다섯 요소[오온]는 다 실체가 없는 것들임을 꿰뚫어보고, 모든 괴로움에서 벗어나게 되었다.)

舍利弗 色空故無惱壞相 受空故無受相 想空故無知相 行空故無作相 識空故無覺相 何以故 舍利弗 非色異空非空異色 色卽是空空卽是色 受想行識亦復如是
(**사리불 존자여, 몸의 물질현상[色색]이 없는 까닭에 무너지는 괴로운 현상**

[相상]이 없습니다. 또 느낌[受수]이 없는 까닭에 느끼는 현상이 없고, 인식[想상]이 없는 까닭에 인지(認知) 작용이 없습니다. 또 업 지음[行행]이 없는 까닭에 하는 행위가 없고, 의식[識식]이 없는 까닭에 지각(知覺) 작용이 없습니다.
사리불 존자여, 몸의 물질현상[色색]은 실체가 없는 것[空공]과 다르지 않고, 실체가 없는 것[空공]은 몸의 물질현상[色색]과 다르지 않습니다. 몸의 물질현상[色색]은 실체가 없는 것[空공]이고, 실체가 없는 것[空공]이 몸의 물질현상[色색]입니다. 몸의 물질현상[色색]과 마찬가지로 느낌[受수], 인식[想상], 업 지음[行행], 식별작용[識식]도 또한 실체가 없는 것들입니다.)

舍利弗 是諸法空相 不生不滅 不垢不淨 不增不減 是空法非過去非未來非現在
(사리불 존자여, 이 모든 존재가 다 소멸된 적멸상태에는 일어나는 것도 없고, 사라지는 것도 없습니다. 또 더러움도 없고, 깨끗한 것도 없으며, 늘어나는 것도, 줄어드는 것도 없습니다. **이 적멸열반 상태[空法공법]는 과거도 아니고, 미래도 아니며, 현재도 아닙니다**.)

是故 空中無色 無受想行識 無眼耳鼻舌身意 無色聲香味觸法
無眼界乃至無意識界 無無明亦無無明盡 乃至無老死無老死盡
無苦集滅道 無智亦無得
(그러므로 적멸상태에는 몸의 물질현상[色색]도 없고, 느낌[受수], 인식[想상], 업 지음[行행], 식별작용[識식]도 없습니다. 또 눈, 귀, 코, 혀, 피부, 의식 등의 감각기관도 없고, 형상, 소리, 냄새, 맛, 촉감, 마음에서 일어났다가 사라지는 것들[法법]도 없습니다. 또 '눈'이라는 요소에서부터 '의식의 식별작용'이라는 요소에 이르기까지 그 어떤 인식

작용의 구성요소도 없습니다. 또 무명(無明)도 없고, 무명이 다 소멸된 것도 없으며, 내지 늙고 죽는 것도 없고, 늙고 죽는 것이 다 소멸된 것도 없습니다. 괴로움도 없고, 괴로움의 원인도 없으며, 열반도 없고, 열반에 이르는 길도 없습니다. 또 지각작용[智지]도 없고, 의식의 대상을 취하는 것[得득]도 없습니다.)

以無所得故 菩薩依般若波羅蜜故 心無罣碍 無罣碍故 無有恐怖 離一切顚倒夢想苦惱 究竟涅槃
(의식의 대상을 취하는 것이 없음으로써 깨달음을 추구하는 중생은 지혜를 완성하는 수행법에 의해 삼매에 들어 있기 때문에 마음에 걸림이 없습니다. 마음에 걸림이 없는 까닭에 두려움이 없으며, "나"라는 잘못된 인식과 고뇌에서 영원히 벗어나서 열반을 성취합니다.)

三世諸佛 依般若波羅蜜故 得阿耨多羅三邈三菩提 故知般若波羅蜜是大明呪 無上明呪 無等等明呪 能除一切苦 眞實不虛 故說般若波羅蜜呪 卽說呪曰 : 竭帝竭帝 波羅竭帝 波羅僧竭帝 菩提僧莎呵
(관자재보살뿐만 아니라 과거, 현재, 미래세의 모든 부처님들도 다 이 지혜를 완성하는 수행법에 의해 최상의 완전한 깨달음을 성취합니다. 그러므로 지혜를 완성하는 수행법은 대단히 밝은 주문이고, 최고의 주문이며, 견줄만한 것이 없는 주문이라서 온갖 괴로움을 다 없애줄 수 있습니다. 이것은 절대로 거짓말이 아닙니다. 그러므로 지혜를 완성하는 주문을 말해줍니다. 그 주문은 "아제아제 바라아제 바라승아제 모지사바하"입니다.)

필자가 이 구마라집의 한역을 평하면, 구마라집은 〈반야심경〉을 최초로 한역하면서 〈반야심경〉의 원래 뜻과 다르게 만들기 위해 많이 노력한 것을 엿볼 수 있다. 이렇게 말하는 것은 다음과 같은 이유 때문이다.
첫째, 구마라집은 〈반야심경〉의 제목에 "**대명주(大明呪**, 대단히 밝은 주문)"를 집어넣음으로써 지혜를 완성하는 "수행방법"을 말해주는 경을 "주문의 경"으로 만들어버렸기 때문이다.
둘째, 구마라집의 한역본을 보면, 다른 한역본들과 산스크리트어본에는 없는 내용이 두 군 데나 더 들어 있기 때문이다. 더 들어 있는 것은 위의 한역본의 밑줄 친 부분인데, 그 내용은 다음과 같다.

1) 사리불 존자여, 몸의 물질현상[色색]이 없는 까닭에 무너지는 괴로운 현상[相상]이 없습니다. 또 느낌[受수]이 없는 까닭에 느끼는 현상이 없고, 인식[想상]이 없는 까닭에 인지(認知)작용이 없습니다. 또 업지음[行행]이 없는 까닭에 하는 행위가 없고, 의식[識식]이 없는 까닭에 지각(知覺)작용이 없습니다.
2) 이 적멸상태[空法공법]는 과거도 아니고, 미래도 아니며, 현재도 아닙니다.

셋째, 이 구마라집 한역본에는 산스크리트어 원본에 들어 있는 내용을 빼버린 부분도 있기 때문이다. 빼버린 부분은 다음과 같은 내용이다.

[이 때 사리불 존자가 부처님의 불가사의한 힘에 의해 합장 공경하고, 관자재보살에게 물었다. "만약 선남자가 깊은 지혜를 완성하는 수행을 하려고 하면, 어떤 방법으로 수행해야 합니까?" 이렇게 묻자, 관자재보살이 말했다. "사리불 존자여, 만약 선남자 선여인이 깊은 지혜를 완성하는 수행을 하려고 하면, 존재의 다섯 요소[오온]를 관찰하여, 그것들은 다 실체가 없는 것들임을 꿰뚫어봐야 합니다."][1187]

총8명의 〈반야심경〉 한역가들 중 구마라집과 현장, 의정 이 세 사람만이 한역하면서 이 부분을 빼버렸다. 그 이유는 〈반야심경〉이 말해주고 있는 깊은 지혜를 완성하는 수행방법이 사람들에게 전해지는 것을 원하지 않았기 때문이라고 본다.

2. 현장 한역본

848c04 ‖ **般若波羅蜜多心經(반야바라밀다심경)**
848c05 ‖
848c06 ‖ 唐三藏法師玄奘譯(당삼장법사현장역)
848c07 ‖ 觀自在菩薩。行深般若波羅蜜多時。照見五
848c08 ‖ 蘊皆空。度一切苦厄。舍利子。色不異空。空不
848c09 ‖ 異色。色卽是空。空卽是色。受想行識亦復如
848c10 ‖ 是。舍利子。是諸法空相。不生不滅。不垢不淨
848c11 ‖ 不增不減。是故空中。無色。無受想行識。無眼
848c12 ‖ 耳鼻舌身意。無色聲香味觸法。無眼界。乃至
848c13 ‖ 無意識界。無無明。亦無無明盡。乃至無老死。
848c14 ‖ 亦無老死盡。無苦集滅道。無智亦無得。以無
848c15 ‖ 所得故。菩提薩埵。依般若波羅蜜多故。心無
848c16 ‖ 罣礙。無罣礙故。無有恐怖。遠離顚倒夢想。究
848c17 ‖ 竟涅槃。三世諸佛。依般若波羅蜜多故。得阿

1187 [ ] 안의 내용은 〈반야심경〉이 번역되거나 유통되는 과정에서 누군가가 빼버린 것을 필자가 복원해 넣은 것이다. 복원내용을 구체적으로 알고자 하는 독자는 이 책의 각주1)을 보기 바란다.

848c18 ‖ 耨多羅三藐三菩提。故知般若波羅蜜多。是

848c19 ‖ 大神咒。是大明咒是無上咒。是無等等咒。能

848c20 ‖ 除一切苦。眞實不虛故。說般若波羅蜜多咒

848c21 ‖ 卽說咒曰

848c22 ‖ 揭帝揭帝　般羅揭帝　般羅僧揭帝

848c23 ‖ 菩提僧莎訶

848c24 ‖ 般若波羅蜜多心經

이 현장 한역본의 우리말 번역은 이 책의 맨 앞에서 해 놓았기 때문에 그것으로 갈음한다.

3. 의정(義淨) 한역본

佛說般若波羅蜜多心經(불설반야바라밀다심경)

唐三藏法師義淨譯(당삼장법사의정역)

觀自在菩薩行深般若波羅蜜多時。(이하 현장의 한역과 똑 같기 때문에 생략한다. 현장의 한역과 다른 부분만 여기에 옮긴다.) 卽說咒曰

gate gate pāragate pārasaṃgate bodhi svāhā。

誦此經破十惡五逆九十五種邪道。若欲供養十方諸佛　報十方諸佛恩。當誦觀世音般若百遍千遍無間晝夜常誦此經無願不果。

의정이 한역한 위의 〈반야심경〉을 보면, 이것은 현장의 한역과 글자 한 자 틀린 것 없이 똑 같다. 단지 맨 끝에 다음과 같은 내용이 덧붙어 있는 점만 다르다.

"이 경을 외우면 십악, 오역(五逆) 등 95종의 삿된 길[邪道사도]이 다 무너진다. 만약 시방에 계시는 모든 부처님들께 공양 올리고, 그 분들의 은혜를 갚고자 한다면, 이 〈관세음반야심경〉를 백 번 천 번을 외워라. 중간에 끊어지지 않고 밤낮 이 경을 계속 외우면, 이루지 못 할 소원이 없으리다"[1188]

이러한 내용을 보면, 그동안 〈반야심경〉이 어떻게 인식되어왔는지 알 수 있다. 중국과 한국 등지에서 〈반야심경〉은 일종의 "주문"으로 인식돼왔음을 알 수 있다.

4. 법월(法月)의 한역본

849a03 ‖ **普遍智藏般若波羅蜜多心經(보편지장반야바라밀다심경)**

849a04 ‖

849a05 ‖ 摩竭提國三藏沙門法月重譯
마갈제국삼장사문법월중역

849a06 ‖ 如是我聞。一時佛在王舍大城靈鷲山中。與

849a07 ‖ 大比丘衆滿百千人。菩薩摩訶薩七萬七千

849a08 ‖ 人俱。其名曰觀世音菩薩。文殊師利菩薩。彌

849a09 ‖ 勒菩薩等。以爲上首。**皆得三昧總持。住不思**

849a10 ‖ **議解脫**

849a11 ‖ 爾時觀自在菩薩摩訶薩在彼敷坐。於其衆

1188 "誦此經破十惡五逆九十五種邪道. 若欲供養十方諸佛 報十方諸佛恩. 當誦觀世音般若百遍千遍無間晝夜常誦此經無願不果"

849a12 ‖ 中卽從座起。詣世尊所。面向合掌曲躬恭敬。
849a13 ‖ 瞻仰尊顔而白佛言。世尊。我欲於此會中。說
849a14 ‖ 諸菩薩普遍智藏般若波羅蜜多心。唯願世
849a15 ‖ 尊聽我所說。爲諸菩薩宣**祕法要**。爾時世尊
849a16 ‖ 以妙梵音。告觀自在菩薩摩訶薩言。善哉善
849a17 ‖ 哉具大悲者。聽汝所說。與諸衆生作大光明。
849a18 ‖ 於是觀自在菩薩摩訶薩蒙佛聽許。佛所護
849a19 ‖ 念。入於慧光三昧正受。入此定已。以三昧力
849a20 ‖ 行深般若波羅蜜多時。照見五蘊自性皆空。
849a21 ‖ 彼了知五蘊自性皆空。從彼三昧安詳而起。
849a22 ‖ 卽告慧命舍利弗言。善男子。菩薩有般若波
849a23 ‖ 羅蜜多心。名普遍智藏。汝今諦聽善思念之。
849a24 ‖ 吾當爲汝分別解說。作是語已。慧命舍利弗
849a25 ‖ 白觀自在菩薩摩訶薩言。唯大淨者。願爲說
849a26 ‖ 之。今正是時。於斯告舍利弗。諸菩薩摩訶薩
849a27 ‖ 應如是學。色性是空空性是色。色不異空空
849a28 ‖ 不異色。色卽是空空卽是色。受想行識亦復
849b01 ‖ 如是。識性是空空性是識。識不異空空不異
849b02 ‖ 識。識卽是空空卽是識。舍利子。是諸法空相。
(여기부터 모지사바하까지의 내용은 현장 한역본과 똑 같다.
그 이후 849b16~849b18의 내용이 추가로 더 들어 있다)
849b03 ‖ 不生不滅不垢不淨不增不減。是故空中無
849b04 ‖ 色。無受想行識。無眼耳鼻舌身意。無色聲香
849b05 ‖ 味觸法。無眼界乃至無意識界。無無明亦無
849b06 ‖ 無明盡。乃至無老死亦無老死盡。無苦集滅
849b07 ‖ 道。無智亦無得。以無所得故。菩提薩埵依般

849b08 ‖ 若波羅蜜多故心無罣礙。無罣礙故無有恐

849b09 ‖ 怖。遠離顚倒夢想。究竟涅槃。三世諸佛依般

849b10 ‖ 若波羅蜜多故。得阿耨多羅三藐三菩提。故

849b11 ‖ 知般若波羅蜜多是大神咒。是大明咒。是無

849b12 ‖ 上咒。是無等等咒。能除一切苦眞實不虛。故

849b13 ‖ 說般若波羅蜜多咒。卽說咒曰

849b14 ‖ 揭諦揭諦　波羅揭諦　波羅僧揭諦　菩提

849b15 ‖ 莎婆訶

849b16 ‖ 佛說是經已。諸比丘及菩薩衆。一切世間天

849b17 ‖ 人阿脩羅乾闥婆等。聞佛所說皆大歡喜。信

849b18 ‖ 受奉行

현장의 한역과 같은 내용은 생략하고, 다른 내용만 여기에 번역해 보면, 다음과 같다.

이와 같이 내가 들었다. 한 때 부처님께서 큰 비구대중 백천(百千) 명과 대보살 7만 7천 명과 함께 왕사성의 영취산(靈鷲山)에 머물고 계셨다. 그들의 이름은 관세음보살, 문수사리보살, 미륵보살 등이었는데, 그들이 이 자리에서 으뜸 보살들이었다. 그들은 모두 다 **다라니삼매를 얻어서 불가사의한 해탈경계에 머물러 있었다.** 이 때 '관자재(觀自在)보살'이라는 대보살이 한 명 그 자리에 있었다. 그는 대중 가운데 앉아 있다가 자리에서 일어나서 세존이 계신 곳으로 나아가서 뵙고는 합장하고, 절을 하며, 부처님을 향해 공경하게 우러르면서 아뢰었다.

"세존이시여! 제가 지금 이 법회에서 모든 보살들에게 '보편지장(普遍智藏)'이라는 지혜를 완성하는 수행의 비법의 **핵심**을 말해주고자 합니다." "간절히 원하옵건대 세존께서는 제가 모든 보살들을 위하여 지혜를 완성하는 수행의 **비법의 요지**를 말해줄 수 있도록 제 법문을 **허락**해주시기 바랍니다." 이 때 세존께서 매우 좋은 거룩한 음성으로 대보살인 관자재보살에게 말했다. "좋고도 좋도다." "대자비심을 갖춘 보살이여!" "그대가 설법하여, 모든 중생들에게 매우 밝은 지혜[1189]를 만들 수 있는 수행의 비법의 요지를 말해줄 것을 허락하노라." 이에 대보살인 관자재보살이 부처님의 허락을 받아서 부처님께서 보호해주는 가운데, '지혜광명'이라는 삼매에 들었다. 그는 이 삼매에 다 들고난 뒤에 그 삼매의 힘으로 깊은 지혜를 완성하는 수행을 해가고 있을 때, 존재의 다섯 요소[오온]는 다 실체가 없는 것들임을 꿰뚫어보았다. 그러고 나서 그는 존재의 다섯 요소는 다 실체가 없는 것들임을 완전히 알게 되었다[了知료지]. 그는 삼매에서 깨어나서 지혜제일인 사리불 존자에게 말했다. "선남자여! 깨달음을 추구하는 중생은 '보편지장(普遍智藏)'이라는 지혜를 완성하고자 하는 마음을 가지고 있습니다. 내가 이제 그대를 위하여 그것에 대해 상세하게 해설할 것입니다. 그대는 그것을 잘 듣고, 잘 생각하고, 잊지 않고 잘 기억하기 바랍니다." 이 말을 하고나서 사리불 존자가 대보살인 관자재보살에게 말했다. "대단히 맑은 분이시여! 저를 위하여 그것에 대해 말씀해주시기 바랍니다." "지금이 딱 맞는 때입니다." 이에 관자재보살이 사리불 존자에게 말했다. "모든 대보살은 이와 같이 **배워야[學]**[1190] **합니다**." "몸의 물질현상은 실체가 없는 것이고, 실체가 없는 것이 몸의 물질현상입니다. 몸의 물질현상[色색]은 실체가 없는 것[空공]과 다르지 않고, 실체가 없는 것[空공]은 몸의 물질현상[色색]과 다르지 않습니

1189 여기서 '매우 밝은 지혜'는 한역문 "大光明(대광명)"을 번역한 것이다.
1190 이 한역본에서는 '이와 같이 수행해야 한다'는 뜻을 '이와 같이 배워야 한다'는 뜻으로 바꾸어 놓았다. 〈반야심경〉에 "**수행**"이 드러나는 것을 원하지 않았기 때문에 이렇게 바꾸어 놓았다고 볼 수 있다.

다. 몸의 물질현상[色색]과 마찬가지로 느낌[受수], 인식[想상], 업 지음[行행], 식별작용[識식]도 또한 실체가 없는 것들입니다.” (이 이후의 중간 내용은 현장의 한역본과 거의 같기 때문에 생략한다.) “그러므로 반야바라밀다의 주문을 말하나니 , 주문은 이러합니다.” “아제아제 바라아제 바라승아제 모지사바하.”
부처님께서 이 경을 말씀하시는 것을 마치자 모든 비구와 보살들과 일체 세간의 사람들과 천신들과 아수라, 건달바 등도 부처님께서 말씀하신 것을 듣고, 모두 다 크게 기뻐하며, 믿고 받아서 받들어 수행했다.

이 한역본 중에서 중요한 내용을 한문원문과 대조해보면 다음과 같다.

世尊。我欲於此會中。說
849a14 ‖ 諸菩薩普遍智藏般若波羅蜜多**心**。唯願世
849a15 ‖ 尊**聽**[1191]我所說。爲諸菩薩宣**祕法要**。

“세존이시여! 제가 지금 이 법회에서 모든 보살들에게 ‘보편지장(普遍智藏)’이라는 지혜를 완성하는 수행의 비법의 **핵심**을 말해주고자 합니다.” “간절히 원하옵건대 세존께서는 제가 모든 보살들을 위하여 지혜를 완성하는 수행의 **비법의 요지**를 말해줄 수 있도록 제 법문을 **허락**해주시기 바랍니다.”

爾時世尊
849a16 ‖ 以妙梵音。告觀自在菩薩摩訶薩言。善哉善
849a17 ‖ 哉具大悲者。聽汝所說。與諸衆生作大光明。

1191 聽(청)은 듣다, 들어주다, 받아들이다, **허락하다**, 용서하다 등의 뜻이 있다.

이 때 세존께서는 매우 좋은 거룩한 음성으로 대보살인 관자재보살에게 말했다. "좋고도 좋도다." "대자비심을 갖춘 보살이여!" "그대가 설법하여, 모든 중생들에게 매우 밝은 지혜[1192]를 만들 수 있는 수행의 비법의 요지를 말해줄 것을 허락하노라."

849a18 ‖ 於是觀自在菩薩摩訶薩蒙[1193]佛聽許。佛所護
849a19 ‖ 念。入於慧光三昧正受。入此定已。以三昧力
849a20 ‖ 行深般若波羅蜜多時。照見五蘊自性皆空。
849a21 ‖ 彼了知五蘊自性皆空。

이에 대보살인 관자재보살이 부처님의 허락을 받아서 부처님께서 보호해주는 가운데 '지혜광명'이라는 삼매에 들었다. 이 삼매에 다 들고 난 뒤에 그 삼매의 힘으로 깊은 지혜를 완성하는 수행에 전념해가고 있을 때, 존재의 다섯 요소는 다 실체가 없는 것들임을 꿰뚫어보았다. 그러고 나서 그는 존재의 다섯 요소는 다 실체가 없는 것들임을 완전히 알게 되었다.

從彼三昧安詳而起。
849a22 ‖ 卽告慧命舍利弗言。善男子。菩薩有般若波
849a23 ‖ 羅蜜多心。名普遍智藏。汝今諦聽善思念之。
849a24 ‖ 吾當爲汝分別解說。作是語已。慧命舍利弗
849a25 ‖ 白觀自在菩薩摩訶薩言。唯大淨者。願爲說
849a26 ‖ 之。今正是時。於斯告舍利弗。諸菩薩摩訶薩

1192 여기서 '매우 밝은 지혜'는 한역문 "大光明(대광명)"을 번역한 것이다.
1193 蒙(몽)은 (사리에) 어둡다, 어리석다, 받다 등의 뜻이 있다.

849a27 ‖ 應如是**學**。色性是空空性是色。色不異空空
849a28 ‖ 不異色。色卽是空空卽是色。受想行識亦復
849b01 ‖ 如是。

그는 삼매에서 깨어나서 지혜제일인 사리불 존자에게 말했다. "선남자여! 깨달음을 추구하는 중생은 '보편지장(普遍智藏)'이라는 지혜를 완성하고자 하는 마음을 가지고 있습니다. 내가 이제 그대를 위하여 그것에 대해 상세하게 해설할 것입니다. 그대는 그것을 잘 듣고, 잘 생각하고, 잊지 않고 잘 기억하기 바랍니다." 이 말을 하고나서 사리불 존자가 대보살인 관자재보살에게 말했다. "대단히 맑은 분이시여! 저를 위하여 그것에 대해 말씀해주시기 바랍니다." "지금이 딱 맞는 때입니다." 이에 관자재보살이 사리불 존자에게 말했다. "모든 대보살은 이와 같이 **배워야[學] 합니다**." "몸의 물질현상은 실체가 없는 것이고, 실체가 없는 것이 몸의 물질현상입니다. 몸의 물질현상[色색]은 실체가 없는 것[空공]과 다르지 않고, 실체가 없는 것[空공]은 몸의 물질현상[色색]과 다르지 않습니다. 몸의 물질현상[色색]과 마찬가지로 느낌[受수], 인식[想상], 업 지음[行행], 식별작용[識식]도 또한 실체가 없는 것들입니다."

이 법월의 한역본은 5종의 대본 〈반야심경〉의 한역본들 중에서 가장 과감하게 〈반야심경〉의 의미를 왜곡해 놓았다고 볼 수 있다. 왜냐하면 법월은 수행의 의미를 지우기 위하여 "모든 대보살은 이와 같은 방법으로 **수행해야 한다**"는 관자재보살의 말을 "모든 대보살은 이와 같이 **배워야 [學] 한다**"고 번역해 놓았을 뿐만 아니라 깊은 지혜를 완성하는 수행의 방법을 묻고, 거기에 답을 해주는 내용을 현장의 한역본과 마찬가지로 빼버렸기 때문이다. 법월은 수행불교인 〈반야심경〉을 배움의 불교로 만들어 놓았다고 볼 수 있다. 중국불교의 특징은 학문불교이고, 배움의 불교이며, 선(禪)불교라고 말할 수 있다. 중국 선불교는 좌선수행을 통해 깨달음을 얻는 것보다는 선지식의 한 마디를 듣고, 큰 깨달음을 얻는다고 말하는 특징이 있다[언하대오(言下大悟)]. 그 깨달음이 어떤 성격의 깨달음인지는 잘 모르겠지만, 중국선불교에서는 그렇게 말하고 있다. 이 법월의 한역본은 대본 〈반야심경〉의 형식을 취하고 있지만, 대본이라고 말할 수 없을 정도로 〈반야심경〉의 핵심내용을 다 빼버렸다. 이 법월의 한역본은 〈반야심경〉이 아니라 다른 경으로 인식할 수 있을 정도로 〈반야심경〉의 메시지를 왜곡해 놓았다. 이 법월의 한역본에는 다른 한역본에서는 찾아볼 수가 없는 “**다라니삼매**[삼매총지總持]를 얻어서 불가사의한 해탈경계에 머물러 있었다”는 내용이 들어 있다. 이것은 〈반야심경〉의 끝에 나오는 주문을 받쳐주기 위ㅎ해 법월이 〈반야심경〉을 한역하면서 집어넣은 것으로 보인다. 이것이 정상적인 내용이 되려면, “다라니삼매”가 아니라 ‘밝게 비추어봄의 삼매에 들어 있었다’고 말해야 할 것이다.

5. 반야와 이언(利言) 등의 한역본

849b23 ‖ **般若波羅蜜多心經(반야바라밀다심경)**

849b24 ‖

849b25 ‖ 罽賓國三藏般若共利言等譯

계빈국삼장반야공리언등역

849b26 ‖ 如是我聞。一時佛在王舍城耆闍崛山中。與

849b27 ‖ 大比丘衆及菩薩衆俱。時佛世尊卽入三昧。名

849b28 ‖ 廣大甚深。爾時衆中有菩薩摩訶薩。名觀自

849b29‖在。行深般若波羅蜜多時。照見五蘊皆空。離
849c01‖諸苦厄。卽時舍利弗承佛威力。合掌恭敬白
849c02‖觀自在菩薩摩訶薩言。善男子。若有欲學甚
849c03‖深般若波羅蜜多行者。云何修行。如是問已
849c04‖爾時觀自在菩薩摩訶薩告具壽舍利弗言。
849c05‖舍利子。若善男子善女人行甚深般若波羅
849c06‖蜜多行時。應觀五蘊性空。舍利子。色不異空
849c07‖空不異色。色卽是空空卽是色。受想行識亦
849c08‖復如是。舍利子。是諸法空相。不生不滅不垢
849c09‖不淨不增不減。是故空中無色。無受想行識。
849c10‖無眼耳鼻舌身意。無色聲香味觸法。無眼界
849c11‖乃至無意識界。無無明亦無無明盡。乃至無
849c12‖老死亦無老死盡。無苦集滅道。無智亦無得。
849c13‖以無所得故。菩提薩埵依般若波羅蜜多故
849c14‖心無罣礙。無罣礙故無有恐怖。遠離顚倒夢
849c15‖想。究竟涅槃。三世諸佛依般若波羅蜜多故。
849c16‖得阿耨多羅三藐三菩提。故知般若波羅蜜
849c17‖多是大神咒。是大明咒。是無上咒。是無等等
849c18‖咒。能除一切苦。眞實不虛。故說般若波羅蜜
849c19‖多咒。卽說咒曰
849c20‖[■/(阿-可+辛)/木]諦　[■/(阿-可+辛)/木]諦　波羅[■/(阿-可+辛)/木]諦　波羅僧[■/(阿-可+辛)/木]諦菩提
849c21‖娑(蘇紇反)婆訶
849c22‖如是舍利弗。諸菩薩摩訶薩於甚深般若波
849c23‖羅蜜多行。應如是行。如是說已。卽時世尊從
849c24‖廣大甚深三摩地起。讚觀自在菩薩摩訶薩

849c25 ‖ 言。善哉善哉。善男子。如是如是。如汝所說。

849c26 ‖ 甚深般若波羅蜜多行。應如是行。如是行時

849c27 ‖ 一切如來皆悉隨喜。爾時世尊說是語已。具

849c28 ‖ 壽舍利弗大喜充遍。觀自在菩薩摩訶薩亦

849c29 ‖ 大歡喜。時彼衆會天人阿修羅乾闥婆等。聞

850a01 ‖ 佛所說皆大歡喜。信受奉行

이 한역본은 "사리자, 색불이공 공불이색" 부분부터 "모지사바하"까지 내용은 현장의 한역본과 똑 같다. 반야와 이언(利言) 등은 현장의 한역본에 경의 핵심내용이 빠져있는 것을 발견하고는 141년 뒤인 790년에 빠진 부분을 집어넣어서 새로 한역한 것으로 보인다. 위의 한역을 우리말로 번역하면 다음과 같다.

"이와 같이 내가 들었다. 한 때 부처님께서 많은 대비구와 대보살들과 함께 왕사성 칠엽굴 산속에 계실 때, 불세존께서는 '매우 깊음[廣大甚深광대심심]'이라는 삼매에 들어 있었다. 이 때 대중 가운데 '관자재(觀自在)'라는 대보살이 한 명 있었다. 그가 깊은 지혜를 완성하는 수행을 해가고 있을 때, 존재의 다섯 요소[오온]는 다 실체가 없는 것들[空공]임을 꿰뚫어보고, 모든 괴로움에서 벗어나게 되었다. 이 때 사리불존자가 부처님의 불가사의한 힘에 의해 관자재보살에게 합장하여, 공경의 예를 표한 뒤에 물었다. "만약 어떤 선남자가 **매우 깊은 지혜를 완성하는 수행을 하려고 하면, 어떤 방법으로 수행해야 합니까?**" 그렇게 묻자, 관자재보살이 답했다. "사리불존자여, 만약 선남자 선여인이 **매우 깊은 지혜를 완성하는 수행을 하고자 하면, 그는 존재의 다섯 요소**[오온]**는 다 실체가 없는 것들**[空공]**임을 관찰**[1194]**해야 합니다.**"[1195]

사리불 존자여![1196] 몸의 물질현상[色색]은 실체가 없는 것[空공]과 다르지 않고, 실체가 없는 것[空공]은 몸의 물질현상[色색]과 다르지 않습니다. 몸의 물질현상[色색]은 실체가 없는 것이고, 실체가 없는 것[空공]이 몸의 물질현상[色색]입니다. 몸의 물질현상[色색]과 마찬가지로 느낌[受수], 인식[想상], 업 지음[行행], 식별작용[識식]도 또한 실체가 없는 것들입니다.

사리불 존자이시여! 이 모든 존재가 다 소멸된 적멸상태에는 일어나는 것도 없고, 사라지는 것도 없습니다. 또 더러움도 없고, 더러움에서 벗어난 것도 없으며, 부족함도 없고, 완전함도 없습니다.[1197]

그러므로 적멸상태에는 몸의 물질현상[색]도 없고, 느낌[受수], 인식[想상], 업 지음[行행], 식별작용[識식]도 없습니다. 또 눈, 귀, 코, 혀, 피부, 의식 등의 감각기관도 없고, 형상, 소리, 냄새, 맛, 촉감, 마음에서 일어났다가 사라지는 것들[法법]도 없습니다. 또 '눈'이라는 요소에서부터 '의식의 식별작용'이라는 요소에 이르기까지 그 어떤 인식작용의 구성요소도 없습니다. 또 무명(無明)도 없고, 무명이 다 소멸된 것도 없으며, 내지 늙고 죽는 것도 없고, 늙고 죽는 것이 다 소멸된 것도 없습니다. 괴로움도 없고, 괴로움의 원인도 없으며, 열반도 없고, 열반에 이르는 길도 없습니다. 또 지각작용[智지]도 없고, 의식의 대상

1194 여기서 "관찰"은 '관찰하여, 그 특성을 꿰뚫어본다'는 뜻이다.

1195 "舍利子。若善男子善女人行甚深般若波羅蜜多行時。應觀五蘊性空" 이 원문의 끝부분 '五蘊性空(오온성공)'에서 性(성)은 산스크리트어 원문 '스바바바(svabhāva)'를 한역한 것이다. 스바바바(svabhāva)는 '실체'라는 뜻이다. 스바바바(svabhāva)는 實體(실체), 自性(자성), 本性(본성), 體性(체성) 등으로 한역돼 있다.

1196 여기서부터, 즉 "사리자 색불이공 공불이색 색즉시공 공즉시색"부터 "모지사바하"까지는 현장의 한역본과 똑 같다.

1197 이 부분은 잘못 한역된 것들을 바로잡은 뒤에 우리말로 번역한 것이다.

을 취하는 것[得득]도 없습니다.
의식의 대상을 취하는 것이 없음으로써 깨달음을 추구하는 중생은 지혜를 완성하는 수행법에 의해 삼매에 들어 있기 때문에 마음에 걸림이 없습니다. 마음에 걸림이 없기 때문에 두려움이 없으며, "나"라는 잘못된 인식에서 영원히 벗어나서 열반을 성취합니다.
관자재보살뿐만 아니라 과거, 현재, 미래세의 모든 부처님들도 다 이 지혜를 완성하는 수행법에 의해 최상의 완전한 깨달음을 성취합니다. 그러므로 지혜를 완성하는 수행법은 대단히 밝은 주문이고, 최고의 주문이며, 견줄만한 것이 없는 주문입니다. 이것은 모든 괴로움을 다 없애줍니다. 이것은 절대로 거짓말이 아닙니다. 지혜완성의 진실한 말씀[眞言,呪주]을 말하면 다음과 같습니다.「가신 분이시여! 가신 분이시여! 열반으로 가신 분이시여! 적멸과 하나가 되어서 열반으로 가신 분이시여! 깨달음을 믿습니다.」
사리불 존자여, 이와 같이 모든 대 보살이 매우 깊은 지혜를 완성하는 수행을 할 때는 이와 같은 방법으로 해야 합니다. 이렇게 말하자마자 세존께서 대단히 깊은 삼매에서 깨어나서 대보살인 관자재보살을 칭찬해 말씀하셨다. 정말 좋고도 좋도다. 선남자여, 그대가 방금 이렇게 저렇게 말한 것처럼 매우 깊은 지혜를 완성하는 수행을 할 때는 이와 같은 방법으로 해야 한다. 이와 같은 방법으로 수행할 때 모든 여래가 다 따라서 기뻐할 것이다. 이 때 세존께서 이렇게 말씀하시자 사리불 존자는 매우 기뻐하며, 만족했고, 관자재보살마하살도 매우 기뻐했다.
이 때 그 회중에 있던 천신(天神)들과 사람들, 아수라, 건달바 등이 모두 다 부처님 말씀을 듣고, 매우 기뻐하며, 믿고, [그 법을] 받아서 받들어 수행했다."

6. 지혜륜(智慧輪) 한역본

850a06 ‖ **般若波羅蜜多心經(반야바라밀다심경)**[1198]

850a07 ‖

850a08 ‖ 唐上都大興善寺三藏沙門(당상도대흥선사삼장사문)

850a09 ‖ 智慧輪奉　詔譯(지혜륜봉 소역)

850a10 ‖ 如是我聞。一時薄[言*我]梵。住王舍城鷲峰山中。

850a11 ‖ 與大苾芻衆。及大菩薩衆俱。爾時世尊。入三

850a12 ‖ 摩地[1199]。名廣大甚深照見。時衆中有一菩薩摩

850a13 ‖ 訶薩。名觀世音自在。行甚深般若波羅蜜多

850a14 ‖ **行**時。照見五蘊自性皆空。即時具壽舍利子。

850a15 ‖ 承佛威神。合掌恭敬。白觀世音自在菩薩摩

850a16 ‖ 訶薩言。**聖者**。**若有欲學甚深般若波羅蜜多**

850a17 ‖ **行**。**云何修行**。如是問已。爾時觀世音自在菩

850a18 ‖ 薩摩訶薩。告具壽舍利子言。舍利子。若有善

850a19 ‖ 男子。善女人。行甚深般若波羅蜜多行時。

850a20 ‖ **應照見五蘊自性皆空**。離諸苦厄。舍利子。色

850a21 ‖ 空。空性見色。色不異空。空不異色。是色即

850a22 ‖ 空。是空即色。受想行識。亦復如是。舍利子。

1198 이 지혜륜 한역은 법월(法月)이 대본〈반야심경〉을 한역한 이후 약100년쯤 뒤인 847~859년 사이에 이루어진 번역이다. 이것은 반야와 이언 등이 공동 한역한 대본〈반야심경〉과 거의 유사한 번역이다. 이 한역본을 통해 알 수 있는 것은 부처님께서 들어간 삼매는 '깊이 비추어 봄[廣大甚深照見]'의 삼매이고, 이 삼매는 관찰삼매임을 알 수 있다.

1199 삼마지(三摩地)는 산스크리트어 '사마띠(samādhi)'를 음역한 것이다. 이것은 '삼매(三昧)'라는 뜻이다.

850a23 ‖ 是諸法性相空。不生不滅。不垢不淨。不減不
850a24 ‖ 增。是故空中。無色。無受想行識。無眼耳鼻
850a25 ‖ 舌身意。無色聲香味觸法。無眼界。乃至無
850a26 ‖ 意識界。無無明。亦無無明盡。乃至無老死盡。
850a27 ‖ 無苦集滅道。無智證無得。以無所得故。菩
850a28 ‖ 提薩埵。依般若波羅蜜多住。心無障礙。心無
850a29 ‖ 障礙故。無有恐怖。遠離顚倒夢想。究竟寂然。
850b01 ‖ 三世諸佛。依般若波羅蜜多故。得阿耨多羅。
850b02 ‖ 三藐三菩提。現成正覺。故知般若波羅蜜多。
850b03 ‖ 是大眞言。是大明眞言。是無上眞言。是無等
850b04 ‖ 等眞言。能除一切苦。眞實不虛。故說般若波
850b05 ‖ 羅蜜多眞言。卽說眞言
850b06 ‖ 唵(引)[言*我]帝[言*我]帝。播(引)囉[言*我]帝。播(引)囉散
[言*我]帝。
850b07 ‖ 冒(引)地娑縛(二合)賀(引)
850b08 ‖ 如是舍利子。諸菩薩摩訶薩。於甚深般若波
850b09 ‖ 羅蜜多行。應如是學。爾時世尊。從三摩地安
850b10 ‖ 祥而起。讚觀世音自在菩薩摩訶薩言。善哉
850b11 ‖ 善哉。善男子。如是如是。如汝所說。甚深般
850b12 ‖ 若波羅蜜多行。應如是行。如是行時。一切如
850b13 ‖ 來。悉皆隨喜。爾時世尊如是說已。具壽舍利
850b14 ‖ 子。觀世音自在菩薩及彼衆會一切世間天
850b15 ‖ 人阿蘇囉巘[馬*犬][口*縛]等。聞佛所說。皆大歡喜。信
850b16 ‖ 受奉行
850b17 ‖ 般若波羅蜜多心經

이 한역의 우리말 번역은 이 책의 **제2장**에 있는 것으로 대신한다.

7. 법성(法成) 한역본

850b20 | **般若波羅蜜多心經(燉煌石室本)**
850b21 | **반야바라밀다심경(돈황석실본)**
850b22 | 國大德三藏法師沙門法成譯
국대덕삼장법사사문법성역
850b23 | 如是我聞。一時薄伽梵住王舍城鷲峰山中。
850b24 | 與大苾芻衆。及諸菩薩摩訶薩俱。爾時世尊
850b25 | 等入甚深明了三摩地法之異門。復於爾時。
850b26 | 觀自在菩薩摩訶薩。行深般若波羅蜜多時。
850b27 | **觀察(관찰)**照見五蘊體性。悉皆是空。時具壽舍利
850b28 | 子。承佛威力。白聖者觀自在菩薩摩訶薩曰。
850b29 | 若善男子。欲修行甚深般若波羅蜜多者。復
850c01 | 當云何修學。作是語已。觀自在菩薩摩訶薩
850c02 | 答具壽舍利子言。若善男子及善女人。欲修
850c03 | 行甚深般若波羅蜜多者。彼應如是觀察。五
850c04 | 蘊體性皆空。色卽是空。空卽是色。色不異空。
850c05 | 空不異色。如是受想行識。亦復皆空。是故舍
850c06 | 利子。一切法空性。**無相**無生無滅。**無垢離垢**。
850c07 | 無減無增。舍利子。是故爾時空性之中。無色。
850c08 | 無受。無想。無行。亦無有識。無眼。無耳。無鼻。
850c09 | 無舌。無身。無意。無色。無聲。無香。無味。無觸。
850c10 | 無法。無眼界。乃至無意識界。無無明。亦無無

850c11 ‖ 明盡。乃至無老死。亦無老死盡。無苦集滅道。

850c12 ‖ 無智無得。亦無不得。是故舍利子。以無所

850c13 ‖ 得故。諸菩薩衆。**依止**般若波羅蜜多。心無障

850c14 ‖ 礙。無有恐怖。超過顚倒。究竟涅槃。三世一

850c15 ‖ 切諸佛。亦皆依般若波羅蜜多故。證得無上

850c16 ‖ 正等菩提。舍利子。是故當知般若波羅蜜多

850c17 ‖ 大密咒者。是大明咒。是無上咒。是無等等

850c18 ‖ 咒。能除一切諸苦**之咒**。**眞實無倒**。**故知般**

850c19 ‖ **若波羅蜜多**。**是祕密咒**。卽說般若波羅蜜多

850c20 ‖ 咒曰

850c21 ‖ 峨帝峨帝。波囉峨帝。波囉僧峨帝。菩提莎訶

850c22 ‖ 舍利子。菩薩摩訶薩。應如是修學甚深般若

850c23 ‖ 波羅蜜多。爾時世尊從彼定起。告聖者觀自

850c24 ‖ 在菩薩摩訶薩曰。善哉善哉。善男子。如是如

850c25 ‖ 是。如汝所說。彼當如是修學般若波羅蜜多。

850c26 ‖ 一切如來。亦當隨喜。時薄伽梵說是語已。具

850c27 ‖ 壽舍利子。聖者觀自在菩薩摩訶薩。一切世

850c28 ‖ 間天人阿蘇羅乾闥婆等。聞佛所說。皆大歡

850c29 ‖ 喜。信受奉行

851a01 ‖ 般若波羅蜜多心經

위의 내용 중에서 현장 한역본에 없는 내용을 위주로 우리말로 번역하면, 다음과 같다.

그 때 세존께서는 '매우 깊고도 밝게 깨달아가는 삼매법의 다른 문에 들어 있었다. 이 때 '관자재'라는 대보살이 깊은 지혜를 완성하는 수행을 해가고 있을 때, 존재의 다섯 요소[오온]를 관찰하여, 그것들은 다 실체가 없는 것들임을 꿰뚫어보았다.
이 때 사리불 존자가 부처님의 불가사의한 힘에 의해 대보살인 성자 관자재보살에게 물었다. "만약 선남자가 매우 깊은 지혜를 완성하는 수행을 하려고 하면, 어떤 방법으로 수행해야 합니까?" 이렇게 묻자, 대보살인 관자재보살이 사리불 존자에게 말했다. "만약 선남자 선여인이 매우 깊은 지혜를 완성하는 수행을 하려고 하면, 그는 이와 같이 존재의 다섯 요소[오온]를 관찰하여, 그것들은 다 실체가 없는 것[空공]들임을 꿰뚫어보아야 합니다."
"몸의 물질현상[色색]은 실체가 없는 것[空공]이고, 실체가 없는 것[空性공성]이 몸의 물질현상[色색]입니다. 몸의 물질현상[色색]은 실체가 없는 것[공]과 다르지 않고, 실체가 없는 것[공]은 몸의 물질현상[色색]과 다르지 않습니다. 이와 마찬가지로 느낌[受수], 인식[想상], 업 지음[行행], 식별작용[識식]도 또한 실체가 없는 것들입니다.
이런 까닭에 사리불 존자여, 이 모든 존재[오온]가 다 소멸된 적멸상태[空공]의 특징[性성]은 **인식[相상]이 없어서** 일어나는 것도 없고[無生무생], 사라지는 것도 없으며[無滅무멸], **번뇌망상[垢구][1200]이 없어서 번뇌망상에서 벗어나 있습니다[無垢離垢무구리구]**. 또 더러움도 없고, 더러움에서 벗어난 것도 없으며, 부족함도 없고, 완전함도 없습니다.[1201]
.... 아제아제 바라아제 바라승아제 모지사바하.
사리불 존자여, 대보살은 이와 같은 방법으로 매우 깊은 지혜를 완성하는 수행을 해야 합니다. 이 때 세존께서는 선정에서 깨어나시어, 성

1200 여기서 번뇌망상은 더러울 "垢(구)"자를 번역한 것이다. 〈유마경〉 제자품의 우바리 존자 부분에 "망상이 더러움[垢구]이고, 망상이 없는 것이 깨끗함"이라고 나와 있다. 그 원문은 "妄想是垢(망상시구) 無妄想是淨(무망상시정)"이다.
1201 이 부분은 잘못 한역된 것들을 바로잡은 뒤에 우리말로 번역한 것이다.

자이자 대보살인 관자재보살에게 말했다. 정말 좋고도 좋도다. 선남자여. 이와 같고, 이와 같도다. 그대가 방금 말한 것처럼 선남자 선여인이 깊은 지혜를 완성하는 수행을 할 때는 이와 같은 방법으로 해야 한다. 이와 같은 방법으로 수행하면, 모든 여래가 다 따라서 기뻐할 것이다." 이 뒤의 내용은 앞의 번역본들과 거의 같기 때문에 생략한다.

8. 시호(施護) 한역본

852b03 | **佛說聖佛母般若波羅蜜多經**

852b04 | **불설성불모반야바라밀다경**

852b05 | 西天譯經三藏朝奉大夫試光祿卿

852b06 | 傳法大師賜紫臣 施護奉 詔譯

전법대사사자신 시호봉 소역

852b07 | 如是我聞。一時世尊。在王舍城鷲峰山中。與

852b08 | 大苾芻衆千二百五十人俱。幷諸菩薩摩訶

852b09 | 薩衆。而共圍繞

852b10 | 爾時世尊。卽入甚深光明宣說正法三摩地。

852b11 | 時觀自在菩薩摩訶薩在佛會中。而此菩薩

852b12 | 摩訶薩。已能修行甚深般若波羅蜜多。觀見

852b13 | 五蘊自性皆空

852b14 | 爾時尊者舍利子。承佛威神。前白觀自在菩

852b15 | 薩摩訶薩言。**若善男子善女人**。**於此甚深般**

852b16 | **若波羅蜜多法門**。**樂欲修學者**。**當云何學**

852b17 | 時觀自在菩薩摩訶薩。告尊者舍利子言。汝

852b18 | 今諦聽爲汝宣說。**若善男子善女人**。**樂欲修**

852b19 ‖ **學此甚深般若波羅蜜多法門者**。**當觀五蘊**

852b20 ‖ **自性皆空**。何名五蘊自性空耶。所謂卽色是

852b21 ‖ 空卽空是色。色無異於空。空無異於色。受

852b22 ‖ 想行識亦復如是。舍利子。**此一切法如是空**

852b23 ‖ **相**。**無所生**。**無所滅**。**無垢染**。**無清淨**。**無增**

852b24 ‖ **長**。**無損減**。舍利子。是故空中無色。無受想

852b25 ‖ 行識。無眼耳鼻舌身意。無色聲香味觸法。

852b26 ‖ 無眼界。無眼識界。乃至無意界。無意識界。

852b27 ‖ 無無明。無無明盡。乃至無老死。亦無老死盡。

852b28 ‖ 無苦集滅道。無智。無所得。亦無無得。舍利

852b29 ‖ 子。由是無得故。菩薩摩訶薩。依般若波羅蜜

852c01 ‖ 多相應行故。心無所著。亦無罣礙。以無著無

852c02 ‖ 礙故。無有恐怖。遠離一切顚倒妄想。究竟圓

852c03 ‖ 寂。所有三世諸佛。依此般若波羅蜜多故。得

852c04 ‖ 阿耨多羅三藐三菩提。是故應知。般若波羅

852c05 ‖ 蜜多。是廣大**明**。是無上**明**。是無等等**明**。而

852c06 ‖ 能息除一切苦惱。**是卽眞實無虛妄法**。**諸**

852c07 ‖ **修學者**。**當如是學**。**我今宣說般若波羅蜜多**

852c08 ‖ **大明曰**

852c09 ‖ 怛[寧*也](切身)他(引一句)唵(引)[言*我]帝(引)[言*我]帝(引引二)播(引)囉

852c10 ‖ [言*我]帝(引三)播(引)囉僧[言*我]帝(引四)[曰/月]提莎(引)賀(引五)

852c11 ‖ **舍利子。諸菩薩摩訶薩。若能誦是般若波羅**

852c12 ‖ **蜜多明句。是卽修學甚深般若波羅蜜多**(이 고딕체 부분은 시호가 없는 내용을 임의로 집어넣은 것이다.)

852c13 ‖ 爾時世尊。從三摩地安詳而起。讚觀自在菩
852c14 ‖ 薩摩訶薩言。善哉善哉。善男子。如汝所說。如
852c15 ‖ 是如是。**般若波羅蜜多**。**當如是學**。**是卽眞實**
852c16 ‖ **最上究竟**。一切如來亦皆隨喜
852c17 ‖ 佛說此經已。觀自在菩薩摩訶薩。幷諸苾芻。
852c18 ‖ 乃至世間天人阿修羅乾闥婆等。一切大衆。
852c19 ‖ 聞佛所說皆大歡喜。信受奉行
852c20 ‖ 佛說聖佛母般若波羅蜜多經

이 한역본에는 다음과 같은 내용이 있다.

이 때 세존께서는 매우 깊은 지혜광명으로 바른 수행법을 말해주는 삼매에 들어 있었다. 이 때 대보살인 관자재보살이 부처님의 법회에 참석해 있었다. 이 대보살은 이미 매우 깊은 지혜를 완성하는 수행을 잘 할 수 있었고, 존재의 다섯 요소[오온]는 다 실체가 없는 것들임을 꿰뚫어보았다.
이 때 사리불존자가 부처님의 불가사의한 힘에 의해 대보살인 관자재보살에게 물었다. "만약 선남자 선여인이 이 매우 깊은 지혜를 완성하는 법문을 듣고, 즐겨 수행하고자 한다면, 그는 어떤 방법으로 수행해야 합니까?"
대보살인 관자재보살이 사리불 존자에게 말했다. "내가 그대들을 위해 설명하리다. 잘 듣기 바랍니다." "만약 선남자 선여인이 매우 깊은 지혜를 완성하는 수행을 즐겨 하고자 한다면, 그는 존재의 다섯 요소[오온]를 관찰하여, 그것들은 다 실체가 없는 것들임을 꿰뚫어보아야 합니다."
"존재의 다섯 요소는 다 실체가 없는 것들"이라는 말은 무슨 말인가? 이것은 '몸의 물질현상은 실체가 없는 것이고, 실체가 없는 것이 몸의 물질현상이며, 몸의 물질현상은 실체가 없는 것과 다르지 않고, 실체가 없는 것은 몸의 물질현상과 다르지 않다'는 말입니다. 느낌, 인식, 업 지음, 식별작용도 또한 그렇다는 말입니다.

사리불 존자여, 이 모든 존재[오온]가 다 소멸된 적멸상태[空相공상]에는 일어나는 것도 없고, 사라지는 것도 없고, 더러움도 없고, 깨끗함조차 없으며, 부족함도 없고, 완전함도 없습니다.[1202]

....(중간 내용 생략).....

"이 지혜를 완성하는 수행법은 대단히 밝은 방법이고, 최고로 밝은 방법이며, 이와 비슷하거나 같은 것이 없는 유일한 방법입니다. 이것은 온갖 괴로움을 다 쉬게 해줄 수 있기 때문에 진실한 방법이고, 거짓이 없는 방법입니다. 모든 공부인[諸修學者]은 이와 같은 방법으로 공부[學학]해야 합니다."[1203] "내가 이제 반야바라밀다의 대단한 주문을 말해줍니다.

아제 아제 바라아제 바라승아제 모지 사바하

사리불존자여, 모든 대보살이 만약 이 반야바라밀다의 주문[明句명구]을 염송할 수 있으면, 그것이 바로 매우 깊은 지혜를 완성하는 공부를 하는 것입니다."[1204] 이 때 세존께서 삼매에서 깨어나서 대보살인 관자재보살을

1202 이 부분은 한역문의 "無增長(무증장)無損減(무손감)"을 번역한 것인데, 앞에서 말했듯이 이 한역은 잘못된 것이라서 산스크리트어 원문을 바로 번역하여, 위와 같은뜻으로 번역했다.

1203 852c04 "是故應知(시고응지)。般若波羅蜜多(반야바라밀다)。是廣大明(시광대명)。是無上明(시무상명)。是無等等明(시무등등명)。而能息除一切苦惱(이능식제일체고뇌)。<u>是卽眞實無虛妄**法**</u>(시즉진실무허망**법**)。諸修學者當如是學(제수학자당여시학)"

1204 852c07 "我今宣說般若波羅蜜多大明曰 怛[寧*也](切身)他(引一句)唵(引)[言*

칭찬해서 말씀하셨다. 정말 좋고도 좋도다. 선남자야, 그대가 방금 말한 것처럼 그러하고, 그러하도다. 지혜를 완성하는 **공부**는 이와 같은 방법으로 해야 한다. 이것은 진실한 것이고, 최고이며, 끝이다.[1205] (이와 같은 방법으로 공부하면,)[1206] 모든 여래들도 다 따라서 기뻐할 것이다.

부처님께서 이 경을 설법하는 것을 다 마치자 대보살인 관자재보살과 모든 비구와 세간에 있던 천신(天神)들과 사람들, 아수라, 건달바 등 모든 대중이 다 부처님 설법을 듣고, 매우 기뻐하며, 믿고, [그 법을] 받아서 받들어 수행했다.

위의 번역본에서는 "지혜를 완성하는 공부는 이와 같은 방법으로 해야 한다. 이 방법은 진실한 것이고, 최고이며, 끝이다. 모든 공부인은 이와 같은 방법으로 공부해야 한다"는 말을 경(經)의 끝 부분에 붙여 놓았다. 여기서 이 한역본은 "깊은 지혜를 완성하는 **수행**은 이와 같은 방법으로 해야 한다"고 번역해야 할 것을 "지혜를 완성하는 **공부**는 이와 같은 방법으로 해야 한다"[1207]고 번역해 놓았다. 즉 이 한역본은 닦을 "행(行)"으로 번역해야 할 것을 배울 "학(學)"자로 번역하여, '닦음' 또는 '수행'을 '배워서 공부하는 것'으로 둔갑시켜 놓았다. 이것은 시호가 한역하면서 이렇게 만들어 놓은 것이 아니라 후대에 누군가 〈반야심경〉의 뜻을 왜곡하기 위해 글자를 한 자 바꾸어서 이렇게 만들어 놓았다고 볼 수 있

我]帝(引)[言*我]帝(引引二)播(引)囉[言*我]帝(引三)播(引)囉僧[言*我]帝(引四)[曰/月]提莎(引)賀(引五) **舍利子。諸菩薩摩訶薩。若能誦是般若波羅蜜多明句。是卽修學甚深般若波羅蜜多"**

1205 852c15 "般若波羅蜜多(반야바라밀다) 當如是**學**(당여시학) 是卽眞實(시즉진실) 最上究竟(최상구경)"

1206 이 시호의 한역본에는 이 부분의 내용을 빼먹었다.

1207 "般若波羅蜜多(반야바라밀다) 當如是**學**(당여시학)"

다. 시호는 누구보다 〈반야심경〉을 정확하고도 명료하게 번역하기 위해 노력한 역경가이기 때문에 이렇게 본다. 닦을 "행(行)"으로 번역해야 할 것을 배울 "학(學)"자로 번역해 놓은 것은 앞의 법월의 한역본과 지혜륜의 한역본에서도 볼 수 있었다.

시호는 "시대신주(是大神咒) 시대명주(是大明咒) 시무상주(是無上咒) 시무등등주(是無等等咒)" 대신 "시광대명(是廣大**明**) 시무상명(是無上**明**) 시무등등명(是無等等**明**)"으로 번역하여, 주문 "呪(주)"자 대신 밝을 "明(명)"자를 사용했고, "진실무허망(眞實無虛妄)" 뒤에 "**法(법)**"자를 쓰고 있는 것을 볼 수 있다.[1208] 여기서 "明(명)"은 '밝다'는 뜻이고, "法(법)"은 '**수행방법**'이라는 뜻이다. 시호는 현장이 "진실불허(眞實不虛)"로 번역한 것을 "진실무허망법(眞實無虛妄法)"으로 번역했다. "진실무허망법"은 '지혜를 완성하는 이 수행법은 진실한 것으로서 거짓말이 아니다'는 뜻이다.

시호는 〈반야심경〉의 다른 부분에서는 뜻을 아주 명료하게 잘 번역했다고 볼 수 있다. 하지만 이 시호의 〈반야심경〉 한역문에는 "사리불존자여, 모든 대보살이 만약 이 반야바라밀다의 주문을 염송할 수 있으면, 그것이 바로 매우 깊은 지혜를 완성하는 공부를 하는 것"이라는 내용이 들어 있다. 이것은 산스크리트어본과 다른 한역본에서는 찾아볼 수 없는 내용이다. 이것은 관찰수행을 권하고 있는 〈반야심경〉을 주문의 경으로 둔갑시키기 위해 의미조작을 해놓은 것이다. 아마 이 내용은 시호가 한역하면서 집어넣은 것이 아니라 중국에서 〈반야심경〉을 대장경에 편집해 넣었을 때나 그 외의 다른 때에 누군가 집어넣은 것이 아닌가 한다.

1208 852c04 "是故應知。般若波羅蜜多。是廣大明。是無上明。是無等等明。而能息除一切苦惱。是卽眞實無虛妄**法**。諸修學者。當如是學" 여기서 밑줄 친 부분의 "**法**(법)" 자를 보기 바란다.

이렇게 보는 까닭은 앞에서 여러 번 언급했듯이 이외의 다른 부분을 보면, 시호는 누구보다 〈반야심경〉을 더 정확하고도 명료하게 번역하려고 노력한 역경가라고 볼 수 있기 때문이다. 시호가 이와 같은 내용을 집어넣었을 가능성은 매우 낮다고 볼 수 있다. 시호가 한역한 〈반야심경〉의 이 앞부분에서 깊은 지혜를 완성하기 위해서는 "존재의 다섯 요소를 **관찰**하여, 그것들은 다 실체가 없는 것들임을 꿰뚫어봐야 한다"고 말해놓고, 여기서는 "모든 대보살이 만약 이 **반야바라밀다의 주문을 염송**할 수 있으면, 그것이 바로 매우 깊은 지혜를 완성하는 공부를 하는 것"이라고 말하고 있다. 즉 경의 앞뒤 말이 일치하지 않는다. 반야바라밀다의 주문을 염송하는 것이 매우 깊은 지혜를 완성하는 공부를 하는 것은 아닐 것이다.

9. 필자의 한역본

현재 우리가 독송하고 있는 한문 〈반야심경〉은 산스크리트어 원문의 뜻을 제대로 전달하지 못 하고 있는 부분이 10여 군데나 된다. 필자가 산스크리트어 원문의 뜻을 제대로 전달할 수 있도록 새로 〈반야심경〉을 한역하면, 다음과 같다. 다음 한역문에서 **고딕체**로 되어 있는 부분은 현장이 〈반야심경〉을 한역하면서 뜻을 제대로 알 수 없도록 번역해 놓은 것들과 왜곡해서 번역해 놓은 것들과 〈반야심경〉에서 가장 중요한 4개의 문장을 빼버리고 번역한 것 등을 필자가 바로 잡은 것이다. 한문에 자신이 없는 독자는 **고딕체** 부분만 보고 넘어가면 된다.

〈智慧完成修行法核心經〉

〈지혜완성수행법핵심경〉

韓國沙門 觀頂 漢譯

한국사문 관정 한역

觀自在菩薩行深**智慧完成修行**時 觀察照見五蘊**自性**皆空 度一切苦厄

관자재보살행심**지혜완성수행**시 관찰조견오온**자성**개공 도일체고액

[卽時舍利弗尊者承佛威力合掌恭敬白觀自在菩薩摩訶薩言。

즉시사리불존자승불위력합장공경백관자재보살마하살언

若有善男子欲行甚深智慧完成修行 云何修行。

약유선남자욕행심심지혜완성수행 운하수행

如是問已 爾時觀自在菩薩摩訶薩告舍利弗尊者言

여시문이 이시관자재보살마하살고사리불존자언

舍利弗尊者 若有善男子善女人欲行甚深智慧完成修行

사리불존자 약유선남자선여인욕행심심지혜완성수행

彼應觀察五蘊照見五蘊自性皆空

피응관찰오온조견오온자성개공]

舍利弗尊者 色不異空 空不異色 色卽是空 空卽是色 受想行識 亦復如是

사리불존자 색불이공공불이색 색즉시공 공즉시색 수상행식 역부여시

舍利弗尊者 是諸法空相 **無所生無所滅 無垢無離垢 無不足無滿足**

사리불존자 시제법공상 **무소생무소멸 무구무리구 무부족무만족**

是故 空中無色 無受想行識 無眼耳鼻舌身意 無色聲香味觸法

시고 공중무색 무수상행식 무안이비설신의 무색성향미촉법

無眼界乃至 無意識界 無無明亦無無明盡 乃至 無老死亦無老死盡

무안계내지 무의식계 무무명역무무명진 내지 무노사역무노사진

無苦集滅道 無智亦無得

무고집멸도 무지역무득

以無所得故 菩提薩陀依**智慧完成修行法住於三昧**故 心無罣碍

이무소득고 보리살타의**지혜완성수행법주어삼매**고 심무괘애

無罣碍故 無有恐怖 遠離顚倒夢想 **成就**涅槃

무괘애고 무유공포 원리전도몽상 **성취**열반

三世諸佛依**是智慧完成修行法**故得阿耨多羅三藐三菩提

삼세제불의**시지혜완성수행법**고득아뇩다라삼먁삼보리

故知**智慧完成法** 是大神**法** 是大明**法** 是無上**法** 是無等等**法**

고지**지혜완성법** 시대신**법** 시대명**법** 시무상**법** 시무등등**법**

能除一切苦 眞實不虛

능제일체고 진실불허

我今宣說智慧完成眞言 如是說

아금선설지혜완성진언 여시설

已去已去 終末已去 以成就涅槃終末已去 信覺[1209]

이거이거 종말이거 이성취열반종말이거 신각

如是舍利子。若諸菩薩摩訶薩欲行甚深智慧完成修行 彼應如是修行。

여시사리자 약제보살마하살욕행심심지혜완성수행 피응여시수행

如是說已。爾時世尊從甚深三昧起。讚觀自在菩薩摩訶薩言。善哉善哉。

善男子。如是如是。如汝所說。

여시설이 이시세존종심심삼매기 찬관자재보살마하살언 선재선재

선남자 여시여시 여여소설

1209 이것은 다음 진언을 한문으로 번역한 것이다. "아제아제 바라아제 바라승아제 모지사바하(Gate**가떼** Gate**가떼** Pāragate**빠라가떼** Pārasaṃgate**빠라삼가떼** Bodhi **보디** Svāhā**스바하** 揭諦揭諦 波羅揭諦 波羅僧揭諦 菩提娑婆訶)"

若善男子善女人欲行智慧完成修行。彼應如是修行。如是修行時 一切如來皆悉隨喜。

약선남자선여인욕행지혜완성수행 피응여시수행 여시수행시 일체여래 개실수희

爾時世尊說是語已。舍利弗尊者及觀自在菩薩彼會中諸比丘及菩薩衆。一切世間天人阿修羅乾闥婆等。聞佛所說皆大歡喜。信受奉行

이시세존설시어이 사리불존자급관자재보살피회중제비구급보살중 일체세간천인아수라건달바등 문불소설개대환희 신수봉행

다음은 필자가 새로 한역한 〈반야심경〉의 한문원문과 대조한 우리말 번역이다.

〈智慧完成修行法核心經〉

〈지혜완성수행법핵심경〉

〈지혜를 완성하는 수행방법의 핵심을 말해주는 경〉

觀自在菩薩 行深智慧完成修行時 觀察照見五蘊自性皆空

관자재보살 행심지혜완성수행시 관찰조견오온자성개공

度一切苦厄

도일체고액

(관찰에 통달한 관자재보살이 존재의 다섯 요소[오온]를 관찰해가며, 깊은 지혜를 완성하는 수행을 해가고 있을 때, 그것들은 다 실체가 없는 것들[空공]임을 꿰뚫어보고, 모든 괴로움에서 벗어나게 되었다.)

卽時舍利弗尊者承佛威力合掌恭敬白觀自在菩薩摩訶薩言

즉시사리불존자승불위력합장공경백관자재보살마하살언

(이 때 사리불존자가 부처님의 불가사의한 힘에 의해 합장 공경하고 관자재보살에게 물었다.)

若有善男子欲行甚深智慧完成修行 云何修行。
약유선남자욕행심심지혜완성수행 운하수행
("만약 선남자가 깊은 지혜를 완성하는 수행을 하려고 하면, 어떤 방법으로 수행해야 합니까?")

如是問已 爾時觀自在菩薩摩訶薩告舍利弗尊者言
여시문이 이시관자재보살마하살고사리불존자언
舍利弗尊者 若善男子善女人欲行甚深智慧完成修行
사리불존자 약선남자선여인욕행심심지혜완성수행
彼應觀察五蘊照見五蘊自性皆空
피응관찰오온조견오온자성개공
(이렇게 묻자, 관자재보살이 답했다. "사리불존자여! 만약 선남자 선여인이 깊은 지혜를 완성하는 수행을 하려고 하면, 그는 존재의 다섯 요소[오온]를 관찰하여, 그것들은 다 실체[自性자성]가 없는 것들[空공]임을 꿰뚫어봐야 합니다.")

舍利弗尊者 色不異空 空不異色 色卽是空 空卽是色 受想行識 亦復如是
사리불존자 색불이공 공불이색 색즉시공 공즉시색 수상행식 역부여시
(사리불존자여! 몸의 물질현상[色색]은 실체가 없는 것[空공]과 다르지 않고, 실체가 없는 것[空공]은 몸의 물질현상[色색]과 다르지 않습니다. 몸의 물질현상[色색]은 실체가 없는 것이고, 실체가 없는 것[空공]이 몸의 물질현상[色색]입니다. 몸의 물질현상[色색]과 마찬가지로 느낌[受수], 인식[想상], 업 지음[行행], 식별작용[識식]도 또한 실체가

없는 것들입니다.)

舍利弗尊者 是諸法空相 **無所生無所滅 無垢無離垢 無不足無滿足**
사리불존자 시제법공상 **무소생무소멸 무구무리구 무부족무만족**
(사리불존자이시여! 이 모든 존재가 다 소멸된 적멸상태엔 일어나는 것도 없고, 사라지는 것도 없습니다. 또 더러움도 없고, 더러움에서 벗어난 것도 없으며, 부족함도 없고, 완전함도 없습니다.)

是故 空中無色 無受想行識
시고 공중무색 무수상행식
(그러므로 적멸상태엔 몸의 물질현상[色색]도 없고, 느낌[受수], 인식[想상], 업 지음[行행], 식별작용[識식]도 없습니다.)

無眼耳鼻舌身意 無色聲香味觸法 無眼界乃至無意識界
무안이비설신의 무색성향미촉법 무안계내지무의식계
(또 눈, 귀, 코, 혀, 피부, 의식 등의 감각기관도 없고, 형상, 소리, 냄새, 맛, 촉감, 마음에서 일어났다가 사라지는 것들[法법]도 없습니다. 또 '눈'이라는 요소에서부터 '의식의 식별작용'이라는 요소에 이르기까지 그 어떤 인식작용의 구성요소도 없습니다.)

無無明 亦無無明盡 乃至無老死 亦無老死盡
무무명 역무무명진 내지무노사 역무노사진
(또 무명도 없고, 무명이 다 소멸된 것도 없으며, 내지 늙고 죽는 것도 없고, 늙고 죽는 것이 다 소멸된 것도 없습니다.)

無苦集滅道 無智亦無得

무고집멸도 무지역무득
(괴로움도 없고, 괴로움의 원인도 없으며, 열반도 없고, 열반에 이르는 길도 없습니다. 또 지각작용[智지]도 없고, 의식의 대상을 취하는 것[得득]도 없습니다.)

以無所得故 菩提薩埵依**智慧完成修行法住於三昧**故 心無罣碍
이무소득고 보리살타의**지혜완성수행법주어삼매**고 심무괘애
(의식의 대상을 취하는 것이 없음으로써 깨달음을 추구하는 중생은 지혜를 완성하는 수행법에 의해 삼매에 들어 있기 때문에 마음에 걸림이 없습니다.)

無罣碍故 無有恐怖 遠離顚倒夢想 **成就**涅槃
무괘애고 무유공포 원리전도몽상 **성취**열반
(마음에 걸림이 없기 때문에 두려움이 없으며, "나"라는 잘못된 인식에서 영원히 벗어나서 열반을 성취합니다.)

三世諸佛 依是**智慧完成修行法**故 得阿耨多羅三藐三菩提
삼세제불 의시**지혜완성수행법**고 득아뇩다라삼먁삼보리
(관자재보살뿐만 아니라 과거, 현재, 미래세의 모든 부처님들도 다 이 지혜를 완성하는 수행법에 의해 최상의 완전한 깨달음을 성취합니다.)

故知**智慧完成法** 是大神**法** 是大明**法** 是無上**法** 是無等等**法** 能除一切苦 眞實不虛
고지**지혜완성법** 시대신**법** 시대명**법** 시무상**법** 시무등등**법** 능제일체고 진실불허
(그러므로 이 지혜를 완성하는 수행법은 대단히 신묘(神妙)하고도 밝은

방법이고, 그 어떤 것과도 비교할 수 없는 최고의 방법이며, 실제로 모든 괴로움을 다 없앨 수 있기에 허황된 말이 아님을 알아야 합니다.)

我今宣說智慧完成眞言 如是說

아금선설지혜완성진언 여시설

(내가 지금 지혜를 완성하는 진실한 말씀[眞言,呪주]을 말하면, 다음과 같습니다.)

已去已去 終末已去 以成就涅槃終末已去 信覺

이거이거 종말이거 이성취열반종말이거 신각

(가신 분이시여! 가신 분이시여! 열반으로 가신 분이시여! 적멸과 하나 되어 열반으로 가신 분이시여! 깨달음을 믿습니다.)

如是舍利子。若諸菩薩摩訶薩欲行甚深智慧完成修行 彼應如是修行。

여시사리자 약제보살마하살욕행심심지혜완성수행 피응여시수행

(이와 같이 사리불 존자여! 만약 대보살이 매우 깊은 지혜를 완성하는 수행을 하고자 하면, 그는 이와 같은 방법으로 수행해야 합니다.)

如是說已。爾時世尊從甚深三昧起。讚觀自在菩薩摩訶薩言。善哉善哉。善男子。

여시설이 이시세존종심심삼매기 찬관자재보살마하살언 선재선재 선남자

(이와 같이 말하자 세존께서 깊은 삼매에서 깨어나서 관자재보살을 칭찬해서 말씀하셨다. 좋고도 좋도다. 선남자여!)

如是如是。如汝所說。若善男子善女人欲行智慧完成修行。應如是修行。

여시여시 여여소설 약선남자선여인욕행지혜완성수행 응여시수행

(정말로 맞는 말이다. 만약 선남자 선여인이 깊은 지혜를 완성하는 수행을 하고자 하면, 방금 관자재보살이 말해준 것과 같은 방법으로 수행해야 한다.)

如是修行時 一切如來皆悉隨喜。
여시수행시 일체여래개실수희
(이와 같은 방법으로 수행하면, 모든 여래가 다 따라서 기뻐할 것이다.)

爾時世尊說是語已。舍利弗尊者及觀自在菩薩法會中諸比丘及菩薩衆。
一切世間天人阿修羅乾闥婆等。聞佛所說皆大歡喜。信受奉行
이시세존설시어이 사리불존자급관자재보살법회중제비구급보살중
일체세간천인아수라건달바등 문불소설개대환희 신수봉행
(세존께서 이 말씀을 마쳤을 때 사리불존자와 관자재보살과 그 법회 자리에 있던 모든 비구와 보살들과 일체 세간의 천신(天神)들과 사람들, 아수라, 건달바 등이 다 부처님 말씀을 듣고, 매우 기뻐하며, 믿음을 가지고, 그 법을 받아서 받들어 수행했다.)

참고 문헌

1. 〈고려대장경〉 제5권 동국역경원. 2002
2. 〈대정신수대장경〉 제8권 대정신수대장경간행회. 1962(소화37)
3. 〈불교사전〉 운허용하. 동국역경원. 1979
4. 〈불교학대사전〉 전관응 대종사 감수. 홍법원. 1990
5. 〈불교 · 인도사상사전〉 김승동 편저. 부산대학교출판국. 2,000
6. 〈불교대사전〉 한국불교대사전편찬위원회 편찬. 명문당. 1999
7. 〈종교학대사전〉 편집부 편찬. 한국사전연구사. 1998
8. 〈한역대조범화대사전漢譯對照梵和大辭典〉 일본 鈴木學術財團. 1966
9. 〈Oxford Sanskrit-English Dictionary〉 Sir Monier Monier-Williams. Oxford. 1979
10. 〈한한대자전漢韓大字典〉 민중서림. 1998
11. 〈범본 영역주 금강경 · 심경 梵本 英譯註 金剛經 · 心經 Buddhist Wisdom Books〉 GEORGE ALLEN & UNWIN LTD. 1958
12. 〈해설 반야심경〉 이청담 설법. 보성문화사. 1994
13. 〈반야심경 강의〉 광덕 지음. 불광출판부. 1998
14. 〈반야심경 · 화엄경 약찬게〉 오고산 강술. 보련각. 1999
15. 〈예불문과 반야심경〉 무비 스님 풀이. 불일출판사. 1993
16. 〈반야심경〉 이기영 역해. 한국불교연구원. 1979
17. 〈니까야로 읽는 반야심경〉 이중표 역해. 불광출판사. 2017
18. 〈반야심경〉 야마나 테츠시(山名哲史) 지음. 최성현 옮김. 불광출판사. 2020
19. 〈반야심경〉 정성본. 한국선문화연구원. 2010
20. 〈스무살 반야심경에 미치다〉 김용옥 지음. 통나무. 2019
21. 〈산스크리트 원문에서 본 반야심경 역해〉 김사철, 황경환 지음. 김영사. 2020

22.〈바가바드기타〉박석일 역. 정음신서. 1978
23.〈우파니샤드〉이재숙 옮김. 한길사. 1996
24.〈중론,논리로부터의해탈,논리에 의한해탈〉김성철지음. 불교시대사.2010
25.〈중론〉신상환 옮김, 도서출판b, 2018
26.〈대정신수대장경〉제30권 중관부〈中論중론〉
27.〈육조단경〉탄허 선사 역해. 교림. 1986
28.〈육조단경〉한길로 번역. 홍법원. 1976
29.〈돈황본단경〉퇴옹 성철 편역. 장경각.
30.〈원각경강의〉남회근 지음. 송찬문 번역. 마하연. 2012
31.〈법구경〉심재열 번역. 선문출판사. 1991
32.〈법구경〉서경수 번역. 홍법원. 1976
33.〈수능엄경 주해〉이운허 주해. 동국역경원. 1974
34.〈묘법연화경〉오고산 교열. 반야샘. 1999
35.〈금강경오가해〉김운학 번역. 현암사. 1980
36.〈유마경〉박경훈 번역. 현대불교신서. 1979
37.〈유마경〉권서용 번역. 메타노이아. 2016년
38.〈대승입능가경〉김재근 역. 명문당. 1989
39.〈해심밀경〉묘주 역. 민족사. 2009
40.〈도서 · 절요〉김탄허 현토역해, 교림, 2008
41.〈대정신수대장경〉제32권〈나선비구경〉
42.〈대정신수대장경〉제32권〈대승기신론〉
43.〈청정도론〉대림 스님 번역, 초기불전연구원. 2005
44.〈앙굿따라니까야〉전재성 번역. 한국빠알리성전협회. 2018
45.〈마찌마 니까야〉전재성 번역. 한국빠알리성전협회. 2009
46.〈경전성립론〉渡辺照宏 저. 김무득 역. 경서원. 1993
47.〈소승불교개론〉테오도르 체르바츠키 지음. 권오민 옮김. 경서원. 1986

48. 〈인도불교〉 나라야스아키(奈良康明) 지음. 정호영 옮김. 민족사. 1990
49. 〈중국불교〉 케네쓰 첸 지음. 박해당 옮김. 민족사. 2006
50. 〈중국불교의 사상〉 다마키코시로 외 7인 지음, 정순일 옮김. 민족사. 2006
51. 〈중국불교사상사〉 김진무 저. 운주사. 2015
52. 〈불교와 유학〉 뢰영해 저. 김진무 번역. 운주사. 2010
53. 〈오온과 유식〉 모로 시게키(師茂樹) 지음. 허암 옮김. 민족사. 2018
54. 〈한위양진남북조불교사(漢魏兩晉南北朝佛教史)〉 탕용동(湯用彤) 지음. 장순용 번역. 학고방. 2014
55. 〈왕양명전집〉 상해. 고적출판사. 1992
56. 〈맹자집주〉 성백효 번역. 한국인문고전연구소. 2017
57. 〈도올 선생 중용 강의〉 김용옥 지음. 통나무. 1995
58. 〈한글대장경〉 남전부 1권. 동국역경원.
59. 〈능가사자기〉 박건주 역주. 운주사. 2011
60. 〈선문염송 염송설화〉 이진오 감수 정천구, 송인성, 김태완 역주. 육일문화사. 2009
61. 〈이띠붓따까-여시어경〉 전재성 역주. 한국빠알리성전협회. 2012
62. 〈한글 대장경〉 비담부 13 〈아비달마구사론〉 동국역경원. 1974
63. 〈대정신수대장경〉 제29권 〈아비달마구사론〉
64. 〈대정신수대장경〉 제29권 〈아비달마품류족론(阿毘達磨品類足論)〉
65. 〈대정신수대장경〉 제30권 〈유가사지론〉
66. 〈대정신수대장경〉 제30권 〈결정장론(決定藏論)〉 진제 한역
67. 〈대정신수대장경〉 제31권 〈유식론(唯識論)〉
68. 〈대정신수대장경〉 제31권 〈불성론(佛性論)〉
69. 〈대정신수대장경〉 제31권 〈섭대승론〉 진제 한역
70. 〈대정신수대장경〉 제31권 〈삼무성론(三無性論)〉
71. 〈대정신수대장경〉 제32권 〈성실론〉

72. 〈대정신수대장경〉 제32권 〈마하지관(摩訶止觀)〉
73. 〈대정신수대장경〉 제34권 〈법화의소〉
74. 〈대정신수대장경〉 제1권 〈아나율팔념경(阿那律八念經)〉
75. 〈대정신수대장경〉 제1권 844쪽 〈불설대생의경佛說大生義經〉
76. 〈속장경〉 제40권 〈반야심경3주般若心經三注〉
77. 〈불교개론〉 대한불교조계종 포교원 편찬. 조계종출판사. 2016
78. 〈유식철학〉 김동화 저. 보련각. 1988
79. 〈유식학 입문〉 오형근 지음. 불광출판사. 1992
80. 〈불교교리발달사〉 김동화 저. 불교통신교육원. 1988
81. 〈선(禪)의 황금시대〉 오경웅 지음. 류시화 옮김. 경서원. 2012
82. 〈우주간의 법 해설, 정본 반야바라밀다심경〉 김현두 저. 아나. 2002

집필을 마치면서

이 책이 나오게 된 것은 깨달음의 길을 열어 보여주신 석가부처님과 부처님 말씀을 기록으로 남겨주신 결집자들, 그리고 그것을 한문으로 번역하고 대장경으로 엮어주신 여러 선인들과 한역(漢譯)불경의 해석이 잘 안 될 때 그 뜻을 산스크리트어로 확인할 수 있도록 필자에게 산스크리트어를 가르쳐주신 부산대학교 철학과 김용환 교수님, 그리고 필자가 하는 일에 간섭하지 않고 묵묵히 지켜봐준 출가 이전의 가족들과 은사스님 덕분이다.
또 이 책 속의 이런 해석이 나오게 된 것은 필자가 오랫동안 〈아함경〉을 읽어왔고, 그것을 우리말로 번역해온 덕분이기도 하다. 이 책에 인용된 경론(經論)의 말씀은 다 필자가 번역하여, 실은 것들이다. 만약 필자가 불교원전을 번역할 수 있는 눈이 없었더라면 이런 해석은 불가능했을 것이다. 그동안 필자가 번역해 놓은 〈아함경〉을 출판하는 데 뜻을 함께 할 분의 인연이 닿는다면, 더 쉽고 정확하게 번역된 〈아함경〉을 출판해 놓고 가고 싶다. 필자는 한국불교에서 석가부처님의 정법을 세우기 위해 가장 시급히 해야 할 사업은 〈아함경〉의 번역이라고 본다. 현재 〈아함경〉은 3~4종의 우리말 번역이 나와 있지만, 안심하고 독자들에게 추천할 수 있는 번역본은 찾아보기가 어렵다. 불완전한 번역이거나 너무 자유롭게 번역해 놓은 것이거나 수행의 개념을 갖지 못 하고 번역해 놓은 것들이기 때문이다.
필자는 원전 이해의 열쇠가 되는 단어 하나를 우리말로 정확하게 번역하기 위해서 몇 년씩 연구하고 고뇌하는 노력을 기우려왔다. 제대로 번역되어서 출판된 한 권의 경전이 수 백 명의 도인보다 낫다는 생각에 형편이 허락하는 대로 번역해왔다. 부처님의 육성법문이 담긴 〈아함경〉

이야말로 가장 훌륭한 법문이고, 가장 정확한 불교이고, 가장 밝은 선지식이자 가장 친절한 불교수행의 길잡이라고 보기 때문이다. 수행을 중시하거나 불교를 제대로 이해해 보고자 하는 불자들에게는 〈아함경〉만큼 좋은 교과서는 없다고 본다.

찾아보기

ㅇ

ㅈ

ㅊ

ㅋ

ㅌ

ㅍ

ㅎ

관정(觀頂, 조성래)

사문
대한불교조계종 대종사이신 통도사 반야암 지안 스님을 은사로 모시고 출가했다.
1959년 경남 함안 태생
부산대학교 영어영문학과 졸업
1979년 부산대학교 불교학생회에 가입 후 지금까지 선수행과 불전연구를 해왔다.
1985년 전국 대학생 학술연구발표대회(문교부후원, 동아대학교주관)에 〈금강경 국역본에 나타난 문의미(文意味) 변이와 그 원인분석〉이란 논문을 발표하여, 우수논문상을 수상했다. 그 논문에서 8종의 〈금강경〉 한역본(漢譯本)과 산스크리트어본을 연구하여, 잘못 국역(國譯)된 것들을 모두 바로잡았다.
선(禪)수행 40년(20안거)
해운대고등학교 영어교사 10년
위빠사나금정선원 운영
유튜브 〈관정스님 반야심경 강의〉

반야심경 정해

2022년 5월 1일 초판 1쇄 발행

지은이	관정 스님
편집디자인	정병규
펴낸이	조성래
펴낸곳	알아차림
주소	부산시 금정구 구서중앙로 20, 8동 1309호(구서동, 선경@)
전화	051) 516-0093
팩스	051) 516-0094
e-mail	david1080@hanmail.net
출판등록	2013년 2월 6일
ISBN	979-11-950150-4-7
정가	65,000원